マルティン・ルターとその世界

中谷 博幸　著

リーメンシュナイダー作『嘆きの群像』(マイトブロン)
(筆者撮影)

はじめに

「神は至高者であり、神より上には何ものも存在しないゆえ、神はご自身の上を見ることはできない。また、神に等しき何ものも存在しないゆえ、ご自身の横を見ることもできない。必然的に神はただご自身とその下を見る。そして誰かがご自身の遥か下、底深いところに低くいればいるほど、いっそうその人を顧み給う。」ルター『マグニフィカート』から

　本書は、マルティン・ルターに関する私の過去の文章をまとめたものです。その中には一見、ルターと関係ないと思われる文章も含まれていて、奇異に感じられる方もおられることと思います。また論文だけでなく、心象を記したものや雑文も多く含んでいます。その点について、はじめに少し説明をしておきます。

　私はルターの著作を歴史研究の対象としてよりも、むしろ心の糧として読んできました。冒頭に記した『マグニフィカート』の文章に初めて接したとき、衝撃的な印象を受けました。ルター以外のことを考えている時も、心の底でこの文章は通奏低音のように響いていました。ルターを偶像化するつもりは毛頭ありませんし、ルターはユダヤ人問題をはじめいろいろな失敗をおかしたことも知っています。しかしそれ以上に、私にとって、ルターは教えられることの多い存在でした。ルターは巨人です。その全体をとらえることはできませんし、その一部ですら、理解していないかもしれません。直接・間接を通じてルターから学んだことをルターへの感謝とともに、私の「ルターの世界」としてまとめたのが本書です。本書が、少しでもルターに関心や興味をもたれるきっかけになれば、感謝です。

中谷博幸

目　次

第Ⅰ部　マルティン・ルター

第1章　ルターと乞食

はじめに………………………………………………………………………………… 2

第1節　近世以前の乞食観……………………………………………………………… 4

第2節　ルターの乞食観………………………………………………………………… 12

第3節　ルターの自己理解……………………………………………………………… 21

おわりに………………………………………………………………………………… 23

第2章　キリスト者の自由

はじめに………………………………………………………………………………… 25

第1節　歴史における自由……………………………………………………………… 26

第2節　キリスト者の自由……………………………………………………………… 35

おわりに………………………………………………………………………………… 39

第3章　マルティン・ルターと死者の「死」

はじめに………………………………………………………………………………… 41

第1節　煉獄を中心とする生者と死者の係わり……………………………………… 44

第2節　対カトリック論争書における死者…………………………………………… 58

第3節　書簡における死生観…………………………………………………………… 72

第4節　告別説教における死生観……………………………………………………… 80

第5節　『卓上語録』における「死者」と悪魔……………………………………… 87

おわりに………………………………………………………………………………… 93

第4章 「信仰」宗教の成立

はじめに ― 信仰と主観性の危機……………………………………………… 95

第1節 親鸞における信心……………………………………………………… 98

第2節 ルターにおける苦難と信仰………………………………………… 102

第3節 「信仰」宗教の成立 ………………………………………………… 114

おわりに ― 「信仰」宗教における私と他者の発見…………………… 116

第Ⅰ部 附論 「死の意識の古層」の克服

はじめに………………………………………………………………………… 119

第1節 ヨーロッパにおける「死の意識の古層」……………………… 121

第2節 ルターにおける「死の意識の古層」の克服…………………… 126

第3節 日本の仏教における「死の意識の古層」……………………… 130

第4節 親鸞における「死の意識の古層」の克服……………………… 132

第5節 おわりに ― 孤独と無常………………………………………… 136

第Ⅱ部 ドイツ敬虔主義

第5章 敬虔主義研究史（1990年まで）と課題 ……………………… 140

第6章 ルターとシュペーナー ――万人祭司主義と霊的祭司職――

はじめに………………………………………………………………………… 153

第1節 ルターの万人祭司主義……………………………………………… 153

第2節 領邦教会制と万人祭司主義………………………………………… 158

第3節 シュペーナーの霊的祭司職………………………………………… 161

おわりに………………………………………………………………………… 167

第7章 シュペーナーのErbauung観

はじめに………………………………………………………………………… 169

第1節 考察の対象…………………………………………………………… 171

第2節 シュペーナーのキリスト教理解と時代認識…………………… 173

第3節 シュペーナーのErbauung観……………………………………… 180

おわりに………………………………………………………………………… 190

第8章　ドイツ敬虔主義の「敬虔の集い（コレーギア・ピエターティス）」観
——シュペーナーとJ.J.モーザー

はじめに……………………………………………………………………… 193

第1節　初期敬虔主義とシュペーナーの「敬虔の集い」観……………… 193

第2節　領邦教会制の諸理論……………………………………………… 198

第3節　モーザーの「敬虔の集い」観…………………………………… 203

おわりに……………………………………………………………………… 210

第9章　17世紀末ヴュルテンベルクの終末論

はじめに……………………………………………………………………… 212

第1節　シュペーナーの終末論…………………………………………… 212

第2節　17世紀末のヴュルテンベルク領邦教会 ……………………… 217

第3節　急進的千年王国論………………………………………………… 222

第4節　シュペーナー的千年王国論の受容……………………………… 229

おわりに……………………………………………………………………… 238

第Ⅲ部　近世ドイツの聖職者

第10章　近世ヴュルテンベルクの聖職者

はじめに……………………………………………………………………… 242

第1節　近世ヴュルテンベルクの教会制度……………………………… 244

第2節　近世ヴュルテンベルクの支配層………………………………… 251

第3節　ホッホシュテッター家の場合…………………………………… 265

おわりに……………………………………………………………………… 289

第11章　J.R.ヘディンガーの聖職者理想論

はじめに……………………………………………………………………… 292

第1節　トーマス・アプトの聖職者論…………………………………… 293

第2節　ヘディンガーのErbauung観 …………………………………… 295

第3節　ヘディンガーの聖職者論………………………………………… 300

おわりに……………………………………………………………………… 303

第12章　リーガ時代におけるヘルダーの人間性理解と聖職者論 ……………… 305

第Ⅲ部　附論　シュライエルマッハーの宗教理解

第1節　シュライエルマッハーの『宗教論』 ……………………………… 316

第2節　宗教と形而上学・道徳…………………………………………… 318

第3節　宗教の本質……………………………………………………… 321

第4節　宗教と社会……………………………………………………… 328

第5節　シュライエルマッハーと新プロテスタンティズム……………… 330

第Ⅳ部　芸術

第13章　心象のケルン大聖堂　──人はなぜ高さを求めるのか── ………… 336

第14章　ローテンブルクのリーメンシュナイダー

はじめに………………………………………………………………… 351

第1節　木彫祭壇と『聖なる血の祭壇』……………………………… 353

第2節　ダ・ヴィンチ『最後の晩餐』………………………………… 357

第3節　『聖なる血の祭壇』…………………………………………… 362

おわりに ─ 「私たち自身の中のユダ」…………………………… 376

第14章　附論　リーメンシュナイダーの生涯と内面性 ……………………… 379

第15章　『ファウスト』におけるオイフォーリオン悲劇について　……………… 395

第16章　ドストエフスキー『白痴』におけるふたつの愛 …………………… 412

あとがき

参考資料「ヴュルテンベルク・ホッホシュテッター家」

索引

第Ⅰ部

マルティン・ルター

第 I 部　マルティン・ルター

第1章　ルターと乞食

■はじめに

　1546年2月18日夜半、マルティン・ルターは、彼の生まれ故郷アイスレーベンで死亡した。彼の活動の場は、1511年以降、彼が勤める大学のあるヴィッテンベルクであったが、マンスフェルト伯の依頼で、ある紛争仲裁のため、1546年1月29日以来その地に滞在していた。しかしその時すでに彼の体力は衰弱しきっていた。その死ぬ二日前、彼は、最後の自筆の文章を書き記していた。その全文は次のとおりである。

　　1）五年間、牧人や農夫であったのでなければ、誰もウェルギリウスの牧歌や農耕歌を理解できない。2）40年間、支配の重要な位置についた経験がなければ、誰もキケロの書簡を理解しない。3）100年間、預言者とともに教会を導いたのでなければ、誰も聖書を十分に味わったとは思えない。なぜなら、1．バプテスマのヨハネの、2．キリストの、3．使徒たちの奇跡は並外れて大きなものだからである。

　　あなたは、神のこの詩を把握しようとしないで、ひざをかがめて彼らの足跡を拝するがよい。私たちは乞食である、これは本当だ[1]。

1　ルターの著作に関しては、以下のワイマール版全集による。*D. Martin Luthers Werke. Kritische Gesamtausgabe*, Weimar.（以下、WAと略記し、引用にあたっては、WAのあとに、巻数、頁数を記す。）また、『ルター著作集』（聖文舎、以下『ルター著作集』と略記）をはじめ、翻訳のあるものはそれを利用させていただいた。ただし一部変更している所もある。書簡については*Martin Luthers Werke. Kritische Gesamtausgabe. Briefwechsel*, Bd. 1-18, Weimar 1930-1985.（WA Br.と略記。）『卓上語録』については、*D. Martin Luthers*

第1章　ルターと乞食

　この断章は一般に、聖書解釈の困難さ、実践による経験の大切さ、そして聖書解釈を可能にする神の恩寵を示したものと解されている[2]。この一連の文章はラテン語で記されており、終わり近くになって突然ドイツ語で「私たちは乞食である」と書かれ、最後は再びラテン語で「これは本当だ」と記されている。このことは、死の二日前、ルターがラテン語の一連の文章のなかで「私たちは乞食である」とわざわざドイツ語で記したとき、彼の脳裏にはいったい何があったのだろうか、と人々の想像を駆り立てる。事実、この言葉は、ルターに関心をもつ人々の注目するところであった。その場合、一般に、「私たちは乞食のように、ただ神に寄りすがるしかない存在である」という意味に解されてきた。「私たちは［神の］乞食である」と、原文にはない［神の］を補って訳したものもある。このような解釈は、近代における乞食のイメージが反映したものだと思われる。本章では、中世以来の乞食のイメージがルター当時どのよ

Werke. Kritische Gesamtausgabe. Tischreden, Bd. 1-6, Weimar 1912-1921.（WA Tr.と略記。）
　WA 48, 241.（徳善善和訳編『世界の思想家5　ルター』平凡社、40頁。）原文は以下のようである。1) Virgilium in Bucolicis & Georgicis nemo potest intelligere, nisi fuerit quinque annis Pastor aut Agricola. 2) Ciceronem in Epistolis（sic percipio）nemo intelliget, nisi XI annis sit versatus in Rep. aliqua insigni. 3) Scriptores Sanctos sciat se nemo gustasse satis, nisi 100. annis cum prophetis Ecclesias gubernarit. Quare ingens est miraculum 1. Johannis Baptistae, 2. Christi, 3. Apostolorum. Hanc tu ne diuinam Aeneida tenta, Sed vestigia pronus adora. Wir sind Bettler : Hoc est verum. ところで、ルターの語録編集で有名なヨハネス・アウリファーバーは、「聖書を理解することは困難であるということをマルティン・ルター博士は、1546年、彼がアイスレーベンにいて、もはやその後二日しか余命がなかったとき、ラテン語で紙片に記し、机に置いた。それを、私、ヨハネス・アウリファーバーが書き写し、その時アイスレーベンにいたハレの監督であったユストゥス・ヨナス博士が、その紙片を保持した」、と記している。アウリファーバーが書き留めた文章は、以下のようである。1. Virgilium in Bucolicis nemo potest intelligere, nisi fuerit quinque annis Pastor. Virgilium in Georgicis nemo potest intelligere, nisi fuerit quinque annis Agricola. 2. Ciceronem in epistola（sic praecipio）nemo integre intelligit, nisi viginti annis sit versatus in Republica aliqua insigni. 3. Scripturas sanctas sciat se nemo degustasse satis, nisi centum annis cum Prophetis, ut Elia et Elisaeo, Ioanne Baptista, Christo et Apostolis Ecclesias gubernarit. Hanc tu ne divinam Aeneida tenta, Sed vestigia pronus adora. Wir sind Bettler, Hoc est verum, 16. Februarii Anno 1546. WA Tr. 5, Nr. 5468 S. 168, FB, 1, 14（1,10）このように、ルターの最後の文章にはいくつかのヴァリエーションがあり、細部は一致していない。しかし、本章の課題には、それらの細部の相違は考慮しなくてよい。
2　Martin Brecht, *Martin Luther*, Bd. 3, Stuttgart 1987. S. 367f.

第Ⅰ部　マルティン・ルター

うに変化してきたのか、そしてルター自身はどのような乞食のイメージをもっていたのかを概観することによって、この文の背後にあるルターの思考様式を考察することを目的とする。

■第1節　近世以前の乞食観

ヨーロッパの15世紀以前、乞食のイメージは一律ではなかった。それは貧困および貧民のとらえ方と密接に関連している。たとえば、ライヘルスベルクのゲルホッホGerhoch von Reichersberg（1093-1169）は、貧民を「ペテロと共にいる貧民」（pauperes cum Petro）と「ラザロと共にいる貧民」とに分けた[3]。前者は聖なる貧困に係わり、後者はいわゆる物質的貧困とそれにあえぐ貧民であるが、ラザロは、イエスのたとえ話に出てくる（ルカ福音書16章）皮膚病の乞食で、中世ヨーロッパにあっては、癩病患者だと考えられてきた。この名前が端的に示しているように、中世初期にあっては、貧民とは、経済的困窮者ではなく、「他者に身体的、社会的に劣ることで従属せざるをえない者、すなわち老人、寡婦、孤児、身体障害者などを意味していた。[4]」近世以前の乞食観の重要な点は、聖なる貧困と聖なる乞食が存在したことである。

（1）清貧

聖なる貧困は、修道制と密接な係わりがある。ローマ帝国によるキリスト教迫害が現実の脅威でなくなるとともに、この世に染まった現世から逃避しようとする動きが起こってくる。これは3世紀の終わり頃からエジプトで生じるが、そのもっとも代表的な人物で、修道制の父とされるのが聖アントニウスAntonius（250頃-355）である。彼は、20歳頃、世俗から離れ、孤独な禁欲的

3　ブロニスワフ・ゲレメク『憐れみと縛り首 ―― ヨーロッパ史のなかの貧民』、早坂真理訳、平凡社、1993年、42-43頁。
4　川原温「都市における貧困と福祉」（朝治啓三、江川温、服部良久編著『西欧中世史［下］』ミネルヴァ書房、1995年、所収）、158頁。

第1章　ルターと乞食

生活に入るが、そのきっかけとなったのは、教会でなされた「なんぢ若し全からんと思はば、往きて汝の所有を売りて貧しき者に施せ、さらば財宝を天に得ん。かつ来りてわれに従へ」というマタイ福音書（19章21節）の朗読であった。彼はこれを聞いて、すぐに実行したという[5]。ヨーロッパの修道制では、自らの意志で自発的に所有を放棄するという清貧が、貞潔（独身）、（上長への）服従とともに、もっとも重要な徳目となっていった。初期においては、修道士の在り方は多様で、530年頃その主要部分が書かれたとされる『ベネディクトゥス会則』では、修道士の種類を共住修道士（coenobitae）、独住修道士・隠修士（anachoretae、eremitae）、離脱修道士（sarabaitae）および放浪修道士（gyrovages）の四つに類型化している。しかしベネディクトゥスBenedictus Nursiensis（480頃-547頃）は、一箇所に共同して定住する共住修道士をもっとも優れたものと考え、その在り方を『会則』で詳細に規定した[6]。この『ベネディクトゥス会則』が普及し影響を与えるとともに、ヨーロッパでは、共住修道士が一般的となっていった。このため、個人としては財産を所有しないけれども、団体として修道院は財産を所有することとなった。その結果、当初は世俗から離れたところに建てられた修道院が、自らの開墾や寄進によって富むものとなり、堕落することもしばしばで、クリュニー修道院の改革のように不断に改革運動が起こり、清貧の重要性が再確認されねばならなかった。

　特に11世紀になると、グレゴリウス改革を中心に、キリスト教世界の刷新のため、初代キリスト教に立ち返ろうとする動きが様々なうねりとなって現われる。特に清貧に関しては、「使徒的生活（vita apostolica）」、「使徒的清貧」という在り方が主張されるようになる。もともと修道士と教区制度のもとにある在俗聖職者は、互いにその任務が異なった。修道士は世俗から離れて共同で厳しい禁欲生活を送ることが理想とされた。一方、在俗聖職者は、民衆への魂の配慮である司牧を任務とした。ミサなどの典礼は司祭が行なったが、特に説教

5　今野國雄『修道院』近藤出版、1974年、13-14頁。
6　今野國雄『西欧中世の社会と教会』岩波書店、1973年、119-120頁。

第Ⅰ部　マルティン・ルター

は司教が司ることのできる聖務であった。しかし11世紀頃、この二つの務めの結びつきが起こる。キリスト教徒の理想的な在り方は、キリストが使徒たちに命じたように、持ち物を放棄し、清貧のうちに福音を説教して回ることである、と考えられるようになっていった。

　このような禁欲と説教による布教との結びつきは、修道士と在俗聖職者との両方の側から生じる。クリュニーを中心とする当時の修道院は荘厳な典礼を行なうことを中心とし、貴族等による土地の寄進によって修道院としては莫大な富の所有者となり、禁欲生活から乖離する傾向が見られた。これに批判的な修道士のなかで、隠修士的生活を実践する者が出てくる。たとえば、ラヴェンナのロムアルドゥスRomualdo di Ravenna（950頃-1027）や、フィレンツェのヨハネス・グァルベルトゥスJohannes Gualbertus（995頃-1073）、ペトルス・ダミアニPetrus Damianus（1007-72）である。隠修士的活動をする人々は清貧とともに説教に力を入れた。「旅には杖一本の他何ももたず、パンも袋もまた帯のなかに金ももたず、ただ履き物は履くように、そして『下着は二枚着てはならない』と［キリストは］命じられた。というのも、私有財産をもたない者だけが布教の任務にふさわしいからである」とペトルス・ダミアニは述べた[7]。シトー会の最初の修道士たちも隠修士のグループとして出発した[8]。シトー会のもっとも有名な人物、クレルヴォーのベルナルドゥスBernardus Claraevallensis（1090-1153）は、キリストのように貧しい者であることの大切さを強調した。シトー会をモデルにしつつ、隠修士的在り方と遍歴説教を結びつけたのがプレモントレ会である。彼らは隠修士的生活と聖堂参事会の生活様式を結合して、修道士の理想とする禁欲に、在俗の司教の任務とされた司牧を結びつけた[9]。

　隠修士的在り方や彼らが行なう説教は、民衆に影響を与えずにはすまなかっ

7　朝倉文市『修道院　禁欲と観想の中世』講談社、1995年、171頁。
8　Ｍ・Ｄ・ノウルズ他『中世キリスト教の成立』（キリスト教史第3巻）、上智大学中世思想研究所編訳、講談社、1981年、351-359頁。
9　朝倉、前掲書、163-164頁。

た。また、10世紀末から西ヨーロッパで、聖遺物崇拝と聖遺物のある教会への巡礼行が盛んになるが、これは使徒的生活の理念を幅広い民衆の間に覚醒させることになったと推測されている[10]。使徒的清貧を主張し、広範な民衆を惹きつけた集団のなかには、カトリック教会の教義を否定して、当時の大きな社会問題となったものもある。その最大のものが、カタリ派とヴァルドー派である。カタリ派は一般にマニ教的二元論に立つと解されている。12、13世紀に北イタリアや南フランスで広まった。「真の教会に帰属する『完徳者』には性行為や肉食を忌避し、人間、動物を問わず殺生を行なわず、一切の権力の放棄と徹底した清貧に生きることが要請され」た[11]。ヴァルドー派はリヨンの富商ペトルス・ヴァルドーPetrus Waldus（1140頃-1217）によって始められた。彼は1173年頃自らの財産を貧民に与えて遍歴説教を始めた。「社会のあらゆる身分からなるこの俗人集団の信者たちは二人一組になって街路や広場、家々や教会でキリストと使徒にならって清貧の生活に徹するよう説教」して回り、12世紀には北イタリア、13世紀にはドイツ、ボヘミア、ポーランド、ハンガリーにまで広がった[12]。彼らはカトリック教会によって異端として断罪されていった。

（2）アッシジのフランチェスコ

　カタリ派やヴァルドー派のように、使徒的清貧を実践しながら聖職者やカトリック教会の教義を批判する集団がさらに民衆に広がることに危機感をもっていた教皇インノケンティウスInnocentius 3世（在位1198-1216）は、使徒的生活の実践を行なう一部の集団を教会に吸収し、それらを反カトリック教会的グループに当たらせようとした。そこに登場してくるのが、ドミニコ会や、フランシスコ会、アウグスティヌス隠修道会などの托鉢修道会である。彼らは共通して、反カトリック集団にまさる清貧を実践しつつ、カトリック教会に対して忠誠を誓った。ドミニコ会は特に、反カトリック集団への福音宣教を使命とし

10　今野國雄、前掲書、450頁。
11　江川温、服部良久編著『西欧中世史［中］』ミネルヴァ書房、1995年、32頁。
12　今野、前掲書、469-470頁。

第Ⅰ部　マルティン・ルター

た。そのために、ドミニクスDominicus（1170頃-1221）は司教にしか当時許されていなかった説教する権限を教皇から得た。ドミニコ会は、個人ばかりでなく共同体としても財産を放棄する「完全な清貧」を実践しようとして、托鉢を行ない、「福音宣教」を行なおうとした[13]。

　フランシスコ会の創始者アッシジのフランチェスコFrancesco d'Assisi（1181/82-1226）は、富裕な織物商の息子で、もともと陽気で騎士道に憧れる青年だった。しかし、癩病者の介護やサン・ダミアニ聖堂の再建にたずさわり、特に使徒たちがキリストから「帯のなかに金・銀または銅をもつな。旅の袋も、二枚の下着も、靴も、杖ももつな。働く者の、その食物を得るはふさわしいから」（マタイ福音書10章9-10節）と命じられたことを知り、徹底した清貧を通じてキリストにならうことを目ざすようになった。1209年ないし1210年に仲間11人とともにローマ教皇庁を訪れ、インノケンティウス3世から口頭で「小さき兄弟会」（フランシスコ会の正式名称）の認可を得た。1223年にはフランチェスコ自身が起草した『第一会則』を緩和した『第二会則』が教皇ホノリウスHonorius3世（在位1216-1227）の認可を得た。フランチェスコ会の組織の特徴は、下村寅太郎によれば[14]、次の三点である。1）個人ばかりでなく、団体としても、一切の所有を放棄する。このことによって、個人は全く神に依存することとなり、貧しきキリストにならうこととなる。フランチェスコにとって、自発的貧困は手段ではなく、目的そのものであった。2）労働し、他人に奉仕すること。これに対して、物で報酬を得てもよい。しかし金銭は徹底的に排斥する。（彼は貨幣に触ることすら禁じた。）3）労働とともに、托鉢をすること。托鉢は高貴なる貧困である。

　『第二会則』では、清貧と托鉢について、次のように定められている。

　　　兄弟たちは、いかなるものも自分のものとしてはならない。家も土地も

13　朝倉、前掲書、211-212頁。
14　下村寅太郎『アッシジのフランシス研究』（『下村寅太郎著作集』第3巻、みすず書房、1990年）、130-200頁。

8

いかなる財産もである。現世において彼らは異国を旅する人のごとく、清貧と謙遜のうちに主に従い、信頼の念をもって托鉢に赴くべきである。兄弟たちはそれを恥じてはならない。なぜなら主はわれわれのために、この世で自ら進んで貧者となり給うたからである［第2コリント書8章9節］。托鉢こそ、いと高き清貧の頂点をなすものである。わが愛する兄弟たちよ。これこそがあなたがたを天上の王国の世継ぎかつ王とし、財においては貧しいが徳においては高められた者とするのである。これこそあなたがたの分け前であり、生きる人々の地へ導いてくれるものである。愛する兄弟たちよ、この清貧を完全に守り、わが主イエス・キリストの御名のため以外には、現世における何であろうと、永久に所有したいなどと望んではならない[15]。

　12、13世紀にはこのように、乞食と物乞いは、単に生活の糧を得る非常手段ばかりでなく、フランチェスコに代表されるように、人間の生き方と結びつけて、しかもあるべき姿、理想的な人間像という意味合いをももったものとして理解されていた。これは社会の一部の人々がそう考えたのではなく、広く受容されていた。カトリック教会によって異端とされたカタリ派やヴァルドー派が広く民衆に支持されたのは、そのことを指し示している。以上のことは、ヨーロッパにおいて都市が興隆して、貨幣経済が動き始めた歴史環境と密接に関連している。「キリスト教的な人間完成を求めて自発的に貧困を選ぶ行為は、……堕落した都市文明からの逃避だった[16]。」托鉢修道士たちは、都市から都市へと遍歴しながら説教して回った。彼らの説教を聴いたのは都市の住民たち、しかも貨幣経済のなかへ巻き込まれながら、それに屈折した思いをもつ人々であった。さらにいっそう都市化が進み、多くの人々が都市に押し寄せ、貨幣経済が進むと、清貧に対する考え方も変わってくるであろう。

15　上智大学中世思想研究所編訳監修『中世思想原典集成12　フランシスコ会学派』平凡社、2001年、坂口昴吉訳、69-70頁。
16　ゲレメク、前掲書、55頁。

第Ⅰ部　マルティン・ルター

（3）許容される乞食から否定される乞食へ

　物乞いや托鉢は、物乞いをする人々と施しをする人々によって成立する。托鉢修道会は、すでに述べたように物乞いの宗教的意義を高揚した。一方の施しについては宗教的にどのように理解されたのであろうか。カトリック教会は、それを二重倫理と煉獄思想によって明確にしていった。中世カトリック教会は教会身分と世俗身分とを明確に分けた。これは要求される倫理によっても異なる。世俗身分には十戒に代表される一般的な倫理を求めたのに対し、教会身分には独身に代表されるより厳しい倫理を要求した。教会身分の中でも修道士はそれを厳格に実行しようとした集団であり、アッシジのフランチェスコらはその典型と言ってよいだろう。この極みに位置づけられるのが聖人である。その多くは殉教者であるが、聖人は、キリスト教倫理の体現者であった。このような二重倫理とキリスト教倫理の体現者としての聖人理解が、12世紀後半以降、死後の世界と結びついていく。人々は犯した罪を告解することで赦されるが、教会は告解者に罪の償いの業（償罪 satisfactio）を求めた。これをこの世においてやり遂げられない場合、死後、煉獄で浄罪の苦しみを受けたのち、天国に行くことができると考えられた。ところで聖人は自らの償罪以上の功績を行なっているので、いわば余分の倫理的功績が「教会の宝」として蓄えられる。教会はすぐに天国へ行くことのできない世俗の人々に、聖人たちの功績を分け与えることによって、煉獄の苦しみを軽減するという体系をつくりあげていった[17]。聖人の功績を人々に分け与える具体的な通路とされたのが、死者のためのミサや祈祷、贖宥状であった。聖人の聖遺物への巡礼が盛んになったのも、それと関連している。そして、貧者への施しもそのような通路と考えられたのである。富める者は、貧民への施しをすることによって、死後の世界の救いの保証をえることができたのである。このように富める者と貧民は、施しを通じ

17　二重倫理については、E. Troeltsch, *Soziallehren der christlichen Kirchen und Gruppen, Gesammelte Schriften*, Bd. 4, S. 156ff. 煉獄については、J・ル・ゴッフ『煉獄の誕生』渡辺香根夫、内田洋訳、法政大学出版部、1988年。なお、本書「第2章マルティン・ルターと死者の死」参照。

て、相互に依存する関係となった。このような世界観のもとでは、乞食は社会にあって許容された存在であった、と言ってよいだろう。

　ところが貨幣経済の発展と人口増加、農村から都市への人口流入などにより経済的貧民が増加し、貧民や乞食の性格も変わってくる。14世紀から15世紀にかけて貧富の分極化が進んでいく。それに伴い、貧民・乞食の差別化がなされていく。また従来、社会的貧民に対しての援助は教会組織を中心になされてきたが、都市当局が貧民の統制に乗り出してくる。1370年のケルンの乞食条例では、自らの都市出身の乞食と余所者とを区別し、「施しが必要である」と証明されたケルン出身の乞食には、物乞いを認める「印」を付けた[18]。このような傾向は、15世紀から16世紀にさらに強まっていく。農村から都市へと多数の人々が生きるために移動してくるが、都市でも彼らを正規に社会の構成員として受け入れる余裕はなく、彼らは浮浪者や乞食とならざるをえなかった。このことは治安の悪化をもたらす。都市当局は、余所者の乞食と放浪者を追放し、自都市民には労働を奨励することとなる。16世紀に入ると、各都市政府は貧民に対する包括的な政策をとるようになる。たとえば神聖ローマ帝国領を例に取ると、1522年にヴィッテンベルクとニュルンベルクで、1523年にはライスニヒ（ルターのところで述べる）とシュトラースブルクでと、矢継ぎ早に貧民と救貧に係わる法が制定されていった。それらの規定では、乞食と物乞い、特に余所者によるそれらの行為の禁止、絶対的な価値としての労働のすすめ、共同基金による自都市民の非常に貧しい者への公的援助、といったことが強調された。物乞いをしていた者は都市から追放された。それでもなお多くの避難民、浮浪者はこっそりと都市内部に入り込んできたが、捕まると再度追放された。逮捕が重なるごとに、都市による処罰は厳しくなり、強制労働を課されたり、処刑されたりする場合もあった。このような乞食は都市政府によって追放され、ジプシーや旅回り芸人、主人の亡くなった傭兵、行商人、占い師ら放浪す

18　F・イルジーグラー／A・ラゾッタ『中世のアウトサイダーたち』藤代幸一訳、白水社、
　　1992年、31頁。

第Ⅰ部　マルティン・ルター

る人々と同じく、社会のアウトサイダーとみなされていった[19]。

■第2節　ルターの乞食観

　乞食は社会から許容された存在であったが、ルターが生きた15世紀末から16世紀にかけて、拒否される存在へと変わっていった。ではルター自身はどのような乞食観をもっていたのであろうか。

（1）現実の乞食について

　ルターは1520年に記した『キリスト教界の改善について、ドイツ国民のキリスト教貴族に与う[20]』（以下、『キリスト教貴族に与う』と略記）で、従来の施しによる慈善、乞食・物乞いを、托鉢修道士のそれを含めて、はっきりと否定した。

　　　キリスト教界全体にわたって、あらゆる物乞いが廃止されることは、おそらくもっとも緊急なことの一つである。実際、キリスト者のうちの誰も乞食をして歩くべきではない。もし私たちが勇気をもって真剣に行なうならば、これについて規定を設けることは容易であろうと思われる。すなわち、各都市は自分の町の貧民を世話し、余所者の乞食は、巡礼者であろうと托鉢修道士であろうと、彼らが何と称しても、誰をも許可しないことである[21]。

19　B. Roeck, *Außenseiter, Randgruppen, Minderheiten, Fremde im Deutschland der frühen Neuzeit*,1993, S. 66-80（B・レック『歴史のアウトサイダー』中谷博幸・山中淑江訳、昭和堂、2001年、84-103頁）；ゲレメク、前掲書；Robert Jütte, *Arme, Bettler, Beutelschneider*, 2000.

20　*An den christlichen Adel deutscher Nation von des christlichen Standes Besserung*, WA 6, 404-465. 松田智雄編『世界の名著　ルター』（中央公論社、1979年）所収の成瀬治訳を参考にした。

21　WA 6, 450.

12

第1章　ルターと乞食

　ルターによれば、物乞いは、多くの悪徳や欺瞞のもとである。とりわけ托鉢修道士の托鉢（物乞い）は、一般の人々を苦しめている。たとえば、フランシスコ会、ドミニコ会、アウグスティヌス隠修道会、カルメル会、聖母マリアの下僕会、あるいはフランシスコ会から分かれたカプチン会それぞれが、托鉢区域をもっていて、毎年6回から7回そこを訪ねて托鉢し、一般の人々を圧迫する。パウロが言うように、人は自らの労働によって食べるものをえなければならない。他人の労働によって怠惰に暮らしたり、富んだりすることは、適当ではない。清貧を求めるのであれば富んではならない。もしこの世で富もうとするのであれば、自ら労働しなければならない[22]、というのがルターの基本的な批判である。托鉢修道会の清貧と托鉢に対する考え方は変化してきていた。たとえば、フランチェスコ死後のフランシスコ会の清貧観は次のように変貌を遂げる。1230年に教皇グレゴリウスGregorius 9世（在位1217-1241）は、「托鉢修道会は施しを受けるために代理人を利用し、金銭を貯えておくために修友amici spiritualesを利用してもよいと宣言し」た。フランススコ会総長ボナヴェントゥーラBonaventura（1221-74）の死後、「個人的な清貧も団体としての清貧も、急速に衰退していった。托鉢修道士が財産を保持し、修道会が収入を得て大きな教会堂を建築するようになった」[23]。所有権はないが使用権はある、という理解によるものである。もちろんフランチェスコの精神に厳密に従おうとする厳格派も存在したが、大勢はそのような理解に立つようになっていった。托鉢修道士たちにとって、托鉢の実践はもはや清貧の実践ではなく、それによって働かずに富を得、人々を苦しめる手段になっている、とルターは批判した。

　では、一切の物乞いを禁じるとすれば、実際に存在する貧民をどうするべきか。ルターによれば、各都市は自分たちの共同体に所属する貧民を共同で世話すべきである。もし単独でそれを行なう力がない場合には、周りの村落が援助

---

22 WA 6, 451.
23 M・D・ノウルズ他『中世キリスト教の発展』（キリスト教史第4巻）、上智大学中世思想研究所編訳、講談社、1981年、274, 276頁。

第Ⅰ部　マルティン・ルター

すべきである[24]。具体的には救貧問題に関しては、「共同金庫」を設けることを
考えていた。そのような試みは、1521年ヴィッテンベルクにおいてルターの同
僚カールシュタットAndreas Rudolf Bodenstein von Karlstadt（1480頃-1541）
によって最初に始められた。ルターの影響のもとに成立した、都市のそのよう
な具体的な規定としては、『ライスニヒ共同金庫規定』が知られている[25]。ル
ターはライスニヒの牧師らによって作成された規定を承認し、規定が出版され
るにあたっては自ら序文を書いた。ルターはその中で、世俗の権威が修道院を
廃止ないし調整すべきことを提案して、没収した修道院財産を、修道院になお
とどまっている人々の世話と修道院を去っていく人々の自立支援のために使用
するとともに、「すべての残りの財産を共同基金の共同財産にくり入れ、そこ
から、キリスト教的愛によって、貴族であろうと一般庶民であろうと、その地
方にいる困窮しているすべての人に、与えたり貸したりすること」をすすめ
た[26]。『ライスニヒ共同基金規定』では、「小作料、地所、諸権利、お金、品物」
等々が共同基金に収められ、そこから、教会・学校関係の支出、公共建築物の
建設・維持などとともに、「不幸な事情のためにわれわれのもとで貧乏になる
か、あるいは病気や老齢のために働くことのできない者」への援助のために支
出すべきことが定められた。このような貧民への援助と同時に、物乞いの禁
止、托鉢修道士による托鉢の禁止が明確に定められた[27]。

（2）聖なる乞食理念について

ルターは以上のように、現実の乞食行為を、托鉢修道士による托鉢も含め
て、はっきりと否定した。社会的・経済的な乞食について、当時の社会の乞食
観をルターも共有していた。あるいは。ルター自身がそのような乞食観の推進

24　WA 6, 450.
25　WA 12, 11-30. 翻訳としては、石居正己訳「共同基金の規定」（『ルター著作集』第5巻、
　　聖文社、1967年、所収）と中村賢二郎訳「ライスニヒの共同金庫規定」（『原典宗教改革史』
　　ヨルダン社、1976年、所収）、がある。石居訳には、ルターの序文も訳されている。
26　WA 12, 12-13.（石居訳、237-239頁。）
27　WA 12, 17-23.（中村訳、102-111頁。）

14

者の一人であったと言ってよいであろう。では中世ヨーロッパで存在した、自らの意志で自発的に貧困の立場に身をおき、托鉢行為を行なうあの「聖なる乞食」については、ルターはどう考えていたのであろうか。

少年期のある経験について、彼自身の証言が残っている。1533年にルターは次のように回想している。

> 私は14才の時、マクデブルクの学校に入った。その時、私は……アンハルト公をこの目で見た。彼は裸足で頭巾をかぶってパンを求めて大路を歩いて行き、ろばのように袋を背負い、腰が地面につくほどであった。……彼は断食と徹夜の勤行のためにすっかり衰えていて、骨と皮ばかりの死人のように見えた。彼はそれから間もなく死んだ。そのような厳しい生活に彼は耐えることができなかった。誰だって彼を見たら、その敬虔さに驚嘆し、自分の世俗的な身分を恥ずかしく感じずにはいられなかった[28]。

この時（1497年）、彼はマクデブルクのラテン語学校に通っていた。ルターが述べているアンハルトのヴィルヘルムWilhelm von Anhaltは1473年にフランシスコ会に入り、ルターの記憶とは少し異なり1504年9月2日に死亡した。彼が托鉢をする姿は、47年後になってもはっきりと覚えているほど、強い印象をルターに与えていた。

ルターはその後、アイゼナッハに移り、その地の学校に通うことになった。アイゼナッハでは、ルターはシャルベ家に寄宿した。当主ハインリヒHeinrich Schalbeは1495年から99年にかけて市長となった人物であり、その息子カスパルCaspar Schalbeは、後に人文主義の影響を受け、ルターとエラスムスDesiderius Erasmus（1466-1536）の間の使者を務めた。シャルベ家はアイゼナッハの名士であるばかりでなく、当地のフランシスコ会のパトロンの中心で

---

28 WA 38, 105.

15

第Ⅰ部　マルティン・ルター

あり、フランシスコ会修道士たちとの交流が頻繁にあった。ルターは後にシャルベ家の人々を、好意をもって振り返っている[29]。

　その後ルターはエアフルト大学に進み、いわゆる自由学芸をおさめたあと、父の希望で法学部に進むことになっていた。しかし、彼にとって運命的な出来事が訪れる。1505年7月2日、シュトッテルンハイムで落雷に出会った。この時彼は死の恐怖から、「聖アンナよ、お助けください。私は修道士になります」と叫んだという[30]。これをきっかけに、彼はエアフルトのアウグスティヌス隠修道院に入る。後に彼はその時のことを、「突然の死の恐れと不安とに囲まれて、強いられ迫られて誓約をした」[31]と『修道誓願について』で述べている。当時エアフルトには六つの修道院があったが、ルターは7月17日にアウグスティヌス隠修道会の門をくぐり、9月には修練士となった。

　アウグスティヌス隠修道会は13世紀中頃に成立した托鉢修道会である。フランシスコ会やドミニコ会などとは異なり、修道会の創立者の指導の下に成立したのではなく、『聖アウグスティヌス会則』に基づいている。『聖アウグスティヌス会則』は複数の戒律からなり、その一部は教父のアウグスティヌスAurelius Augustinus（354-430）に由来するとされる。この会則は共同生活と私的な財産をもたずに共有することを強調する。教皇アレクサンデルAlexander4世（1159-1181）によって、イタリアの隠修士的な生活をするいくつかのグループが一つにまとめられて成立した。13世紀後半にはアルプス以北にも広がり、1299年には修道会はドイツで三つの管区をもっていた。しかし他の托鉢修道会と同様にアウグスティヌス隠修道会も、15世紀に風紀の弛緩が見られ、私有財産をもつ修道士も存在した。これに対して、戒律を厳格に守ろうとする動きが起こり、アウグスティヌス隠修道会の中に改革派（厳格派）修道院が成立する。ルターが入ったエアフルトの修道院はザクセン・テューリンゲ

29　M. Brecht, *Luther*, Bd. 1, S. 30.
30　WA Tr. 4, Nr. 4707.
31　WA 8, 574.

ンにおける改革派の中心であった[32]。ルターがこの修道院に入った理由として
は、戒律に厳格であったことや、ノミナリズム的な勉学が可能であったこと、
また当時広く知られた修道院であったことなどが、指摘されている[33]。

　その後、見習い期間を経て、1507年4月4日に叙品式が行なわれ、ルターは
司祭となった。以後19年間彼は修道士であった。その後の彼の経歴を簡単に記
すと次のようになる。1508年、ドイツのアウグスティヌス隠修道会の総会長代
理Generalvikarであったヨハン・シュタウピッツJohann von Staupitz（1468頃
-1524）によって、1502年に設立されたヴィッテンベルク大学でアリストテレ
ス倫理学を講義するように命じられた。学芸学部のこの講義は、アウグスティ
ヌス隠修道会が担当することになっていたのである。1509年には再びエアフル
トに呼びもどされているが、1512年10月にはヴィッテンベルクで神学博士の学
位を取得し、シュタウピッツに代わって同大学の神学部教授を務めることに
なった。以後ヴィッテンベルクが彼の活動の拠点となる。

　彼の修道生活は真剣そのものであった。彼自身は次のように振り返ってい
る。

　　　本当のところ、私は敬虔な修道士であった。そして私は、非常に厳格
　　に私の修道会の戒律を守ったので、私は次のように言うことができる。
　　「もしこれまでに一人の修道士でも、修道生活によって天国に入ったの
　　なら、私もそこに入れるだろう」と。私を知っている私の修道士仲間た
　　ちは、私にそのことを証言してくれるだろう。なぜなら、（もっと長く
　　続いていたならば）私は徹夜、祈り、朗読、その他の務めで自らを苦し
　　めさいなみ、そのために死んでしまっていたことだろう[34]。

32　M. Brecht, *op. cit.*, S. 60 ff.
33　*Ibid.*, S. 59 ; Bernhard Lohse, *Martin Luther. Eine Einführung in sein Leben und sein
　　Werk*, 1997, S. 38.
34　WA 38, 143.（『原典宗教改革史』中村賢二郎訳、23頁。）

第Ⅰ部　マルティン・ルター

　ルターの死後三年たった1549年でも、彼が申し分のない修道生活を送ったことを証言するエアフルト時代の修道士仲間がいたという[35]。修道院の生活は祈祷、ミサ、告解、断食など、厳格に戒律によって決められていた。彼自身の証言にあるように、それらを厳格に守ろうとしたが、それによって神に満足を与え、神の裁きから免れることができるという確信をもつことができなかった。熱心に祈祷して、詩篇を暗記するほどであったが、心を込めて祈ることができなかった。彼は大学教授としての研究のため、十分に祈祷の時間をとることができなかった。エアフルトの神学者のなかには、金を払って、他の人に代わって祈祷をしてもらう人物もいたが、ルターは週末に一人っきりになって断食し、怠った祈祷を集中して行なった。定められた戒律を守ろうとすると、睡眠不足や視覚障害に陥った[36]。「しばしば三日間、一滴の水も飲まず、一切れのパンも食べなかった。」告解も、大小様々の罪を告白しようとした。「私は一度6時間ぶっ続けで告解をした」と述べている[37]。

　こうしてルターは、外見上は他の修道士以上に熱心に戒律を守ったが、内的には修道生活に挫折していった。その間彼は、ヴィッテンベルク大学の神学部教授として、聖書の講義を行なっていた。1513年8月から第一回詩篇講解、15年4月からローマ書講解、16年10月からガラテヤ書講解、17年4月からヘブル書講解を行なっている。これらの講義のために聖書の世界に沈潜し、そこから宗教改革思想を育んでいった。その産みの苦しみの時期を、ルター自身は後年、次のように回想している。

　　　以前、私はローマ書におけるパウロを理解したいという不思議な思いにとらえられていたが、それを果たすのを妨げていたのは私の不熱心ではなくて、一つの言葉、すなわち、ローマ書第1章の「神の義はその福音の中に啓示された」という言葉であった。私はこの「神の義」という

35　M. Brecht, *op. cit.*, S. 76
36　*Ibid.*, S. 71f.
37　*Ibid.*, S. 74.

言葉を憎んでいたが、それはすべての教会学者の用法と習慣とによって、その言葉を哲学的に、いわば形式的、もしくは能動的義として、すなわち、その義によって神は義であり、かつ、罪人と不義な者を罰したもう、というように理解するよう教えられていたからであった。

しかし、いかに欠点のない修道士として生きていたにしても、私は、神の前で全く不安な良心をもった罪人であると感じ、私の償いをもって神が満足されるという確信をもつことができなかった。だから私は罪人を罰する義の神を愛さなかった、いや、憎んでさえいた。そして、涜神というほどではないにしても、こうつぶやいて、神に対して怒っていた。「哀れな、永遠に失われた罪人を原罪のゆえに十戒によってあらゆる種類の災いで圧迫するだけでは、神は満足なさらないのだろうか。神は福音をもって苦痛に苦痛を加え、福音によって、その義と怒りをもって、私たちをさらに脅したもうのだから」と。私の心は激しく動き、良心は混乱していた。そして、パウロが欲していたことを知ろうと心から願い、私はこの箇所で激しくパウロにぶつかった[38]。(『ラテン語著作集第1巻への自序』1545年)

ルターは最初、聖なる乞食理念を否定することなく、マクデブルクやアイゼナッハのラテン語学校の生徒時代には、むしろそれに惹かれていたと思われる。そして1505年には、托鉢修道会の一つである厳格派のアウグスティヌス隠修道会に入会した。彼は聖なる乞食理念に現実になお連なる聖職者としての道を始めた。彼は修道生活において、「義しい神」が要求してくる戒律を欠点なく実行することによって、神を満足させ、神の裁きから逃れようとした。しかし自ら神の前に義を獲得しようとする試みは、挫折せざるをえなかった。聖なる乞食理念をオッカム的な神観念に基づく自己義認の観点から追求し、絶望に陥った。

---

38 WA 54, 185-186.（徳善義和編『世界の思想家5 ルター』、34-35頁。）

第 I 部　マルティン・ルター

　ところで、物乞い・乞食は、托鉢という聖なる貧困と、二重倫理に基づく施しの宗教的意味付けによって、いわば聖化されていた。二重倫理を基礎とする施しの否定は聖なる乞食理念を含めた乞食の否定をもたらす。これは1520年の『キリスト教貴族に与う』と1521年の『修道誓願について』によって成し遂げられる。ルターは『キリスト教貴族に与う』において、教会的身分と世俗的身分の違いを打破し、万人祭司主義を明確にした[39]。それに基づいて『修道誓願について』では二重倫理を否定する。万人祭司主義のゆえに、倫理も身分によって異なることはありえない、と主張した。しかし修道制は、倫理を一般の人々に対する「戒め（praecepta）」と修道士に対する「勧告（consilia）」に分けて、そこから、キリスト者の在り方を不完全な状態と完全な状態に分けた。そのことにより、神の約束である福音とキリスト者の自由を奪ってしまった、と論じた[40]。このようにルターは、聖なる乞食理念としての修道生活に挫折し、二重倫理を否定することによって、現実の乞食とともに聖なる乞食理念をも否定した。

（3）恩寵と乞食

　ところで、ルターにはもう一つの乞食理解がある。それは福音と乞食とを結びつける理解である。これは彼の説教の中にあらわれる。たとえば、1544年の「マタイ福音書11章2-11節による第3アドベント聖日礼拝」のなかで、次のように語っている。

　　ある金持ちが一人の貧しい乞食に1,000グルデンを約束した場合のように、福音は恵み深い教えであり、慰めに満ちた知らせである。それは、この乞食にとっては、本当に心から喜んで聞く良きおとずれ、福音であろう。しかし、キリストが悲惨な状態にある者を世話してくださり、死

39　本書第6章154-158頁参照。
40　*De votis monasticis Martini Lutheri iudicium*, WA 8, 573-669.『修道誓願について』（徳善義和訳『ルター著作集』第1集4巻、聖文舎、1984年、所収、261-446頁。）

んだ者、罪人、律法のもとに捕らえられている者を救って、永遠の生命と義へと導く王となってくださるという、この慰めに満ちた恩寵あふれる説教と比べたら、お金や財産はいったい何であろうか[41]。

　ここでは、神の恩寵における喜びの比喩として乞食が使われている。

　以上のことから、ルターの乞食理解には二重性があると言ってよいだろう。その根底にあるのは、否定されるべき存在としての乞食である。現実の乞食も聖なる乞食理念もともに否定される。しかしそれだけではなく、限定された用法になるが、喜ばしい福音を語るときに使われる、恩寵における喜びの比喩としての乞食イメージである。

　最後に、否定されるべき乞食と、恩寵にあずかる乞食という乞食理解の二重性がルターの自己理解とどう関係するかを、検討することにしよう。

■第3節　ルターの自己理解

　ルターは修道生活を追求していくなかで、内面的な挫折を経験する。それは、修道士に求められる勧告を実行できない自己の無力さの自覚であるが、単にそれだけでなく、要求を満たせない者に対して激しく怒りを発する神によって自己が断罪されているという意識と、そのような神を愛せず、むしろ神を憎み神に敵対している自己を見出さねばならない苦悩を意味した。そのような状態をルターは後に『キリスト者の自由』のなかで、「あなたの生活と行ないとがすべて神の前に無であり、むしろあなたのうちにあるすべてのものとともにあなたは永遠に滅びるほかはない」[42]と定式化した。

　ところがルターはそのような苦闘の中から福音を発見する。これはルターがヴィッテンベルクの修道院の塔の一室で起こったと述べているので一般に「塔

41　WA 52, 25.
42　WA 7, 22.

第Ⅰ部　マルティン・ルター

の体験」と呼ばれるが、ルターがいつその理解に達したかは、現在の研究状況では必ずしも明確ではない[43]。本章の関心にとっては、時期はあまり問題ではなく、そこにあらわれている自己理解がどのようなものかが重要である。ルター自身の回顧では、先ほど引用した『ラテン語著作への序文』の絶望的状況の叙述に直接続けて、次のように書かれている。

　　だが、神は私を憐れみたもうた。私は「神の義は福音の中に啓示された。義人は信仰によって生きると書かれているとおりである」という言葉のつながりに注目して、日夜絶え間なくそれを黙考していた。そのとき私は、神の義によって義人は賜物を受け、信仰によって生きるという具合に「神の義」を理解し始めた。これこそまさしく、神の義は福音によって啓示されたということであり、神はその義により憐れみをもって信仰により私たちを義としたもう、という具合に受動的義として理解し始めたのである。まさに「義人は信仰によって生きる」とあるとおりである。今や私は全く新しく生まれたように感じた。戸は私に開かれた。私は天国そのものに入った。全聖書も私に対して別の姿を示した。私は記憶の及ぶ限り聖書の中から、他の言葉で似たようなものを集めてみた。すなわち、神の業とは、それによって神が私たちの中で働くもの。神の力とは、それによって神が私たちを力ある者となしたもうもの。神の知恵とは、それによって神が私たちを知恵ある者となしたもうもの。その他、神の強さ、神の救い、神の光などである[44]。

　先ほどのルターの絶望的状況を述べた文章と比較しながらこの喜びの文章を読むと、ルターの自己理解の特徴は、本来神によって否定されるべき自己が、神の恩寵、神の側の一方的な働きによって受け入れられた、という点にあるこ

43　今井晋『ルター』（人類の知的遺産26）、講談社、1982年、81-84頁。
44　WA 54, 186.（徳善義和編『世界の思想家5　ルター』、35頁。）

第1章　ルターと乞食

とは明らかであろう。ルターは決してありのままの自己が神によって受け入れられるとは考えなかった。ありのままの自己は神に敵対している「にもかかわらず」、神の恩寵によって赦されている。そこに彼の喜びがあった。それゆえ、彼は、イエス・キリストの十字架の贖いに徹底してこだわった。「にもかかわらず」を成り立たせるのは、キリストの十字架による贖いにあったからである。エラスムスに代表される人文主義者や、トーマス・ミュンツァーThomas Müntzer（1489頃-1525）やカールシュタットらの「熱狂主義者」とルターが執拗に戦ったのも、彼らがありのままの自己の肯定につながる考え方をしている、とルターは考えたからであろう。

　「第2節　ルターの乞食観」で明らかにしたように、ルターの乞食観も、否定されるべき乞食と神の恩寵によって救いにあずかる乞食、という二つの側面がある。このように乞食観とルターの自己理解は、否定と恩寵による受容という二つの側面をともにもっている。

■おわりに

　「私たちは乞食である」というルターの言葉は一般に誤解されて理解されている。ルターのこの言葉は、ただ単に、私たちが神にすがるほかないよるべなき存在であることを言い表わしたものではない。まず、乞食は時代によってその形態が変わり、人々のイメージも変化するので、ルター当時の乞食のイメージがどのようなものであったか、またルターはそれとの関連においてどのような独自のイメージをもっていたかが、明らかにされねばならない。

　中世においては乞食は社会の中で許容され、またある面で必要な存在でもあった。13世紀にアッシジのフランチェスコは、そこに使徒的清貧という宗教理念を注ぎ込んでいく。それは、都市の興隆と貨幣経済の始動という当時の歴史環境と密接に関連していた。しかし、ルターの頃になると、乞食は否定されるべき存在へと変わっていく。このようなイメージを推進した一人が他ならぬルターその人であった。もう一方で、ルターは、本来救いにあずかる存在では

第 I 部　マルティン・ルター

ない「にもかかわらず」、恩寵によって救いにあずかる喜びの比喩として乞食
のイメージを使っている。この乞食理解の二重性は、神によって否定されるべ
き存在である「にもかかわらず」、恩寵によって受容されるというルターの自
己理解の二重性と構造上共通するものがある、というのが本章の一応の結論で
ある。

　とすれば、ルターが自らの生涯の最後に「私たちは乞食である」と記したと
き、ルターは、神によって否定されるべき存在であるにもかかわらず、神は私
たちを憐れんでくださったこと、そして私たちとしてはただ神にすがり感謝す
るしかないという自己理解を表明していたと解釈することも、可能性の一つと
してありうるのではないだろうか。以上のように解するならば、この言葉はル
ターの信仰を凝縮したものだと言える。さらに、ここに乞食になろうとしたフ
ランチェスコ的清貧理念の否定を見ることもできるだろう。ルターの理解で
は、乞食になろうとするのではなく、すでに乞食である。このルターの最後の
言葉に、プロテスタント的信仰の原点を見出せるのではないだろうか。

第2章　キリスト者の自由

■はじめに

　ヨーロッパにおける自由の展開を考えた場合、古代ギリシア、特にアテナイの重要性は、いくら強調しても強調しすぎることはない。「法の下での自由」がその本質をなす。そこには、一人による支配は、いかに優れた人間であるとしても、驕慢、神をも恐れぬ極悪非道に陥る危険性があることへの優れた洞察があった[1]。また、アイスキュロスが『アガメムノン』三部作で示した、血の暴力を中心とした復讐の連鎖の法と裁判による克服は、今日の社会において、きわめて重要な事柄を提示している。

　しかし古代アテナイの「法の下における自由」を核とする民主制には、現代から見るとポリスが抱える難問があった。一つは奴隷制と女性の権利をめぐる問題であり、もう一つはペリクレスの有名な追悼演説[2]が示すように、ポリスを越える個人の内的価値がはっきりとは認められていなかったことである。今日良心の自由と一般に呼ばれるような事柄は古代ギリシアには存在しなかった。近代社会ではそれは社会契約説と密接に結びついて、政教分離論の核をなしている。最初にそのことを明確に理論づけたのはジョン・ロックJohn Locke（1632-1704）である。しかし、それは良心の問題を掘り下げた人々の営みがあって、初めて可能になったことである。そのような営みの例として、本章では、マルティン・ルターの自由観を取り上げる。

1　ヘロドトス『歴史』中（松平千秋訳、岩波文庫、昭和49年）、第3巻80、338-339頁。
2　トゥキュディデス『歴史』（1）（西洋古典叢書）（藤縄謙三訳、京都大学学術出版会、2000年）、第2巻35-46、181-191頁。

第Ⅰ部　マルティン・ルター

■第1節　歴史における自由

　1517年にルターが贖宥と悔い改めに関する『九十五箇条の提題[3]』（以下『提題』と略記）を発表したとき、カトリック教会から分離するような意図は全くもっていなかった。この『提題』は印刷され急速に普及した。当初ローマ教皇側は、事態を重要視せず、ドイツの片田舎の出来事だと考えていた。その重い腰を上げたのは『提題』公表から10ヶ月あまり経過していた1518年8月のことである。ローマ教皇レオLeo10世（在位1513-1521）は枢機卿カエタヌスThomas Caietanus（1469-1543）にルターの審問を命じた。これは1518年10月帝国議会が開かれていたアウクスブルクで行なわれることになった。ルターがその審問で「教皇が公会議と、聖書に優先することを否認した[4]」ため、ことはカトリック教会の一教義をめぐる問題にとどまらず、ローマ教皇の権威に係わる問題へと発展していくこととなった。次いで『提題』の公表以後精力的にルターに反対していたインゴルシュタット大学のヨハン・エックJohann Eck（1486-1543）の批判に対し、ルターと当時ヴィッテンベルク大学神学部長であったカールシュタットは、ライプツィヒでエックと討論を行なうこととなった。カールシュタットがまず1519年6月27日から7月3日までエックと自由意志や恩寵について討議した後、ルターが7月4日から14日までエックと論戦した。この討論によってルターは、聖書のみが信仰と教理の唯一の基準であることや、教皇制は人間がつくりだした産物であることを表明した。さらにエックの巧みな論争によって、ルターはヤン・フスJan Hus（1369頃-1415）や「ボヘミア人の主張箇条の中には、普遍的教会も有罪とすることはできないような、完全にキリスト教的福音主義的なものがたくさんあることも確実である[5]」

3　*Disputatis pro declaratione virtutis indulgentiarum*, WA 1, 233-238.（『ルター著作集』第1巻、緒方純雄訳、73-84頁。）
4　「アウクスブルク審問についてのルターの報告」（中村賢二郎訳）『原典宗教改革史』ヨルダン社、1976年、所収、51頁。
5　『原典宗教改革史』、60頁。

ことを認めた。フスは1415年コンスタンツ公会議で異端とされて処刑されていた。このことにより、ルターは異端者フスと同じ罪に値するとみなされることとなった。事実ローマ教皇側はルターを破門にするための処置を正式にとる。ルターの著作を検討する委員会が設けられ、41箇所の章節が異端的であるとされた[6]。これに基づき1520年6月15日教皇レオ10世は教皇勅書を発し、それを受け取った日から60日以内に自説を撤回しない場合には、破門に処することを宣言した。しかしルターはそれを受け取ってから60日目の1520年12月10日に教皇勅書を焼き捨て、彼の破門が確定した。今や事態は修復不可能となった。

　中世ヨーロッパにはローマ教皇と神聖ローマ帝国皇帝という二つの権威・権力が存在していた。その皇帝には、ハプスブルク家のマクシミリアンMaximilian 1世（1459-1519）が就いていたが、彼が1519年1月60才で亡くなった。代わって彼の孫のスペイン国王カルロスCarlos 1世（1500-1558）が同年6月に皇帝に選ばれた。彼は神聖ローマ帝国皇帝としてはカールKarl 5世（在位1519-1564）となる。このマクシミリアンの死去からカールの皇帝選出まで、帝国の動きは停滞していたが、カールは1520年10月23日にアーヘンで即位式を行なったあと、ヴォルムスで帝国議会を開催する。皇帝側はその選出に際し選帝侯たちと、誰をも「帝国外の法廷に召喚しない」、また「審問を経ずに帝国追放に処することをしない」ことを協定として結んでいた[7]。以前からローマ教皇庁はルターをローマに召喚することを望んでいたが、ルターの問題もその協定に基づきヴォルムスの帝国議会で取り上げられることとなった。そこにはルターの領主であり保護者であったザクセン選帝侯フリードリヒ賢公Friedrich der Weise（1463-1525）の影響があったと言われている[8]。百年前に皇帝ジギスムントSigismund（在位1411-1437）によってコンスタンツに召喚され火刑に処せられたヤン・フスの運命がルターにも降りかかることを恐れる人々もいたが、ルターはその召喚に応じた。ヴィッテンベルクを旅立ちヴォルムスに近づ

6　石原謙『キリスト教の展開』（岩波書店、昭和48年）、323頁。
7　中村賢二郎「第一章　ルターとドイツ宗教改革　解説」『原典宗教改革史』、19頁。
8　石原謙、同書、328頁。

第Ⅰ部　マルティン・ルター

いてからも、友人でザクセン選帝侯の宮廷説教者であったゲオルク・シュパラ
ティンGeorg Spalatin（1484-1545）は、危険だからヴォルムスに入らないよ
う忠告してきた。後年ルターは、「たとえヴォルムスに屋根瓦ほどの数多くの
悪魔がいようとも、私はそこへ入っていくつもりである、なぜなら、私は驚き
も、恐れもしていないから、と返事を返し[9]」たと語っている。ヴォルムス帝国
議会のルターに関する報告には、次の様に記されている。

　　　多くの敬虔なキリスト教徒たちの心は、皇帝の名において、彼に対して
　　勅令が発せられており、それに身体安全保証書が添えられていたことを
　　知っていたにせよ、やはりマルティン博士が勇敢に現われてきたこと
　　に、ほっとした気持ちと、警戒せよと忠告したい気持ちとを覚えた。敵
　　方としては、この勅令が彼を［帝国議会から］遠ざけさせ、その結果、
　　彼に不服従の責めを負わせ、合法的に彼を裁判にかけるようになること
　　を望んでいたのだ。しかし、この善良なる神父はここへやってき、キリ
　　スト教徒的態度を保ち、そうすることによって、地上においては何もの
　　も恐れないこと、神の言葉によって服させられない限りは、一片の書簡
　　を無効にする試みに対してさえも、百千の首や、身体や生命を投げ出し
　　て戦う用意のあることを示したのであった[10]。

　ルターは1521年４月16日にヴォルムスに到着し、翌日午後４時に皇帝と諸侯
たちの居並ぶ前に現われた。机には彼の書物が置かれていた。トリーア大司教
の法務官ヨハン・エック博士（ライプツィヒ討論のエックとは別人）が皇帝に
代わって、それらの書物が彼のものであるかどうか、そしてそれらの著作を撤
回するかどうかを迫った。ルターはそれらの著作が自分のものであることを認
めたが、第二の質問に対しては、「問題が天上ならびに地上における至高のも

9　「ヴォルムス帝国議会出頭についての後年ルター自身による回顧」（中村訳）『原典宗教改革
　　史』、91頁。
10　「ヴォルムス帝国議会のルターに関する報告」（中村訳）『原典宗教改革史』、85頁。

28

第2章　キリスト者の自由

の、神の言葉に関するものであるので、是非とも時間が与えられるように[11]」
と願った。この願いは皇帝によって認められ、翌日再び出頭することとなった。ルターは自らの書物を、「福音的な単純率直な仕方で信仰と生活のことを論じ」たもの、「教皇制と教皇の策謀や行為に反対して書かれたもの」、「ローマの専制を擁護し、私の敬虔な教えを非難する特定の人々に反対して私が書いたもの」の三つに分類し、それらを取り消すことができないと言明した[12]。そして、ルターの弁明が長くなることに苛立って率直な仕方で取り消すか否かを迫った皇帝代理人に対して、ルターは次のような有名な言葉を最後に述べた。

> 皇帝陛下や諸侯閣下が単純な答えを求めておられますので、私も細かいこと抜きで、他意なしにはっきり申し上げます。聖書の証言か明白な理由をもって服せしめられないならば、私は、私があげた聖句に服し続けます。私の良心は神の言葉にとらえられています。なぜなら、私は教皇も公会議も信じないからです。それらがしばしば誤ったし、互いに矛盾していることは明白だからです。私は取り消すことはできませんし、取り消すつもりもありません。良心に反したことをするのは、確実なことでも、得策のことでもないからです。神よ、私を助けたまえ、アーメン[13]。

　これに対し皇帝はヴォルムス勅令を発し、ルターを帝国追放（アハト刑）に処した。すなわち、1521年5月14日から数えて20日間経過した後は、彼および彼の友人、一党、庇護者、後援者、同調者、追随者等を「投げ倒して捕らえ、また彼らの財産を没収し、それを諸子ら自身の利益に使おうとも、何らの支障はない」と宣言した[14]。6月3日以後は、ルターを捕らえ、たとえ殺したとして

11　同上、86頁。
12　同上、87-88頁。
13　徳善義和編『世界の思想家5　ルター』、91頁。
14　「ヴォルムス勅令」（中村訳）『原典宗教改革史』、96-97頁。

29

第Ⅰ部　マルティン・ルター

も、罪に問われないことになった。そのことを暗示するような噂が起こった。ルターは勅令が発せられる前の4月26日にヴォルムスを出発して帰途についたが、途中アイゼナッハ近郊で謎の騎士の一団によってどこかへ連れ去られたという噂が広がった。中には、「ルターが死体となって銀鉱で発見され、短剣で刺し貫かれていた」という噂が教皇使節アレアンダーHieronymus Aleander（1480-1542）のもとに届いていた[15]。当時アントウェルペンにいたアルブレヒト・デューラーAlbrecht Dürer（1471-1528）は、日記に次のように記している。

　　彼はまだ生きているだろうか。それとも、殺されてしまっただろうか。もし、殺されたとしたら、彼はキリスト教的真実のゆえにこのような目にあったのだ。……もしわれわれが、過去140年来の誰よりも明瞭に書き続け、神によって福音的精神を授けられたこの男を失うようなことがあれば、おお！天なる父よ、どうか、あなたの聖なる霊をいま一度誰かにお与えください。……神よ。もしルターが死んだら、誰がこれから聖なる福音をあのように告げ知らしてくれるでしょうか。……この神の霊を受けた人間のためにただ泣き悲しもう。そして、他の啓示を受けた者を送り給わらんことを神に祈ろうではないか[16]。

　デューラーのこの日記から、当時のドイツの人々の中にどのような気持ちがあったかがよく伝わってくる。このルター「誘拐」事件は、実はルターを未然に保護するためザクセン選帝侯の配下（おそらくシュパラティン）によって差し向けられた騎士たちによるもので、ルターは無事にアイゼナッハ郊外のヴァルトブルク城にかくまわれた。それから9ヶ月間、ルターは「騎士ヨルク」という名で静かに過ごすこととなる。その間にルターはエラスムスが校訂したギリシア語新約聖書を約10週間というスピードでドイツ語に訳して、1522年9月

15「ルターのヴォルムス帝国議会出頭後の、ドイツの情勢に関する教皇使節アレアンダーの報告」（中村訳）『原典宗教改革史』、99頁。
16「アルブレヒト・デューラーの日記」（中村訳）『原典宗教改革史』、99-100頁。

第 2 章　キリスト者の自由

に出版する（『九月聖書』）。

　先に述べたヴォルムス帝国議会での証言はルターの公生涯におけるハイライトであるとともに、自由の歴史においても、もっとも重要な出来事の一つであった。彼は皇帝をはじめ居並ぶ帝国のお歴々の前で、自説の撤回を迫られた。それはとてつもなく大きな圧迫であった。皇帝側は、歴代皇帝らが「コンスタンツ公会議その他の公会議において命令したこと」、「キリスト教界全体が現在にいたるまで千年以上も保ってきたところ[17]」をもってルターに迫った。この伝統と権威と権力をもってする強制に抗して、ルターは自らの考えに忠実であろうとした。この問題を彼は良心という視点からとらえる。「天上ならびに地上における至高のもの、神の言葉に関するもの」、彼がその著作を三つに分類した事柄、すなわち信仰と生活に係わること、それに関する論説や討論に関して、「良心に反したことをするのは、確実なことでも、得策のことでもない」と断言した。信仰という個人の内面に係わる事柄に関して、彼は教皇や公会議よりも自己の良心を重視した。ここにおいて、ルターは自己の内面的自由、良心の自由を主張したと言ってよいだろう。

　ではなぜそれほど良心が大切なのか。皇帝側も良心を引き合いに出す。ヴォルムス勅令でも「良心」という言葉は使われる。最近三年の間に、ルター等の異端は深く根づき、「われらの怠慢から、寛大に扱い、みのがしてしまった。そのため、良心は重く打ちひしがれ、われらの名前の永遠の栄誉は、その統治のよかるべき発端にあたって、暗き霧によっておおわれることになった[18]」と語る。この良心が責任を負っているのは、公会議や教皇勅令に対してである。そのような良心は、当然、公会議や教皇に抗することはできない。一方ルターは、「私の良心は神の言葉にとらえられています。」と語る。問題はそれゆえ、その言葉が何を言っているかということになる。そして、このことが明らかになる事件が、ヴァルトブルクに滞在しているときに起こった。

---

17 「ルターの帝国議会出頭後の皇帝カール 5 世の声明」（中村訳）『原典宗教改革史』、92頁。
18 「ヴォルムス勅令」『原点宗教改革史』、94頁。

第Ⅰ部　マルティン・ルター

　ルターがヴァルトブルク城で保護されていたとき、ヴィッテンベルクでは、1521年9月以降、具体的な教会改革が進められていった[19]。それをリードしたのは、ライプツィヒでルターとともにヨハン・エックと論争したカールシュタットと、アウグスティヌス隠修道士ガブリエル・ツヴィリングGabriel Zwilling（1487頃-1558）であった。カトリック教会の理解では、ミサにおいてキリストの死が再現される。ミサの儀式のなかでパンはキリストの体に変化し、ぶどう酒はキリストの血に変化する。そのことにより、ミサが行なわれるごとに、キリストの十字架上での犠牲が再現されると考えられた。ミサはラテン語で行なわれるため、ミサに集う一般の人々はその時に語られる言葉を理解できなかった。また、聖書の記述とは異なり、一般の人々は、キリストの体に変化したとされるパンのみにあずかり、式を執り行なう聖職者だけがパンとぶどう酒の両方にあずかった。ルターは、この時期すでに、「ミサを行なうことはキリストを犠牲として捧げることである」という理解は忌むべき偶像礼拝であり、信徒の交わりがミサの本来の姿であること、またミサにおいてはその制定に係わる神の言葉が必ず語られ、集う人々にそのことが理解されねばならないこと、そしてミサに参列する人々はパンとぶどう酒の両方にあずかること（「二種陪餐」と呼ばれる）を主張していた。外形だけを見た場合には、そのようなルターの主張が彼の不在中にヴィッテンベルクで実現していく。ツヴィリングはミサの改革がなされない限りミサを行なうべきでないことを過激に主張した。アウグスティヌス隠修道院では10月23日にミサが停止される。クリスマスにはカールシュタットが城教会で、二種陪餐の形式により、また重要なところをドイツ語でもってミサを行なった。さらに年末にはトーマス・ミュンツァーの影響を受けた「ツヴィカウの預言者」と呼ばれた三人の人々がやって来た。彼らは聖書によらない直接的な神との交わりを主張した。そのような中、改革は過激化し、修道院や教会の聖画像破壊が主張される。十戒で「あ

---

19 Martin Brecht, *Martin Luther*, Bd. 2, 1986, S. 34-53. ローランド・ベイントン『我ここに立つ』（青山一波・岸千年訳、聖文舎、昭和49年）、258-275頁。

なたは自分のために偶像を造ってはならない」と命じられているからである。1522年1月10日には、ツヴィリングの指導のもと、アウグスティヌス隠修道院に残っていた修道士たちが祭壇や聖画像を焼き捨て、ヴィッテンベルク市内は混乱状態に陥った。2月13日には選帝侯フリードリヒ賢公は改革の一時休止とカールシュタットの説教禁止を命じた。事態収拾のため、ヴィッテンベルク市当局はルターにヴァルトブルクからの帰還を要請した。それを受け、ルターは、身の安全のためヴァルトブルクにとどまることを望む選帝侯の意に反して、ヴィッテンベルクに帰還する。ルターは3月6日にヴィッテンベルクに到着し、9日の日曜日から毎日続けて説教（「八日間の説教」）を行ない、彼の不在中の諸改革はいったんほとんど旧い習慣にもどされた。

　八日間にわたる八つの説教は他の人物によって筆記され、出版された[20]。また、ルター自身その内容をまとめて『二種陪餐について[21]』と題して出版した。この二つの書物に基づいて、ルターの考えを検討したい。

　ルターは二種陪餐について、それが正しいことを肯定する。しかしそれにもかかわらず、会衆不在の私誦ミサとミサの中で犠牲について言及している部分を除いて、しばらくは、従来のやり方を残すべきであると主張する。まず優先すべきは説教を行なうことである。

　では、二種陪餐が正しいものであると考えるのに、なぜ今それをしないのか。ルターは主に二つのことを述べる。「教皇の暴政と律法によって、良心をひどく誘惑され、信仰を弱められているので、教皇のなすことが誤りであり、このやり方が正しく福音的であるということを、良心に確信させることができない[22]多くの人々が存在する。たとえ正しいことであったとしても、このような弱い人々の良心を踏みにじって、強制的に二種陪餐を行なうことはよくない。「神が私たちを担い、私たちの弱さ、私たちの不信仰を長きにわたって忍

---

20 *Acht Sermone D. Martin Luthers von ihm gepredigt zu Wittenberg in der Fasten* (*Invocativpredigten*), WA 10/Ⅲ, 1-64.
21 *Von beider Gestalt des Sakraments zu nehmen*, WA 10/Ⅱ, 11-41.（石居正己訳「二種陪餐について」『ルター著作集』第5巻、聖文舎、1967年、所収、39-87頁。）
22 WA 10/Ⅱ, 25.（石居訳、58頁。）

第Ⅰ部　マルティン・ルター

耐してくださったことを忘れるべきではない。［信仰の強い］私たちは同じように、［信仰の弱い］隣人を忍耐しなければならない[23]。」ルターは以上のことを隣人愛としてとらえる。「信仰は神に対して向けられ、愛は人々、すなわち隣人に向けられる[24]。」第二に、良心や心に働きうるのは神の言葉のみである。

　　　陶工が陶器を自分の好みに従ってつくるように、そして神がすべての人々の心に自由に働きかけて、回心させたり頑なにさせたりなさるようには、私は人々の心を手の中にもってはいない。私は［人間の］言葉でもって耳にまでしか達することはできず、心には至りえない。人は信仰を心の中に注ぐことができないので、誰も信仰へと強制されたり押しつけられたりされるべきではないし、そうすることはできない。ただ神のみが、ご自身の判断と御心に従って、そのことをなさり、［神の］言葉を人々の心にいのちあふれるものとなさる。それゆえ、人は［神の］言葉を自由に働かせしめ、私たちの業を加えてはならない。……私たちは［神の］言葉を説教すべきであって、結果は神にゆだねねばならない[25]。」

　ルターは、ヴォルムス帝国議会で、自らの良心が納得できないことに対して、たとえ、教皇や公会議の決定であったとしても、自らを強制することはできないと述べて、自己の内面的自由を明確に主張した。「八日間の説教」では、他者の良心に対して、たとえ、自己が正しいと思うことであったとしても、それを外的に強制することはできないと述べて、他者の内面的自由を守ろうとした。前者は舞台が帝国議会であるのに対して、後者の舞台はヴィッテンベルクの片田舎である。しかしそのような舞台の違いにかかわらず、両者相まって内面的自由を守るための戦いがなされたのであった。このように自己と他者の良

23　WA 10/Ⅲ，6．
24　WA 10/Ⅲ，13．
25　WA 10/Ⅲ，15．

第2章　キリスト者の自由

心を強制できない根拠は、ルターの考えによれば、神の言葉以外のいかなるものも良心に働きうることができないからであった。ヴォルムス帝国議会における「私の良心は神の言葉にとらえられています」というルターの発言は、そのような意味をもっていたのである。ここで重要なのは、人間の心の中には、神の言葉以外のいかなるものも触れ得ない不可侵の部分があるという発見である。

　ヴォルムス帝国議会での証言とヴィッテンベルクにおける「八日間の説教」における主張は、ヴォルムス帝国議会の前年1520年に書かれた『キリスト者の自由[26]』で述べられた見解を、具体的な歴史の場で主張したものであった。次に、人間の心に唯一係わり影響を与えることができるとルターが考える「神の言葉」と「キリスト者の自由」とがいかに係わるかを検討したい。

■第2節　キリスト者の自由

　ルターはこの書で、「キリスト者とする」（5）ものは何なのかを重要なテーマとする。人は生まれながらにキリスト者であるのではない。本章では、キリスト者となる前の人間を自然的人間と表現することにする。自然的人間は「魂（seele）」と「身体（leib）」からなる。ルターは『キリスト者の自由』では「心（hertz）」という言葉も使うが、魂の方を一般的に使っている。自然的人間においては、魂は神を認めず、「自分の意にかなう偶像を神に逆らって打ち建てる」（11）。魂はそれ自身において肯定される存在ではなく、逆に神に逆らう。一方の身体であるが、「血肉（fleysch vnd blut）」とも呼ばれ、ルターはかなり広い意味で使っている。身体の働きは行為となってあらわれる。そこには道徳的な行為や、宗教的行為、理性的な営みも含まれる。また人と人との関係も身体の働きとしてとらえられる。そのような人間の営みを表す場合、「身体に

26　Von der Freiheit eines Christenmenschen, WA 7, 20-38. 引用にあたっては、『世界の名著ルター』（中央公論社）所収の塩谷饒訳を使用したが、一部変更したところもある。引用のあと（　）内に『キリスト者の自由』の節番号を記した。

属する、古い、外なる人(eyn leyblich allt vnd eußerlich mensch)」という言葉が使われる。身体の働き、外なる人の営みは、魂を良くも悪くもすることはできない。「これらのものは何一つ、魂にまで及んで、これを自由にしたり捕らえたり、あるいはこれを義としたり、または悪くするわけにはゆかない。」(3)また、「身体で祈り、巡礼し、さらに身体によって、また身体においてたえず行なわれるようなすべての善行をしても、やはり無益である。」(4)このように自然的人間は、自らの力によっては決してキリスト者となることはできない。魂はそれ自身において、神を認めず偶像礼拝への傾向をもつ。また身体の働きも魂をよくすることはできない。

　以上のような自然的人間に対して、キリスト者は、外なる人であるとともに、「霊的な、新しい、内なる人(eyn geystlich new ynnerlich mensch)」である(2)。すなわち、神に逆らう魂が内なる人へと変化した存在である。それゆえ、キリスト者となるとは、魂の在り方が内なる人へと変えられることである。魂自身も外なる人もそのような変化をもたらすことはできない。自然的人間のいかなる営みも「内なる人」を造り出せない。心の働きによっても、身体的な働き、行為によっても人は救われない。それゆえ、救いは人間の外から来るしかない。問題は、心、魂にまで働き、魂を神との正しい関係へと導くものは何か、ということである。そこに、ヴォルムス帝国議会での証言や「八日間の説教」で述べられた神の言葉が登場する。「魂はキリストについて説かれた神の言葉、すなわち聖なる福音のほかには、天にも地にも、これを生かし義とし、自由とし、またキリスト者とするものをもたない。」(5)神の言葉は人間の外にあって、外から魂に働きかける。決して、人間の

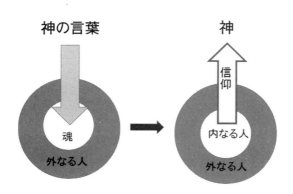

第 2 章　キリスト者の自由

魂のうちにある言葉ではない。これがツヴィカウの預言者やトーマス・ミュンツァー等との大きな違いである。神の言葉は旧約聖書と新約聖書に分かれる。旧約聖書は戒めであり、新約聖書はキリストによる救いの約束である。キリストは私たちの身代わりとなって私

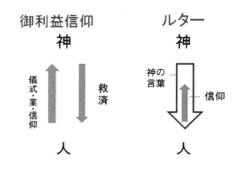

たちの罪を担い、神との正しい関係へと導こうとする。人は旧約聖書の戒めを実行しようとして自らに絶望し、キリストへの信仰において罪が赦される。

　自然的人間の魂は神に逆らい自ら偶像をつくりだすのに対して、キリスト者の内なる人は神を信じる。信仰とは、ルターにあっては、自然的人間の魂が自らの本質に従って神を信じることではない。魂はそれ自体では信ずる力を有しない。信仰は、あくまで神の言葉が外から働いたときに、生まれるものである。決して信じることが単純に救いの条件ではないのである。そのことが、御利益的信仰との大きな違いである。「キリストが私に何をもたらし与えられたかなどが語られるとき、それによって信仰が呼び起こされerwachsen保たれる。」(18) ルターは自らドイツ語に翻訳した『聖書』の「ローマ書序文」に「信仰は私たちのうちに働く神の働きwerckである。この神の働きは私たちを変え、私たちを神によって新しく生まれさせる[27]」と書いた。この神の働きこそが、神の言葉である。

　「内なる人」とは、そのように神の言葉の働きによって神を信じる人のことである。その信仰によって、「その人の魂はみ言葉と全く一体となり、み言葉のすべての徳が魂のものとなる。」(10) そして魂の不徳と罪はキリストのもの

27　*D.Martin Luther, Biblia: das ist: Die gantze Heilige Schrifft: Deudsch auffs new zugericht*, Wittenberg 1545. Letzte zu Luthers Lebzeiten erschienen Ausgabe. Herausgegeben von Hans Volz unter Mitarbeit von Heinz Blanke, Bd. 2, 1972, S. 2258.

第Ⅰ部　マルティン・ルター

となり、キリストの良きものは魂のものとなる（12）。このように「内なる人」は神の言葉によって呼び起こされた信仰により、神との義しい関係に入り、新たなキリストのいのちが生み出された存在である。他の何ものもキリスト者を生み出さない。それゆえルターは、「キリスト者は信仰で十分であり、義とされるために何の行ないも必要としなければ、確かにすべての戒めと掟とから解放されてもいる。これがキリスト者の自由であり、唯一の信仰である」（10）と宣言する。ここからルターの有名な命題が帰結する。「キリスト者はすべてのものの上に立つ自由な主人であって、誰にも従属していない。」（1）

しかしルターは、「キリスト者はすべてのものに奉仕する僕であって、誰にも従属している」（1）という別の命題が同時に成り立つと主張する。これがルターの独自な思想である。一見矛盾する二つの命題が成り立つのは、キリスト者が内なる人であると同時に外なる人でもあるからだと言う。自然的人間は、外なる人とともに魂ある存在であった。しかしその魂は、神との義しい関係にはなかった。キリスト者になるとは、この魂が内なる人に変えられることを意味した。そのことによってキリスト者は内なる人だけになるのではなく、同時に外なる人でもあり続ける。これが霊的な人に一元化されると考えるカールシュタットら熱狂主義者との違いである。

ではキリスト者における外なる人とはどのような存在なのか。「人間は地上ではなお身体の生活にとどまっている。」（20）それは二つの面をもつ。第一に身体における不従順な意志を信仰によって制御し、良い行ないにつとめることが大切である。第二に、身体の生活は行為に係わるが、その本質は人と人との関係においてあらわれる。「人間はこの地上では、自分の身体だけで生きているのではなく、他の人々の間で生活している。それゆ

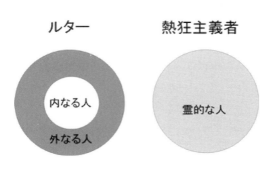

え、人は他の人々に対して行ないなしにいることはできない。」(26) これが隣人愛となってあらわれ、人々に仕える僕の姿をとることとなる。

ルターによればキリスト者とは、外なる人であるとともに内なる人である。内なる人としては、神の言葉の働きに

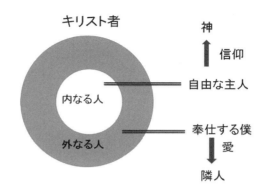

よって神を信じる。同時に外なる人としては他の人々とともに生き仕えて、隣人愛を実践する。『キリスト者の自由』は次の言葉をもって閉じられる。

>　キリスト者は自分自身のうちに生きるのではなく、キリストと自分の隣人とにおいて生きる。すなわち、キリストにおいては信仰を通して、隣人においては愛を通して、生きるのである。彼は信仰によって自分を超えて神へとのぼり、神のところから愛によって再び自分のもとへとくだり、しかもつねに神と神の愛のうちにとどまる。……見よ、これが真の、霊的なキリスト者の自由であって、心をあらゆる罪と律法と戒めから自由にする。(30)

■おわりに

ルターは、ヴォルムス帝国議会における自らの証言とヴィッテンベルクの急進的な改革の最中における説教によって、内面的自由を明確にした。それは自己の内面的自由の主張と他者の内面的自由の保証という二つの面をもっていた。そのような良心の自由に対する彼の主張の根底には、人はいかにしてキリスト者となるかという彼の信仰理解の根本があった。良心が納得しないものを人は強制できない、たとえ正しいと思われる考えであったとしても強制で

第Ⅰ部　マルティン・ルター

きないとルターは考えるが、それは良心がそれ自身において優れたものである
からではない。むしろ良心、心、魂は、それ自身においては捻れており、神を
偶像にかえてしまう。良心が重要なのは、ルターの理解によれば、それが神の
言葉、神にしか係わることのできない領域であるからであり、その係わり・介
入がなければ、人は救われ、キリスト者となることができないからである。ル
ターにとって、良心の自由とは、キリスト者の自由であった。それゆえ、良心
の自由は二つの側面をもつ。一つはキリスト者における信仰と係わり、私は神
の言葉以外のいかなるものによっても強制されない。もう一つはキリスト者に
おける愛と係わり、他者の内面への強制は否定される。現実のなかで、前者は
ヴォルムス帝国議会における彼の自説撤回の拒否となってあらわれ、後者は
ヴィッテンベルクにおける急進的改革のなかで人々への愛となってあらわれ
た。

　以上がルターの良心の自由に関する本章の結論である。このようなルターの
考えは、キリスト教信仰と結びついているので、ただちに一般化できるもので
はない。しかし、そこには人間の内面の重要性に対する深い洞察がある。これ
は、今日においても、人権の根底をなす内面的自由の重要性を指し示している
のではないだろうか。

第3章　マルティン・ルターと死者の「死」

■はじめに

　多くの文化において、死者は完全にリアリティをなくするのではなく、生者と死者との間には、何らかの関係が想定されている。幽霊などは、死者による生者への働きかけの形態の一つと考えられる。祖霊信仰においては生者と死者との相互の関係が信じられる。死者は死後一定の期間、生者からの儀礼（供養）を受けることによって祖霊となるが、生者からの適切な働きかけがない場合、亡霊となり、様々な害を生者にもたらす。一方、生者から適切な働きかけを受けた死者は、一定期間は特定の個人として覚えられるが、その後生きていたときの個としての性格をなくし、祖先一般に吸収されていく。柳田國男が敗戦の迫っていた時期に『先祖の話』を書いたとき、そのような祖霊信仰に根差す日本の家制度の崩壊を防がねばならない、という危機意識に促されていたという[1]。死者の霊は生前生きていた土地の近くにとどまり、時が経つとともに、先祖の仲間入りをしていく。生者は死者を供養し、先祖を祭らねばならない。一方、先祖はその子孫を守り、繁栄へと導こうとする。柳田の言う家は、このような先祖を中心とする生者と死者との交流からなる運命共同体であった。幽霊はそのような共同体からはみ出した死者であった。

　ヨーロッパにおいても、似たような生者と死者との関係は見られる。中世農村社会における祭りの機能には、生者と死者との交流という側面があったことが指摘されている。死者は死後も生きてきた村落から離れず、そこに存在し続

1　『柳田國男全集13、先祖の話他』（ちくま文庫、2000年）の新谷尚紀解説参照。

第Ⅰ部　マルティン・ルター

け、共同体の繁栄を願う。死者は、祭りの主要な担い手である若者とともに、「この世を支配している超自然的な諸力に対して、共同体のために執り成しをする課題を担った。」彼らのアニミズム的な信仰によれば、「あらゆることは、隠れた良き諸力と悪しき諸力によってもたらされる。」その村出身の死者ばかりでなく、他の土地から来た敵対的な死者もその村に住み、悪しき諸力の一部として、村に禍をもたらすと考えられた。それゆえ、共同体に害を与える死者は忌み嫌われ、彼らの働きを阻止し共同体の繁栄をえるため、生者は教会の聖人ばかりでなく、その共同体と一体をなしている死者たちに助力を祈り求めたという[2]。

　近代社会は、そのような死者との交流を排除した社会と一応言うことができるが、以上に述べたような生者と死者との交流は、現代の日本社会においても、盆のような習俗として、またオカルトブームのような歪なかたちで、死の意識の古層[3]として存続している。

　そのような死者との交流を排除する考え方はいつ頃から出てくるのであろうか。ヨーロッパ社会においては宗教改革から明確にあらわれる、というのが筆者の考えである。本章は、そのような考え方のもっとも重要な推進者であったルターの死生観の展開を、生者と死者との関係を中心に、その大筋において描き出すことを目的としている。ルターの死生観については、ドイツや日本においても、神学や哲学関係を中心に研究されてきた[4]。生者と死者との関係を中心にすえた研究は、少し前からアメリカにおいて見られる。たとえば、コスロフスキーによれば、ドイツ宗教改革は死者を二重に日常社会から排除したという。一つは煉獄の否定によって死者の魂が排除され、さらに墓が郊外に設けら

2　Robert Muchembled, *Kultur des Volks - Kultur der Eliten*, (übersetzt von Ariane Forkel), 1984, S. 67, 97, 98.
3　「死の意識の古層」については、本書第4章附論参照。
4　たとえば、Gerhard Ebeling, *Luthers Seelsorge*, Tübingen 1997; 金子晴勇『ルターの人間学』創文社、1975年；早乙女禮子「ルターにおける死生観」『大阪体育大学紀要』23巻、1992年8月；早乙女禮子「ルターの死生観と生命倫理に関する一考察」『大阪体育大学紀要』32巻、2001年7月。

第3章　マルティン・ルターと死者の「死」

れるようになったことにより身体的にも排除されていった、というのである[5]。

　本章はコスロフスキーの研究との関連で言えば、死生観による死者の魂の排除と係わる。コスロフスキーは、ルターだけでなく、それに先立つカトリックの知識人やルターと同時代のカールシュタット等の煉獄観をあわせて検討し、ドイツ宗教改革期の全体像に迫ろうとしている。このような研究により、煉獄について言えば、宗教改革以前にそれを批判した人物がすでに存在していたことや、カールシュタットのようにルターより前に煉獄に対する明確な態度をとった改革者がいたことは、明らかとなっている。贖宥や死者のためのミサについても、批判者はルターだけではない。しかし、生者と死者との係わりは、後述するようにカトリック教会の重要な儀式や教義と深く係わっており、それらの関連性を十分に視野に入れながら、信仰義認論の上に立って、一歩一歩個々の問題を取り上げて批判し、ルター派的立場の基本を形成していったのはルターであったと思われる。

　そのような理解に基づいて、ルターがどのように死生観を展開していったかの大筋を明らかにするのが本稿の課題である。その際、ルターの死生観に係わる著作を次のようなグループに分けて検討を行なう。まず第一に、カトリックの教義に対する論争の書があげられる。ルターの死生観の基礎は、カトリック教会との論争の中で徐々に築かれていく。第二に、近親者を亡くした人々を慰めるためにルターが書き送った書簡を検討する。この中には、後に出版された書簡もあるが、もともと個人的な性格の強いものである。ワイマール全集の書簡集には、20通以上の慰めの手紙が収められている。これらの書簡にはまさにルターの血の通った死生観があらわれており、カトリック教会との論争書とはいくぶんおもむきを異にしている。牧会者（Seelsorger）としての特徴をよくうかがうことができる。第三に、彼の主君、ザクセン選帝侯フリードリヒ

5　Craig M. Koslofsky, *The Reformation of the Dead. Death and Ritual in Early Modern Germany, 1450-1700*, 2000. その他、Susan C. Karant-Nunn, *The Reformation of the ritual. An interpretation of early modern Germany*, 1997 ; Bruce Gorden & Peter Marschall, *The Place of the Dead. Death and Remembrance in late Medieval and Early Modern Europe*, 2000.

43

第Ⅰ部　マルティン・ルター

賢公における葬儀と、その弟で同じくザクセン選帝侯となったヨハン堅忍公 Johann der Beständige（1468-1532）の葬儀に際してルターが行なった説教を検討したい。それは書簡とは異なり、ルターの死生観のもっとも公的なあらわれである。第四に、いわゆる『卓上語録[6]』を取り上げる。1531年以降、ルター家の団欒に集まった人々の間で、ルターが語ったことが書き留められるようになる。後にそれらは編纂され、ルターの死後、出版されるようになった。ルター全集のワイマール版では、6巻にまとめられている。ルターが語った内容を他の人々が書き留めたものなので、ルターの見解を正しく示しているかが当然問題になるが、ここでは、ルターの見解を周囲の人々がどのように受けとめていたかを理解するために利用したい。以上のような分類を行なうことにより、ルターがどのような関心をもちながらその死生観を展開していったかを、跡づけることが可能となるであろう。その検討に基づいて、宗教改革運動の中でのルターの死生観の位置づけを最後に考えたい。

■第1節　煉獄を中心とする生者と死者の係わり

（1）ダンテ『神曲』における煉獄のイメージ

　カトリック教会は、死者を自らの体系の中に取り入れるために、二つのことを行なった。一つは聖人崇拝である[7]。聖人はカトリック教会において生者との係わりもつことを認められた特別な死者であると考えることができる。もう一つが煉獄思想であり、本節が中心的に取り上げる事柄である。

　中世後期カトリック神学において、生者と死者との関係は、煉獄思想となって一大体系をつくりあげる。まず様々な煉獄のテーマを「一つのシンフォニーにまとめ上げた」ダンテDante Alighieri（1265-1321）の『神曲』を通じて、

6　*D. Martin Luthers Werke. Kritische Gesamtausgabe. Tischreden*, Bd. 1-6, Weimar, 1912-1921.（WA Tr.と略記。）

7　たとえばPatrick J. Geary, *Living with the Dead in the Middle Ages*, 1994.（ギアリ『死者と生きる中世』杉崎泰一郎訳、白水社、1999。）

第3章　マルティン・ルターと死者の「死」

煉獄の具体的なイメージをつかみ、死者との関係で何が問題となるのかを整理
しておきたい。なお、『神曲』は1307年頃に書き始められ、ダンテが死ぬ1321
年の前年には完成されていたと考えられている。

　周知のようにダンテの『神曲』は、彼が敬愛する二人の人物、ウェルギリ
ウスPublius Vergilius Maro（前70-前19）とベアトリーチェBeatrice Portinari
（1266頃-1290）の案内で、地獄から煉獄そして天国を巡るという構成をとって
いる。ウェルギリウスは、ダンテが「あなたは私の師、私の詩人です。私がほ
まれとする美しい文体は余人ならぬあなたから学ばせていただきました」（『神
曲』地獄篇、第1歌85-87行[8]）と語る、紀元前1世紀に活躍した古代ローマの
詩人である。彼は地獄の辺獄（リンボ）にいるが、ダンテの初恋の女性であり
25才で死んで今は天国にいるベアトリーチェの願いによってダンテ救済のた
め、地獄と煉獄巡りの先達を務める。

　二人は最初に地獄を巡る。その入り口の門には、「憂の国に行かんとするも
のはわれを潜れ。永劫の呵責に遭わんとするものはわれを潜れ。破滅の人に伍
せんとするものはわれを潜れ。……われを過ぎんとするものは一切の望みを捨
てよ。」と記されている（地、3・1-9）。死後その門を潜る者に待ち受けて
いるのは、絶えることのない拷問と呵責であり、そこから出られる希望は一切
ない。「永劫の闇の中、酷熱氷寒の岸辺」（地、3・86）である。地獄は9つの
圏谷に分かれ、ダンテは地中深く地獄を降りながら、その拷問と呵責が厳し
くなっていく様をおののきながら眺めていく。その中心には、イエス・キリス
トを裏切った、全身氷漬けにされたユダと悪魔大王がいる。地獄に来るのは、
様々な不正を行なった者であり、その行なった悪徳に応じて送られる圏谷が決
まる。この不正には「崇めるべき神を崇めなかった」（地、4・38）人々も含
まれ、キリスト誕生以前に生きた人々もその対象となる。それゆえ、「罪を犯
さず徳のあった」古代の賢人たちも、洗礼を受けていないため、辺獄（リンボ）

8　『カラー版世界文学全集　神曲』平川祐弘訳、河出書房、昭和45年3版より引用。以下引用
　は特に断わらない限り平川訳を使用する。地獄篇は地、煉獄篇は煉と略記し、その後に篇
　の番号と行数を記す。

第Ⅰ部　マルティン・ルター

と呼ばれるところへ送られる。そこには、「悲しみはあっても拷問や呵責はな」く（地、4・27）、詩人ホメロスHomeros（前8世紀）を筆頭に、アリストテレスAristoteles（前384-前322）やソクラテスSocrates（前470/469-前399）、プラトンPlaton（前427-前347）などの哲学者やキケロMarcus Tullius Cicero（前106-前43）、サラディンSaladin（1138-93）、アヴェロエス（イブン・ルシッド1126-1198）たちがダンテによって配されている。その彼らも、決してリンボから脱出することはできない。希望はないのである。一方、後で見るように、煉獄にある者はやがて天国へ行くことができる。このように、煉獄と地獄の間には大きな深淵がある。二つを分かつのは、「崇めるべき神を崇め」たかどうか、具体的には洗礼と悔悛をしたかどうかである。ダンテは地獄の第8の圏谷でロマーニャ出身のグイド・ダ・モンテフェルトロGuido da Montefeltro（1220-1298）という人物と出会い、彼がなぜ地獄に堕ちたかを聞いている。彼は最初軍人であったが、罪滅ぼしのためフランシスコ会修道士となった。しかし、教皇ボニファティウスBonifatius 8世（在位1294-1303）によって権謀術数の世界に引き込まれた。彼が死んだ時、フランシスコ会の創始者アッシジのフランチェスコが迎えに来たが、黒天使の一人が、「悔い改めぬものは罪を赦されず」（地、27・118、寿岳文章訳『愛蔵版世界文学全集2 神曲』集英社、昭和51年）と言って、彼を地獄へ連れて行った。このように、すべての人物が幼児洗礼を受けているキリスト教世界にあっては、異端などの場合を除いて、生前に悔い改めるかどうかが、地獄行きか煉獄行きかを分ける決定的な要素であった。この点は、後に煉獄とカトリック救済体系との係わりを考えるうえで重要となる。

　さて、二人は地獄を巡ったあと、煉獄に向かう。地獄が地中に存在したのに対して、ダンテは煉獄を南半球のエルサレムの対蹠地にある地上の山として描く。これは天に向かってそびえている。この山の頂上がアダムとエバが堕落前にいた地上楽園とされる。煉獄が山のイメージであらわされたのは、煉獄が「人間の魂が浄められて天に昇るにふさわしくなる第二の世界」（煉、1・4-6）であるからである。煉獄は天国の準備の場である。地獄は「一切の望み」が絶

第3章　マルティン・ルターと死者の「死」

たれた、「絶望の叫び」（地、1・115）のする世界であったが、煉獄では希望は「空望みではない」（煉、6・36）。「いつかわからないが、幸ある人の群れに入れてもらえるという望みをつないでいる」（地、1・119-120）。人は煉獄で浄罪をすませると天国へ行くことができる。

　二人は、七つの大罪を浄める七つの環道を順番に登って行く。もっとも罪の重い高慢を浄める環道がもっとも下にあり、順次、嫉妬、怒り、怠惰、貪欲、大食、色欲を浄める環道が上に存在する。上に行くほど登るのが楽になる。「この山の格好は下の登り口に近ければ近いほど登りづらく、上れば上るほど苦が減ずる」（煉、4・88-90）。登るほど、魂の浄めがなされていくからである。魂の浄めのために必要なのは、苦痛と悔い改めである。それぞれの環道において、その罪を償うにふさわしい苦痛が科される。高慢の罪を浄める第一の環道では、「重い罰のためにみんな地面まで腰が曲って」いて（煉、10・115-116）、ある男は泣き顔で「もうこれ以上我慢できない」という表情を示す（煉、10・138-139）。また、嫉妬の罪を浄める第二の環道では、「皆の瞼には穴をあけて針金で縫ってあ」り（煉、13・70）、ダンテは、「そのそばへ近寄って、彼らの目鼻立ちをはっきりと見た時、その苦悩の様に私の目からは思わず涙があふれた」と書き記す（煉、13・55-57）。

　魂を浄めるために必要とされる重要な要素がもう一つ存在する。すなわち、生者の執り成しの祈りである。これこそが、私たちの問題ともっとも深い係わりをもっている。煉獄篇でこのテーマは実に繰り返し取り上げられる。いくつかの例を引いてみよう。第一の環道にいるシエナ出身の女性はダンテに次のように語る、「死に臨んで神と和解いたしましたが、それでも私の負い目は悔悛だけではまだまだ消えていなかったはずでございます。ただありがたいことに櫛屋のピエールが慈悲の一念から私を思い出して私の名を尊いお祈りの中に加えてくださいました」（煉、13・124-128）。そして、この女はダンテに、「なにとぞ私のために、時おり、祈りでお助けくださいませ。あなた様の第一のお望みにかけてお願いがございます、もしもトスカーナの土地をお踏みになりましたなら、私の名誉を救うよう私の家族にお取り計らいくださいませ」（煉、

47

13・147-50）と、依頼する。生者の執り成しの祈りは、煉獄での滞在期間を短縮すると考えられたのである。第六の環道にいるフォレーゼ・ドナーティという人物は、死んでまだ五年にしかならないのに、そこまで登ってきていた。それは、彼の語るところによれば、次のような事情による。「ぼくの妻のネルラが涙して祈り、ぼくにすぐ呵責の甘い苦酒を飲ませるためにこうしてここへ連れて来てくれた。敬虔な祈祷と嘆息とでもって彼女はぼくを予定されていた場所から連れ出し、他の圏も通り越して、上へぼくを引き上げてくれた。ぼくがこよなく愛した妻は、ただ一人善行を施している。それが類い稀なだけに神の御意にかない、神に愛でられているのだ」（煉、23・85-93）。他方、煉獄の人も生者のために祈る。第一の環道にいる人々が「自分たちや私たちのために祈りを唱えながら、重荷を負って進んでい」る（煉、11・25-26）様を見て、ダンテは、「もし煉獄の人がこうして私らのために祈ってくれるのなら、現世の善根の人々は煉獄の魂たちのために何を唱え何をするべきなのだろうか？」（煉、11・31-33）と自問する。

　以上ダンテの『神曲』にあらわれた煉獄観を述べてきたが、要約すると、少なくとも次のような要素をもっていると言ってよいであろう。第一に、煉獄は、天国、地獄とともに死後の世界の一つを構成する。第二に、三つの世界の間には、煉獄と天国の間に大きな断絶があるのではなく、地獄と煉獄との間に、乗り越えることのできない境界が存在する。地獄に堕ちた者はそこからはい上がることはできない。第三に、地獄堕ちを免れて煉獄か天国へ行くには、生前における洗礼と悔悛を必要とする。第四に、生前の罪を浄める場所が煉獄である。それが浄められた後に、初めて天国へ行ける。第五に、煉獄における浄めの期間は生者の執り成しによって短縮されうる。

　生者と死者との係わりという本稿のテーマからすると、第五の点が重要である。地獄や天国と異なる煉獄の特徴は、そこにおいて死者と生者とが係わりをもつことができるという点にある。この点に特に注目して、煉獄思想と死者との関係がカトリック救済体系においてどのように理解されていったかを、次に簡単に述べることとしたい。その際、カトリック教会の思想を、スコラ神学と

第3章　マルティン・ルターと死者の「死」

して結晶する高度な「思弁神学」とそれを民衆に伝えることを目的とする「布
教神学」の両面から考えることとする。

（2）煉獄と悔悛の秘蹟

　煉獄思想は、ル・ゴッフJacques Le Goffによれば、「思弁神学」において
1170年から1180年頃に、パリのノートルダム大聖堂参事会学校に係わった知識
人たちとシトー会修道士たちの間で生まれた。この時期に、両グループの間で
名詞としてのpurgatoriumという言葉が使われだす。それ以前は、purgo（浄
める）の形容詞形のpurgatorius（浄罪の）が使われたが、空間的に理解され
ることはなかった。しかし、この時期にpurgatoriumがlocus purgatorius（浄
罪の場所）、すなわち煉獄として使用され始める。たとえば、ペトルス・カン
トールPetrus Cantor（？ –1197）は、『秘蹟大全』の中で、「来世では善人の
場所と悪人の場所と区別されなければならない。善人について言えば、もし焼
かれるべき罪がなければ彼らはただちに天国へ行くが、たとえば小罪を帯びて
いる人のような場合には、まず煉獄（purgatorium）へ、しかる後、天国へ行
く。悪人には行き場の区別はなく、ただちに地獄に堕ちると言われている。」
と述べている[9]。

　煉獄思想は13世紀のスコラ学の神学者たちによって体系化されていった。で
は、ダンテの煉獄観の第三の特徴である、地獄落ちを免れるためには生前にお
ける洗礼と悔悛を必要とする、という点について、「思弁神学」ではどのよう
に理解されたのだろうか。中世のカトリック世界では、生後間もなくすべて
の人間が洗礼を受けることを前提としていたので、実際上重要なのは、悔悛
（poenitentia）であった。1215年の第四回ラテラノ公会議において、年に一度
司祭に公開ではなく秘密に告解を行なうことが全キリスト教徒に義務づけられ
た。このことにより、実際の実施状況はともかく、秘蹟としての悔悛は制度的
に確立した。悔悛者はその犯した罪を痛悔（contritio）し、それを司祭の前に

9　ジャック・ル・ゴッフ『煉獄の誕生』（法政大学出版局、1988年、原著1981年）、246頁。

第Ⅰ部　マルティン・ルター

告白（confessio）する。司祭は悔悛者に罪の赦し（absolutio）の宣言をし、犯した罪に応じて教会が定めた償いの業である償罪（satisfactio）を命じる。このようなシステムは、罪に関する罪責（culpa）と罰（poena）という区別と互いに関連している。地獄行きをもたらすような劫罰に至る罪であっても、その罪責は痛悔と告白によって赦されるが、罪責の結果人が負う罰は償罪によって消滅するというのである。この償罪が煉獄と結びつく。12世紀末には、煉獄は、償罪が完了していない罪と劫罰には至らない小罪の浄罪の場とみなされるようになる。その結果13世紀には、「煉獄の恩恵を受ける最後の手段」として「臨終の悔悛」が重要となっていった[10]。

　たいていの人々がこの世で償罪をすますことができなかったので、13世紀以降、一部の人々を除いて、一般に煉獄の浄めを経てから天国へ行くと考えられるようになっていく。そして、『神曲』で描かれているように、煉獄における浄めのための苦痛は凄まじかったので、ダンテ煉獄観の五番目の特徴として述べた、生者による執り成しが煉獄にある魂の浄罪の期間を短縮できるかどうかという点が、切実な問題となっていった。

　スコラ学の大家たちはいずれも、これを肯定している。たとえば、トマス・アクィナスThomas Aquinas（1225-1274）は、「生者の執り成しは死者に対して有効でありえる」と述べる。この執り成しは生者が罪人であるかどうかということには左右されない。生者ではなく、故人の条件に左右される。それゆえ、地獄にある者や福者ではなく、煉獄にある者に有益である。そして特に有効な執り成しとして、施しと祈りとミサをあげている[11]。

　しかしこの執り成しを具体的に熱心に取り上げたのは、「布教神学」である。13世紀に、煉獄は、説教や、「説教者が福音書講話の中に頻繁に挿入するようになった寸話[12]」である教訓的逸話（exempla）や、『黄金伝説』等の聖人伝文

10　同書、319、320、327、437頁。
11　同書、411-412頁、Thomas Aquinas, *The Summa Theologica of St. Thomas Aquinas*, Vol. 3, tr. by Fatheres of the English Dominican Province, London, 1948, pp. 2843ff., Suppl. Q. 71.
12　ル・ゴッフ『煉獄の誕生』、445頁。

第3章　マルティン・ルターと死者の「死」

学で盛んに取り上げられるようになる。これらが煉獄を広く普及させるのに
重要な役割を果たした。それらのテキストでしばしばあらわれるのは、煉獄
にいる魂が執り成しを求めて生者に現われるというテーマである。たとえば、
シトー会修道士ハイステルバッハのカエサリウスCaesarius von Heisterbach
（1180頃-1240）の『奇跡に関する対話』（1219-1223）の例をル・ゴッフが引用
している。リエージュのある高利貸しの妻が、死んだ夫の墓の近くに、「隠者
として蟄居した。そして昼夜の別なく、夫の魂の救いのために、施し、断食、
祈り、徹夜の行によって、神の怒りを静めようとつとめた。7年後、夫が黒衣
をまとって彼女に現われ、礼を言った。『神がそなたに報われんことを。お前
の試練のおかげで、……、この上なく恐ろしい罰も免れた。もしお前がさらに
七年、私のためにこのような勤めを続けてくれるなら、私は完全に開放される
だろう。』彼女はその勤めを果たした。七年後、夫が再び彼女に現われたが、
今度は白い服を着て、幸せそうに見えた。『ありがたや、神とお前のおかげを
もって、私は今日解放された[13]。』」この例では死者が現われるのはその妻であ
るが、一般に肉親や、配偶者、死者が属しているあるいは関係している修道会
に現われる。修道院長や領主などの長上者に姿を現す場合もある。

（3）生者の執り成し

　では生者の執り成しとして、具体的にどのような事柄が有効とされ、すすめ
られたのであろうか。すでに述べたように、トマス・アクィナスは、もっとも
有効な執り成しとして、施しと祈りとミサをあげた。さらにその他の執り成し
として、断食、蝋燭や油の奉納、贖宥に言及した[14]。「布教神学」では、エティ
エンヌ・ブルボンÉtienne de Bourbon（1180-1261）が『説教提要』で、「ミ
サ、敬神の奉納、祈り、施し、悔悛、巡礼、十字軍、敬神の遺贈の執行、不正
に得た財産の返却、聖人の仲介、信徳、諸聖人の通功に基づく教会の一般的代

13　同書、453頁。
14　同書、412頁、Thomas Aquinas, *op. cit.*, pp. 2852ff., Suppl. Q. 71 Art. 9-10.

第Ⅰ部　マルティン・ルター

祷[15]」をあげている。これらの中で、15世紀末から16世紀初にかけてもっとも重要であったのは、死者のためのミサと贖宥状である。

　死者のためのミサ（Seelmesse）には、定められた日に行なわれるものがある。たとえば、11月2日の死者の日（万霊節）があげられる。この日、すべての信者の魂のためのミサが行なわれる。また、9月29日の聖ミカエルと諸天使の日ののちの一週間に行なわれる死者のための共同祈祷週Gemeindewoche（hebdomada od. septimana communis）にも、死者のために多くのミサが行なわれた。さらに、黄金ミサgülden messe（ペンテコステ後第1主日、黄金日曜日に行なわれる死者に対するミサ）などがある。

　しかし、もっとも多かったのは、私誦ミサ（missa privata, Privatmesse, Stillmesse, Winckelmesse, Kauffmesse）と呼ばれるものである。私誦ミサはもともと修道院から発展してきた。8世紀までには日々の私誦ミサは一般的となっていた。これは一人で行なわれ、場所も会堂の片隅（Winckel）で行なわれることが多く、同じ時に一般のミサも行なわれていたので、できるだけ静かになされねばならなかった。そのため、Stillmesseとなった[16]。宗教改革前夜には特に、煉獄にいる特定の個人のために行なわれるものを指す。死亡日や、死者の埋葬日、さらに三日忌、七日忌、三十日忌（場所によっては九日忌、四十日忌）、年忌など、死者の関係者の要請によって、随時行なわれることが多かった。ルターのいたヴィッテンベルクの市教会では、公のミサと私誦ミサを合わせて年に九千九百に及ぶミサが行なわれたという[17]。私誦ミサの場合、ミサに集う会衆がいる必要はなく、ミサ執行者のみによって挙行された。司祭は式によって報酬を得た。多額の金銭が教会に流れ込むとともに、民衆の側では贖宥状購入のための出費とともにたいへんな重荷ともなっていた。

　その他、葬儀の前日や年忌の前日の夜に、死者のことを覚えて行なわれる徹

15　ル・ゴッフ『煉獄の誕生』、466頁。
16　Theodor Klauser, *A Short History of the Western Liturgy*, tr. by John Halliburton, Oxford University Press 1979, pp. 101-108, 110, 148-149.
17　『ルター著作集』5巻、4頁。

夜課（Vigilien）がある。徹夜課は一般に大祭の前の夜に行なわれる宗教行事をさすが宗教改革期には、死者と係わるものが問題となった。また、施しの中には、たとえば、施浴（Seelbad）がある。これは、貧者のために施しとして与えられた沐浴であるが、煉獄にある魂のことを覚えて施された。ルターは、1530年の『アウクスブルク帝国議会に参集した聖職者に与える勧告[18]』で、贖宥や煉獄、様々な死者のためのミサとともに「偽りの教会において実践され、慣習となってきた事項」の一つとして、施浴をあげている[19]。

（4）煉獄と贖宥

死者のためのミサとともに重要であったのが贖宥である。煉獄思想の影響力を強めたのは、14世紀以降による贖宥制度の発達であった。

贖宥（indulgentia, Ablass）は中世中頃以降、悔悛の秘蹟と結びついて発達した。悔悛の秘蹟では、悔悛者の罪の告白のあと、司祭は罪の赦しを宣言し、祈りや断食、慈善、巡礼といった償いの業（償罪）を科すが、贖宥とはある個人のそれらの償罪の一部あるいは全体を免除するものである。それゆえ、免償と訳される場合もある。すでに述べたように、償罪がこの世で果たされない場合、煉獄においてその償いの苦しみを受けねばならないと考えられた。そのため、贖宥は煉獄の期間を短縮する機能をもつ。ここから、「布教神学」においては、煉獄の苦しみが強調されると、贖宥に対するより強い求めが生じた。同時に贖宥のありがたさを強調するために、ことさら煉獄での苦しみが宣伝されるといったことも起こった。

さて贖宥制度は十字軍時代に発達する。歴代の教皇は十字軍を成功させるため、十字軍従事者に贖宥を与える教書を発布した。十字軍を提唱したウルバヌスUrbanus 2世（在位1088-99）によって、十字軍参加の兵士にあらゆる償罪を免除する全贖宥（indulgentia plenaria）が与えられ、これが大きな転機と

---

18 *Vermahnung an die Geistlichen, versammelt auf dem Reichstag zu Augsburg*, WA 30/II, 268-356.（『ルター著作集』9巻、岸千年訳、97-169頁。）
19 WA 30/II, 348.（岸千年訳、158頁。）

第Ⅰ部　マルティン・ルター

なった。その後、兵士ばかりでなく、十字軍の費用を寄進した者にも贖宥が与えられる。十字軍が終わった後も贖宥はすたれることなく、逆にいっそう発展を遂げる。1300年を記念してボニファティウス8世は、その年にローマのペテロとパウロの墓に連続して15日間詣でて寄進した者に全贖宥を与える期年祭贖宥（Indulgentia jubilaeum）を設けた。期年祭贖宥は本来100年ごとに行なわれるものであったが、ローマへの巡礼時に行なわれる寄進を目当てに、その期間が50年、35年、25年と短縮されていった。このように贖宥制度と煉獄思想は、教皇庁の財政政策の影響を強く受けることとなる。15世紀に入るとついに、献納金をもって購入される贖宥状（Ablassbriefe）が発行されることとなった。今や贖宥は商品と化し、それによって集められた金額は、教会の再建や教皇庁の放漫財政を支えるために使われた[20]。

　贖宥はこのように教皇庁の教会政治と深く係わっていたのであるが、より根本的にはカトリック救済体系と結びついている。贖宥の神学的な基礎となるのは教皇の鍵の権能である。キリストは生前ペテロに、「あなたはペテロ［石］です。わたしはこの岩［ペトラ］の上にわたしの教会を建てます。……わたしは、あなたに天国の鍵をあげます。何でもあなたが地上でつなぐなら、それは天においてもつながれ、あなたが地上で解くなら、それは天においても解かれています」（マタイ福音書16章18-19節）と語った。この時与えられた鍵の権能によりペテロと「その後継者、代表者たち［教皇］は、ある人が犯した罪に対して、悔い改めと告解とによりそれが赦されたあとでも、残存している罰を免除するため、キリスト、聖母、諸聖人が蓄積している功徳（もしくは愛）の宝蔵を用いることができる[21]」、とカトリック教会は理解した。この前提には、エルンスト・トレルチがカトリックの二重倫理と呼ぶ考え方が存在する。カトリック教会では、聖職者と一般信徒とを身分の違いとしてはっきり区別する。

20　S. Ozment, *The Age of Reform 1250-1550, 1980*, pp. 216-219. 渡辺茂『ドイツ宗教改革』（聖文舎、1969年）、155-158頁。
21　M.D.ノウルズ他著『中世キリスト教の成立』（キリスト教史第3巻）上智大学中世思想研究所編訳、講談社、1981年）、247-248頁。

第3章　マルティン・ルターと死者の「死」

一般信徒には十戒を中心とする比較的ゆるやかな倫理が要求されるのに対して、聖職者には独身制を中心とするより厳しい倫理が要求される。その結果、聖職者の中でもとりわけ優れた生涯を送った聖人たちは、彼らが天国に行くのに必要とされる償罪以上を行なう。この余分の功徳（meritum）は教会に蓄えられて、教会はそれらを執り成しや、一般信徒が聖人の聖遺物のある所に巡礼することを通じて、彼らに分け与えた。贖宥もまさに、秘蹟や巡礼とともに、教会が蓄えている宝を一般信徒に分け与える管として理解されたのである。ただ重要なのは、贖宥を出すことのできるのは、鍵の権能をもつ教皇とされた点である。このように、贖宥は一般信徒と聖職者の区別を前提としており、悔悛の秘蹟と結びつくことを通じて、カトリック教会の救済体系の中心部分に係わっていたのである。

　さてこのように、煉獄思想と結びついた贖宥制度は、カトリックの救済体系と教皇庁の財政政策の両方に深く係わりをもっていた。そのような贖宥の中で、本章のテーマとの関係でとりわけ問題となるのは、死者のための贖宥である[22]。すでに死んで今は煉獄にいると考えられる死者のために、生者が代わって贖宥を手に入れることが可能か否か、という問題である。まず「思弁神学」を見ると、見解は必ずしも一致していなかった。煉獄の死者のための贖宥が議論されるのは13世紀に入ってからである。一般にドミニコ会修道士たちが賛成であり、フランシスコ会は反対、教会法学者たちの間では意見が分かれていた。たとえばフランシスコ会のボナヴェントゥーラBonaventura（1221-1274）は、死者はもはや教会の裁治権の下にはなく、教会の赦しは彼らには及ばないと考える。彼によると贖宥は悔悛の秘蹟によって始められた償罪の一つの変形であるので、煉獄ではもはや秘蹟は存在しないのであるから、煉獄では贖宥もありえない。一方、死者のための贖宥を認める学者の中には、アルベルトゥス・マグヌスAlbertus Magnus（1200頃-1280）やトマス・アクィナスがいる。

---

22 R.W. Schaffern, Leaned Discussions of Indulgences for the Dead in the Middle Ages, *Church History*, Vol.61, No.4, 1992 参照。

第Ⅰ部　マルティン・ルター

トマスによれば、煉獄の死者は生者と同様に救いの途上にあり、すべてのキリスト者は教会の裁治権の下にあるので、死者のために発せられた贖宥は、彼らに有効である。贖宥は何よりもそれを直接受ける者に有効である。しかし、贖宥の文面にそれを受ける者だけでなく、煉獄にいる両親や親戚も贖宥を受けると明記されている場合には、間接的にそのような煉獄にいる死者にも有効であるとトマスは主張した[23]。このように煉獄にいる死者に贖宥が有効か否かの重要な論点の一つは、煉獄に教会の裁治権が及ぶかどうかという問題であった。ホスティエンシスHostiensis（Enrico da Susa、？ -1271）のように来世における鍵の権能を否定する教会法学者もいたが、13世紀以降の教皇たちとその同盟者は、死者への贖宥は有効であると主張していく。教会裁治権の問題を考えると教皇のこの立場はよく理解できることである。具体的には、1343年、死者のための贖宥がカトリック教会において初めて公に認められた。そして1476年には、教皇シクストゥスSixtus 4 世（在位1471-1484）は、煉獄の死者のために生者が贖宥状を得ることを認めた。カトリック教会は、生者ばかりでなく、煉獄の死者もその権能の下におこうとしたのである。

　一方「布教神学」のレベルでは、スコラ学の大家たちが議論する前から、死者のための贖宥への言及が見られる。1095年には、二人の兄弟が彼ら自身とその両親の魂のために十字軍に参加したという文書があるという。13世紀中頃には、エティエンヌ・ブルボンは次のような話を書き記している。第二回アルビジョア十字軍に参加したある騎士が疲れて途中で郷里に帰ろうとしたところ、従軍していた教皇特使のギヨームが、40日間の軍役を果たすと、全贖宥が彼ばかりでなく煉獄の親戚にも与えられると励ました。十字軍が終わった後、この騎士の夢に父親が現われ、彼の軍役のゆえに煉獄から脱出できて感謝したという。R.S.シャファンは、この話について、時の教皇インノケンティウス3世は十字軍贖宥を死者にまで拡大してはおらず、またギヨームという教皇特使は存在しないので、この話は事実を伝えるものではないが、「13世紀の人々は、こ

---

23 Thomas Aquinas, *op. cit.*, pp. 2853f. Suppl. Q. 71 Art. 10.

のような贖宥が有効であると信じていたことを示している[24]」とコメントしている。以後、死者のための贖宥を普及させるうえで、とりわけドミニコ会の贖宥説教者が重要な役割を果たした。1517年にルターが、贖宥状を批判した『九十五箇条提題』を発表する直接的なきっかけをつくった贖宥状販売説教者のテッツェルJohann Tetzel（1455頃-1519）はまさにドミニコ会修道士であった。彼は13世紀以来のドミニコ会贖宥説教者の伝統を受け継いでいたのである。テッツェルは次のように人々に触れ回った。

　　お前さん方は、大声で叫んでいる死んだ両親や、その他の人々の声が聞こえませぬか。彼らはいっていますぞ。「憐れみを掛けておくれ、わしらに憐れみを掛けておくれ、神の御手がわしらに触れられたのだから。わしらは重い罰と苦しみを受けている。お前たちはわずかの慈善でわしらをそれから救うことができるのに、そうしようとはしない」と。耳を立てなされ、父親は息子に、母親は娘等々に向かって叫んでいるによって。……「わしらはお前たちを生み、育て、教育し、お前たちにわしらの財産を残してやった。一体なぜお前たちはそんなに残酷でつれなく、今ちょっとした努力でわしらを救えるのに、そうしようとしてくれないのか。わしらが約束された栄光にゆっくりとたどり着けばよいというわけで、わしらを焔の中に放っておくのか」とあの人たちは言おうとしているかのようですぞ。お前さん方は贖宥状を手に入れることができるのですぞ[25]。

　このような贖宥状のアピールは、様々な死者のためのミサや、臨終時における悔悛の強調とともに、人々の精神的圧迫となっていったのである。

24　R. W. Schaffern, *op. cit.*, pp. 368f.
25　「贖宥説教師ヨハン・テッツェルの説教」（中村訳）『原典宗教改革史』、30頁。

第Ⅰ部　マルティン・ルター

（5）煉獄を支える教義

　以上述べてきたことのまとめとして、煉獄がカトリックの教義体系の中でどのように位置づけられてきたかを、最後に整理しておこう。

　煉獄思想は二つの内容に整理できる。第一に、死者の状態に係わる。これを支える教義は悔悛の秘蹟と償罪である。煉獄は、この世において残した償罪をやり終えて天国へ行くための準備の場、償罪を遂げるための苦痛の場と考えられた。

　第二に、生者と死者の相互の関係に係わる。具体的には、死者が煉獄で受ける浄罪のための苦痛を、生者の働きで短縮しうるのかという点と、煉獄の魂が執り成しを求めて、生者にあらわれうるのかという点が問題となる。前者は生者から死者への働きかけであり、後者は、死者から生者への働きかけである。これらの問題について、「思弁神学」は生者から死者への働きかけ、執り成しを認めた。一方「布教神学」は、生者から死者への執り成しを認めるばかりでなく、煉獄の魂が、執り成しを求めて、生者にあらわれることも認めた。一般に「布教神学」は民衆とのより強い結びつきから、生者と死者との係わりを、「思弁神学」よりもより密接にまたより具体的に扱う。特に、生者から死者への執り成しとして、具体的には贖宥、死者のためのミサ、死者のための祈り、死者を覚えてする施し等々が実施された。

　以上の両方の内容に係わり、それを支える重要なローマ・カトリックの考え方が「教会の宝」という教義である。自らが必要とする償罪のための業以上を行なう聖人の功徳は、教会の宝として蓄えられて、秘蹟や巡礼等を通じて、人々に分かたれると考える。この背後には、聖職身分と一般信徒を分ける考え方がある。

■第2節　対カトリック論争書における死者

（1）贖宥批判

　周知のようにルターの宗教改革は、贖宥状批判から始まった。贖宥と煉獄が

密接に結びつき、生者と死者との関係をも規定していた以上、ルターの贖宥批判は当然、生者と死者との関係や煉獄に及ぶこととなる。「はじめに」で述べたように、第二節では、カトリック教会との論争書を取り上げて、そこに見られるルターの死生観を検討する。

ルターは1517年、贖宥に係わる95の提題を公表し討論を呼びかけた。それが『九十五箇条の提題[26]』（以下『提題』と略記する）である。これは活版印刷によって急速に広まるとともに、多くの反対も引き起こした。その反対の中には、多くの誤解もあったので、ルターは翌年『九十五箇条の提題解説[27]』（以下『解説』と略記する）を書き、自己の主張をより明確にしている。この二つの著作によって、ルターは贖宥をどのように理解したのか、またそれとの関連で生者と死者との関係をどのようにとらえたのかを、検討したい。

ルターは『提題』において、まず贖宥の基礎をなす悔悛の秘蹟を批判することから始める。悔悛の秘蹟は、マタイ福音書4章7節のヴルガータ訳「poenitentiam agite」を「悔悛の秘蹟を受けよ」と解釈することを基礎としている。しかし、ルターによれば、この聖書の箇所は秘蹟としての悔悛を述べたものではない。『提題』の第1条で、「私たちの主であり、師であるイエス・キリストが、『あなたがたは悔い改めなさい poenitentiam agite……』と言われたとき、彼は信じる者の全生涯が悔い改めであることを欲したもうたのである[28]。」と述べ、第2条で「この言葉が秘蹟としての悔悛（すなわち、司祭の職務によって執行される告解と償罪）についてのものであると解することはできない[29]。」と述べて、そのことをまず明らかにする。

では秘蹟としての悔悛とは異なる「悔い改め poenitentia」とは何か。それは悔悛の秘蹟を受けるという行為ではなく、「心の変革によって、言いのがれ

---

26 *Disputatis pro declaratione virtutis indulgentiarum*, WA 1,233-238.（『ルター著作集』第1巻、緒方純雄訳、73-84頁。）

27 *Resolutiones disputationum de indulgentiarum virtute*, WA 1, 525-628.（『ルター著作集』第1巻、藤代泰三訳、157-386頁。）

28 WA 1, 233.（『ルター著作集』第1巻、73頁。）

29 WA 1, 233.（『ルター著作集』第1巻、73頁。）

第Ⅰ部　マルティン・ルター

をする者が心を入れかえ、自己の罪を憎む[30]」（『解説』）という内的な事柄である。「しかし、それは単に内的な悔い改めだけを指してはいない。いなむしろ、外側に働いて、肉を種々に殺すことをしないならば、内的な悔い改めは無である」（『提題』第3条）。「それゆえ、自己憎悪（すなわち、内的な真の悔い改めpoenitentia vera intus）が続く間は、すなわち、天国に入るまでは、罰（poena）は続く[31]」（『提題』第4条）。

　ではこのような内的革新としての悔い改めはいかにして生じるのか。それは神の恩寵なくしては始まらない。神は、まず人の罪を責め、罪を認識させ、砕き、恐れさせることを通じてなす。「このうろたえconturbatioにおいて救いが始まる。」こうして人は「心の真の痛悔と霊のへりくだりvera contricio cordis et humiliatio spiritus」へと導かれる[32]。この痛悔において神の赦免remissio deiが与えられている。ルターにとって重要な点は、痛悔は自発的に行なえる人間の業ではなく、神の恩寵により、キリストによって起こるということである。ルターは、『解説』で次のように述べている。

　　あなた自らが十分に痛悔しているとは考えなくとも（なぜなら、自らに
　　信頼することはあなたにはできないし、そのようにすべきではないか
　　ら）、それにもかかわらず、もしあなたが、『信じてバプテスマを受ける
　　者、この者は救われるであろう』と言われた方を信じるならば、私はあ
　　なたに言う、あなたの痛悔がどのようであっても、彼の言葉へのこの信
　　仰があなたをまさに真に洗礼を授けられた者とするのであると。それゆ
　　えに至るところで信仰が必要なのである。……従って私は言う、人間が
　　罪のうちにいるとき、彼はむしろ、自らの判断によってすべての悪に自
　　らが関与していると信じるほどにその良心により苦しめられ、とがめら
　　れる。しかしこのような人は確かに宣義にもっとも近く、恩寵の働きは

30　WA 1, 530.（『ルター著作集』第1巻、168頁。）
31　WA 1, 233.（『ルター著作集』第1巻、73-74頁。）
32　WA 1, 540.（『ルター著作集』第1巻、189-190頁。）

始まっているのであると[33]。

　ルターは真の痛悔、内的な悔い改めは、神がその人の罪を認識させて砕き、心のへりくだりへと導く中で生じると考える。そのような自己の無力さと絶望的な状況の中で、にもかかわらず神の約束に基づく働きによって救われると信じる信仰によって悔い改めは生じる。このように、信仰義認論に立って、ルターは秘蹟としての悔悛とは異なる内的な悔い改めを基礎づけた。この前提に立って、ルターは贖宥の問題を考える。「真実に痛悔したキリスト者なら誰でも、贖宥状がなくても、彼のものと定められている、罰と罪責からの完全赦免をもっている[34]。」(『提題』第36条) それゆえ、悔悛の秘蹟が要求する償罪は必要ではないと結論づけることも可能であろう。しかしこの時点では、ルターは信仰義認論の論理的帰結にまで進むことはなかった。

　ルターは悔悛の秘蹟も贖宥も、教会法という枠組みの中で限定的に認める。『提題』の第5条で、「教皇は、自分自身また教会法が定めるところによって課した罰を除いては、どのような罰をも赦免することを欲しないし、またできもしない[35]」と述べて、贖宥を限定する。贖宥はすべての罰を赦免するものではない。また第8条で、「悔悛についての教会法は、生きている人にだけ課せられていて、それによるならば死に臨んでいる人には何も課せられてはならない[36]」と述べて、悔悛の秘蹟を限定する。悔悛は死者には及ばない。これらの点から、ルターは死者への執り成しとしての贖宥の有効性を否定した。

　ルターは贖宥批判において、もう一つ原理的な批判を展開している。それは、教会の宝 (thesaurus ecclesiae) とは何かをめぐってである。カトリック教会の考え方をルターは、『解説』で次のように要約する。

33　WA 1, 595. (『ルター著作集』第1巻、311-312頁。)
34　WA 1, 245. (『ルター著作集』第1巻、77頁。)
35　WA 1, 233. (『ルター著作集』第1巻、74頁。)
36　WA 1, 233. (『ルター著作集』第1巻、74頁。)

第Ⅰ部　マルティン・ルター

　「この世において聖人たちは負い目以上に多くの業、すなわち余分の功
　徳をなした。その業はまだ［神によって］報われなかったが、教会の宝
　のなかに残された。その業のために贖宥によってあるふさわしい調整が
　生ずるのである。」などと彼らは言う。かくして彼らは、聖人たちが私
　たちのために償罪したと思う[37]。

この考え方をルターは次のように批判する。

　いかなる聖人もこの世で十分には神の戒めを満たさなかった。それゆえ
　に聖人たちは余分の功徳を全く成し遂げなかったのである。それゆえ
　に、また贖宥に関して分配されるべきいかなるものをも彼らは残さな
　かった[38]。

　これを踏まえて、次のように述べる。「聖人たちの功徳（merita sanctorum）
は彼ら自らにとって不足しているので、私たちにとって宝ではありえないこと
が証明された[39]。」そして、積極的にルターは、「教会の真の宝は、神の栄光と
恵みとのもっとも聖なる福音である[40]」と語った。この観点を論理的に押し進
めていけば、死者への執り成しの否定にも及ぶであろう。しかしルターはここ
でも、この原則を貫徹しない。彼は『解説』で、司祭が「魂のために祈り、断
食し、いけにえを捧げる」等の執り成しは、「非常に重要であり、聖アウグス
ティヌスによれば、それが神に喜ばれ、諸々の魂がそれに値したことに従っ
て、諸々の魂を救うことは何の疑いもない[41]」と語る。
　以上検討してきたように、1517年と18年の贖宥批判においては、信仰義認論
と「教会の宝」としての福音という考えが、批判的原理としてすでにあらわれ

───────────

37　WA 1, 605.（『ルター著作集』第1巻、336頁。）
38　WA 1, 605.（『ルター著作集』第1巻、336頁。）
39　WA 1, 607.（『ルター著作集』第1巻、340頁。）
40　WA 1, 616.（『ルター著作集』第1巻、359頁。）
41　WA 1, 579.（『ルター著作集』第1巻、278頁。）

第3章　マルティン・ルターと死者の「死」

ているが、それを論理的に貫徹することはなかった。そのため、死者への執り成しとしての贖宥は否定されたが、他の執り成しは批判されることはなかった。さらに、贖宥批判において煉獄がどのように考えられているか、という問題があるが、これは第三節で扱うこととする。次にもう一つの重要な執り成しの手段であった死者のためのミサをルターがどのように批判しているかを検討したい。

（2）死者のためのミサ批判

　贖宥に次いでルターが中心的に取り上げたのは、死者のためのミサであった。1520年8月に出版された『キリスト教界の改善に関してドイツのキリスト教貴族に与う』で、死者記念日（Jartag）や死者のためのミサを全廃すべきか、その数を減らすべきであると述べる。ただ、ここではルターは死者への働きかけを否定する観点からではなく、聖職者がそれらのミサを行なうことによって金銭を得ようとしている点に批判を向けている。すでに言及したように、これらのミサは教会の公的な儀式ではなく、個人の要請によって行なわれる私誦ミサ（Privatmesse）であり、ミサを執行する司祭は手数料を受け取っていたのである。

　死者のためのミサをいかに批判したかを検討する前に、ルターがミサ自体をどのように理解したかを検討しておきたい。その中心は、ミサが本来「神の契約、約束」であるという理解である。その点を明らかにしたのが、1520年10月に出版された『教会のバビロン捕囚について[42]』であった。「私たちが呼ぶミサなるものは、神によって私たちに対してなされた罪の赦しの約束（promissio remissionis peccatorum）であり、また、神の子の死によって確立されたあのようにすばらしい約束である[43]」。この約束がミサを受ける人々のものとなるためには、三つのことが必要だとルターは考える。一つは、赦しを約束するキ

42　*De Captivitate Babylonica Ecclesiae praeludium Martini Luther*, WA 6, 497-573.（『ルター著作集』第3巻、岸千年訳、197-347頁。）
43　WA 6, 513.（『ルター著作集』第3巻、230頁。）

63

第Ⅰ部　マルティン・ルター

リストの言葉。そして約束のしるしとしてのパンとぶどう酒。最後に約束を受け入れる信仰である。

> ミサを適切に守るためには、この約束に確信をもってよりすがり、キリストはそのみ言葉において真実であることを信じ、そして、この無限の祝福が信仰に対して与えられていることを疑わない信仰より他の何ものも要求されないことを、あなたは知るであろう[44]。

ここからルターは、誰かの代わりにミサを受けてその恩恵にあずかることは不可能だと考える。

> ミサは、神の約束であって、自分の信仰によって、信じる者のみに対して以外には、誰に対しても授けられないし、誰に対しても適用されない、また誰に対しても執り成すことはできないし、誰に対しても伝達されえない[45]。

『教会のバビロン捕囚について』の中で直接、私誦ミサが死者の執り成しをすることは不可能であるとは、明記してはいない。しかし以上のことから、死者のためのミサが成り立たないことを、信仰義認に基づいて原理的に明らかにした、と言ってよいだろう。

ルターは「ミサは約束である」という理解を核にして、ミサを聖餐式へとかえていく。その際、カトリック教会に対しては、司祭がパンとぶどう酒の両方にあずかれるのに対して信徒にはパンのみが与えられるという点と、ミサにおいてキリストの死が再現されキリストが犠牲として神に捧げられるという点を批判していった。前者に対しては、聖書に従って信徒もパンとぶどう酒の両方

---

44 WA 6, 515.（『ルター著作集』第3巻、233-234頁。）
45 WA 6, 521.（『ルター著作集』第3巻、244-245頁。）

第3章　マルティン・ルターと死者の「死」

にあずかるべきこと（二種陪餐）を主張した。後者に対しては、ミサを犠牲と考えるのは偶像礼拝であり、ミサの中心は生きている人々によるキリストを中心とした交わりであると主張した。そして、犠牲の理解の根底にある、ミサのただ中でパンとぶどう酒が司祭の聖別の言葉によってキリストのからだと血の実体（substantia）に変化するというカトリック教会の実質変化説（化体説）を批判して、ルターはキリストの体と血がパンとぶどう酒の形態のもとに「真に現在する」と考えた。このルターの説は、後にプロテスタント内部でも論争を呼び、ツヴィングリHuldrych（Huldreich, Ulrich）Zwingli（1484-1531）やエコランパディウスJohann Oecolampadius（1482-1531）のパンとぶどう酒を象徴と見る見解との間で、論争が生じていった。

　ルターは死者のためのミサ、とりわけ私誦ミサを、ミサにおける信仰義認の原則と犠牲としてのミサ批判との関連から批判していく。ミサはキリストを中心とした生きている信者の交わり（communion）である。生者の信徒が誰も集わないで、司祭が一人で死者のために犠牲を捧げる私誦ミサは当然批判されることとなった。1521年の『ミサの濫用[46]』では、犠牲としての私誦ミサを論駁する中で、次のような批判もなされる。ミサが犠牲となってしまったのは、悪魔の働きによる。悪魔の欺きによって、生きたキリスト者の慰めのために設立されたミサが、もっぱら死者のために行なわれるようになった。この具体例として、ルターは「布教神学」でよく取り上げられる、煉獄の死者が自らの苦痛軽減のために現われてミサを行なってくれるように頼むという話を取り上げる。ルターによれば、このような例は教皇グレゴリウスGregorius 1世（在位590-604）から始まった。しかし、死者が現われるという事例は聖書に見られない。み言葉なしにそれ自身で生じるしるしは、悪魔のしるしである。従って、煉獄から来たという魂は、悪魔の幻影にすぎない、と論じた[47]。この書で、死者のためのミサや徹夜課（Vigilien）や執り成しの祈りを否定するに至った。

---

46 *Vom Missbrauch der Messe*, WA 8, 482-563.
47 WA 8, 531-537.

65

第 I 部　マルティン・ルター

　1519年には贖宥は否定したものの、他の執り成しの手段については、認めていた。1520年の『主の祈りの要解』[48]でも、煉獄にいる魂のために祈ることを認めていた。ルターが生者から死者への働きかけを全体として否定したのは、1521年と言ってよいだろう。その後、そのような考えが実際に適用されていく。ルターはオーストリアの貴族バルトロメーウス・フォン・シュタルヒェンベルクと親交があった。彼の妻マグダレーナ・フォン・ローゼンシュタインが1524年に死亡したとき、ルターは手紙を送って彼を慰めながら、亡き妻への執り成しをしないように求めた。

　　私の願いは、閣下がミサと徹夜課と奥様の魂のために日々祈ることから離れられることであります。閣下が一度あるいは二度奥様のために誠実に祈られましたならば、それで十分であります。……そしてとりわけ閣下に、徹夜課と死者のためのミサを中止されるようにお願い申しあげます。と申しますのも、それらは神が特別にお怒りになる非キリスト教的な事柄だからであります。しかも徹夜課には誠実さも信仰もなく、全く役に立たないつぶやきにすぎないことを見て取ることができます。神から何かを得ようとするならば別様に祈らねばなりません。そのような徹夜課の業はただ神を侮るものです。さらに、神はミサを死者のためではなく、生者のために秘蹟として制定されましたので、神が制定されたあれこれのもの、［特に］生者のためのミサから死者のための業と犠牲をつくりだしてしまうことは、恐るべき身の毛もよだつことであります。是非閣下はご用心くださり、聖職者たちや修道士たちが自分たちの腹の欲のためにつくりだしたこの忌まわしい誤りに係わりになりませんように。キリスト者は、神がそのことを命じられたと知ることなしには何事もしてはなりません。彼らはそのようなミサや徹夜課について何ら

48　*Eyn kurcz form dess Vatter unssers*, WA 7, 220-229.（『ルター著作集』第2巻、内海季秋訳、460-474頁。）

第3章　マルティン・ルターと死者の「死」

　　　［神の］命令をもっておりません。それは金と財産をもたらす、彼ら自
　　　身が捏造したものであり、死者をも生者をも助けることができません[49]。

　ルターはその後も、繰り返し一貫して、生者から死者への働きかけを否定し
ていった[50]。次に、煉獄が、カトリックに対する論争書でどのように否定され
ていったのかを検討しよう。

（3）煉獄批判

　（1）で述べたように、1517年と18年の贖宥批判において、贖宥は煉獄の魂
には働きえないと考えるものの、煉獄自体は否定しなかった。ルターは『提
題』の第8条から29条において、煉獄の問題を扱っているが、そこに二つの煉
獄観を認めることができる。一つは、死後の空間的世界としての煉獄である。
その場所がどこにあるのか知らないが、「私は煉獄が存在することはもっとも
確かなことである[51]」と書いている。しかしそこにいる魂がどういう状態なの
か、また救いにあずかっているのかどうかは、理性と聖書からは何も確かなこ
とは知りえないと考えている（第17-24条）。もう一つは、「非神話化、実存化
された」（マルティン・ブレヒト）[52]煉獄観である。地獄の罰は永遠に続く「動揺、
恐れ、おののき[53]」であり、絶望である。この地上において、それに近い恐れ
とおののきを感じる人々がいる。特に死にゆく人々は、自らの不完全さに不安
をもち、絶望的なおののきを感じる。これは煉獄の罰ではないか、とルターは
考える。
　この二つの煉獄観、すなわち死後における浄罪の場としての煉獄と、この世
において経験する「実存化された」煉獄とを、その後ルターはどのように考え

49　WA 18, 6-7.
50　たとえば、1528年の『キリストの聖餐について、信仰告白』、1530年の『アウクスブルク帝
　　国議会に参集した聖職者に与える勧告』、1537年の『シュマルカルデン条項』。
51　WA 1, 555.（『ルター著作集』第1巻、224頁。）
52　Martin Brecht, *Martin Luther*, Bd. 1, S. 190.
53　WA 1, 556.（『ルター著作集』第1巻、225頁。）

67

第Ⅰ部　マルティン・ルター

ていったかを、以下に検討しよう。

　1521年の『ローマの大勅書によって不当に断罪されたマルティン・ルター博士のすべての条項の弁明とその根拠[54]』でも、二つの煉獄観が混在している。次の文章はその混在をよく示している。

　　　私はこれまで一度も煉獄を否定してこなかったし、今なおそれを信じている。……とはいうものの、私はそれを聖書によっても理性によっても反対の余地のないように証明することはどうしてもできない。私が煉獄と考える地獄を、キリスト、アブラハム、ヤコブ、モーセ、ヨブ、ダビデ、エゼキエルその他何人かの者が生前に経験したことを、私は聖書においてよく知っている。また幾人かの死人がそれに耐えている、ということも疑いえない。タウラーも、それについていろいろ語っている。要するに、私は、煉獄のあることを確信してきたが、他人に対しては誰にも確信させることができないのである[55]。

　ルターは「一度も煉獄を否定してこなかったし、今なおそれを信じている。」しかしそれは、ルターが「煉獄と考える地獄」、すなわち「実存化された」煉獄のことを主に念頭においてのことである。本来の浄罪の場としての煉獄については、「聖書によっても理性によっても反対の余地のないように証明することはどうしてもできない。」このようにルターの気持ちを理解することができるのではないだろうか。

　1522年１月13日付ニコラウス・フォン・アムスドルフNikolaus von Amsdorf（1483-1565）に宛てた私信の次の文面が以上のことを裏付けてくれる。

　　　煉獄は、ソフィストたちが思い描くように一定の場所であるとは考えま

54　*Grund und Ursach aller Artikel D. Martin Luthers, so durch römische Bulle unrechtlich verdammt sind*, WA 7, 309-457.（『ルター著作集』第４巻、倉松功訳、5-136頁。）
55　WA 7, 451.（『ルター著作集』第４巻、131頁。）

第3章　マルティン・ルターと死者の「死」

せんし、さらにまた天上と地獄の外にとどまるすべての人が煉獄にいるとも考えません。彼らが地獄の味わいgustusと呼ぶところの罰であると考えます。この罰をキリストや、モーセ、アブラハム、ダビデ、ヤコブ、ヨブ、エゼキエルその他多くの人々が経験し、苦しみました[56]。

　公的な文書では、浄罪の場としての煉獄を、聖書から根拠づけられないとしながらも、それをはっきりとは否定せず、煉獄という言葉で二重の意味を重ね合わせて、煉獄への信仰を表明した。このようにして浄罪の場としての煉獄への不信を巧みにカムフラージュした。しかし私信では、はっきりと「一定の場所であるとは考えません」と本心を語っている、と考えられる。
　上に引用した二つの文章には「実存化された」煉獄について、キリストや預言者たちも経験したことが記されており、この煉獄が決して否定的な意味だけでは使われていないことをうかがわせる。これについては、第四節で述べる予定である。
　もう一つ、1522年のアムスドルフ宛私信には、重要な内容が記されている。煉獄観を述べた文面の前に、次のように記している。

　　私はあなたの魂について、あなたに満足すべき返答をすることができません。あなたとともに、義人iustusの魂は最後の審判の日まで眠っていてdormire、どこにいるか知らないという見解に賛成します。「彼らはその父祖たちとともに眠っている」という聖書の言葉が私をその見解に引きつけます。……しかしこのことがすべての魂に普遍的にあてはまるかどうか、私はあえて主張しようとは思いません。……つまりこれらは不確かです。しかし、少数の例外はあるものの、すべての死者は、感覚なく眠っているというのがより確かなように思います[57]。

56　WA Br. 2, 422f.
57　WA Br. 2, 422.

第 I 部　マルティン・ルター

　1522年の段階でルターは死を感覚のない眠りと考え始めていた。この考え
は、1525年に公にされる。四旬節になされた一連の説教の中で、ヨハネ福音書
8章52節に記されている、「わたしの言葉を守るなら、その人は決して死を味
わうことはない」というイエスの言葉をめぐって説教した。「死を味わうとは、
死の力や威力、その苦さ、すなわち永遠の死と地獄のことである[58]。」しかし
キリスト者はそのような死を味わったり、見たりすることはない。「キリスト
者の死は外的には神に逆らう者の死と同じように見える。しかし内的には天と
地が異なっているように、相違がある。キリスト者は死の中にあって眠ってい
て、そのことによっていのちへと移っている。しかし神に逆らう者はいのちか
ら離れ永遠に死を感じる[59]。」

　次に『キリストの聖餐について、信仰告白[60]』(1528年) を取り上げてみよう。
この書物は聖餐についての、カトリック教会に対してではなく、プロテスタ
ント内部のルターとは異なる見解に対する論争書である。しかしその第三部[61]
で、ルターは、「私の生きている間にも、死んで後にも、将来誰かが私の名を
利用して、ちょうど礼典や洗礼に係わっている熱狂主義者がし始めたように、
その過誤を強化するのに私の文書を悪用したりすることがないように[62]」その
信仰を一節ごとに告白した。その中で煉獄について、次のように告白してい
る。

　　　煉獄に関しても聖書には何の記述もない。それもまたポルター・ガイス
　　トがつくりだしたものである。それゆえに、これを信じる必要はないと
　　私は考えている。神はあらゆることをなすことができるので、魂が体と
　　分離したあとで、さらにこれを苦しめることもできるであろう。けれど

58　WA 17/II, 234.
59　WA 17/II, 235.
60　*Vom Abendmahl Christi, Bekenntnis*, WA 26, 261-509.（『ルター著作集』第8巻、三浦義
　　和訳、21-337頁。）
61　WA 26, 499-509.（『ルター著作集』第8巻、322-337頁。）
62　WA 26, 499.（『ルター著作集』第8巻、322頁。）

第3章　マルティン・ルターと死者の「死」

　　も神はこれを語ることも記すこともさせられなかったし、それゆえに、
　　神は人がこれを信じないことを欲したもう。しかし、私はその他に別の
　　煉獄を知っている。しかし、これについては教会において何ら教えるべ
　　きものがなく、また寄進とか徹夜課にも何の係わりもない[63]。

　ここで、浄罪の場としての煉獄を「神は人がこれを信じないことを欲したも
う」と言って、否定した。一方「実存化された」煉獄は、教会の信仰箇条では
なく、死者とも何の係わりもないとしている。
　『キリストの聖餐について、信仰告白』では浄罪の場としての煉獄を否定す
る理由を簡潔に「神はこれを語ることも記すこともさせられなかった」と述
べているが、その点を詳細に論じたのが、1530年の『煉獄の破棄[64]』であった。
この書でルターは、煉獄を肯定すると教皇派が考える聖書の箇所を一つ一つ取
り上げ、それらの箇所が煉獄を示すものでないことを論じている。その中で、
教皇グレゴリウス1世らは煉獄を確かに信じたが、それを信仰箇条として人に
強制することはなかった、と述べている[65]。しかしその内容の多くは、すでに
以前にルターが述べていたもので、この書の特徴は聖書解釈を通じて浄罪の場
としての煉獄を公に否定したことにある。「実存化された」煉獄は、もちろん
この書の批判の対象とはなってはいない。その後も、この煉獄は否定されるこ
とはないが、名称はかえられる。それについては後に触れるであろう。
　カトリック教会を批判する論争書においては、1530年でルターの議論は一応
完結する。もちろん贖宥や死者のためのミサ、煉獄は、カトリック教会との
論争書においてその後も、否定されるが、内容的に新しいものは見られない。
1530年代以降は、別の領域でその死生観を展開していく。続く第三節では、近
親者を亡くした人々への慰めの手紙を分析する。

63　WA 24, 508.（『ルター著作集』第8巻、332頁。）
64　*Ein Widerruf vom Fegefeuer*, WA 30/II, 367-390.
65　WA 30/II, 367-390.

71

第Ⅰ部　マルティン・ルター

■第３節　書簡における死生観

　1517年の贖宥批判に始まって、1520年代を通じ、生者が死者の救済のために
なす業は無意味であるばかりか、神の教えに逆らうものであることを、ルター
は対カトリック批判書において明らかにしようとした。第２節で述べたよう
に、生者から死者への働きかけの否定に関しては、1530年の『煉獄の破棄』で
もって一応論点が出尽くしている。ルターはこの時までに、死者への祈りや徹
夜課、死者のためのミサを批判し、煉獄の存在をはっきりと否定した。

　1530年代には、死者をめぐる別の問題が持ち上がってくる。死者はどのよう
な状態にいるのか、また生者は死者とどのようなつながりをもつことができる
のかという実践的な問題である。生者は近親者を亡くした悲しみに襲われるの
で、単に生者は死者に働きかけることはできないというのでは、問題は解決し
ないからである。死者の状態については、基本的な見解をルターはすでに1520
年代に形成していた。「（３）煉獄批判」で述べたように、1522年１月13日付の
ニコラウス・フォン・アムスドルフ宛書簡で、個人的な考えとしてではあるが、
死者は「感覚なく眠っているというのが確かなように思います」と述べた。そ
の後、1525年の四旬節説教で、ルターは公に、死を眠りととらえる考えを表明
した。このような死者の状態に関する見解を軸に、生者と死者とはどのような
絆をもちうるのかという実践的・牧会的問題への解答が1530年代以降表明され
ていく。

　「はじめに」で述べたように、ルターは近親者を亡くした多くの人々に慰め
の手紙を送った。次の表は、ワイマール版全集の書簡集に収められている慰め
の手紙の一覧である。それらの他にも失われた書簡もあるが、現在残されてい
る慰めの手紙は、1530年以降に集中している。これらの慰めの手紙が、死者の
状態と生者と死者とのつながりという実践的問題を正面から取り上げている。
次にこれらの書簡において、ルターがどのような死生観を展開しているかを検
討したい。

第 3 章　マルティン・ルターと死者の「死」

表 I　ワイマール版書簡集に収められている遺族への慰めの書簡

	日付	宛先	死者	全集箇所
1	1525. 5.15	ザクセン選帝侯 Johann	前選帝侯	Nr.867（Br.3, 496f.）
2	1525. 5.15	選帝侯 Johann の長男 Johann Friedrich	前選帝侯	Nr.868（Br.3, 497f.）
3	1528.12.15	Margarethe N. 不明	夫（自殺）	Nr.1366（Br.4, 624f.）
4	1530. 4.20	Konrad Cordatus ツヴィカウの説教者	息子	Nr.1544（Br.5, 273）
5	1530. 5.19	Justus Jonas ヴィッテンベルク大学教授	息子	Nr.1571（Br.5, 323f.）
6	1530. 6. 5	Wenzeslaus Link ニュルンベルクの牧師	娘	Nr.1583（Br.5, 349f.）
7	1531.10.21?	Matthias Knutzsen とその妻 Magdalena ヴィッテンベルク大学学生の両親	息子	Nr.1876（Br.6, 212f.）
8	1532. 4. 1	Ambrosius Berndt ヴィッテンベルク大学学芸学部教師	息子	Nr.1915（Br.6, 279ff.）
9	1532. 4.22	Thomas Zink in Hofheim ヴィッテンベルク大学学生の父	息子	Nr.1930（Br.6, 300ff.）
10	1532.11. 3	Lorenz Zoch 元マクデブルク大司教領の Kanzler	妻	Nr.1971（Br.6, 382f.）
11	1532.12. 7	Lorenz Zoch 第二書簡	妻	Nr.1978（Br.6, 392f.）
12	1534. 8.25	Autor Broitzen in Braunschweig ヴィッテンベルク大学卒業生	妻	Nr.2133（Br.7, 95f.）
13	1535.10.25	Agnes Lauterbach in Leisnig 不明	息子	Nr.2265（Br.7, 305）
14	1536. 4.18	Hans Reineck マンスフェルトの精錬所親方	妻	Nr.3015（Br.7, 399f.）
15	1542. 5. 8	Johannes Cellarius　の妻 Cellarius はドレスデン教会の監督	夫	Nr.3751（Br.10, 63f.）
16	1542.12.26	Justus Jonas ハレ教会の監督	妻	Nr.3829（Br.10, 226-228）
17	1543. 9.11	Wolf Heinze ハレのオルガニスト	妻	Nr.3912（Br.10, 394f.）
18	1543.12.27	Nikolaus Medler in Naumburg	息子	Nr.3951（Br.10, 479ff.）
19	1544.10. 8	Georg Schulz の未亡人 1535年までヴィッテンベルクで下宿を営む	夫	Nr.4034（Br.10, 663f.）
20	1544.12.13	Georg Hoesel マリーエンベルクの鉱山書記	息子	Nr.4049（Br.10, 698f.）
21	1545. 3. 9	Georg von Anhalt 侯	Georg Helts	Nr.4080（Br.11, 47f.）
22	1545. 4.24	Kaspar Heidenreich フライブルク宮廷説教者	息子	Nr.4094（Br.11, 75f.）
23	1545.6.3	Andreas Osiander ニュルンベルクの宗教改革者	妻と娘	Nr.4122（Br.11, 113f.）

　書簡の相手は当然のことながら友人、知人が多いが、ヴィッテンベルク大学学生の親や、見知らぬ人もいる。書簡の一例として、1542年12月26日付のユストゥス・ヨナス Justus Jonas（1493-1555）宛書簡を取り上げ、そこにあらわれている特徴を考察することとする。ユストゥス・ヨナスはエアフルトと

73

第Ⅰ部　マルティン・ルター

ヴィッテンベルクで学んだ後、1518年にエアフルト大学の教会法教授となった。1521年以降はヴィッテンベルク大学に移り、ルターをよく理解して彼の活動を支えていく。1493年の生まれで、ルターよりも十才若年であったが、個人的に親しい友人でもあった。1546年にルターが故郷アイスレーベンで死んだ時には、ヨナスはルターの最期を看取るとともに、アイスレーベンでの葬儀の説教も担当する[66]。ルターがこの慰めの手紙を書いたときは、ハレの教会の監督であった。前年に彼はハレに移っていて、翌年の1542年に子どもが生まれるが、その時の出産が原因で妻カタリーナが死亡し、ルターたちは突然その知らせを受け取ったのであった。ルターは次のように書いている。

　　　あなたに降りかかった予期せぬ災難によって私は全く打ちひしがれ、何を書けばよいのか分かりません。あなたの人生の最愛の伴侶の死により私たちはみな喪失感をぬぐうことができません。夫人は本当に私にとって大切であったばかりでなく、その快活な性格はいつも大きな慰めでした。特に喜びであれ悲しみであれ、自分自身のものであるかのように、それらを私たちと分かち合ってくれました。それは本当につらい別離です。私がこの世を去った後、彼女が、あらゆる女性の中で、残された人々のもっとも良き慰め手となってくれるであろうと思っていました。私は、彼女の優しい精神、静かな物腰、誠実な心のことを考えると、悲しみに打ちのめされます。あのように敬虔と高貴と謙遜と友情に満ちた女性を失った悲しみのため、私は激しい苦痛にみまわれています。
　　　……このような時に慰めは肉（caro）において見出すことはできません。私たちはそれを霊（spiritus）において、私たちすべてを召し彼がよしとされた時に私たちをこの世の悲惨と邪悪さから彼ご自身のもとへと引き出されるお方のもとへ、彼女が行ったのだということを理解することによって見出さねばなりません。アーメン。

66　Martin Brecht, *Martin Luther*, Bd. 3, 1987, S. 368-371.

第3章　マルティン・ルターと死者の「死」

　　あなたが嘆くのは当然です。しかし、あなたが嘆く時、私たちキリスト者の共通の運命のことを心にとめられるようにと祈ります。別離は肉によればたいへんつらいものですが、来世において私たちは再会し、集められ、私たちを愛しご自身の血と死によって私たちのために永遠の生命を獲得してくださったお方とのもっとも甘美な交わりに入れられます。「もし私たちが彼とともに死ねば、彼とともに生きるようになる」、と聖パウロは言っています。……

　　しばらくの間嘆き悲しんだ後、私たちは言い様のない喜びに浸ることでしょう。……主があなたの肉を慰められるように祈ります。霊は、敬虔で良き婦人があなたのそばから天国と永遠の生命へと移されたことを考える時、喜ぶべき理由をもっています。このことを疑うことはできません。なぜなら、夫人はそのように敬虔で聖なる言葉をもって信仰を告白しながら、キリストの胸の中に眠りました。私の娘もまたこのようにして眠りました。それが私の最大で唯一の慰めです[67]。

　ルターは亡くなったヨナスの妻カタリーナのことを思い出し、ルター自身彼女を失った激しい苦痛に打ちのめされていることを語り、ヨナスが嘆くのはもっともだと共感する。遺族にとって嘆くのは当然であり、必要ですらあることを、ルターは多くの手紙で繰り返し述べている。ヨナス宛の手紙でも触れられているが、ルター自身二人の娘を亡くしていた。彼は長女エリーザベトElisabethを1528年8月3日にわずか一才で亡くし[68]、次女マグダレーナMagdalena（1529-1542）を1542年9月20日に13才で失った。夫人を亡くしたヨナスにこの手紙を書くおよそ三ヶ月前の9月23日に、ルターはヨナスに次の

67　WA Br. 10, 227-228, Nr. 3829.
68　ルターは1528年8月5日にN.ハウスマンに、「私の小さな娘エリーザベトが息を引き取りました。彼女は私に何と病弱でほとんど女性のような心を残したことでしょうか。彼女を失ったあまりの悲しみに私は打ちのめされています。父親の心が子どもに対してそのように敏感な感情をもちうるとは以前なら信じられなかったでしょう。どうか私のために主に祈ってください。」と書き送っている。WA Br. 4, 511, Nr. 1303.

第Ⅰ部　マルティン・ルター

ような手紙を書き送っている。

> 私の最愛の娘マグダレーナがキリストの永遠の王国へ再生したという噂
> があなたのもとに届いていることと思います。私と妻はそのような幸福
> な出発と祝福された終わりとに対して感謝を捧げるべきなのでしょう。
> マグダレーナはそのことによって肉やこの世、トルコ人、悪魔の力から
> 逃れることができたのですから。しかし、肉親の愛は大きく、心の中で
> 叫び嘆くことなしには、あるいは私たち自身の死を経験することなしに
> はこのことをなしえません。というのも、たいへん従順で人々を敬った
> 娘のしぐさや言葉や動作が心の奥深く刻まれています[69]。

　1544年にヴィッテンベルクの学生、ヒエロニムス・ヘーゼルHieronimus Hoeselが急死したとき、ルターはその父親ゲオルクGeorg Hoeselと面識はなかったが、息子の死を知らせる手紙を送り、そこでも次のように書いている。

> 私もまた一人の父親であり、私自身の子が一人ならず亡くなるのを体験
> してきております。また、死よりも厳しい逆境も経てきています。私
> は、これらの事柄が、いかに痛ましいものであるかをよく知っていま
> す。しかし私たちはその痛みに耐えて、永遠の救いの知識をもって慰め
> られねばなりません。神は、私たちが自分たちの子どもを愛することを
> 望まれ、子どもたちが私たちの手から取り去られたときは、嘆くことを
> 望んでおられます。しかし嘆きは限度を超えたりあまりにも激しくなっ
> たりしてはいけません。そうではなくて永遠の救いの信仰が私たちを慰
> めるべきであります[70]。

69　WA Br. 10, 149-150, Nr. 3794.
70　WA Br. 10, 699, Nr. 4049.

第3章　マルティン・ルターと死者の「死」

　神は嘆くことを望んでおられるが、その嘆きは限度を超えてはならない。「永遠の救いの信仰」が慰めとならねばならない。ヨナス宛の書簡の最後のパラグラフで、ルターは、ヨナスの妻カタリーナが「敬虔で聖なる言葉をもって信仰を告白しながら、キリストの胸の中に眠りました。私の娘もまたこのようにして眠りました。それが私の最大で唯一の慰めです。」と語る。ルターは生前の意識のしっかりした時の信仰告白を重視する。彼は1531年と1532年にも死亡した学生の親に慰めの手紙を書いているが、その中で強調されているのはその点である。ヴィッテンベルク大学の学生、ヨハネス・クヌッツェンJohannes Knutzsenの両親にルターは、次のように書いた。

　　ご子息は、疑いなく、キリストにあって永遠の憩いのもとにいて、快く穏やかに眠っていることを、是非感謝してください。生前彼はたえず祈りに励み、最後までキリストへの告白に忠実でした。誰もがその大いなる恩寵に感嘆していたものです[71]。

　同じく、ヨハネス・ツィンクJohannes Zwinkの父トーマスThomas Zink in Hofheimに、ヨハネスが「そのようなすばらしい信仰と認識と告白をもって、息を引き取ったというよりもむしろ、穏やかで静かに眠りました」と告げている。ヨハネス・ツィンクは、生前ルターの家でしばしば夕べをともにし、歌唱したとルターはその手紙で書き記している[72]。

　生前にしっかりと信仰告白をした者は、この世の悲惨から解き放たれて、穏やかな眠りの状態にある。これがルターの確信の中核であり、慰めの手紙において必ず触れられている事柄である。生者はもはや死者の救済のために祈ったりミサを捧げたりする必要はない。他面において、それは生者と死者とのつながりを実感させる具体的な媒介がなくなったことをも意味する。ルターにとっ

71　WA Br. 6, 213, Nr. 1876.
72　WA Br. 6, 301, Nr. 1930.

第Ⅰ部　マルティン・ルター

て死者とのつながりは、ひとつには死者への追憶であった。先ほど引用した1542年9月23日付の次女の死を知らせるヨナス宛書簡で、そのことが述べられている。それから2年以上たった1545年6月3日付のアンドレーアス・オジアンダーAndreas Osiander（1498-1552）宛書簡でも、マグダレーナのことを次のように語っている。

> あなたが再び十字架に、奥様と愛する娘さんの死を通じてまさに二重の十字架に見舞われたということをお聞きしました。私は自分の愛する娘の死によって知っておりますが、あなたの悲しみはいかばかりでしょうか。奇妙に思われますが、私は今なおマグダレーナの死を悼んでおり、彼女のことを忘れることができません。しかし、彼女は天国にいて、そこで永遠の生命をもっていることを確かに知っています[73]。

　オジアンダーはニュルンベルクの宗教改革者で、その時、ペストの流行により、二度目の妻と娘を同時に失うという悲劇に見舞われた。最初の妻が1537年に亡くなった時もルターは慰めの手紙を書いているが、現在残っていない。死者とのつながりでより重要なのは、来世における死者との再会の希望である。ヨナス宛の慰めの書簡では、第三パラグラフで「来世において私たちは再会し、集められ、私たちを愛しご自身の血と死によって私たちのために永遠の生命を獲得してくださったお方とのもっとも甘美な交わりに入れられます。」と語っている。このように死者とのつながりは、祈りやミサの儀式を通じて死者の救済に参与することから、死者を個人的に覚え、来世において再会することを希望するという、内面化されたものとなっていった。

　ルターは1517年から1530年にかけて、信仰義認論に立って、生者から死者への働きかけを否定していった。そのことにより実践的問題として、両者の新たな関係づけが必要となった。ルターは、死者は感覚のない状態で眠っていると

---

73 WA Br. 11, 114, Nr. 4122.

第3章　マルティン・ルターと死者の「死」

考える。このことは二つのことをもたらす。一つは煉獄で苦しむ死者というイメージを追い払い、死に纏わりついていた恐怖と不安を取り除くことになった。もう一つは、死者と生者との直接的なつながりはなくなり、生者にとって死者は追憶と再会の希望の対象となり、両者のつながりが内面化したことである。

　この節の最後にもう一点、述べておきたい。近親者を亡くすことは、様々な苦難の一つである。それゆえ生者と死者との関係という視点からでなく、苦難一般という視点から遺族を慰めることもありえる[74]。ドレスデンの教会の監督であったヨハネス・ケラリウスJohannes Cellarius（1496-1542）が死んだ時、その夫人に送ったルターの手紙はそのような視点から語られている。そこには、後に『ハイデルベルク教理問答書』の有名な、第一問「生きるにしても死ぬにしても、あなたの唯一の慰めは何ですか」と、その答え「それは、生きるにしても死ぬにしても、私が、体も魂も私のものではなく、私の真実な救い主イエス・キリストのものであることです[75]」につながる思想が、適切に表現されている。

> あなたの悲しみは人の子らの下で味わわれたものの中で最大の悲しみではありません。百倍もの苦しみに耐えなければならなかった多くの人々がいます。しかも、私たちの地上のあらゆる苦難（leiden）を積み重ねても、神の子が私たちのため、私たちの救いのために無実にもかかわらず受けられた受難（leiden）に比べれば、無に等しいものです。なぜなら私たちの主であり救い主であるキリストの死に比較されるいかなる死もありません。私たちはすべてキリストの死によって永遠の死から救われているのです。

74　ルターにおける苦難の意義については、本書第4章参照。また、拙稿「ルターと親鸞における苦難と信仰—宗教的パトスの一類型—」『香川大学生涯学習教育研究センター研究報告』第10号、2005年、81-94頁。

75　*Bekenntnisschriften und Kirchenordnungen der nach Gottes Wort reformierten Kirche*, hrsg. v. W. Niesel, Zürich 1985, S. 149.

第Ⅰ部　マルティン・ルター

　　どうぞ、あなたと私たちすべてのために死んでくださった主、私たち
よりも、私たちの夫や妻、子ども、すべてのものよりも遥かに優れた主
にあって慰められますように。なぜなら、死ぬにしても生きるにして
も、貧しくても富んでいても、たとえいかなる状態にあろうとも、私た
ちは主のものです。そして私たちが主のものなら、主もまた、彼ご自身
と彼に属するすべてのものとともに、私たちのものであります。アーメ
ン[76]。

■第４節　告別説教における死生観

（１）ザクセン選帝侯ヨハンの葬儀における説教

　第３節で考察した手紙は、その一部はまとめて公刊されることになるが、も
ともと個人的な私信であった。第３節で考察した生者と死者との関係をルター
が公にして広く知らしめたのは、葬儀における説教によってであった。ルター
は生前、二人の主君の死に遭遇している。最初は1525年５月のザクセン選帝侯
フリードリヒ賢公の死であり、もう一回は1532年８月の同じく選帝侯ヨハン堅
忍公の死である。両者ともその葬儀において、ルターがドイツ語の説教を行
なった。

　フリードリヒ賢公は1525年５月５日に死亡し、同月10日にメランヒトンによ
るラテン語の記念演説が行なわれ、次いでルターのドイツ語説教がなされた。
翌日新選帝侯の意向で、ルターは新たにドイツ語説教を行なった。この葬儀は
ルターをはじめヴィッテンベルク大学やザクセン選帝侯国宮廷にとって、福音
的葬儀がどうあるべきかを示す重要な意味合いをもっていた。宮廷説教者シュ
パラティンは、従来行なわれていた葬儀における儀式を一つ一つ列挙し、それ
がふさわしいかどうかルターに問い合わせている。非常に簡素な儀式を主張す
るグループもあったが、実際に行なわれた葬儀では、生者から死者への働きか

76　WA Br. 10, 63-64, Nr. 3751.

第3章　マルティン・ルターと死者の「死」

けを示すミサのような儀式を取り除くものの、以前から行なわれていた君主の威厳を示す儀式は実施された[77]。ルターは1525年5月23日のヨハン・リューエル宛書簡で、

　　　わが恵み深き君主、選帝侯は、私があなたがたと別れた日の5時と6時の間に、……、穏やかに、はっきりとした意識をもって、亡くなられました。侯はパンとぶどう酒による秘蹟を受けられ、終油は受けられませんでした。私たちもミサや徹夜課を行ないませんでしたが、おごそかに埋葬されました[78]。

と報告している。

　フリードリヒ賢公の死後は、その弟のヨハン堅忍公が選帝侯に就いた。しかし彼も七年後に死亡する。1532年8月15日に狩りのためシュヴァイニッツSchweinitzに滞在中、おそらく卒中で倒れ、翌日夕方死亡した。葬儀は日曜日の18日に行なわれ、同日ヴィッテンベルクの城教会に埋葬された。葬儀の説教はルターが担当した。また22日に新しいザクセン選帝侯ヨハン・フリードリヒJohann Friedrich（1503-1554）の求めに応じて第二の説教を行なっている[79]。本章のテーマとの係わりで重要なのは、ヨハン侯の18日の葬儀の時に行なったルターの説教である。ここに表明されているルターの死生観を次に検討したい。

　ルターはまず説教の重要性を語る。死者のためのミサは廃されたが、説教はなくすべきではない。それは神を誉め讃えたり、人々を改善したりすることができる。ルターは葬儀の中心に説教をすえようとした[80]。

　次いで選帝侯を失った嘆きを述べる。古代の異教徒の一部では、知人や親し

77　Martin Brecht, *Martin Luther*, Bd. 2, S. 182f. ; Craig M. Koslofsky, *op. cit.*, p. 89 ; WA Br. 3, S. 487f.
78　WA Br. 3, 508, Nr. 874.
79　Martin Brecht, *op. cit.*, S. 401f ; WA 36, XX-XXIV.
80　WA 36, 237.

第Ⅰ部　マルティン・ルター

い人が死んだ場合、嘆いたり泣いたりしないことが徳であると考えた。また現在の熱狂主義者も、自然的なものを排除して、父や母、息子、娘が死んでも、泣いたり心を乱したりしてはならないという。しかしルターによれば、それはつくられた徳であり、神の喜び給うことではない。神は、石や木となるようには人間をお造りにならなかった。神は人間に五感を与えられた。そして、友人を愛し、敵に怒り、愛する友人に不幸が生じた場合に嘆くという「肉の心」を与えられた[81]。ルターがこのように嘆きを大切にすることは、すでに第3節において慰めの書簡で確認したとおりである。

　しかし嘆きには限度がなければならない。なぜなら選帝侯は今や苦しみのなかにいない。選帝侯の肉体は死んで、眠っている。パウロは「テサロニケ人への第1の手紙」［4章14節］の中で、キリストについて、彼は眠ったとは言わないで、死んだと言っている。十字架上でのキリストの死を「真の死」と呼ぶ。それに対して、私たちの死は死ではなく、眠りである。ここでルターはキリスト者の死とキリストの死を区別する。キリストの死が真の死であり、他は無（nichts）である。キリストの死よりも悲惨な死はない。キリストは私たちの罪の赦しのために死なれたからである。それに対して私たちの死は、五感の死にすぎない。私たちの罪のためにはキリストが死なれた。「［ヨハン］侯は洗礼によってキリストの王国に呼び出され、キリストを告白し、神の言葉を熱心に心から喜んで聞いた。それゆえ侯は、ただ五感が死んだだけである。これは半分の死（die huelfen von tod）であり、身体の死である。キリストが侯のために死に、……彼は今イエス・キリストにあって、眠りについている[82]。

　以上のようにルターはキリストの「真の死」と私たちの眠りとしての死を対比的に述べるが、同時に私たちも地上で「真の死」を味わうことにも言及する。ヨハン侯は生前それを経験した。1530年のアウクスブルク帝国議会で、選帝侯は、悪魔の誘惑の中、「キリストの死と復活の告白から離れることなく、その

81　WA 36, 238-239.
82　WA 36, 240-245, 249.

第 3 章　マルティン・ルターと死者の「死」

ために多くの禍と恥辱に耐えた[83]。」この帝国議会で『アウクスブルク信仰告白』
が上程された。

> あなたがたはみんな、侯がキリストに従って二年前アウクスブルクで死
> んだこと、真の死を被ったことを知っている。それは侯自身のためでは
> なく私たちすべてのためであった。そのとき侯は、悪魔が注いだ悪しき
> スープと毒を飲まねばならなかった。これこそが、悪魔が人を憔悴させ
> る恐ろしい真の死である。選帝侯は全世界の前で公にキリストの死と復
> 活を告白され、それと固く結びつき、土地と人々を、実に彼自身の体と
> いのちをそれに賭けられた。この死がいかに難しいことであるかを、彼
> は確かに心に感じていた。この告白が今や明らかになっているので、私
> たちはそのことのゆえに、彼をキリスト者として賞賛する[84]。

　ルターがこの説教で触れている選帝侯の告白は、『アウクスブルク信仰告白』
のことを指していると思われる。ルターは、「暴君や暴徒からさらに私たち自
身の良心と悪魔から」、イエス・キリストを否定する可能性のある場に立たさ
れること、それにも関わらずイエス・キリストへの信仰告白を明確にすること
を、人間が地上で経験する「真の死」と呼んでいると考えられる[85]。この「真
の死」は、第 2 節の「（3）煉獄批判」で「実存化された煉獄」と呼んだもの
と内容上つながりがあると思われる。第 2 節で確認したように、ルターは二つ
の煉獄を考えていた。一つは死後における浄罪の場としての煉獄で、カトリッ
ク教会が一般に煉獄と呼ぶものと同じであり、ルターはこれを1530年までに
はっきりと否定した。もう一つはM・ブレヒトが「実存化された煉獄」と名づ
けたもので、ルター自身は「煉獄と考える地獄」とか「地獄の味わい」とか、「別
の煉獄」と呼んでいる。これは死後ではなく、地上で経験する。地獄の罰は永

83　WA 36, 249.
84　WA 36, 246.
85　WA 36, 246f.

第Ⅰ部　マルティン・ルター

遠に続く「動揺、恐れ、おののき」、絶望であるが、この世においてそのような地獄の罰を一時的に味わうことが、ルターの言う「煉獄と考える地獄」である。そしてルターはそのような地獄の味わいを、アブラハムやモーセ、ダビデ、ヨブ、エゼキエルらの信仰者とともにキリストも経験したと言う。それゆえ、ルターはこの苦難を肯定的な視点から見ていたと考えられる。1530年までの著作の中でルターはそれを詳細に論じることはしていないので断言はできないが、ルターにおける苦難と救済の弁証法的な関係を考えると[86]、「真の死」がそのような「煉獄と考える地獄」につながるものではないかと、筆者は考えている。煉獄という言葉がもはや出てこないのは、1530年に一般的な煉獄をはっきり否定したからだと思われる。

　さらにルターは、選帝侯の生き方と関連して、福音がいかなるものかを説明し、福音的教説による死への備えの大切さを語る。自分がいかに義しいか、いかに生きたか、いかに統治したか、このように問うことは、悪魔の策略である。この時人は、不安と絶望に至る。特に死の間際に自分がどう生きたかを問うてはいけない。悪魔はそこにつけ込み、私たちの良心を恐れと絶望へと追いやる。悪魔とそのような論争をするべきではなく、キリストが私のために苦難を受けられ、私の罪のために死なれ、そしてよみがえられたことを学ばねばならない。そしてそのためのしるしとして、洗礼、福音、み言葉とサクラメントをもっている[87]。

　最後にルターは、説教の焦点を葬儀に参列している会衆にあわせ、福音的生き方をすすめる。

　　　今や論じるべき時ではなく、イエス・キリストが私のために亡くなられて復活されたというみ言葉をもって慰めることが大切である。……死は今後もはや死ではなく眠り、そう何も夢を見ない深い眠りと呼ばれるべ

86　本書第4章参照。
87　WA 36, 251-253.

第3章　マルティン・ルターと死者の「死」

きである。私たちの主君も疑いもなく甘き眠りの中におられ、聖なる眠り人heiligen Schlefferの一人となられた[88]。

　私たちは自分自身や自分の義に頼ることなく、キリストの死と復活を信じ告白するならば、たとえ世の10倍の罪を犯したとしても、キリストの復活にあずかることができる。ルターはこの葬儀を次の言葉で結んでいる。

　　それゆえ、あなたは自らを低くし、その生活を改めよ。そうすれば侯と同様に、キリストとともに苦難を受けて死んだ人々の中にあなたも数えられるだろう。あなたがたの多くが、ヨハン侯がアウクスブルクでそうしたように死んで苦難を受けることを、私は望んでいる。その時あなたがたも安らかに死ぬことができるだろう[89]。

　この説教は、カトリック的葬儀からの転換をよく示している。葬儀はもはや、死者のためのミサのように死者の救済に係わる出来事ではなく、逝った人々を嘆き悲しみ、残された人々に死の備えの大切さを訴え、再会の希望を確認する機会となった。葬儀は死者のためのものから生者のためのものに変わっていく。

（2）死への備え

　ルターがヨハン堅忍公の告別説教で、死の間際に自分がどう生きたかを問うてはならないと言っていることは、当時のカトリック教会が、臨終の悔い改めを強調していただけに重要である。ルターによれば、そのことはかえって死に逝く人々の良心を恐れと絶望へと追いやることであった。このような考えをルターはすでに、1519年の『死への備えの説教[90]』で詳しく展開していた。その

88　WA 36, 252.
89　WA 36, 254.
90　*Eyn Sermon von der Bereytung zum Sterben*, WA 2, 685-697.（『ルター著作集』第1巻、

第Ⅰ部　マルティン・ルター

内容をここで補足しておく。

　ルターは死には三つの側面があると考える。第一に死は、「この世からの身体的ないし外的な別離」であるので、特に財産に関して、残された人々の間で財産をめぐって争いが起こらないように備えなければならない。第二に死は、人々との別れであるので、人々と和解して死なねばならない。そのために特に仲違いをしていた人との和解が必要であると説く[91]。第三に死は、神との関係において生じる。この点が『死への備えの説教』の中心部分である。

　この第三の死に関して、中世末からルター当時にかけて、第1節で述べたように、臨終における悔い改めが強調された。しかしこれは危険であるとルターは考える。人間は「臆病で無気力な性質」なので、死の恐るべきイメージ（bild）と罪の戦慄すべき様々なイメージ、および地獄と永遠の呪いの耐え難く避け難いイメージという三つのイメージを臨終の時に思い浮かべると、死を恐れかえって神に不従順になるからである。たとえば、罪のイメージについて次のように語っている。

　　　罪も、またあまりにこれを見つめすぎたり、あまりに深く考えすぎると、増大してくるものである。それに、私たちの良心が弱くて、自ら神の前に恥じたり、はなはだしく自己を責めたりすると、ますますその勢いを助長することになる。……そのために人はまたしても絶望に陥り、死をいとうようになって、結局神を忘れ、死に至るまで不従順にさせられるのである[92]。

　死・罪・地獄のイメージが恐怖を与えるのは、ルターによれば、人間は正しい存在ではないからである。死は、日常生活でごまかしている自らの実態、そ

────────────────────

　　福山四郎訳、579-602頁。）なおこの説教は、語られた説教ではなく、ザクセン選帝侯宮廷顧問のマルクス・シャルトの依頼によって執筆したものである。
91　WA 2, 685.（『ルター著作集』第1巻、579頁。）
92　WA 2, 687.（『ルター著作集』第1巻、583頁。）

第3章　マルティン・ルターと死者の「死」

の罪を突きつける。しかしルターにとって死への備えとして重要なのは、次の二点であった。第一に、死・罪・地獄の脅威はすでにキリストの十字架の死と復活によって解決されていることを知ることである。「キリストのいのちは私の死をご自身の死において克服し、キリストの服従は私の罪をご自身の受難において根絶し、キリストの愛は私の地獄をご自身が見捨てられたことにおいて破壊したもうた[93]。」死と罪と地獄を、それぞれそれ自身において見るのではなく、また自分自身において見るのではなく、キリストにおいて見ることである。死と罪と地獄のイメージ（bild）がキリストの十字架における三重の姿（bild）によって克服されていることを覚えることが大切である。第二に、そのことは、死に直面してではなく、日常生活の中でなされなければならない。すなわち、日常の生活においてキリストの姿（bild）を自らの中に形成していく（bilden）ことが大切だとする。このようにルターは、死の備えを、臨終の時から、日々の生活におけるキリスト教的生の形成へと方向転換させようとした。ヨハン侯の告別説教は以上のような考え方が前提となっているのである。

■第5節　『卓上語録』における「死者」と悪魔

（1）「死者」の存在と悪魔の働き

　ルターはカトリック教会との論争において生者の死者への働きかけを否定した。近親者を亡くした遺族には、死者は煉獄の苦しみの中にいるのではなく、平安な眠りの状態にいると語って慰め、再会の希望に生きるよう励ました。そして葬儀の説教では、一般の人々に対して、臨終の時になって急に死後のことや自らの生活の在り方や救いについて考えるのではなく、日常生活において福音に生きることを訴えた。しかし当時の人々にとってなお大きな問題があったと思われる。それはなかなか死にきらない「死者」の存在である。

　ルターは「死者」の出現を著書や遺族への慰めの手紙では明確に記すことは

93　WA 2, 693.（『ルター著作集』第1巻、593頁。）

第Ⅰ部　マルティン・ルター

なかった。すでに明らかにしたように、ルターは死を眠りと考えたので、死者がこの世に現われることはありえないことであった。しかしもし、「死者」や幽霊を見たという者がいたとすれば、どう考えるべきなのか。たとえば、元ヴィッテンベルク大学学長でルターの支持者となったが、後にルターと対立してザクセン選帝侯領から追放されたカールシュタットが、1541年12月24日にバーゼルで死んだとき、彼の墓に幽霊が現われたという噂が立った。これはバーゼルの出版者J.オポリンJ.Oporinからライプツィヒ大学教授のJ.カメラールCamerarを通じてヴィッテンベルクに伝えられた[94]。しかし、ルターは、「ある友人がバーゼルから、カールシュタットが死んだと書いてきました。彼は不思議な物語を付け加えています。ある幻影（spectrum）が彼の墓に出てきて彼のあたりを徘徊し、石の塊やかけらを投げつけて非常に騒がしいと断言しています。アッティカの法によれば死者のことを悪く言うのは許されていません。それゆえ私は何も付け加えることをしません[95]。」と慎重にコメントした。

　ところが『卓上語録』では、「死者」の出現について踏み込んだ発言が記されている。「はじめに」で述べたように、『卓上語録』はルターが語った言葉を様々な人が記録し編集したものであるため、そこに記されている内容がどの程度ルターの真意を伝えているかということが議論となってきた。特にJ.アウリファーバー Johannes Aurifaber（1519-1575）の編集には恣意性が指摘されている[96]。しかし編集者がルターの見解をどのように理解していたのか、また特にアウリファーバーの編集した語録は多くの人々に読まれたので、人々がルターの思想をどのようなかたちで受容したのかを知るには、好都合である。しかも『卓上語録』には、ルターの著書や書簡では触れていない「死者」の出現

94　WA Br. 9, 623.
95　WA Br. 9, 622 (Nr. 3714).
96　『卓上語録』の翻訳としては、古くは、佐藤繁彦訳『ルターの「卓上語録」』（グロリア出版、1988年再版）と前野正訳『ルター「卓話」』（上・下、キリスト教図書出版社、1991年）がある。最近、植田兼義訳『『卓上語録』（教文館、2003年）、藤代幸一訳『テーブルトーク』（2004年）の二つの翻訳が出た。アウリファーバーの問題点については、植田訳『卓上語録』の訳者解説、397-399頁参照。

第3章　マルティン・ルターと死者の「死」

を語っているので、この問題についてのルター周辺の人々の受けとめ方を知るには貴重な史料である。以下においては、そのような視点から『卓上語録』を若干扱うことにする。

　死者の出現について、たとえば、早くからのルターの協力者であり、1524年以降マクデブルクの監督であったニコラウス・フォン・アムスドルフの次のような話をルターは紹介したという。アムスドルフが宿にいたとき、以前に死んだ二人の貴族が二人の子どもとともに彼の部屋にやって来て、彼を起こした。彼が起きると、彼らは彼に手紙を口述筆記させ、その手紙をブランデンブルク選帝侯ヨアヒムJoachim 1 世（1485-1535）に渡すように命じた、という[97]。

　またルターは、ザクセン選帝侯ヨハン・フリードリヒから直接聞いたという次のような話をしたという。ある貴族の若い妻が死んで葬られた。しかしその後その妻が彼のベッドに現われた。誰かと問う貴族に、彼女は「あなたの妻です。あなたの呪いのため、あなたの罪のために死なねばならなかったのです。」と答えた。二度と彼女を呪わないという約束で彼女はもう一度彼の妻となり、子どもも産んだ。ある夜、客を招いて晩餐の時をもった。食事の後、妻は胡椒入り菓子を取りに出て、なかなかもどってこなかった。そこで彼は怒って罵ると、妻は消えた[98]。

　死者は眠っており、死者と生者との間には交流はなく断絶しているとルターは考えていたので、死者の出現も働きも認めない。では、上に述べた例に見られるような「死者」の存在をどのように考えるのであろうか。

　『卓上語録』では、「死者」が現われるという「現象」自体は否定せず、ただそれらを悪魔の働きと理解することによって、断罪する。アムスドルフの話について、アウリファーバーの編集によれば、ルターは、「多くの話や書物の中で、悪魔がいかにじっとしていないかを知る。……悪魔は私たちが考える以上に私たちの身近にいる。彼が人間の魂と霊を麻痺させ欺くことができるとすれ

97　WA Tr. 3, Nr. 3676 FB 3, 67（24, 93.）
98　WA Tr. 3, FB 3, 67（24, 94）

第Ⅰ部　マルティン・ルター

ば、それ以上に身体を惑わしそれに取り憑くことができる[99]。」とコメントした。また、ヨハン・フリードリヒ侯の話については、その妻も子どもも悪魔であり、「それは、サタンが子どもを産むほど人々に取り憑くことができるというぞっとするような恐ろしい実例である[100]」と語っている。

　先ほど述べたカールシュタットの話について、カメラールと親しかったメランヒトンは、慎重なルターとは少し異なり、「幽霊は悪魔があえてするからか、神を信じぬ民衆の嘲りであろう」とカメラールに返信している。『卓上語録』の二つの例と考えあわせると、ルターサークルの間では、「死者」の出現は悪魔の働きと理解されていたと考えてよいであろう。

（2）自殺の理解

　著作や書簡では明確に触れられていない「死者」の出現を、『卓上語録』では死者自身ではなく悪魔の働きであると理解した。もちろん、著作や書簡においても悪魔の働きは強調されている。しかしそれは、一般に「人間の魂と霊」への働きであった。『卓上語録』では、人間の身体・物質への悪魔の働きが具体的に述べられる。それは人間の「身体を惑わしそれに取り憑くこと」にまで及ぶ[101]。そのような相違は、両者の自殺についての扱いにも見ることができる。ルターは、明確な意識をもってなされた自殺については、神を否定するものとして批判した。たとえば、1527年12月10日のユストゥス・ヨナス宛書簡で、ハレの枢機卿アルブレヒトKardinal Albrecht in Halle（1490-1545）の顧問官、J・クラウゼJoh. Krauseの自殺について触れ、彼の自殺が理性によって意識されて静かになされたので、最後の段階での悔い改めはなかった、と判断してい

99　WA Tr. 3, FB 3, 67（24, 93）, S. 517.
100　WA Tr. 3, FB 3, 67（24, 94）, S. 517.
101　ルターと悪魔との係わりについては、H. Oberman, *Luther, Mensch zwischen Gott und Teufel*参照。その他、ロベール・ミュシャンブレ『悪魔の歴史　12～20世紀西欧文明に見る闇の力学』（大修館書店、187-195頁）、J.B.ラッセル『メフィストフェレス』（教文館、20-42頁。）

90

第3章　マルティン・ルターと死者の「死」

る[102]。しかし、意識の混乱状態でなされた場合は、悪魔の働きによるものと考えた。1528年12月15日付マルガレーテMargarethe宛書簡は、その問題を扱っている。この女性の姓は不明である。ルターはマルガレーテの息子と知り合いであったようで、彼からマルガレーテの夫の自殺の様子を聞き、次のような慰めの手紙を書き送った。

　　まず慰めとなるのは、ご主人はそのような困難な闘いの中に立っておられましたが、最後にはキリストが勝利なさったことです。さらに、ご主人は判断力のある状態で私たちの主に対するキリスト者としての告白をもって亡くなられました。私自身そのことを伺ってとても喜んでおります。キリストご自身も［ゲッセマネの］園でそのような戦いをなさり、最後には勝利され、死者から復活されました。

　　ご主人が自らを傷つけられたことは、悪魔が肢体を支配して、ご主人の手をその意志に反して動かしたのかもしれません。ご主人がそれを自らの意志でしたのであれば、正気にもどってキリストへのあのような告白はなされなかったでしょう。悪魔は何としばしば腕や、首、背中、そしてあらゆる四肢を折ることでしょうか。彼は私たちの意志に逆らって、体と四肢を支配することができます。……

　　ご主人は、ある人たちに起こったようには、戦いと絶望にとどまることなく、神の恩寵によって救い出され、ついにはキリスト教信仰とみ言葉に信頼いたしました。この大いなる恩寵のゆえに神に感謝してください。それについては、次のように［聖書で］語られています。「主にあって死ぬ死者は幸いです。」（ヨハネ黙示録14・13）キリストご自身もヨハネ福音書11章で、「私を信じる者は、死んでも、生きる」と語られています。父なる神がイエス・キリストにあってあなたを慰め力づけてくだ

---

102 WA Br. 4, Nr. 1180.

91

第Ⅰ部　マルティン・ルター

さいますように[103]。」

一方『卓上語録』には自殺について、ルターの次のような発言が記録されている。

　　私は自ら命を絶つ者は永遠の罰に定められるとは思わない。その理由は、彼らがそのように望んで命を絶ったのではなく、悪魔の力によって制圧されたからである。ちょうど人が森の中で追い剥ぎによって殺されるのと同じである。しかし、サタンに殺害を引き起こす機会を与えないために、このことは民衆（vulgus）には教えられるべきではない。また彼らを敷居をまたいで外へ出すべきではないというような一般の習慣を厳格に守るのがいいと思う。その死は彼らの自由意志や法律によって生じるのではなく、私たちの主なる神が、ちょうど追い剥ぎによってある人を処刑されるように、彼らを処刑される。統治権力はそれらに厳格に対処すべきであるが、魂が永遠の罰に定められているかどうかは、単純ではない。しかしそれらは、悪魔が支配者であり、人は熱心に祈らねばならないということを、主が教えようとされるための実例である。しかしこの実例のゆえに、私たちは神を恐れてはならない[104]。

　マルガレーテ宛書簡では、慰めの手紙という性格上当然のことであるが、自殺をはかったことは、正気の状態のことではなく、悪魔が肉体を支配してそうさせたかもしれないので、マルガレーテの夫には責任がないことが強調されている。『卓上語録』でも、自殺は悪魔の働きによって征服された結果なので自殺者の責任ではないことが語られている。しかし強調点は、悪魔の脅威におかれている。「死者」の出現を悪魔の働きとする見解は、悪魔の働きの霊的な面

103　WA Br. 4, Nr. 1366.
104　WA Tr. 1, Nr. 222.

第3章　マルティン・ルターと死者の「死」

ばかりでなく、具体的身体的に理解し、現実的に悪魔の働きの脅威を絵画的に強調する傾向と結びついているのではないだろうか。『卓上語録』における「死者」の出現や悪魔理解については、本節ではそのごく一部を分析したにすぎない。全体的な理解のためには詳細な分析が必要である。

■おわりに

　公刊された著作とともに、個人的な書簡、説教、親しい人々に語って書き留められた語録、それぞれにあらわれるルターの死生観を検討してきた。それに基づき、ルターの生者と死者の係わりを中心とする死生観の展開を次のように考えることができるであろう。

　宗教改革は贖宥批判から出発した。贖宥は15世紀末には、煉獄における死者にも有効であると考えられていた。ルターは信仰義認論からその贖宥の有効性に批判を向ける。同時にミサ批判を展開するが、そこから、死者への働きかけを否定していくこととなった。

　死者への働きかけの否定とともに、ルターは、死後の魂は煉獄で苦しんでいるのではなく、平安のうちに眠っていると考えた。それとともに死後の恐怖は薄らいでいく。この死を眠りととらえる理解が、1530年代から1540年代前半にかけて、人々の魂への配慮を必要とする近親者を亡くした人々への慰めの書簡や告別説教の中心にすえられた。その結果、死者への働きかけから、生者がいかに生きるかという点に重点が移っていく。具体的には葬儀の性格が大きくかえられていく。葬儀は死者の救済のためのものから生者に福音的教義と生き方を訴える機会となっていった。死への備えも臨終の時ではなく、生きている時に死を覚えてキリスト教的生を生きることが大切とされた。死者との係わりは、死者のために具体的に目に見える、ミサを行なったり祈祷を捧げたりする関係から、死者を追憶し、死者との再会を希望するという内面化されたものへと変化を迫られていった。

　しかし以上によっても、「死者」の出現という問題は残った。それが『卓上

第Ⅰ部　マルティン・ルター

語録』において取り上げられていく。『卓上語録』がどの程度ルターを正しく
理解してるかはともかく、ルター周辺の人々がその点についてルターの見解を
どう受けとめていたかは、理解できるであろう。

　『卓上語録』では、死者の出現という現象は否定されることなく、悪魔の働
きであると理解された。このような理解は、今後詳しい分析が必要であるが、
悪魔の霊的働きではない、実際的な物質的働きが強調されていくことと関連し
ていると思われる。こうして、プロテスタント・ドイツにおいて、ファウスト
伝説の下地が形成されていくと思われる[105]。

105　すでに死んでいた預言者サムエルを、サウル王が女霊媒によって呼び出したという聖書の
　　記事［第1サムエル記28章］について、ルターはそれを悪魔の幻影であると考えた。ま
　　た、同じ時の会話として、アウリファーバーは、Johann Trithemius, Abt von Spornheim
　　が皇帝マクシミリアンの前に、歴代の皇帝や英雄を生きていた時の様で出現されたことを
　　記している。そこにはアレクサンダー大王やカエサルも含まれていた。このTrithemius
　　を魔術師、妖術師（Zauberer, Schwarzkünstler）と呼んでいる。WA Tr 4, Nr. 4450, FB
　　72（24, 98）.

94

第4章 「信仰」宗教の成立

■はじめに ― 信仰と主観性の危機

　信仰と宗教とは不可分のように思われがちであるが、宗教が必ずしも信仰を中心とするとは限らない。むしろ儀式なり、修行なり、何らかの行為に重点がおかれる場合が多い。「信ずる」ことを中心とすることによって、その宗教はどのような特徴をもつことになるのであろうか。

　「信ずる」ことと一般的な行為とを比較すると、一般的な行為が「目に見える」ことによって自他ともに確認できるのに対して、「信ずる」ことは他人には「目に見えない」。宗教は信仰によって内面化される。この「目に見えない」という点に、「信ずる」ことの大きな特徴がある。ここから二つのことが帰結する。

　一般的な行為は目に見えることによって自他ともに確認できるので、一応の客観性をもっているということができる。この客観性のゆえに、行為を行為主体から切り離して考えることが可能になる。一方「信ずる」ことは目に見えないので、他人には信ずると言っている人が本当に信じているのか否か、すぐには確認することができない。「信ずる」ことは、「信ずる」人と不可分の関係にある。それゆえ「信ずる」という意識が重要であり、主体としての意識がそこから生まれる。また行為は、外見的には他の人物の行為をまねることが可能であり、他の人に代わって行為をすることも可能となる場合がある。しかし、「信ずる」ことは、他に代わって「信ずる」ことは一般にできない。代替不可能という特徴がある。このように「目に見えない」という一般的特徴から、「信ずる」ことには主体としての意識が伴いやすく、同時に代替不可能という特徴

第Ⅰ部　マルティン・ルター

を帯びる。この問題は、あとで取り上げる。

　もう一つの特徴は主観性の危機とでも呼べるものである。信ずることは、他の一般的な行為とは異なって目に見えない。ある人が信じているかどうかは、他者からは見えない。儀式や修行であれば、誰が参加しているのか、あるいは誰が定められた修行を行なうことができたのかを、他者が判断することは可能である。そういう点で客観性を備えている。宗教は救済に係わるので、この「目に見えない」ということはやっかいな問題を引き起こす。救済における行為主義は、誰が救済されているかを、行為する当人に対してばかりでなく、他の人々にも明らかにする。それに対して「信じる」場合、そのことによって誰が救済されているのかは、厳密には他者から判断はできない。本当に信じているかどうかは本人しか分からないからである。さらに、信じている本人も、本当に自分が疑いなく信じているのかどうかをどのようにして確かめることができるのか。このことを突き詰めていくと、「信ずる」自分の信仰を疑うということも生じてくる。特にその信仰が生き生きとした生命を減退させたとき、当人に、果たして自分が救済されているのかどうかという深刻な動揺をもたらしうる。これは、マックス・ウェーバー Max Weber（1864-1920）が禁欲的プロテスタンティズムにおける予定説で取り上げた、いわゆる救いの確証の問題である。

　このように、「信ずる」ことは「目に見えない」という特徴から、一方では主体としての意識と代替不可能性を生み出すとともに、他方主観性の危機という事態も生じうる。「信ずる」ことを中心にすえた宗教が安定して成立するためには、とりわけ主観性の危機を克服することが必要である。

　この危機の解決は、一般に二つ考えられる。一つは、「目に見えない」という信仰の特徴を回避する方法で、目に見えるしるしを何らかのかたちで復活させようとする。行為による客観性の獲得を目ざすものである。ウェーバーが取り上げた、富の蓄積を自らが神によって選ばれていることのしるしと考える禁欲的プロテスタンティズムがその典型例としてあげられる。もう一つは、逆に信仰の主観性に没入せんとする。典型的な例を、ドストエフスキー Fyodor

第4章　「信仰」宗教の成立

Mihaylovich Dostoevskiy（1821-1881）におけるキリストへの「信仰」に見ることができるだろう。ドストエフスキーはシベリア流刑から帰還した後、同じくシベリアに流されていたことのある女性に次のような書簡を書き送った。

> わたしは……、世紀の子です。……不信と懐疑の子です。この信仰に対する渇望は、……わたしの内部に反対の論証が増せば増すほど、いよいよ魂の中に根を張るのです。とはいえ、神様は時として、完全に平安な瞬間を授けてくださいます。……そういう時、わたしは自分の内部に信仰のシンボルを築き上げるのですが、そこでは一切のものがわたしにとって明瞭かつ神聖なのです。このシンボルはきわめて簡単であって、すなわち次のとおりです。キリストより以上に美しく、深く、同情のある、理性的な、雄々しい、完璧なものは、何ひとつないということです。単に、ないばかりでなく、ありえない、とこう自分で自分に、烈しい愛をもって断言しています。のみならず、もし誰かがわたしに向かって、キリストは真理の外にあることを証明し、また実際に真理がキリストの外にあったとしても、わたしはむしろ真理よりもキリストとともにあることを望むでしょう[1]。

　この文章には、信仰の主観性が巧みに表現されている。近代の懐疑による信仰の瓦解の危機のなかで、キリストを中心にして自らの「信仰」を築き上げようとする。しかし「真理がキリストの外にあったとしても、わたしはむしろ真理よりもキリストとともにあることを望む」と語っているように、その「信仰」は客観的な真理に依存しない。客観性にかわって、「自分で自分に、烈しい愛をもって断言しています」と語っているように、自らのパトスがそれを支えているのである。内面的な心情に没入する心情的ラディカリズムである。

　この主観性の危機を、信仰を中心としていたマルティン・ルターや親鸞はど

1　1854年2月下旬、『米川正夫訳ドストエーフスキー全集』16巻、河出書房新社、154-155頁。

第Ⅰ部　マルティン・ルター

う乗り越えようとしたのか。本章ではこの問題を考える。

■第1節　親鸞における信心

　親鸞は1173年、中堅貴族、日野有範の長男として生まれたが、1189年出家
し、官僧を目ざすことになった。1189年には延暦寺戒壇院で大乗菩薩戒を受
け、以後12年間比叡山に籠もって、常行三昧と半行半坐三昧による止観業に励
むこととなった。「半行半坐三昧は、法華経に説かれてところの釈迦仏の『真
にして実なる』在りようを体得することをめざす行法」で、「場と身とを浄め、
釈迦仏を迎えて礼拝し、煩悩に起因する罪業や悪業を懺悔し、釈迦像のまわり
を行道しながら心に釈迦仏を思いみ、また静坐して法華経を読誦し、心に釈迦
仏を思いみる。」常行三昧は、「阿弥陀像のまわりを行道しながら、念仏を称
え、阿弥陀経を誦し、心に阿弥陀仏を思いみる行法である[2]。」しかし親鸞は、
止観業の宗教的目的を達することができなかった。彼は1201年、ついに比叡山
を下り、官僧の道を捨てて隠遁を決意する。そして周知のように、六角堂に籠
もって後世を祈ること95日目の暁に、聖徳太子の示現にあずかり、後世の救い
をえるため、法然の門に入った。法然と出会って、親鸞は初めて、宗教的救い
を体験する。

　法然（1133-1212）は源信（942-1017）の孫弟子叡空の弟子である。源信は
日本の浄土教の先駆者であった。彼は、六道（地獄、餓鬼、畜生、阿修羅、人
間、天）を離れ、極楽浄土を遂げるために、念仏をすすめた。しかしその念仏
は、後の称名念仏とは異なって、仏を観想する観察を中心とする視覚的なもの
であった。また源信は往生を遂げるために、副次的に布施、読経、持戒などの
宗教的善行を認めた。専修念仏は法然から始まる。彼は中国の浄土教の大成者
善導（613-681）の影響を受ける。法然は『大無量寿経』に述べられている阿
弥陀如来の本願を基礎においた。その経典によれば釈迦が現われる遥か昔、法

2　佐藤正英『親鸞入門』、30頁。

98

第4章　「信仰」宗教の成立

蔵菩薩は生きとし生ける者の救済のため48の願をかけ、それが成就するまでは仏にならないと宣言した。数々の修行を経て法蔵菩薩は本願を成就し、阿弥陀如来となって西方極楽浄土にいる。法然は、後生の救いはこの法蔵菩薩の48の本願によって成就したと考えるが、その中心を第18願、すなわち「もし我仏を得たらむに、十方の衆生、心を至たし信楽して、我が国に生ぜむと欲して、ないし十念せむに、もし生ぜずといはば正覚を取らじ[3]」、におく。法然は「ないし十念せん」を善導の解釈に従って、念と声とは同一であり、一度念仏を唱えるだけでよいとした。すなわち、阿弥陀仏の本願を心から信じて、一度「南無阿弥陀仏」と唱えれば、阿弥陀如来の本願に従って、極楽浄土に行けると解釈した（『選択本願念仏集』）[4]。法然の重要な点は、称名念仏に専修し、念仏と信心を結びつけた点である。念仏を唱えることと信心とを結びつけたことによって、宗教の内面化が生じる。念仏はあくまで信じている当人にのみ有効となり、代替不可能な行為となる。

　ところで、法然門下では、念仏と信心との関係をめぐって、いくつかの考え方が生じ、対立した。その一つに一念多念の争いがある。一念とは、二心なき真実の信心（「信の一念」）、あるいは南無阿弥陀仏をそのような一念で一回称えるだけで往生に十分であり、それ以上の称名は不要である（「行の一念」）という考えである。多念は死に至るまでできるだけ多くの念仏を称えるべきであるという考えである。「はじめに」で述べた信仰の主観性の危機への解決策との関連で言えば、多念は行為による客観性の確保を目ざすものと言ってよい。これに対して親鸞は、『歎異抄』の14条で、「念仏まふさんごとに、つみをほろぼさんと信ぜんは、すでにわれとつみをけして往生せんとはげむにてこそさらうなれ」と、多念の考えの行為主義を批判した。一方、一念には、二心なき真実の信心（「信の一念」）を強調するあまり、往生のためには、そのような信

3　石田善応による現代語訳「もしも、私が仏となることを得たとしても、あらゆる生きとし生けるものが、心をつくして信じ願って、私の浄土に生じたいと思い、少なくとも十遍念じても、それで往生しなかったならば、それまでは私は完全なさとりを得た者とはならないであろう。」『日本の名著5　法然』（中央公論社、昭和58年）、123頁。
4　同上、131-132頁。

第Ⅰ部　マルティン・ルター

心だけで十分であって、称名（「行」）は必要ないという、心情の主観性への没入に通じる考え方があった。親鸞はこれにも批判的態度をとる。彼は「信の一念」と「行の一念」とは不可分であると考える。「信と行とふたつときけども、行をはなれたる信はなしとききて候。また信をはなれたる行なしとおぼしめすべし。」（『末燈鈔』11）また別の手紙で「信心ありとも、名号をとなへざらんは詮なく候。また、一向名号をとなふとも、信心あさくば往生しがたく候」と述べている。（『末燈鈔』12）このように親鸞は内面的な心情への没入を戒め、真実の信心をもって南無阿弥陀仏と一声するときに、往生は決定すると主張した。しかし、それ以後の称名を否定することはなく、「浄土真宗のならひには、念仏往生とまふすなり。まったく一念往生・多念往生とまふすことなし」（『一念多念文意』）という立場を取った。親鸞にとって、多念は、報恩感謝の念仏であった。このように親鸞は、自力への回帰を退け、心情主義を避けた。では彼自身の立場はいかなるものか。

　法然は、『選択本願念仏集』で、『観無量寿経』と善導の『観経疏』と『往生礼讃』によりつつ、至誠心、深心、廻向発願心を具えなければならないという。至誠心とは、真実の心である。深心とは、深く信じる心である。これは二つに分かれる。第一に自己が「罪悪生死の凡夫」すなわち、「つねに煩悩のなかに埋没し、迷いの世界をあてもなくうろつき、さとりの境地に到達する縁すらない[5]」存在であることを深く信じることである。第二に、そのような凡夫であるにもかかわらず、阿弥陀の本願によって救済されることを深く信じることである。廻向発願心とは、「自分が行なってきた一切の善を生ずるもとをことごとく、みなふりむけて往生を願う」心である[6]。そして、『拾遺和語燈録』の「念仏往生義」では、「三心といへる名は格別なるに似たれども、詮ずるところはただ一向専念といへる事あり。一すじに弥陀をたのみ念仏を修して、余のことをまじへざる也」と表現した[7]。それは「愚者になりて往生」することであっ

5　同上、148頁。
6　同上、159頁。
7　阿満利麿『法然を読む』（角川書店、1998年）、145頁。

た（『末燈鈔』6）。

　親鸞はそのような念仏と信心との結びつきを法然から継承し、信心の内面化を受動性の方向に展開させる。親鸞は『正像末法和讃』で「浄土真宗に帰すれども　真実の心はありがたし　虚仮不実のこのみにて　清浄の心もさらになし」とうたった。「真実の心はありがたし」とは、三心も「一向専念」も自分にはない、ということである。では信心がないのに、いかにして救われるのか。

　親鸞は主著『教行信証』の『信巻』序文を、「信楽を獲得することは如来選択の願心より発起す」と書き始める。信心は、自力から生じるのではなく、阿弥陀如来の本願の心から起こる、というのである。『信巻』の前半は、その解明に向けられる。自らの主張の根拠としていくつかの経典を引用するが、その中に、『無量寿経』から第18願の成就文、「所有衆生、その名号を聞きて信心歓喜せむこと乃至一念せむ、至心に廻向せしめたまへり」（「すべての人が阿弥陀仏のみ名の意味を聞いて信心を起こし、喜びにあふれるのも、ないしは往生のさだまる信心がえられるのも、阿弥陀仏が真心からそのような恵みをお与えになっているものである」石田瑞麿、現代語訳[8]）を引いている。ここで二つのことに注目したい。一つは、「至心に廻向したまえり」という箇所で、親鸞は往生のさだまる信心は阿弥陀仏によって与えられるものである、としている。廻向は一般に自分の善行を他人に振り向けることであるが、親鸞は阿弥陀仏によって振り向けられると考え、その意味を180度転回させる。信心の主体は自己ではなく、阿弥陀仏となり、自己は阿弥陀仏の働きを受ける存在となる。ここに信仰の受動性が明確にあらわれる。もう一つの点は、「その名号を聞きて信心歓喜せむこと乃至一念せむ」の箇所で、そのような受動的信仰は、阿弥陀仏の名の意味を聞く中で生じる。このような理解に立って、阿弥陀の本願の第18願で述べられる至心〔心を至し〕、信楽、欲生〔生ぜんと欲して〕の主体は信じる自己ではなく、阿弥陀仏の心の在りようであることを経典解釈によって

8　『親鸞全集』石田瑞麿訳、春秋社、第1巻、123頁。

第Ⅰ部　マルティン・ルター

明らかにしていく。第18願の至心、信楽、欲生は、法然のところで述べた『観無量寿経』三心と対応する。すなわち、至誠心は至心に、深心は信楽に、廻向発願心は欲生にあたる。こうして親鸞は、三心や一向専修に自らの信心の働きを認めた法然と相違して、信心が自己の働きではなく阿弥陀から与えられるものであることを明らかにする。法然の場合信じる主体は、念仏を称える私である。対して親鸞によれば、真実の信心は阿弥陀仏によって引き起こされる。主体は阿弥陀仏であって、私は阿弥陀仏の働きを受ける存在となる。このような「如来よりたまわりたる信心」（『歎異抄』後序）を他力の他力と呼んだ（『末燈鈔』１）。主体は阿弥陀仏にあるので、私の信心がぐらついても救済の障害とはならない。親鸞は信仰の受動性を徹底させることにより、主観性の危機を克服せんとした。

■第２節　ルターにおける苦難と信仰

　「はじめに」で、信仰の主観性の危機を克服する方法の一つが、ドストエフスキーの言葉に見られるような信仰のパトスに賭けるものであることを指摘した。ところでその場合のパトスは、主観的な情熱、激情の意味で理解されている。本来の古代ギリシア語パトスは、「外から影響を受ける、被むる」などの意味をもつパスコーに由来し、「人に降りかかる事柄、出来事、人が被った事柄、経験、苦難、不幸、受動的状態」などを意味し、特に人間の魂に関して使われる場合、「情熱、感情、情念」を意味する[9]。アリストテレスは、『ニコマコス倫理学』の第２巻第５章で「情念（パトス）とは、欲情・憤怒・恐怖・平然・嫉視・歓喜・愛（フィリア）・嫌悪・憧憬・意地・憐憫、その他総じて快楽または苦痛を伴うところのものの謂いである。」と語っている[10]。ラテン語ではパトスはpassioと訳され、「苦難、出来事、現象、情念」などの意味の他、特に

9　*An intermediate Greek-English Lexicon*, Oxford, 1975.
10　アリストテレス『ニコマコス倫理学』（上）（高田三郎訳、岩波文庫）、66頁。

キリストの受難を意味するようになる[11]。このようにパトスは時代によって使われ方に変化が見られる。宗教的観点から見た場合、パトスは苦難、受苦、受動性といった意味合いをもっている。ルターの信仰について、すでに第1章や第2章で考えてきたが、本章では、苦難としてのパトスに注目して、彼の信仰理解を考察したい。

　　　私の小さな娘エリーザベトが息を引き取りました。彼女は私に何と病弱でほとんど女性のような心を残したことでしょうか。彼女を失ったあまりの悲しみに私は打ちのめされています。父親の心が子どもに対してそのように敏感な感情をもちうるとは以前なら信じられなかったでしょう。どうか私のために主に祈ってください[12]。

　以上の文章は、ルターが1528年8月5日に友人ニコラウス・ハウスマンに宛てた手紙の一節である。彼の娘エリーザベトは1527年に生まれ、翌年8月3日にわずか一才で死亡した。ルターは1525年6月13日に元修道女のカタリーナ・フォン・ボラKatharina von Bora（1499-1552）と結婚し、六人の子どもを得たが、二人の娘の死に立ち会わねばならなかった。もう一人は次女のマグダレーナである。彼女は1529年に生まれ、1542年9月20日に死亡した。とりわけマグダレーナの死は、ルターの心に後々まで傷を残した。娘の死から約三年後の1545年6月3日に、ペストによって同時に妻と娘を亡くした友人アンドレーアス・オジアンダーに、ルターは、「あなたが再び十字架に、奥様と愛する娘さんの死を通じてまさに二重の十字架に見舞われたということをお聞きしました。私は自分の愛する娘の死によって知っておりますが、あなたの悲しみはいかばかりでしょうか。奇妙に思われますが、私は今なおマグダレーナの死を悼んでおり、彼女のことを忘れることができません[13]。」と書き送った。

11　*A Latin Dictionary*, Oxford, 1975.
12　WA Br. 4, 511.
13　WA Br. 11, 114.

第Ⅰ部　マルティン・ルター

　このような彼自身の悲しみもあって、彼は近親者を亡くした多くの人々に慰めの手紙を書き送った。ルターの書簡にあらわれた死生観はすでに第3章で論じたが、その内容から、近親者を亡くすという苦難を乗り越えるうえで、ルターが強調した二つの点を要約しておきたい。

　第一は、肉親の情の重視である。ルターは、『マリアの賛歌（マグニフィカート）[14]』（1521年）で、第2章で取り上げた『キリスト者の自由』とは少し異なって、人間を、霊（Geist、プネウマ）と魂（Seele、プシュケー）と身体（Leib、ソーマ）の三つに区分した。霊は「人間のもっとも高く、もっとも深く、もっとも高貴な部分で、理解の難しい、目に見えない、永遠の事柄をとらえる」もので、信仰と神の言葉に係わる。魂は、「身体に係わる目に見える事柄を理解し、判別し、知り、認識する能力」に係わり、「理性がこの家の光」である。同時に、憎悪、愛、喜び、恐怖もここに係わる。身体の「働きは、魂が認識し、霊が信じるところをただ実行し、適用することにある[15]。」肉親が死ぬという苦難においては、ルターは、魂における自然の愛である肉親の情や嘆きを重視し、霊による一元論からそれを押さえることを戒めた。人がキリスト者として死ぬことは、霊によれば、この世の苦難や罪の支配から逃れ、世の終わりに復活するときまで眠ることを意味したから、喜ばしいことであった。しかし、残された者にとって、同時に自然の情によればそれは辛い別離であり、その嘆きを押し殺すことは決してよくないことであった。1544年にヴィッテンベルク大学の学生が急死したとき、その死を父親に告げる手紙の中で、ルターは、「神は、私たちが自分たちの子どもを愛することを望まれ、子どもたちが私たちの手から取り去られたときは、嘆くことを望んでおられます[16]」と書いた。ルターは情の人でもあり、彼自身しばしば、悲嘆にくれて自らを情に委ねることがあった。たとえば、彼の友人N. ハウスマンが1538年に急死した

14　*Das Magnificat Vorteutschet vnd auszgelegt*, WA 7, 544-604.（『ルター著作集』第4巻、内海季秋訳）
15　WA 7, 550ff.（『ルター著作集』第4巻、内海季秋訳、167-168頁。）
16　WA Br. 10, 699. 1544年12月13日付 G・ヘーゼル宛書簡。

との連絡が入ったとき、周囲の人々はルターが悲嘆に陥ることを心配してすぐに知らせなかった。そのことを知ったとき、ルターは深く嘆き悲しみ、「一日中すわりこみ、泣き悲しんだ」という[17]。

しかし、嘆きに浸るだけでは苦難に耐えることはできない。第二に、キリストの受難が大切である。

> あなたの悲しみは人の子らの下で味わわれたものの中で最大の悲しみではありません。百倍もの苦しみに耐えなければならなかった多くの人々がいます。しかも、私たちの地上のあらゆる苦難（leiden）を積み重ねても、神の子が私たちのため、私たちの救いのために無実にもかかわらず受けられた受難（leiden）に比べれば、無に等しいものです。なぜなら私たちの主であり救い主であるキリストの死に比較されるいかなる死もありません。私たちはすべてキリストの死によって永遠の死から救われているのです[18]。

ルターはここで、人が受ける苦難とキリストの受難を比較し、人が苦難に耐え、それを克服するうえでの後者の絶大な価値を強調した。ここで語られている受難（passio, Leiden）とは、もちろんイエス・キリストの十字架上での死を意味する。新約聖書の記述によれば、イエスは弟子の一人ユダの裏切りにより、ユダヤ教団の指導層によって逮捕され、自らを神と称した罪によって死刑の判決を下される。しかし当時、ユダヤ教団の最高評議会であるサンヘドリンには死刑執行権がなかったので、彼らはローマの総督ピラトの裁判を受けさせた。ピラトはイエスに罪を認めなかったが、ユダヤ人の暴動を恐れて、イエスの処刑を認めた。ローマの処刑方法に従い、イエスは二人の犯罪者と共にゴルゴタの丘の上で、十字架刑に処せられた。彼が十字架上で言った言葉が全部で

---

17 WA Tr. 4, Nr. 4085.
18 WA Br. 10, 63.

第Ⅰ部　マルティン・ルター

七つ福音書に記されているが、マルコはたった一つ、「わが神、わが神、どうして私をお見捨てになったのですか」という詩篇22篇の言葉を記している。

ルターは自ら二人の娘を亡くすという経験をしたが、その経験もあって、肉親を亡くした多くの人々に慰めの手紙を送った。その中でルターは、嘆きの大切さを語るとともに、魂の状態にとどまることなく、霊の事柄としての信仰と、キリストの受難の意義を強調した。ではキリストの受難と人の苦難や信仰とはどう関係するのか。またなぜ人は苦難に会わねばならないのか。1518年頃から22年頃にかけてルターが公にした著作と説教を中心に、これらの問題を検討したい。

宗教改革は1517年にルターが贖宥状問題を批判した『九十五箇条の提題』を公にしたことから始まった。当時ルターは、アウグスティヌス隠修道会に属する修道士であるとともに、ザクセン選帝侯領のヴィッテンベルク大学神学部教授として聖書講義を担当していた。ルターの贖宥状をめぐる主張は、当時の活版印刷の普及に伴って印刷され、急速に知識人や都市市民に支持者を見出していった。それに伴って、当初ルターの批判を重要視していなかったカトリック教会も、これを取り上げざるをえなくなる。まず、ルターが所属するアウグスティヌス隠修道会が、1518年4月、ハイデルベルクで討論会を開いた。同年6月にはローマ教皇レオ10世がルターの審問に乗り出し、同年10月にアウクスブルクで枢機卿カエタヌスによるルターの審問が行なわれた。翌年の1519年7月にはライプツィヒでインゴルシュタット大学教授のエックと論争した。ルターは聖書のみが信仰と教義の唯一の基準であることを明言するとともに、教皇制の神的性格を否定し、1415年に異端者として処刑されたフスの見解の一部を認めたので、カトリック教会との対立は決定的となった。これらを受けて1520年6月15日に教皇レオ10世は60日の期限付きで破門威嚇書を送った。ルターは同年10月10日にそれを受け取るが、期限切れの12月10日、教会法令集などとともに燃やした。これによってルターの破門は確定した。このような対立を背景に、ルターは1520年に宗教改革の三大文書と言われる『ドイツ国民のキリスト教貴族に与う』、『教会のバビロン捕囚』、『キリスト者の自由』を続けざまに公

第4章　「信仰」宗教の成立

表して、自らの立場を明らかにしている。1521年になると、皇帝カール5世がヴォルムス帝国議会でルターの問題を取り上げ、彼を召喚した。4月に帝国議会に出頭したルターは自説の撤回を拒否し、帝国追放の刑が宣告された。そこで身の安全が保障されなくなったルターを保護するため、彼の君主、選帝侯フリードリヒは、彼をアイゼナッハ郊外のヴァルトブルク城にかくまった。ルターはそこで新約聖書のドイツ語訳につとめ、22年9月に出版する[19]。

　以上のように急速にルターは時の人となり、否応なく時代の渦に巻き込まれていくが、同時にヴィッテンベルク大学神学部教授として、審問や討論のためヴィッテンベルクを離れた時以外は、詩篇、ローマ書、ヘブル書、ガラテヤ書などの聖書講義を淡々と行なっている。そのような聖書講義は生涯続けられていく。また彼はヴィッテンベルク市教会の説教者をも兼ねて、教区民への説教を行なった。それらの多くは、自らによって、あるいは筆記者の原稿をもとに出版された。また一般の信徒を対象にした信仰書も書いており、本稿で取り上げる『死への備えの説教』や『マリアの賛歌（マグニフィカート）』はこのジャンルに入る。このように、1518年から22年にかけて、ルターはカトリック教会と決別し、自らの見解を明確にしていった。

　ルターはイエスの受難をどのようにとらえたのか。彼は、新約聖書の記述と同様、キリストは十字架の受難において、人間一人一人の罪を背負って死んだ、と考える。『キリストの聖受難の考察についての説教[20]』（1519年）で、ルターは次のように述べている。キリストの受難は、あなた自身の罪が原因である。「一本の釘がキリストの両手もしくは両足を貫き苦しめるならば、あなたは永遠にそのような苦痛、否、もっと激しい釘の苦痛を受けてしかるべきである[21]。」それゆえ受難を考えるとは、まず自分の罪を知り、それを罰せられる神の厳しさを知って、神を畏れることである。「キリストが私たちの罪のため

---

19 Martin Brecht, *Martin Luther*, Bd. 1, 1983, S. 173ff.
20 *Ein Sermon von der Betrachtung des heiligen Leidens Christi*, WA 2, 136-142.（『ルター著作集』第1巻、福山四郎訳、459-470頁。）
21 WA 2, 137.（『ルター著作集』第1巻、462頁。）

第Ⅰ部　マルティン・ルター

に、身体と魂に悲痛なまでに責め苦を受けられたように、私たちもキリストに
ならって同じように、私たちの罪のため良心に責め苦を受けねばならない[22]。」
これは良心が絶望に陥る恐ろしいことであり、とりわけ死の床においてキリス
トが受けられた苦しみをわが身に感じることは恐ろしいことである。この恐れ
と絶望から救われるためには、キリストの受難によって同時に自己の罪が赦さ
れていることを信じることが大切である。

　この問題を、死との係わりにおいて扱ったのが『死への備えの説教[23]』（1519
年）である。ルターは、死の床で、死について、また自らの罪や死後の世界に
ついて考えることは良くない、と強調する。たとえば、死の恐るべき姿bildに
ついて、次のように語る。

　　　臆病で無気力な人間が、死のイメージをあまりに深く自分の心に刻み付
　　　け、あまりにこれを見つめすぎると、いよいよ増長して、恐るべきもの
　　　となってくる……悪魔は、人間がかつて見たり聞いたり読んだりしたこ
　　　とのある、恐るべき、頓死や変死の様相をことごとく人間の目の前にく
　　　りひろげ、さらにこれに神の怒りを取り込んで、その昔、神が時に応じ
　　　て罪人を苦しめ滅ぼしたもうた例を思い起こさせ、臆病な人間を死の恐
　　　怖へと追い込み、生に対する執念と不安とに駆り立てる。こうして人間
　　　は……神を忘れ、死を避け、死を悼み、最後には神に対して不従順とな
　　　りはてる。死をあまりに深く考え、見つめ、認識すればするほど、いよ
　　　いよもって死ぬことがゆゆしく危険なこととなってくる[24]。

　しかしこのことは、死や罪や地獄について考えてはいけない、という意味で
はない。第一に時期が問題である。臨終のときではなく、元気なときに考える

22　WA 2, 138.（『ルター著作集』第1巻、463頁。）
23　『死への備えの説教』については、本書第3章86-87頁も参照。
24　WA 2, 687.（『ルター著作集』第1巻、福山四郎訳、582頁。）

ことが大切である。第二に自らの罪を見つめるのではなく、罪[25]や死や地獄[26]の姿（bild）がキリストの十字架と復活によって克服されていることを信じることが大切である。

> 十字架上のキリストがあなたの罪をあなたから取り去り、それをあなたに代わって担い、その息の根をとめてくださる、これが恩寵であり憐れみである。このことを堅く信じ、目の前にもち、これを決して疑わないこと、これが恩寵の姿（bild）を注視し、心の中にその姿が形づくられていく（bilden）ことなのである。……キリストの崇高な姿（bild）を見るがよい。キリストはあなたのために地獄に下り、永遠に呪われた者の一人として、神から見捨てられた。だから、キリストは十字架の上で……、『わが神、わが神、どうして私をお見捨てになったのですか』と叫ばれた。見よ、この姿（bild）の中にこそ、あなたの地獄は克服され、あなたの不確かな予定は確かにされるのである[27]。

　このように、受難において自らの罪が罰せられていることを考えて神を畏れることと、同時にその罪がキリストの受難によって神に赦されていることを信じ感謝すること、この二つが不可分になされることが、ルターにとって重要であった。
　ではそのようなイエスの受難が人の苦難とどのように関連するのであろう

25　罪については、ルターは次のように語っている。「罪も、またあまりにこれを見つめすぎたり、あまりに深く考えすぎると、増大してくるものである。それに、私たちの良心が弱くて、自ら神の前に恥じたり、はなはだしく自己を責めたりすると、ますますその勢いを助長することになる。……そのために人はまたしても絶望に陥り、死をいとうようになって、結局神を忘れ、死に至るまで不従順にさせられるのである。」WA 2, 687.（『ルター著作集』第1巻、582頁。）
26　地獄については、次のように語っている。「地獄もまた、時ならぬときに、あまりにこれを見つめすぎたり、厳しく考えすぎると増長してくる。そしてこの勢いを限りなく助成せしめるものは、神の裁きに対する私たちの無知である。……人が予定説によって悩まされるのは、地獄によって不安にさせられることにほかならない。」WA 2, 687.（『ルター著作集』第1巻、582頁。）
27　WA 2, 690.（『ルター著作集』第1巻、588頁。）

第Ⅰ部　マルティン・ルター

か。この時期、ルターは二つの点からその問題を考えている。一つは、自らの苦難の時に、イエスの苦しみを思って励ましを受けることである。『キリストの聖受難の考察についての説教』の後半では、「あなたが不幸や病気に苦しめられるときには、キリストが［十字架で受けられた］茨の冠や釘［の苦痛］に比べて、それがいかに取るに足りないものであるかを思うがよい」、と語っている。単に苦悩だけでない。「高慢があなたを試みるときには、あなたの主が嘲弄され、盗人とともに卑しめられたことを見るがよい。みだらな思いや欲望にあなたの心が襲われたなら、キリストの柔らかな肉がどんなに痛ましくむち打たれ、刺し貫かれ、たたきのめされたかを思うがよい。……[28]」

　第二は、humilitas（ドイツ語ではルターは一般にdemutをあてている）に係わる。フミリタス（humilitas）は、謙遜と訳される場合があるが、日本語の謙遜とは意味が異なる。ルターは、神のフミリタスと人のフミリタスを考える。両者の関係を扱っているのが『マリアの賛歌（マグニフィカート）』である。ルターは神を次のように描写する。

> 神は至高者であり、神より上には何ものも存在しないゆえ、神はご自身の上を見ることはできない。また神に等しき何ものも存在しないゆえ、ご自身の横を見ることもできない。必然的に神はただご自身とその下を見る。そして誰かがご自身の遥か下、底深いところに低くいればいるほど、いっそうその人を顧み給う[29]。

　この底深いところとは、「貧困、恥辱、窮迫、苦悩、不安[30]」であり、その状態こそがフミリタスである。「フミリタスは軽蔑され、醜く、卑しい存在あるいは状態に他ならない。たとえば、貧しい人々、病む人々、飢えている人々、渇いている人々、囚われの人々、苦難にある人々、死に瀕している人々がそ

28　WA 2, 141.（『ルター著作集』第1巻、468-469頁。）
29　WA 7, 547.（『ルター著作集』第4巻、162頁。）
30　WA 7, 547.（『ルター著作集』第4巻、162頁。）

110

うである。……これが、すでに述べたように、底深いところである[31]。」フミリタスというラテン語は、ドイツ語では、nichtickeit（無）やunansehelich weszenn（顧みられることのない存在）にあたるとルターは考える。しかし、「このように底深いところにいる顧みられることのないもの（unansehelich ding）を顧みる（sehen）のが神のやり方である[32]。」この神の顧み（sehen, ansehen）がイエスの受難となって顕われる。「神は、彼の最愛のひとり子であるキリストご自身をあらゆる苦悩の底深いところへ投げ込み、神の顧み、その働き、助け、流儀、忠告、御旨、それらすべてがどこに向けられているかを、キリストにおいて明確にお示しになった[33]。」神はひとり子キリストを十字架につけて、フミリタスへと貶められた。顧みられることのない無価値な存在（フミリタス）を顧みるため、自らフミリタスとなる。これが神のフミリタスである。ここに神の顧み、愛が顕われる。

「神が底深いところを顧み、貧しい人々、軽蔑された人々、苦しんでいる人々、悲惨な人々、見捨てられた人々、全く無である人々をのみ助けてくださる方であることを経験するとき、神は心から愛すべき方となり、心は喜びであふれ、神から受けた大いなる歓喜でおどり、満ちあふれる[34]。」しかし人は、「抑圧と底深いところを耐えようとはしない[35]。」逆に、上にあるもの、すなわち「名誉、権力、富、知識、良き生活、またすべて大いなるもの、高いもの」を追求する[36]。「神の働きと顧みは底深いところへと向かい、人の目と行為はただ高いところへと向かう[37]。」人は神から好意を示されない限り、神を讃美しない。また好意を得た場合も、神を純粋に讃美しないで、自らを誇ろうとする。フミリタスも、それが人間の手に握られるとき、誇りの対象へと倒錯して

---

31 WA 7, 560.（『ルター著作集』第4巻、182頁。）
32 WA 7, 560.（『ルター著作集』第4巻、182頁。）
33 WA 7, 548.（『ルター著作集』第4巻、164頁。）
34 WA 7, 548.（『ルター著作集』第4巻、164頁。）
35 WA 7, 554.（『ルター著作集』第4巻、173頁。）
36 WA 7, 547.（『ルター著作集』第4巻、162頁。）
37 WA 7, 549.（『ルター著作集』第4巻、166頁。）

第Ⅰ部　マルティン・ルター

しまう。人はそのままでは神の顧みを理解し、受けとめることはできない。自己の働きを誇り、さらに上へ上へと高いところを求める誇り高ぶりが存在するからである。神を認めるためには、自己を見るという偽りの目をえぐり出さねばならない。「地上におけるこのような多くの苦難や死、あらゆる労苦がこのことに役立つ。……私たちは辛苦し労苦することによって、偽りの目をえぐり出す[38]。」このように神は苦難を通して、人をフミリタスへと強制し、高ぶりを砕く。これが人のフミリタスである。ここに苦難の意義がある[39]。

　苦難によって強制的にフミリタスにさせられることを通じて、自己の高ぶりが朽ち砕かれるとともに、神のフミリタスの行為であるキリストの受難を内から理解することが可能となる。『ハイデルベルク討論[40]』は、この点を神による人の救済という視点から論じている。神による救済はおおよそ次のように述べられている。私たちは実際「無nihilであり、愚か者であり、悪しき者である」。しかし私たちはそれに気がつかないし、逆に自己過信に陥り傲慢になる。「神は律法によって、また私たちの罪を示すことによって、私たちをフミリターレ（humilitare）する。」ルターはこの箇所でフミリターレという動詞を使って、フミリタスの動的性格をさらに明確にしている。この神によるフミリターレを通じて、「私たちが無であり、愚か者であり、悪しき者であることが、人々の前にも私たち自身の前にもあらわとなる[41]。」私たちは罪認識によってフミリ

38　WA 7, 564.（『ルター著作集』第4巻、188頁。）
39　このような苦難のとらえ方は、その後も一貫してルターの神認識の中心であり続けた。たとえば、1539年の『ドイツ語著作集第1巻序文』で、神学研究の三つの柱として「祈りと瞑想と試練」をあげ、試練について、「試練こそ試金石である。試練は知り、理解することをあなたに教えるばかりでなく、神の言葉がすべての知恵にまさる知恵としていかに正しく、いかに真実で、いかに甘く、いかに愛すべく、いかに力強く、いかに慰めに満ちているかを経験することをも教える。」（WA 50, 658f.）と書いている。また、「すべてのキリスト者がよくよく認識すべきことは、試練を体験しなければキリストをよく知ることができないことである。……このようなあふれんばかりの神の贈り物をいただきながら、もし試練がなかったら、私は傲慢のために地獄の底に堕ちたであろう。」（WA Tr. 1, 141）というルターの言葉が記録されている。
40　Disputatio heidelbergae habita, WA 1, 353-365.（『ルター著作集』第1巻、久米芳也訳、107-135頁。）
41　WA 1, 356f.（『ルター著作集』第1巻、115頁。）

第4章　「信仰」宗教の成立

タスとさせられる。これによって私たちは自分自身に絶望することとなるが、フミリタスの重要な点は、自己を見つめることから離れて、恩寵へと啓かれることにある。「罪の認識によってフミリタスが得られ、フミリタスによって恩寵が得られる。こうして義人たらしめるために、罪人たらしめつつ、神の非本来的な働きは、ついに神の本来的な働きを導き出す[42]。」

『マリアの賛歌』と『ハイデルベルク討論』から明らかとなるのは、ルターがフミリタスの本質として理解するのは、自らが罪ある状態であるということである。しかし人はそれを見ようとはせず、逆に上へ上へと高きを求める。この上への追求は理想を追い求めるというかたちをとる場合もあるが、自らが罪人であることを忘れた場合には、高ぶりに転化する。苦難は自らのそのような罪ある状態を気づかせる。またそのような理解に立つとき、最大の苦難は良心が神によって責められ、神の裁きにおののくことである。しかし同時に、このようなフミリタス理解なくしては、神の恩寵に目が啓かれない。

フミリタスを自覚する中で、キリストの受難に顕われた神の恩寵に自らが啓かれ、そのような神の恩寵を信じ受け入れること、これがルターのいう信仰である。ルターの信仰はフミリタスを内にもつので、自らに絶望しつつなおかつ、神の恩寵を信じるという性格をもつ。

ルターは修道士時代、生来の力によって修道士としての修業に励み、それによって神の義に達しようとしたが、逆に苦痛と苦悩は増し、厳しい掟を要求する神を愛せず逆に神を憎むほどになった。『キリスト者の自由』で述べられた「生活と行ないとはすべて神の前に無であり、むしろ……永遠に滅びるほかはない」という断言には、その時の経験が込められている。彼はその経験により、外的人間の行為による救いの達成は、いかなるものであれ否定した。同時に彼は自らの主観的心情に没入することをも否定する。パトスは彼にとって、自己の苦難であると同時にキリストの苦難であった。このキリストの苦難に対して自己が啓かれない限り、自己のパトスは絶望をもたらすだけである。

42　WA 1, 361.（『ルター著作集』第1巻、125頁。）

第Ⅰ部　マルティン・ルター

『ローマ書序文』（1522年）で、ルターは二つの信仰を区別する。自分の力で心の中で「私は信じている」と考える場合がある。しかしそれは人間的な思いつきや考えにすぎず、生活の改善や良い行ないをもたらさない。ルターにとっての真の「信仰とは、私たちのうちにおける神の働きである。この神の働きが私たちを変え、神によって新しく生まれさせる[43]。」この神の働きこそが神の言葉である。神の言葉を通じて、人はキリストの受難への信仰が呼び覚まされる。信仰とは自らが生まれつきもっている信仰心や信頼とは異なる[44]。信仰の基礎は神の顧み、神の働きにあり、信仰は神の言葉の説教によって生み出される。信仰は受動的性格をもつ。ルターは生来の人間の行為による救いの達成を排除するとともに、生来の信仰心にも立脚せず、信仰の受動性を徹底させていった。

■第3節　「信仰」宗教の成立

「はじめに」で述べたように、信仰は主観性の危機をもたらす。その解決方法として二つあることを示した。一つは、救済されていることを示す何らかの外的な行為を復活させることであり、もう一つは、外的なしるしを廃して、内面的な心情に没入しようとするものであった。第1節と第2節で述べたように、親鸞とルターはそれらとは異なる第三の道をとった。彼らは信仰による主観性の危機を、信仰の受動性を徹底させることによって克服しようとした。それは、信仰を自己の信頼心ではなくて、神や阿弥陀から賜ったものだとしてとらえ、そこに自己の信仰心の頼りなさから脱出する基盤を見出そうとする。信

43　*D. Martin Luther, Biblia: das ist: Die gantze Heilige Schrifft: Deudsch auffs new zugericht,* Wittenberg 1545. Letzte zu Luthers Lebzeiten erschienen Ausgabe. Herausgegeben von Hans Volz unter Mitarbeit von Heinz Blanke, Bd. 2, 1972, S.2258.
44　「あなたは自分の痛悔に決して頼らないで、あなたのもっとも恵み深く、もっとも誠実な救い主イエス・キリストの言葉そのものに頼るように注意しなさい。あなたの心はあなたを欺くであろうが、……、彼はあなたを欺きたまわないであろう。」『贖宥の効力についての討論の解説』1518年、WA 1, 596.（『ルター著作集』第1巻、藤代泰三訳、314頁。）

114

第4章 「信仰」宗教の成立

じた後、たとえ外的に良くならなかったとしても、また自分自身の信仰心に動揺が見られたとしても、その信仰は神や阿弥陀によって呼び出されたものであるので、救済は確実だとする。彼らは、信仰よる宗教の内面化がもたらす主観性の危機を、信仰の受動性を徹底させる方向で克服しようとした。

　しかしルターや親鸞の場合、この内面化の危機は非常に深刻である。彼らの場合、危機は信仰の本質を構成すらしている。ルターについてはフミリタスに触れて述べた。それは彼自身の修道士時代の経験をもとにしている。彼は1505年にエアフルトのアウグスティヌス隠修道会に入り、1507年には司祭に叙品された。彼は他の誰にもまして徹夜や祈りの修行に励み、自らの宗教的業によって、神の前に義を獲得しようとした。しかしそのうち彼は、良心が罪によって責められるようになる。その当時を振り返って、「私は、神の前で全く不安な良心をもった罪人であると感じ、私の償いをもって神が満足されるという確信をもつことができなかった。だから私は罪人を罰する義の神を愛さなかった、いや、憎んでさえいた[45]」、と記している。親鸞も『歎異抄』第2条で「いづれの行もおよびがたき身なれば、とても地獄は一定すみかぞかし」と述懐した。このような自己認識の真に危険な点は、自己に閉じこもって他者に目が啓かれない点にある。これが絶望である。ルターはこの危険性をよく認識していた。しかしこの自己認識がなければ真に他者に目が啓かれることも起こらない。この点がルターや親鸞の場合の特徴である。ルターの場合これが苦難と関連する。苦難の意義は自らが強制的に低くされることにある。しかし自らが低くされることは、絶望をも生み出しうる。それは自己の中に閉じこもり、そこからの脱出を期待しない、あるいは期待できない状態である。信仰の立場から見た場合、苦難が絶望を内包する点に最大の危機がある。しかし、苦難によって自らが低くされ、救済者としての他者に心が啓かれたときに、転換が起こる。

　このような転換をたとえば親鸞は「自力のこころをひるがへして、他力をたのみたてまつ」ると表現した（『歎異抄』第3条）。そしてそのような転換は救

45　WA 54, 185-186.（徳善義和編『世界の思想家5　ルター』34-35頁。）

第Ⅰ部　マルティン・ルター

済者である他者の働きによって生じる、と考える。信仰の危機が受動性の徹底を通じて解決される。その場合、他者の働きが他者の外的な語りかけを通じて起こると考える点に、親鸞とルターの共通点が存在する。この点で内面化の心情的ラディカリズムはルターや親鸞と異なる。ルターや親鸞では内面化と外的しるしとが不可分の関係にある。親鸞の場合「南無阿弥陀仏」と唱える念仏行為とそれを保証する阿弥陀の本願およびそれを記した経典があるゆえに、受動性の徹底が可能となる。ルターの場合も、彼が強調する神の言葉は、外的な聖書と人間の声を通して語られる説教であって、心情的ラディカリストの神秘主義的な内なる言葉ではない。それゆえ、受動性の徹底の宗教は、教典宗教という性格をとる。一方、内面化が外的しるしと結びつかない場合、受動性の徹底は行なわれず、自己の心情を強調する第二の類型に転化する。

　この第三の類型に至って、信仰を中心とした宗教は安定する。第二の類型の場合、その主体性には悲壮感が漂うのに対して、親鸞にしてもルターにしても、委ねることから来る安らぎと平安が見られる。このように信仰の受動性を徹底させた宗教を「信仰」宗教と呼ぶこととする。

■おわりに ― 「信仰」宗教における私と他者の発見

　「はじめに」で指摘したように、信仰は代替不可能という特徴をもつ。それゆえ信仰には、他に置き換えることのできない「私」という意識を伴っており、「主体性」につながる要因が存在する。ところが、親鸞やルターの信仰は、その受動性が徹底される「信仰」宗教という類型に属する。この受動性と主体性とはどのように係わるのか。親鸞やルターは「私」をどのように理解していたのか。最後にこの問題を考えたい。

　ルターの主体性を示すものとして、第2章で扱った、1521年4月のヴォルムス帝国議会での彼の発言が有名であろう[46]。皇帝によって自説の撤回を迫られ

---

46 本書第2章、29頁。

第4章 「信仰」宗教の成立

たルターは、「聖書の証言か明白な理由をもって服せしめられないならば、私は、私があげた聖句に服し続けます。私の良心は神の言葉にとらえられています。……私は取り消すこともできませんし、そのつもりもありません。良心に反したことをするのは、確実なことでも、得策のことでもないからです」と語った。ルターの信仰の受動性の特徴は、神の言葉のみが信仰を呼び起こし、キリスト者を生み出すという認識に基づいていた。これは別の面から見れば、人間の中には神の言葉しか触れることのできない領域が存在することを意味する。ルターは良心をそのような領域として理解する。この理解に立って、神の言葉以外のものである、教皇権力や皇帝権力が良心に強制を迫った場合に、ルターはそれを拒否したのである。ここに信仰の受動性に基づく「私」の発見が見られる。これは他者にも向けられる。1521年10月から翌年にかけて、ヴィッテンベルクでカトリックのミサ改革が問題になり、ルターの同僚カールシュタット等がその実施を教区民に強制しようとしたとき、ルターはミサを改革しなければならないとしつつも、それに反対した[47]。それは、改革が正しいことを自らの良心において納得できない教区民に改革を強制することは、彼らの良心を侵すことになると考えたからである。改革をめぐる騒動の中、ルターは説教で次のように語った。

「私は［人間の］言葉でもって耳にまでしか達することはできず、心には至りえない。人は信仰を心の中に注ぐことができないので、誰も信仰へと強制されたり押しつけられたりされるべきではないし、そうすることはできない。ただ神のみが、ご自身の判断と御心に従って、そのことをなさり、［神の］言葉を人々の心にいのちあふれるものとなさる。それゆえ、人は［神の］言葉を自由に働かせしめ、私たちの業を加えてはならない。……私たちは［神の］言葉を説教すべきであって、結果は神に委ねねばならない[48]。」ここに「私」と同じく、神の言葉以外によっては何ものにも侵されることのない「他者」の発見

---

47 本書第2章、33-35頁。
48 WA 10/Ⅲ, 15.

117

第Ⅰ部　マルティン・ルター

を見て取ることができるだろう。

　親鸞にもルターと同様のことを見出す。「弥陀の五劫思惟の願をよくよく案ずれば、ひとへに親鸞一人がためなりけり。さればそれほどの業をもちける身にてありけるを、たすけんとおぼしめしたちける本願のかたじけなさよ」という言葉を親鸞がよく口にしていたと、『歎異抄』の結びで唯円は述べている。これは決して独善的な「一人」の意識ではない。この「一人」の意識には、自己の業の深さゆえに絶望した人間が、阿弥陀の本願によってのみ救済されたという感謝があふれている。親鸞のこの言葉は、『歎異抄』の６条の「親鸞は弟子一人ももたずさふらう。そのゆへは、わがはからひにて、ひとに念仏をまふさせさふらはばこそ、弟子にてもさふらはめ、弥陀の御もよほしにあづかて念仏まふしさふらうひとを、わが弟子とまうすこと、きはめたる荒涼のことなり」という発言と対をなすものである。私も他の人も阿弥陀の直接的な取り扱いによって救いにあずかった存在なので、互いに対等で独立した存在である。「一人」の意識は他を排除することなく、親鸞においても「他者」の発見を伴った。

　信仰は主観性の危機をもたらす。この危機克服のため、ルターと親鸞は信仰の受動性を徹底させ、「信仰」宗教が成立する。「信仰」宗教において、他によっては置き換えることのできない「私」という意識をもたらすとともに、私が自由に扱うことの許されない「他者」の発見をもたらすこととなった。

第Ⅰ部　附論　「死の意識の古層」の克服

■はじめに

　私が入門して間もなく、翌年［明治45年（1912年）］１月のことであり
ますが、先生の愛嬢ルツ子さんが永眠しました。私と同年の19歳でし
た。その葬儀で先生が感想を述べて、「これはルツ子の葬式ではない、
結婚式である。彼女は天国へ嫁行ったのである」と言われましたが、基
督教に全く初心であった私は、それまでにかかる言葉を聞いたことはか
つてありませんでした。しかし先生が戯談を言っておられるのでないこ
とは、その厳粛極まる悲痛な表情によって疑う余地はありません。さら
に葬列が雑司ヶ谷の墓地につき、柩が穴に下され、先生が一握りの土を
つかんだ手を高くさし上げて、「ルツ子さん万歳！」と叫ばれましたと
き、私は雷に撃たれたように全身すくんでしまいました。「これはただ
ごとではないぞ。基督教を信ずるということは生命がけのことだぞ」と
私は思いました。

　この文章は、矢内原忠雄が『続余の尊敬する人物』（岩波新書）で内村鑑三
について記したものです。矢内原はその後、内村の影響によって無教会主義キ
リスト者としての信仰をもちます。卒業後学者としての道を歩み、新渡戸稲造
のあとを受けて東大で植民政策の講座を担当しますが、昭和12年に戦争を批判
したため東大を追われます。戦後復帰し、1951年には総長に就きました。
　矢内原は、死に関する内村鑑三との次のようなエピソードも語っています。
矢内原がキリスト教の信仰をもった時、すでに両親は死んでいました。信仰を

119

もたずに亡くなった二人が死後どうなるかを悩んで、ある日内村の自宅を訪ねます。しかし、内村は黙ったままで、いっこうに返答しないので、とうとう矢内原は辞しますが、その時、内村は「あなたは信仰をなくしてはいけない」と言ったということです。このことから、分からないことがあっても、その判断を保留しながら、信じ続けていくことを学んだ、と矢内原は記しています。

　この二つのエピソードは、キリスト教が近代日本に与えた文化的衝撃をよく示しています。娘ルツ子の死については、内村自身、一方で「断腸の思い」を抱きつつ、「モー往きます、の一言を洩し、口元に微笑を湛えながら眠に就き申候、霊魂不滅は明白に証明され候、我等は我等の愛する者と必ず再会致すべく候」と青木義雄宛書簡で記しています［『内村鑑三全集』37巻、岩波書店、1983年］。内村は娘の霊魂不滅を信じ、娘と再会する希望によって、悲しみを乗り越えようとしました。もう一つのエピソードは、キリストを信じないで死んだ魂がどうなるのか、また生者はそのような死者が幸福になるために、何もすることはできないのか、といった悩みをあらわしています。幕末に伝来したプロテスタンティズム・キリスト教は、信仰者は死後天国へ行き、そうでない人は地獄へ行くことを教え、同時に、生者は死者や死後の世界には一切働きかけることができないことを強調していました。特に後の点は同じキリスト教でも、カトリック教会との大きな違いでした。以下の「第1節」で述べますが、カトリック教会は、煉獄思想によって生者の死者への一定の働きかけを容認し、それゆえに、生者と死者との間は完全に断絶するのではなく、交流が存在しました。両者の断絶を主張するプロテスタント的見解は、柳田國男が『先祖の話』で強調したような他界観とは、原理的にも感覚的にも異質なものでした。柳田は、死者の霊は、生前生きていた土地の近くにとどまり、一定の期間が過ぎると、個としての性格はなくなって先祖となり、子孫を守り、盆や正月には「家」に帰ってくるといいます。他方生者も先祖を祭らねばなりません。「家」とは、柳田によれば、互いに交流する生者と死者からなる運命共同体でした。

　本附論では、生者と死者との関係がどのようにイメージされたか、またその

第Ⅰ部　附論　「死の意識の古層」の克服

イメージの背後にはどのような人間理解が潜んでいるのかという点から、キリスト教的文化圏と日本文化との死をめぐる文化的環境について、若干の比較をしたいと思います。

■第1節　ヨーロッパにおける「死の意識の古層」

　人は死ぬと完全にこの世と生者とから切り離されるのではなく、死後も死者と生者との間には、何らかの交流が存在するという考えは、時を超えて多くの民族や文化において見られます。これを、「死の意識の古層」と呼んでおきます［古層という言葉またその概念については、丸山真男「原型・古層・執拗低音─日本思想史方法論についての私の歩み」（『丸山真男集』第12巻、岩波書店、1996年、所収）から示唆を得ている］。たとえば、祖霊信仰がそうです。死者は喪の期間に生者による儀礼（供養）を受けることによって祖霊となるが、儀礼を欠くと死者は亡霊となり、様々な害をもたらす。そして、祖霊は一定の期間（この長さは、地域、文化によって異なる）個人として覚えられ供養がなされるが、それが過ぎると個性を失い、祖先一般に吸収されていく［渡辺照宏『死後の世界』、岩波新書、1959年］というものですが、柳田のいう日本の祖先崇拝も祖霊信仰の一種ですし、中国では祖先の祭儀継続のため、家系の存続がきわめて重要だとされてきました。また、インドで発達し、仏教にも取り入れられた輪廻転生説にも、「死の意識の古層」が見られます。

　ヨーロッパのキリスト教文化と日本文化において、ある時期、この古層を克服する試みがなされます。本附論では、これを比較してみたいと思います。もちろんこの古層は完全に抑圧されてしまうのではなく、その後も様々なかたちで現われてきます。たとえばキリスト教文化圏でいえば、現代アメリカにおけるハリウッド映画におけるオカルトものや、『チベット死者の書』を医療関係に取り入れる試みなどは、その一例だと思います。この問題は、マックス・ウェーバーが「世界宗教の経済倫理　中間考察」で展開した、生の諸領域での合理化の進展によるニヒリズム的状況のテーマと関連がありますが、本附論で

第Ⅰ部　マルティン・ルター

はその問題には直接触れません。

　ヨーロッパ社会は16世紀まで死者と生者とが共存する社会、死者が偏在する社会でした。そこには起源を異にするいくつかの死生観が存在しています。たとえばミュシャンブレによれば［Robert Muchembled, *Kultur des Volks-Kultur der Eliten*, (übersetzt von Ariane Forkel), 1984］、中世農村社会では、死者も生者とともに農村共同体の構成員であると考えられていました。人々は死によって今まで生活してきた共同体から切り離されるのではなく、死後も重要な成員としてそこにとどまり、共同体の繁栄のために尽くします。しかし死者の中には、他の土地に行った者もあり、彼らはそこで害を及ぼすと考えられていました。一方生者は、悪しき諸力やよそから来た悪しき死者の働きを阻止し、共同体の繁栄を願って、教会の聖人ばかりでなく、その共同体と一体をなしている死者たちに助力を祈り求めたのでした。祭りはそのような生者と死者の共同の営みでした。ここには、生者と死者との交流という死の意識の古層が、この世とあの世を連続的な同質のものとしてとらえ、死者を個人的ではなく集団的に把握する見方と結びついて、あらわれてきています。

　以上のような死生観はおそらくキリスト教が広まる以前のゲルマン社会の死生観との係わりがあると思われます。古ゲルマンの死生観をうかがうことのできる『エッダ』や『サガ』の北欧文学には、しばしば荒々しい死者が登場します。彼らは一般に生前にその社会で受け入れられなかった者たちで、死後も冥界に受け入れられず、この世に舞い戻って乱暴狼藉をすると考えられていました［阿部謹也『西洋中世の罪と罰』弘文堂］。生前この世で受け入れられなかった者は死後の世界でも受け入れられない点に、この世とあの世の価値の同質性を見出すことができます。彼らは秋から冬の夜、特に冬至（当時は12月25日）から新年にかけて活発に行動します。ディケンズCharles Dickens（1812-70）の『クリスマス・キャロル』の冒頭、クリスマス前夜、主人公スクルージーの前に七年前に死んだマアレイが姿を現わすシーンは、そのようなゲルマン的死者の現われと見ることもできます。

　そのような死生観とは異質な死生観がキリスト教の浸透とともに現われ、両

第Ⅰ部　附論　「死の意識の古層」の克服

者が併存する状態が生まれます。キリスト教の定着とともに生者と死者の交流はいくつか変化を遂げていきますが、本章では、12・13世紀以降の変化に注目します。カトリック教会の教義と生活が体系化されるうえで重要な役割を果たしたのは、1215年の第四回ラテラノ公会議です。この時、キリスト教の秘蹟が七つと定められ、ミサや洗礼、告解、終油など生活に係わる重要な儀式の位置づけが明確となります。また、それまでは各地域でそれぞれ独自な聖人が崇敬されていましたが、12世紀頃から、マリア崇拝に見られるように、国際的な聖人への崇拝が地方の聖人崇拝に食い込んでいきます。また13世紀頃から、ミサにおける聖変化によって生じるキリストの聖体が、聖人の遺骨や遺品である聖遺物の地位を浸食し始めます。このような新しい傾向は、ローマ・カトリック教会がヨーロッパ全体にわたってその影響力を発揮するようになったことを示しています。そして死生観にとってもっとも重要であったのは、煉獄の「誕生」です。

　煉獄が死後の世界の一つとして空間的に理解されるようになるのは、ル・ゴッフ［ル・ゴッフ『煉獄の誕生』渡辺香根夫・内田洋訳、法政大学出版部、1988年］によれば、12世紀末からです。当時のカトリック教会の考えでは、人々は死後、地獄か、煉獄か、天国に行きます。地獄は洗礼を受けていない者（異教徒）や異端者が行く所です。当時のヨーロッパ社会は一部のマイノリティを除いて幼児洗礼を受けていましたから、地獄に行く人は例外に属します。一方天国へすぐに行ける人も少ないと考えられていました。多くの人々は煉獄に行きます。それは、告解の秘蹟と煉獄とが結びつけられるようになったからです。告解の秘蹟によれば、司祭に罪を告白し赦しの宣言を受けた後、教会が命じる償いの業（償罪）を行なわねばなりません。しかし、それをこの世で成し遂げることは難しく、死後煉獄で苦痛を受けることによって浄化され、その後に天国へ行くと考えられました。

　この煉獄観の定着とともに、煉獄が生者と死者を媒介とすることとなります。この世の人々は、死後地獄に堕ちた者や天国に入った者と係わることはできませんでした。地獄に堕ちた者はそこからの脱出の道はなく、生者は彼らに

123

第Ⅰ部　マルティン・ルター

対して何の助けも与えることができない、と考えられました。この点で、仏教の地獄は煉獄に当たるという山田晶の指摘は適切だと思います［山田晶『アウグスティヌス講話』講談社学術文庫］。仏教の地獄は最終的な裁きの場ではなく、天文学的な年数であるとはいえ、いつかそこでの苦痛は終わり、他の世界に輪廻転生するからです。仏教にはキリスト教的な意味での審判は存在しません。

　カトリック教会はこの煉獄を梃子にして生者ばかりでなく、死者にも支配権を及ぼしていきます。煉獄における浄めの苦痛は凄まじく、かつほとんどの人々が償罪の残りを煉獄で償わねばならないため、煉獄が人々の恐怖の的となりました。カトリック教会は生者の執り成しによって、煉獄の苦しみの期間が短縮されうると主張しました。そのような執り成しとして有効とされたのは、死者ためのミサや施し、祈り、断食、さらに贖宥です。15世紀末から16世紀初めにかけて、特に重要であったのは、死者のためのミサと贖宥です。前者は、11月2日の死者の日（万霊節）、死亡日、死者の埋葬日、三日忌、七日忌、三十日忌（場所によっては九日忌、四十日忌）、年忌などに行なわれました。死者の関係者の要請によって随時行なわれることが多く、司祭は式によって報酬を得、多額の金銭が教会に流れ込むとともに、民衆の側では贖宥状購入のための出費とともにたいへんな重荷ともなっていました。

　贖宥は、先ほど述べた告解の秘蹟の償罪の一部あるいは全体を免除するもので、十字軍時代に発達します。ウルバヌス2世（在位1088-99）は、十字軍参加の兵士にあらゆる償罪を免除する全贖宥を与えました。その後、1300年にはボニファティウス8世が、その年にローマに連続して15日間巡礼し寄進した者に全贖宥を与える期年祭贖宥を設けます。15世紀に入るとついに、献納金をもって購入される贖宥状が発行され、贖宥は商品と化し、それによって集められた金額は、教会の再建や教皇庁の放漫財政を支えるために使われていきました。贖宥は本来、生者本人に対するものでしたが、13世紀以降教皇たちは、死者への贖宥は有効であると主張し、1476年には煉獄の死者のために生者が贖宥状を得ることを認めました。こうして贖宥は煉獄の魂の執り成しの手段とも

124

なっていったのです。

　贖宥はこのように教皇庁の教会政治と深く係わっていましたが、より根本的にはカトリック教会の救済体系と結びついています。カトリック教会では、聖職者と信徒とを身分の違いとしてはっきり区別します。信徒には十戒を中心とする比較的ゆるやかな倫理が要求されるのに対して、聖職者には独身制を中心とするより厳しい倫理が要求されました。その結果、聖職者の中でもとりわけ優れた生涯を送った聖人たちは、彼らが天国に行くのに必要とされる償罪の業以上を行ない、それらの功徳は教会に蓄えられます。そしてカトリック教会によれば、人々は、聖人への祈りや聖遺物への巡礼や贖宥を通じて、それらの宝蔵にあずかることができました。このように、贖宥は信徒と聖職者の区別を前提としており、告解の秘蹟と結びつくことを通じて、カトリック教会の救済体系の中心部分に係わっていました。

　以上のように生者は、死者へのミサや施し、祈り、断食、贖宥状を通じて、煉獄にある死者への働きかけを行ないました。他方死者は説教や教訓的逸話や聖人伝に登場します。彼らは肉親、配偶者、あるいは所属する修道会の長上者の前に現われ、煉獄の苦しみが軽減されるように執り成しを懇願しました。

　煉獄を中心とした死生観は明らかにゲルマン的な死生観とは異質なものです。第一に死者は集団的な性格を抜け出し、個人として意識されるようになります。生前と死後人格の同一性が見られます。第二に、たとえば『神曲』でこの世で権勢を誇った政治権力者や教皇が地獄や煉獄に堕とされていることに現われているように、この世とあの世は異なる価値が支配しする異質な世界と考えられています。

　しかし、農村の民衆と煉獄を中心とするカトリック教会の死の体系には共通する点があります。それが「第1節」の冒頭で死の意識の古層と呼んだもので、形態は異なるものの、両者に共通して生者と死者との交流という特徴が見られます。このような死の意識の古層をラディカルに批判し、克服しようとしたのがルターでした。

125

第Ⅰ部　マルティン・ルター

■第２節　ルターにおける「死の意識の古層」の克服

　ルターの宗教改革は、周知のように1517年の『九十五箇条提題』における贖
宥批判から始まります。これがカトリック教会全体を揺るがすようになったの
は、「第１節」で述べたように、贖宥がカトリック教義体系の中核に位置して
いたからです。

　ルターの思想の中心は、信仰によってのみ救済される（信仰義認論）、とい
うものですが、これは救済に関して神以外のいかなる存在も、信じる人の代理
を務めることはできないことを意味します。信仰は代替が不可能であるという
特徴をもちます。必然的に、聖人の執り成しや生者の死者への執り成しは否定
されます。それが具体的にどのように考えられたかを、以下三つの点から述べ
ることとします。

（１）臨終における恐怖からの解放

　　　　人は生きている間に、死の想念についての訓練をなし、死がいまだ遠く
　　　　にあり、差し迫ってこないうちに、これをわが前に呼び出して眺めるべ
　　　　きである。しかしながら、臨終に際して死がすでに目の前にあり、その
　　　　力がおのずからあまりにも強くなりきってしまっている場合には、そう
　　　　することはかえって危険であり、何の役にも立ちはしない。

　ルターは1519年に出版された『死への準備についての説教』でこう語りまし
た。当時アルス・モリエンディと呼ばれる死者を看取るいわばマニュアル本が
盛んに出版され、臨終の時に今までの罪を告白することの重要性が叫ばれてい
ました。しかしそれは、地獄や煉獄の恐怖と結びついて、多くの人々を逆に不
安と恐れへと掻き立てていました。ルターはむしろ元気な時に死について考え、
キリストの言葉を心に刻んで信仰を確かなものとすることをすすめました。

126

（2）生者と死者の断絶

　まず死者から生者への働きかけについて。カトリック教会の説教や聖人伝には、死者が煉獄での苦しみの期間の短縮を願って生者に現われました。しかし、ルターはこれをはっきりと否定します。1521年の『ミサの濫用』で、ミサによる執り成しを求めて現われる煉獄の亡霊の存在を否定しています。また、聖人が生者のために執り成すことは、1525年の『カノンと呼ばれる私誦ミサの悪どさ』で、否定しています。死者は最後の審判まで眠っている、とルターは考えます。

　次に生者の死者への働きかけについて。カトリック教会はこれを認め、その有効な手段として贖宥、死者のためのミサ、祈りなどを挙げていました。これについては、ルターは、徐々に自らの考えを明確にしていきます。まず贖宥について、『九十五箇条の提題』の第8で、「告解についての教会法は、生きている人にだけ課せられていて、それによるならば死に臨んでいる人には何も課せられてはならない」と述べて、それと結びついている死者のための贖宥を否定しました。次いで彼は、1520年に『教会のバビロン捕囚について』の中で、ミサは「神の約束であって、自分の信仰によって、信じる者に対して以外には、誰に対しても授けられないし、誰に対しても適用されない、また誰に対しても執り成すことはできないし、誰に対しても伝達されえない」と述べて、信仰義認の原則から、死者のためのミサが無効であることを明言しています。

　以後、そのような考えが現実の事柄に適用されていきます。ルターは親交のあったオーストリアの貴族シュタルヒェンベルクに、彼の妻が1524年に死亡した時慰めの手紙を送り、同時に亡き妻への執り成しをしないように求めています。

　　　私の願いは、閣下がミサと徹夜課［死者の埋葬の前に行なわれる死者のための儀式］と奥様の魂のために日々祈ることから離れられることであります。閣下が一度あるいは二度奥様のために誠実に祈られましたならば、それで十分であります。……そしてとりわけ閣下に、徹夜課と死者

のためのミサを中止されるようにお願い申しあげます。と申しますのも、それらは神が特別にお怒りになる非キリスト教的な事柄だからであります。……さらに、神はミサを死者のためではなく、生者のために秘蹟として制定されましたので、神が制定されたあれこれのもの、［特に］生者のためのミサから死者のための業と犠牲をつくりだしてしまうことは、恐るべき身の毛もよだつことであります。

　そして1530年の『煉獄の破棄』で煉獄を明確に否定します。煉獄の否定は贖宥や死者のためのミサに比べて遅れました。その理由はおそらく死後の世界や「寄進とか徹夜課にも何の係わりもない」別の煉獄［ルター『キリストの聖餐について　信仰告白』1528年］を念頭においていたからだと思います。それは「絶望のおののき」［ルター『提題解説』1518年］であり、キリストやアブラハム、モーセらも経験した霊的状態［ルター『弁明とその根拠』1521年］でした。この死後の世界とは無縁な煉獄理解が、煉獄のトータルな否定を思いとどまらせていたと考えられます。しかし1530年には、このいわば近代的な煉獄理解を含めて、ルターは完全に煉獄を否定するに至りました。

　同じく1530年に出版された『アウクスブルク帝国議会に参集した聖職者に与える勧告』の中で、ルターは偽りの教会で実践され慣習となったものを37、挙げています。その中には、贖宥、煉獄、聖人礼拝と聖人の祝日、死者のためのミサ、三十日忌ミサ、死者記念日ミサ、徹夜課、施浴など、生者と死者との交流に関するものも多く見られます。施浴は煉獄にいる魂のために定められた善行の一つで、無料入浴のための基金です。この他に死者のための共同祈祷週を挙げています。これは聖ミカエルと諸天使の日（9月29日）の後の一週間のことで、この時死者のためのミサが行なわれました。ルターは1530年の頃には、完全に、生者と死者の間の交流を否定するに至っていたと言うことができます。

（3）再会の希望

　ルターは1525年以降、最後の審判までの死後の状態を眠りと考えるようになります。このことは、死者との関係を大きく変化させます。死者のために執り成しにつとめるのではなく、別離の悲しみをキリストの再臨時における再会を希望することによって乗り越えようとします。そして死者への思いは、死者への追憶となりました。ルターは子どもを二人亡くしています。1542年に死んだ次女マグダレーナへの思いにそれがよくあらわれています。彼は娘の死を友人のJ.ヨナスに次のように知らせています。

　　　私の最愛の娘マグダレーナがキリストの永遠の王国へ再生したという噂があなたのもとに届いていることと思います。私と妻はそのような幸福な出発と祝福された終わりとに対して感謝を捧げるべきなのでしょう。マグダレーナはそのことによって肉やこの世、トルコ人、悪魔の力から逃れることができたのですから。しかし、肉親の愛は大きく、心の中で叫び嘆くことなしには、あるいは私たち自身の死を経験することなしにはこのことをなしえません。というのも、たいへん従順で人々を敬った娘のしぐさや言葉や動作が心の奥深く刻まれています。（1542年9月23日）

　しかしそのしばらく後に、今度はヨナスが妻を亡くします。ルターは次のような手紙を送ります。

　　　あなたに降りかかった予期せぬ災難によって私は全く打ちひしがれ、何を書けばよいのか分かりません。……別離は肉によればたいへんつらいものですが、来世において私たちは再会し、集められ、私たちを愛しご自身の血と死によって私たちのために永遠の生命を獲得してくださったお方とのもっとも甘美な交わりに入れられます。……しばらくの間嘆き悲しんだ後、私たちは言い様のない喜びに浸ることでしょう。……霊

第Ⅰ部　マルティン・ルター

は、敬虔で良き婦人があなたのそばから天国と永遠の生命へと移された
ことを考える時、喜ぶべき理由をもっています。このことを疑うことは
できません。なぜなら、夫人はそのように敬虔で聖なる言葉をもって信
仰を告白しながら、キリストの胸の中に眠りました。私の娘もまたこの
ようにして眠りました。それが私の最大で唯一の慰めです。(1542年12月
26日)

　ルターと宗教改革によって生者と死者との交流という「死の意識の古層」は
否定されるに至ります。死者は生者への影響力を失い、生者も死者への執り成
しが否定されます。その結果、死者は生者から分離され、「死」を遂げます。
これを生者から見ると、死者はこの世から駆逐されていきます。それは宗教改
革から16世紀後半にかけて、葬儀をめぐって具体的な姿をあらわします。死者
との交流を示す要素は排除され、説教が中心にきます。死者の魂を執り成すこ
とにかわって、死者の生前の社会的威信に敬意を払うことが重要視され、同時
に葬儀は参列者に死にふさわしい生を生きるように促す機会となります。重心
が明らかにこの世におかれるようになっていきます。また埋葬地は市内から市
外の墓地に移っていきました。死者は日常の生活から姿を消していくこととな
ります。

■第3節　日本の仏教における「死の意識の古層」

　さて、以上のルターに関して述べたことを念頭におきつつ、日本の仏教にお
ける「死の意識の古層」克服の問題を考えます。6世紀に中国、朝鮮を経て日
本に大乗仏教が伝わってきます。そして仏教の浸透とともに、古代的記紀神話
的死生観から仏教の輪廻転生的死生観に徐々にかわっていきます。前者におけ
る「死の意識の古層」のあらわれは省きます。[前者の後者への影響について
は山折哲雄『仏教民俗学』講談社学術文庫参照。]
　奈良時代から平安時代初期の頃、仏教の生者と死者との関係がどのようにイ

メージされていたかは、『日本霊異紀』［講談社学術文庫］から知ることができます。これは薬師寺の僧景戒によってまとめられた仏教説話集で、787年に一応まとめられ、822年に追加されています。その中にしばしば地獄に行ってもどってきた話が収められています。たとえば、上巻第30話に、膳臣広国が黄泉で父に会う場面があります。父は生前、生き物を殺し、他人の妻を犯し、父母に孝行をつくさないなど数々の罪を犯してきたために、37本の釘を体に打ち込まれ、日々900回むちで打れる苦しみにあっている、と語り、広国に「我がために仏を造り経を写し」てくれるように頼みます。広国は、生き返って、父のために「仏を造り、経を写し、三宝を供養」して、父の恩に報い、その結果、二人とも正しい道に入ったと記されています。このように『日本霊異紀』には、死者がいろいろな動物となって近親者に現われたり、生者による供養によって、輪廻転生説に基づく地獄の苦しみとその業苦から解放される説話が何度も出てきます。

　平安時代以降、山折哲雄［『日本人と浄土』講談社学術文庫］によれば、日本の仏教には、「いかに生きるか」を追求した空海の流れと、「いかに死ぬか」を追求した浄土教の流れの二つが存在しました。浄土教は中国の善導（613-681）によって確立されますが、日本には7世紀前半にはすでに存在しており、その後9世紀中頃から10世紀後半にかけて発達します。平雅行［『日本中世の社会と仏教』塙書房、1993年］によれば、10世紀以降、一般に、鎮護国家・現世安穏は密教を中心に祈られ、後世善処・死者追善が浄土教で祈られ、二つの流れは併存しています。

　平安時代、日本の浄土教は源信（942-1017）によって大きな展開を遂げます。その特徴を三つ指摘しておきたいと思います。第一に、その著『往生要集』の六道（地獄、餓鬼、畜生、阿修羅、人間、天上）で描写された地獄のイメージの影響があげられます。源信自体は、六道の描写を通じて、人々に、穢れた世をいとい、浄土に往生する（厭離穢土・欣求浄土）気持ちを起こさせることが目的でした。しかし、地獄の描写の迫真性は、それに基づいてつくられた六道絵と相まって、人々に地獄の恐怖を植えつけていきました。第二に、彼は輪廻

第Ⅰ部　マルティン・ルター

を脱し、往生を遂げるために、念仏をすすめます。ただし、彼の念仏は、のちの法然や親鸞の称名念仏とは異なって、礼拝（阿弥陀仏を礼拝）、讃歎（阿弥陀仏を讃歎）、作願（浄土往生を願う）、観察（阿弥陀打仏の姿を観想）、廻向（善根を浄土往生のために振り向ける）からなる、観察を中心とした視覚的なものでした。また彼は往生のために念仏ばかりでなく、布施、読経、持戒などの諸行をも認めていました。第三に、仲間が臨終を迎えた時に、極楽に往生できるように念仏することを助ける死に備える共同体、二十五三昧会を結成します。源信は、臨終に際して、阿弥陀仏を観想し、念仏を唱え、阿弥陀仏が観音菩薩と勢至菩薩を伴って彼を迎えに来る様を見ることを往生のしるしとして強調しました。また、阿弥陀仏が来る西の空に紫雲がたなびいたり、芳香が部屋に満ちるといった奇瑞が重要視されました。

　臨終に際して、実際に阿弥陀仏の来迎を幻視し、奇瑞があらわれることはきわめて稀なことであったと思われます。事実源信が死に際して何を見たかは、語られていません。逆に最初から二十五三昧会に属していた貞久大徳は、地獄の業火を見ています。来迎思想は、決して解放的な思想ではなく、地獄の恐怖と結びついたものでした。源信は阿弥陀仏を念じて極楽往生を願う臨終正念とともに、呪術的な光明真言土砂加持を定めていました。また、死後追善供養を行なうことは一般的なことでした。さらに、往生した者は、仏たちとともに死にゆく者を迎えに来ることを誓っています［川村邦光『地獄めぐり』ちくま新書］。このように、源信に代表される浄土教・念仏は、密教的鎮護国家・現世安穏と共存しており、その死生観には、生者と死者との交流が存在していました。

■第4節　親鸞における「死の意識の古層」の克服

　以前は鎌倉仏教といえば、法然・親鸞、日蓮、道元を中心に考えられてきましたが、黒田俊雄や平雅行の研究により、彼らは少数派であり、鎌倉時代の仏教を規定していたのは、再編された旧仏教、すなわち顕密仏教であったこと

第Ⅰ部　附論　「死の意識の古層」の克服

が、明らかにされてきています。源信的な浄土教は顕密仏教の一翼を担っています。鎌倉時代においても、「第3節」で述べたような死生観が一般的で、これから述べる親鸞の死生観は少数派でありました。同時に、法然や親鸞の考え方には、あとで具体的に述べますが、同時代の考え方が全く無縁というわけではありませんでした。

　以下、ルターと比較しながら、親鸞の死生観の特徴を述べます。

（1）来迎思想の否定

　1251年閏9月20日書簡（『末燈鈔』1）で、親鸞は、「臨終まつことなし、来迎たのむことなし」と、はっきりと源信的な来迎思想を否定しています。臨終に来迎を待つのは自力によるものであり、他力による真実信心の人は、信心の定まったときに、正しく浄土に往生することが定まる、すなわち正定聚の位につく、と述べています。ルターがキリスト信仰によって煉獄の恐怖と死に際の恐怖から人々を解放しようとしたように、親鸞は地獄の恐怖と結びついた来迎思想を否定し、臨終ではなく、通常の時における阿弥陀仏への信心を大切にします。この親鸞の思想は浄土真宗の人々に平生業成思想として継承されていきます。親鸞の孫で本願寺教団の基礎を築いた覚如（1270-1351）は、人の死に際が様々であり、場合によっては、病死、水死、焼死、寝死、酒狂による死などの悲劇的な死を遂げることもあるが、それは輪廻による過去の業因のゆえであり、往生には決定的でないこと、そして「平生の一念によりて往生の得否は定まるものなり。……平成のとき善知識のことばの下に帰命の一念を発得せば、その時をもて娑婆の終わり臨終と思うべし」（覚如『執持鈔』）と述べています。この思想は本願寺中興の祖、蓮如（1415-99）にも継承されていきます［源了圓『浄土仏教の思想　12　蓮如』講談社、1993年］。

　同時に親鸞は、『浄土高僧和讃』で法然の臨終の時を、「本師源空のおわりには、光明紫雲のごとくなり、音楽哀婉雅亮にて、異香みぎりに映芳す」と讃し、奇瑞に触れています。一方親鸞の死に際しては、奇瑞はあらわれませんでした。娘の覚信から手紙でそのことを聞いた妻恵信は、娘に、親鸞が観音菩薩

133

第Ⅰ部　マルティン・ルター

の化身であるという彼女の確信を語り、奇瑞が現われなくても親鸞の往生が疑いないことを述べています（『恵信尼消息』）。覚如が記した『親鸞伝絵』でも、その死を奇瑞でもって美化することはありませんでした［平松令三『親鸞』吉川弘文館］。

（2）再会の希望

ルターは、死者への働きかけを否定し、キリストの再臨における再会の希望を語りましたが、親鸞にも同じような思想が見られます。1259年10月29日付の「高田の入道殿宛書簡」で親鸞は、先に亡くなった「かくねんぼう」について、「かならずかならずひとつところ」で再会できることを強調し、慰めています。この思想は倶会一処と呼ばれるようになります。

（3）供養の否定

『歎異抄』の第五条に、「父母の孝養［追善供養］のためとて、一返にても念仏もうしたること、いまださうらはず」という親鸞の言葉が記されています。彼は死者の往生のために念仏を称えることを否定します。ルターと同様、死者への働きかけを否定しました。その理由は第一に、輪廻転生により、いつかは父母となったり兄弟となったりしているので、肉親の父母だけが父母なのではなく、すべての人を救わなくてはならない。第二に、念仏が自らの善であるならば、他人にその功徳を振り向けることもできるが、念仏はそのようなものではない。第三に、それゆえ「自力をすてて、いそぎさとりをひら」いたならば、自らと縁の深い人々を、彼らが六道やあらゆる生まれの生存の中で、いかなる罪業の報いを受けて苦しんでいても、救うことができる。このように三つの理由をあげています。第三は、後で述べる還相廻向と解釈することもできます。

以上の三つの理由のうち一番の根拠は、念仏理解にあります。源信が観想念仏の他に写経、喜捨、持戒、寺院建立、仏像を刻むなどの雑行も認めたのに対し、法然はそれらをすてて称名念仏ひとつに固執し、阿弥陀仏の誓いを信じてただ「南無阿弥陀仏」と念仏することによってのみ、西方浄土に往生できる、

第Ⅰ部　附論　「死の意識の古層」の克服

と主張しました。いわゆる自力ではなく他力です。法然は念仏と信心を結びつけることによって、宗教の内面化をはかり、他者が代行できない主体性の契機を個々の念仏者に与えました。念仏はあくまで本人のためのものとなります。必然的に「私」の自覚が生じます。親鸞も以上の考えを共有しています。

　しかし親鸞の場合、完全にこの世とあの世とが切り離されたのではありません。この世からあの世への働きかけを、阿弥陀の本願による自力の否定によって拒否しましたが、阿弥陀による浄土からこの世への働きかけを認めていました。その一つに化身という考え方があります。彼は『高僧和讃』で法然について、「命終その期ちかづきて、本師源空［法然］のたまはく、往生みたびになりぬるに、このたびことにとげやすし」と語っています。親鸞は法然が勢至菩薩あるいは阿弥陀如来の化身として、最初は釈迦牟尼の弟子として、次に中国の善導として、最後に法然として生きた、と信じていました［『浄土高僧和讃』］。また、彼の妻恵信は、法然が勢至菩薩の化身で、親鸞が観音菩薩の化身であるという夢を見ています［『恵信尼消息』］。

　化身のことは還相廻向という親鸞の教えと関連をもっています。親鸞は浄土真宗の教えは往相廻向と還相廻向よりなると『教行信証』の冒頭で述べています。往相廻向とは、阿弥陀の働きによってその誓いを信じ念仏する人が浄土へ行くことを意味し、還相廻向は浄土に往生した人が同じく阿弥陀の働きにより再びこの世にもどって人々を教化することを意味します。先ほどの化身と結びつけて考えると、法然の働きは還相廻向であったと理解することができます。ところがこの還相廻向に関しては、大きく二つの解釈が存在します。一つは、浄土へ往生するとは死んでからのことであり、還相廻向とはそれゆえ、一度死んで浄土へ行った人が再びこの世へ生まれ変わってくるというものです。もう一つは、浄土へ往生するとは死後のことではなく、信心が定まった時である、それゆえ還相廻向とは死んで生まれ変わってくるものではない、と解釈します。現在の注釈家の多くは、親鸞の主著『教行信証』では後者の見解が述べられていると、解釈しています［たとえば星野元豊『講解教行信証』法蔵館］。また親鸞は性信御房宛書簡で、善導の「信心のひとはこの心すでにつねに浄土

135

第Ⅰ部　マルティン・ルター

に居す」という言葉を引用しています（『末燈鈔』3）。しかし先ほどの化身の
考え方を見ると、親鸞が完全に後者の見解であったかは断定するのが難しいよ
うに思います。唯円が記した『歎異抄』には浄土へ行くことを死後ととらえる
箇所が出てきます（『歎異抄』9条、15条）。親鸞死後は、前者の見解が一般的
となっていきます。たとえば蓮如は、「一心に弥陀に帰命」したとき、往生は
定まるけれども、肉体の身で在る間は、煩悩を脱することができない。肉体の
死とともに煩悩から真に解放されて、悟りに至る。そして還相廻向は、死後こ
の世にもどって来ることであると解釈します。しかし、実際上、還相廻向の思
想は彼にあって具体的に展開されることはありませんでした［源了圓『浄土仏
教の思想　12　蓮如』］。江戸時代には、親鸞の教えは後者にあり、前者の考え
は誤りであるという見解が出てきます［菊村紀彦編『親鸞辞典』東京堂出版］。
現在では、研究者の多くが後者の見解を取る一方、信仰生活のレベルでは、前
者と後者の見解がともに説かれているように思われます。還相廻向の問題を十
分に論じる準備が筆者にありませんが、親鸞には両面が存在し微妙なバランス
を保っていたように思われます。一般的な傾向から言えば、死後ととらえる場
合、蓮如に見られるごとく、現世よりも浄土への関心が高くなり、還相廻向は
実質的に後退していくようです。また、後者と取った場合、あの世ではなく現
世との係わりが中心になっていきますが、念仏と現世との係わりが具体的に論
じられるようには至っていないように思われます。

■おわりに　―　孤独と無常

　親鸞とルターについては、その信仰の実存的理解において同質的であること
が以前から論じられてきました［たとえば加藤智見『親鸞とルター　信仰の宗
教学的考察』早稲田大学出版部、1998年］。本附論でも両者の死生観をその歴
史的文脈の中で理解することを試みましたが、その結果、時代も文化的背景も
異なる中で、両者の死生観は「死の意識の古層」の克服というきわめて似通っ
た経過をたどったことを明らかにしてきました。

第Ⅰ部　附論　「死の意識の古層」の克服

　最後にそれを踏まえつつ、両者が背景にもつキリスト教と仏教という価値体系の違いからもたらされる相違が、彼らの後に、死の問題を考える際にどのような違いをもたらすことになったかを、若干触れておきたいと思います。ここに述べることは単なる見通しにすぎません。

　両者が信仰を宗教の中心と考えたこと、しかもその場合に、信仰が神や仏によってもたらされるものであると理解していた点についても共通しています。信仰の内面化は、同時に他者に対しても自己に対しても、本当に自分が救われているのかという客観性（マックス・ウェーバーが言うところの救いの確証）をめぐって深刻な動揺を与えます。この動揺の克服はある場合には行為主義の復活（いわゆるプロテスタンティズムの禁欲倫理や浄土教の多念論）を取り、ある場合にはキルケゴールの実存におけるような信仰主体のパトスを強調する方向に向かいましたが、親鸞とルターの場合、信じるということ自体が神や仏の賜物であるという他力の徹底という方向に向かっていることも共通しています。この徹底した信仰の内面化は、両者に共通して「個としての私」の自覚をもたらしたことも共通しています。

　しかし、「個としての私」の自覚が死と係わる時に、両者の相違がはっきりしてくるように思います。ルターの場合、死後も「私」は「私」であり続けます。死後も人格の同一性を主張します。ルターにおけるキリスト者の自由の本質は、私の中に神以外には触れることができない領域がある、という理解にあります。私もあなたも互いに介入することのできない領域があり、私は私であって決してあなたではない。このようなルター的な文化環境にあっては、孤独の問題が重要となります。とりわけ死に直面した場合は、深刻なケースも生じてきます。この「孤独」を近代という時代に立って、信仰の内面化の方向で考え抜いたのがパスカルであるように思います［中谷博幸「人は死といかに向き合ってきたか―パスカルを中心に」虫明満編『人のいのちと法』法律文化社、1996年、所収］。

　他方親鸞は、死後の人格的同一性を明確に主張することはしません。輪廻説や事物を実体的に理解しない空の考えは、親鸞においても前提とされていま

137

第Ⅰ部　マルティン・ルター

す。そしてそれが、還相廻向を死後のこととして理解する方向に向かうとき、
この世よりあの世への関心が重視され、そこから蓮如が抱いた無常観が出てく
るのではないかと思われます。最後に蓮如の「白骨の御文」を引用します。

　　……おほよそはかなきものはこの世の始中終、まほろしのごとくなる一
　　期なり。さればいまだ万歳の人身を受けたりといふことをきかず、一生
　　過ぎやすし。いまにいたりてたれか百年の形体をたもつべきや。われや
　　先、人や先、今日ともしらず、明日ともしらず、おくれさきだつ人はも
　　とのしづくすゑの露よりもしげしといへり。されば朝には紅顔ありて、
　　夕べには白骨となれる身なり。すでに無常の風きたりぬれば、すなわち
　　ふたつのまなこたちまち閉じ、ひとつの息ながくたえぬれば、紅顔むな
　　しく変じて桃李のよそほひを失ひぬるときは、六親眷属あつまりてなげ
　　きをなしめども、さらにその甲斐あるべからず。さてしもあるべきこと
　　ならねばとて、野外におくりて夜半の煙となしはてぬれば、ただ白骨の
　　みぞのこれり。あはれといふもなかなかおろかなり。されば人間のはか
　　なきことは老少不定のさかひなれば、たれの人もはやく後生の一大事を
　　心にかけて、阿弥陀仏をふかくたのみまゐらせて、念仏申すべきものな
　　り。(『御文五帖』16)

　これは内村やルターが娘を亡くした時に書いた文章とは明らかに異なった
エートスに立っています。親鸞的な文化では、無常の克服が大きな課題となる
ように思います。

第Ⅱ部

ドイツ敬虔主義

第Ⅱ部　ドイツ敬虔主義

第5章　敬虔主義研究史（1990年まで）と課題

■　一

　いわゆる17世紀危機論争以後、ヨーロッパ史上17世紀のもつ重要性が認識されるようになってきた。この危機は心性の面にも及び、不安の克服が時代の要請となる。この心性の危機は一つには近世における民衆文化の変質ないし抑圧となってあらわれるとともに、国教会体制との係わりにおいては16世紀末から17世紀にかけての信仰形態Frömmigkeitの危機となってあらわれる。後者の中から、それぞれ共通な性格を有しつつ、フランスではジャンセニズム、イングランドではピューリタニズム、ドイツでは敬虔主義Pietismusといった宗教的革新運動が生み出されていった。

　第二部では、この敬虔主義の中でも、フィリップ・ヤーコプ・シュペーナーPhilipp Jakob Spener（1635-1705）とヴュルテンベルクにおける敬虔主義を取り上げる。以下の叙述は1990年代初頭までに発表したものを整理したものであり、最近の敬虔主義研究を踏まえたものではない。従って今日では問題意識も内容も古びたものである。どのような研究内容を前提としているかを示すため、以下の論文が書かれた1990年頃までの敬虔主義の研究史を簡単にまとめておく[1]。

　ルター派敬虔主義を評価する場合、宗教改革とその直接的後継者であるルター派正統主義との関連をどうみるか、また神秘主義との関連をどうみるか

1　拙稿「最近の敬虔主義研究——特にシュペーナーをめぐって——」『史林』68巻1号、1985年、および拙稿「ドイツ敬虔主義のコレーギア・ピエターティス観」『香川大学一般教育研究』33号、1988年。

第 5 章　敬虔主義研究史（1990年まで）と課題

が、重要な問題である。19世紀においてこの点を明確にして、ネーデルラントやドイツの改革派敬虔主義および急進的分離主義的グループをも含めた敬虔主義の全体像を描きあげたのがアルブレヒト・リッチュルAlbrecht Ritschl（1822-1889）であった[2]。彼は敬虔主義を、宗教改革の正しい継承発展ではなく、中世への逆戻り、緩和された再洗礼派[3]ととらえた。リッチュルによれば、再洗礼派は中世の修道院的理想の再現である[4]。この修道院的理想の根底には聖ベルナルドゥス的神秘主義が流れている[5]。それは「霊における自己と神との一致[6]」において頂点に達する。これは修道士に特徴的な信仰の在り方であり、俗世の心配ごとの中で神に信頼することによって信仰を確かめるプロテスタント的信仰とは異なる[7]。再洗礼派はその本質をこのような神秘主義にもっており、そこから世俗逃避・世俗否定といった傾向が生まれてきた[8]。そして、「敬虔主義はルター派教会と改革派教会の領域で根本的に再洗礼派的傾向を再興した[9]。」このようにリッチュルは敬虔主義の本質を神秘主義としてとらえ、その個人主義と教会を解体させる分派主義に注目し、ルター主義に価値をおく彼の神学的立場から、それを否定的に評価した。

　その後、敬虔主義研究は、一方ではカール・ホル Karl Holl[10]（1866-1926）やハンス・ロイベ Hans Leube[11]（1896-1947）等によって、敬虔主義とルター派

2　A. Ritschl, *Geschichte des Pietismus*, 3 Bde., 1880-86, unveränderte photomechanischer Nachdruck, 1966.

3　*Ibid.*, Bd. 1, S. 7.

4　*Ibid.*, Bd. 1, S. 24-36.

5　*Ibid.*, Bd. 1, S. 45f.

6　*Ibid.*, Bd. 1, S. 61

7　*Ibid.*, Bd. 1, S. 60.

8　*Ibid.*, Bd. 1, S. 24f., 28. このようなリッチュルの再洗礼観は、現在の研究では、妥当しないのは言うまでもない。

9　*Ibid.*, Bd. 1, S. 61.

10　K. Holl, Die Bedeutung der großen Kriege für das geistige und religiöse Leben des deutschen Protestantismus, in : *Gesammelte Aufsätze zur Kirchengeschichte*, Bd. 1, 1923.

11　H. Leube, *Die Reformideen der deutschen lutherischen Kirche im Zeitalter der Orthodoxie*, 1924 ; Ders., *Orthodoxie und Pietismus*, 1975（*Arbeiten zur Geschichte des Pietismus*. Im Auftrag der Historischen Kommission zur Erforschung des Pietismus herausgegeben von K. Aland, K. Gottschick und E. Peschke. 13, 以下AGPと略記).

第Ⅱ部　ドイツ敬虔主義

正統主義との係わりが、特に改革プログラムの観点から問題とされていった。他方、エーリヒ・ゼーベルク Erich Seeberg[12]（1888-1944）やエルンスト・ベンツ Ernst Benz[13]等によって神秘主義と敬虔主義との関連も研究が進められていった。1950年代に入って、これらを背景にして、敬虔主義の肯定的な新しい像を提示したのが、マルティン・シュミット Martin Schmidt（1909-1982）である。

　シュミット[14]は、ルター派敬虔主義とともに、ドイツの改革派敬虔主義や急進的分離主義的なグループをも視野に入れて論じるが、考察の中心はルター派敬虔主義、特にシュペーナーにおいている。時間的には、17世紀末のシュペーナーから20世紀までを扱う。その際、啓蒙主義を境にして、本来の古敬虔主義と新敬虔主義とに二分する。後者はロマン主義と結びついて覚醒運動 Erweckungsbewegung として現われるが、重要なのは前者である。

　敬虔主義は多岐にわたる運動であるが、共通の「神学的構想」をもっている。それは「再生 Wiedergeburt（新生）」論と呼ばれ、敬虔主義の本質をなす。シュミットの敬虔主義観の重要な特徴は神学的解釈にある[15]。ここで言う再生とはキリストを信じることによって新たに生まれ変わった人間になる、ということを意味する。シュミットは、シュペーナーが再生論に基づく教会改革を主張した『敬虔なる願望 Pia Desideria』を公表した1675年を、ドイツ敬虔主義の始まりとする。

　ところで、シュミットはシュペーナーの再生理解の特徴を五点挙げている。

---

12 E. Seeberg, *Gottfried Arnold. Die Wissenschaft und die Mystik seiner Zeit*, 1923,（Nachdruck 1964.）

13 E. Benz, Verheißung und Erfüllung, *Zeitschrift für Kirchengeschichte*, Bd. 54, 1935 ; Ders., Swedenborg und Lavater, *Zeitschrift für Kirchengeschichte*, Bd. 57, 1938.

14 Martin Schmidt, Speners >Pia Desideria<, in: M. Greschat（Hg.）, *Zur neueren Pietismusforschung*, 1977（Wege der Forschung, Bd. 440）, S. 113-166 ; Ders., Speners Wiedergeburtslehre, in: M. Greschat（Hg.）, *op.cit.*, S. 9-33 ; Ders., *Pietismus*, 1972.

15 同じ時期に、同じく神学的観点から敬虔主義を理解しようとしたものに、E. Hirsch, *Geschichte der neuern evangelischen Theologie im Zusammenhang mit der allgemeinen Bewegung des europäischen Denkens*, Bd. 2, 1951, S. 91-207がある。ヒルシュはシュミットとは異なって、ルター派的伝統を重視する。

①この出来事が生じるにあたっては、人間は受け身の状態であり、もっぱら神が働く。②これは全く内的な出来事である。③古き人と再生を経た人との質的差異の大きさ。それは死から生への転換に等しい。④再生により神の子とされる。このことにより、人は創造の時よりも神に近い関係におかれる。⑤再生は具体的な実を結ぶ。シュミットは以上のような本質理解から、敬虔主義を歴史的に次のように位置づける。17世紀後半、フランスの国教会政策に始まりヨーロッパの各宮廷に広まっていった「無神論」的傾向と、制度・儀式としての教会を否定しキリスト教を純粋な内面性としてとらえる「教会なきキリスト教」がヨーロッパに広がっていった。後者はスペインから始まったが、福音派の下では神秘主義的スピリトゥアリスムス[16]と呼ばれ、特にドイツでは三十年戦争のもとで力をもつに至った。このような中で、神秘主義的スピリトゥアリスムスの長所である「ラディカルに原始キリスト教に帰ろうとする傾向」をルター派正統主義の中へ移植し、同時に「教会を解体させる傾向」を防ごうとしたのが、敬虔主義であった[17]。事実それは「一時的に教会なきキリスト教の成立を妨げた[18]。」また、神秘主義的要素を倫理的なものにかえ、近代のキリスト教を倫理、特に文化倫理へと向けさせることになった[19]。しかし、長期的には、そのスピリトゥアリスムス的要素のゆえに、国教会と国民的教会風紀volkskirchliche Sitteを弛緩させることになった[20]。以上がシュミットの敬虔主義についての基本的なとらえ方である。

シュペーナーの再生論がどこに由来するかについては、シュミットは次のように考える。その再生論はルターやルター派正統主義とは異なる。ルターも

---

16 ここで言うSpiritualismusは、キリスト教神学におけるものである。心霊主義やスピリチュアリズムと記すと、今の日本では誤解を招くので、スピリトゥアリスムスと表記しておく。

17 M. Schmidt, *Pietismus*, S. 12-14 ; Ders. Und W. Jannasch（Hg.）, *Das Zeitalter des Pietismus*,（Klassiker des Protestantismus VI）、1965, S. IX-XII, XXII.

18 M. Schmidt, Pietismus, in : *Religion in Geschichte und Gegenwart*, 3. Aufl.（以下RGGと略記）, Bd. 5, Sp. 372.

19 敬虔主義のこのような傾向はシュライエルマッハー、R.ローテ、A.リッチュルなどに影響を与えている、とシュミットは考えている。M. Schmidt und W. Jannasch（Hg.）, *op. cit.*, S.XXIII.

20 RGG[3], Bd. 5, Sp. 377.

第Ⅱ部　ドイツ敬虔主義

「人間の包括的変化」としての再生理解をもっているものの再生の実について
は否定的であった。一方、シュペーナーはその実を語る[21]。ルター以後の正統
主義においても再生は言及されるが、「ただ救いの秩序内の一要素にすぎない。
それに対して、シュペーナーの場合救いの全過程を含む[22]。」シュペーナーの
再生理解は義認論を含むのでルター派正統主義の流れの上にも立っているが、
シュミットによれば、両者の再生理解はこのように根本的に異なる。それは、
むしろ神秘主義的スピリトゥアリスムスに由来する。シュミットは、カスパ
ル・シュヴェンクフェルトCaspar Schwenckfeld（1490-1561）やヨハン・ア
ルントJohann Arndt（1555-1621）、特にクリスチャン・ホーブルクChristian
Hoburg（1607-1675）に注目する。ホーブルクもシュペーナーもともに、教会
改革の中心を制度にではなく、個々人の再生、特に模範としての聖職者の敬
虔さGottseligkeitにおく。ただ、ホーブルクは「個人主義的神秘主義的」傾向
のゆえに教会概念を形成せず、具体的改革を提案しなかった[23]。それに対して、
シュペーナーは教義にではなく教会員相互の愛に基礎をおく教会概念を形成し
た。教義に基礎をおかないこの教会観は、超教派的たらざるをえない。教会の
一体性は敬虔さ、倫理におかれる。原始キリスト教が達成可能な模範と考えら
れた。また、国家と教会の分離も暗示されている[24]。この教会概念が「教会の
アトム化」、教会意識の衰えをもたらすとともに、シュペーナーにホーブルク
にない広い視野、社会教説を形成させることになった[25]、とシュミットは論ず
る。

　シュミットは敬虔主義の再生理解を積極的に評価することによって、リッ
チュルとは反対に敬虔主義を神学的に肯定した。しかし問題は、神秘主義的ス
ピリトゥアリスムスから取り入れた再生理解をシュペーナーがいかに教会化し、
その欠点を防いだのかを具体的、説得的には語っていない。換言すれば、17世

21　M. Schmidt, *Pietismus*, S.17f.
22　M. Schmidt, Speners Wiedergeburtslehre, in : M. Greschat（Hg.）, *op.cit.*, S. 26.
23　Martin Schmidt, Speners >Pia Desideria<, in : M. Greschat（Hg.）, *op. cit.*, S. 158f.
24　*Ibid.*, S. 135-142.
25　*Ibid.*, S. 159.

第5章　敬虔主義研究史（1990年まで）と課題

紀初め頃から見られる新しい信仰形態と敬虔主義との違いが不明確である。

■　二

　この問題点をシュミット的な神学的見解を徹底させることによって解消しようとしたのがシュテフラーE.Stoeffler[26]である。彼は敬虔主義Pietismをプロテスタント内の、敬虔pietyに重点をおく信仰形態（福音的敬虔主義）と理解する。具体的には次の四つの特徴をもつ。すなわち、①キリスト教の本質を教義や儀式にではなく神との個人的な関係におく。②宗教的理想主義。古き自己に死んで新たな生命に生きることの強調。③聖書主義。④反正統主義。敬虔主義はそれとは異なる信仰形態が存在するところでのみ存在する。このような敬虔主義理解から二つの点が導き出される。1）国境を越えた超教派的現象（ただしカトリックを除く）である。敬虔主義的ピューリタニズム（パーキンスWilliam Perkins 1558?-1602、バクスターRichard Baxter 1615-1691、バニヤンJohn Bunyan 1628-1688、等）、ネーデルラントの改革派敬虔主義（テーリンクWillem Teelinck1579-1629、ローデンシュタインJodocus van Lodensteyn1620-1677、等）、ドイツの敬虔主義、の三つの形態を考える。2）ドイツ敬虔主義の始まりをシュペーナーではなく、J・アルントにおく。敬虔主義の四つの特徴はすでにアルントにおいて明確であり、その点に関する限りシュペーナーの独創はないと考えられるからである。特にこの2）によってシュミット的問題を解消しようとした。

　その後、シュミット的問題をシュペーナーの改革プログラムに注目することによって解決し、かつシュテフラー的見解を吸収しようとするのが、J・ヴァルマンJohannes Wallmann[27]である。彼は広義と狭義の二つの敬虔主義を考え

26　F. Ernest Stoeffler, *The Rise of Evangelical Pietism*, 1965 ; Ders., *German Pietism during the Eighteenth Century*, 1973.
27　J. Wallmann, *Philipp Jakob Spener und die Anfänge des Pietismus*, 1970 ; Ders., Die Anfänge des Pietismus, in : *Pietismus und Neuzeit*, Bd. 4, 1979, S.11-53 ; Ders., Pietismus und Chiliasmus, *Zeitschrift für Theologie und Kirche*, Bd. 78, 1981, S. 235-266.

145

第Ⅱ部　ドイツ敬虔主義

る。前者は「ルターや宗教改革と比べて、教義から生活（敬虔の実践praxis pietatis）へ、義認と罪の赦しから聖化と霊的成長へと明白に強調点を移す、プロテスタンティズムの新たな信仰Frömmigkeit形態[28]」と定義される。このような広義の敬虔主義の始まりをJ・アルントと考える。「神秘主義的スピリトゥアリスムスの関心を教会化しようとした最初の人物はシュペーナーではない。彼はただ、J・アルントが始めたことを再び取り上げ、さらに推し進めたにすぎない[29]。」ここにはシュテフラー的見方が取り入れられている。それに対して狭義の敬虔主義を、ルター派「正統主義と対立し、教会的・宗教的共同生活の新たな形態を生み出した社会的運動[30]」と定義し、その始まりをシュペーナーにおく。

　狭義の敬虔主義は広義の敬虔主義をベースにしている。シュペーナーは「アルントの神秘主義と17世紀ピューリタンによって書かれた信仰書にあらわれた禁欲とにすでに同化していた、ルター派正統主義の伝統[31]」に立つ。狭義のドイツ敬虔主義はルター派正統主義に根差す。しかし、狭義の敬虔主義は、シュペーナーによってもたらされた二つの改革プログラムによって、広義の敬虔主義とは異なるものになった、とヴァルマンは考える。一つは、「敬虔の集い」（collegia pietatis）と呼ばれるもので、公の礼拝説教とは別に、敬虔な一般信徒が聖書をともに読むために開かれる。この集会では、聖職者とともに一般信徒も聖書を解釈することが許される。当時の正統主義は一般信徒の聖書解釈を禁じていたので、領邦教会と対立する要素を含んでいた。シュペーナーはこの敬虔の集いを「教会内の小教会（ecclesiola in ecclesia）と位置づけることによって、領邦教会から分離するのではなく、この「敬虔の集い」が核となって教会全体が改革されていくことを期待した。ヴァルマンはこの点にルター派正統主義とは異なる敬虔主義独自の教会改革を見る[32]。もう一つは終末論である。ル

28　J. Wallmann, Pietismus und Chiliasmus, S. 239.
29　J. Wallmann, Die Anfänge des Pietismus, S. 41.
30　J. Wallmann, Die Anfänge des Pietismus, S. 53.
31　J. Wallmann, Pietismus und Chiliasmus, S. 239.
32　J. Wallmann, Philipp Jakob Spener in : M. Greschat（Hg.）, *Orthodoxie und Pietismus*,

146

第5章　敬虔主義研究史（1990年まで）と課題

ター派正統主義の終末理解では、悪しき最後の時代が間近に迫っており、その
後に最後の審判が続く。苦難からの解放はこの世ではなく彼岸におかれる。千
年王国は厳しく否定された。これに対してシュペーナーの場合、最後の審判の
前に、彼岸ではなく、この地上で教会のより良き状態が実現されることが語ら
れ、千年王国的意味合いをもつに至った。このやがて来る教会のより良き状態
が、彼の改革プログラムを保証することとなった[33]。以上がヴァルマンの見解
である。

　このヴァルマンの見解を受け入れ、「17世紀の危機」と結びつけて、1675年
から1690年頃までのシュペーナーを中心とする初期敬虔主義を理解しようとす
るのが、H・レーマン Lehmann[34]である。彼は初期敬虔主義と、1690年以降の
非敬虔主義者との論争が激しくなった運動とを区別する。レーマンは1600年頃
から1740年頃にかけて、ヨーロッパ全土に構造的危機が存在したと考え、危機
が人々の心に与えた心理的影響を取り上げる。この危機は人々に言い知れぬ不
安を与えることになる。彼によれば、この不安はそれを克服する手立てとして
五つの反応をもたらす。①新しい信仰形態、②終末論の流行、③少数派の迫害
（魔女狩りやユダヤ人迫害）、④職業倫理、⑤新しい科学、である。このような
試みのなかで進歩を信じる18世紀が現出してくる、とレーマンは考える。とこ
ろで、これらの五つの反応のうち、敬虔主義が係わるのは特に①と②である。
①の新しい信仰形態とは、教義よりも敬虔の実践（praxis pietatis）に強調点
をおくもので、ヴァルマンの広義の敬虔主義やシュテフラーの福音的敬虔主義
の理解とほぼ同じものである。ただ、彼はこれがカトリックにも見られるとす

Gestalten der Kirchengeschichte Bd. 7, 1982, S. 211.

33　J. Wallmann, Pietismus und Chiliasmus, S. 235-266.

34　初期敬虔主義については次のものがある。Hartmut Lehmann, Der Pietismus im Alten
　　Reich, *Historische Zeitschrift*, Bd. 214, 1972, S. 58-95 ; Ders., "Absonderung" und
　　"Gemeinschaft" im frühen Pietismus. Allgemeinhistorische und sozialpsychologische
　　Überlegungen zur Entstehung und Entwicklung des Pietismus, in *Pietismus und Neuzeit*,
　　Bd. 4, 1979, S. 54-82. 17世紀の危機と新しい信仰形態や宗教的革新運動との関連について
　　は次のものを参照。H. Lehmann, *Das Zeitalter des Absolutismus. Gottesgnadentum und
　　Kriegsnot*, Christentum und Gesellschaft, Bd. 1980. なお拙稿「最近の敬虔主義研究」、
　　136-140頁、参照。

147

第Ⅱ部　ドイツ敬虔主義

る。この信仰形態は、トマス・ア・ケンピスThomas à Kempis（1379/80-1471）
の『キリストにならいてImitatio Christi』のような信仰書にもっともよくあら
われており、そのような信仰書は危機の時代であった17世紀初めから18世紀初
めまで、教派を越えて多くの人々に読まれた。これは具体的な組織をつくるに
は至らなかった。しかし、危機が深刻化してくると、このような信仰形態では
満たされなくなり、終末論の流行をもたらす。また、各々の国教会内部から、
宗教的革新運動が生じてくる。すなわち、カトリック内からはイエズス会に反
対するジャンセニズム、英国国教会からはピューリタニズム、ルター派正統主
義からは敬虔主義が生じてくる。ただ彼は、「敬虔の実践」を強調する信仰形
態を宗教的革新運動へともたらしたものが何であったのかは、敬虔主義以外に
は明確に述べていない。

　敬虔主義の場合、それは、ヴァルマンによって強調された、敬虔の集い
（collegia pietatisコレーギア・ピエターティス）と終末論であった。レーマン
によれば、シュペーナーの改革プログラムが急速に広まりえたのは、この両者
の結びつきのゆえであった。三十年戦争後、期待した平和は訪れずに戦争が続
いた。諸侯たちは絶対主義化をはかり、その宮廷では一般の信徒からかけ離れ
た派手で浪費的なバロック文化が栄える。そのようななかで、不安と絶望に陥
りつつも敬虔であろうとした人々は、敬虔の集いに集まり、終末論によって希
望を与えられた、とレーマンは説明する。初期敬虔主義の「敬虔の集い」の担
い手について、レーマンは、ヴァルマンがフランクフルト・アム・マインのシュ
ペーナーの集会について行なった分析を一般化する。すなわち、「時代の出来
事を十分に解釈しうる教養をもち」、「新たな内政の展開を恐れねばならなかっ
た」都市上層市民がまず支持者となっていった。次に、「たいていはおそらく
手工業者からなる中・下層民」、さらに「大土地所有者と同じような贅沢な暮
らしをする手段をもたなかった」小貴族たちが加わっていった。比較的大きな
宮廷ではただ婦人のみが加わっただけである[35]。彼らは一般に、絶対主義政策

───────────

35　H. Lehmann, Der Pietismus im Alten Reich, S. 84.

第 5 章　敬虔主義研究史（1990年まで）と課題

や宮廷文化に対して、反対や反発を感じていた人々であった。

■　三

　本書第二部は、基本的にヴァルマンとレーマンの敬虔主義理解に立って、シュペーナーとの係わりに焦点をあてながら、18世紀前半頃までのヴュルテンベルク敬虔主義の特徴を明らかにすることを目的としている。ヴュルテンベルクの具体的な叙述に入る前に、研究史の内容と重なるところがあるが、ヴァルマンによる狭義の敬虔主義の全体像[36]を整理しておく。

　ドイツを中心とした敬虔主義は改革派とルター派の二つに大別される。そしてそれぞれにおいて、国教会内にとどまる教会内敬虔主義と国教会から分離・独立する急進的敬虔主義に細分される。まず改革派の敬虔主義であるが、ルター派とは異なり、当初から教会内敬虔主義と急進的敬虔主義とは独立していた。前者はテーオドール・ウンデルアイク Theodor Undereyck（1635-1693）によって始められ、F・A・ランペ Friedrich Adolf Lampe（1683-1709）によって継承される。地域的にはブレーメン、オストフリースラント特にエムデン、さらにラインラントのミュールハイムである。一方分離主義はジャン・ドゥ・ラバディ Jean de Labadie（1610-74）から始まる。教会内敬虔主義と急進的敬虔主義の対立の解消をはかったのが、平信徒のG.テルシュテーゲン Gerhard Tersteegen（1697-1769）であった。テルシュテーゲンは自ら共同体を形成することなく、「魂の内的集まり」を重視した。

　狭義のルター派敬虔主義は研究史でも述べたように、フィリップ・ヤーコプ・シュペーナー[37]から始まる。彼は、1635年1月、上エルザスのラポルトヴァイラー（現在リボーヴィル）で生まれた。1651年にシュトラースブルク大学に入

36　J. Wallmann, *Der Pietismus, Die Kirche in ihrer Geschichte*, Bd. 4, 1990.

37　シュペーナーの生涯をコンパクトにまとめたものとしては、Johannes Wallmann, Philipp Jakob Spener, in Martin Greschat（Hg.）, *Orthodoxie und Pietismus, Gestalten der Kirchengeschichte* Bd.7, 1982, S. 205-223. 本格的なものとしては、Paul Grünberg, *Philipp Jakob Spener*, 3 Bde., 1893.

第Ⅱ部　ドイツ敬虔主義

学し、54年から59年にかけては同大学の神学部で学んだ。その後、66年から86年までフランクフルト・アム・マインでルター派教会の首席説教者を務めた。この地で彼は敬虔の集い（コレーギア・ピエターティス）を開くとともに、1675年に『敬虔なる願望』を出版し、彼の考える教会プログラムを述べた。それゆえ、1675年頃が一般的にドイツ・ルター派敬虔主義の始まりとされる。その後、教会から分離する人々がその集会からでたため、教会政策をめぐってシュペーナーは市当局と対立することになった。それが背景となって、86年にはザクセン選帝侯の招聘に応じてドレスデンの宮廷首席説教者となる。このドレスデン時代に敬虔主義は広まっていく。しかし、それとともにルター派正統主義との激しい対立も生じてきた。彼自身は温和な人物で、この対立に直接巻き込まれることはなかったが、いろいろな敬虔主義者たちを積極的に擁護している。1691年には、プロイセンの招聘を受け、ニコライ教会の牧師兼宗務局のメンバーとしてベルリンに移った。その地で彼は、敬虔主義運動のためにプロイセンの宗教的寛容政策を利用した。特に、他の領邦や都市から追放された敬虔主義の説教者たちを受け入れ、プロイセンでの職を提供した。1694年のハレ大学創設に際しては、ライプツィヒとエアフルトから追放されたフランケ August Hermann Francke（1663-1727）を教授に招聘している。シュペーナーは交際範囲が広く、多くの人々に書簡で助言・指導を行なった。後に、それらのあるものは本にまとめて出版したりもしている。シュペーナーは1705年2月にベルリンで亡くなった。

　シュペーナーのフランクフルト時代、彼やフランクフルトの敬虔主義者たちとの個人的なつながりから、シュヴァインフルト、ローテンブルク、アウクスブルク、ヴィンツハイム等の上ドイツ帝国都市に広まっていった。しかし、帝国都市では結局ルター派正統主義が維持された。1680年以降は、ヴュルテンベルク、フランケン、オストフリースラント、シュレスヴィヒ＝ホルシュタイン、ラインラント、ヴェストファーレン、ニーダーザクセン、テューリンゲンで、敬虔の集いがもたれている。さらにフィンランドを中心としてスカンディナヴィア諸国にも広まった。1670年代と同じく、この時期において

第5章　敬虔主義研究史（1990年まで）と課題

も、シュペーナーとの個人的なつながりが敬虔主義の伝播に影響を与えた。一方、1675年以降、領邦教会から分離する急進的敬虔主義者が登場する。ルター派の著名な急進的敬虔主義者としては、ペーターゼン夫妻 Johann Wilhelm Petersen（1649-1727）& Johanna Eleonora von Merlau（1644-1724）、G・アルノルトGottfried Arnold（1666-1714）、J・K・ディッペルJohann Konrad Dippel（1673-1734）、ホッホマン・フォン・ホッヘナウErnst Christoph Hochmann von Hochenau（1670-1721）等がいる。ルター派の教会内敬虔主義が17世紀末以来、宗務局、神学部、聖職者に支持者を見出して、徐々に領邦教会内に浸透していったのに対して、急進的敬虔主義は個々人、個々のグループ内にとどまった。改革派の急進的敬虔主義が独自の共同体を形成していったのに対して、彼らは一般に強固な団体形成は行なわなかった。寛容の擁護など、彼らは啓蒙主義に影響を与えた。特にアルノルトは、「ラディカルな西ヨーロッパの啓蒙主義とは異なって、キリスト教の根本思想を保持するとともに、他方その教会的形態からは距離をおくという、ドイツ啓蒙主義の精神風土に多大の寄与をなした[38]。」

　ルター派の教会内敬虔主義では1690年代以降、ハレを中心とするプロイセン、ツィンツンドルフとヘルンフート兄弟団、ヴュルテンベルクで、シュペーナーとは異なる運動が展開した。ハレはA.F.フランケの果たした役割が大きい。ハレは一般にプロイセン絶対主義との係わりが重要視されるが、インド伝道やユダヤ人伝道、北アメリカのドイツ人ルター派移住者への援助なども活発に行なった。ヘルンフート兄弟団はその発展の中で自由教会化し、領邦教会から分離していった。ヴュルテンベルクからは著名な聖書学者 J・A・ベンゲル Johann Albrecht Bengel（1687-1752）やエーティンガーFriedrich Christoph Oetinger（1702-1782）が出た。

　本書では、1690年代以降シュペーナーとは異なる独自の運動を展開した三つの教会内敬虔主義運動のうち、ヴュルテンベルクを扱う。ヴァルマンによれ

38　J. Wallmann, *Der Pietismus*, S. 95.

第Ⅱ部　ドイツ敬虔主義

ば、「ヴュルテンベルクは敬虔主義がもっともしっかりとまたもっとも永続的
に根を張った地である[39]。」ただし、本書が扱うのはベンゲル等が登場する前の
18世紀前半までであるが、この時期ヴュルテンベルクでは、シュペーナーの影
響のもとに、敬虔主義が進展した。三つの教会内敬虔主義運動のうち、ヴュル
テンベルクはシュペーナーからの影響をもっとも強く受けた。それゆえ、シュ
ペーナーを中心とする初期敬虔主義と1690年代以降の敬虔主義との係わり、特
に連続性を考察するために適した対象である。

　以下においては、主に三つのことが扱われる。一つは、1675年から90年頃
までの初期敬虔主義時代のシュペーナーの思想である。本書では、ヴァルマ
ン等が注目した「敬虔の集い」と終末論を取り上げるとともに、アルント的
な敬虔と敬虔の集いを中心とする改革プログラムをつなぐ彼の思考様式を示す
Erbauung観に注目している。第二に、敬虔の集いと終末論を中心としたシュ
ペーナーの改革がヴュルテンベルクにいかに影響を与えたかを考察する。第三
に、ヴュルテンベルクの教会組織と聖職者階層の社会的性格を取り上げる。

---

39 *Ibid.*, S. 123.

152

第6章　ルターとシュペーナー　——万人祭司主義と霊的祭司職——

第6章　ルターとシュペーナー
——万人祭司主義と霊的祭司職——

■はじめに

　本章では、万人祭司主義das allgemeine Priestertum[1]を中心に、ルターと
シュペーナーの比較を試みる。万人祭司主義は特に1520年代までのルターの
中心思想であった。一方、シュペーナーの方も、霊的祭司職das geistliche
Priestertumという用語を使うが、その思想の重要性を力説し実践していこう
とした。このような万人祭司主義の重要性と両者がともにそれを主張している
ことから、両者の万人祭司主義の特徴を比較することを通じて、シュペーナー
の改革思想の歴史的特質を考えてみたい。

■第1節　ルターの万人祭司主義

　万人祭司主義は、ルターの場合すでに1513年から1515年にかけて行なわれた
『第一回詩篇講解』において見られるという[2]。しかし、本格的にルターの著作

1　Priesterは、日本語では、聖書の翻訳においては祭司と訳され、カトリック教会制度の場
　合には、司祭と訳される。本書では、その対象によって、祭司、司祭と訳し分けた。ただ、
　das allgemeine Priestertumの場合、ルターはカトリック教会制度を批判して聖書的な意味
　のPriester理解に返らなければならないと主張しているのであるが、前者の側面に注目す
　れば万人司祭主義と訳す方が適当かもしれないし、一般的にもそちらの訳語の方がよく使
　われていると思われる。しかし、本書では後者に重点をおいて、万人祭司主義と訳してお
　いた。
2　徳善義和『キリスト者の自由　全訳と吟味』新地書房、1987年、295頁。

153

第Ⅱ部　ドイツ敬虔主義

にこの考えがあらわれるのは、1520年頃からであろう。1520年に出版された、宗教改革の三大文書と呼ばれる『キリスト教界の改善について、ドイツ国民のキリスト教貴族に与う』（以下、『キリスト教貴族に与う』と略記）や『キリスト者の自由』、および『教会のバビロン捕囚について』の中で、それぞれ万人祭司主義が述べられている。本章では、その中でも『キリスト教貴族に与う』を中心に取り上げる。ルターの万人祭司主義の基本的な特徴はすべて、この書においてあらわれていると考えられるからである。

　『キリスト者の自由』でルターは、人はいかにしてキリスト者となるかを考察した[3]。生まれながらの人間、キリスト者でない人間は、魂と身体からなる。生まれながらの魂は神に逆らう。一方、身体は「古い外的な人」とも呼ばれ、ルターの場合、道徳的な行為や、宗教的行為、理性的な営みも身体の働きに含まれる。この外なる人の営みは、人をキリスト者にすることはできない。ただ神の言葉のみが、そしてそれを受けとめる信仰のみが、人を義とし自由にし、キリスト者とする。この時、魂は、「霊的で新しい内的な人」に変えられる。しかし、キリスト者となっても同時に外的な人も存続する。その結果、ルターの理解では、キリスト者は身体的な人と新しい人とをあわせもつ存在である。キリスト者は神の言葉によってキリストを信じキリスト者となり、外的な人としては隣人愛を行なう。つまり、外的な人のいかなる働きも霊的で内的な人を生み出すことができないので、キリスト者となるという点に関しては、一切の外的なものが厳しく否定される。また、ここから内面性の価値が強調される。しかし、キリスト者は一生涯外的な人でもあり続けるので、隣人愛の名のもとに、内面とは係わりのないところでは外なる現実が肯定されることになる。このルターの二面性は、彼の万人祭司主義の重要な前提となっている。

　さて、ルターの万人祭司主義は次の五つの特徴・要素をもつ。

　キリスト者となるということは、外的な人とともに霊的geystlichで内的な人が生み出されることであった。『キリスト教貴族に与う』では、そのよう

3　本書「第2章キリスト者の自由第3節」35〜39頁参照。

第6章　ルターとシュペーナー　──万人祭司主義と霊的祭司職──

な理解に立って、ローマ教皇派の間違ったgeystlich理解を批判する。ローマ教皇派は、教皇、司教、司祭、修道士たちのみがder geystliche stand（教会的身分）であって、国王や貴族、手工業者たちは彼らがキリスト者であってもder weltliche stand（世俗的身分）にすぎないと主張するが、ルターはこれを「手のこんだ虚構であり見せかけ[4]」とみなす。そのような身分としてのgeystlichとweltlichの区別は存在しない。そうではなくて「すべてのキリスト者は真にgeystlich stand（霊的な存在）である[5]。」「洗礼と福音と信仰のみが人々をgeystlich（霊的）にし、キリスト者とする[6]。」すなわち、ルターによれば、der geystliche standとは、ローマ教皇派が言うような教皇や司教や司祭といったカトリック教会制度の中の聖職者身分を指すのではなく、『キリスト者の自由』で詳述された、内的で霊的な人（der ynwendige geystliche mensch）を指す。「すべてのキリスト者は祭司である」と言うとき、まず第一に、このようにローマ・カトリック教会のヒエラルヒーを構成する教会身分を打破する性格をもっていた。

　第二に、霊的意味でのgeystlichの内容に係わる点であるが、司教や司祭が本来果たすべき役割は、すべてのキリスト者がもっているものであるとされる。その権能の具体的な内容については、ルターは1523年の『教会の教職の任命について[7]』で詳論し、「教えること、説教すること、神の言葉を宣べ伝えること、洗礼を授けること、聖餐を捧げ、もしくは執り行なうこと、罪を帰したり赦したりすること、他の人たちのために祈ること、ささげものをすること、あらゆる教えと霊とについて判断を下すこと[8]」である、と語っている。

　しかし第三に、ルターは教会組織を否定してしまうのではない。キリスト者の集まりである教会（gemeyne）においては、その共同体の同意によっ

4　WA 6, 407.（『世界の名著　ルター』、成瀬治訳、85頁。）
5　WA 6, 407.
6　WA 6, 407.
7　*De instituendis ministris ecclesiae*, WA 12, 169-196.（『ルター著作集』第5巻、倉松功訳、353-408頁。）
8　WA 12, 178.（『ルター著作集』第5巻、371頁。）

第Ⅱ部　ドイツ敬虔主義

て、一人一人のキリスト者がもつ権能はある人物に委任される[9]。しかし彼は、カトリック教会の聖職者のように身分としてのstandを与えられるのではなく、彼に委ねられた職務（ampt）を行使するにすぎない。霊的存在としてのgeystlicher standの点では、彼は他のキリスト者と同じである。

　ところで、キリスト者一人一人がもつ祭司としての権能が、教会（gemeyne）においてある人物に委任されてしまうと、キリスト者一人一人はそれらの権能をもう果たすことはできないのであろうか。委任後は、通常の場合、彼らは一人一人「自分の職務と業とをもって、他の役に立ち他人に奉仕する[10]。」この職務と業は人々を霊的（geystlich）にする働きではなく、『キリスト者の自由』の後半で述べられた、キリスト者の身体的で外的な人（der leypliche eußerliche mensch）に係わる隣人愛である。彼らは人々を霊的にする、すなわちキリスト者を造り出す機能をもはや公的に果たすことはない。しかし、「非常時（not）においては、誰でも洗礼を授け、罪を赦免しうる。[11]」それはすべての人々が祭司だからである。この「非常時」という考え方をルターの万人祭司主義の第四の特徴として指摘しておきたい。

　第五に、万人祭司主義と世俗権力との関係について。ルターの世俗権力観は、1523年の『この世の権威について、人はどの程度までこれに対し服従の義務があるか[12]』およびそのもととなった『1522年10月19日から26日に至るヴァイマールとエアフルトにおける旅行中の説教（Reisepredigten in Weimar und Erfurt. 19 bis 26. Oktober, 1522)』において展開されるが[13]、『キリスト教貴族に与う』でも基本的な考え方は、すでにはっきり述べられている。彼らの職務は霊的領域ではなく、身体的な（leyplich）領域に係わる。それは「悪人を罰

9　WA 6, 408.
10　WA 6, 409.（成瀬訳、89頁。）
11　WA 6, 408.
12　*Von weltlicher Uberkeytt wie weytt man yhr gehorsam schuldig sey.* WA 11, 245-280.（『ルター著作集』第5巻、徳善義和訳、139-195頁。）
13　倉松功『ルター神学とその社会教説の基礎構造』創文社、1977年、184頁以下。

第6章　ルターとシュペーナー　——万人祭司主義と霊的祭司職——

し善人を守るため神によって設けられている[14]。」ところで、そもそもなぜルターは『キリスト教貴族に与う』で万人祭司主義を語ったのだろうか。またルターはどのような文脈で万人祭司主義を述べているのであろうか。『キリスト教貴族に与う』では、その冒頭でローマ教皇派が自分たちを守るために築き上げた三つの城壁（教会身分・教皇の世俗権力に対する優越、教皇による聖書解釈の独占、教皇による公会議招集権の独占）を取り上げて攻撃し、その後でルターは公会議で扱われるべき事柄、また世俗権力ないしは公会議によって行なわれるべき事柄についての提言を行なった。そのような議論の出発点・前提として、ルターはまず、「世俗権力は彼ら［教会身分］に対して何らの支配権をもたない、逆に教会権力が世俗権力に優越する[15]」というローマ教皇派の第一の城壁を打ち壊そうとするが、そのために彼がもちだした武器が万人祭司主義であった。この万人祭司主義によって、教会的身分と世俗的身分の違いを破棄し、それに基づいて、世俗権力は教皇であれ司教であれ、ローマ教皇派がいう教会身分の者に対しても世俗的権能を行使できると、ルターは主張したのである[16]。『キリスト教貴族に与う』冒頭におけるこのような議論は、それを歴史的文脈においてみると、ある意味をもってくる。叙任権闘争以来ドイツでは、世俗権力と教会権力との間で激しい対立が見られたが、ルターの議論は当然、ローマ教皇派の教権を打ち破るだけでなく、世俗権力を強化する役割を果たすこととなる。

　以上述べた五つの特徴・要素をもう一度まとめておこう。第一に身分としての聖職者の打破、それとともに本来のgeystlicher stand の理解の回復、この背後には、ただ神の言葉と信仰によってのみキリスト者が形成されるというルターの信仰理解がある。第二にすべてのキリスト者が一人一人祭司としてもっている権能。第三にその権能の共同体の同意による聖職者への委任。身分ではなく職務行使者としての聖職者理解。第四に非常時（not）概念。第五に世俗

———————————————

14　WA 6, 409.（成瀬訳、89頁。）
15　WA 6, 406.（成瀬訳、85頁。）
16　WA 6, 409.（成瀬訳、89頁。）

第Ⅱ部　ドイツ敬虔主義

権力を強化する役割。次節では、これらの五つの要素がその後、領邦教会制成立のなかでどう理解され、どのような役割を果たしていくかを検討しよう。

■第2節　領邦教会制と万人祭司主義

　第一の要素は、各地の宗教改革の発端において重要な役割を果たした。特に、第三の委任という特徴と結びついて、共同体が主体となる宗教改革の導入が各地で起こる。しかし、領邦レベルで宗教改革が組織化されていくにつれて、第四と第五の要素がより明確に結びついてゆく。すでに『キリスト教貴族に与う』において、両者の結びつきは認められる。ルターは次のように語っている。

　　　　非常事態（not）がそれを要求し、教皇がキリスト教界の憤激を買っているような際には、誰よりもまず、体全体の忠実な分肢として、それをなしうる者が、真に自由な公会議が開かれうるよう力を致すべきですが、このことをもっともよくなしうる者は、世俗の権力者をおいて他にありません[17]。

　すなわち、非常時にあっては、世俗権力は彼もキリスト者であるから、万人祭司主義に従って、それをするのにもっともふさわしい者として、公会議の召集を行なうべきであるというのである。

　1523年の『キリスト者の集まり[18]』の中で、非常時について、ルターは次のように語っている。他に誰もキリスト者が存在せず人々の魂が滅びてしまうという時、それは非常時である。この時、ただ一人そこにキリスト者としてそこ

17　WA 6, 413.（成瀬訳、96頁。一部改訳。）
18　*Das eyn christliche versamlung odder gemeyne recht und macht habe, alle lere tzu urteylen und lerer tzu beruffen, eyn und abtzusetzen, Grund und ursach aus der schrifft,* WA 11, 408-416.（『ルター著作集』第5巻、倉松功訳、209-223頁。）

158

第 6 章　ルターとシュペーナー　──万人祭司主義と霊的祭司職──

にいる者が説教しうる。さらに、キリスト者が他にいるときでも、非常時が存在する。

　　　神の言葉の不足から、人々の魂が滅びるという非常時の際には、場合によっては、請願によるにせよ、あるいはこの世の権威の権力によるにせよ、各人は、一人の説教者を得ることが許されているだけでなく、自らも走り寄り、登場し、教えなければならない[19]。

　非常時にあっては、すべてのキリスト者は、彼も祭司であるからその務めを果たすことができる。そしてルターによれば、世俗権力者は彼がキリスト者である時（ルターによれば世俗権力者は必ずしもキリスト者である必要はない）、キリスト教的愛からそれに係わるのにもっともふさわしい者であった。非常時概念が隣人愛と結びつく点は重要である。世俗権力者はこの書物の中で、福音的説教者の獲得の際の協力を求められている。
　その後、農民戦争後の混乱のなか、特に農村の聖職者の改善が迫られる。このことは、ルターにとっていっそう非常時という意識を与えることとなった。この非常時概念によってルターは、教会巡察問題を契機に、世俗権力者に具体的に教会への助力を請願する。1528年３月に出された『ザクセン選帝侯国内の牧師たちに対する巡察指導書への助言[20]』で、ルターは、「大公がキリスト教的愛から（というのは世俗的主権によれば責任外のことであるから）そして神のために、福音のために大公の領土内の不幸なキリスト教徒の利益と救済のために哀願をもって若干の有能な人物をこの職務のために求め任命したもうようにと、謙虚に制限を提出した[21]。」いわゆる臨時司教（Notbischof）の考え方である。ルターはそれをあくまで非常時における、本来の世俗権力者の権能とは異

─────────────

19　WA 11, 414.（『ルター著作集』第５巻、219頁。一部改訳。）
20　*Vorrede zum Unterricht der Visitatoren an die Pfarrhern ym Kurfurstenthum zu Sachssen*, WA 26, 195-201.（『ルター著作集』第７巻、神崎大六郎訳。）
21　WA 26, 197.（『ルター著作集』第７巻、622-623頁。）

159

第Ⅱ部　ドイツ敬虔主義

なるものと考えていた。しかし世俗権力者の側では、それを世俗権力の一部と
みなした。この非常時が制度的にも常時となった時、いわゆる領邦教会体制は
確立していく。

　領邦教会体制[22]では一般に、教会と学校に対する最高監督機関として宗務局
が設置され、それには聖職者とともに政府高官がメンバーとして領邦君主に
よって任命された。領邦君主は教会を直接統治することはなかったが、この宗
務局を通じて間接的支配を行なった。領民はもちろん、この領邦教会の信仰告
白を信奉することしか認められなかった。一方、牧師は一般に宗務局によって
任命され、ただ形式的に教区民の同意が求められた。こうして領邦教会体制内
の一身分としての牧師の性格、その職務の公的性格が強調される。『アウクス
ブルク信仰告白』の第14条には、「誰であろうとも、正規の召しなしに、教会
において公に教えたり、説教したり、聖礼典を与えたりしてはならない[23]」と
規定された。また、『アウクスブルク信仰告白弁証』の第7条では、不信仰者
であったとしても、教会の公的な職務としてなされた説教や聖礼典は効力があ
るとされた。「なぜなら彼らは教会の召しのゆえにキリストの人格を代表して
いるのであって、自分の人格を代表しているのではないからである[24]。」これ
はドナティスト論争や叙任権闘争における「事効説（ex opera operato）[25]」の
復活である。

　ルターの万人祭司主義の五つの要素が領邦教会体制の下でどうなっていった
かを整理しておこう。教会的身分の廃止という第一の要素は領邦教会制にあっ
ては失われ、聖職者は再び身分としての性格をもつようになる。この第一の要
素は第三の要素と関連をもっている。共同体の同意と委任は、領邦教会制に
あっては、全く形式だけのものとなってしまった。第二の要素であるキリスト

22　領邦教会制については、たとえば、中村賢二郎『宗教改革と国家』ミネルヴァ書房、1976
　　年、参照。
23　Die Bekenntnisschriften der evangelische-lutherischen Kirche, 3. Aufl., Göttingen 1956, S.
　　69.（『一致信条書』聖文舎、1982年、44頁。）
24　Ibid., S. 240 f.（『一致信条書』246頁。）
25　堀米庸三『正統と異端』中公新書、初版1964年、参照。

160

第6章　ルターとシュペーナー　——万人祭司主義と霊的祭司職——

者一人一人が祭司としてもつ権能について、ルターは、1523年頃はまだ、非常時にあっては、すべてのキリスト者が行使しうると述べている。もっとも実際は、世俗権力者がそれをするのにもっともふさわしいと考えていた。しかし領邦教会体制になると、この要素は全く失われていくこととなった。一般の教区民は全く受け身の存在となる。そして、第四の非常時という状況認識はなくなり、ただ第五の要素が肥大化する。領邦教会制は領邦国家体制を支える大きな柱となるのである。

　以上のように、ルターの万人祭司主義はその霊的内容が実現されず、世俗権力強化を誘引した。ルターの意図とは異なって、結果的に領邦教会体制をもたらす一因となってしまった。すべてのキリスト者がもつとされた祭司の役割は、正規の任命を受けた牧師の独占するところとなり、その牧師の中心的役割はもっぱら説教と聖礼典にあるとされ、特に前者が重要視されていった。それゆえ、牧師はしばしば説教者（Prediger）と呼ばれていく。

■第3節　シュペーナーの霊的祭司職

　次にシュペーナーの霊的祭司職を検討しよう。1675年にシュペーナーはヨハン・アルントの『説教集』のための序文を書き、その中で単にアルントの説教集について述べるのではなく、彼が考えていた教会改革のための提案を語った。この序文は後にそれだけで独立して『敬虔なる願望（Pia Desideria）[26]』と題して出版することになった。シュペーナーはその書で、キリスト教の中心は認識ではなくて実践にあることを強調した。そして、これを実現するための改革の一つとして、霊的祭司職の実行を提案した。この『敬虔なる願望』は、短期間のうちに大きな反響を呼び起こし、一方でそれに共鳴する人々が多く起こされた。しかし他方、反対意見もあらわれ、特に霊的祭司職、数人の有志が牧

26　Ph. J. Spener, *Pia Desideria*, hrsg. v. K. Aland, 3. Aufl., Berlin 1964. 以下、PDと略記。なお、堀孝彦訳『敬虔なる願望』（佐藤敏夫編『世界教育宝典』キリスト教教育編Ⅴ、玉川大学出版会、1969年、所収）を参照した。

161

第Ⅱ部　ドイツ敬虔主義

師の指導の下に聖書を読む集会（敬虔の集いcollegia pietatis、その他、地域に
よっては、Privatversammlung、Konventikel等と呼ばれた）、および千年王国
論的終末論に批判が向けられた。それらは領邦教会の秩序を脅かし、ルター派
正統主義の教義に抵触するという理由のためである。とりわけ初期において、
敬虔の集い（コレーギア・ピエターティス）に批判が集中した。そこでシュペー
ナーは、『敬虔なる願望』で簡潔にしか触れなかった霊的祭司職を包括的に聖
書に基づいて述べるとともに、『敬虔なる願望』に対する批判に原理的に答え
ようとして、1677年に『霊的祭司職（Das geistliche Priesterthum[27]）』を出版
した。以下、この『霊的祭司職』にあらわれた見解を検討する。

　最初に、シュペーナーの信仰理解がどのようなものであったのか、そしてそ
れと霊的祭司職とがどのように結びついていたのかを確認しておきたい。彼は
『霊的祭司職』において信仰を次のように理解している。

　　　私たちのキリスト教全体の本質は信仰と愛、信仰と敬虔な生活にあると
　　いうことはよく知られていて、主の御心を理解しているあらゆる人々に
　　とって、確実な事柄です。このうち信仰は神の恩寵と神が与えてくださ
　　る救いを受けるための力です。他方、生活の敬虔さはそのような生ける
　　信仰の果実であり、私たちに与えられた救いの重要な一部となっていま
　　す[28]。

　このような信仰理解は、知的認識を中心にすえるルター派正統主義に対し
て、16世紀末以降ヨハン・アルント等を中心としてあらわれた敬虔の実践を
強調する信仰形態に属し、それ自体は新しいものではない。さて、シュペー
ナーはこの信仰から敬虔な生活への過程をあらわす言葉として、erbauenや
auferbauen、またその名詞形のErbauung（エアバウウング）を『霊的祭司職』

27　Ph. J. Spener, *Das Geistliche Priestertum*, in *Philip Jakob Spener Schriften*, Bd. 1, hrsg. v. E.
　　Beyreuther, Hildesheim 1979, S. 549-731。以下、GPと略記。
28　GP, S. 552f.

第6章　ルターとシュペーナー　──万人祭司主義と霊的祭司職──

で用いている。シュペーナーはこのエアバウウングを実現するための有効な手段として、霊的祭司職の導入をはかる。問65の答えで次のように述べている。

霊的祭司の務めは、いかにして彼らすべてが信仰の基礎を堅固なものとされ、敬虔な生活へと建てあげ（erbauen）られるかを、ただ神の言葉の中に求めることです[29]。

ところでこのerbauenはルター訳聖書においてしばしば使われる言葉である。ルターは「オイコドメー」や「オイコドメオー」を訳すときに、erbauenやbauen、bessern、またその名詞形を用いた。この「オイコドメオー」には建てるというという建築の意味がもともとあり、パウロはこの語を用いて教会の形成を建築になぞらえた。それゆえ、ルター訳聖書において、エアバウウングは個人的な信仰の成長だけではなく、教会を建てあげるという意味合いをもっている。そのため、erbauenを「信仰を建てあげる」と訳しておく。シュペーナーはエアバウウングと霊的祭司職とを結びつけることによって、個人の成長とともに教会の霊的成長を目ざすという新約聖書的内容を回復せんとしたのであった。この後者の実現のため、霊的祭司職を導入しようとする点に、シュペーナーの特徴がある。彼は問69で、霊的祭司は「自分自身と隣人の信仰を建てあげることを純粋な愛からその目的とすべきです」と書いている[30]。では、このような試みは、「第２節」の最後において述べたような当時の領邦教会体制の中でどのような意味をもつことになったのであろうか。

まず、公的説教職をシュペーナーはどう考えていたのだろうか。問26で、「教会においてすべての人々に対してその職務を公に果たすためには、特別の召命が必要です。それゆえ、これを不当に用いて他の人々に力を及ぼし、説教職を侵害しようとする者は、このことによって罪を犯すことになります[31]」と

---

29 GP, S. 636.
30 GP, S. 638f.
31 GP, S. 595f.

163

第Ⅱ部　ドイツ敬虔主義

述べているように、彼は公的説教職を否定しない。公的説教職とともに、霊的
祭司職を導入しようとする。そのためにシュペーナーは一種の公私の分離を行
なう。公の礼拝・集会においては、正規の召命を受けた牧師のみがその職務を
果たす。しかし、「家父や家母が家の中で子どもたちや家僕に対して」、霊的
祭司の務めをできる限り熱心に果たすことが必要である（問59）[32]。そしてシュ
ペーナーは特に、敬虔の集い（コレーギア・ピエターティス）をすすめる。少
し長いが、公的説教職と霊的祭司職との関係についてのシュペーナーの考えが
よくあらわれているので、引用してみよう。

　　機会のあるごとに自らの信仰を建てあげることが正しいのと同じよう
　　に、何人かの良き友人たちが時々、次のような目的を明確にもって集ま
　　ることは、不当なことではありません。すなわち彼らは説教をともにも
　　う一度味わい、聞いたことを思い出し、聖書を読み、読んだことをいか
　　に実行しうるかを、神を畏れつつ話し合うのです。ただ、分離と受け取
　　られるような、また公の集まりのように見られるような大きな集会で
　　あってはいけません。彼らはそのような集まりによって正規の公の礼拝
　　をなおざりにしたり、侮ったりしてはいけません。またその他のことで
　　も自らの分をわきまえ、彼らの上役や両親の意志に逆らって必要な仕事
　　と職業を怠ることをせず、行なったことはすべて進んでつねに説明し、
　　悪いと見られるどのようなことも避けるべきです。（問63）[33]

　シュペーナーはエアバウウングの実現のために、公的説教職と霊的の祭司職が
協力し合わねばならないと考える。霊的祭司職は公的説教職を補完するものと
規定される。そのため、説教者の方では、「会衆にしばしばこのような霊的祭
司の務めを教え、その実践を監督・指導しなければならない（問68）[34]。他方、

---

32 GP, S. 630.
33 GP, S. 635.
34 GP, S. 638.

第6章　ルターとシュペーナー　──万人祭司主義と霊的祭司職──

霊的祭司職の方でも、「敬虔な説教者を信頼してよく話し合い、可能な場合には彼らの援助を得、彼らに職務を果たす機会を与え、彼らに進んで自分たちの行為の報告をし、そのキリスト教的助言に従うべきこと」が要求された（問69)[35]。『敬虔なる願望』でも、シュペーナーは次のように書いていた。霊的祭司職の助けがなければ、「説教職はあまりに弱く、一般に説教者による魂の世話に委ねられている多くの人々に、信仰を建てあげるうえで必要なことを実行するのは、一人の人間には、不十分である[36]。」

では、霊的祭司の具体的な務めをシュペーナーはどう考えていたのだろうか。まず、すべてのキリスト者が霊的祭司である。また霊的祭司と呼ばれるのは、「体のいけにえではなく、霊のいけにえを捧げなければならないからであり、またその務め上、純粋に霊的な役割と係わり合いをもっているから[37]」（問3）である。シュペーナーは霊的祭司の務めを三つに分類している。第一に、「神に喜ばれるいけにえを捧げる[38]」（問1）こと、それは何よりもまず、自分自身を捧げ、神を誉め讃えることである。そして、困窮している人々に物質的財を捧げることもこれに含まれる（問19)[39]。第二に、「自らのために主なる神に祈りを捧げるとともに、同胞のためにも神に祈り求め、彼らを祝福することが、その義務として求められている[40]」（問24）。第三に、神の言葉と係わり、神の言葉を豊かに宿らせること。これは、自分自身の信仰を建てあげることと隣人の信仰を建てあげるという、二つの側面をもつ（問1)[41]。この第三の点が『霊的祭司職』でもっとも強調されている。自分自身の信仰を建てあげるためには、聖書を熱心に読むことが必要である。ただ知的に熟達しようとするのではなく、救いと内なる人の成長のために読むことが必要である（問28-43)[42]。

35　GP, S. 639.
36　PD, S. 60.（邦訳、堀訳、127頁。一部改訳。）
37　GP, S. 570.
38　GP, S. 569.
39　GP, S. 585.
40　GP, S. 590.
41　GP, S. 569.
42　GP, S. 596-621.

第Ⅱ部　ドイツ敬虔主義

同時に、「他の人々が救われ信仰が建てあげられていく[43]」（問46）ために、神の言葉と係わらねばならない。具体的には、人々を教え、誤りから連れ戻し、訓戒をし、罪を犯している者には懲罰を与え、悲しんでいる人々には慰めを語ることである（問52-58）[44]。

　以上のような霊的祭司職の内容を、上記のルターの万人祭司主義の五つの要素・特徴と比較してみよう。ルターの万人祭司職は当初、凄まじい破壊のエネルギーをもっていた。それは主に第一の要素による。キリスト者となるという点に関しては、ルターはいかなる外的なものにも価値をおかないので、カトリック教会の諸制度に対する激しい攻撃を生み出すこととなった。また、各地の宗教改革の導入にあたっては、第一の要素と第二の要素が結びついて、当初は共同体による宗教改革が進められていった。しかし、一方でカトリック教会のヒエラルヒーへの攻撃は、当時の歴史的文脈において、第五の要素である世俗権力の強化に作用し、第四の要素である非常時概念と結びついて領邦教会制を促進することとなった。その背後には、ルターの隣人愛による現実の肯定がある。そして、聖職者に関しては領邦教会体制において、再びその身分的性格の復活を引き起こしてしまった。それとともに第二の要素は後退せざるをえなかった。

　一方、シュペーナーの信仰理解の中心はエアバウウングにある。ルターとは異なり、信仰よりはそこから形づくられていく敬虔により価値がおかれる。そのために、制度的破壊をもたらすようなエネルギーは有しない。そもそもシュペーナーには制度を変えようとする意図が弱い。これは第五の要素に係わる世俗権力への言及が一切見られないことからもうかがわれる。また、問70での霊的祭司による説教者の教えを判断する権限の叙述が端的にそれを示している。ルターは『キリスト者の集まり』において、個々の教会は説教者の教えを判断し、彼らを任命し、さらに罷免する権利をもっていると主張した[45]。シュペー

43　GP, S. 622.
44　GP, S. 625-630.
45　WA 11, S. 408ff.

第6章　ルターとシュペーナー　──万人祭司主義と霊的祭司職──

ナーは罷免ではなくて、次のように語っている。

　　　説教者たちの教えが神の言葉にかなっているかどうかを熱心に吟味し、
　　それが神の言葉に基づいていると分かれば従い、それが誤りであると知
　　ればそれを批判し、彼らがそれに固執する場合にはそのような誤った教
　　えから身を守るのです[46]。(問70)

　その結果、領邦教会制に基づく公的説教職は一応肯定される。そしてシュ
ペーナーの霊的祭司職は、領邦教会体制の枠組みの中で、第二の要素の充実を
はかる。このためにシュペーナーは一種の公私の分離という考え方を導入し
た。それとともに聖職者像にも変化がもたらされる。ローマ・カトリック教会
的な聖礼典の執行者ではなく、ルター派正統主義のように説教者でもなく、教
区民の魂を配慮する牧会者（Seelsorger）としての役割が前面に出てくるので
ある。

■おわりに

　シュペーナーの立場は領邦内敬虔主義者の立場である。領邦教会から飛び出
す急進的敬虔主義者と異なって、領邦教会の枠組みを肯定する。それは二つ
の点で顕著である。一つは、敬虔の集い（コレーギア・ピエターティス）理
解にあらわれている。シュペーナーにあっては、それはあくまで ecclesiola in
ecclesia、すなわち領邦教会内の小教会であったのが、急進的敬虔主義者の場
合には、in ecclesiaが落ちてしまい、独立した教会となってしまう。もう一つ
は信仰を建てあげることを、一人一人の単独の行為ではなくて、エアバウウン
グと霊的祭司職の実践と結びつけることにより、教会共同体、牧師と会衆によ
る共同の営みであると考えている。その点で領邦教会の改革を志向しており、

───────────

46 GP, S. 639.

第Ⅱ部　ドイツ敬虔主義

急進的敬虔主義者と異なっている。万人祭司主義が領邦教会体制の中で失った、「すべてのキリスト者が祭司である」という要素を、領邦教会体制の下で復活させようとした。しかし、このような立場ですら、当時の領邦教会体制にあっては、正規の説教者と公的礼拝を軽んじ、混乱を引き起こすことになると危険視された。その点は、ルター派正統主義の批判に答えるという性格をもっていた『霊的祭司職』のなかで、シュペーナーが霊的祭司職の実行によって「恥ずべき混乱と無秩序が教会に生じる恐れ」のないことを何度も強調していることによっても、明らかである。

　シュペーナーの霊的祭司職の特徴はエアバウウングと結びついている点に見出せる。そのためルターの初期の万人祭司主義がもったような社会的変革のエネルギーはもちあわせていなかった。しかし当時の硬直した領邦教会体制の中で、信仰の深化をただ全く個々人の内面に委ねてしまうのではなく、個人の内面より社会性をより備えた私的領域を設定し、そこにおいてルターが目ざした霊的内容の実践・充実をはかっていく。これはルター派正統主義とは異なった聖職者像を導き出すこととなり、私的領域における敬虔の在り方の変容と相互に作用して、内から領邦教会体制を弱めていくこととなるのである。

第7章　シュペーナーのErbauung観

■はじめに

　ドイツの場合、信仰形態の危機から宗教的革新運動としての敬虔主義への展開を示すために、ヴァルマン[1]は広義の敬虔主義と狭義の敬虔主義という区別を行なった。ヴァルマンによると、スコラ的な教義論争に陥ったルター派領邦教会の正統主義は広く信仰形態の危機を引き起こし、16世紀末頃から「教義から生活（敬虔の実践）へ、義認と罪の赦しから聖化と霊的成長への明白に強調点を移す、プロテスタンティズムの新たな信仰形態[2]」が生じた。ヴァルマンはこれを広義の敬虔主義と呼び、ヨハン・アルントに始まると考える。他方、この広義の敬虔主義の流れに立ちつつ、「正統主義と対立し、教会的・宗教的共同生活の新たな形態を生み出した社会的運動[3]」である狭義の敬虔主義へと道を開いたのがシュペーナーだとされる。ヴァルマンはルター派正統主義から激しい批判を浴びることになった、シュペーナーの次の二つの考えに注目する。一つは、領邦教会の公的礼拝とは異なる、敬虔であろうとする人々からなる私的集会（コレーギア・ピエターティス）で、シュペーナーはこれを教会改革の核として推奨した。もう一つは終末論に係わる。ルター派正統主義が迫り来る最後の審判を説くのに対して、シュペーナーは審判の前に千年王国論的な教会の

1　J. Wallmann, *Philipp Jakob Spener und die Anfänge des Pietismus*, 2. überarbeitete und erweiterte Auflage, Tübingen 1986 ; Ders., *Pietismus*, Göttingen 1990（拙書評『西洋史学』162号、平成3年。）

2　J. Wallmann, Pietismus und Chiliasmus, *Zeitschrift für Theologie und Kirche*, Bd. 78, 1981, S.239.

3　J. Wallmann, *Die Anfänge des Pietismus, Pietismus und Neuzeit*, Bd. 4, 1979, S. 53.

第Ⅱ部　ドイツ敬虔主義

より良い状態が実現すると主張し、その教会改革のプログラムに保証を与えようとした。このようなシュペーナーに独自な考えが、狭義の敬虔主義を生み出すうえで、決定的な役割を果たした、とヴァルマンは考える。

　以上のようなヴァルマンの見解の背景には敬虔主義理解をめぐる論争があった。戦後、神学的観点から活発に敬虔主義の研究を行ない、その後の研究に大きな影響を与えたシュミット[4]は、シュペーナーの独自性を教会改革の具体的な提案ではなく、その「再生Wiedergeburt」観に求めた。彼によると、三十年戦争以後ドイツでは、制度・儀式としての教会を否定しキリスト教を純粋な内面性として理解する神秘主義的スピリトゥアリスムスが力をもつに至る。これに対して、神秘主義的スピリトゥアリスムスの長所である「ラディカルに原始キリスト教に返らんとする傾向」をルター派正統主義の中に移植し、同時に「教会を解体させる傾向」を防ごうとしたのが敬虔主義であり、シュミットによればそれを可能にしたのがシュペーナーの「再生」であった。再生とは、古き自己に死んで、霊的に新しく生まれ変わり、神とともに歩むことを意味する。これは全く内的な出来事であり、神の一方的な働きによって生じる。古き人と再生者とは質的に異なり、比喩的に死から生への転換に擬せられる。そして再生は具体的な実を結ぶとされる。ところで以上のようなシュミットの見解では、シュペーナーが神秘主義的スピリトゥアリスムスから取り込んだ再生理解をいかに教会化し、その欠点を防いだのかを説得的に示すことができない。換言すれば、シュペーナーと神秘主義的スピリトゥアリスムスとの再生理解の相違は何か、そもそも両者の違いをどうとらえるかという疑問が残った。

　前述したヴァルマンの見解は、シュミット的な難点を神学的理解ではなく、教会改革に注目することによって解決しようとしたものである。しかし、シュペーナーにおいて広義の敬虔主義的要素と改革プログラムとはどのように結び

4　M. Schmidt, Speners Wiedergeburtslehre, in M. Greschat（Hrsg.）, *Zur neueren Pietismusforschung*, Darmstadt 1977 ; Ders., *Pietismus*, Stuttgart, 1972（小林謙一訳『ドイツ敬虔主義』教文館、1992年）。なお他にシュペーナーの再生については、伊藤利男「シュペーナーの敬虔主義理論」『文学研究』第90号（九州大学文学部、平成５年）参照。

ついているのか。それらを結びつけるシュペーナーの思考様式はいかなるもの
なのか。ヴァルマンはこのつながりを十分に統一的に説明するには至っていな
い。本章の課題はこれらを明らかにすることにあるが、それは同時に狭義の敬
虔主義の中でも、1675年から1695年頃までのいわゆる初期敬虔主義の思想の特
徴を考えることでもある。この時期、敬虔主義はシュペーナーを中心とした台
頭期で、彼の思想とその人的ネットワークが結節点となっていた。1690年以後
になると、シュペーナーの思想を土台としつつもハレやヴュルテンベルクなど
各地方で独自の特徴を形成していく。

■第1節　考察の対象

　シュペーナーにおいて広義の敬虔主義的要素とその教会改革のプログラムが
いかに結びついているかを明らかにするためには、何よりもシュペーナーの教
会改革のプログラムを記した書物を考察の対象としなければならないであろ
う。その点でもっとも重要なものは、『敬虔なる願望[5]』である。本章では、こ
れと『霊的祭司職[6]』を取り上げて検討する。ところで以上の点から、再生論が
本章の課題の検討には役立たないことは明らかである。なぜなら、この二つの
著作では再生という用語自体もほとんど使われず、論の展開にあたって重要な
役割を果たしていない。シュミットはシュペーナーの説教を考察してそこから
再生論の重要性を引き出したが、改革プログラムとの関連を説明することは不
十分であった。本章はシュペーナーの改革プログラムを統一的に理解する視点
を見出し、その特徴を把握することにあるので、彼の説教よりもその二著を取
り上げることが適切である。彼の改革案の全体像は個々の説教よりも、それら
の著作においてもっともよく理解しうるからである。次にそれぞれの著作の成

5　Ph. J. Spener, *Pia Desideria*, hrsg. v. K. Aland, 3. Aufl., Berlin, 1964. 以下、PDと略記。な
　お、堀孝彦訳『敬虔なる願望』（佐藤敏夫編『世界教育宝典』キリスト教教育編Ｖ、玉川大
　学出版会、1969年、所収）を参照した。

6　Ph. J. Spener, *Das Geistliche Priestertum*, in *Philip Jakob Spener Schriften*, Bd. 1, hrsg. v. E.
　Beyreuther, Hildesheim 1979, S. 549-731。以下、GPと略記。

第Ⅱ部　ドイツ敬虔主義

立事情を簡単に記しておこう。

　シュペーナーはその生涯に多くの説教や著作また書簡を著わした[7]が、『敬虔なる願望』はドイツ敬虔主義のマニフェストとされる、まさに主著と呼べるものである。これはもともと、シュペーナーがルター派教会の主席説教者を務めていた帝国都市フランクフルト・アム・マインで、1675年春にヨハン・アルントの説教集が新たに出版されるに際して、出版社に請われてその序文として書いたものである。シュペーナーはその中で、彼が考えていた教会改革の提案を行なった。これは大きな反響を呼び、同年秋には、アルントの説教集から分離して『敬虔なる願望』と題して出版された。多くの神学者がそれに対して賛意を表明したが、徐々に反対意見もあらわれてくる。特に霊的祭司職と敬虔の集い（コレーギア・ピエターティス）の提案、また千年王国論的終末論に批判が向けられた。それらはルター派正統主義の教義に抵触し、領邦教会の秩序を脅かすと考えられたからである。さらに、フランクフルトでもたれていた敬虔の集いの集会についての現実からかけ離れたゴシップが各地に広まった。たとえば、女性がその集会で説教し、子どもがギリシア語やヘブル語を学び、主婦たちは集会に出るため家政を怠っている、という評判が立った。このような批判に対して、シュペーナーは1677年に『霊的祭司職』を出す。『敬虔なる願望』において簡潔にしか触れなかった霊的祭司職を包括的に聖書に基づいて述べるとともに、その必要性とそれが決して領邦教会の秩序を脅かすものでないことを強調している[8]。

　ところで、この二著において重要な役割を果たしているのが、Erbauung（エアバウウング）という概念である[9]。筆者の知る限り、その点に注目した研

7　P. Grünberg, *Philipp Jakob Spener*, Bd. 1, Göttingen 1893, Neudruck *Philipp Jakob Spener Schriften*, Sonderreihe, Bd. 1, 3. Teilband, Hildesheim 1988, S. 205-388にシュペーナーの詳しい著作目録が載っている。

8　P. Grünberg, *op. cit.*, 1. Teil, S.175 ff.

9　ヴュルテンベルクの敬虔主義者ヘディンガーにおいてもエアバウウングは重要な概念である。本書「第8章」参照。

究はない。逆にエアバウウングには狭隘な敬虔主義[10]というイメージが結び
ついている。たとえば、『キリスト教大辞典』（教文館、昭和38年）の「建徳
Erbauung」の項目には、「特に敬虔主義においては、宗教的感情をあおりたて
信仰の覚醒を促すような説教を建徳的と呼んだこともあった」とある。シュ
ペーナーのエアバウウング観がこのような理解と大きく異なり、彼の改革プロ
グラムと密接な係わりをもっていることを、以下明らかにしたい。

　次節では、シュペーナーのエアバウウング観を考察する前に、彼のキリスト
教理解と時代認識を検討しておきたい。「改革」には本質理解と状況把握が必
ず前提となるからである。

■第2節　シュペーナーのキリスト教理解と時代認識

　シュペーナーはキリスト教をどのように理解していたのであろうか。『霊的
祭司職』の献辞の冒頭で、次のように語っている。

　　私たちのキリスト教の本質は信仰と愛、信仰と敬虔な生活（gottseliges
　　leben）にあるということはよく知られていて、主の御心を理解してい
　　るあらゆる人々にとって、確実な事柄です。このうち信仰は、神の恩寵
　　と神が与えてくださる救いを私たちが受け取るための力です。他方、生
　　活の敬虔さはそのような生ける信仰の果実であり、私たちに与えられた
　　救いの重要な一部となっています。それゆえ、教会のあらゆる神のしも
　　べにとって、この二つのために熱心に心を砕くことは、大切な義務であ

10　ヘッセの『車輪の下』に靴屋で「信心深い敬虔派信徒 der fromme Pietist」のフライクお
　　じさんが登場する。この小説の舞台となったヴュルテンベルク地方は、18世紀にプロイセ
　　ンのハレとともに、敬虔主義の中心地であったところである。ヘッセは全体として好意的
　　に描いているものの、この20世紀の敬虔派の靴屋を、「利口ではあったが、単純で片よって
　　おり（schlicht und einseitig）、信仰にこりかたまっている（Pietisterei）ため多くの人々
　　から嘲笑されていた」と描いている。H. Hesse, *Die Romane und die grossen Erzählungen*,
　　Bd. 1, Frankfurt am Main 1982, S. 2.（高橋健二訳、新潮文庫、昭和55年、54頁。）

第Ⅱ部　ドイツ敬虔主義

るといえます。それによって、信仰があらゆる誤りから全く守られ、ただ純粋な神の言葉によってとらえられ、そのような信仰の果実がキリストの規範に従った生活において豊かにもたらされるようになるためです。確かに、この二つはお互いに分離されることなく、敬虔の教え（die lehre der gottseligkeit）が真理を基礎にもち、真理がその果実なしに語られることのないようにつねに扱わねばなりません[11]。

　以上のようにシュペーナーは、救いが信仰とその果実としての敬虔な生活という二つの柱より成り立っていることを力説する。同じ理解は当然、『敬虔なる願望』でも前提とされている。たとえば、「キリスト教は知識だけでは全く不十分であり、その本質はむしろ実践（praxis）にある[12]」と語っているごとく、そこでは二つの柱のうち後者が強調されている。
　では、このようなキリスト教理解は、シュペーナーの時代認識とどう結びついているのであろうか。『敬虔なる願望』には純粋な教え（die reine lehre）や真実の教え（die wahre lehre）、教えの純粋性（die reinigkeit der lehre）という言葉がしばしば出てくる。そのほとんどは、ルター派教会と結びつけて使われている[13]。シュペーナーはその点にルターが行なった宗教改革の最大の意義を認めている。

　　　私たちの福音主義教会［ルター派教会］は、聖なる神の道具であるルター博士を通じて前世紀に再び明白に指し示された、高価で純粋な福音（das theure und reine Evangelium）を、外的告白によって受け入れています。それゆえ、そこにおいてのみ、真実の教会がなお可視的であることを私たちは認めねばなりません[14]。

───────────────

11　GP, S. 552f.
12　PD, S. 60f.
13　たとえば、PD, S. 10, 22, 36, 40, 62.
14　PD, S. 10f.

174

第7章　シュペーナーのErbauung観

　宗教改革は民衆に再び神の言葉をもたらした[15]。シュペーナーによれば、ユ
ダヤ人のバビロン捕囚からの解放と同じく、宗教改革は教皇主義的ローマの霊
的バビロンからの解放をもたらした。しかし、かつてユダヤ人たちがバビロン
捕囚から解放された後、神の宮の建設を邪魔する敵対者があらわれ、ユダヤ人
たちも正しい礼拝を回復することに熱心ではなかった。同じことはルター派教
会にもあてはまる[16]。

　シュペーナーによれば、ルター派教会では宗教改革の後、信仰の果実である
敬虔な生活が顧みられていない。また、信仰理解自体も問題がある。なるほど
教えという点では、ルター派教会は純粋で真実な教会ではあるが、その信仰告
白は外的な告白にすぎない。ルター派教会の牧師についてシュペーナーは次の
ように語っている。

　　彼らが信仰とみなしているもの、また彼らがそれに基づいて教えている
　　ものは、聖霊の照明と証言およびその封印とによる、神の言葉を通じて
　　呼び起こされた正しい信仰ではなく、人間の想像物にすぎません。彼ら
　　は、他の人々がその研究において学ぶ場合と同じように、聖霊の働きな
　　しに人間的な努力を通じて、ただ聖書の文字から正しい教えを理解して
　　います。そしてそれに同意し、他の人々に語ることもできます。しか
　　し、彼らは天からの真実の光と信仰生活からは全く離れています[17]。

　信仰がなくても、純粋な教えを理解することはできるのである。偽の信仰に
おいては、聖霊が働かずただ人間の能力によって聖書を理解しようとし、信仰
の果実が欠如している。

　以上のように、シュペーナーは、宗教改革後のルター派教会を、信仰義認を
純粋な教えとして知的に同意してはいるが、生きた信仰は衰え、信仰の果実で

---

15 PD, S. 58.
16 PD, S. 40 ff.
17 PD, S. 17.

第Ⅱ部　ドイツ敬虔主義

ある敬虔な生活は全く顧みられなくなっている、と見ていた。このような傾向
に対して、敬虔な生活の大切さを強調したのが、シュペーナーによれば、J・
アルント[18]であった。アルントはクヴェードリンブルクやツェレでルター派聖
職者を務めた人物であるが、その著書『真実のキリスト教[19]』によって多大な
影響を与えた。その書物はドイツ語圏にあって、当時もっとも普及した書物で
あり、1605年にその第1巻が出てから『敬虔なる願望』が出版されるまでに、
12以上の所で50以上の版が存在した[20]。またヨーロッパの各言語にも翻訳され
ている。彼はその神秘主義的傾向のゆえにルター派正統主義の神学者から批判
されるが、他方で多くの信奉者を見出した。彼らのうち、アルントの神秘主義
的傾向の影響を強く受けた聖職者の中からは、そのスピリトゥアリスムスのゆ
えに、ルター派領邦教会体制から出て行く人々もいた。ところでアルントは第
1巻の序文で次のように語っている。

　　愛するキリスト者よ、あなたがいかにしてキリストへの信仰を通じて
　自らの罪の赦しをえるかということばかりではなく、あなたがいかにし
　て神の恩寵を聖なる生活のために正しく使用すべきであるか、またいか
　にしてあなたの信仰をキリスト教的な生活によって飾り、示すべきであ
　るか、この小冊子はそれらについて導きを与えることでしょう。なぜな
　ら真実のキリスト教は言葉や外面的な事柄（der äußerliche Schein）に
　あるのではなく、生ける信仰にあります。そこから正しい果実とあらゆ
　るキリスト教的徳が生まれてきます[21]。

18　アルントについては、山内貞男『近世初期ドイツ神秘主義研究』（私版、1988年）および、
　　伊藤利男「敬虔主義の範例と先駆──若きルターとアルントの場合──」『文学研究』第89
　　号（九州大学文学部、平成4年）参照。
19　*Vier Bücher vom wahren Christenthum*の第1巻が出るのは1605年。その後、2巻が追加
　　され、*Sechs Bücher vom wahren Christenthum*として流布する。本稿では次の版を使用
　　した。Johann Arndt, *Sechs Bücher vom wahren Christenthum nebst dessen Paradies =
　　Gärtlein,* Stuttgart 1919.
20　J. Wallmann, *Der Pietismus,* S. 19.
21　J. Arndt, *op. cit.,* S. 3.

176

第7章　シュペーナーのErbauung観

　ここで語られている内容は、先ほど述べた、生ける信仰とその果実である敬虔な生活というシュペーナーのキリスト教理解と一見同じものである。しかし、シュペーナー自身は、このアルントの立場に満足はしていなかった。そうであれば、アルントの説教集の序文にわざわざ彼の教会改革の提言をすることはなかったであろう。アルントの場合、『真実のキリスト教』第1巻を振り返ってその42章で、悔い改めが「真実のキリスト教、聖なる生活と行状の始まりであり基礎であり、真の信仰による私たちの救いの始まりです[22]」と述べているように、何よりもまず悔い改めを強調する。彼がその書物を通じて一貫して語っているのは、キリスト者個々人の内面であり、教会改革に及ぶことはなかった。

　一方シュペーナーは、キリスト者個々人における生ける信仰とその果実の重要性を強調するアルントを高く評価しつつ、教会改革の必要性を説くことによって、時代に対して新たな一歩を踏み出そうとする[23]。そもそも『敬虔なる願望』のタイトルは『ピア・デジデリア、すなわち真の福音主義教会の神の御旨にかなう改革・改善（besserung）への敬虔なる願望』である。この教会の改革は、彼の時代認識の他の注目すべき点である終末論[24]と深く係わっている。『敬虔なる願望』の中で、「聖書をよく見ると、神がこの地上における教会のより良き状態（einigen besseren zustand）について約束されていることを、私たちは疑うことができません[25]」と語る。彼は非常に慎重に言葉を選んでいるが、これは千年王国論的性格をもつものである。もちろんルター派正統主義は、宗教改革者の見解を継承して千年王国論をはっきりと否定しており、それに対して極度にアレルギー的な反応を示した。『敬虔なる願望』が出版されたとき、その非難の的の一つとなったのは、この終末論的理解に係わるもので

22　*Ibid.*, S. 178.
23　敬虔主義を広義と狭義に分け、前者の父をアルントにおく見方は、すでにシュペーナーの意識にあったものである。
24　シュペーナーの終末論については、本書「第10章17世紀末ヴュルテンベルクの終末論」212-217頁、参照。
25　PD, S. 43.

第Ⅱ部　ドイツ敬虔主義

あった。シュペーナーは後に『将来のより良き時代の希望』（1693年）を出版
したり、書簡などを通じて終末に関する発言を繰り返した。たとえば、1692年
12月30日付けの書簡に次のように書いている。

> ヨハネ黙示録20章の千年に関して、……次の二点は疑うことができな
> い。第一に、千年はまだ始まっていない。それは教皇制が倒れるととも
> に始まる。このことを私は黙示録19章20節[26]と20章10節[27]の結びつきか
> ら理解する。……第二に、千年［王国］はキリストの王国にただ良きも
> のをもたらすであろう。なぜなら、あらゆることを決定する自信はない
> が、次のことは誤りないことだと思うからである。すなわち、それ［千
> 年］は悪しき誘惑者の元凶であるサタンが深淵の底につながれている至
> 福の時代である[28]。

　彼は「この地上における教会のより良き状態」を千年王国と考えていた。た
だ彼は、その社会的政治的批判の要素を取り去る。それは「聖徒たちの反乱や
暴動によって生じる、あるいはこの世の剣で打ち立てられる王国[29]」ではない。
彼は千年王国を教会改革と結びつける。「一方でユダヤ人の改宗と教皇制の霊
的弱体化のために、他方で私たちの改革（besserung）のために、できる限り
のことがなされるよう怠らずにつとめることは、私たちすべての責務です[30]。」

26　ルター訳聖書では次のようである。Vnd das Thier ward gegriffen, vnd mit jm der falsche
　　Prohpet, der die Zeichen thet fur jm, durch welche er verfüret, die das Malzeichen des
　　Thiers namen, vnd die das bilde des Thiers anbeten. Lebendig wurden diese beide in
　　den feurigen Pful geworfen, der mit Schwefel brandte.
27　ルター訳聖書では次のようである。Vnd der Teufel der sie verfüret, ward geworffen in
　　den feurigen Pful vnd schwefel, da das Their vnd der falsche Prophet war, vnd werden
　　gequelet werden tag vnd nacht, von ewigkeit, zu ewigkeit.
28　*Philipp Jacob Spener Schriften*, Bd. 15, Korrespondenz, 1. Teilband, hrsg. v. E. Beyreuther,
　　1987, S. 259f.
29　Philipp Jacob Spener, *Behauptung der Hoffnung künfftiger Bessere Zeiten*, Frankfurt am
　　Main 1693. ただしG. Maier, *Die Johannesoffenbarung und die Kirche*, Tübingen 1981, S.
　　362からの引用。
30　PD, S. 45.

ユダヤ人の改宗と教皇制の没落は、シュペーナーが千年王国のおとずれのしるしと考えていたものである。「ますます完全になっていくことは教会にあてはまる。」そして、教会の改革とは、「そこにいかなる偽善者もいないということではなく、……公然たるつまずきから自由であり、……教会の真のメンバーが多くの果実によって豊かに満たされる[31]」ことである。これは敬虔な生活が実現していた新約時代の教会が再び回復されることを意味した。シュペーナーは同時代を、今は悲惨な状態ではあるが、間もなく千年王国論的な良き状態の教会がおとずれる時と理解していた。この期待が彼の改革を目ざす努力の源となった。

　以上述べてきたことから、シュペーナーの改革の特徴として、次の三点を指摘することができるであろう。第一に、彼はキリスト教を生ける信仰とその果実である敬虔な生活という二つの柱において理解した。この理解においてアルントと共通する。第二に、当時のルター派教会はそこから著しくかけ離れていることを痛感し、それを改革しなければならないと考えた。彼は自らの課題を、単に個人の課題としてではなく、時代がその解決を要請している課題であると把握した。そして第三に、その改革を、アルントのようにキリスト者個々人のレベルでの悔い改めを中心とする変革と考えるのではなく、教会全体の改革の問題として理解した。『敬虔なる願望』で具体的な提案を述べる前に、シュペーナーは「私たちの全教会を、とりわけ以下の方法で神の恩寵によって助け、それを再び栄光ある状態にもどしたい[32]」と書くのである。この理解の背後には、彼の千年王国論的終末論に立つ時代認識が存在する。彼は具体的に六つの提案を行なっている。第一に、神の言葉を人々の間に豊かに宿らせる。そのためにシュペーナーは特に、牧師の指導の下に行なわれる有志からなる聖書を読む私的集会（敬虔の集いcollegia pietatisやPrivatversammlung, Konventikel等と呼ばれる）をすすめる。第二に、霊的祭司職の実践。敬虔の

---

31 PD, S. 48f.
32 PD, S. 53.

第Ⅱ部　ドイツ敬虔主義

集いはこれにも係わる。第三に、キリスト教の本質が知識ではなく実践にあることを人々に深く植えつけること。第四に、不信者・異端者を改宗させるには、宗教論争は不毛であり、むしろ心からなる愛の実践が大切であること。第五に、神学生教育の改革、ここでも敬虔の集いがすすめられる。第六に、説教の改革。以上の六つの提案に一貫して強調されているのは、敬虔（Gottseligkeit）の重要性である。そして、具体的な改革で重要なのは、敬虔の集いと霊的祭司職という考え方である。それゆえ、特にそれらに注目する必要がある。

　では、このような彼のキリスト教理解と教会改革は、エアバウウング観とどのように係わるのであろうか。上述した第一の特徴であるキリスト教の本質理解と第三の特徴であるキリスト教改革について、以下検討したい。

■第3節　シュペーナーのErbauung観

（1）Erbauungの本質

　まず、シュペーナーの改革の三つの特徴の第一点、キリスト教は生ける信仰とその果実である敬虔な生活という二つの柱からなるという理解がエアバウウングとどう係わるかを検討してみよう。その点について、彼は『霊的祭司職』で明確に次のように語っている。「霊的祭司の務めは、いかにして彼らすべてが信仰の基礎を堅固なものとされ、敬虔な生活へとerbauenされるかを、ただ神の言葉の中に求めることです[33]。」ここではエアバウエンは明らかに、信仰から敬虔な生活への過程をあらわす言葉として使われている。同じ理解は『敬虔なる願望』においても見られる。たとえば、説教の改革を扱ったところで、シュペーナーは「説教におけるすべてをいかにエアバウウングのために適合させたらよいかが、たやすく明らかになるように彼ら［神学生］を訓練すべき」であることを述べた直後に、「説教もまた、信仰とその果実とが会衆のもとで

---

33 GP, S. 552f.

第7章　シュペーナーのErbauung観

できる限り促進されるように、すべての人によって整えられるべき[34]」である
と語っている。ここでもシュペーナーは、信仰が促進されその果実が生み出さ
れることをエアバウウングであらわしている。エアバウウングはエアバウエ
ンから派生した言葉であり、まさに動詞的性格をもっている。それがgottselig
と異なる。こちらはその名詞形であるGottseligkeitしかもたない。以上のよう
に、エアバウウングあるいはその動詞形のerbauenは単に宗教的感情を喚起す
るという意味ではなく、彼の信仰理解の核心部分をあらわす動的な言葉であっ
た。

　エアバウエン（erbauen）はbauenと同じく、建てるという意味をもってい
る（その新約聖書との関連、ルター訳ドイツ語聖書との関連については次の
「（2）エアバウウングと教会改革」で触れる）。シュペーナーにとってエアバ
ウエンとは信仰を土台としてその上に敬虔な生活が築かれていくことを意味し
た。敬虔な生活はあくまでその土台の上に築かれる。信仰義認との関連につい
て、シュペーナーは次のように語っている。

　　　私たちはただ信仰によってのみ救われるのであって、業ないし敬虔な生
　　活は何ら救いのためになすことはなく、むしろ信仰の果実として私たち
　　が神に負っている感謝の一部を構成するものです。私たちはそのことを
　　喜んで認めます[35]。

　彼はルターの「信仰のみ」を承認する。その点でルター派正統主義の立場に
立つ。そしてこのような生ける信仰とその果実である敬虔な生活を生み出すの
が神の言葉である。ここから、「私たちの間に神の言葉をいっそう豊かに宿ら
せること[36]」を、改革の提案の第一としてあげる。

　では、神の言葉により、また生ける信仰によって生み出される敬虔の本質

---

34 PD, S. 78f.
35 PD, S. 32.
36 PD, S. 54.

第Ⅱ部　ドイツ敬虔主義

とは何なのか。そこで、gottseligやGottseligkeitがどのような言葉と結びつけられているかを見てみると、興味深いことに気づく。die ernstliche innerliche gottseligkeit[37]、gottselige hertzen[38]、gottselige gemüther[39]、gottselige nachdenckung[40]のように、hertzenやgemüther、nachdenckungといった内面に係わる言葉が多く結びついている。そして、説教の改革を述べたところで、次のように語っている。

> 私たちのキリスト教の全体は内的で新しい人にかかっており、このような人の魂が信仰であり、そのような人の業が生命の果実なので、説教はことごとくその点に向かって整えられねばなりません。……私たちは基礎を正当にも心の中におき、この基礎から生じないものはすべてただ偽善にすぎないことを示すべきです。それゆえ、人々をしてまずこのような内的なものに従事して、神の愛と隣人への愛を自らの中にふさわしい方法でもって呼び起こすことに慣れさせ、その後にはじめてこのような基礎に立って業をなすように慣れさせるべきです[41]。」

このようにシュペーナーは敬虔の本質を心におく。

では、それはどのような心でなければならないのか。ここでまた建てあげるというモチーフがあらわれる。シュペーナーはイエス・キリストの言葉を素朴（einfalt）と呼び[42]、「キリストの教えの素朴さ（die einfalt der Lehre Christi）[43]」という表現を使う。また神学は「使徒の素朴さ（die Apostolische einfalt）[44]」にもどらねばならないと言う。この素朴を土台にして何を建てるかが問題となる

37　PD, S. 18.
38　PD, S. 39, 42, 68.
39　PD, S. 4, 42, 79.
40　PD, S. 53.
41　PD, S. 79f.
42　PD, S. 26.
43　PD, S. 74.
44　PD, S. 74.

182

が、心が好奇心（fürwitz）で満たされると[45]、「ただ知的に熟達しようとして高慢になり」、「自らのエアバウウングに役立つことには注意を払わず、自分の名誉」につとめ、論争の弊害に陥っていく[46]。好奇心ではなく、この素朴（einfalt）を土台にして、心も素朴で（einfältig）なければならない。このeinfältigの特徴は『霊的祭司職』で詳しく述べられている。素朴な（einfältig）人々とは、「信仰の基本（die einfalt deß glaubens）[47]」を単純に信じ、「聖霊の働きと力とに自らを委ねることをはっきりと決心し（mit einfältigem vorsatz）、さらに学んだことを知識にとどめるだけでなく、神の栄光のために従順に用いようとする明白な意志をもって聖書を取り上げ[48]」、他の人々とともにエアバウエンされていくことにつとめる[49]人たちのことである。

　以上のように敬虔の本質は心におかれる。しかし、それが具体的に何を生み出すかは詳論されない。一方で、敬虔と対立するものとして、世俗精神（weltgeist）[50]が語られる。これは、当時の宮廷のバロック文化や民衆文化に係わるものである。敬虔はそれらに対する批判の役割を果たすが、『敬虔なる願望』や『霊的祭司職』では詳論されていない。

（2）Erbauungと教会改革

　「（1）Erbauungの本質」で明らかにしたようなエアバウウングの実現を、シュペーナーは一人一人の孤独な営みによるものとは考えない。彼は教会改革という視野の下にこの問題を考える。第2節で明らかにしたように、シュペーナーが『敬虔なる願望』を書いた目的は教会の改革にあった。ところで興味深いことには、『敬虔なる願望』で全体としての教会の改革をはっきり示す言葉としてシュペーナーが使っているのは、bessernないしその名詞形の

45　PD, S. 26.
46　GP, S. 613.
47　GP, S. 613.
48　GP, S. 609.
49　GP, S. 621ff.
50　PD, S. 68, 71.

第Ⅱ部　ドイツ敬虔主義

Besserungである。そして改革された教会の状態をあらわす言葉としてbesser
が使われる。すでに第2節で述べたように、『敬虔なる願望』のタイトルには
ベッセルング（Besserung）があらわれている。またシュペーナーはキリスト
者に、千年王国論的希望をもって、「一方でユダヤ人の改宗と教皇制の霊的弱
体化のために、他方で私たちの教会のベッセルングのために」努力するよう
に訴えた。その他、「つねにベッセルングがでまかせに延期される[51]」と言うと
き、それは教会の改革を指している。また、霊的祭司職の実行（これについて
は後で触れる）によって「ついには教会が著しくbessernされる[52]」と語ったり、
牧師の務めとしてのder Kirchen Besserung（教会の改革）について語ってい
る[53]。一方、教会全体の改革とエアバウエンとはどのように係わるのであろう
か。

　『敬虔なる願望』の目的に関して、「たとえ多くはなく、少数の人々であった
としても、誰かがこの書物を通じてエアバウエンされ、……神によってより多
くの天分を与えられている他の啓蒙された人々が、真の敬虔さGottseligkeitを
促進するというこのもっとも大切な仕事を真剣に取り上げるように鼓舞され、
それをしばらくの間、彼らのもっとも高貴な仕事とするように励まされる、と
いうこと以外の意図をもってはいけません[54]」、とシュペーナーは書いている。
また『敬虔なる願望』の後半で述べられる諸提案についても、「私のあらゆる
提案は、もっぱらいかにしてあの従順な人々をまず助け、いかにして彼らのア
ウフエアバウウング（Aufferbauung）のために必要なあらゆることを彼らに
対して行なえるか、ということに向けられています[55]」、とも述べている。と
ころで今引用した文章にアウフエアバウウングが出てくるが、シュペーナーは
エアバウウングと同じ意味で使っている。たとえば『霊的祭司職』に次の文章
がある。「敬虔な心の持ち主がともに集まり、聖書をともに読む場合には、一

51　PD, S. 4.
52　PD, S. 60.
53　PD, S. 67.
54　PD, S. 7.
55　PD, S. 8.

184

第7章　シュペーナーのErbauung観

人一人は他の人のアウフエアバウウングのために慎み深く愛をもって、神が聖書の中で彼らに教えようとなさる事柄、他の人のエアバウウングのために有益であると彼自身が考える事柄を、語らねばなりません[56]。」

さて、上の二つの文章から明らかなことは、シュペーナーは教会全体のベッセルングを目ざすとしても、具体的にはさほど多くはない、ある一定の人々のエアバウウングを特に問題としている、ということである。シュペーナーは何よりも「彼らのアウフエアバウウングのためになされることを、喜んで受け入れようとする人々[57]」に期待する。彼がまず考えるのは、「第三身分を……真の敬虔へと導く」身分（Stände）の聖職者たち[58]である。そして、それにふさわしい人々を得るために、神学生教育が教会改革の一つとして提案される。では、エアバウウングに貢献するのにふさわしい聖職者の資質とは何か。これを知るためには、シュペーナーがエアバウウングのためには、聖職者だけでは不十分であると考えていたことに注目しなければならない。『敬虔なる願望』で次のように述べている。

　　説教職が当然のことを必ずしもすべて実行できず、またそのように整えられない最大の原因の一つは、説教職が万人祭司職（das gemeine Priestertum）の助けなしにはあまりに弱く、一般に彼の牧会に委ねられている多くの人々にエアバウウングに必要なことを実行するには、一人の人間では十分ではないからです。しかし［個々のキリスト者が］祭司としてその務めを行なうならば、説教者は彼らの監督者また長老としてその職務においてまたそれを公的ならびに私的に実行するうえで、立派な助けをえて、彼の負担はあまり重くはならないでしょう[59]。

---

56 GP, S. 626f.
57 PD, S. 8.
58 PD, S. 28.
59 PD, S. 60.

185

第Ⅱ部　ドイツ敬虔主義

　ここで提案されている改革が、彼によって霊的祭司職と呼ばれるものである。
　シュペーナーの霊的祭司職については、本書第6章で考察したが、本章では、彼がその問題を中心的に扱った1677年の『霊的祭司職』によって、エアバウウングとの係わりを中心に述べることとしたい。すべてのキリスト者は霊的祭司（geistlicher Priester）として「神に喜ばれるいけにえを捧げ」（すなわち自らを神に委ね、神を誉め讃え、困窮している人々に物質的財を捧げ[60]）、「自分自身とともに同胞のために神に祈り求め、彼らを祝福し[61]」、「神の言葉が彼らのもとに豊かに宿るように求める[62]」という三つの務めをもつ。これは教会制度、すなわち領邦教会体制を否定する可能性をもつが、シュペーナーは公的と私的を区別することによってそれを回避する。領邦教会の公的礼拝においては正規の手続きを経た領邦教会の聖職者のみが説教しうる。しかし、個々の家において、また信者の相互の交わりにおいては、説教者だけでは不十分であり、エアバウウングの実現のためにお互いが霊的祭司の役割を果たす必要がある、とシュペーナーは考える。「霊的祭司の務めは、いかにして彼らすべてが信仰の基礎を堅固なものとされ、敬虔な生活へとエアバウエンされるかを、ただ神の言葉の中に求めることです[63]。」その際にとりわけ重要なのは、今引用した文章の最後にも触れられているように、霊的祭司の第三の務めである神の言葉の人々への浸透である。シュペーナーは「キリスト者は、それぞれ一人一人自分で、神の言葉と係わらねばなりませんか」と問うて、「いいえ、彼らはお互いのアウフエアバウウングのため、他の人々とともにそれを扱わねばなりません」と答える[64]。具体的には、人々を教え、誤りから連れ戻し、訓戒をなし、罪を犯している者には懲罰を与え、悲しんでいる人々には慰めを与えることが求められる[65]。

---

60 GP, S. 569.
61 GP, S. 590.
62 GP, S. 595.
63 GP, S. 636.
64 GP, S. 621.
65 GP, S. 630.

第7章　シュペーナーのErbauung観

　そして、この霊的祭司職をよく機能させる方法として、敬虔の集い（コレーギア・ピエターティス）をすすめる。

　　　機会のあるごとに自らをエアバウエンすることが正しいのと同じように、何人かの良き友人たちが時々、次のような目的をもって集まることは、不当なことではありません。すなわち彼らは、説教をともにもう一度味わい、聞いたことを思い出し、聖書を読み、読んだことをいかに実行しうるかを、神を畏れつつ話し合うのです[66]。

　このような敬虔の集いを、シュペーナーは『敬虔なる願望』で神学生教育にも有効であるとしてすすめている。この集会では、それを指導する神学者は「神学生たちが彼らのエアバウングに役立つことのみに注意するように、彼らとともに新約聖書を取り扱うようにすべき[67]」である。『敬虔なる願望』出版ののち、このような敬虔の集いと霊的祭司職の実行は、ルター派正統主義から領邦教会体制を脅かすものだとして非難されたので、シュペーナーは『霊的祭司職』においても『敬虔なる願望』と同様、聖職者が指導すべきことを力説し、決して混乱と無秩序が生じる恐れのないことを強調した[68]。

　エアバウングの強調は聖職者の役割やイメージに変化をもたらすこととなる。ルター派領邦教会にあっては、彼らは領邦国家体制の中の官吏の一員であり、その任務の中心は公的礼拝における説教と聖礼典の執行である。彼らはしばしば説教者（Prediger）と呼ばれる。シュペーナー自身も『霊的祭司職』において聖職者を呼ぶとき、もっぱら説教者を用いている。また正統主義では、宗教論争における神学者の役割が高く評価された。しかし、シュペーナーの場合、聖職者は教会改革のために率先して、人々のエアバウング確立につとめる存在である。彼はそれゆえ、自らエアバウエンされている存在として、人々

66　GP, S. 635.
67　PD, S. 77.
68　GP, S. 637-639.

187

第Ⅱ部　ドイツ敬虔主義

の模範者であることが求められる[69]。一般の人々の世界からかけ離れた神学の
中に閉じこもるのではなく、彼自ら、「（1）Erbauungの本質」で述べたよう
な、素朴な（einfältig）存在であることが求められる。そして、霊的祭司の務
めが正しくなされるように指導し、人々を導く牧会者でなければならない。一
方、領邦教会の信者もエアバウウングという聖職者と共通の目標を与えられ
る[70]。彼らはともに、素朴な（einfältig）存在であることが求められる。両者の
間には質的な相違は見られない。ただ、シュペーナーは公的礼拝と私的霊的祭
司職の実践という区別を設けることによって、領邦教会体制を肯定した。

　さて、シュペーナーはエアバウエンを個々人が孤独につとめるものではな
く、人々とともになさるべきことであると考えていたこと、そしてエアバウウ
ングにおける聖職者と霊的祭司の役割を彼がどう考えていたかを検討してき
た。それらを踏まえてこの節の最後に、シュペーナーが教会全体の改革をどの
ようなプロセスを経て実現しようとしていたか、またそれとエアバウウングと
がどのように係わるのかを、考えることにしよう。

　教会改革についてシュペーナーは、「以前には教会の主だった指導者たち
とあらゆる重要なparticular Kirchenの代表者たちがConciliumに集い、共通
の弊害について協議することがもっとも効果のある方法でした[71]」と語る。こ
のparticularが具体的に何を指すか不明だが、個々の領邦教会を指すとすれば
Conciliumは大陸におけるルター派教会全体の会議になるであろうし、領邦教
会内の個々の教会を指すとすれば領邦教会内の教会会議となるであろう。前者
は当然不可能であるし、領邦教会が中心となった教会改革もシュペーナーはと
らない。

　彼は教会全体の改革とエアバウウングとを直接結びつけることもしない。ま
ず少数ではあっても、各地の領邦教会に存在する、エアバウウングを望む人々
に働きかける。そしてとりわけ敬虔の集いの「集まり全体がエアバウエンさ

69　GP, S. 638.
70　GP, S. 639.
71　PD, S. 4.

188

れ[72]」、霊的祭司職が実現されていく中で、「ついには教会が著しく改革・改善される[73]」とシュペーナーは考えるのである[74]。エアバウエンには土台を基礎にして建てあげるという発想がある。エアバウエンは何よりも個々人の出来事であるが、それらは神の言葉と信仰を土台として心において始められ、隣人愛へと建てあげられていく。そしてさらにエアバウエンされていく人々を土台にして、教会全体のベッセルング（Besserung）へと向かうのである。個々人における信仰から敬虔な生活へ、さらに個々人のエアバウウングから教会のベッセルングへ、そこには共通の発想が見られる。

　ところで教会全体の改革について、シュペーナーは興味深いことを述べている。彼によればユダヤ人の改宗が「より良き教会の状態」が実現することのしるしであったが、これら改宗したユダヤ人の実例が人々に良い影響を与えて、「聖なる熱心さをもっていわば競争して、ユダヤ人と異邦人からなる教会全体が一つの信仰とその豊かな果実において神に仕え、お互いにエアバウエンされることを期待[75]」する。最終的には教会改革は終末的現象であると理解されている。

　シュペーナーは少数者のエアバウウングから教会の改革へという方式をとる。これは、教会の改革についてはベッセルングを使い、人々に関してはエアバウウングを使うという区別にもあらわれていることをすでに指摘したが、この節を終えるにあたって、その区別と1545年版ルター訳聖書のドイツ語の用法とを比較しておきたい。シュペーナーのエアバウウング、ベッセルングと関係するギリシア語は、オイコドメオーとその名詞形オイコドメーである。これらのギリシア語は新約聖書で大きく二つの意味で使われている[76]。一つは建物を

---

72 PD, S. 56.

73 PD, S. 60.

74 シュミットは、Erbauungを個人的なものであると言っているが、教会改革との関連を看過している。M. Schmidt, Speners >Pia Desideria<. Versuch einer theologischen Interpretation, in : M. Greschat, hrsg., *op. cit.*, S. 124.

75 PD, S. 45.

76 *Bauer-Aland Griechisch-deutsches Wörterbuch zu den Schriften des Neuen Testaments*, 6. Aufl., Berlin 1988, 1131-1134.

第Ⅱ部　ドイツ敬虔主義

建てるという本来の意味。この場合、ルター訳聖書はほとんどbawen（現代の綴りではbauen）をあてている（たとえば、ルカ福音書6・48[77]、マタイ福音書21・33など）。もう一つは比喩的意味で、個々人の霊的成長とキリストの体なる教会が建てあげられるという二つの側面をもつが、ルターはそれらの二つの側面を区別しないでもっぱらbessernないしその名詞形のbesserungを使っている（たとえば、コリント書第Ⅰ14・12[78]、エペソ書4・29[79]など）。erbawenは、建築と比喩のどちらの意味でも使われているが、1545年のルター訳聖書における用例は、bawenやbessern、besserungと比べるときわめて少ない。建築の意味での例ではルカ7・5[80]に、象徴的意味ではエペソ書4・12[81]に見られる。シュペーナーは、このようなルター訳聖書の用法ではなく、個々人に対してエアバウウングを、教会全体に対してはベッセルングをと使い分けた。この意味するところは、「おわりに」で若干考えてみたい。

■おわりに

　以上の考察から、シュペーナーのエアバウウング観の特徴として、次の点を指摘することができるであろう。第一に、エアバウウングとは、信仰を土台としてその上に敬虔な生活が建てあげられていく、その動的な過程である。第二に、これは単に個人の内面的な出来事としてではなく、信徒の相互の霊的祭司の務めの実行による共同の作業として理解される。聖職者はその際、模範者・指導者としての役割を果たすが、質的差異は強調されなくなる。それゆえ、シュペーナーは領邦教会体制を否定するのではないが、エアバウウングはこれ

77　Er ist gleich einem Menschen, der ein Haus bawete.
78　Also auch jr, sintemal jr euch vleissiger der geistlichen Gaben trachtet darnach, das jr die Gemeinde bessert, auff das jr alles reichlich habt.
79　LAsset kein faul Geschwetz aus ewrem munde gehen, sondern was nützlich zur besserung ist, da es not thut, das es holdselig sey zu hören.
80　Denn er hat vnser Volck lieb, vnd die Schule hat er vns erbawet.
81　das die Heiligen zugerichtet werden zum werck des Ampts, da durch der leib Christi erbawet werde.

を内から掘り崩す要素をもった。第三に、エアバウエンされていくことをシュペーナーは期待する。個々人における信仰から敬虔へ、エアバウエンされていく人々から教会の改革・改善へ、この二つは土台の上に建てあげられていくという共通の発想が見られる。そしてこの両方を生み出すのが神の言葉であるので、シュペーナーによれば、真の土台は神の言葉と素朴な教えである。

　以上の点から、キリスト教が生ける信仰とその果実である敬虔な生活からなるという広義の敬虔主義的要素と教会改革とをシュペーナーにおいて結びつけるものは、そのエアバウウングに見られる発想であったと考えてよいであろう。そして、エアバウウングと教会全体のベッセルングを直接結びつけないシュペーナーにあっては、その教会改革のプログラムの中心として敬虔の集いと霊的祭司職が提案されていることは、きわめて自然であった。両者を結びつけているもう一つの重要な点は、シュペーナーの時代認識である。敬虔の欠如を、単に個人の信仰のレベルの課題としてではなく、当時の教会が取り組み、また改革・改善されねばならない教会全体の課題としてとらえる。そして、教会改革の実現の根拠を最終的に千年王国論的終末論においたのである。

　以上のように、エアバウウングはシュペーナーのキリスト教理解の本質に根差した彼の改革プログラム全体に係わるものであって、単に「宗教的感情をあおりたて信仰の覚醒を促すような説教」ではなかったのである。ただ、後のイメージにつながる要素が全くないとはいえない。その点を最後に指摘しておきたい。

　一つは、ルター訳聖書では個人の信仰形成と教会形成がともにベッセルングやベッセルンで表現されていたが、シュペーナーの場合、個人の信仰形成がエアバウエンへ、教会改革がベッセルンへと分離されるという点である。もう一つの要素は、敬虔の本質が心におかれ、具体的に詳述されないという点である。シュペーナーの場合、これらの要素は彼の時代認識と結びつき、要素自体が一人歩きすることなく、社会的性格を失わなかった。しかし、その後に時代認識が変わり、シュペーナーと同時代であっても時代への取り組みという視点が欠落するとき、この二つの要素は次の事をもたらす可能性がある。すなわ

第Ⅱ部　ドイツ敬虔主義

ち、エアバウエンは教会形成や時代精神への対決という結びつきを失い、単な
る内面性に閉じこもり、一面性に落ち込んでいく可能性をもつのである。18世
紀の過程で、その現象は起こってくるであろう。

　16世紀末に始まる信仰の内面化の傾向は、シュペーナーのエアバウウング理
解によって社会的性格をもつ接点が与えられた。ルター派正統主義とは異質な
終末論や敬虔の集いはエアバウウングとの結びつきの下に、彼の思想の中に中
毒症状を起こすことなく吸収されえた。上述したようにエアバウウングは時代
認識と密接に結びついており、今後はシュペーナーの他の著作においてその関
連を詳細に検討する必要があろう。そのことによって、17世紀末の聖職者身分
を中心とする階層にとって信仰形態と危機意識との係わりがどうであったか
が、浮かびあがってくるであろう。

第8章　ドイツ敬虔主義の「敬虔の集い（コレーギア・ピエターティス）」観
──シュペーナーとJ.J.モーザー

■はじめに

　ピューリタニズムやジャンセニズムと同じような宗教的革新運動としての「狭義の敬虔主義」はPh.J.シュペーナーから始まった。特にシュペーナーを中心とする1675年から90年代頃までの展開を、レーマンにならって本書では初期敬虔主義と呼ぶ。以下の第8章と第9章においては、初期敬虔主義からヴュルテンベルクの敬虔主義への展開を考察する。初期敬虔主義はシュペーナーの「敬虔の集い（コレーギア・ピエターティス）」と終末論を中心とした改革プログラムを核に展開した。ヴュルテンベルクはA.H.フランケを中心とするプロイセンのハレにおける運動やツィンツンドルフのヘルンフート兄弟団と比較して、シュペーナーのこの二つの改革プログラムからの影響を強く受けている。本章では、シュペーナーとヴュルテンベルク出身の国法学者J・J・モーザーJohann Jakob Moser（1701-1785）のそれぞれの敬虔の集い（コレーギア・ピエターティス）「観」の分析と比較を行なう。それぞれの敬虔の集いの「実態」を直接の対象とするには至っていない。

■第1節　初期敬虔主義とシュペーナーの「敬虔の集い」観

　シュペーナーは1666年からフランクフルト・アム・マインでルター派教会の首席説教者に就任した。フランクフルトでは、1670年から彼を中心として市民の一部が集まる「敬虔の集い」（コレーギア・ピエターティスcollegia pietatis）をもっていた。それは当初は「宗教上の書物が読まれ、話し合われる敬虔な

第Ⅱ部　ドイツ敬虔主義

人々からなる集まり[1]」にすぎなかった。しかしその後、この集会の性格が大き
く変えられ、シュペーナーが目ざす教会改革プログラムの中心におかれること
になった。それを表明したのが1675年に出版された『敬虔なる願望』である。
第6章や第7章で述べたように、シュペーナーはこの書で、ルター派教会の悲
惨な状態とその原因を指摘し、その改革のための具体的な六つの提案を行なっ
た。その第一の提案が人々に聖書を深く知らしめることであった。しかし、公
の礼拝説教や個人的に聖書を読んだりするだけでは、その目的に達すること
はできない。そこで、この実現のためにすすめたのが「敬虔の集い」であっ
た。公の礼拝とは別に、「説教者の指導のもとに、教会から、神についてかな
り知っているか、さらによく知ることを望んでいる何人かの者が集まる[2]」こと
をすすめた。この提案で重要な点は、この集まりが新約聖書の「第Ⅰコリント
書」14章［26節以下］に基づいて、今までのような宗教書ではなくて、聖書を
ともに読む集会であるということと、牧師とともに一般信徒も聖書を解釈する
ことが許されたことである。彼ら信徒がその集会によって信仰を養われ、各
自、家庭での礼拝の時にさらにその子どもたちや奉公人を適切に教えることを
期待した[3]。この集会と教会全体との関連について述べておくと、『敬虔なる願
望』の目的から明らかなように、彼の目ざすのは教会全体の改革である[4]。しか
し、その改革を少数の敬虔であろうとする人々から始めようとする。彼らが模
範となって、他の人々に影響が及んでいくことを期待した[5]。このような少数の
人々を養う場、教会全体の改革の核となるのが「敬虔の集い」であった。シュ
ペーナーの理解では、教会改革は牧師だけでは不十分であった。それで第二

1　J. Wallmann, Spener-Studien. Antwort auf Kurt Aland, *Zeitschrift für Theologie und Kirche*, Bd. 77, S. 98.
2　Ph. J. Spener, *Pia Desideria*, hrsg. v. K. Aland, 3. Aufl., 1964, S. 54.（以下PDと略記。）
3　PD, S. 56.
4　シュペーナーは、具体的な提案を述べる前のところで、彼の考えは、「われわれの教会全体が……次の方法で、神の恩寵によって助けられ、それが再び栄光ある状態に回復されることを望むことにある」(PD, S. 53) と語っている。
5　PD, S. 56.

194

第8章　ドイツ敬虔主義の「敬虔の集い（コレーギア・ピエターティス）」観

に、彼は「敬虔の集い」とともに霊的祭司職を提案した[6]。牧師の導きのもとに聖書をともに解釈するという、「敬虔の集い」における信徒の役割は霊的祭司職の一環として行なわれるものであった。

　『敬虔なる願望』は大きな反響を呼び、支持する人も多く出た。急速に各地でそのような集会が形成されていった。しかし、ルター派正統主義からは、次章で述べる終末論に対してとともに、この「敬虔の集い」に対して激しい批判がなされた。すでにシュペーナー以前に、神秘主義的スピリトゥアリスムスに立つクリスチャン・ホーブルクは同じく「第Ⅰコリント書」14章に基づいて、聖職者による説教壇の独占を批判していた。これに対してルター派正統主義は公的礼拝における一般信徒の聖書解釈を禁じた。ルター派正統主義とホーブルクはともに公的礼拝をめぐって対立した。シュペーナーはそのことをよく知っていたので、彼がすすめる「敬虔の集い」はあくまで公的礼拝とは別のものであること、また、「敬虔の集い」はルター派教会から分離するものではなく、従ってルター派正統主義を否定するのではなく、その内にあって改革を目ざすためのものであることを『敬虔なる願望』でも慎重に述べていた。彼は後に、この「敬虔の集い」の性格を、「ecclesiola in ecclesia（[国]教会内の小教会）」と定式化した[7]。しかしルター派正統主義からの批判はやまなかった。さらに、「敬虔の集い」で女性が説教しているとか、子どもがギリシア語やヘブル語を学び、家母たちが集会に出るため家政を怠っている、といった現実とは異なる噂が各地に広まった[8]。

　そこでシュペーナーは、1677年に『霊的祭司職』を出版して、霊的祭司職を包括的に詳述するとともに、それと関連して、公的礼拝と敬虔の集いとの関係を次のように説明した。

6　本書第6章、第7章参照。
7　Johannes Wallmann, *Phillip Jakob Spener*, S. 211. 拙稿「最近の敬虔主義研究—特にシュペーナーをめぐって」『史林』68巻1号、1985年1月、132-133頁。
8　P. Grünberg, *Philipp Jakob Spener*, Bd. 1, Göttingen, 1893, Neudruck *Philipp Jakob Spener Schriften*, Sonderreihe, Bd.1, 1. Teil, S. 175ff.

第Ⅱ部　ドイツ敬虔主義

機会のあるごとに自らの信仰を建てあげることが正しいのと同じように、何人かの良き友人たちが時々、次のような目的を明確にもって集まることは、不当なことではありません。すなわち彼らは説教をともにもう一度味わい、聞いたことを思い出し、聖書を読み、読んだことをいかに実行しうるかを、神を畏れつつ話し合うのです。ただ、分離と受け取られるような、また公の集まりのように見られるような大きな集会であってはいけません。彼らはそのような集まりによって正規の公の礼拝をなおざりにしたり、侮ったりしてはいけません。またその他のことでも自らの分をわきまえ、彼らの上役や両親の意志に逆らって必要な仕事と職業を怠ることをせず、行なったことはすべて進んでつねに説明し、悪いと見られるどのようなことも避けるべきです[9]。(問63)

　このような敬虔の集いは、初期敬虔主義のなかでどのような意義を有するのであろうか。第6章で述べた研究状況を踏まえ、初期敬虔主義におけるシュペーナーの「敬虔の集い」観とその背景を次のように整理できるであろう。第一に、初期敬虔主義は「危機と人々の不安」をその背景にもっている。すでに「敬虔の実践」を強調する17世紀以来の「新しい信仰形態」が、そのような不安に応えようとするものであった。しかし、ドイツでは三十年戦争の後さらに絶望感が深まり、新しい対応が迫られていた。「敬虔の実践」を基礎にすえつつ、それを果たしたのが初期敬虔主義であった。そして、初期敬虔主義が新たに付け加えたもの、それが「敬虔の集い」と終末論であった。これによって敬虔主義は社会的運動となりえた。第二に、初期敬虔主義は国教会内部から生じた宗教的革新運動であった。それは何よりもルター派教会の改革を目ざすものであった。その際、ルター派正統主義のように大多数の不敬虔な者を改善することによって教会改革をはかるのではなく、少数の敬虔であろうとする人々を敬虔の集いに集め、彼らを核とすることによって教会の改革を目ざす。敬虔の

───────────────

9　GP, S. 635.

第8章　ドイツ敬虔主義の「敬虔の集い（コレーギア・ピエターティス）」観

集いはまず、世俗権力ではなくて国教会と直接的な係わりをもった。第三に、運動が進むなかで国教会から分離する集会も発生するが、シュペーナー的な初期敬虔主義は国教会内部にとどまる。これは敬虔の集いを「［国］教会内の小教会」と定式化している点によくあらわれている。第四に、しかし、初期敬虔主義は敬虔の集いと終末論によりルター派正統主義と緊張関係に立つことになる。正統主義は一般信徒が聖書を解釈することを厳しく禁じたが、敬虔主義は公の礼拝とは別の敬虔の集いにおいてそれを実践しようとした。正統主義は千年王国論を否定したが、敬虔主義は「この地上における教会のより良き状態」が実現するというかたちで千年王国論的要素を持ち込んだ。第五に、シュペーナーは敬虔の集いを主張する根拠として聖書をあげている。

　では世俗権力との関係はどのようなものであろうか。H.レーマンは宗教的革新運動は反絶対主義であった、と主張する。国教会が絶対主義体制に組み込まれていくなかで、そのような国教会に対して、国教会内部から反対運動が生じてくる。それが宗教的革新運動であった。一般に宗教的革新運動は、宮廷におけるバロック文化への倫理的反発と絶対主義の教会政策への反対から、次第に絶対主義に反対の立場をとると考える。宗教的革新運動の担い手は、まず「倫理的に鋭く、同時代の出来事に対して敏感で、教会史に精通した神学者たち」であり、これに絶対主義的制度によって不利益を被った様々な階層、すなわち、宮廷社会に属さない下級聖職者、商人、手工業者が呼応していった、とされる[10]。宗教的革新運動は反絶対主義的であったとする見解は、ピューリタニズムやジャンセニズムはひとまずおくとして、敬虔主義の場合には、そのまま妥当するのではない。レーマンはヴュルテンベルク領邦をモデルに考えており、彼の図式はそこにおいてはあてはまるとしても、プロイセンでは敬虔主義は絶対主義と結びついたのであった[11]。M.フルブルクM. Fullbrookの指摘するよ

10　H. Lehmann, *Das Zeitalter des Absolutismus*, S. 98f.
11　プロイセンの敬虔主義については次のものを参照。Carl Hinrichs, *Preußentum und Pietismus*, 1971; Klaus Deppermann, *Der hallesche Pietismus und der preußische Staat unter Friedrich III.（I.）*, 1961.

197

第Ⅱ部　ドイツ敬虔主義

うに、敬虔主義はまず領邦教会内の宗教的革新運動として生じてきたものなの
で、領邦教会の勢力の強さ、それと国王・宮廷との関係また領邦身分との関係
などを詳しく検討し、その中で敬虔主義を位置づける必要がある[12]。ただヴュ
ルテンベルクの例[13]が示すごとく、状況によっては敬虔主義は反絶対主義的に
なる可能性をもっていた。

　初期敬虔主義また「敬虔の集い」観はその後どのように変化していくのであ
ろうか。その一端をJ・J・モーザーによって検討しようとするのであるが、そ
の前に、ルター派領邦教会制の諸理論、特にコレギアリスムス（教会団体論）
の特徴を検討しておきたい。後に示すように、「敬虔の集い」観の変化が意味
するものを歴史的に認識するためには、その知識は不可欠である。

■第2節　領邦教会制の諸理論

　1555年のアウクスブルク宗教和議[14]以後、ルター派では領邦教会制をどのよ
うに理論化したのであろうか。一般に、それは三つの段階に分けて説明され
る。すなわち、領邦君主司教論（エピスコパリスムスEpiskopalismus）、領邦
主権論（テリトリアリスムスTerritorialismus）、教会団体論（コレギアリスム
スKollegialismus）である。筆者の知る限り、これらの理論に関する邦語文献
はない。以下、M・ヘッケルとK.シュライヒの研究[15]に基づいて、それらの理
論の特徴をまとめておこう。

12　Mary Fullbrook, *Piety and Politics. Religion and the Rise of Absolutismus in England,
　　Württemberg and Prussia*, 1893.
13　ヴュルテンベルクの敬虔主義については、次のものを参照。H. Lehmann, *Pietismus
　　und weltliche Ordnung in Württemberg vom 17. zum 20. Jahrhundert*, 1969（以下、H.
　　Lehmann, *Württemberg*と略記する。）
14　アウクスブルク宗教和議の翻訳については、次を参照。永田諒一「アウクスブルクの宗教
　　平和」『岡山大学教養部紀要』第22号（1986年2月）。
15　Martin Heckel, *Staat und Kirche nach den Lehren der evangelischen Juristen Deutschlands
　　in der ersten Hälfte des 17. Jahrhunderts, Jus Ecclesiasticum* Bd. 6, 1968 ; Klaus Schlaich,
　　Kollegialtheorie Kirche, Recht und Staat in der Aufklärung, Jus Ecclesiasticum Bd. 8,
　　1969.

第8章　ドイツ敬虔主義の「敬虔の集い（コレーギア・ピエターティス）」観

　まず領邦君主司教論（エピスコパリスムス）であるが、この理論の代表的人物にはJ・シュテファニーJoachim Stephani（1544-1623）やM・シュテファニーMatthias Stephani（1576-1646）がいる。この理論の基礎となるのは次の二つである。第一に帝国法、具体的には1555年のアウクスブルク宗教和議である。「領邦主権ではなくて、帝国法が領邦における教会権力の基礎である[16]。」第二に教会法、具体的には司教権（iura episcopalia）である。これが「福音派の教会統治の内容を規定する[17]。」この二つが結びついて領邦君主司教論（エピスコパリスムス）が形づくられる。すなわち、アウクスブルク宗教和議によって福音派内では、教会裁治権（iurisdictio ecclesiastica）が停止され、その結果、領邦内における司教権はカトリック司教から領邦君主に譲渡された、と考える[18]。この理論によれば、領邦君主は、領邦君主としてのpersonaと司教としてのpersonaという二重のpersonaをもつ。両者は明確に区別される。教会権力は領邦主権の一部ではなく、教会裁治権と世俗上の裁治権は明確に区別された[19]。領邦君主司教論は帝国法と教会法により、領邦君主の教会権力を一定程度制限しようとするものであった。

　次に現われるのが領邦主権論（テリトリアリスムス）である。その本質は教会を領邦主権に基づいて、国家権力の一部として統治することにある。領邦君主司教論（エピスコパリスムス）における二重のpersonaは否定される[20]。「国家権力はもはや神学的には基礎づけられず、社会契約と支配服従契約から合法化される。真の宗教の保持（custodia utriusque tabulae）という国家の宗教的目的は、外的秩序、安全、福祉、寛容の保持という世俗的規定にとって代わられる[21]。」制度的教会は神的起源をもたず、人間的な「一団体（collegium）」にすぎない。領邦主権論（テリトリアリスムス）の場合には、「教会は一団体に

16　M. Heckel, *op. cit.*, S. 237.
17　*Ibid.*, S. 237.
18　*Ibid.*, S. 80.
19　*Ibid.*, S. 101-107, 237.
20　*Ibid.*, S. 110.
21　*Ibid.*, S. 243.

第II部　ドイツ敬虔主義

すぎない」という見解は、あらゆる教会統治を国家権力の一部としてその主権者である領邦君主に委ねさせることになった[22]。この理論によって、領邦君主は自己と教派の違う領邦教会に対する支配を合法化することができた。その代表者にはトマジウスChristian Thomasius（1655-1728）がいる。

　なお、領邦主権論は一般的に17世紀中頃以降、領邦君主司教論にとって代わるとされるが、ヘッケルは17世紀前半すでに初期領邦主権論（テリトリアリスムス）と呼べるものが存在した、と考える。これも教会権力を国家権力の一部とみなそうとする。しかし、のちの合理的領邦主権論（テリトリアリスムス）とは異なって、世界観的基礎をもたず、歴史的・実証主義的に自らの主張を根拠づけようとする。初期領邦主権論が利用した歴史的遺産として、ヘッケルはビザンティンの教会法、中世の教皇と皇帝の争いの時代における皇帝側文書（特にパドヴァのマルシリウスMarsilio da Padova）、フランスとスペインの国教会、主権論等をあげている[23]。

　領邦主権論に続いて現われるのが教会団体論（コレギアリスムス）である。シュライヒはこれを初期教会団体論と教会団体論に区分する。前者は主に神学者によって担われた。その代表者にはプァフChristoph Matthäus Pfaff（1686-1760）やモスハイムJohann Lorenz von Mosheim（1694-1755）がいた。

　初期教会団体論（コレギアリスムス）によれば、制度的教会は二つの側面をもつ。第一に団体（societas）としての教会。教会をあらわすのに、societas、collegium、coetus、universitasという言葉が使われた。そして、それに対応するドイツ語としてはGesellschaftが使われた[24]。「この世における教会は自由で平等な団体（Gesellschaft）である。その団体に、人々は自由な決定から、キリストの指示に従い、また一定の合意された教義と規定に従って神を共同して崇めるために集まる[25]。」第二に、それと同時に神によって建てられた施設で

22　K. Schlaich, *op. cit.*, S. 123 ; John Stroup, *op. cit.*, pp.47f.
23　M. Heckel, *op. cit.*, S. 109-122.
24　K. Schlaich, *op. cit.*, S. 49-51.
25　*Ibid.*, S. 14.

第8章　ドイツ敬虔主義の「敬虔の集い（コレーギア・ピエターティス）」観

もある[26]。初期教会団体論の重要な特徴はこの二つの教会理解から、国家権力から独立した固有の教会権力を導き出したことにある。すなわち、団体としての教会理解から、国家の目的を害さない限り「他の団体（Gesellschaft）と同様、教会に係わる事柄を処理する権利は教会に属する[27]」と考えられた。また、教会は神によって建てられたものでもあるので、いくつかの教会権力は神に由来する[28]。こうして、教会権力は国家権力から区別される。初期教会団体論は領邦主権論（テリトリアリスムス）とは反対に「教会に固有の、国家から原則的に独立した教会権力を主張」した[29]。この教会権力（iura circa sacra collegialia[30]）は大きく三つに区分される。第一に、礼拝を整える権利（ius liturgicum）。礼拝場所・時間の規定などがこれにあたる。第二に、礼拝になくてはならないものの制定。聖職者の任命、教会規定・信条の作成、教会財産の調達・管理などがこれに含まれる。第三に礼拝を妨げるものの除去。聖職者の解任、宗教上の争いの判定、誤った教義や習慣などの改革（ius reformandi abusus）、教会会議の開催などがこれに属する[31]。

　次に、初期教会団体論における教会と国家の関係を整理しておこう。第一に、臣民は国家を害さない限り団体（Gesellschaft）を建てる自由をもつが、教会もこの団体の一つと考えられた。しかし、教会の場合には神によって建てられたものでもあるので、国家がそれを禁ずることは神の法に反する[32]。第二に、すでに述べたように、教会団体論は領邦主権論とは反対に「教会に固有の、国家から原則的に独立した教会権力を主張する[33]。」第三に、しかしこの教会権力の行使、すなわち教会統治は領邦君主に委任される。ここで、教会団

26　*Ibid.*, S. 192.
27　*Ibid.*, S. 227.
28　*Ibid.*, S. 228.
29　*Ibid.*, S. 231.
30　その他、potestas ecclesiastica、ius ecclesiaeといった言葉が使われた。それに対して、国家が教会に対してもつ権限は、iura circa sacra maiestaticaと呼ばれる。*Ibid.*, S. 226.
31　*Ibid.*, S. 227.
32　*Ibid.*, S. 84, 192.
33　*Ibid.*, S. 231.

201

第Ⅱ部　ドイツ敬虔主義

体論はその主張を貫徹せず、領邦君主による教会統治を合法化する[34]。教会団体論がその理論にもかかわらず、実際上は影響力をもたなかった、と評価されるのもこのためである。

　領邦君主の教会に対する権限は二つに分かれる。①教会からの委任に基づく教会統治。委任に基づくゆえ、国家主権の一部としてこれを行なうのではない[35]。また、領邦君主に委任されるのはpossessioではなくadministratioだけである。possessioは教会自身がもつ[36]。さらに、委任されるのはその教会構成員のみである。従って、たとえばカトリックの領邦君主はルター派教会の統治を委任されない[37]。②教会監督権（iura circa sacra maiestatica）。これは国家権力がその主権の一部としてもっているものである。この教会監督権は、国家が一般的に個々の団体に対してもっている監督権（ius inspectionis generalis maiestaticum）の一部をなす[38]。具体的には団体としての教会を許可する権利と義務をもつ。また、教会で国家を騒がすことが起こらないように監視し、もしそのようなことが起こる場合には、それを禁じたり廃止したりする権利と義務をもつ[39]。しかし、教会は神によって建てられたものでもあるので、そのものを禁じることはできない[40]。

　ここで領邦主権論（テリトリアリスムス）と初期教会団体論（コレギアリスムス）とを若干比較しておこう。両者ともに教会を団体として理解するが、その内容は異なる。領邦主権論の場合、教会は単に団体であるにすぎない。そして、そこから教会統治が国家権力の一部にすぎないことを導き出そうとする。それに対して、初期教会団体論の場合、団体概念から教会固有の権力を導き出す。さらに教会は団体であると同時に神的なものであった。次に教会統治につ

34　*Ibid.*, S. 235-246.
35　*Ibid.*, S. 259.
36　*Ibid.*, S. 265.
37　*Ibid.*, S. 273f.
38　*Ibid.*, S. 248f.
39　*Ibid.*, S. 253.
40　*Ibid.*, S. 191f., 255.

いてみてみると、領邦主権論はこれを国家主権の一部と考える。初期教会団体論の場合には、領邦君主は教会固有の権力を委任されて教会統治を行なうにすぎない。それゆえ、それは主権の一部ではない。教会監督権のみが主権の一部を構成する。また、領邦君主と領邦教会の教派が異なるとき、領邦主権論ではその場合も領邦主権は教会統治を行ないうる。初期教会団体論ではもちろん否定される。

　教会団体論は後に、法学者たちによって主張された場合、「平等な団体（societas aequalis）」としての教会の側面のみが考えられ、神的側面は欠落していった。シュライヒはこの形態を急進的教会団体論と呼んでいる。その代表者にG・L・ベーマーGeorg Ludwig Böhmer（1715?-1797）がいる[41]。

■第3節　モーザーの「敬虔の集い」観

　次にJ.J.モーザーJohann Jakob Moser[42]（1701-85）の「敬虔の集い」（コレーギア・ピエターティス）観を取り上げよう。彼は1701年1月にシュトゥットガルトで生まれた。わずか19才でテュービンゲン大学の法律の員外教授となって以来、多方面で活躍した。19世紀において、彼は広く人々に知られた人物であった。とりわけヴュルテンベルクのラントシャフトの法律顧問（Konsulent）の地位にあって、領邦君主の絶対主義政策に反対した人物として有名であった。1756年に七年戦争が勃発したとき、領邦君主カール・オイゲンKarl Eugen（1728-1793）が従来のラントシュテンデの特権を無視して重税を課そうとしたが、彼はこれに反対してその特権を擁護した。このため、モーザーは1759年から実に64年までホーエントヴィールに幽閉された。しかし20世紀に入ると、彼はむしろ忘れ去られていく。約500冊にも及ぶといわれる著作活動の

41　*Ibid.*, S. 303.
42　モーザーと敬虔主義の関係については、Reinhard Rürup, *Johann Jacob Moser. Pietismus und Reform*, 1965に詳しい。その他、次のものを参照。Erwin Schömbs, *Das Staatsrecht Johann Jakob Mosers (1701-1785)*, 1968；Mack Walker, *Johann Jakob Moser and the Holy Roman Empire of the German Nation*, 1981.

第Ⅱ部　ドイツ敬虔主義

中心をなす彼の法学が正しく評価されるようになったのは、ここ30年あまりのことである。彼の法学研究は国際法、帝国法、諸領邦法に及んでいるが、その中心をなしたのは、党派性を排して学問的であるとともに、単なる思弁ではない実践に役立つ法学を建設することにあった。そのため、当時のヴォルフ的自然法論を排して、歴史的方法を導入した[43]。彼のこのような学問の背後には、ウィーンをはじめとするいくつかの宮廷での活動があった。

　これら多方面に及ぶ彼の活躍を根底において支えていたものが、リュルプによれば敬虔主義であった。しかし、彼は早くから敬虔主義に帰依していたのではなかった。大学時代は伝統的なキリスト教に疑問を抱き、理神論に惹かれていったが、それによっては宗教的不安は解消せず、そのようななかでシュペーナーの書物にめぐり合う。そして、1728年に回心、モーザー自身の言葉によれば「心の内的で強い振動、動揺、覚醒」を経験する。しかし、これは彼の宗教生活の始まりを意味し、いわゆる「再生」を経るのはリュルプによれば1738年のことであった。1736年から39年まで彼はフランクフルト・アン・デア・オーデル大学に勤めており、そこで敬虔主義者たちのグループと接触したことが大きく作用した。彼はフランクフルトの自宅でいわゆる「敬虔の集い」を開いている[44]。しかし、敬虔の集いを開くのはこれが最初ではなく、すでに1733年頃にはテュービンゲンの自宅で行なっていた。それは最初、妻と日曜日に讃美歌をともに歌うものであったが、徐々に人数が増えていった。その形式は次のようなものであった。讃美がなされた後、新約聖書から何節かが読まれる。そして、それについて幾人かが自分の考えを述べたり質問したりする。最後は祈祷で閉じられた。この集会にはテュービンゲン大学の神学生や、他郷の者、旅行者も参加した[45]。

　彼の「敬虔の集い」観は『神の子どもたちの私的集会についての法的考察[46]』

43　R. Rürup, *op. cit.*, S. 97-119.
44　*Ibid.*, S. 32-37.
45　Friedrich Fritz, Konventikel in Württemberg von der Reformation bis zum Edikt von 1743, *Blätter für württembergische Kirchengeschichte*, Bd. 53, 1953, S. 99f.
46　Johann Jacob Moser, *Rechtliche Bedencken von privat-Versammlung der Kinder Gottes*, 1734.

第 8 章　ドイツ敬虔主義の「敬虔の集い（コレーギア・ピエターティス）」観

（1734年）にもっともよくあらわれている。当時帝国都市ロイトリンゲンでは、敬虔主義者の集会をめぐって争いが生じていた。この書物は市当局の求めに応じて作成された意見書である[47]。後にヴュルテンベルクで私的集会（ヴュルテンベルクでは一般にコレーギア・ピエターティスの代わりに私的集会privat-Versammlungという言葉が使われた）を公に認める法令が発布される（1743年）が、その際の重要な参考資料となったものである[48]。この書物の名前はよくあげられるが、詳しい分析となると、ドイツでもなされていない。そこで、その内容を、私的集会の基本的性格、それを許可すべき理由、私的集会自体がもつ権限、世俗権力と私的集会との関係の諸点について検討してみよう。

　モーザーは私的集会（＝敬虔の集い）を「他の時にはともに過ごさない人々が神的な事柄についてともに語るために、あるいは祈祷や讃美によって信仰を高めるために、自発的に集まる集会[49]」と定義する。公の礼拝の最中に行なわれる集会と人々に国教会からの分離の機会を与える集会を、この私的集会から除外する[50]。そして、ユスティニアヌス法で述べられた異端を私的集会にあてはめることを拒否して、世俗権力はこのような私的集会を認めねばならないと考える。「神の法、人間の法、自然の法によれば、すべての人間は、［私的］集会に対して有効な非難が取り立ててなされないとき、彼らが好むとき、また好むごとに、ともに集まる生得的な自由（ihre angebohren Freiheit）をもつ[51]。」ここで「神の法、人間の法、自然の法」と記されているが、私的集会が許可される根拠としてモーザーの場合、聖書はもはや重要性をもたない。人によって聖書の解釈が異なるからである。この書物において彼は一貫して、世俗の法の一般的原則に立って論を進める。すなわち、世俗的な目的の場合、あらゆる種類、身分の人々が随意に、一定の場所、一定の日に、集会をもつことを世俗権力は禁じることができない。たとえば、学者や手工業者、商人たちが自分に関

47　H. Lehmann, *Württemberg*, S. 90.
48　*Ibid.*, S. 89.
49　J. J. Moser, *op. cit.*, S. 2.
50　*Ibid.*, S. 57f., 60.
51　*Ibid.*, S. 58.

第Ⅱ部　ドイツ敬虔主義

係することのために集まっている。それと同じように真のキリスト者が魂の養いのために集まる集会も禁ぜられるべきではない、と主張するのである[52]。

　このような観点から、私的集会の基本的性格について次のように言うことができるであろう。国教会から分離する行為を厳しく戒めて、そのような集会を私的集会から除外していることから、彼はシュペーナー以来の「[国]教会内における小教会」という理解を一応継承している。しかし、シュペーナーの場合、あくまでそのような小グループの活動を通じて教会全体の改革をはかることが目的であったが、モーザーにはそのような視点はない。むしろ、定義からも読み取れるように、個々人一人一人の信仰を高めることに主眼がおかれている。そして、集会自体の性格も「[国]教会内における小教会」よりもむしろ「国家内の一団体」としてとらえられている。ツンフトのような世俗的な団体や集まりと同じようなものとして私的集会を考える。異なるのはその目的だけである。それゆえ、他の世俗的な集まりに対してと同じ理由から、世俗権力は私的集会を認めねばならない。私的集会は国教会の監督の下にあるというより、世俗権力の監督の下にあるものとして考えられている。

　ここで監督という言葉を使ったが、この点を明確にする必要がある。そのために、まず私的集会自体がもつ権限について検討しよう。モーザーは次のようなものを挙げている。①礼拝場所・時間の決定[53]。ただし、前に述べたように公の礼拝が行なわれている時間は私的集会をもてない。また、夜行なわれる集会に関しては、それ自体で禁止されるべきではないが、避ける方が望ましいとしている。②構成メンバーの決定[54]。聖職者を含めるか否かを決定することができる。聖職者が私的集会を導くことが必ずしも必要ではない。③集会の形式の決定[55]。これには、祈祷の仕方、讃美の有無、公の礼拝説教の反芻、聖書解釈、その他の霊的書物を読むこと、良心の問題の相談等が含まれる。モーザー

---

52 *Ibid.*, S. 11ff., 48, 53.
53 *Ibid.*, S. 58-65.
54 *Ibid.*, S. 46-55.
55 祈祷（*ibid.*, S. 67.）讃美（*ibid.*, S. 66f.）礼拝説教の反芻（*ibid.*, S. 68f.）聖書解釈（*ibid.*, S. 69-73.）霊的書物を読むこと（*ibid.*, S. 73f.）良心の問題の相談（*ibid.*, S. 73.）

第8章　ドイツ敬虔主義の「敬虔の集い（コレーギア・ピエターティス）」観

もシュペーナーと同様、聖職者以外の者もこの集会で聖書を解釈することが許されていると考える。④集会の逸脱行為の匡正[56]。分離主義者がやって来て集会を混乱させるとき、まず集会自身がそれを鎮めるようにつとめる。しかし、それが適切に行なわれなかった場合、世俗権力がしかるべき措置をとることになる。⑤世俗権力によって私的集会に関して定められた規定に対する抗議[57]。このような規定に「良き良心をもって従う」ことができないと判断した場合に抗議しうる。しかし、それにもかかわらずなお世俗権力が従来通りの規定を守ろうとするならば、その時は、臣民はそれに従うか、他の土地に移るしかない。

　では、これらの権限は何に基づいて私的集会に与えられているのであろうか。聖書の引用がなされる場合もあるが、モーザーは基本的に、他の世俗の団体が自らに係わる事柄を扱うことができるように、私的集会もその目的に係わる事柄を独自に扱うことができると考えている。たとえば、もっとも深くキリスト教の内容と係わる、集会内での一般信徒の聖書解釈と良心の問題の相談が、「人間の法と自然の法」によって私的集会に許されていると主張した[58]。

　次に世俗権力と私的集会との関係であるが、世俗権力は私的集会に対して次の三つの権限をもつ。①私的集会の監督（Obsicht）。「世俗権力はそのような集会で、キリスト教や教会制度、あるいは共同体が危難を被らないように、予防しなければならない[59]。」そのために、世俗権力がある集会に対して根拠のある疑いをもった場合、「世俗権力は一人ないしは何人かの人間を一度あるいは何回か、あるいはたえず、その集会に送り込むことを望むことができる[60]。」一方、「臣民は、世俗権力に対し、このような集会に関する尋問に際して、いつでも申し開きをしなければならない。」また、世俗権力が集会に送り込む人物を受け入れる義務がある[61]。②分離行為をするものを罰する。しかし、これ

---

56 *Ibid.*, S. 56.
57 *Ibid.*, S. 9.
58 *Ibid.*, S. 71, 73.
59 *Ibid.*, S. 74.
60 *Ibid.*, S. 53.
61 *Ibid.*, S. 74.

207

第Ⅱ部　ドイツ敬虔主義

は集会自身の処置が先行する。これがなされない場合に、世俗権力は処罰権を行使する[62]。しかし、これは非常に慎重な態度で臨まなければならない[63]、とされる。③集会を禁止する。ある集会が今まで外的教会にとどまっていた人々にそこから分離するような機会を与える場合、その集会を禁止することができる[64]。これらの事柄以外には、世俗権力は先ほど述べた私的集会の独自の権限を認めねばならない。それは、国家内の他の団体・集まりに対してなされるのと同様である。

　以上述べてきたように、モーザーは私的集会を「国教会内の小教会」としてよりも、むしろ「国家内の一団体」として理解する。これがシュペーナーともっとも異なる点である。そして、このような集会観は、前の節で扱った領邦教会制理論のなかの教会団体論（コレギアリスムス）と相通じるものをもっている。もちろん、教会団体論は確固とした法的制度的組織体を扱う理論であり、私的集会はそのような組織体ではない。それゆえ、単純な同一化はなさるべきではない。しかし、それにもかかわらず両者は似たような傾向をもっていると言わなければならない。第一に、両者とも教会、私的集会それぞれを、共通の目的のために集まる自由で平等な団体として把握する。そして第二に、両者ともそこから世俗権力から独立した独自の権限を導き出した。他の団体と同様に教会と私的集会それぞれは、その目的に係わる事柄を独自に扱うことができると考えられた。第三に、この独自の権限自体が非常に似通ったものである。私的集会の権限は、①礼拝場所・時間の決定、②構成メンバーの決定、③集会の形式の決定、④集会の逸脱行為の匡正、⑤抗議権であったが、①は初期教会団体論の礼拝を整える権利に、②と③は礼拝になくてはならないものの制定に、④は礼拝を妨げるものの除去に、ほぼ当たるであろう。もちろん、これらは厳密に対応するものではないことは言うまでもない。両者の間には違いも存在する。

―――――――――――――――――――

62　*Ibid.*, S. 56.
63　*Ibid.*, S. 76ff.
64　*Ibid.*, S. 57f.

第8章　ドイツ敬虔主義の「敬虔の集い（コレーギア・ピエターティス）」観

　もっとも注目すべきは、教会団体論の場合には、教会は独自の教会権力を
もったが、その権力の行使、すなわち教会統治は領邦君主に委任され、実際上
は領邦君主による教会統治を合法化することになった。一方、私的集会の場
合、その権限は集会自体がもち続けたことである。

　ここで当然、影響をめぐる両者の相互関係が問題となろう。特にモーザーが
『神の子どもたちの私的集会についての法的考察』で述べた私的集会観が、初
期教会団体論から影響を受けているか否かは、興味深い事柄である[65]。しかし、
その問題は今後の課題として、今はただ両者が似通った傾向をもっていたこと
と、次の点を指摘するだけにとどめておこう。すなわち、初期教会団体論は教
会独自の権限を導き出しつつ、最終的にはそれを領邦君主に委任して、その理
論を貫徹せずに終わった。まさにこの点を、モーザーが考える私的集会は、領
邦教会と比べて非常に小さな私的集会というレベルで実践していく可能性を
もっていたのである。

　本章では、今まで、シュペーナーからモーザーへの「敬虔の集い」観の変化を
「国教会内の小教会」から「国家内の一団体」への変化として跡づけてきた。では
この変化はいったい何を意味するのであろうか。最後にこの問題を若干考えたい。

65　特に問題となるのは、教会団体論の代表的な人物であるプファフとモーザーとの関係であ
る。プファフは1717年にテュービンゲン大学の神学部教授となり、1720年から56年まで学長
を務めた。モーザーがテュービンゲン大学で学んだのは17年から20年にかけてである。両
者は1720年以後、思想的にではなく、個人的な理由から仲違いする。（E. Schömbs, *op. cit.*,
S.79-84.）シェームブスの研究によれば、学生時代モーザーがもっとも強い影響を受けた
のはプファフであった。プファフはユークリッド幾何学にならって演繹的方法をとるクリスチャ
ン・ヴォルフの道徳哲学をスコラ哲学の新しい形態であるとして非難した。ヴォルフ的自
然法は経験的知識と歴史を無視するゆえ、拒否されるべきものと考えた。プファフのこのよ
うな立場は、クリスチャン・トマジウスの「経験的」自然法からきているという。そして、
モーザーの実用的国法の根はトマジウスの哲学的経験論にあるとシェームブスは主張する。
（E. Schömbs, *op. cit.*, S.75-79.）しかし、教会法をめぐる両者の関係についてはシェームブ
スは何も触れていない。なお、プファフ1734年に帝国都市ロイトリンゲンのために私的集会
について意見を述べているという。これはモーザーによって、1735年、"Altes und Neues
aus dem Reich Gottes"のなかで公表された。（A. Ritschl, *Geschichte des Pietismus*, Bd. 3,
1886, S. 13.）

第Ⅱ部　ドイツ敬虔主義

■おわりに

　すでに指摘したように、シュペーナーを中心とする初期敬虔主義の歴史的背景には17世紀以来の危機とそれに対する人々の不安の高まりがあった。敬虔の集いや千年王国論的終末論はそれに対する対応のあらわれであった。シュペーナーは敬虔の集いに集まる人々に、そのような危機と強い不安の意識を背景にして、教会改革を訴えた。この熱情は、プロイセンのハレの運動におけるように絶対主義と結びつくにしろ、あるいは1720年頃までのヴュルテンベルク領邦の敬虔主義に見られるように反絶対主義的になるにしろ、政治的エネルギーをもちえた。

　モーザーの場合、私的集会は教会改革を目ざすとは言い難く、教会全体との関連は見失われてしまっている。その集会の目的は全体から切り離された個々人の信仰を高めることにある。彼が私的集会を「国家内の一団体」として把握し、他の世俗的団体と同じような権利をそれに与えようとするのも、そのような私的な個人の営みを守るためであった。彼が国教会からの分離を厳しく戒め、「国教会内の小教会」というシュペーナー的「敬虔の集い」観の一部を残しているのも、「国家内の一団体」としての性格をもつために当時としては最低不可欠なことであった、とも言えるであろう。国教会から分離した場合、国家からも逸脱することになり、そもそも「国家内の一団体」としての性格を失ってしまうからである。『神の子どもたちの私的集会についての法的考察』の中に、「教会は管区内の指定製粉所Bannmühlenのようなものではなく」、ある場所に教会がいくつもある場合、人は特定の教会に行くように強制されるのではなく、「自分がもっともよく信仰を養われるところへ行くことができる」、と述べられている箇所がある[66]。これなどは、モーザーが領邦教会制を必ずしも絶対的だと考えていなかったことを示すものだと言えよう。

66　J.J. Moser, *op. cit.*, S. 28.

210

第8章　ドイツ敬虔主義の「敬虔の集い（コレーギア・ピエターティス）」観

　このようなモーザーの「敬虔の集い」観の背景は、シュペーナーの時とかなり異なってきていると言わねばならない。絶対主義を経て近代国家形成がなされていくなかで、公私の分離も進んでいく。その過程に教会も巻き込まれ再編成されていかざるをえない。モーザーの私的集会観は、教会の比較的民衆と直に触れる部分における一つの動きを示すものである。彼はもはや教会改革を訴えることはせず、私的集会を「国家内の一団体」として規定することにより、世俗権力からの一定程度の独立を確保して、その目的である個々人の信仰を高めることを有効ならしめようとしたのであった。また、教会団体論（コレギアリスムス）とモーザーの私的集会観の背景に当時の一般的なGesellschaft観の変化が存在するであろう。ドイツでは、啓蒙主義によって強く刻印されたアカデミーや、特に愛国協会、読書協会などの数が著しく増加するのも、ちょうど1730年代頃からである[67]。

　近代国家の形成、また身分制社会の変容と敬虔主義がいかなる係わりをもつか。これを考えるためには、もはやモーザーの「敬虔の集い」観を検討するだけでなく、それが実際に領邦国家の展開のなかでいかなる形態を取っていくのか、また初期敬虔主義がもっていた政治的エネルギーはどうなっていくのかを検討する必要があろう。そしてそれらの舞台としてヴュルテンベルク領邦を選ぶのがもっとも適当であろう。モーザー自身が深くヴュルテンベルクと係わっていた人物であるとともに、その集会観はヴュルテンベルク領邦の政策決定者によって、ある程度受容されていくからである。

---

67 Richard van Dülmen, *Die Gesellschaft der Aufklärer. Zur bürgerlichen Emanzipation und aufklärerischen Kultur in Deutschland*, 1986, S. 16のグラフ参照。

第Ⅱ部　ドイツ敬虔主義

第9章　17世紀末ヴュルテンベルクの終末論

■はじめに

　本章の目的はドイツ敬虔主義の創始者シュペーナーの終末論が、17世紀に領邦国家ヴュルテンベルクにおいて、どのような役割を果たしたかを考察することにある。ヴュルテンベルクでは、1660年代から80年代にかけて、千年王国論的終末論が見られた。そのような中で、シュペーナー的終末論がどのような機能を果たしたかを、1694年の勅令頃までを対象に考えてみたい。この勅令によって、ヴュルテンベルクで終末論がどのような形態を取りうるかが、ほぼ決定されたと言ってよいからである。

■第1節　シュペーナーの終末論

　シュペーナーの終末論[1]はいかなるものであったか。その意義を理解するためには、17世紀にドイツ・ルター派内で千年王国論がどのように扱われたかを検討しておく必要がある。

　宗教改革時代、いわゆる急進的宗教改革のグループに入れられる人々の中には千年王国論的傾向を有するものがいた。ルターやメランヒトン等、宗教改革の主流派は彼らの考えを厳しく否定した。それは、以後ルター派の信仰告白の

1　シュペーナーの終末論については次を参照。Johannes Wallmann, Pietismus und Chiliasmus, *Zeitschrift für Theologie und Kirche*, Bd. 78, 1981; Ders., *Philipp Jakob Spener und die Anfänge des Pietismus*, 2. Aufl., Tübingen 1986, S. 324-354 ; Gerhard Maier, *Die Johannesoffenbarung und die Kirche*, Tübingen 1981, S. 353-366 ; Friedrich Groth, *Die "Wiederbringung aller Dinge" im württembergischen Pietismus*, Göttingen 1984, S. 35-51.

212

基本文書となる『アウクスブルク信仰告白』（1530年）にも反映している。その第17条には、「同様に、ここにおいて、現在もなお現われている、多少のユダヤ教的な教えをも斥ける。それは、死者の復活に先立って、聖徒たち、信仰者たちだけが、この世の国を建て、神を認めない者たちはすべて抹殺されるであろうという教えである[2]」とある。これに対して、改革者たちは、「われわれの主イエス・キリストは、最後の日に審判のために来られるであろう。そして、すべての死者をよみがえらせ、信仰ある選ばれた者たちに永遠の生命と永遠の喜びを与え、不敬虔な人々と悪魔に、地獄と永遠の罰を宣告されるであろう[3]」と告白する。彼らは、最後の審判である世の終わりの前に、この地上で信仰者たちによる神の国が建設されるという考えを、否定した。この第17条は、17世紀を通じてルター派正統主義の基本的支柱となった。

　ところで、千年王国という名の由来は「ヨハネ黙示録」20章にある。その1－6節では、迫害に屈しなかった人々が生き返って、「キリストとともに千年の間支配する」ことが書かれている[4]。千年王国論者たちは、千年という数字をどう解釈するかは別として、この記述を選ばれた者たちによる地上における神の国と結びつけた。そして、その神の国は近い将来実現するか、あるいは今まさ

---

2 *Die Bekenntnisschriften der Evangelisch-Lutherischen Kirche*, hrsg. im Gedankjahr der Augsburgischen Konfession, 3. Aufl., Göttingen 1956, S. 72. 邦訳、『一致信条書』（聖文舎、1982年）、47頁。

3 *Ibid.*, S. 72. 『一致信条書』、46-47頁。

4 1545年版ルター訳聖書では、次のようである。Vnd Ich sahe einen Engel vom Himel. Faren, der hatte den schlüssel zum Abgrund, vnd eine grosse Ketten in seiner hand. Vnd ergreiff den Drachen, die alte Schlange, welche ist der Teufel vnd der Satan, vnd band jn tausend jar, vnd warff jn den Abgrund, vnd verschlos jn vnd versiegelt oben darauff, das er nicht mehr verfüren solt die Heiden, bis das vollendet wurden tausent jar, vnd daranach mus er los warden eine kleine zeit. Vnd ich sahe Stüele, vnd sie satzten sich darauff, vnd jnen ward gegeben das Gericht, vnd die Seelen der entheubten vmb des zeugnis Ihesu, vnd vmb des worts Gottes willen, Vnd die nicht angebetet hatten das Their noch sein Bilde, vnd nicht genomen hatten sein Malzeichen an jre Stirn, vnd auff jre Hand, diese lebten vnd regierten mit Christo tausent jar. Die andern Toden aber wurden nicht wider lebendig, bis das tausent jar volendet wurden, Dis ist die erste Aufferstehung. Selig ist der vnd heilig, der teil hat an der ersten aufferstehung, Vnd solche, hat der ander Tod keine macht, Sondern sie warden Priester Gottes vnd Christi sein, vnd mit jm regieren tausent jar.

第Ⅱ部　ドイツ敬虔主義

に到来しつつある、と考えたのであった。

　16世紀には、千年王国論はルター派の中で、大きな問題となることはなかった。しかし、1610年代になると帝国各地で千年王国論的考えが見られ、ルター派正統主義も対応を迫られることになった。そのような中で、ヨハン・ゲアハルト Johann Gerhard（1582-1637）は1622年の『ロキ・テオロギキ』で、「最後の審判前のこの世における神の国への希望」を千年王国論と呼んで、非難した[5]。またダーニエル・クラーマDaniel Cramer（1568-1637）は1614年、千年王国論を二つに区別した。一つは、「粗野なcrassus千年王国論」で、以前から見られる「この世のメシアの王国への希望」である。他方は、「繊細なsubtilis千年王国論」で、「最後の審判の前の教会の、あらゆる異端、迫害、戦争、専制が廃止される、幸福な状態への希望」である。彼自身は「ヨハネ黙示録」20章の千年王国を未来のことではなくて宗教改革とともに始まるととらえ、千年という数字は、文字どおりとるべきではないとした[6]。1620年代に入るとヨハン・アルント（1555-1621）的な敬虔の流れに立つルター派神学者の中にも、千年王国論的希望を表明する、パウル・エーガルトPaul Egard（？-1643）のような人物が現われてくる。ザイデンベッヒャー Georg Lorenz Seidenbecher（1623-1663）は、1660年に匿名で「地上におけるキリストの教会の栄光ある状態」が間近に迫っていることを述べた書物を著わし、その職を解かれている[7]。ルター派正統主義は、17世紀を通じて千年王国論と激しく対立した。しかし、17世紀の後半には、ハルバーシュタットの神学者アマースバッハHeinrich Ammersbach（？-1691）のように、公に千年王国論を述べても、その地位を失わない人物も出てくる。彼の場合には、ブランデンブルク・プロイセンの選帝侯が保護したからである[8]。

5　J.Wallmann, Zwischen Reformation und Pietismus. Reich Gottes und Chiliasmus in der lutherischen Orthodoxie, in: *Verifikationen-Festschrift für Gerhard Ebeling zum 70. Geburtstag*, hrsg. v. E. Jüngel, J. Wallmann u. W. Werbeck, 1982, S. 189ff.

6　*Ibid.*, S. 191f.

7　*Ibid.*, S. 200-202.

8　*Ibid.*, S. 203f.

第9章　17世紀末ヴュルテンベルクの終末論

　正統主義のそのような態度から、シュペーナーは『敬虔なる願望』（1675年）の中で、千年王国論的希望を述べるにあたって、慎重であらねばならなかった。彼は終末を知らせるしるしとして、ユダヤ人の改宗（「ローマ書」11章）と教皇主義的ローマ（バビロン）の没落（「ヨハネ黙示録」18、19章）に注目する。ルター派正統主義の見解では、両者は本質的にすでに実現しており、最後の審判がこの後起こる事柄であった。特に教皇主義的ローマはルターの宗教改革によって決定的な打撃を与えられていたと考える。それに対してシュペーナーは、聖書におけるこの二つの預言はまだ実現していない、と考える。それゆえ、最後の審判前に理想的な時代が来る、しかも教会の努力によって間近に期待できることを力説する。彼はこの時代を、慎重に「この地上における神の教会のより良き状態」と表現した[9]。

　『敬虔なる願望』では千年王国という言葉を避けているが、その後、彼は書簡や『将来のより良き時代の希望』（1693年）で、しばしば千年王国について言及している。たとえば、1692年12月30日付けの書簡で次のように述べている。

　　「黙示録」20章の千年に関して、ペーターゼンのようにそこからすべての義人の肉体を伴った復活を認めることはできないし、あらゆる他の細かい事柄についても彼と一致できないが、次の二点は疑うことはできない。第一に、千年はまだ始まっておらず、教皇制が倒れるとともに始まる。このことを私は「黙示録」19章20節と20章10節の結びつきから確認する。……第二に、千年［王国］はキリストの王国にただ良きものをもたらすであろう。なぜなら、あらゆることを判断する自信はないが、次のことは誤りないことだと思うからである。すなわち、それ［千年］は、悪しき誘惑者の元凶であるサタンが深淵の底につながれている、至福の

9　PD. S. 43.

第Ⅱ部　ドイツ敬虔主義

時代である[10]。

　彼は「この地上における神の教会のより良き状態」を千年王国と考えていた。もちろん、それは「聖徒たちの反乱や暴動によって生じる、あるいはこの世の剣で打ち立てられる王国[11]」ではない。また、「この地上における神の教会のより良き状態」がいつから始まるかを明確に述べることをしなかった。ヴィッテンベルクの神学者ノイマンJ・G・Neumannは、そのようなシュペーナーの終末論を「繊細なsubtilis千年王国」の範疇に入れて、非難した[12]。ヴァルマンはシュペーナーについて、「ルター派正統主義に対して千年王国論的な将来に対する希望を表明し、より重要なことは、ルター派内において千年王国論に対して広い支持を得た最初の人物であった[13]」と述べている。

　ところで、シュペーナーの終末論を考えるうえで重要なのは、どのような目的との関連で終末論が語られているか、という点である。その点で注目すべきは『敬虔なる願望』である。この書は教会の現状批判の第Ⅰ部と教会改革の具体的提案の第Ⅱ部から成り立っている。「この地上における神の教会のより良き状態」をシュペーナーが述べるのは、第Ⅱ部の冒頭においてである。すなわち、原始キリスト教の例とともに、彼が述べる教会改革が実現可能であることを保証するものとして、千年王国論的希望を語っているのである。それゆえ、シュペーナーの千年王国論は第一義的には、個々人の具体的な生活上の事柄に対する慰めではない。個々人ではなく、全体としての教会改革という目的に係わるものであった。教会から分離するのではなく、教会改革が可能なことを力説するために千年王国論を説く。また、彼の千年王国論は社会的政治的批

10　Ph. J. Spener, *Letzte Theologische Bedencken* Teil I. in: *Philip Jacob Spener Schriften*, Bd. 15, Korrespondenz Teilband 1, 1987, S. 259f.

11　Ph. J. Spener, *Behauptung der Hoffnung künfftiger Besserer Zeiten*, Frankfurt 1693, S. 165. ただしGerhard Maier, *Die Johannesoffenbarung und die Kirche*, Tübingen 1981, S. 362から引用。

12　Paul Grünberg, *Philipp Jakob Spener* Bd. 1 (*Ph. J. Spener Schriften Sonderreihe* Bd. 1, Teil 1, Hildesheim 1988), S. 307f.

13　J. Wallmann, Zwischen Reformation und Pietismus, S. 205.

第9章　17世紀末ヴュルテンベルクの終末論

判の要素を強くもたない。あくまで、教会改革を対象としていたのである。

■第2節　17世紀末のヴュルテンベルク領邦教会

　ヴュルテンベルク[14]では、1660年代頃から、シュペーナー的終末論とは異なった千年王国論が見られる。しかし、それを述べる前に、以下の叙述に必要な限りで、ヴュルテンベルクの領邦教会について記しておこう。

　ヴュルテンベルクでは1534年以後ウルリヒUlrich 6世（在位1498-1550）によってルター派宗教改革が導入され、クリストフChristoph公（在位1550-68）の時に領邦教会制が確立された。

　領邦教会の最高監督機関は宗務局（Konsistorium und Kirchenrat）である。これは1553年に組織が整えられた。当初は俗人からなる宗務局長官のDirectorと若干の者、さらにラントホーフマイスター（Landhofmeister）が加わった。聖職者からは三名の神学者とシュトゥットガルトのシュティフト教会のプロープスト（Probst）が選ばれた。組織全体とすべての業務の統括にはラントホーフマイスターがあたった。しかし、ラントホーフマイスターの席は1665年以後なくなる。世俗のメンバーはあらゆる経済的財政的問題を扱った。プロープストと三人の神学者は、宗務局長官と他の二名の俗人メンバーとともに、「聖職者と学校教師の任命、彼らの教義と生活の監督、教会規定の維持[15]」等にあたった。プロープストはラントホーフマイスターと同格の地位にあったが、ク

14　17、18世紀のヴュルテンベルクについては次を参照。Walter Grube, *Der Stuttgarter Landtag 1457-1957*, Stuttgart, 1957 ; F.L.Carsten, *Princes and parliaments in Germany from the 15 th to the 18 th Century*, Oxford 1957, pp. 1-148; H. Lehmann, Die württembergischen Landstände im 17. und 18. Jahrhundert, in: Dietrich Gerhard, hrsg., *Ständische Vertretungen in Europa im 17. und 18. Jahrhundert*, Göttingen 1969 ; E. J. Griffth, *Political Writings and Enlightened Monarchy in Württemberg during the Reign of Duke Carl Eugen, 1744-94*, Univ. of Illiois: Ph.D. diss. 1979 ; J.A.Vann, *The Making of a State. Württemberg, 1593-1793*, Ithaca & London 1984. 石川俊行「ドイツ近代行政法学の誕生──F.F.フォン・マイアーと環境としてのヴュルテンベルク王国」（2）、（3）『中央大学法学新報』89巻5・6号、1983年、89巻7・8号、1983年。

15　M.Christian Binder, *Wirtembergs Kirchen- und Lehraemter*, 2 Bde., Tübingen 1798, S. 10f.

217

第Ⅱ部　ドイツ敬虔主義

リストフ・ヴェルフリンChristoph Wölfflin（1625-1688）を最後に1688年以降
は任命されていない。1688年から宗務局が改組される1698年までは、俗人から
宗務局長官と他に三人のメンバー、聖職者から三人のメンバー、合計七人に
よって構成されていた。三人の聖職者の地位にはシュトゥットガルトのシュ
ティフト教会の説教者と二人の宮廷説教者が就いた[16]。

　領邦全体に対する政治的実権をもつ聖職者としてプレラート（Prälat）がい
る。彼らは領邦君主によって任命され、終身であった。彼らはカトリック時代
の14の修道院が管轄していたアムトを代表する資格で領邦議会に出席した。ま
た、14のうち、四名はラントシュテンデ独自の機関である大委員会の、二名は
小委員会の構成員であった[17]。

　教会組織の基本的な単位は監督区（Special-Superintendenz）である。1547
年には23に分けられたが、その後増加して1577年には28、18世紀末には38存在
した。各監督区には約10から20の教区があり、牧師（Pfarrer）がその責任を
負った。大きな教区の場合、牧師の下に副牧師（Diaconus）が存在した。監
督区は監督（Special-Superintendent、通例Specialと呼ばれた）が管轄した。
さらに、各監督区は四つの総監督区（Generl-Superintendenz）のどれかに属
した。総監督区は、ベーベンハウゼン、アーデルベルク、デンケンドルフ、マ
ウルブロンの各プレラートが管轄し、総監督（General-Superintendet）と呼
ばれた。その他の重要な教会組織としては、教会会議（Synodus）がある。こ
れは、宗務局メンバーと総監督によって構成され、当初は年に四回、その後二
回、1608年以降は年一回開かれた。監督は管轄区内の聖職者や学校教師を巡察
し、その報告を書面で総監督に提出する義務を負った。総監督は監督が提出し
た巡察結果を教会会議の席で宗務局に報告した。また、総監督は教会上の様々
な事柄について宗務局メンバーとともに教会会議で協議した[18]。

16　*Ibid.*, S. 10-15 ; Gerhard Schäfer, *Zu erbauen und zu erhalten das rechte Heil der Kirche.*
　Eine Geschichte der Evangelischen Landeskirche in Württemberg, Stuttgart 1984, S. 58.
17　G. Schäfer, *op. cit.*, S. 55f. ; J.A.Vann,*op. cit.*, pp. 51f. ; Martin Hasselhorn, *Der*
　altwürttembergische Pfarrstand im 18. Jahrhundert, Stuttgart 1958, S. 81.
18　M. Chr. Binder, *op. cit.*, S. 104-118 ; G. Schäfer, *op. cit.*, S. 59f. ; M. Hasselhorn, *op. cit.*, S. 81f.

第9章　17世紀末ヴュルテンベルクの終末論

　次に高等教育機関について若干触れておこう。重要なものに二つある。一つ
はテュービンゲン大学であり、他はテュービンガー・シュティフトTübinger
Stiftである。テュービンゲン大学は16世紀後半から三十年戦争頃にかけて、
ヴュルテンベルクばかりでなくルター派正統主義の高等教育機関として栄え
た。正統主義の時代、大学の中心は神学部にあった。神学部教授は17世紀末に
は四名いた[19]。テュービンガー・シュティフトは1536年に起源をもつ奨学生の
教育機関である。ウルリヒ6世の時に宗教改革導入の一環として、ヴュルテン
ベルク領邦の将来の牧師・神学者・役人を養成するために設けられ、奨学生の
寮と勉学施設として、テュービンゲンの以前のアウグスティヌス隠修道院があ
てられた。奨学生たちは昼間大学で学ぶとともに、独自のカリキュラムをこな
し、共同生活を営んだ。最初の二年間は学芸学部で一般教養を、その後三年間
は神学を学んだ。奨学生の数は徐々に増加し、1565年は150人に達した。三十
年戦争の時には50人を割ることがあったが、1660年には148人に回復している。
奨学生の監督のためマギスター・ドムス（Magister Domus）という職が設け
られ、学芸学部の教授の一人があたった。さらに上級監督者として奨学生の神
学教育に責任をもつ二名の監督官（Superattendent）がおり、神学部の教授が
兼務した。また、奨学生の中から六名のレペテント（Repetent）が選ばれ奨
学生の勉学を助けた。テュービンガー・シュティフト全体は宗務局の監督下に
あった。ヴュルテンベルクの聖職者の多くはテュービンガー・シュティフトの
出身であり、特に高級聖職者や大学教授にはレペテントであった者が多い[20]。

　ここで聖職者と社会階層との関連について述べておこう。16世紀以降、ヴュ
ルテンベルクの聖職者層の著しい特徴は、「貴族が優勢な社会的グループでは
なかった[21]」ことである。ヴュルテンベルクがルター派となった後も、「彼らの

19　Heinrich Hermelink, *Geschichte der evangelischen Kirche in Württemberg von der
　Reformation bis zur Gegenwart*, Stuttgart 1949, S. 99-101, 123ff.
20　Joachim Hahn & Hans Mayer, *Das Evangelische Stift in Tübingen*, Stuttgart 1985, S. 13-
　39, 103-108.
21　F. L. Carsten, *op. cit.,* p. 3.

219

第Ⅱ部　ドイツ敬虔主義

ほとんどはカトリックにとどまり、領邦の政治生活から退いた[22]。」彼らは1516年に帝国直属騎士となっている。ヴュルテンベルクを政治的にも社会的にも支配したのは、エールバールカイト（Ehrbarkeit）と呼ばれる名望家層であった。これはもともとはある官職保有者を指す言葉であったが、後にその家族にまで拡大された。グリフィスによれば、エールバールカイトは、1）枢密院（Geheimer Rat）や中央行政の重要なメンバー、2）アムトのレベルでの世俗権力の担い手、教会の監督、3）都市当局のメンバー、の三つのグループよりなる[23]。これら指導者層は宗教改革以後、有力な牧師の家系と都市の指導的家系が結びつく中で形成されていった[24]。

　ヴュルテンベルクの聖職者は大きく二つのグループに分けることができる。一つは指導グループで宗務局の構成員を中心に、プレラート、総監督、監督、テュービンゲン大学教授等であり、他は牧師や副牧師たちであった。指導グループは多くエールバールカイト階層によって占められる傾向にあった。特にプレラートはエールバールカイト階層ともっとも密接に結びついていた[25]。一方、一般の聖職者の暮らし向きは楽ではなかった。1694年に、彼らは本を買うことができないということが宗務局で問題となっていた。また、恵まれたエールバールカイト階層を除くと、聖職者としての職を得ることも容易ではなく、不正な手段で地位を得ることを禁ずる勅令が1693年に出されている。時代が少し後になるが、1730年頃多くの奨学生は牧師となるまでに36才から38才になっていたという[26]。

　すでに述べたように、ヴュルテンベルクでは貴族は力をもたず、領邦議会は聖職者のプレラートと各アムトの代表であるラントシャフト（Landschaft）

22　E. J. Griffith, *op. cit.*, p.15. その他、次を参照。H. Lehmann, Die württembergischen Landstände im 17. und 18. Jahrhundert, S. 185.

23　E. J. Griffith, *op. cit.*, p. 24. その他、エールバールカイトについて、J.A.Vann, *op. cit.*, passim.

24　Hans-Martin Decker-Hauff, Die geistige Führungsgeschichte in Württemberg, in : G. Franz（hrsg.）, *Beamtentum und Pfarrerstand. 1400 bis 1800*, Limburg/Lahn 1972, S. 61.

25　J.A.Vann, *op. cit.*, p. 52; G.Schäfer, *op. cit.*, S. 60.

26　F. Fritz, Die Evangelische Kirche Württemberg im Zeitalter des Pietismus, *Blätter für württembergische Kirchengeschichte*, 55, 1955, S. 80f.

によって構成されており、両者はほとんどエールバールカイト階層の出身で
あった。エーバーハルトEberhard 3世（在位1628-74）とヴィルヘルム・ルー
トヴィヒ公（在位1674-77）の時は領邦君主と枢密院とラントシュテンデとに
よる共同統治が比較的よく行なわれ、領邦議会もしばしば開かれた。しかし、
1677年にヴィルヘルム・ルートヴィヒが1才のエーバーハルト・ルートヴィ
ヒEberhard Ludwigを残して死亡したため、フリードリヒ・カールFriedrich
Karlが摂政（Herzogadministrator、在位1677-93）となる。この頃より、領邦
君主とラントシュテンデの間に亀裂が生じ始めた。彼は宮廷にバロック文化を
取り入れ、常備軍設置を中心とする絶対主義政策を推進しようとした。ラント
シュテンデはこれに抵抗を試みるが、教会指導層はこれに同調している[27]。

　ヴュルテンベルクの領邦教会では、すでに17世紀前半に、ヨハン・ファーレ
ンティーン・アンドレーエJohann Valentin Andreä（1586-1654）によって、
改革派的プログラムを導入して様々な領域でキリスト教的秩序を打ち立てよう
とする試みがなされていた。これは彼の生前、限られた範囲でのみ行なわれた
にすぎなかったが、1652年以降、大・小委員会を中心にラントシュテンデは教
会当局とともに、社会のキリスト教化を目ざす勅令作成につとめ、1677年には
一定の成果を得た。彼らは、戦争や疫病、大火事などを神の怒りと考え、これ
から逃れるためには熱心な祈りと悔い改め、敬虔な生活が必要だと考える点で
一致していた。1672年にルイ14世がオランダを攻撃して以来、ヴュルテンベル
クでは戦争の危険に晒されていたのである[28]。

　ところが、すでに述べたようにフリードリヒ・カール公の登位とともにキリ
スト教的改革は頓挫せざるをえなかった。彼はフランスを模範としたバロック
文化を宮廷に導入する。宮廷ではオペラやバレーや舞踏会が催された。これと
ともに宮廷の贅沢や放埒さをまねる風潮が現われてきた。この問題がしばしば

---

27 J.A.Vann, *op. cit.*, pp. 133-170; H. Lehmann, Die württembergischen Landstände im 17.
und 18. Jahrhundert, S. 192-194 ; Ders. *Pietismus und weltliche Ordnung in Württemberg
vom 17. bis zum 20. Jahrhundert*, Stuttgart 1969, S. 25-31.この本は以下、H.Lehmann,
*Württemberg*と略記する。
28 H. Lehmann, *Württemberg*, S. 22-25.

第Ⅱ部　ドイツ敬虔主義

教会会議で取り上げられ、一般の奢侈とともに宮廷にも非難の目が向けられた。

　宮廷の新しい傾向は、キリスト教的改革を進めようとする教会指導者たちによって、戦争による惨禍と結びつけられた。1679年のナイメーヘン和約以後しばらくは平和を享受していたが、81年のフランス軍によるシュトラースブルク占拠以後、ヴュルテンベルクは再び戦争の危機に直面する。83年にトルコがウィーンに迫った時にはヴュルテンベルクの兵士も戦いに参加し、大打撃を被った。1688年からはルイ14世によるプファルツ継承戦争に巻き込まれ、88年、92年、93年にはかなりの部分が戦争によって荒廃した。ヨハン・フリードリヒ・ホッホシュテッターJ.F.Hochstetter（1640-1720）やディーテリヒJ.W. Dieterichが1692年に行なった説教では、戦争を神の怒りととらえ、それから逃れるために悔い改めがすすめられている[29]。ヴュルテンベルクの場合、領邦教会の指導層では、17世紀中頃以降、キリスト教的改革への熱意が一貫して存在した。この熱意は、フリードリヒ・カール公による新しい宮廷文化導入後も存続する。この時期、改革への熱意は戦争による危機意識と密接に結びついていた。

■第3節　急進的千年王国論

　1675年にシュペーナーの『敬虔なる願望』が出る前に、ヴュルテンベルクではすでに千年王国論が見られた[30]。1658年にハイルブローン近辺で千年王国論的考えをもつ聖職者がいることを宗務局は知る。その一人がルートヴィヒ・ブ

29　*Ibid.,* S. 26-28.
30　ヴュルテンベルクの分離主義については、次の論文が基礎的研究であり、本節の叙述も多くこれによった。Chr. Kolb, Die Anfänge des Pietismus und Separatismus in Württemberg, *Württembergische Vierteljahrshefte für Landesgeschichte,* 9（1900）, 10（1901）, 11（1902）; F. Fritz, Konventikel in Württemberg von der Reformationszeit bis zum Edikt von 1743, *Blätter für würtemmbergische Kirchengeschichte*［以下、Fritz, Konventikelと略記］, 49（1949）, 50（1950）, 51（1951）, 52（1952）, 53（1953）, 54（1954）.

ルンクヴェルLudwig Brunquell（1631-1690）であった[31]。この年、彼はユダヤ人の改宗と千年王国に関する見解のゆえに宗務局によって召還されている。ブルンクヴェルは1655年から62年までグロースボットヴァルGroßbottwarの副牧師、62年から63年までアスペルクAspergの牧師、63年から79年までレヒガウLöchgauの牧師を務めた[32]。

　彼はしばしば、千年王国論的見解のゆえに宗務局の審問を受けた。1676年の時には、世の終わりの前に、教皇庁の没落、神聖ローマ帝国の崩壊、正しい信仰をもつ教会の繁栄、ソロモンのような王によるヨーロッパの支配が起こることを述べている[33]。

　彼の千年王国論の特徴をいくつか列挙すると、まず第一に、独特なトルコ理解が目につく。1663年９月16日付けの宗務局宛書簡で、福音派諸侯は皇帝を助けてトルコに立ち向かうべきではない。なぜならトルコは皇帝を苦しめハプスブルク家を根絶やしにするための神の道具である、と書き記した。彼はトルコ人とユダヤ人の改宗後、地上における神の国が来ると信じた[34]。

　第二に、より本質的であるが、シュペーナーのように単に教会のより良き時代だけではなく、世俗的な神の国が考えられている。彼は「繊細な千年王国論」を越えている。それと結びついて、トルコ理解に見られるように一定の世俗権力批判が存在する。これに対して宗務局はトルコと同盟して皇帝に逆らうのは冒涜にあたると考えた[35]。

　第三に、領邦教会に対する批判が見られる。1675年にフランス軍がドイツに侵入し、ヴュルテンベルクにも遊撃をしかけた時、彼はそこに裁きの前兆を見て取り、神学者たちに責任があるとした[36]。また、彼は具体的な事件を、終末を告げるしるしとして取り上げている。

---

31 Fritz, Konventikel, 50, S. 102.
32 M. Ch. Binder, *op. cit.*, S. 232, 846, 864.
33 Chr. Kolb, op. cit., 9, S. 80f. ; G. Maier, *op. cit.*, S. 383.
34 Fritz, Konventikel, 50, S. 104.
35 *Ibid.*, S. 104.
36 Chr. Kolb, op., cit., 9, S. 80 ; Fritz, Konventikel, 50, S. 105.

第Ⅱ部　ドイツ敬虔主義

　最後に、聖書の預言以外に、クリストフ・コッターChristoph Kotterやニコ
ラウス・ドラビクNikolaus Drabikなどの見解を新しい預言として重視してい
ることが挙げられる[37]。

　彼は自らの千年王国論に固執したという理由のために、ついに1679年に罷免
されるが、この時、千年王国論のゆえに宗務局に審問された人物が他にいる。
ヨハン・ヤーコプ・ツィンマーマンJohann Jakob Zimmermann（1642/44-1693）
である。彼は1666年から71年までテュービンガー・シュティフトのレペテント
を務め、71年からはビーティヒハイムBietigheimの副牧師であった[38]。宗務局は
すでに1676年にブルンクヴェルを審問したとき、彼からツィンマーマンの名を
聞いていた[39]。79年にツィンマーマンは宗務局から、ブルンクヴェルの考えに
従っているかどうか尋ねられている[40]。その後もしばしば宗務局から審問を受
けた。

　彼の場合も具体的な出来事や事件を終末のしるしとしてとらえるとともに、
それに基づいて終末の年を明確に決めようとする。1681年のフランス軍による
シュトラースブルク占拠と1683年のトルコのウィーン攻撃を背景にして、1684
年に偽名で『今の世のヨーロッパのバビロンと反キリストに対する神の強力
な裁きと、それに続いて起こる地上におけるキリストの王国の栄光ある出現
についての年代の推定』を出版する[41]。聖書とともに占星術の知識に基づいて、
1680年に現われた彗星からバビロンの没落を1693年と考えた[42]。

　ルター派の領邦教会に対する批判も顕著である。1684年の書物の中で、カト
リック教会や改革派とともにルター派もバビロンに属すると述べる。彼は単
に知的に信仰箇条を子どもに教え込もうとする正統主義を激しく非難した[43]。

37　Chr. Kolb, op., cit., 9, S. 81 ; Fritz, Konventikel, 50, S. 104.
38　M. Ch. Binder, *op. cit.*, S. 369, 859.
39　Fritz, Konventikel, 50, S. 105.
40　Ibid., S. 106.
41　Ibid., S. 107.
42　Chr. Kolb, op., cit., 9, S. 83.
43　Fritz, Konventikel, 50, S. 107f.

第 9 章　17世紀末ヴュルテンベルクの終末論

1685年に匿名で出した書物では、ルター派の中にもなお多くの真のキリスト者がいることを認めるが、そこにも反キリストが支配している、と論じた[44]。また、宗務局に対して直接、『アウクスブルク信仰告白』には若干の誤りが存在するのではないかと問い合わせてもいる[45]。

　ヨーロッパ外勢力への言及も存在する。1684年の書物では、キリスト教世界の堕落のゆえに、神が東洋の軍隊をヨーロッパに送ってバビロンにとどめを刺すことを期待した[46]。

　もう一つ、ブルンクヴェルと同様にツィンマーマンに顕著な特徴は、現代における預言者の存在を重視することである。彼にとってもっとも重要であったのはJ・ベーメJakob Böhme（1575-1624）である。彼は終末論を構築するにあたって聖書の預言以外に、彼らの著作に依拠した。彼は今日の預言者を非難する者は聖霊に対して罪を犯す者だと述べた[47]。また、宗務局への質問書でも「現代における真の預言者の存在」を取り上げている[48]。

　結局彼も罷免され、1686年にヴュルテンベルクを去る。しばらくハイデルベルク大学で数学を教えたが、戦争のためそこを離れざるをえず、ハンブルクへ行った。しかし、ツィンマーマンは「忘恩のヨーロッパを完全に離れ去る」決心をして、16、17人の家族とともにクェーカーの国ペンシルヴァニアへ行こうとした。出発の前に彼はロッテルダムで死亡した。彼の家族はペンシルヴァニアへ行った[49]。

　ブルンクヴェルやツィンマーマンはその思想をシュペーナーから独立して形成していった。もちろん両者ともシュペーナーとの交流はあった。二人とも罷免されたあと、シュペーナーを訪ねている[50]。ブルンクヴェルが1690年に死亡

44　Ibid., S. 110.
45　Chr. Kolb, op., cit., 9, S. 83.
46　Fritz, Konventikel, 50, S. 108.
47　Ibid., S. 109.
48　Chr. Kolb, op., cit., 9, S. 83.
49　Fritz, Konventikel, 50, S. 110f.
50　Ibid., S. 112. f.

225

第II部　ドイツ敬虔主義

したとき、これを聞いたシュペーナーは、1690年10月17日付け書簡で次のように述べた。「この良き人物は、私が決して受け入れることのできない、またそれゆえにただ彼の責任に委ねなければならない、二、三の見解を抱いていた。しかし、……私は彼に多くの良い点を認め、心から彼を愛してきた。それゆえ彼もまた私を信頼し、私に代父になってくれるように願った。」そして、彼に対する処置に賛成できない旨を述べたあと、「信仰の根本に反していない場合には、それが間違ったものであっても、その異なった見解を忍耐と柔和をもって耐え忍ぶべきである。私は彼がそのような信仰の根本をおかしたとは決して聞いていない」と書いた[51]。シュペーナーは改革派やルター派にも反キリストが支配しているという見解には反対であった[52]し、千年王国が始まる年代を明確に決めようともしなかった。彼は時のしるしとして具体的な事件をあげない。彼自身はあくまでルター派内に千年王国論を導入しようとして「繊細な千年王国論」にとどまったが、それを乗り越える終末論をも、信仰の根本に反しない限り、受容していたのである。

　ではブルンクヴェルやツィンマーマンの終末論はどのような広がりをもっていたのだろうか。まず彼らの職務を見てみよう。すでに述べたように、ブルンクヴェルはグロースボットヴァルの副牧師、レヒガウの牧師を務めた。グロースボットヴァルはアーデルベルク総監督区のマールバッハ監督区に属した。人口はほぼマールバッハに匹敵する。副牧師の仕事は週ごとの日曜日と金曜日の夕拝説教、結婚式の説教、夕拝を受けもたない日曜日の子どもの宗教教育等である[53]。レヒガウはマウルブロン総監督区のビーティヒハイム監督区に属した。牧師の仕事は、日曜日、祝日、贖罪日の説教、副牧師が夕拝をする時の日曜日の子どもの宗教教育等である[54]。ツィンマーマンのビーティヒハイムでの副牧

---

51 Ph. J. Spener, *Letzte Theologische Bedencken* 1711 Teil III (PJSS Bd. 15 Teilband 2 Korrespondenz, 1987), S. 307.
52 *Ibid.*, S. 592.
53 M. Ch. Binder, *op. cit.*, S. 232.
54 *Ibid.*, S. 864.

師の仕事もグロースボットヴァルの副牧師の仕事とほとんど変わらない[55]。彼らは日常的に教区民に話す機会があり、そこで彼ら独自の考えをしばしば語った。ブルンクヴェルは1676年の宗務局による審問の時、彼独自の見解を述べずに正統派の教えを語ることを条件に説教を許された。しかし、それに従わなかったため、前述したように79年に罷免されることになったのである[56]。

　このような彼らの活動の中から、見解を同じくする群れも生じてきている。ブルンクヴェルはレヒガウの牧師であった時、そこで領邦教会から独立した私的集会を開いていたと、フリッツは推測している[57]。ブルンクヴェルやツィンマーマン以外の聖職者にも同じような考えを有する者が現われる。1679年9月にテュービンガー・シュティフトの奨学生ムツハースJohann Mutzhaas（？-1709）とヨハン・シュミットJohann Schmidがベーメ主義の嫌疑で宗務局に呼び出された。シュミットはブルンクヴェルからベーメの本を受け取り読んでいた。また「ブルンクヴェルやツィンマーマンと手紙でやりとりをしていた[58]。」ツィンマーマンの罷免の後には、ビッツフェルトBitzfeldの副牧師ヨハン・クリストフ・シュミットとそのいとこリヒテンシュテルンLichtensternの牧師ヨハン・シュミットが宗務局に呼び出されている。ビッツフェルトとリヒテンシュテルンはともにアーデルベルク総監督区のヴァインスベルク監督区の管轄にある。コルプは、後者のシュミットは1679年に呼び出された奨学生のシュミットと同一人物だろうと推定している。二人ともこの時千年王国論を告白している。1686年6月にもリヒテンシュテルンのシュミットは尋問を受けており、千年王国論とベーメ主義のゆえに罷免された。一方、ビッツフェルトのシュミットも86年8月に呼び出されたが、もはやベーメの本を読んでいないこと、新しい預言者の存在を信じていないこと、ツィンマーマンではなくシュペーナー的な終末論にとどまっていることを告白している。そのため彼はその

55　*Ibid.*, S. 859.
56　Chr. Kolb, op., cit., 9, S. 81.
57　Fritz, Konventikel, 50, S. 117.
58　Chr. Kolb, op., cit., 9, S. 86.

第Ⅱ部　ドイツ敬虔主義

職にとどまった[59]。

　ツィンマーマンも罷免された後1685年に、友人エーバーハルト・ツェラーE. Zellerとともに私的集会をもっていた。彼はすでに1684年に私的集会を始めていた[60]。ツェラーは1678年から84年までレペテントを務めた[61]あと、84年から試験的にゲッピンゲンGöppingenの第二副牧師に就いていたが、教会の堕落に対する批判から正式の就任を拒んでいた。結局86年2月に彼は罷免され、フランクフルト、さらにハンブルクへ行った[62]。

　その他、85年から86年にかけて、シュトゥットガルトやカルフCalwでも領邦教会の公の礼拝ではなく私的集会に行く人々がいた[63]。シュトゥットガルトでは、私的集会は公的礼拝の最中に行なわれ、千年王国論的書物が読まれていたもようである[64]。カルフにおいても、そこに集う人々は既存の教会に対して批判的な人々であったろう。

　1650年代後半から1680年代にかけてヴュルテンベルクでは、一般の牧師の中には分離主義的な傾向をもつ千年王国論が見られた。これは、領邦教会への強い批判と、聖書の預言以外に新しい預言者の現代における存在を認める点でシュペーナーより急進的なものであった。また、具体的な出来事を終末を知らせる時のしるしとして強調する点で、この急進的千年王国論は危機意識との具体的で強い結びつきをもった。この点でシュペーナーの終末論よりも、教区民に対するアピール度は高かったであろう。事実、限られた範囲ではあるが、それに共鳴する教区民も存在した。しかし、ブルンクヴェルやツィンマーマンの千年王国論は世俗的な批判の萌芽も存在したが、当時ラントシュテンデを中心にすすめられた常備軍設置に対する反対への連動は見られない。この時期のヴュルテンベルクでは、急進的千年王国論が衝突する相手は、あくまで領邦教

59　Ibid., S. 86f.
60　Fritz, Konventikel, 50, S. 114f.
61　M. Ch. Binder, *op. cit.*, S. 369.
62　Chr. Kolb, op., cit., 9, S. 89 ; Fritz, Konventikel, 50, S. 112.
63　Chr. Kolb, op., cit., 9, S. 74 ; Fritz, Konventikel, 50, S. 114.
64　Chr. Kolb, op., cit., 10, S. 201.

第9章　17世紀末ヴュルテンベルクの終末論

会であって世俗権力ではなかった。では、領邦教会の指導層は千年王国論に対してどのような態度を取ったのであろうか。次にそれを考えてみよう。

■第4節　シュペーナー的千年王国論の受容

　すでに述べたように、宗務局のメンバー、総監督、監督等を中心とする教会指導者層はエールバールカイト階層によって占められていた。しかし、その中でも中心的な役割を担った人々の数はそう多くない。1675年から1695年の間に宗務局のメンバーと総監督であった人々（彼らによって教会会議が構成される）と、テュービンゲン大学とテュービンガー・シュティフトの神学生教育にあたった神学部教授を表にすると［表I］と［表II］のようになる。

　シュペーナーの影響は、一般の牧師の場合よりも、これら教会指導層において、より顕著に認められる。彼は1662年にシュトゥットガルトとテュービンゲン大学を訪れている。この時、神学部と良き関係をもち、いろんな人物と親交を結んだ。その中でもっとも親しかったのはバルタザール・ライトBarthasar Raith（1616-1683）であった。また、シュペーナーはこの時、後に宗務局長官になるラウターバッハW・A・Lauterbachと知り合いになっていたであろう、とブレヒトは推測している[65]。この訪問以後、シュペーナーはヴュルテンベルクの多くの人物と交流するようになる。ここでは特に、聖職者のJ.A.ホッホシュテッターと政治家のクルピスについて触れておきたい。

　ヨハン・アンドレーアス・ホッホシュテッターJohann Andreas Hochstetter（1637-1720）はヴュルテンベルクのエールバールカイト階層の中でも特に名門に属する。宗務局メンバーとなるヨハン・フリードリヒ・ホッホシュテッターJohann Friedrich Hochstetter（1640-1720）は彼の弟である。また、もう一

---

65 Martin Brecht, Philipp Jakob Spener und Württembergische Kirche, in: *Geist und Geschichte der Reformation,* Berlin, S. 444f.

229

第Ⅱ部　ドイツ敬虔主義

[表Ⅰ]

名前	神学部教授	総監督				宗務局
		Adelberg	Denkendorf	Maulbronn	Bebenhausen	
ヘングヘーア J. Chr. Hengheer			1675-1678			1655-1678
ライト Balth. Raith	1652-1680					
ヴァーグナー Tob. Wagner	1653-1680					
オジアンダー Joh. Ad. Osiander	1656-1697					
J. C. ツェラー Joh. Cunrad Zeller					1660-1683	
ヴェルフリン Christoph Wölfflin	1660-1669					1669-1688
ケラー G. H. Keller	1670-1699					
シュミートリーン J. L. Schmidlin						1670-1692
コルブ J. Colb						1671-1681
ロートヴァイラー J. Rothweiler		1673-1679				
バウダー J. U. Bauder				1675-81		
クノル J. K. Knoll			1678-1689			
メールレト Mörleth		1680-1685				
J. F. ホッホシュテッター J. F. Hochstetter			1706-1720			1680-1713
ハーゲ J. B. Haage		1692-1709				1681-1692
ヘーバリーン G. H. Häberlin	1681-1692					1692-1699
カペル J. Cappel					1683-1689	
J. A. ホッホシュテッター J. A. Hochstetter	1681-1682			1682-1689	1689-1720	
M. ミュラー M. Müller	1682-1702					
J. ツェラー J. Zeller				1689-1694		
J. ミュラー J. Müller			1692-1699			
J. W. イェーガー J. W. Jäger	1692-1695 u. 1704-1720	1709-1720		1695-99		1699-1704
ディーテリッヒ J. W. Dieterich			1699-1706			1692-1699
フェルトシュ M. Förtsch	1695-1705					

M. Christian Binder, *Wirtembergs Kirchen-und Lehraemter,* 2Bde. (Tübingen 1799), S. 14, 121, 343, 352, 589, 781. から作成。

＊Adelberg の総監督は85年から92年にかけて空位。Denkendorf は89年から92年にかけて空位。Maulbronn は94年から95年にかけて空位。

第9章　17世紀末ヴュルテンベルクの終末論

[表II] 宗務局政治家メンバー

名　　　　前	宗務局メンバー	副　長　官	長　官
ミラー Nicolaus Myler			1659-77
リュメリン J. U. Rümmelin	1675-79	1678-79	
ヒルシュマン J. Chr. Hirschmann	1675-89		
ラウターバッハ Wolfgang A. Lauterbach			1678-78
キルヒナー C. Kirchner	1679-92		
バルディーリ Andreas Bardili	1679-83	1679-83	1683-93
ヘラー T. Heller	1681-92		
シュテック J. L. Steck	1686-87		
クルピス J. G. a Kulpis	1686-93	1686-93	1693-98
イェーガー J. F. Jäger	1689-89		
モイラー J. C. Meurer	1689-98		
ツァイター Ph. J. Zeitter	1689-91		
オルト J. Ph. Orth	1692-96		

M. Christian Binder. *op. cit.*, S. 13, 15. より作成（ただし一部修正）。
＊宗務局長官は78年から83年にかけて空位。副長官は83年から86年、93年から98年にかけて空位。

人の弟、ヨハン・ジークムント・ホッホシュテッターJohann Sigmund（1643-1718）もアンハウゼンAnhausenのプレラートとなっている。J・A・ホッホシュテッターの息子アンドレーアス・アダム・ホッホシュテッターAndreas Adam Hochstetter（1668-1717）も後に宗務局メンバーとなった。彼ら以外にも教会の要職に就いた親戚は多い。1708年から24年にかけて宗務局長官になるヨハネス・オジアンダー Johannes Osiander（1657-1724）は彼の義理の兄弟であ

第Ⅱ部　ドイツ敬虔主義

る[66]。ヨハン・アンドレーアスは息子のアンドレーアス・アダムとともに、ヴュ
ルテンベルクでもっともシュペーナーに共鳴した人物であった。彼はハレのフ
ランケによって、「ヴュルテンベルクのシュペーナー」と呼ばれた[67]。1689年に
は教会会議の第一発言権をもつベーベンハウゼンBebenhausenの総監督になっ
ている[68]。

　領邦君主の周辺では、ヴィルヘルム・ルートヴィヒ公の未亡人マグダレーネ・
ジビルMagdalene Sibylle（1652-1712）の周りに敬虔主義的グループが形成さ
れ、摂政フリードリヒ・カール公やエーバーハルト・ルートヴィヒ公と距離
をおいていた。クルピスJohann Georg von Kulpis（1652-98）は、宮廷の絶対
主義政策に激しく反対したLandschaftskonsulentのシュトルムJohann Heinrich
Sturm（1651-1709）とともに、この敬虔主義的グループに属した。彼はシュ
ペーナーと文通をしており、教会や教育の重要な事柄について、シュペーナー
に相談していた。彼の死後、未亡人が開いた私的集会は、ヴュルテンベルクの
敬虔主義の中心の一つとなった。彼はもともとヴュルテンベルク外の出身で帝
国法の専門家、1683年からはシュトラースブルクで教授を勤めていた。1686年
からヴュルテンベルクの宗務局のメンバーとなり、93年からはその長官を務め
た。また、同年から枢密院に入り、それを指導した。彼は1693年以後死ぬま
で、ヴュルテンベルクの政治全体の中心人物の一人であった[69]。

　1675年に出された『敬虔なる願望』はヴュルテンベルクで急速に読まれて
いった。そして、教会指導層の中心に見られる教会改革への熱意を背景にし
て、シュペーナーの改革プログラムはその支持者たちによって少しずつ受け
入れられていった[70]。ここでは、その中から、神学教育の問題を考えてみよう。
シュペーナーは『敬虔なる願望』で教会改革のプログラムの一つとして神学教
育の改革の重要性を訴えている。彼は神学教育の目的を「自らが真実のキリス

66　G. Schäfer, *op. cit.*, S. 117f.
67　*Ibid.*, S. 118.
68　Konventikel, 50（1950）, S. 117f. ホッホシュテッター家については、第10章第3節参照。
69　G. Schäfer, *op. cit.*, S. 119f. ; M. Brecht, *op. cit.*, S. 446f. ; J.A. Vann, *op. cit.*, pp. 163, 189.
70　H. Lehmann, *Württemberg*, S. 29.

第9章　17世紀末ヴュルテンベルクの終末論

ト者であって、しかも主の道に他の人々を注意深く導く神的な知恵を有する
人々を得ること[71]」におく。そして、研究とともに敬虔な生活を重視する。「敬
虔な生活を伴わない研究は何の価値もない[72]。」この目的を実現するために、教
授たちが研究だけでなく自ら敬虔な生活を送って学生たちの模範となること、
学生の資質にあった教育をし、神学者ばかりでなく、むしろ聴衆を適切に導
くことのできる牧師の養成に力を入れるべきこと、タウラーJohannes Tauler
（1300頃-61）やアルント等の信仰書の奨励、教授によって指導される学生の敬
虔の集いの奨励などを提案している[73]。ヴュルテンベルクでは1688年に新しい
神学教育規定が決められる。研究の主要な目的は将来の牧師職の準備におかれ
た。そのため、研究ばかりでなく、敬虔な生活と聖霊による照明が必要とされ
た。具体的には、教会史や釈義の訓練が重要視され、ルターからアルント、さ
らにシュペーナーに至る信仰書の読書に価値がおかれた[74]。この新しい教育内
容は明らかにシュペーナー的特徴を備えていた。

　このようにシュペーナーのプログラムは受容されつつあったが、議論の的
となったのは、公的礼拝とは別の私的集会である敬虔の集い[75]と終末論であっ
た。両者ともルター派正統主義の伝統を越える内容をもっていた。終末論に関
しては第3節で述べたように、ヴュルテンベルクでは1650年代末からシュペー
ナーよりもさらに急進的な千年王国論が存在した。教会当局はこれを認めず、
ブルンクヴェルやツィンマーマンを罷免した。ではシュペーナー的終末論に対
しては、いかなる態度を取ったのであろうか。

　シュペーナーに対する態度は、1693年以後、宗務局と神学部との間で分裂す
る。それぞれがどのような態度を取ったかを見る前に、1692年の教会会議につ
いて述べておきたい。この会議の席上、J・A・ホッホシュテッターは、人々
の信仰を高める有効な手段として敬虔の集い（コレーギア・ピエターティス）

71　PJSS, Bd.1, S. 271f.『敬虔なる願望』137頁。
72　PJSS, Bd.1, S. 274.『敬虔なる願望』139頁。
73　PJSS, Bd.1, S. 274-295.『敬虔なる願望』139-149頁。
74　Martin Brecht, *op. cit.*, S. 448.
75　本書第8章参照。

第Ⅱ部　ドイツ敬虔主義

を提案した。会議の出席者でこれに賛成する者はなかったが、シュペーナー的
な敬虔の集いに対して反対と躊躇の微妙な態度の相違が存在した。デンケンド
ルフDenkendorfのプレラートであるJ・ミュラーMüllerは「敬虔の集いは疑わ
しい」と語った。J・B・ハーゲHaageは「現在さらに敬虔の集いについて語る
ことは困難である」と発言した。ヘーバーリンGeorg Heinrich Häberlin（1699
年死亡）は「敬虔の集いについて多くのことを読んだが、著者の数と同じだけ
の見解を見出した。労を惜しまないものはそれをすることができる」と語り、
ディーテリヒはそれ自体は良いがすすめられない、と述べた。そして、最後に
宗務局長官バルディーリAndreas Bardiliが「敬虔の集いは大きな利益もある
が濫用もある」と締めくくった。結局、J・A・ホッホシュテッターの提案は
採用されなかった[76]。

　1693年にはバルディーリに代わって、シュペーナーと親しいクルピスが宗務
局長官となる。ハーゲはすでに宗務局から去っていた。93年から94年にかけて
宗務局メンバーであった聖職者はヘーバーリンとJ・F・ホッホシュテッター
とディーテリヒであり、以前より親シュペーナー的な集団となった。一方、そ
の時神学部教授であったのが学長のJ・A・オジアンダーの他に、ケラー G.H.
KellerとM・ミュラーMichael Müller、それにJ・W・イェーガー Jäger（1647-
1720）であった。そして、ケラーとイェーガーがテュービンガー・シュティフ
トの監督官を兼ねていた。M・ミュラーはヴュルテンベルクでもっとも反シュ
ペーナー的な人物であり、ケラーは「テュービンゲンの正統主義の最後の代表
者[77]」であり、積極的に著作活動をしたり発言したりせず、その敬虔さによっ
て学生たちに影響を与えていた。イェーガーは一般的にシュペーナーを評価す
るものの、敬虔の集いとその千年王国論に関しては賛成しなかった[78]。

　そのような状況のもとで、1693年に、M・ミュラーが前年に行なった講義を
人にすすめられて印刷しようとした。ミュラーは講義で激しくシュペーナーを

76　Chr. Kolb, op., cit., 9, S. 54f. ; Fritz, Konventikel, 50, S. 119.

77　J. Hahn & H. Mayer, *op. cit.*, S. 36.

78　Chr. Kolb, op., cit., 9, S. 61f. ; G. Maier, *op.cit.*, S. 389f.

234

第9章　17世紀末ヴュルテンベルクの終末論

攻撃していた。それは大学によって黙認されるところとなった。このため、大学と宗務局の間に対立が生じる。1693年の12月の話し合いで、宗務局は印刷がすみ次第ミュラーの本を没収することとし、大学に敬虔主義に関する意見書を提出することを求めた。翌年1月の初めに大学の意見書が宗務局に報告されるが、宗務局はその内容に満足しなかったのか、クルピスはヘーバーリンに敬虔主義に関する11箇条の提題を書かせた。宗務局の意向により、大学は仕方なくその提題に署名しなければならなかった。そして、1694年2月28日に「敬虔主義に関する勅令」が出される[79]。ヘーバーリンはすでに1685年に宗務局の要請によってツィンマーマンの千年王国論を批判する本を書いていた[80]。この勅令はヴュルテンベルクにおける敬虔主義についての最初の勅令であった。次にその内容を検討してみよう。

　勅令は急進的千年王国論の教会批判をかわし、M・ミュラー等のシュペーナー的改革への批判に答えるという、両面攻撃を行なっている。第1条は千年王国論の問題を扱っているが、そこで二つの区別を行なっている。一つは急進的千年王国論とシュペーナー的千年王国論との区別であり、もう一つは信仰の本質的事柄と非本質的事柄との区別である。急進的千年王国論については『アウクスブルク信仰告白』に反するとして否定される。すなわち、「この地上におけるキリストの千年の王国の教理である本来の千年王国論に関しては、『アウクスブルク信仰告白』第17条で、『現在もなお現われている、多少のユダヤ教的な教えも斥ける。それは、死者の復活に先立って、聖徒たち、信仰者たちだけが、この世を建て、神を認めない者たちはすべて抹殺されるであろうという教えである』と否定されているので、教える者も学ぶ者もつねにそこにとどまるように義務づけられている[81]」と述べている。それに対して、「世の終わりの前にユダヤ人一般のあるいは多くのユダヤ人の改宗があるのか、またローマ

---

79 Chr. Kolb, op., cit., 9, S. 65-67 ; H. Hermelink, *op.cit.*, S. 192 ; H. Lehmann, *Württemberg*, S. 137.

80 Chr. Kolb, op., cit., 9, S. 84f. ; Fritz, Konventikel, 50, S. 109.

81 A.L. Reyscher, hrsg., *Vollständige, historisch und kritisch bearbeitete Sammlung der württembergischen Gesetze*, Bd. 8, Teil 1, Tübingen 1834, S. 471.

第Ⅱ部　ドイツ敬虔主義

教皇制のいっそうの没落があるのか、それとも神の教会の目立った改革・改善が期待されうるのか[82]」といったシュペーナー的千年王国論（勅令の中ではシュペーナーの名は触れられていないが）の重要な要素は、「信仰と救いの本質的事柄fundamentum fidei et salutisではなく、教会の運命と未来の事柄に係わる。」そのため、これについて「意見を異にする人々は決して激しく取り扱われてはならないし、彼らに危険な異端、魂を滅ぼす有害な教えといった疑いや名称を投げかけてはならない[83]。」このように、勅令はシュペーナー的千年王国論を正しいと認めたわけではないが、容認した。

信仰の本質的事柄に関しては、「信仰と生活の完全な規範である聖書にのみ結びつき従わねばならない[84]。」しかし、教会の運命と未来の事柄については、急進的千年王国論者たちの言うような現在の新しい預言といったものが存在するのか。これについては、第3条で「あらゆる預言は成就の点に関して曖昧なところがあり、またサタンはしばしば光の天使に偽装するので、今日生じている預言をただちに神のものであるとみなすように人々を義務づけてはならない。しかしまた、その中に聖書に反するものが何もない時は、それをサタン的であるとただちに非難することがあってはならない[85]」と述べる。この問題は第8条、第9条、第10条でも取り上げられる。そこでは、たとえ真理を含んでいても誤りもあるタウラーやドイツ神学の神秘主義神学や多くの問題を含むベーメの書物よりも、聖書と正しい教理に基づく信仰書を読むことがすすめられている[86]。

この勅令の顕著な特徴は、シュペーナー的千年王国論の擁護との関連で、神学生（特にテュービンガー・シュティフトの奨学生）と神学部教授に対する発言が多く見られることである。前文、第3条、第5条、第6条、第10条で彼らについて触れられている。この勅令はヴュルテンベルク領邦内のすべての聖職

---

82 *Ibid.*, S. 472.
83 *Ibid.*, S. 472.
84 *Ibid.*, S. 475.
85 *Ibid.*, S. 473.
86 *Ibid.*, S. 475.

第9章　17世紀末ヴュルテンベルクの終末論

者と学校教師に対して命ぜられているが、特にテュービンガー・シュティフト
の奨学生と彼らを教える神学部教授を念頭においたものであった。前文でミュ
ラーの書物（彼の名は挙げられていないが）の事件と敬虔主義に関して生じた
論争について触れたのち、領邦内のすべての聖職者と教師の一致とともに、特
にテュービンガー・シュティフトの学生が教授たちによって正しく一致して教
えられ、「あらゆる誤りと分裂から可能な限り守られ、正しい道にとどまるこ
とができる[87]」ことを、この勅令の目的として挙げている。学生たちに対して
は、神学の知的訓練ばかりでなく、敬虔な生活の重要性を力説する。「偽善者
と神を認めない人々は、聖書を読み、聞き、それについて語り、教会の公の職
務を司ることができても、彼らは神を知らないし、彼らが口でそう言ったとし
ても業によって否定している[88]。」学生たちはギリシア語やヘブル語を習得す
るとともに、日々聖書をよく読み、神学的討論に熟達するばかりでなく、「真
の生きて働く信仰において成長し、あらゆる知識と経験において豊かとなり、
彼らが何が最善であるかを吟味できるように指導されねばならない[89]。」神学
部教授は彼らの講義や討論を、「あらゆる知恵の始まりである主への畏れと真
の敬虔が、勉学する青年たちの間に植えつけられ、維持され、成長していく」
ために行使しなければならない。「その結果、学者ばかりでなく、とりわけ敬
虔な人々が学校と教会に将来与えられるように」配慮しなければならない[90]。
以上のような奨学生と神学部教授に対する発言は、すでに述べたシュペーナー
の神学教育の理念そのものである。

　これらの神学教育についての発言と千年王国論の扱いをあわせて考えると、
この勅令は宗務局が神学部に対して、その千年王国論をも含めてシュペーナー
的改革を受け入れるように迫ったものであると考えることができるであろう。
シュペーナー的終末論に関しては、基本的にはほぼこの勅令によって、教会指

87　*Ibid.*, S. 471.
88　*Ibid.*, S. 474.
89　*Ibid.*, S. 473.
90　*Ibid.*, S. 473.

第Ⅱ部　ドイツ敬虔主義

導層に受け入れられた[91]。今後は、その敬虔の集いをめぐって、急進的敬虔主義やヴュルテンベルクの外からの影響も絡んで、論議されていくところとなる。これに最終的に決着がつけられるのは、1743年の勅令を待たねばならない。

■おわりに

　ヴュルテンベルクでは17世紀から18世紀にかけて、領邦教会は一般の聖職者と教会指導層の二つの階層に分かれていた。教会指導層はエールバールカイト階層を基盤にしており、ラントシュテンデと密接に結びついていた。ところで、17世紀末にヴュルテンベルクでは戦争による危機意識が存在した。一般の聖職者の中からは、この危機意識と急進的な千年王国論とが結びついた例が見られる。彼らは危機意識を背景に、具体的な出来事を終末を告げるしるしとして考えた。これは教会批判と教会から分離する傾向を強くもっており、とうてい領邦教会の指導層の受け入れるところとはならなかった。教会指導層はすでに17世紀中頃よりキリスト教的社会改革を目ざしており、彼らにおける危機意識は教会改革への熱意を高めた。それを背景として、彼らの間では教会改革を強く志向するシュペーナー的終末論が受容されていった。

　シュペーナーの終末論は二つの側面をもっていたと言えるであろう。一つは、正統主義が今まで否定してきた千年王国論的要素をもつゆえ、神秘主義、分離主義を促す傾向である。他方では、彼の千年王国論は領邦教会の枠内での教会改革を強く志向する。それゆえ、教会改革への強いエネルギーをもちつつ、分離主義を押さえる作用をもつ。この二面性は、第3節で触れたシュペーナーのブルンクヴェルの死に関する書簡の中にもあらわれている。彼は、領邦教会の枠を越えようとするブルンクヴェルの考えを否定しつつ、教会当局が彼

91　シュペーナーはこの勅令を高く評価することを記した1694年11月17日付書簡をクルピスに送っている。*Letzte Theologische Bedencken*, 1711 Teil 2（PSJJ, Bd.15, I）, S. 288.

第9章　17世紀末ヴュルテンベルクの終末論

に対して寛大な処置を取るべきであったと述べている。教会指導層の間でシュペーナーの終末論をめぐって意見が分かれたのも、ひとつにはこの二つの傾向をめぐってであったと思われる。勅令に見る限り、宗務局は後者を高く評価した。

　最後に、17世紀における文化の担い手とシュペーナー的終末論との関係を考えてみたい。初期近代ヨーロッパにおいて文化的に民衆と貴族層の間に分極化が進み、それとともに、17世紀において頂点に達する宮廷文化は都市の中間層に影響を与え、「彼らは政治的社会的独立をなくしていった」と論じるデュルメンに対して、レーマンは中間層の中の「敬虔な市民階層はその文化的独立を維持しようとした」と主張した[92]。ヴュルテンベルクの場合、17世紀の末においても、シュペーナー的な千年王国論を受け入れたエールバールカイト階層を中心とする教会指導層に、レーマンが言う文化的に独立した敬虔な中間層の核を認めることはできないだろうか。ヴュルテンベルクの領邦教会の指導層は広範なラントシュテンデと結びついており、18世紀の初めまでは、その点で領邦教会はしっかりとした基盤をもっていた。そのため、宮廷に対しても独立しており、宮廷文化に対しても独立することができたであろう。本章では、シュペーナー的終末論を急進的千年王国論との比較で論じてきたが、独立した文化をもった敬虔な中間層について述べるためには、なお彼らと宮廷との関係を取り上げる必要があろう。

---

92 H. Lehmann, The Cultural Importance of the Pious Middle Classes in 17 th Century Protestant Society, in: K. von Greuers, ed., *Religion and Society in Early Modern Europe 1500-1800*, London 1984, p.33.

第Ⅲ部

近世ドイツの聖職者

第Ⅲ部　近世ドイツの聖職者

第10章　近世ヴュルテンベルクの聖職者

■はじめに

　「聖職は学究的職業であり、おそらく経済的に豊かでない階層の若者たちに
対してもっとも門戸の広い知的専門職であった。プロテスタントの聖職者の大
部分は、牧師の家庭の出身であった。この階層こそ、18世紀以降、ドイツの哲
学、文学および知的全領域の再興をもたらした豊かな土壌だった。新たに生ま
れた専門的学問の多くは、その設立者たちをこうした土壌に負っていたのであ
る[1]。」マクレランドのこの言葉は近世ドイツの牧師階層と教養市民層との関連
を示唆している。ドイツにおいてこのような状況の歴史的前提となったのは、
何よりも宗教改革であった。宗教改革は様々な領域に大きな影響を与えたが、
聖職者の社会的性格に注目した場合、二つの点でカトリックの聖職者階層と異
なる在り方をプロテスタントの牧師階層に与えた。
　一つは、マクレランドの指摘と直接係わるが、教育に関するものである。宗
教改革は信仰生活・儀式の中心をミサから説教に移した。そして「聖書のみ」
と原典主義から、牧師職につこうとする者に、ギリシア語とヘブル語の習得を
課した。このためプロテスタントの聖職者は、大学教育を受けることが必要と
なった。たとえば、この章で取り上げるヴュルテンベルクでは、16世紀前半に
おいてはなおマギステルをもたない聖職者がいたが、17世紀に入るとそのよう
な存在はきわめて稀なケースとなる。マギステル修得のために彼らは長期にわ

1　チャールズ・E・マクレランド『近代ドイツの専門職』（望田幸男監訳、晃洋書房、1993年）、
　　56頁。

242

第10章　近世ヴュルテンベルクの聖職者

たる勉学にたずさわった。マギステル獲得後は、その生活習慣・趣味において他の階層と際だった違いを生み出すこととなった。これはカトリックの聖職者と比較すると、重要な相違である。

　もう一つは結婚に係わる。宗教改革は聖職者の独身制を否定し、結婚と家庭が社会の重要な基礎であると主張した。プロテスタントの牧師の家庭は結婚によって、カトリックの聖職者の場合よりも遥かに他の階層との係わりを密接なものとしていった。結婚を通じて、彼らは意識的にあるいは無意識に、他の階層と結びついていった。世代を経るうちに次第に、牧師職を一つの結節点として、階層間のつながりが形成されていく。その特徴は近世ドイツ社会を理解するうえで重要である。

　もう一点、他の職業集団との相違を考えるうえで大切なのは、地域性である。これはカトリックとプロテスタント両方に共通していると思われるが、とりわけプロテスタントにおいては、聖職者は一箇所に定住することなく、任地を転々と移っていく。一つの任地に住む期間は領邦教会制の展開とともに変化するが、個人の社会的移動が限られていた近世社会において、彼らのこの特徴は特異である。牧師の家庭は任地の移動を通じて、ほとんどは同一領邦内に限定されるものの、地域を越えた結びつきを同じ階層間で形成していった。また、任地先の他の階層との結びつきを獲得する機会ともなった。これは牧師家庭の子どもの世代において新たな展開の可能性を生み出すこととなった。

　ヴュルテンベルクでは1534年以後ウルリヒUlrich 6 世（在位1530-1550）によって上から宗教改革の導入がはかられた。彼は改革のためルター派のエアハルト・シュネップErhard Schnepf（1495-1558）と上ドイツ宗教改革の担い手であったアンブロージウス・ブラーレルAmbrosius Blarer（1492-1564）を招く。しかし、その後礼拝形式に関しては上ドイツの簡素な様式が取り入れられていくものの、他はルター派的傾向を強めていく。改革は1548年の『アウクスブルク仮信条協定』によって一時後退を余儀なくさせられたが、1553年に『アウクスブルク仮信条協定』が破棄された後、今度はクリストフ公Christoph（在位1550-68）の下で領邦教会制が確立していく。その時に大きな影響力をもった

243

第Ⅲ部　近世ドイツの聖職者

のは、クリストフ公によって招聘されたヨハネス・ブレンツJohannes Brenz
(1499-1570) であった[2]。以後、ヴュルテンベルクはカトリックの強い南ドイツ
の中で有力なルター派領邦国家となっていく。

　本章が扱う時期は17世紀から18世紀である。この時期のヴュルテンベルクで
は次のような特徴がある。第一に、ヴュルテンベルクは18世紀においてもラン
トシュテンデの力が強く、絶対主義化が阻止された。第二に、宗教的革新運動
の一つである敬虔主義が広まっている。第三に、18世紀に二人のカトリックの
領邦君主が現われたが、その間も領邦教会はルター派であり続けた。これは領
邦君主がカルヴァン派で領邦教会はルター派であり続けたプロイセンと似通っ
た性格をもっている。領邦教会の実態と聖職者のおかれていた状況、また彼ら
が社会的に果たした役割を理解することなくしては、これらの問題を十分に考
えることはできない。

　次節でまず領邦教会制の枠組みをおおまかに触れ、第2節でヴュルテンベル
クの17世紀から18世紀にかけての指導者層全般について触れ、第3節で具体例
としてホッホシュテッター家Hochstetterを取り上げる。

■第1節　近世ヴュルテンベルクの教会制度

　近世ヴュルテンベルクでは、どれくらいの聖職者がいたのであろうか。ビン
ダーM. Christian Binderが1798年から99年に編纂した『ヴュルテンベルクの教
会職と教師職。宗教改革から現在に至るヴュルテンベルク公国の宗務局、プ
レラート職、総監督、ならびにあらゆる教会職と教師職の配置一覧[3]』に基づい

2　Gerhard Schäfer, *Zur erbauen und zu erhalten das recht Heil der Kirche. Eine Geschichte
　der Evangelischen Landeskirche in Württemberg*, Stuttgart 1984.

3　M. Christian Binder, *Wirtembergs Kirchen- und Lehraemter oder: Vollstaendige
　Geschichte von Besetzung des Herzoglich-Wirtembergischen Consistoriums und
　Kirchenraths, der Abteien und Probsteien, der General und Special-Superintendenzen,
　aller und jeder Kirchenämter, der Lehrämter an der theologischen und philosophischen
　Facultät der Tübingen und des Gymnasii illustris zu Stuttgart, auch aller ehmaligen und
　jezigen hohen und niedern Kloster- und Stadt-Schulen des Herzogthums Wirtemberg, von*

第10章　近世ヴュルテンベルクの聖職者

[表1]　旧ヴュルテンベルクの聖職者数

	1600年	1650年	1700年	1750年	1790年
宗務局メンバー	4	4	3	3	3
プレラート	14	4	12（2）	11（3）	14
総監督	（4）	（4）	（4）	（4）	（4）
大学教授	13	6	10	7	9
ギムナジウム教授	0	0	8	6（1）	8
修道院学校教師 （1752年以後は修道院学校教授）	9	4	6	8	8
監督	29	28（1）	34（2）	38（1）	37（2）
都市牧師	37（6）	38（5）	32（6）	32（4）	32（6）
牧師	484	491	508	519	521
副牧師	71	63	73	78	77
教師	82	71	84	96	102
合　　　計	743名	709名	770名	797名	811名

M. Christian Binder, *Wirtembergs Kirchen und Lehraemter*, 2 Bde, 1798, 1799 より作成。
（　）内の数字は他の職務を兼任している聖職者の数。ただし、（　）の数字は左の数字には含まれていない。いくつかの職務を兼任している者については、表より上の職務のところでカウントしている。

て、17世紀から18世紀の聖職者数の変化をまとめたものが［表1］である。この表から明らかなように、17世紀から18世紀にかけては聖職者の数は微増しているだけで、基本的には変化していない。聖職者の数が増加したのは16世紀と19世紀であった[4]。1650年の数が少ないのは、この頃まで三十年戦争の影響が残っていたためである。ヴュルテンベルクでは特に1620年代と30年代に戦争とペストの影響を強く受けている[5]（［表2］参照）。ビンダーの本を見ると、1630年代と40年代に特に副牧師や教師の空席が目につく。1650年になっても修道院学校教師の空席は4あり、プレラートの場合は定員14のうち10が空席であっ

---

　　　der Reformation bis auf jezige Zeiten, Tübingen 1798, 1799.
4　Martin Hasselhorn, *Der altwürttembergische Pfarrstand im 18. Jahrhundert*, Stuttgart, S. 80.
5　ヴュルテンベルクの三十年戦争とペストの被害については次を参照。Karl Weller & Arnold Weller, *Württembergische Geschichte im südwestdeutschen Raum*, 9. Aufl., Stuttgart 1981, S. 174-176.

第Ⅲ部　近世ドイツの聖職者

[表2]　旧ヴュルテンベルクの人口の推移

年	人口
1618年以前	440,000人
1639年	97,258
1645年	120,000
1652年	166,000
1679年	264,000
1750年	467,000
1771年	484,000
1787年	500,000
1790年	620,000

1618年から1679年の人口数はArnold Weller,
Sozialgeschichite Südwestdeutschlands,
Stuttgart, 1979, S.681から引用。それ以後の数
字は、F.L.Carsten, *Princes and Parliaments in
Germany from the 15th to the 18th Century*,
oxford, 1957, p.4から引用。

た。17世紀は三十年戦争の頃を除くと750名程度、18世紀は約800名前後の現
職の聖職者が存在したと考えてよいであろう。なお、それ以外にテュービン
ガー・シュティフトの神学生や修道院学校の学生たち、いわゆる聖職者の予
備軍がいる。これらの予備軍を加えると、18世紀中頃でだいたい1,300名を越
える[6]。次に聖職者は全人口の中でどの程度の割合を占めていたのであろうか。
[表2]は17世紀から18世紀に旧ヴュルテンベルクの人口の推移である。これ
によれば、18世紀の中頃になってやっと三十年戦争前の人口に回復している。
これ以後は急速に人口が増加していくが、それに伴って聖職者の全人口の中で
占める率は低下していく。1650年頃の比較的高い頃で約0.4％、1750年頃で約
0.17％、1790年頃になると約0.13％に低下する。聖職者予備軍を入れても18世
紀中頃で約0.28％程度である。人口の点から言えば、きわめて少数のグループ
であったと言わなければならない。そのような彼らが社会の中でどのような役
割を果たしたのであろうか。本節では、まずプレラートや監督、牧師等を中心

6　Martin Hasselhorn, *op. cit.*, S. 80.

にヴュルテンベルク領邦教会の制度を概観しておきたい。

約750人から800人に及ぶ聖職者たちを統括していたのが宗務局である。これはクリストフ公のとき1553年に整えられ、1698年に一度組織が変更されている。1698年まではKonsistoriumとKirchenratが分離することなく、同じ長官（Director）の下に一つの委員会として機能した。その年まではKonsistorium und Kirchenratを総称して宗務局と呼んでおく。メンバーには俗人から宗務局長官と若干名、聖職者からは通例三名の者が選ばれた。この三名にはシュトゥットガルトのシュティフト教会の説教者と二人の宮廷説教者があたった。もっともシュトゥットガルトの他の聖職者が加わり、三名より多くなる時もあった[7]。さらに指導監督者としてラントホーフマイスター（Landhofmeister）とシュトゥットガルトのシュティフト教会のプロープスト（Probst）が加わった。しかし、ラントホーフマイスターの席は1665年になくなり[8]、プロープストもクリストフ・ヴェルフリンを最後に1688年以後は任命されていない。それ以後は、代わって枢密院（Geheimer Rat）が上級監督を行なっている。世俗のメンバーは宗務局長官を議長にして会議をもち、経済と財政に関するあらゆる問題を扱った。プロープストと三人の聖職者は、宗務局長官と三人の俗人メンバーとともに、週に二度、火曜日と金曜日に会議をもち、「聖職者と学校教師の任命、彼らの教義と生活の監督、教会規定の維持」等にあたった[9]。

1698年に宗務局長官クルピスJohann Georg von Kulpis（1652-98）が死亡すると、KonsistoriumとKirchenratとが分離する。Kirchenratは教会財産の管理を中心とする経済問題を扱った。1698年以後はKonsistoriumのみを宗務局と呼ぶことにする。新たな宗務局は、宗務局長官[10]、副長官（1722年以降）、教会金

---

7 たとえば、1582年から86年にかけて、Special-Superintendent und Spitalkirche zu StuttgartであったWilhelm Möglingが宗務局に加わっている。M.Christian Binder, *op. cit.*, S. 14.

8 ラントホーフマイスターの職は1711年に復活するが、1720年以後再びなくなる。*Ibid.*, S. 11.

9 *Ibid.*, S. 10f.

10 ただし、次の者はKirchenratの長官を兼ねていた。Joachim Friedrich von Pfeil（在位1731-33）、Ph. J. Neuffer（在位1733-35）、Joh. Scheffer（在位1736-63）。また、宗務局長官は俗人とは限らず、Johannes Osiander（在位1708-24）のように聖職者であった者もいる。*Ibid.*, S. 23.

247

第Ⅲ部　近世ドイツの聖職者

庫担当者（Kirchenkasten-Advokat、彼は同時にKirchenratのメンバー）、三名の聖職者からなる[11]。1737年以降は議長職Präsidentが設けられ、枢密院メンバーの一人がこれにあたり、宗務局を統括することになった。初代の議長は1730年から34年にかけてテュービンゲン大学神学部教授であったビルフィンガーG.B. Bilfinger（1693-1750）であった。また、さらにもう一名俗人のメンバーが加わっていることがある。三名の聖職者はシュトゥットガルトのシュティフト教会の説教者と通例二人の宮廷説教者からなっていたが、宮廷説教者が必ずしも宗務局メンバーであるわけではなく、他の説教者、特にプレラートから選ばれる場合もあった[12]。上述したように宗務局は教会問題に関する最高統括機関であるが、牧師の解雇、長期の休暇やその他の免除の許可、外国人の教会職への受け入れ、聖職者の昇格については、枢密院の了解を必要とした[13]。

　ウルリヒ公とクリストフ公による宗教改革実施後も、教会はプレラート（Prälat）を通じて政治的権力を保持した。彼らは、本来14の有力な修道院の長であり、修道院管轄のアムトを代表して領邦議会に連なっていた。宗教改革後もその名称は残り、それに付属する教会財産と修道院学校をもった（修道院学校は後に四に減少）[14]。また、何よりも重要なことは、クリストフ公によってラントシュテンデとしての身分を保証され、領邦議会のメンバーを構成した[15]。宗教改革後しばらくはなおカトリックの聖職者がプレラートについていたが、徐々にプロテスタントの者に代わっていった[16]。ヴァンは教会財産

---

11 *Ibid.*, S. 22.
12 *Ibid.*, S. 24.たとえば、Johann Albrecht Bengelは1749年から52年にかけてアルピルスバッハのプレラートでありかつ宗務局メンバーであった。*Ibid.*, S. 24, 55.また、宮廷説教者やシュティフト教会の説教者がプレラートを兼ねている場合もある。たとえば、J.W. Jägerは1699年から1704年にかけてシュティフト教会の説教者でありかつ宗務局メンバーであったが、それとともに1695年から1703年にかけてマウルブロンのプレラートであった。*Ibid.*, S. 24, 88, 787. L.E. Fischerの場合には、1744年から73年にかけて宮廷説教者でありかつ宗務局メンバーであったが、それとともに1757年から73年にかけてアーデルベルクのプレラートであった。*Ibid.*, S. 24, 52, 785.
13 Martin Hasselhorn, *op. cit.*, S. 83.
14 M.Chr.Binder, *op. cit.*, S. 49.
15 Walter Grube, *Der Stuttgarter Landtag 1457-1957*, Stuttgart 1957, S. 225.
16 M. Chr. Binder, *op. cit.*, S. 48f.

の大きさによってプレラートを三つのグループに分けている。第一のグループはベーベンハウゼンBebenhausenとマウルブロンMaulbronnで、教会財産がもっとも豊かであり、領邦議会においても指導的な役割を果たした。第二はケーニヒスブロンKönigsbronn、アルピルスバッハAlpirsbach、ブラウボイレンBlaubeuren、ヒルザウHirsau、ムルハルトMurrhardt、ヘレンアルプHerrenalb、デンケンドルフDenkendorf、ロルヒLorchであり、第三のグループがザンクト・ゲオルゲンSt. Georgen、アーデルベルクAdelberg、アンハウゼンAnhausen、ヘアブレヒティンゲンHerbrechtingenで規模がもっとも小さい[17]。ザンクト・ゲオルゲンとヘアブレヒティンゲンのプレラートは、三十年戦争後は、他の地位にある聖職者が兼務した[18]。また彼らはラントシュテンデ独自の機関である大委員会と小委員会にも連なった。大委員会では16名のうち四名が、小委員会では八名のうち二名がプレラートによって占められた[19]。これらプレラートは領邦君主によって任命された[20]が、各アムトからの代表であるラントシャフトLandschaftとともに、次節で述べるエールバールカイト（Ehrbarkeit）階層の利害を代弁した。

　教会組織の基本的な単位は監督区（Special-Superintendenz）である。1547年には23の区域に分けられていたが、その後増加して1577年には28の監督区を確認することができる[21]。17世紀以後も監督区の再編成が進み、18世紀後半には39存在するに至った。各監督区には約10から20の教区（Pfarrei）があり、牧師（Pfarrer）がその責任を負った。教区にはいくつかの田舎の分教区（Filiale）をあわせもつものもあり、その場合その教区の牧師または副牧師（Diaconus）が儀式等を行なった。教区の平均的人口は1790年頃でおおよそ800〜900人であ

17　J.A.Vann, *The Making of a State. Württemberg, 1593-1793*, Ithaca & London 1984, pp. 51f.
18　M. Chr. Binder, *op. cit.*, S. 71-72, 74-75.
19　Walter Grube, *op. cit.*, S. 213.
20　Ibid., S. 225. 宗教改革以前はKlosterkonventenによって選ばれた。
21　M. Chr. Binder, *op. cit.*, S. 105-111.

第Ⅲ部　近世ドイツの聖職者

る[22]。各監督区を管轄したのは、監督（Special-Superintendent）であり、通例Specialと呼ばれた。またDecanとも呼ばれる。各監督は自分の管轄区域内の教区を巡察し、牧師や学校教師の勤務状況や教区の様子を調べた[23]。監督は管轄区域内の中心的な都市の牧師が兼務した。各監督区にはそれ以外にもいくつかの都市の牧師がいた。都市の教区の場合、牧師以外に一名ないし二名の副牧師、さらに学校教師（Praeceptor、Collaborator）等がいた。各監督区は監督の所在都市名で呼ばれる。監督区の増加に伴って、従来ある監督区内の都市教区であったものが、新たな監督区の監督所在都市となっていった。

　各監督区は四つの総監督区Generl-Superintendenzのどれかに属した。この総監督区の管轄者が総監督（General-Superintendet）である。最初、総監督は一定の場所とも特定の教会職とも結びついてはいなかったが、その後、ベーベンハウゼン、アーデルベルク、デンケンドルフ、マウルブロンの各プレラートが兼務するようになっていった[24]。［表3］は総監督区と監督区の一覧である。

　宗務局とともにヴュルテンベルクの領邦教会全体について協議する機関が教会会議（Synodus）である。宗務局メンバーと四人の総監督によって構成される。1546年につくられ、当初は年に四回開かれた。その後、年に二回になり、1608年以降はシュトゥットガルトで年一回、10月末か11月初め頃数週間にわたって開かれるようになった[25]。会議では総監督は自らの管轄下にある監督たちが提出した巡察結果を報告し、教会の改革・改善について協議した。必要な場合には法令の起草がなされた[26]。

22　Martin Hasselhorn, *op. cit.*, S. 80.

23　G.Schäfer, *op. cit.*, S. 58; Martin Hasselhorn, *op. cit.*, S. 82.

24　M.Chr. Binder, *op. cit.*, S. 109-112. ただし例外もある。これはデンケンドルフの総監督に多い。たとえば、1669年から1675年にかけてデンケンドルフの総監督であったJ.J. Müllerはブラウボイレンのプレラートであった。

25　*Ibid.*, S. 109 ; Martin Hasselhorn, *op. cit.*, S. 81f.

26　M.Chr. Binder, *op. cit.*, S.109 ; G. Schäfer, *op. cit.*, S. 59 ; Martin Hasselhorn, *op. cit.*, S. 81f.

第10章　近世ヴュルテンベルクの聖職者

[表3]　旧ヴュルテンベルクの総監督区と監督区

総監督区	監督区		総監督区	監督区	
ア ー デ ル ベ ル ク	Backnang	1695	デ ン ケ ン ド ル フ	Blaubeuren	※
	Brackenheim	1699		Göppingen	※
	Cannstatt	※		Heidenheim	1631
	Güglingen	1732		Kirchheim	※
	Lauffen	1747		Neuffen	1585
	Marbach	※		Nürtingen	1693
	Neuenstadt	1612		Pfullingen	1711
	Schorndorf	※		Urach	※
	Waiblingen	※			
	Weinsberg	※			
ベ ー ベ ン ハ ウ ゼ ン	Tübingen（Stadt）	※	マ ウ ル ブ ロ ン	Stuttgart	※
	Tübingen（Amt）	※		Ludwigsburg	1720
	Bebenhausen	1692		Bietigheim	※
	（Lustnau）			Böblingen	※
	Balingen	※		Calw	※
	Freudenstadt	1672		Gröningen	※-1720, 1736
	Herrenberg	※		Leonberg	※
	Hornberg	1684		Dürrmenz	1744
	Sulz	※		Knittlingen	※
	Tuttlingen	※		Vaihingen	※
	Wildberg	※		Wildbad	※

数字は監督区になった都市を示す。※は1600年以前にすでに監督区であったことを示す。

M. Chr. Binder, *op. cit.*, S.104-112.

■第2節　近世ヴュルテンベルクの支配層

　近世ヴュルテンベルクの指導層を考えるうえで特に重要な点は、ラントシュテンデにおける貴族層の欠如、エールバールカイト（Ehrbarkeit）と呼ばれる社会層、官僚機構の中核である枢密院（Geheimer Rat）の存在である。

　通例身分制国家においてラントシュテンデの中核になるのは貴族層であるが、ヴュルテンベルクでは15世紀頃すでに彼らは領邦政治から退却しつつあっ

251

第Ⅲ部　近世ドイツの聖職者

た。歴代のグラーフたちによるヘルシャフト買収政策により、貴族たちは領邦から退いていた[27]。1514年からはもはや領邦議会に参加していない。ヴュルテンベルクがルター派となった後も、「彼らのほとんどはカトリックにとどまった[28]。」1561年に彼らは帝国直属騎士の身分を獲得している[29]。

　1400年から1500年にかけて一つの社会層を形成し、貴族たちに取って代わっていったのが、エールバールカイトと呼ばれる領邦都市の上層市民たちである。デッカー・ハウフは「大きな20の領邦都市のおそらく60あまりの家系のグループ」だとしている[30]。これらの家系は1450年から70年頃にはすでに貴族的な生活様式を身につけるようになり、領邦外の貴族たちと婚姻関係を結んだりしている[31]。19世紀にいたるまで、ヴュルテンベルクの指導層はこのエールバールカイトであるが、家系的には16世紀初めに断絶がある。1534年以降ウルリヒ公によって彼らは排除され、一部がプロテスタントとなって残ったものの、多くはヴュルテンベルクから去っていった[32]。宗教改革以後はプロテスタント的性格の下に、新たな家系が形成されていく。

　ラントシュテンデは「Gemeine Prälaten und Landschaft」と呼ばれ、宗教改革以後も領邦議会は14名のプレラートと各アムト（Amt）の代表であるラントシャフトから構成されていた。プレラートとは異なってラントシャフトの数には変化が見られ、18世紀には69名に達している[33]。17世紀中頃から各アムトは一人の代表を送っているが、シュトゥットガルトとテュービンゲンとルートヴィヒスブルクは二人の代表を送った[34]。エールバールカイトの基盤は、こ

---

27 Hans-Martin Decker-Hauff, Die geistige Führungsgeschichte in Württemberg, in : G. Franz（hrsg.）, *Beamtentum und Pfarrerstand. 1400 bis 1800*, Limburg ／ Lahn 1972, S. 57. ヴュルテンベルクが公国となるのは1495年である。
28 E. J. Griffth, *Political Writings and Enlightened Monarchy in Württemberg during the Reign of Duke Carl Eugen, 1744-94*, Univ. of Illiois: Ph. D. diss. 1979, p. 15.
29 *Ibid.*, p. 15.
30 Hans-Martin Decker-Hauff, *op. cit.*, S. 57.
31 *Ibid.*, S. 58.
32 *Ibid.*, S. 59.
33 E.J. Griffith, *op. cit.*, p. 31.
34 *Ibid.*, p. 49.

252

第10章　近世ヴュルテンベルクの聖職者

の司法兼行政管区であるアムトにあった。「各アムトは一つの都市およびその周辺部にある複数の村落から成り立っていた[35]。」アムトの領邦議会への被選挙権は、裁判・行政機関であるゲリヒト（Gericht）とゲリヒトを監督するラート（Rat）両機関の構成員、および市長（Bürgermeister）に限定されていた。ラートと市長はともにゲリヒトが選出した。ゲリヒトは終身制であり、自主選出能力を備えていた。そして、このゲリヒトを独占したのがエールバールカイト階層であった。選挙権は村落代表にまで拡大される場合があったが、被選挙権は変わることがなかった[36]。都市上層市民であるエールバールカイト階層は、このようなアムトの組織の中核を握ることを通じてラントシャフトからの領邦議会選出を独占することに成功した。彼らは何よりも「政治的エリート」であった、ということができる[37]。

　エールバールカイト階層はさらにアムトマン（Amtmann、フォークトVogt）を領邦議会から排除することに成功する。アムトマンはもともと都市の指導的家柄の出身であるが、領邦君主によって任命され、アムトにおける君主の代官の役割を果たした[38]。クリストフ公の時にアムトマンの一部は領邦議会への参加が許され、以後、しばらくそのような状態が続いた。彼らは領邦君主の政策を支持し、領邦議会におけるエールバールカイト支配を脅かす存在であった[39]。しかし、1629年の領邦議会以後、彼らは参加を禁ぜられる[40]。アムトマンはこれまで地域の利害のスポークスマンと君主の官吏という二つの機能をもっていたが、以後領邦議会から切り離されることによって官吏でしかなくなる[41]。

35　石川俊行「ドイツ近代行政法学の誕生——Ｆ・Ｆ・フォン・マイアーと環境としてのヴュルテンベルク王国」（2）『中央大学法学新報』89巻5・6号、1983年、48頁。以下、同論文は石川（2）と略記する。
36　石川俊行「ドイツ近代行政法学の誕生——Ｆ・Ｆ・フォン・マイアーと環境としてのヴュルテンベルク王国」（3）『中央大学法学新報』89巻7・8号、1983年、28-30頁。以下、同論文は石川（3）と略記する。
37　J.A.Vann, *op. cit.*, p. 43.
38　*Ibid.*, p. 99.
39　*Ibid.*, p. 99 ; F.L.Carsten, *Princes and parliaments in Germany from the 15 th to the 18 th Century*, Oxford 1957, p. 26.
40　F.L.Carsten, *op. cit.*, p. 26.
41　J.A.Vann, *op. cit.*, p. 101.

253

第Ⅲ部　近世ドイツの聖職者

　以上のようにエールバールカイト階層は地方の指導者として登場するが、シュトゥットガルトの中央行政に目を向けると、官僚制機構の発展上重要なのが1629年における枢密院の設置である。それ以前は各部局を統括する機関は存在しなかった。それぞれの部局の役人は他の部局の情報を十分得ることなく、それぞれの役目を担わなければならなかった。枢密院以前にも枢密顧問官たち（Geheimräte）と呼ばれる人々が存在したが、彼らはまとまって一つの官庁を組織していたのではなく、それぞれ独立の中央機関に属しつつ、個別的に領邦君主の相談に応じたのであった[42]。新しく設置された枢密院は中央行政の各部局を統括する官庁である。エーバーハルトEberhard 3 世（在位1633-74）の時に、あらゆる報告・請願は枢密院に送られ、そこでまず検討されて、助言のコメントとともに領邦君主に渡されることになった。また、エーバーハルト 3 世はあらゆる命令を枢密院を通じて官庁、役人、臣民に伝えようとした[43]。構成員はおよそ六名から七名であり、ラントホーフマイスターや官房長Kanzler、その他法律家が加わっていた[44]。

　ヴュルテンベルクのラントシュテンデに関しては以前からいくつかの研究[45]が存在したが、枢密院が国制上どのような役割を果たしたかをその構成員の社会階層まで立ち入って分析したのはヴァンの研究[46]が最初であろう。以下、エールバールカイト階層に目をとめつつ、領邦君主、ラントシュテンデ、枢密院の関係がどのように移り変わっていったかを、主にヴァンの叙述に依拠しながら検討していくことにしよう。ヴァンによれば、1630年代から70年代にかけ

42　J.A.Vann, *op. cit.*, pp. 68f. ; 石川（2）、77頁。
43　J.A.Vann, *op. cit.*, p. 118.
44　*Ibid.*, p. 118; 石川（2）、77頁。
45　たとえば、次のような研究がある。Walter Grube, *op. cit.* ; F.L.Carsten, *op. cit.* ; H. Lehmann, Die württembergischen Landstände im 17. und 18. Jahrhundert, in : Dietrich Gerhard, hrsg., *Ständische Vertretungen in Europa im 17. und 18. Jahrhundert*, Göttingen 1969：成瀬治「初期自由主義と『身分制国家』——ヴュルテンベルク憲法の成立をめぐって——」『北大文学部紀要』8、1960年（成瀬治『絶対主義国家と身分制社会』山川出版社、1988年、所収）。
46　J.A.Vann, *op. cit.* 独訳がある。James Allen Vann, *Württemberg auf dem Weg zum modernen Staat 1590-1793*, Stuttgart 1986.

てのエーバーハルト 3 世の治世は、三者のバランスが比較的よくとれていた
時代である。彼は1634年のネルトリンゲンの戦いの後、1638年まで逃亡生活
を送った[47]。ヴュルテンベルク帰還後、エーバーハルト 3 世は財政問題から二、
三年に一度領邦議会を開かざるをえなかった[48]。さらに三十年戦争時代、中央
の村落支配はゆるみ、村落の有力者が領邦議会議員に関する選挙権をもつアム
トが出てきた。もっとも彼らが被選挙権をもつまでには至らなかった[49]。また、
都市と村落の利害の提携が可能となる状況が生み出されていった。これらを背
景にして、比較的広範なエールバールカイト層が領邦議会の代表を占めた。他
方、枢密院も三十年戦争の時期、エーバーハルト 3 世の下で重要性を増してい
く。枢密院メンバーの出身階層［表 4］を見ると貴族が多く、枢密院に入った
後に貴族の称号を得るに至った者も存在する。これら貴族のほとんどはヴュル
テンベルク以外の出身である。一方、非貴族層は以前と異なって結婚等により
エールバールカイト階層との結びつきをもっていった[50]。

　1677年にヴィルヘルム・ルートヴィヒ公が死亡したとき、その子エー
バーハルト・ルートヴィヒEberhard Ludwig（在位1693-1733）はわずか一
才であったので、フリードリヒ・カールFriedrich Karl（1652-1698）が摂
政（Herzogadministrator、在位1677-93）を務めることになった。彼はシュ
トゥットガルトの宮廷にフランス風バロック文化を導入するとともに[51]、常備
軍設置をめぐってラントシュテンデと対立する。1691年に彼は約6,000名の常
備軍をもつに至る[52]。この頃からラントシュテンデと枢密院とは疎遠になって
いく[53]。プファルツ継承戦争の最中、1692年にフリードリヒ・カール公はフラ

47　F. L. Carsten, *op. cit.*, p. 62.
48　J. A. Vann, *op. cit.*, p. 115.
49　*Ibid.*, pp. 105-107.
50　*Ibid.*, pp. 121f.　ヴァンは1650年から70年までに枢密院メンバーであった者のうち少なくと
　　も 6 名が「領邦議会と強いつながりをもっていた家系の娘と結婚した」と述べている。
51　ヴュルテンベルクのバロック文化については次を参照。Werner Fleischhauer, *Barock im
　　Herzogtum Württemberg*, 2. Aufl., Stuttgart 1981.
52　F. L. Carsten, *op. cit.*, p. 98.
53　J. A. Vann, *op. cit.*, p. 145.

第Ⅲ部　近世ドイツの聖職者

[表4] 枢密院メンバーの社会階層

年	総数	以前から貴族	任期中に貴族となる	非貴族層
1630-39	9 （人）	44.5%	11.0%	44.5%
1640-49	7	57.1	28.6	14.3
1650-59	10	40.0	30.0	30.0
1660-69	6	50.0	16.7	33.3
1670-79	11	45.4	18.2	36.4
1680-89	6	66.6	16.7	16.7
1690-99	9	55.6	22.2	22.2
1700-09	11	72.7	18.2	9.1
1710-19	14	64.3	21.4	14.3
1720-29	14	57.1	14.3	28.6
1730-39	23	47.8	13.1	39.1
1740-49	11	54.5	18.2	27.3
1750-59	14	57.1	14.3	28.6
1760-69	13	61.5	0.0	38.5
1770-79	7	42.9	14.2	42.9
1780-89	8	37.5	25.0	37.5
1790-93	7	28.6	28.6	42.9

J. A. Vann, *The Making of a State. Württtemberg*, 1593-1793, p.300.

ンス軍に捕らえられ、1693年にはエーバーハルト・ルートヴィヒが親政を始め
た。彼はルートヴィヒスブルクを建設して、そこにフランス風宮廷を取り入れ
るとともに、絶対主義を志向する。彼の治世下では、領邦議会は1698年から99
年にかけての一度しか開かれなかった。それとともにこの頃からラントシュテ
ンデの活動の場は、領邦議会から委員会に移っていく[54]。この委員会について
は第1節で少し触れたが、ここでもう少し詳しく述べておこう。委員会は、小
委員会Engerer Ausschuß と大委員会Größerer Ausschußがあった。それぞれ
1521年につくられ、いったんは廃止されるが、クリストフ公の時に再び設けら
れた。1554年以後その構成は、小委員会に関してはプレラートから二名とラン
トシャフトから六名の計八名、大委員会についてはプレラートから四名とラン

---

54 H. Lehmann, Die württembergischen Landstände im 17. und 18. Jahrhundert, S. 194.

トシャフトから12名の計16名（小委員会のメンバーは必ずそこに含まれる）であった。小委員会にはさらに法律顧問Landschaftskonsulentがいた。二つの委員会のうち特に重要なのは小委員会である。大委員会とは異なって、小委員会は領邦君主の許可をえることなく自らの意志で定期的に集まる権限を与えられていた。彼らは領邦のあらゆる事柄に関する請願権をもっていた[55]。またラントシュテンデ独自の会計局の財政監督にあたるとともに、「ゲハイメ・トゥルーエ（Geheime Truhe）と称される独自の会計局」をもっていた[56]。小委員会はさらにメンバーを自ら任命する権限を有した。このため、小委員会に入れるのは、幾世代にもわたって領邦議会議員を送り出しているような、数少ない家系に限定されていくこととなった[57]。こののち領邦議会が開かれなくなるとともに、エールバールカイト階層の中でも特に上層の家系の利害が小委員会を支配し、領邦政治を左右する傾向があらわれてくることとなる。

　ところで、枢密院はエーバーハルト・ルートヴィヒ公の時代、どのような状態であったのであろうか。この時期、軍備の維持とその経費をめぐって公とラントシュテンデとの間に対立が存在したが[58]、軍事問題については枢密院はエーバーハルト・ルートヴィヒ公を支持した[59]。しかし、宮廷問題をきっかけに公と枢密院との間は疎遠になっていく。1707年、エーバーハルト・ルートヴィヒ公は妻がいたにもかかわらず、クリスティアーネ・ヴィルヘルミーネ・グレーヴェニッツChristiane Wilhelmine von Grävenitzとの結婚を望む。彼はルイ14世の宮廷の例をもちだしてそれを正当化しようとするが、ヴュルテンベルクではこのようなことは前例がなかった。エーバーハルト・ルートヴィヒ公の二重結婚に反対する点で、聖職者、ラントシュテンデ、枢密院は一致した。

---

55 *Ibid.*, S. 190 ; W. Grube, *op. cit.*, S. 213 ; E. J. Griffith, *op. cit.*, p.33.
56 石川（3）、27頁。
57 H. Lehmann, Die württembergischen Landstände im 17. und 18. Jahrhundert, S. 191 ; E. J. Griffith, *op. cit.*, p. 33.
58 この点について次を参照。F. L. Carsten, *op. cit.*, pp. 103-122; J. A. Vann, *op. cit.*, pp. 163-170, 178-188.
59　J. A. Vann, *op. cit.*, pp. 188-190.

第Ⅲ部　近世ドイツの聖職者

結局彼はこの結婚をあきらめるが、グレーヴェニッツをかたちだけヴュルベン伯Graf Johann Franz Ferdinand von Würbenと結婚させ、実際はルートヴィヒスブルクの彼の宮廷に住まわせた[60]。また枢密院は宮廷の支出増大に反対した[61]。

　次に枢密院の構成を見てみよう。1693年から1709年にかけてのべ14人が枢密院のメンバーになっている。そのうち10人が古くからの貴族であり、残りの四人のうち三人も途中で貴族の称号を得た[62]。また出身地（[表5]参照）を見てみると、ヴュルテンベルクとの係わりがあったのは三人だけで、他の人々はヴュルテンベルク以外の帝国出身であった[63]。しかし、彼らはその地理的相違にもかかわらず、すべてルター派であり、ほとんどがドイツの小領邦の出身であった。[表4]と[表5]から明らかなように、エーバーハルト・ルートヴィヒ公の時代は、他の君主に比べて貴族とヴュルテンベルク以外の出身者が多かった時である。とりわけ、1700年から09年にかけてその傾向が著しい。このような出自は当然、ヴュルテンベルク土着のエールバールカイト階層とは異なった性格を彼らに与えることになった。彼らは枢密院に入る以前に他の領邦の重要な中央行政職に就いていた者が多く、一般に他の地域での出来事に無関心でヴュルテンベルクの伝統に固執したがるエールバールカイト階層の態度に反対であった。また、彼らがそのような職業上の経歴を有した点が、宮廷における貴族と彼らとを区別することになった[64]。こうした性格をもつ枢密院は領邦君主の個人的な利害から距離をおいて、領邦全体の観点から行政を考えていこうとした。この時期、枢密院は、（1）司法・行政、（2）帝国との関係、（3）財政・軍事、（4）租税・貨幣鋳造・商業・ラントシュテンデ対策、（5）教会・教育対策、の五つの部門に分かれた業務体制をとった[65]。

60　*Ibid.*, pp. 190-193.
61　1693年の宮廷費用の総額は134,030グルデン（そのうち公の家族関係のみで25,162グルデン）。それが1718年には宮廷費用の総額が280,806グルデン（公の家族関係が40,948グルデン）に増加している。1717年の中央行政のための全費用が82,415グルデンであった。*Ibid.*, pp. 205f.
62　*Ibid.*, p. 198.
63　*Ibid.*, p. 197.
64　*Ibid.*, pp. 199f.
65　*Ibid.*, pp. 201-203.

第10章　近世ヴュルテンベルクの聖職者

[表5] 枢密院メンバーの出身地

年	総数	ヴュルテンベルク	ヴュルテンベルク以外の シュヴァーベン・クライス	他地域
1630-39	9 （人）	66.7%	33.3%	0.0%
1640-49	7	42.9	14.2	42.9
1650-59	10	70.0	10.0	20.0
1660-69	6	50.0	16.7	33.3
1670-79	11	36.4	9.0	54.6
1680-89	6	33.3	16.7	50.0
1690-99	9	11.1	22.2	66.7
1700-09	11	0.0	27.3	72.7
1710-19	14	7.1	28.6	64.3
1720-29	14	7.1	21.4	71.5
1730-39	23	39.1	4.4	56.5
1740-49	11	54.6	9.0	36.4
1750-59	14	42.9	7.1	50.0
1760-69	13	30.8	23.1	46.1
1770-79	7	42.9	42.9	14.2
1780-89	8	50.0	25.0	25.0
1790-93	7	71.4	14.3	14.3

J.A. Vann, *op. cit.*, p.299.

　以上のような自律性をもちつつあった枢密院に対して、エーバーハルト・ルートヴィヒ公は1710年頃から廷臣をそれに任命していった[66]。さらに1717年にはルートヴィヒスブルクでこれら廷臣を中心に枢密顧問会議（Geheimer Konferenz Rat）を創設し、中央行政の中心を枢密顧問会議に移した[67]。続いて領邦君主となったカール・アレクサンダーKarl Alexander公（在位1733-37）はより組織的に絶対主義を目ざす側近政治を展開する。もちろん彼の在世中、領邦議会は開かれていない。側近政治のため、カール・アレクサンダー公の時代も枢密院は政治の中心からはずされる。しかし、一つだけ重要

66　1710年から14年にかけてエーバーハルト・ルートヴィヒ公は八名を枢密院に任命しているが、そのうち五名が廷臣である。しかも、そのうち二名はヴェルベン伯夫人の兄弟と義弟であった。*Ibid.*, p. 207.
67　*Ibid.*, pp. 208-210.

259

第Ⅲ部　近世ドイツの聖職者

な役割を果たした。公は1712年10月21日にカトリックに改宗していたので[68]、即位にあたってルター派領邦教会体制を存続することを約束し、領邦司教権Landesbischöfliche Rechteを枢密院に譲り渡した。その結果、枢密院が領邦の教義ならびに教会財産を完全に監督することとなった[69]。

　カール・アレクサンダー公の側近となった人々はヴュルテンベルク公国の外の出身のユダヤ人とカトリック教徒であった[70]。財政はユダヤ人オッペンハイマーJoseph Süss Oppenheimer（1698?-1738）が担当し、ラントシュテンデの伝統的な特権を考慮せず徹底した増収政策がとられた[71]。また「エールバールカイトの支配を弱めるため、アムトの内政に村落がより参加できるようにつとめた[72]。」1644年以降、各アムト内の税分担額は、通例、アムト委員会（Amtsausschuß）で決められていた。しかし、このアムト委員会は村落からは何人かのシュルトハイス（Schultheiss）が参加できる程度で、都市のエールバールカイト階層によって占められており、農民たちの不満が強かった[73]。カール・アレクサンダー公はこのアムト委員会に村落の代表を送り込もうとした。しかし、これが実現するのは19世紀になってからである[74]。このアムト委員会とともに、18世紀初めよりアムト集会Amtsversammlungが存在したが、こちらの方は村落代表が多数を占めた[75]。公はアムト委員会よりもアムト集会を重視しようとした[76]。さらに、アムト委員会やアムト集会にアムトマンを参

68　*Ibid.*, pp. 218.
69　*Ibid.*, p. 211; W. Grube, *op. cit.*, S.390.
70　J.A.Vann, *op. cit.*, p. 223.
71　*Ibid.*, pp. 224-233.
72　*Ibid.*, p. 238.
73　E.J. Griffith, *op. cit.*, pp. 46f.
74　J.A. Vann, *op. cit.*, p. 239.
75　1702年の規定によれば、Amtsstadtからアムトマンを含めて六人、小都市からは三人、大きな村落からはシュルトハイスと他に一名、小さな村落からは一名と決められていた。*Ibid.*, pp. 238f；E.J. Griffith, *op. cit.*, pp. 47f.
76　アムト委員会とアムト集会との関係については、当時各アムトで異なった。たとえば、ゲッピンゲンやニュルティンゲンやシュトゥットガルトでは、アムト委員会とアムト集会で責任を分け合った。また、農民も制限されてはいたが両方に参加できた。それに対して、テュービンゲンでは、あらゆる権限がアムト委員会にあり、それへの参加も都市代表に限られていた。J.A. Vann, *op. cit.*, p. 239.

第10章　近世ヴュルテンベルクの聖職者

加させ、出席者の発言や投票を君主に報告させた[77]。これらアムトに対する政
策はカール・アレクサンダー公が突然亡くなったこともあって、十分な成果を
もたらさなかったが、村落の有力な農民の影響力の増すところも出てきた[78]。

　ところが、絶対主義を志向するカール・アレクサンダー公は1737年に急死す
る。その子のカール・オイゲンKarl Eugen（1728-1793）はまだ九才だったの
で、1744年まで摂政がおかれることとなった。この時期の国政上の重要な動き
としては、まず枢密院の再編成があげられる。カール・アレクサンダー公の死
とともにその側近は追放され、なかでもオッペンハイマーは1738年に処刑され
た。それとともに、国政は再び枢密院によって担われることとなった。この
枢密院の再編成を中心になって行なったのが第1節でも触れたG.B.ビルフィン
ガー（1693-1750）である。1737年に宗務局に枢密院メンバーによる議長職が
設けられたとき、初代議長に就いたのは彼であった。彼は枢密院をできるだけ
エールバールカイトの上層から補充しようとした。それとともに枢密院は小委
員会との結びつきを強める[79]。次に、1699年以来開かれていなかった領邦議会
が1737年から39年にかけて開催されたことがあげられる。この議会では、小
委員会とエールバールカイトの統一を主張するグループとが対立した。プァ
フChristoph Matthäus Pfaff（1686-1760）によって指導された後者は、小委員
会のメンバーが一部のアムト代表によって独占されていることに反対して、弱
小のアムトからの代表も小委員会のメンバーに加われることを要求した。ま
た、アムト委員会によるアムト支配に反対した。しかしこの時、摂政は枢密院
の助言に基づいて小委員会側についた。そのため、この領邦議会の時に小委員
会と大委員会の定数が増加した（小委員会がプレラート一名、ラントシャフト
二名、大委員会がプレラート二名、ラントシャフト四名増加）ものの、エール
バールカイト上層はその権利を守り抜いた[80]。カール・オイゲン公の未成年時

77　*Ibid.*, p. 242.
78　*Ibid.*, p. 244.
79　*Ibid.*, p. 245f.
80　*Ibid.*, p. 249f.

第Ⅲ部　近世ドイツの聖職者

代に、枢密院の再編成や1737年から39年にかけての領邦議会を通じて、以前か
らその可能性のあったエールバールカイト階層の利害の分裂がはっきりと姿を
あらわすこととなった。今や小委員会と枢密院を牛耳る一部のエールバールカ
イト上層がヴュルテンベルクの国政を担うこととなる。他方、他の大多数の
エールバールカイト層は各アムトと都市の政治を担い、国政にはもはや影響力
をもたなくなった。その結果、中央と地方の対立が顕在化し始める[81]。

　カール・オイゲン公（在位1744-1793）は親政を始めた当初は従来の体制を
尊重したものの、間もなく宮廷費と軍事費の捻出のためシュテンデの様々な
特権を無視する行動に出る。また、彼は1758年に国務・官房府（Staats-und
kabinettsministerium）を設け、側近政治を展開した[82]。これに対し、ラント
シュテンデ側は小委員会を中心にして、皇帝と、プロイセン、イギリス、デ
ンマークの三人のプロテスタントの国王に援助を求めるとともに、カール・
オイゲン公の暴挙を帝国宮廷法院（Reichshofrat）に訴えた[83]。結局、カー
ル・オイゲン公は屈服して、1770年2月27日にシュテンデとの間に永代協約
（Erbvergleich）を取り結んだ。この協約はラントシュテンデの従来の特権、
特に小委員会支配を認めたものであった[84]。そのため、その批准をめぐる審議
の中で、モーザー J・J・Moser（1701-1785）のようにそれに反対する人々も
一部にいた。彼は領邦議会を中心とした体制を理想とし、「永代協約はヴュル
テンベルクの制度の終わりを意味する」とすら考えた[85]。しかし、これらの反
対は実を結ばなかった。永代協約の規定に従って、枢密院は中央行政機関とし
ての地位を復活する。しかも、1770年以降そのメンバーの比重は［表4］と「表
5」に見られるように、ヴュルテンベルク出身者と非貴族層におかれていく。

---

81 *Ibid.*, p. 256.
82 *Ibid.*, pp. 270f. 石川（3）、39頁。
83 F. L. Carsten, *op. cit.*, pp. 140f.
84 その内容については、とりあえず次のものを参照。J. A. Vann, *op. cit.*, pp. 287f ; F. L.
　　Carsten, *op. cit.*, pp. 143f. 石川（3）、40-43頁。
85 J. A. Vann, *op. cit.*, p. 290.

彼らはまさしく、エールバールカイト上層の出身者であったのである[86]。1770年以降、小委員会と枢密院はいっそう閉鎖性を強めてヴュルテンベルクの国政を担っていくこととなったのである。

　以上述べてきたように、宗教改革以後18世紀末に至るまでヴュルテンベルクの政治において一貫して重要な役割を果たしたのは、都市の上層市民であるエールバールカイトと呼ばれる人々であった。彼らは都市の上層市民であったが、アムト支配を通じて領邦議会議員の独占をはかる。17世紀末までには比較的広範なエールバールカイト階層が国政に影響を与えることができた。しかし、18世紀以降、領邦議会がほとんど開かれなくなり、小委員会の重要性が増すにつれて、エールバールカイト階層の中でも上層の人々の利害が優先されるようになっていく。

　一方、枢密院は最初、ヴュルテンベルク以外の小領邦出身の法律的訓練を経た貴族たちによって占められていた。彼らは君主の個人的利害から独立した中央行政を志向した。しかし、ここにも徐々にエールバールカイト上層の支配が及んでいく。1730年代末から40年代初めにかけてその傾向ははっきりと現われ、枢密院は小委員会との結びつきを深めていく。その後一時は国政の中心からはずれるが、1770年代以後は枢密院はほとんどヴュルテンベルク出身者によって占められることとなり、小委員会とともにエールバールカイト上層の人々の支配するところとなっていくのである。

　このように一口にエールバールカイト階層と言っても一様でなく、その中にいくつかのグループが存在していた。グリフィスやハッセルホーンによれば、少なくとも１）枢密院の貴族以外のメンバー、プレラート、大学教授、シュトゥットガルトのギムナジウム教授、中央行政の重要なメンバー、２）アムトにおける政治権力の担い手、教会の監督、３）都市当局のメンバー、の三つに分けられる[87]。ラントシュテンデの活躍の場が領邦議会から小委員会に移るに

---

86 *Ibid.*, pp. 291f.
87 E.J. Griffith, *op. cit.*, p. 24 ; Martin Hasselhorn, *op. cit.*, S. 24f.

第Ⅲ部　近世ドイツの聖職者

つれて、またそれと並行して枢密院メンバーと小委員会メンバーとが結びつき
を深めていく中で、エールバールカイトの中心は３）から１）へと移っていっ
た、と言ってよいであろう。

　ところで、この分類で注目すべき点はプレラートや監督といった教会の要職
に就いている者がエールバールカイトに入っていることである。エールバール
カイト階層と聖職者との結びつきについては今まで触れてこなかったが、多く
の研究者が両者の密接な係わり、特にプレラートとエールバールカイト階層
との関係を指摘している[88]。新たなエールバールカイト階層は、宗教改革以後、
有力な牧師の家系と都市の指導的家系が結びつく中で形成されていった。デッ
カー・ハウフによれば、旧エールバールカイト層がヴュルテンベルクを去って
行った後、その後の有力な家系が形成されるにあたって重要な役割を果たした
のは、1580年頃までに他の地域から移住してきた聖職者の家柄であった。ヴュ
ルテンベルクでは宗教改革を遂行するうえで約500名の聖職者を必要としたが、
約400名が領邦から去って行った。それゆえ、各地から聖職者を集めねばなら
なかった[89]。

　宗教改革後、このようなエールバールカイト層を築いていった家系の一つに
ホッホシュテッター家がある。ヴュルテンベルクで敬虔主義が始まった頃、そ
の中心となった人物、「ヴュルテンベルクのシュペーナー」と称されたヨハン・
アンドレーアス・ホッホシュテッターJohann Andreas Hochstetter（1637-
1720）を出した家系である。この家系については、系譜学的研究が進み、16世
紀以降現在に至るヴュルテンベルクにおけるホッホシュテッター家の系譜が、
Deutsches Geschlechterbuch, Bd.146（=*Schwäbisches Geschlechterbuch,* Bd.8）
に収められている[90]。ヴュルテンベルクの各家系の系譜や官職保持者の経歴等を研

88　たとえばH. Lehmann, Die württembergischen Landstände im 17. und 18. Jahrhundert, S.
　　186；J.A. Vann, J.A.Vann, *op. cit.*, p. 52.
89　Hans-Martin Decker-Hauff, *op. cit.*, S. 61ff.
90　*Deutsches Geschlechterbuch*, Bd.146（=*Schwäbisches Geschlechterbuch*, Bd.8）, Limburg a.d.
　　Lahn 1968, S. 187-429. 以下、引用にあたっては、DS 146と略記する。

第10章　近世ヴュルテンベルクの聖職者

究するには、Christian Binder[91]や、F. F. Faber[92]、Walther Pfeilsticker[93]、および、Südwestdeutsche Blätter für Familien=und Wappennkundeの諸研究が基礎となるが、それらを用いて、ホッホシュテッター家に関しては、かなりの程度、どのような職業に従事し、誰と結婚したかが明らかとなっている。本書巻末の参考資料「Hochstetter家　男性一覧」は、それらを用いて、整理したものである。これをもとに、次の第3節で、ホッホシュテッター家を例にして、近世ヴュルテンベルクにおける牧師階層の社会的性格を考えたい。

■第3節　ホッホシュテッター家の場合

1．ヨハン・コンラートと子どもたち（第一世代）

　ホッホシュテッター家で最初に牧師となったのは、ヨハン・コンラート（0）Johann Konrad（1583-1661）である。彼の祖先は15世紀末からブラウボイレン近郊のザイセンSeißenに住んでいたと推測されている[94]。彼の父はそこから数キロ東のゲルハウゼンGerhausenに移住して粉挽きを営むとともに、傭兵にもなったことがある。彼自身は1607年にテュービンゲン大学で学んだのち、牧師としての経歴を積み重ねていった。1608年にはマウルブロンの修道院学校教師Klosterpräzeptorとなったのを皮切りに、1612年にブラッケンハイムBrackenheimの副牧師、1619年にはシュトゥットガルトの副牧師、21年から26年までシュトゥットガルトの教会の牧師を務めたのち、1626年にキルヒハイム・ウンター・テックKirchheim u. Teckの監督になり、1661年に死亡するまでその職にあった。その間彼は二度結婚し、18人の子どもをもうけた。最初の妻ウルスラの父M. コッホKochはブラウボイレンのウンター・フォークト、再婚相手アンナ・レギーナの父ザロモン・キーザーKieserもブラウボイレンの

91　M. Christian Binder, *op. cit.*, 2 Bde., 1798, 1799. 注3参照。
92　F. F. Faber, *Die württembergischen Familienstiftungen*, Stuttgart 19 Hefte, Stuttgart 1853-1858.
93　Walther Pfeilsticker, *Neues Württembergisches Dienerbuch*, 3 Bde., Stuttgart 1957-1974.
94　DS 146, S. 190f.

第Ⅲ部　近世ドイツの聖職者

フォークトであった。この18人の子どものうち、男子が七人、女子が八人成人
した［巻末系図1参照、職業が不明の男子一名を除く］。なお、（　）内の算用
数字およびアルファベットは、家系上の彼らの位置を示すために筆者が付けた
番号であり、本書巻末の参考資料一覧の番号と対応している。

［娘たち］

　まず娘について述べると、長女アンナ・マリア（a）Anna Maria（1617-？）
は三度結婚した。最初の夫J. G・バウアーBauerの結婚時の職業は分かってい
ないが、その後1654年から59年までキルヒハイムのフォークトを務めた。彼女
は1672年にヨーゼフ・カペルJoseph Cappel（1614-1689）と再婚する。カペル
はこの時すでにアルピルスバッハのプレラートであった。彼はその後1683年に
はベーベンハウゼンのプレラートになった[95]。次女ウルスラ（b）Ursula（1627-
？）も三度結婚する。初婚は1646年。その相手クリストフ・コンラート・ヴァ
ルヒChph. Konrad Walchは、ヘレンベルクHerrenbergの市書記で、父ヨハ
ン・ルートヴィヒ・ヴァルヒは1611年から16年まで宗務局長官であった[96]。ウ
ルスラは1657年にヨハン・ヤーコプ・ヘス J. J. Hess（1631頃-1663）と再婚す
る。彼はヒルザウのフォークト、ゲオルク・ヘスの息子で、1660年から亡くな
る1663年までミュンジンゲンMünsingenの牧師であった[97]。三番目の結婚相手
ヨハン・アダム・デメラートJ. A. Demerath（1638-？）もキルヒハイム監督
区にあるショップロッホSchopflochの牧師であった[98]。第五女アンナ・レギーナ
（c）Anna Regina（1641-？）は二度結婚する。1660年にシュヴァルツェンベ
ルクSchwarzenbergの牧師であったエリアス・ツァイターElias Zeitter（1637-
？）と結婚する。ツァイターの父もウンターエンジンゲンUnterensingenの牧
師であった。しかし彼とは離婚し、1673年にヨハン・デシュラーJ. Deschler

95　DS 146, S. 193.
96　Binder, 13.
97　Binder, 605.
98　Binder, 700 ; DS 146, S. 194.

（1625- ？）と再婚した。彼はオヴェンOwenのシュルトハイスであった。彼の父クラウス・デシュラーはクヒェンKuchenのパン屋でその兄弟ハンスの息子ハンス・ミヒャエルが、アンナ・レギーナ（c）の兄ヨハン・ウルリヒ（1）の娘マリア・バルバラMaria Barbara（1655-1720）と結婚している[99]。第六女（1641- ？）アンナ・マルガレータ（d）Anna Margaretha（1642-1714）は1671年にマティアス・コイフェリンMatthias Käuffelin（1643-1712）と結婚した。彼の同名の父は1636年から75年の長きにわたってテュービンゲン近郊のウンターイェジンゲンUnterjesingenの牧師を務めた人物で、彼自身も1671年から86年までダルムスハイムDarmsheimの牧師、1696年から死ぬまでは、マールバッハ・アム・ネッカーMarbach am Nekarの監督を務めた[100]。

　ヨハン・コンラート自身の妻の父は、すでに述べたように、彼の出身地であるブラウボイレンのウンター・フォークトとフォークトであり、最初の結婚の時、妻の父はまだブラウボイレン近郊に住んでいた（1622年死亡）。このように出身地の地方行政の担い手とのつながりをもった。

　ヨハン・コンラート（0）の娘たちの結婚相手をまとめると次のようになる。

[表6] ヨハン・コンラート（0）の娘たち夫の職業

名前	夫の職業（地名）/夫父の職業（地名）	同左	同左
Anna Maria	フォークト（Kirchheim）/不明	プレラート（Bebenh.）/牧師*	不明
Ursula	市書記（Herrenberg）/宗務局長官（Sg）	牧師（Münsingen）/フォークト（Hirsau）	牧師（Schoploch）/*b
Anna Regina	牧師（Unterlenningen）/牧師（*c）	シュルトハイス（Owen）/パン屋（？）	
Anna Margaretha	牧師（Darmsheimのち監督Marbach）/牧師（*d）		

*ヴュルテンベルク外のKempten牧師　*b Kurfürstl. Mainzischer Rat zu Würzburg
*c Unterensingen
なお、以下において、StuttgartをSg、TübingenをTbと略記する。また、適宜Bebenhausen をBebenh.、Kirchheim u. TeckをKirchh. 等に略記する。それらについては、巻末一覧の略記号を参照。

99　DS 146, S. 194, 197.
100　DS 146, S. 195; Binder, S. 220, 422, 881.

第Ⅲ部　近世ドイツの聖職者

　娘たちの夫は、職業が分かっている八人のうち五名が牧師であった。そのうちの一人、ヨーゼフ・カペルはプレラートになった人物である。娘の結婚相手とその父の職業を見ると、父ヨハン・コンラート（0）と同様、牧師と地方行政の担い手とが密接に結びついていることがよく分かる。結びつきのきっかけの一つとなったのは出身地や赴任地である。

［息子たち］

　男子は七人が成人した。そのうち、父と同名の**ヨハン・コンラート** Johann Konrad（1621-1654）を除く6名の職業が明らかになっている。驚くべきことは、そのうち5名がヴュルテンベルクの牧師となり、しかも重要な地位についている。以下彼らの経歴を紹介しておこう。

　ヨハン・ウルリヒ（1） Johann Ulrich（1623-1698）は、テュービンゲン大学卒業後、1646年から50年まで父のもとでキルヒハイムの副牧師を務め、1650年にはキルヒハイム近郊のデッティンゲン・ウンター・テックDettingen u. Teckで副牧師に任じられた。1678年にその南のオヴェンの牧師となり、98年までその職を務めた。彼は三度結婚した。妻の父はそれぞれ、ジールミンゲンSielmingen、ファウルンダウFaurndau、ロイトリンゲンの牧師であった。

　クリストフ（2） Christoph（1625-85）は帝国都市ロイトリンゲンの商人となった。彼は二度結婚した。最初の妻マリアは魔女裁判の結果火あぶりにあっている。妻たちの父の職業は分かっていない。最初の妻の前夫S.キンツファーターKindsvaterはロイトリンゲンの市参事会員だった。

　ヨハン・アンドレーアス（3）（1637-1720）は、1654年にテュービンゲン大学卒業後、1655年からテュービンガー・シュティフトでレペテントを務め、1659年にはテュービンゲンの教会の副牧師に就いた。その後、1668年にヴァルハイムWalheimの牧師、72年にベーブリンゲンBöblingenの監督、72年にテュービンゲン大学学芸学部教授、81年に同神学部教授、1682年にマウルブロンのプレラート、そして86年にはベーベンハウゼンのプレラート兼総監督に就いた。彼は二度結婚した。最初の妻エリーザベト・バルバラはシュトゥットガ

ルトの金細工師兼貨幣検定官ゴットフリート・クホルストCuhorstの娘であっ
た。再婚相手はベーベンハウゼンの修道院学校教師Ge・リンデLindeの娘アン
ナ・カタリーナであった。

　ヨハン・フリードリヒ（4）Johann Friedrich（1640-1720）は、1657年にテュー
ビンゲン大学卒業後、1660年にウンターレニンゲンUnterlenningenの牧師、
1663年にツァーヴェルシュタインZaverstein の牧師、1672年にクニットリンゲ
ンKnittlingenの監督にそれぞれ就いた後、1680年に宮廷牧師となり宗務局メ
ンバーともなった。さらに92年からはヘアブレヒティンゲンHerbrechtingen
のプレラートをも兼務する。1706年からはデンケンドルフのプレラート兼総監
督となった。彼は三度結婚した。最初の妻ゲノフェーファはキルヒハイムの
白なめし職人ハウバー M.Hauberの娘、次いで妻となったのはヒルザウのプレ
ラートであるハインリヒ・ヴィーラントH. Wieland（1616-1676）の娘マルガ
レータ・バルバラ、三番目の妻ヨハンナ・ロジーナはテュービンゲン大学書記
アブラハム・シュヴァルツの娘であった。

　ヨハン・ジギスムント（5）Johann Sigismund（1643-1718）は、1664年
にテュービンゲン大学卒業後、1670年にノイエンシュタット・アム・コッ
ヒャーNeuenstadt am Kocherの副牧師に就いた。その後は、1680年にバイル
シュタインBeilstein牧師、87年にはベージッヒハイムBesigheimの牧師とな
り、1703年からはアンハウゼンのプレラートを務めた。彼は二度結婚した。
最初の妻カタリーナはノイエンシュタット・アム・コッヒャーの監督J.J.ヴォ
ルフの娘、二番目の妻ウルスラ・マルガレータは、コッヒェルシュテッテン
Kocherstettenの牧師シュヴェントの娘であった。

　ヨハン・ルートヴィヒ（6）Johann Ludwig（1648-98）は、1673年にテュー
ビンゲン大学卒業後、1678年にラムポルツハウゼンLampoldshausenの牧師
に、1680年にはノイエンシュタット・アム・コッヒャーの副牧師となり、1690
年以後はヴァインスベルクWeinsbergの監督に就いた。彼の妻ヨハンナ・バル
バラの父ラウステラー J.M. Lausterer はノイエンシュタット・アム・コッヒャー
の住民であるが、職業は分かっていない。

第Ⅲ部　近世ドイツの聖職者

　彼ら六名の職業と妻の父の職業を表にすると、以下のとおりである。

[表7] ヨハン・コンラート（0）の息子たちとその妻の父の職業

名前	職業	妻の父の職業	妻の父の職業	妻の父の職業
Joh. Ulrich （1）	牧師（Owen）	牧師 （Sielmingen）	牧師（Faurndau）	牧師 （Reutlingen）
Christoph （2）	商人（Reutlingen）	不明		
Joh. Andreas （3）	総監督（Bebenh.*）	金細工師兼貨幣 検定官（Sg*）	学校教師 （Bebenh.）	
Joh. Fr. （4）	総監督（Denk.*）	白なめし職人 （Kirchh.*）	プレラート （Hirsau）	Tb*大学書記
Joh. Sigm. （5）	プレラート（Anh.*）	監督（Neuens.）	牧師 （Kocherstetten）	
Joh. Ludwig （6）	牧師（Winnenden）	不明		

　以上から、次のように言うことができるであろう。父のヨハン・コンラート（0）の時に、自ら牧師の監督職に就き、地方の行政単位であるアムトの役人であるフォークトの娘を妻にして、ホッホシュテッター家はヴュルテンベルクのエールバールカイト層に仲間入りした。そして、その子どもの世代の時に、娘たちは父と同じ職業の牧師と結婚するか、フォークトや市の行政官と結婚した。そして息子たちは七名のうち五名が牧師となるばかりでなく、一名は監督に、三名はヴュルテンベルク牧師職の最高位であるプレラートに就いた。また、息子たちのうち四人は妻の父の職業が分かっているが、その四人のうち三名は妻を牧師の家から迎えた。とりわけヨハン・フリードリヒ（4）の二度目の妻の父は、プレラート職に就いていた。こうしてヨハン・コンラート（0）の子どもの世代を第一世代と呼んでおくと、第一世代の時に、ホッホシュテッター家は他の牧師の家柄や地方とのつながりを強めながらエールバールカイト層にしっかりと食い込んでいった。

　牧師の家柄とのつながりの深さは、第一世代の娘たちの結婚相手からもうかがうことができる。以下の表は、彼女たちの結婚相手の職業とその父の職業を

まとめたものである[101]。

[表8] 第一世代の娘たちの夫・その父の職業

父	娘	結婚相手の職業／父の職業	同左	同左
（1）	Maria Barbara	織物工（Leonberg）／牧羊者（同）		
（1）	Ursula Regina	肉屋？／肉屋（Blaubeuren）		
（1）	Anna Veronika	理髪師（Neuffen）／理髪師・外科（同）		
（2）	Maria Magdalena	商人・副市長（Reutlingen）／牧師（同）		
（4）	Regina Genoveva	牧師（のち監督Knittl.）／牧師（Eningen）		
（4）	Maria Margaretha	副牧師（Bietigheim）／*a	副牧師（後牧師）/*b	
（4）	Johanna Judith	副牧師（のち牧師）／Tb大学法学部教授	牧師／GV（Kirchh.）	
（4）	Johanna Regina	副牧師（のち監督Bal.）／牧師（Abtsweiler）		
（4）	Maria Veronika	牧師（Nellingen）／副牧師（Öhringen）	商人・市長（Urach）/*c	プレラート*d/*e
（5）	Klara Katharina	牧師（Horrheim）／牧師（Sindelf.）*f		
（5）	Sophia Regina	牧師（Albershausen）/*g		
（5）	Margaretha Barbara	牧師（Dettingen 後監督Knittl.）		

*a＝Kammerrat & Kastkeller zu Sg　*b＝Kirchenrats-Expeditionsrat zu Sg　*c＝Baden-Durlach. Rentkammerrat　*d＝Andreas Christoph Zeller（1684-1743）1729年から43年、アンハウゼンのプレラート[102]　*e＝Christoph Zeller 1713年から23年、ロルヒのプレラート[103]
*f＝桂冠詩人（poeta laureatus）　*g＝Hofmeister bei dem Grafen v. Brühl, Kommsionsrat zu Dresden

　その後も、ホッホシュテッター家からは代々牧師になる人物が出てくる。彼らの子どもたちである第二世代の成人した男子が23名、同様に第三世代の成人男子が34名、第四世代の成人男子が42名、第五世代の成人した男子が53名いる。そのうち牧師職に就いた者は、第二世代が13名、第三世代が10名、第四世代が7名、第五世代が10名である。全体として見ると牧師になる者は減少して

101　DS 146, S.197-198, 265, 287-290, 386-387.
102　Binder, 58.
103　Binder, 84.

第Ⅲ部　近世ドイツの聖職者

いくとはいえ、この家系は一定の牧師を出し続けた。

　第一世代のうち、帝国都市ロイトリンゲンに移って商人となった**クリストフ（2）**からは娘一人が成人したが、男子は生まれなかった。他の五名は牧師となった。彼らの子孫は、職業や結婚による社会的つながりの点で、それぞれ異なったタイプを示していく。それらのタイプは、ヴュルテンベルク牧師職の社会的性格を考える際に、重要な示唆を与えてくれる。以下、主なタイプを検討したい。

2．ヨハン・ウルリヒ（1）の家系

　第一世代ヨハン・ウルリヒ（1）はキルヒハイム監督区に属する小都市オヴェンの牧師となった。また彼の妻は三人とも牧師の娘であった。しかし彼の子孫［巻末一覧の系図2参照］は、牧師の職から離れていく。

［ヨハン・ウルリヒ（11）とその子孫］

　ヨハン・ウルリヒ（1）の家系は二つに分かれていく。そのうち、まず**ヨハン・ウルリヒ（11）**の子孫［系図2－1］を取り上げる。

　第二世代のヨハン・ウルリヒ（11）はどこに住んだか不明だが、続く第三、第四、第五世代は、マールバッハ監督区内の小都市ヴァイラー・ツム・シュタインWeiler zum Steinに住みついた。ここは1796年の人口が396名の村であ

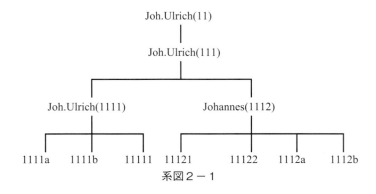

系図2－1

272

第10章　近世ヴュルテンベルクの聖職者

る[104]。彼らの職業と結婚相手の父の職業を一覧にすると次のようである。

[表9] ヨハン・ウルリヒ（11）とその子孫の職業

番号	名前（生没年）	職業（地名）	妻の父の職業（地名）	同左
11	Joh. Ulrich（1650-？）	家具師（？）	牛飼い（Hohenwiel）	
111	Joh. Ulrich（1676-？）	金属細工師（*）	不明	
1111	Joh. Ulrich（1706-1774）	蹄鉄工（*）	農民（*）	不明（*）
11111	Ge. Jak.（1743-？）	金属細工師（*）	弁護士（*）	
1112	Johannes（1710-1783）	車大工（*）	不明	不明
11121	Matthäus（1746-1800）	日雇労働者（*）	不明	
11122	Joh. Ge.（1752-1828）	仕立屋（Winnenthal）	穀粉販売（Sg）	肉屋（Sg）

＊ Weiler zum Stein

　ヨハン・ウルリヒ（11）とヨハン・ゲオルク（11122）以外は、本人も妻の父もすべて、ヴィネンデンWinnenden近郊のヴァイラー・ツム・シュタインWeiler zum Steinの住民であった。ヨハン・ゲオルク（11122）はヴィネンデンの南にあるヴィネンタール城Schloß Winnenthalのお抱え仕立屋となり、最初の妻の父はシュトゥットガルトで穀粉販売業を営み、二番目の妻の父はヴィネンデンの肉屋であった。

[ゲオルク・コンラート（12）とその子孫]
　ヨハン・ウルリヒ（1）のもう一人の息子ゲオルク・コンラート（12）は牧師になった。
　彼は、1684年から死ぬ97年まで、ハイデンハイム監督区の小都市オーバーコッヒェンOberkochenの牧師を務めた。しかしその息子たちはオーバーコッヘンを離れていく。コンラート・フリードリヒ（121）はホルハイムHorrheimに移り住む。オーバーコッヒェンはハイデンハイム・アン・デア・ブレンツの北約10キロに位置する。1796年の人口が1,025名である[105]。一方ホルハイムは

---

104 Binder, 228.
105 Binder, 993.

273

第Ⅲ部　近世ドイツの聖職者

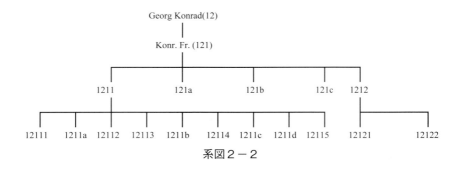

系図2－2

シュトゥットガルトの北西20数キロにあり、両者は数十キロ離れている。彼は1716年結婚式をホルハイムで行なった。妻の出身地はキルヒハイムの近郊である[106]。おそらく結婚前にすでに移住していたに違いない。結局その子孫はそこに根づいていった。

彼らの職業と結婚相手の父の職業は次のようである。

[表10] ゲオルク・コンラート（12）とその子孫の職業

番号	名前（生没年）	職業	妻の父の職業	同左
12	Ge. Konr（1654-1697）	牧師	フォークト	
121	Kon. Fr.（1689-1735）	外科医・理髪師、市長	アムトマン	
1211	Augustin Fr.（1718-73）	外科医・理髪師、市長	パン屋、市長	軍医・パン屋
12111	Joh. Fr.（1744-1815）	外科医	宮廷楽師（Ludwigsburg）	石工
12112	Chph. Fr.（1746-1829）	パン屋	葡萄園主	
12113	Joh. Wilh.（1748-1804）	古書販売（Berlin）	不明	郡外科（Preußen）
12114	Kon. Er.（1757-1811）	外科（Markgröningen）	外科医（Markgröningen）	
12115	Gottlob Chn.（1764-1826）	肉屋親方（Durlach）	皮なめし親方（Durlach）	
1212	Konr. Er.（1726-1796）	外科医（Ottmarsheim）	ゲリヒトメンバー（*a）	
12121	Carl Fr.（1765-1831）	外科医（Ottmarsheim）	車大工、ラートメンバー（*b）	

---

106 DS 146, S. 213.

第10章　近世ヴュルテンベルクの聖職者

| 12122 | Joh. Gottlieb (1768-1822) | 農民 (*c) | 捕吏Fleckenschütz (*d) | |

( ) 内で地名が表記されていない限り、すべてHorrheim居住
*a Ottmarsheim　*b Neckarwestheim　*c FrauenzimmernのちKirchheim u. Teck に移る
*d Frauenzimmern

　この家系の特徴は、外科に係わる職についている者が多いことである。また、第三、第四世代は、自らホルハイム市の行政を担うとともに、その地方の行政の担い手との結びつきを築いていったことである。彼らはエールバールカイト層に連なっていた。ヨハン・ウルリヒ（11）の子孫とゲオルク・コンラート（12）の子孫はともに牧師職から離れていったが、後者は前者と異なって、市の有力者との結びつきを築いた。第四・五世代になると、さらに新しい土地（オットマルスハイム、マルクグレーニンゲン、ドゥルラハ、ベルリン）に移っていくが、そこでも同業種の娘と結婚して、その地に根づいていく。

3. ヨハン・アンドレーアス（3）の家系

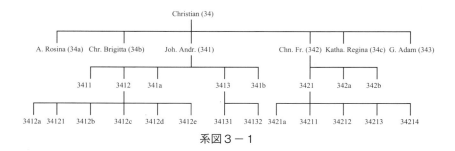

系図3−1

　ヨハン・アンドレーアス（3）の息子たちは、五人が成人に達し、父ヨハン・コンラート（0）の時と同様に、それぞれが牧師となった。ゴットフリート・コンラート（31）はトゥットリンゲンTuttlingenの監督に、アンドレーアス・アダム（32）は宮廷説教者・テュービンゲン大学神学部教授に、アウグスティン（33）はマウルブロンのプレラート兼総監督に、クリスチャン（34）はベーベ

275

第Ⅲ部　近世ドイツの聖職者

ンハウゼンのプレラート兼総監督に、**ダーフィト（35）**はダルムスハイムの牧師に、それぞれ就いた。その中で、牧師の家系がたどる一つの重要なタイプと考えられる**クリスチャン（34）**を検討する。

［クリスチャン（34）とその子孫］

　クリスチャン（34）はテュービンゲン大学のレペテント、ヘレンベルクの副牧師、ベーベンハウゼンの修道院学校教師を務めたあと、1720年から死亡する32年までベーベンハウゼンのプレラート兼総監督という要職を務めた。彼の子孫の職業と、妻たちの父および前父の職業は次のとおりである。

［表11］　クリスチャン（34）とその子孫の職業

番号	名前（生没年）	職業	妻父職業/下段前夫職業	同左/下段前夫職業
34	Christian (1672-1732)	プレラート・総監督 (Bebenhausen)	宮廷裁判所判事補	アムトマン (Merkl.) *a
341	Joh. Andr. (1705-1764)	プレラート (Herbr.)	教会管理者 (Winnenden)	
3411	Joh. L. Freiherr (1742-1822)	*b	Kirchenrat長官*c	
3412	Karl Wilh. (1744-1819)	牧師 (Obereisheim, Dettingen)	牧師 (Dürrenzimmern)	市長 (Vaihingen) 牧師 (Dürrenzimmern)
34121	Karl Andr. (1775-1798)	牧師補 (Obereisheim)	独身	
3413	Joh. Chn. Fr. (1747-1806)	陸軍大佐 (Preußen)	不明	退役少将 (Preußen)
34131	Joh. Fr. Heinr. (1784-1867)	陸軍大佐 (Preußen)	宮廷顧問官 (Berlin)	
34132	K. W. Ludw. (1785-1812)	陸軍少尉 (Preußen)	独身	
342	Chn. Fr. Ritter & E. (1707-85)	Kirchenrat長官 (Sg)	ウンターフォークト (Marb.) アムトマン (Derdingen)	
3421	J. A. A. Ritter (1745-1816)	Kirchenrat長官 (Sg)	*d	
34211	Chn. Alb. K. (1774-1837)	*e (Bayern)	独身	

| 34212 | K. Jak. Fr. (1775-1849) | *f (Heidelberg) | 独身 | |
| 343 | Gottfried Adam (1715-90) | *g (Preußen) | 不明 | |

*a Eberhard Fr. Hiemer（1682-1727）1718-27宗務局メンバー　1725-27ヒルザウのプレラート
*b Kgl. Preuß. GR & Ministerresident beim oberrhein. Kreis zu Frankfurt a.M
*c Chn. Fr. Hochstetter（342）と同一人物。妻はいとこのFriederika Augusta（1751-1825）（342b）
*d Jak. Alb. Bühler（1722-94）1773から枢密院メンバー（学識経験者）、1784年貴族の爵位を
　　授けられる
*e Kgl. Bayer. & Fürstl. Wallenschtein'scher Hof- und Regierungsrat zu Regensburg
*f Ritter des Militär-Verdiest-Ordens zu Heidelberg
*g Kgl. Preuß, Wirkl. GR & Minister beim oberrhein. Kreis zu Frankfurt a.M

　この家系の特徴は、まず第一に、代々牧師に就く人物があらわれることである。ヨハン・アンドレーアス（341）は、シュトゥットガルトの各教会の副牧師を経て、ノイエンシュタットとゲッピンゲンの監督を務めたあと、1761年から64年までヘアブレヒティンゲンのプレラートの要職に就いた。彼の息子カール・ヴィルヘルム（3412）も、1780年から98年までオーバーアイジスハイムObereisisheimで、99年から1819年までデッティンゲンで、それぞれ牧師を務めた。彼は牧師の娘と結婚した。その息子カール・アンドレーアス（34121）も父のもとでオーバーアイジスハイムの牧師補になったが、若くして1798年に亡くなった[107]。また、ヨハン・アンドレーアス（341）の弟クリスチャン・フリードリヒ（342）とその息子ヨハン・アマンドゥス・アンドレーアス（3421）はともにKirchenrat長官となった。なお、クリスチャン・フリードリヒ（342）の娘フリーデリカ・アウグスタ（342b）の結婚相手は、カール・ヴィルヘルム（3412）の兄ヨハン・ルートヴィヒ（3411）である。

　第二に新しい傾向があらわれる。二人のKirchenrat長官クリスチャン・フリードリヒ（342）とJ・アマンドゥス・アンドレーアス（3421）はRitterの爵位を与えられた。そして後者（3421）の息子たちはヴュルテンベルクの外に活躍の場を見出す。クリスチャン・アルブレヒト・カール（34211）はバイエルン

---

107 DS 146, S. 276f.

第Ⅲ部　近世ドイツの聖職者

で、弟カール・ヤーコプ・フリードリヒ（34212）はプロイセンで要職に就いた。
このような傾向のもっとも早い例はJ・アンドレーアス（341）の弟ゴットフリー
ト・アダム（343）で、彼はプロイセン王国に仕えた。またJ・アンドレーアス
（341）の、牧師になったカール・ヴィルヘルム（3412）以外の二人の息子、
ヨハン・ルートヴィヒ（3411）とヨハン・クリスチャン・フリードリヒ（3413）
もプロイセンの高官となった。前者は特にFreiherrの爵位を与えられた。後者
とその二人の息子、ヨハン・フリードリヒ・ハインリヒ（34131）とカール・ヴィ
ルヘルム・ルートヴィヒ（34132）はプロイセンの軍隊に仕えた。

　このようにクリスチャン（34）の家系は、牧師を生み出すとともに、第三世
代あたりから、プロイセンを中心に他の領邦国家の政治世界や軍隊に入ってい
く者が出てきた。その中には爵位を与えられる者も生じてきた。

4．ヨハン・フリードリヒ（4）の家系

　ヨハン・フリードリヒ（4）の家系は、代々もっとも継続的に牧師を送り出
した。彼も子宝に恵まれた。マテーウス・コンラート（41）とヤーコプ・フリー
ドリヒ（42）はともにムルハルトのプレラートに、ヨハン・ミヒャエル（43）
はハイムスハイムのアムトマンに、アンドレーアス・ジークムント（44）はエー
ベルスバッハのアムトマンに、ゲオルク・フリードリヒ（45）はKirchenratの
書記に、ヨハン・ハインリヒ（46）は婚姻裁判所書記兼参事官に、ヨハン・ア
ンドレーアス（47）は副牧師になった。このように七名のうち四名が牧師にな
り、そのうち二名がプレラートになった。そのなかからヤーコプ・フリードリ
ヒ（42）とヨハン・ハインリヒ（46）を取り上げる。

第10章　近世ヴュルテンベルクの聖職者

[ヤーコプ・フリードリヒ（42）とその子孫]

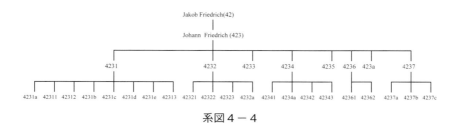

系図4－4

　ヤーコプ・フリードリヒ（42）は1707年から10年までベーベンハウゼン（ルストナウ）の監督を、その後35年までゲッピンゲンの監督を務めたのち、1738年から39年までムルハルトのプレラートになった。彼もまた子宝に恵まれ、**クリストフ・フリードリヒ（421）**（1695-1759）はケーンゲンKöngenなどの牧師に、**ヨハン・アンドレーアス（422）**（1696-1753）はマールバッハの監督に、**ヨハン・フリードリヒ（423）**（1698-1750）はRentkammer-Expeditionsratに、**ヤーコプ・フリードリヒ（424）**（1700-56）はニュルティンゲンのゲリヒトメンバーになった。また、**クリスチャン（425）**（1701-65）は商人でゲッピンゲンのゲリヒトメンバーでもあり、**ゴットリープ（426）**（1710-39）はRentkammer-Rechenbanksratに連なった。このうち**ヨハン・フリードリヒ（423）**とその子孫を具体的に取り上げる。

[表12]　ヤーコプ・フリードリヒ（42）およびヨハン・フリードリヒ（423）の子孫の職業

番号	名前（生没年）	職業	妻父職業	同左
42	Jak. Fr.（1663-1739）	プレラート（Murrh.）	フォークト（Markgr.），*a	
423	Joh. Fr.（1698-1750）	*a	フォークト（Rosenf.），*a	上級軍事委員（Sg）
4231	Eberh. Fr.（1730-86）	参事官，枢密院書記（Sg）	*b	銀行家（Augsburg）

279

第Ⅲ部　近世ドイツの聖職者

42311	Joh. Heinr.（1764-1824）	牧師 （Lauffen）	牧師 （Boll）	牧師 （Botehheim）
42312	Aug. Fr.（1765-1836）	鉱山委員会書記 （Sg）	*c	
42313	Karl Chn（1773-1838）	商人 （Berg bei Sg）	独身	
4232	Wilh. Fr.（1731-95）	監督 （Waiblingen）	巡察書記 （Sg）	
42321	Ferd. Ludwig（1763-1828）	アムト書記 （Laubach）	独身	
42322	Chph. Fr.（1771-1849）	牧師 （Bittenfeld）	*d （Güglingen）	
42323	Ernst Wilh.（1774-1837）	Kameralverwalter （Murrh.）	市長 （Backnang）	
4233	Karl Fr.（1732-62）	枢密院事務官 （Sg）	独身	
4234	Chn. Fr.（1741-1816）	アムト管理人 （Tuttl.）	市シュルトハイス （Tuttl.）	
42341	Eberh. Fr.（1773-1837）	牧師 （Leonbronn）	商工業顧問官 （Göpp.）	
42342	Chn. Fr.（1777-1837）	参事官 （Ludwigsburg）	*e	
42343	Karl Fr.（1778-1828）	*d （Wurml., Backn.）	ラート・アムト管 理人	
4235	Fr. Ludwig（1743-85）	*f	独身	
4236	Ferd. Fr.（1744-91）	*g	*h	
42361	Gotth. Fr. Ferd.（1771-1834）	Stadtdirektionssekr. （Sg）	バラ園園主 （Warmbach）	
42362	Joh. Fr. Chn.（1779-1824）	*i	独身	
4237	Fr. Gottlieb（1748-1815）	牧師 （Oetisheim）	牧師 （Darmsheim）	

*a Rentkammer-Expeditionsrat
*b Chph. Fr. Stockmayer（1699-1782）：1748-82 プレラート・総監督（Bebenhausen）
*c Jak. Fr. Hochstetter（1734-96）（4412）：Hofgerichtの法律顧問, J.U.D.
*d Kammeralverwalter　*e Kirchenrats-Expeditionrat
*f Konsulent & Rentamtmann（Bischofsheim）　*g Kammerschreiberei-Kammerrat（Sg）
*h Rentkammer-Rechenbanksrat（Sg）　*i Sekr. beim Pappenheimer Lotto

　ヨハン・フリードリヒ（4）からヤーコプ・フリードリヒ（42）、ヨハン・フリー
ドリヒ（423）を経て第四世代、第五世代へと続く人々を見ると、ホッホシュ
テッター家全体の第一世代や第二世代に見られるようなエネルギッシュに牧師
を生み出す傾向はないものの、第四世代でヴィルヘルム・フリードリヒ（4232）

第10章　近世ヴュルテンベルクの聖職者

とヴィルヘルム・ゴットリープ（4237）の二人、第五世代でヨハン・ハインリヒ（42311）とクリストフ・フリードリヒ（42322）とエーバーハルト・フリードリヒ（42341）の三人の牧師が出ている。それ以外の人々は、地方行政や中央行政に係わっている。商人となったのはわずかに一人である。同じ傾向は結婚相手の父の職業にも見られる。大半は地方行政や中央行政に係わっている人たちである。なお、エーバーハルト・フリードリヒ（4231）の結婚相手マリア・ドロテアの父はベーベンハウゼンのプレラートであるクリストフ・フリードリヒ・シュトックマイヤーChph. Fr. Stockmayerであるが、シュトックマイヤー家はヴュルテンベルクの有力なエールバールカイトである。また、アウグスト・フリードリヒ（42312）は、アンドレーアス・ジークムント（44）の家系に属するヤーコプ・フリードリヒ（4412）の娘バルバラ・シャルロッタ・ロジーナと結婚した。

[ヨハン・ハインリヒ（46）とその子孫]

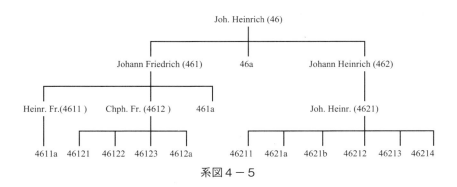

系図4－5

第Ⅲ部　近世ドイツの聖職者

[表13] ヨハン・ハインリヒ（46）およびヨハン・フリードリヒ（461）の子孫の職業

番号	名前（生没年）	職業	妻父職業	同左/下段前夫職業
46	Joh. Heinr. (1679-1757)	婚姻裁判所書記・参事官	ラントシャフト会計 (Sg)	
461	Joh. Fr. (1707-66)	牧師 (Oßweil, Zuffenh.)	牧師、後監督 (Weinsberg)	
4611	Heinr. Fr. (1740-95)	Stifts- & Kastenpfleger	不明	
4612	Chph. Fr. (1746-92)	副牧師 (Tb)	*a	枢密院書記
46121	Chn. Heinr. (1780-1866)	医学博士、医師	*b	*c
46122	K. Wilh. (1781-1810)	ベルン大学医学部教授	独身	
46123	Ernst Fr. (1785-1839)	上級ギムナジウム教授	書籍商 (Sg)	牧師（Asch）*d
462	Joh. Heinr. (1720-59)	副牧師 (Ludwigsburg)	監督 (Nürtingen)	
4621	Joh. Heinr. (1751-96)	*e	*f	
46211	Joh. Heinr. (1778-1807)	*a	独身	
46212	Chn. Fr. (1783-1845)	牧師 (Holzgel., Bondolf)	牧師 (Kleinigersheim)	牧師（Winnenden）
46213	Chn. Ferd. Fr. (1787-1860) *g	牧師兼教授 (Eßlingen)	将校 (Preußen)	工場主（Brünn）
46214	K. Aug. Bernh. (1790-1867)	監督 (Cannstatt)	牧師 (Wolfenh., Eningen)	

*a Kanzleiadvokat im Oberrat
*b Matthäus Chph. Zeller (1746-1817) 医学博士　医師（Lauffen）
*c Rechnungsrat & Oberrevisior (Sg)
*d Ludw. Albr. Adolph Schickhard (1785-1814) 教授（Ulm）
*e 法学博士・ラントシャフト法律顧問　*f ギムナジウム校長（Heilbronn）
*g さらに二度結婚。妻の父はそれぞれ商人（Montjoie）三番目の妻の前夫も商人（Malmedy）

　ヨハン・ハインリヒ（46）の家系は興味深い特徴をもつ。この家系も六名の牧師を送り出した。同時に知的職業に就いた者も同数いる。クリスチャン・ハインリヒ（46121）は医学博士の学位をとり実際に開業するとともに、ロイトリンゲンやルートヴィヒスブルクでKreismedizinalratを務めた。その弟カール・ヴィルヘルム（46122）はベルン大学医学部教授となった。彼は「卓越

282

した学者で、動物学者、心理学者[108]」であった。その弟エルンスト・フリードリヒ（46123）はシュトゥットガルトの上級ギムナジウムの教授となり、物理学者、数学者として知られていた[109]。またヨハン・ハインリヒ（4621）は法学博士で、1776年にHohe Karlsschuleの教授、1787年にフランクフルト・アム・マインで弁護士、1793年からはラントシャフト法律顧問となった。同名の息子ヨハン・ハインリヒ（46211）も法学畑に進みシュトゥットガルトでKanzleiadvokatを務めた。もっとも興味深い例は、ヨハン・ハインリヒ（46211）の弟クリスチャン・フェルディナント・フリードリヒ（46213）である。彼はメーレンのブリュンBrünnで福音派教会の牧師となった。1824年からはエスリンゲンの師範学校Schullehrerseminarの教授となるとともに1829年から牧師となった。それらの活動とともに、植物学に係わる多数の書物を書いた。

　結婚相手の父の職業を見ると、牧師が四名いる。他に、クリスチャン・ハインリヒ（46121）はグロスボトヴァルの医師であったクリストフ・マテーウス・ツェラーの娘ヨハンナ・フリーデリカと結婚した。またヨハン・ハインリヒ（4621）はハイルブロンのギムナジウム校長ヨハン・ルドルフ・シュレーゲルの娘クリスチーナ・マグダレーナ・ヨハンナと結婚している。

5．ヨハン・ジギスムント（5）の家系
　ヨハン・ジギスムント（5）からは五人の男子が成人し、二名が牧師となった。そのうち後々まで家系が続いていったのがフリードリヒ・ヤーコプ（51）である。

108　DS 146, S. 335.
109　DS 146, S. 335.

第Ⅲ部　近世ドイツの聖職者

[フリードリヒ・ヤーコプ（51）とその子孫]

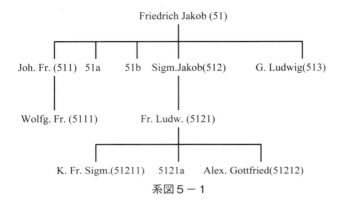

系図5－1

[表14] フリードリヒ・ヤーコプ（51）の子孫の職業

番号	名前（生没年）	職業	妻父職業/下段前夫職業	同左/下段前夫職業
51	Fr. Jak. (1670-1712)	牧師 (Auenstein, Burgstall)	牧師 (Winnenden)	
511	Joh. Fr. (1698-1749)	プレラート (Königsb.)	*a ウンターフォークト (Neuens.)	
5111	Wolfg. Fr. (1729-58)	副牧師 (Sg)	監督 (Neuens.)	
512	Sigm. Jak. (1707-58)	医学博士，医師 (Lauffen)	市兼アムト書記 (Lauffen)	アムト書記 (Kaltenwesth.) 牧師 (Zaverstein)
5121	Fr. Ludw. (1739-1823)	宮廷医師，医師 (Neuens.)	市兼アムト書記 (Neuens.)	
51211	K. Fr. Sigm. (1768-1823)	市書記 (Lorch)	旧修道院建物親方 (Lorch)	
51212	Alex. Gottfr. (1773-1827)	商人 (Lahr in Baden)	独身	
513	Ge. Ludw. (1709-29)	学生 (Tb大学)	独身	

*a Joh. David Mögling（1650-95）法学博士　テュービンゲン大学法学部教授

この家系においても、牧師職と医師との関連を見ることができる。一方でヨハン・ジギスムント（5）から数えると、フリードリヒ・ヤーコプ（51）、ヨハン・フリードリヒ（511）、ヴォルフガング・フリードリヒ（5111）と四世代にわたって牧師を輩出した。フリードリヒ・ヤーコプ（51）はヴィネンデンの牧師J.G.ヘーゲルの娘ウルスラ・マルガレータと結婚した。彼自身はブルクシュタルBurgstallの牧師となった。その息子ヨハン・フリードリヒ（511）はテュービンゲン大学法学部教授J. D. メークリングMöglingの娘スザンナ・マグダレーナと結婚した。彼自身はケーニヒスブロンのプレラートになった。その息子ヴォルフガング・フリードリヒ（5111）はノイエンシュタットの牧師クリスチャン・ダニエル・ホフマンの娘スザンナ・カタリーナと結婚した。彼自身はシュトゥットガルトのレオンハルト教会の副牧師となった。しかし、一人息子を若くして亡くし、彼自身も29才で死亡して子孫が続かなかった。他方、フリードリヒ・ヤーコプ（51）の息子ジークムント・ヤーコプ（512）は医学博士となり、ラウフェンで開業した。その息子フリードリヒ・ルートヴィヒ（5121）は、ノイエンシュタットとエーリンゲンÖhringenで医者となった。また宮廷医師ともなった。

6．ヨハン・ルートヴィヒ（6）の家系

　ヨハン・ルートヴィヒ（6）はヴァインスベルクの牧師となった。彼から四人の男子が成人した。そのうち牧師となったのはフリードリヒ・ルートヴィヒ（61）であるが、子孫から牧師が出てくるのは、アウグスト・ベルンハルト（62）である。その子孫を検討する。

285

第Ⅲ部　近世ドイツの聖職者

[アウグスト・ベルンハルト（62）とその子孫]

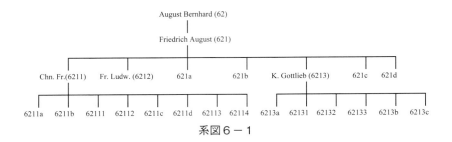

系図6－1

[表15] アウグスト・ベルンハルト（62）およびフリードリヒ・アウグスト（621）の子孫の職業

番号	名前（生没年）	職業	妻父職業/下段前夫職業	同左
62	Aug. Bernh. (1681-1765)	商人・市長 (Neuens.)	染め物師 (Sg)	
621	Fr. Aug. (1711-91)	*a	副牧師 (Neuens.)	
6211	Chn. Fr. (1746-1822)	商人・市長 (Neuens.)	修道院学校教授 (Denk.)	牧師 (Beutelsbach)
62111	Fr. Aug. (1784-1843)	菓子屋 (Ludwigsburg)	牧師 (Hoheneck)	
62112	Gottlob Lud. (1790-1863)	牧師 (Ursprung)	外科医 (Klein Reichenbach)	不明
62113	K. Fr. (1795-1849)	商人 (Neuens.)	市書記 (Wimpfen)	
62114	Fr. Gottlieb (1800-67)	牧師 (Freudenbach)	副牧師 (Neuens.)	
6212	Fr. Lud. (1748-1810)	牧師 (Kochersteinsfeld)	商工業顧問官 (Göppingen)	
6213	K. Gottlieb (1753-1813)	商人 (Eppingen)	不明 / 商人（Eppingen）	
62131	Fr. Lud. (1781-1858)	商人・市長 (Eppingen)	商人 (Eppingen)	
62132	K. Fr. (1783-1856)	商人 (Nördlingen)	不明	
62133	Chn. Aug. (1784-1861)	菓子屋 (Eppingen)	商人 (Eppingen)	

*a 商人、ゲリヒトメンバー、ラントシャフト判事補（Neuenstadt）

この家系からは三人が牧師となった。その他の人々は、フリードリヒ・アウグスト（621）を除いて、商人および菓子屋になった。地域との係わりから見ると、ヨハン・ルートヴィヒ（6）は、1680年から89年までノイエンシュタットの副牧師を務め、その後90年から93年まではヴァインスベルクの牧師を務め、その地で死んでいる。1681年生まれのアウグスト・ベルンハルト（62）は、父といっしょにヴァインスベルクに移らずにノイエンシュタットに住みつき、そこで商人となるとともに、市長にもなった。その後、彼の子フリードリヒ・アウグスト（621）や孫クリスチャン・フリードリヒ（6211）もそこに住みしっかりと根づいていった。クリスチャン・フリードリヒ（6211）は祖父と同様にノイエンシュタットの市長になっている。興味深いことは彼がゲオルク・コンラート（12）の子孫と異なって、知的環境への関心を失わなかったことである。彼の最初の妻ベアータ・アウグスタの父K・Fr・イェーガー Jägerはデンケンドルフの修道院学校の教授であり、二度目の妻ソフィア・レギーナの父M・ビューラーBührerはボイテルスバッハBeutelsbachの牧師であった。彼の四人の息子のうち、ゴットロープ・ルートヴィヒ（62112）とフリードリヒ・ゴットリープ（62114）は牧師になった。ところでフリードリヒ・アウグスト（621）の子どもの一人カール・ゴットリープ（6213）はノイエンシュタットからエッピンゲンに移住する。ここでも、アウグスト・ベルンハルト（62）の時と同じように、その子のフリードリヒ・ルートヴィヒ（62131）は市長となって、その地にしっかりと根づいていった。

７．第二世代以降のホッホシュテッター家家系の分類

　ヨハン・コンラート（0）の牧師となった第一世代の子孫がどのような職業についていったかを具体的に検討してきたが、それに基づき、第二世代以降のホッホシュテッター家の職業タイプを次のように分類することができるであろう。
（１）行政・牧師型
　一定の牧師を社会に送り出すとともに、それ以上に地方行政や中央行政にたずさわる人々を輩出した。彼らはヴュルテンベルクの各地に住んだ。そのタイ

プをヤーコプ・フリードリヒ（42）の家系に見出すことができる。

（2）知的職業・牧師型

一定の牧師を社会に送り出すとともに、法学や医学の学位を得て知的職業に就く人々を輩出した。彼らはヴュルテンベルクの各地に住んだ。そのタイプをヨハン・ハインリヒ（46）やフリードリヒ・ヤーコプ（51）の家系に見出すことができる。

（3）貴族・牧師型

一定の牧師を社会に送り出すとともに、爵位を与えられる人々が出てくる。彼らはその活躍の場をヴュルテンベルクに限定せず、バイエルンやプロイセンの軍隊や官僚機構で要職についていった。このタイプはクリスチャン（34）の家系に見出すことができる。

（4）定住・牧師型

都市に定住して、商業活動を営むとともに、市長に就いたり結婚を通じたりして地域とのつながりを強めていく。しかし、牧師職への関心を失わず、一定の牧師を社会に送り出す。このタイプをアウグスト・ベルンハルト（62）の家系に見出すことができる。

（5）定住型

都市に定住することは（4）とかわらないが、このタイプではもはや牧師になる人々は出てこない。このタイプはさらに二つに分かれる。都市に住んでその地で外科医・理髪師になったり、フォークトや市長となる人物も出て、地方におけるエールバールカイト層の一部となった。そのタイプをゲオルク・コンラート（12）の家系に見出すことができる。この型のもう一つのタイプは村に移住していった。このタイプをヨハン・ウルリヒ（11）に見出すことができる。この家系はもはやエールバールカイト層には属さない。

第10章　近世ヴュルテンベルクの聖職者

■おわりに

　本章は近世ヴュルテンベルクの聖職者の社会的性格を考えるうえで、系図を分析の対象とした。ただ具体的に取り上げたのはホッホシュテッター家のみである。その点でまず大きな制約がある。しかも、女性の役割を考察することはできなかった。また、中央行政と地方行政、およびラントシュテンデの関係が十分に整理されていない。以上のような限界を認めたうえで、今までの分析から明らかとなることを最後にまとめておきたい。

　ヴュルテンベルクでは、宗教改革を境に指導者層が入れ替わる。新しいエールバールカイト層が牧師職を一つの重要な中心として形成されていったことが以前から指摘されてきた。ホッホシュテッター家はまさにそのような典型的事例を示している。この家系の第一世代と第二世代における牧師職への集中は驚異的である。しかも第一世代では五人の牧師のうち三人が総監督やプレラートというヴュルテンベルク領邦教会の要となる地位に就いた。第二世代でも、13名のうち五名がプレラートや宗務局メンバーとなった。その背景には敬虔主義のような宗教的情熱があるとしても驚嘆に値する。

　さすがに第三世代以降は減少するものの、それでも一定の牧師を世に送り出した（［表16］参照）。

[表16]　ホッホシュテッター家における各世代の牧師数・牧師になる平均年齢

	第1世代	第2世代	第3世代	第4世代	第5世代
牧師数（人）	5	13	10	7	10
成人男子数（人）	7	23	34	42	53
牧師の割合（％）	71.4	56.5	29.4	16.7	18.9
牧師となる年齢（才）	24	28	29	31	30

　牧師となるためには、他の職業に比べて困難な点があった。宗教改革導入後しばらくすると、牧師となるためにはマギステルの学位を得なければならな

第Ⅲ部　近世ドイツの聖職者

くなる。さらにそれを獲得してからもすぐに牧師職に就けるわけではなかった。1730年頃多くの奨学生は牧師となるまでに36才から38才になっていたという[110]。ホッホシュテッター家の場合それよりは若くして実際の牧師職についているが、第二世代以降は30才前後まで待たねばならなかった。このように牧師となるためには教育とその職に就くまでの財政的支えを必要とした。

　第二世代以降、ホッホシュテッター家では、五つのタイプが見られることを指摘した。ここから次の事が浮かびあがってくる。牧師職と親和性のある職業は、まず医師や法律家などの知的職業である。どちらも大学教育を必要とする。そこからは法学部や医学部の教授や、中央行政にたずさわる人々が出てくると同時に、そのような職業の家系との結婚による結びつきが生じた。さらに、稀には貴族化する人々もあらわれる。その他、地方行政官や市長となるような地方の有力な商人との親和性も見られる。以上の点は、ホッホシュテッター家ばかりでなく、ヴュルテンベルク全体にあてはまると考えられる。これらの点から、牧師を一定程度送り出す家系は、エールバールカイト階層に属していたと言ってよいだろう。

　ホッホシュテッター家に見られる五つのタイプは、おそらくヴュルテンベルク全体に見られることであろう。ホッホシュテッター家の場合、牧師職から離れていく家系は地域に定住していく傾向がある。他方牧師職は生涯の間に何度か転勤するのが一般的である。これは「はじめに」で指摘したように地域性に係わる重要な特徴である。最後に、ホッホシュテッター家に見られなかったタイプを一つ指摘しておきたい。牧師職から離れた後、地方に定住するタイプではなく、地方や中央の行政官になっていくタイプである。これはあの有名な哲学者ゲオルク・ヴィルヘルム・フリードリヒ・ヘーゲル（1770-1831）の家系に見出すことができる。ヘーゲルの四代前のヨハン・ゲオルク・ヘーゲル（1640-1712）はヴィネンデンの牧師であり、五代前のヨハン・ゲオルク・ヘー

---

110 F. Fritz, Die Evangelische Kirche Württemberg im Zeitalter des Pietismus, *Blätter für württembergische Kirchengeschichte*, 55, 1955, S. 80f.

ゲル（1615-80）はエーニンゲンEningenの牧師、六代前のヨハン・ヘーゲル（1576-1641）もエーニンゲンとヴュルティンゲンWürtingenの牧師であった。一方彼の父ゲオルク・ルートヴィヒ・ヘーゲル（1741-83）はシュトゥットガルトのRentkammer-Sekretärであり、祖父ゲオルク・ルートヴィヒはアルテンシュタイクAltensteigのフォークトやRegierungssekretärを務め、曾祖父ゲオルク・ルートヴィヒ・クリストフ（1687-1730）はローゼンフェルトのフォークトやRentkammer-Expeditionsratを務めた[111]。

　次の11章と12章では、近世ドイツで聖職者がどのように理解されたかを考える。

111　F.F. Faber, 12（1, 3, 20, 47, 84）.

第Ⅲ部　近世ドイツの聖職者

第11章　J. R. ヘディンガーの聖職者理想論

■はじめに

　一般的に言って、ヨーロッパ・キリスト教史の概説書は宗教改革以後をほとんど付け足しのように扱うのが常である。そのため、17・18世紀にはキリスト教がもはやその影響力を失っているような印象を与えがちである。もっとも、ウェーバーの禁欲的プロテスタンティズム論はそれの反証を提供するように思われるが、ウェーバーは基本的にピューリタニズムと16世紀の古プロテスタンティズムを宗教倫理の側面から同一線上においてとらえており、17・18世紀の歴史的特性をほとんど無視している。その結果、ピューリタンの不安をただ二重予定説のみから説明し、17・18世紀の危機的状況を考慮していない。それゆえ、歴史的研究としては17・18世紀の意義を十分に評価したものとは言い難い。また、民衆文化に関する社会史研究も、キリスト教文化がどの程度まで人々に浸透していたのか、疑問を投げかけている。

　ところが、17・18世紀プロテスタントに関するドイツの諸研究は、有力なキリスト教的伝統の流れが存在したことを示そうとしている。16世紀後半は教派時代であり、信仰における教義の重要性が叫ばれた。それに対して、17世紀初め頃から、ヨーロッパが危機に見舞われるとともに、教義よりも経験の実践に強調点をおく信仰形態が生じてくる。このような新しい信仰形態は、実践的な信仰書、様々な説教集（特に告別式説教）、讃美歌集、牧会書簡集などの広義の信仰文学（erbauliche Literatur）にあらわれている。おおまかな算定ではあるが、H・レーマンによれば、ヨーロッパ全体で17世紀に出版された信仰文学は神学関係の書物の半分以上、全書物の25パーセントを占めており、かなり

292

第11章　J. R. ヘディンガーの聖職者理想論

の広がりをもっていた。1740年頃でもドイツでは信仰文学は全書物の20パーセントを占めている。これらの信仰文学はプロテスタントとカトリックの双方において存在し、かつ教派を越えて読まれる傾向にあった。以上を前提として、レーマンは17世紀において、伝統的な民衆文化と宮廷文化とともに、敬虔な中間層による独自の文化の存在を想定している[1]。

　ところで、独自の文化であるためには、核となる担い手が存在し、彼らが固有の心性、あるいはもっと自覚された場合には理念をもつことが必要であろう。ドイツで17世紀初めから生じてくる新しい信仰形態は一般信徒を広く巻き込んでいる点でルター派正統主義と異なっているが、その核となったのはなお聖職者たちであった。信仰書のほとんどは彼らによって書かれている。この聖職者たちが自己をどのように認識し、どのような独自の理念を築いたのか。また、彼らの存在の実体はどのようなものであったのか。少なくともそれらを検証せねばならないであろう。本章ではそれらの問題のうち、前者の一端、すなわち聖職者の社会における位置づけについて考えたい。

■第1節　トーマス・アプトの聖職者論

　17世紀以降の新しい信仰形態における聖職者論を考察する前に、宗教改革以後のルター派正統主義と18世紀中頃のトーマス・アプトThomas Abbt（1738-1766）の聖職者論を簡単に検討しておきたい。

　ドイツでは、叙任権闘争に見られるごとく、宗教改革以前は高位聖職者は宗教的権能ばかりでなく、世俗的権能も有した。その典型がケルンやマインツ大司教などのいわゆる聖界諸侯である。ところが宗教改革によってルター派領邦では、聖職者の権能は霊的な事柄に限定されることになった。『アウクスブルク信仰告白』第28条では、「鍵の権能あるいは司教の権能は、福音によれば、福音を説教し、罪を赦し、またとどめ、礼典を執行し分与すべく与えられた力

1　H.Lehmann, *Das Zeitalter des Absolutismus. Gottesgnadentum und Kriegsnot,* 1980.

293

第Ⅲ部　近世ドイツの聖職者

であり命令である[2]」と語られている。そして制度的には領邦教会体制がしかれることになり、ルター派聖職者は領邦国家体制に組み込まれていくことになった。

　正統主義の時代になってくると、領邦教会体制内の一身分としての聖職者、その職務の公的性格が強調されてくる。正規の召命なしには、教会で公に説教や聖礼典の執行をすることは決して許されなかった。また、たとえ不信仰者によってであっても、教会の職務としてなされた説教や聖礼典は効力をもつと考えられた[3]。

　アプトはプロイセンのフリードリヒFriedrich大王（在位1740-1786）の啓蒙専制主義を擁護しようとした理神論者である。彼の考えの中心にあるのは、君主によって明確にされた公益である。伝統的な諸身分は自分たちの利益よりもそれに従うことを求められ、その結果、身分間の従来の区別は意味をなさなくなる。新たに国家への有益さから価値づけられることになる。

　国家には、平民が信頼と畏怖の念を抱く道徳の番人が必要である。彼らは「扇動的な民衆の手綱を引き締め、平穏な民衆に彼らの義務を果たすように励ます[4]。」聖職者はこの役割を担うとアプトは考える。彼らは霊的事柄に係わっている。それゆえ、戦争時には、農民たちに神の言葉を説いて、過ぎゆくものに心を縛られることなく、国王と祖国のために犠牲を払って戦争に協力すべきことを、他の人々よりもより有効にすすめることができる。また平穏時には、様々な苦難にある民衆に永遠の生命を説いて慰め、それに耐えるべきことを教えることができる[5]。

　アプトは、聖職者が語る神的内容それ自体を否定はしない。彼は聖書や17・18世紀の信仰書が安く一般民衆の手に入るようになることを願っている。しかし、それは彼らが神に信頼し、苦難に耐え、お上に従うようになるためであ

2　『アウクスブルク信仰告白』第28条（『一致信条書』聖文舎、1982年、109頁。）
3　『アウクスブルク信仰告白弁証』第7条（同上、240-241頁。）
4　Th. Abbt, *Vermischte Werke*, Erster Theil, 1772, S. 277.
5　*Ibid.*, S. 276-281.

第11章　J.R.ヘディンガーの聖職者理想論

り、結局のところ、国家への有益さからなのであった[6]。アプトは、聖職者をアンティクレリカリズムの攻撃から守り、絶対主義推進の道具たらしめようとした、ということができるであろう。その結果、国家から独立した聖職者独自の価値は失われてしまった。

　次に、時期的にルター派正統主義とアプトとの間に位置する、新しい信仰形態の聖職者論の具体例として、領邦国家ヴュルテンベルクの聖職者ヨハン・ラインハルト・ヘディンガーJ.R.Hedinger（1664-1704）の見解を検討することにしよう。その際、まずヘディンガーがいかなる人物であったかを略述し、次いで彼が神的内容それ自体をどのように理解していたかを考察し、最後に、それが聖職者の社会における位置づけとどのように関係しているかを考える。

■第2節　ヘディンガーのErbauung観

　ヘディンガーは1664年にシュトゥットガルトで生まれた。同名の父ヨハン・ラインハルト（1638-68）は官吏、母クリスティアーナはシュトゥットガルトの宮廷説教者でプレラートでもあったヨハネス・シューベルJohannes Schübelの娘であり、ヘディンガーはヴュルテンベルクのエールバールカイト（Ehrbarkeit）と呼ばれる名望家層に属した。84年にはテュービンゲン大学でマギステルを獲得した。87年から88年にかけてフランスを始め、ドイツの各地、オランダ、イギリスを旅しており、多くの知己を得ている。1692年にはヴュルテンベルク公国の分家で、甥のエーバーハルト・ルートヴィヒEberhard Ludwig公（在位1693-1733）の摂政をしていたフリードリヒ・カールFriedrich Karl公（摂政1677-1693）の従軍牧師となった。また、94年にはギーセン大学の教授となっている。そして、99年にはヴュルテンベルク公国エーバーハルト・ルートヴィヒ公によってシュトゥットガルトの宮廷説教者に招聘された。宮廷説教者は宗務局のメンバーを兼ねることになっており、彼は35才の若さで

6　*Ibid.*, S. 254-262.

第Ⅲ部　近世ドイツの聖職者

ヴュルテンベルク領邦教会の指導的地位に就くことになったのである。

　ところで、ヴュルテンベルクはプロイセンのハレとともにルター派敬虔主義の中心地となるところである。ルター派敬虔主義は、上述した17世紀頃から始まる新しい信仰形態を土台にして、フィリップ・ヤーコプ・シュペーナーによって1670年中頃から始められた宗教的革新運動である。ヴュルテンベルクでは早くから教会指導層の中にシュペーナーの支持者が存在した。ヘディンガーはヨハン・アンドレーアス・ホッホシュテッター（1637-1720）とともに、その有力な支持者であった。またヴュルテンベルクでは、シュペーナー的敬虔主義とは異なる、より急進的で反国教会的敬虔主義も見られた。

　他方、17世紀末はヴュルテンベルクにおいても絶対主義的政策がとられ始めた時期であり、宮廷では絶対主義化と結びついてバロック文化が導入された時でもあった。その傾向は1677年に摂政となったフリードリヒ・カールから始まり、1693年から正式に領邦君主となったエーバーハルト・ルートヴィヒに継承されていった。ヘディンガーは宮廷説教者となることによって、まさにそのような政治的動きの渦中に身を投じることになったのである。そのような中での、君主エーバーハルト・ルートヴィヒに対する彼の抵抗は、19世紀のヴュルテンベルクの敬虔主義者たちによって、いくつかのエピソードとともに語り伝えられていった。

　以上のように、1700年前後のヴュルテンベルクの教会指導層に見られる敬虔の一つの優れた典型を彼に見ることができるであろう。本章では、彼の著作の中から、1699年に宮廷説教者としてエーバーハルト・ルートヴィヒ公の面前で行なった『就任説教[7]』と1700年に出版された『キリスト教教育論[8]』を取り上げる。

7　J.R.Hedinger, *Antritts-Predigt, Welche Auf Gnädigsten und Gegenwart Des Durchleuchtigsten Fürsten und Herrn Eberhart Ludwigs,* ….1699. 以下APと略記する。『就任説教』をコピーするにあたってはテュービンゲン大学のお世話になった。

8　J.R.Hedinger, *Christliche Wohl-Gemeynte Erinnerungen, Die Unterrichtung der lieben Jugend, in der Lehre von der Gottseligkeit betreffend*…., 1700. 以下CEと略記する。引用にあたっては、CEのあとに章と節を記す。なお、『キリスト教教育論』をコピーするにあたっては、バーデン州立図書館のお世話になった。

第11章　J. R. ヘディンガーの聖職者理想論

　ヘディンガーの目ざすところは、「キリストにある乳飲み子が正しく福音の乳によって養われ、義しい完全な大人にまで導かれ、その結果、真理の中を歩み、あらゆる策略と欺きから守られ[9]」、神を讃美するようになることである。これに至ることをエアバウウングErbauung[10]あるいはキリスト教の成長という言葉であらわしている。また、そのような状態にあることが敬虔Frömmigkeitであり、それに至っている人々が再生者（新生者）である。この再生はドイツ・ルター派敬虔主義の創始者シュペーナーの重要な概念であるが、ヘディンガー自身はその言葉を使うだけで特別にそれについて論を展開しているわけではない。

　では、いかにして人はそれに至るのか。彼は人間の心Herzに注目する。ヘディンガーは心が悪の根元だと考える。虚栄や様々な罪はこの心から生じる[11]。この本来は悪の根元である心の中に、「堅固な信心と正しい神認識が植えつけられねばならない[12]」。しかし、どのようにしてそれが可能となるのであろうか。ヘディンガーにとって、次の三点が重要であったと思われる。

　第一に、彼は直接的な神の働きかけを否定する。この悪の根元である心に働きかけえるのは聖書とそのみ言葉を人間の口を通して聴くことによってのみである[13]。その点において熱狂主義者を批判したルターを支持し、宗教改革的伝統に立つ。ヘディンガーにとって聖書は「神の啓示されたあらゆる御旨を書き記したものであり、信仰と生活の規範・規則[14]」である。

　第二に、信仰は単なる知的認識ではない。ヘディンガーは心と記憶Gedächtnißを区別する。単なる文字による認識は記憶に係わるが、心にまでは及ぶことができない。神的真理であっても記憶にだけ係わるのでは、心に

9　AP, S. 9.
10　シュペーナーと比較した場合、ヘディンガーには教会全体の改革という視点は弱い。むしろ再生論を基礎においている。
11　CE, III, 1.
12　CE, V, 4.
13　CE, II, 2.
14　CE, XI, 12.

297

第Ⅲ部　近世ドイツの聖職者

まで至らない[15]。記憶は文字と結びつき、心は神の言葉と結びつく。もちろん、彼は記憶の働きを完全に否定するのではない。家父が聖職者等の助言を得て、箴言、祈り、讃美歌などを、就学前の子どもの記憶にたたき込ませることの有益さを語っている[16]。重要なのは、記憶だけでは心にまでは働かないことである。「単に［み言葉を文字として］聞き、記憶に信頼するならば、多くのことは消え去ってしまう[17]」。それでは、神の言葉はどのようにして心に働くのか。み言葉は祈りとともに伝えられねばならない。そして、ヘディンガーが強調するのは、語るものが敬虔な者、再生した者でなければならないことである。特に「彼が説教していること、あるいは説教すべきことを、誠実に行なっている」ことが必要である[18]。説教者が罪人ならば、神はその祈りを聴かれない[19]。説教者が記憶でだけ神の言葉を知っているのでは、それを人々の心に植えつけることはできない。「自ら光の中を歩んでいる者は光を見て、他の人々に光を見せることができる。そのような再生者が真理を力強く、また明白に証言する[20]。」

　第三に、ヘディンガーはしばしば植物の譬えを用いて、エアバウウングを説明する。この場合、み言葉が種子に譬えられる。「神の言葉の小さな種子が柔らかい心の中に落ちると、つねに時とともに芽を出す[21]。」種子が芽を出すには、良き地でなければならないが、人間の場合それは柔らかい心である。彼はそのような心を特に大人ではなく、子どもに期待する。子どもは大人に比べて「世Welt」の習慣にとらえられていることがずっと少ないからである[22]。それゆえ、彼は子どもの教育にも力を入れる。また、「ある植物を植えて、その後手入れをせず、水もやらないと間もなく枯れてしまうように、新しく植えつけら

15　CE, III, 2.
16　CE, XIII, 8.
17　CE, Anhang, 4.
18　CE, IV, 2.
19　CE, IV, 4.
20　CE, X, 2.
21　CE, XIII, 10.
22　CE, I, 2-3; II, 3.

れた教えが育まれることなく、根を張るに至らないならば、教えを学ぶことは何の役にも立たない[23]。」正しく成長するためには、絶えざる手入れが必要である。ここでもみ言葉と対立する「世」の問題が生じてくる。み言葉を受け入れた心が「世」から守られ、キリストの姿が形造られていくことが必要となる[24]。

　「み言葉の種子が、不信、習慣、邪悪な社会などによって枯らされてしまうことなく、芽が出て実を結びうるように、よく考慮せよ[25]。」邪悪な社会はより一般的な言葉では「世」である。「世」の本質は「過ぎ去っていく[26]」点にある。それはトータルに否定されるべきものではないが、人を永遠から引き離し、さらに人々を悪へと誘う場合に「罪の王国」となる。彼はその背後にサタンの働きを見た。人間に即していえば、悪への傾向は習慣となって強められていく。若い時に一度悪い習慣がつくと長く老年に至るまで影響を与える[27]。それゆえ、成長するためには逆に良い習慣をつけねばならない。ここに教育がヘディンガーにとって重要な問題となってくる理由がある。ヘディンガーは特に当時を「最後の大洪水にあう悪しき世[28]」、堕落した時代ととらえていた。一般の人々の間では、子どもを早くから仕事に就かせ、日曜日に教会に来させない。また、一年を通じて聖書や信仰書を手に取らない人々がいる[29]。特に村では夏は学校が開かれない[30]。上流階層の間でも、子どもを神の言葉に備えさせるよりも、世俗の技芸や学問をみがかせようとする。「多くの子どもたちは主の祈りを正しく祈れるよりも、猟銃や剣や流行品について無駄話をするのが楽しみである[31]。このように神の言葉、有益な矯正手段に対する無理解が広がっている。

---

23 CE, XIII, 10.
24 AP, S. 9.
25 CE, Anhang, 6.
26 AP, S. 15.
27 CE, XIII, 17.
28 AP, S. 36.
29 CE, VI, 6.
30 CE, V, 10.
31 CE, VI, 6.

第Ⅲ部　近世ドイツの聖職者

また、説教は「御し難い下層民に手綱とくつわのはみをつけること」だと理解する人々がいる[32]。あるいは、神の意志、神の祝福を聞きながらそれに従おうとしない頑なな人々が存在する[33]。奉公人たちの間では様々な悪徳が広がっている[34]。宮廷に関しては、『就任説教』ではわざわざ次のように語っている。「敬虔であろうと欲する者は宮廷を立ち去るべしという言葉は、政治にたずさわる者自身と廷臣にとってもよく知られた言葉である[35]。」

　以上を要約すると、ヘディンガーにとってエアバウウングとは、神の言葉である種子が悪い心の中に入り、それが正しく成長していくという、二つの部分から成り立っていた。『キリスト教教育論』ではその書物の性格からも、後者に重点がおかれている。ところで、心に種子が入り成長するのは神の言葉の宣教によるのであるが、この成長は「世」との戦いの中で進められていく。そして、大人よりも「世」の習慣に染まらず、柔らかい心の持ち主である子どもに、ヘディンガーはより注意を払う。この「世」との戦いの中で「世」の誘惑の防波堤となり、その成長を育む「場」としてヘディンガーが重視するのが、教会、学校、家である。そして、これらの場の中心に聖職者をおく。では次に彼の聖職者論を検討しよう。

■第3節　ヘディンガーの聖職者論

　まず聖職者の資格として何が求められるであろうか。二つの点を指摘することができる。第一に、聖職者は神によってその任に召されるのであるが[36]、客観的にも教会による正規の召命（任命）が必要だと考える[37]。第二に、すでに第2節で述べたように、再生者でなければならない。確かに、説教者の不敬虔

32　CE, Anhang, 4.
33　CE, X, 9.
34　CE, XIII, 23.
35　AP, S.36.
36　CE, I, 1.
37　CE, IV, 2.

第11章　J. R. ヘディンガーの聖職者理想論

によってその群れから完全に神の恩寵と言葉とが取り去られてしまうわけでは
ない、と彼は考える。しかし、再生者でないと有効に働くことができない[38]。
これはルター派正統主義とは異なる見解である。以上の二点は領邦教会体制を
肯定しつつ改革を行なおうとする、シュペーナー的な国教会内敬虔主義の特徴
をよく示している。

　エアバウウングは神の言葉の働きによって実現していく。それゆえ、聖職者
は何よりもまず説教者である。彼は聖書の内容を正しく宣べ伝えなければなら
ない。ところで神の言葉は「世」との戦いの中で成長していく。この点から聖
職者は、預言者また牧会者・教育者であることが要求されてくる。その時、彼
は「神にあって強められ、恐れを知らぬ、不屈の精神」、「過ぎ去っていく、こ
の世的なあらゆるものを拒否している心」、「神の前に明らかで純真な良心」を
もっていることが必要である[39]。この「世」との関係では二つの側面が存在す
る。まず彼は真理の見張り人である。それゆえ、あらゆる不正に対して警告を
発しなければならない。聖職者は、「サタンと世と自らの血肉と戦い、罪を捨
て勝利の王であるキリストとともに新しい生活を歩む、そのような戦場」へと
召されている[40]。このような生涯を歩む者は、サタンと「世」から迫害を受け
ねばならない[41]。しかし、そこから逃避するのではなく、神の助け・励ましの
下にそれに立ち向かう。第二に彼は、羊の牧者が羊を狼から守るように、会衆
を「世」の攻撃から守るため様々なことをしなければならない。神の言葉とい
う種子が各人の中で芽を出し実がなるように配慮しなければならない。これら
二つの側面は互いに重なるところがあり、ヘディンガーもはっきりと区別して
いるわけではない。しかし、牧会者・教育者としての聖職者は主に後者に係わ
り、『キリスト教教育論』ではこの側面が扱われている。『就任説教』ではこれ
ら二つの側面をあわせもつ人物として預言者という言葉を使っているが、力点

38　CE, IV, 2.
39　AP, S. 15.
40　AP, S. 35.
41　AP, S. 38.

301

第Ⅲ部　近世ドイツの聖職者

は明らかに前者におかれており、預言者は主として前者に係わると言ってもよいであろう。以下ではそのような意味でこれらの言葉を使うことにする。

　ヘディンガーの聖職者論で重要なのは、聖職者が社会のプロトタイプをなす、という点である。第2節の最後で述べたように、教会とともに学校と家とが、「世」の中で神の言葉が成長するための砦と考えられている。学校の本質は「品位と分別を備え、知識があり、そして何よりも敬虔な人々を育て上げること[42]」にある。この中心にいるのは聖職者である。子どもの教育は聖職者のもっとも重要な仕事の一つである[43]。彼は特に教理問答を通じて、学校で子どもたちに神の言葉を伝える。その他、学校をしばしば訪問し教師の相談にのる。教師の任務は日常生活に必要な知識・技術を教えるだけでなく、「あらゆる知識の真の始めである、神への畏れを子どもたちに植えつけ[44]、天国に備えさせることにある。究極の任務は後者にある。彼は聖職者と同じく、正規の召命を必要とし、敬虔な者でなければならない。また、聖職者の助言に従う義務がある[45]。

　「家は私的教会Privatkircheであるべきである[46]。」両親は、子どもが罪に陥ることを防ぎ、その魂のことを気遣い、彼らを学校へ送って熱心にその効果があがるようにつとめねばならない[47]。また家庭礼拝を行ない、「キリスト者の夫婦は何が正しく良いことかを説教し、警告することをやめてはならない[48]。」家父が奉公人の同席の下に聖書や家庭用説教集を読み聞かせることをヘディンガーは期待した[49]。彼が理解する家は「全き家」であり、家父は子どもばかりでなく奉公人に対しても同じく霊的な責任を負った。

　以上のように、学校と家は教会の機能の一部を受けもち、教師と家父は不完

42　CE, V, 3.
43　CE, I, 1.
44　CE, V, 2.
45　CE, V, 47.
46　CE, VI, 4.
47　CE, VI, 1-2.
48　CE, XIII, 21.
49　CE, XIII, 16, 21.

全なかたちであるが聖職者の役割、特に牧会者・教育者の役割を担った。聖職者の側から見ると、彼は社会のモデルとなるべき人間であった。家はジャン・ボダンのような絶対主義論者の間では、国家とアナロジーの関係にある。また、学校も近代社会では国家の役割と考えられていく。しかし、ヘディンガーの場合、学校と家は教会とアナロジーの関係にある。

　それではヘディンガーは世俗権力をどのように考えていたのであろうか。今取り上げている二つの著作では、国家の問題を中心的に論じてはいない。特に『キリスト教教育論』ではそうである。それゆえ、世俗権力について詳しくは分からない。しかし、とりわけ『キリスト教教育論』の扱っている問題の性格から考えて、かえって扱っていないことそれ自体が、国家は、「世」の中で神の言葉の成長を育む「場」とは考えられていないことを示している。それだけでなく、世俗権力はもっとも「世」と結びつきうるものである。その場合、聖職者は預言者として世俗権力と対立関係におかれることになる。『就任説教』は、当然そのような緊張関係を秘めて語られている。そして事実、ヘディンガーは後にエーバーハルト・ルートヴィヒ公を諌めることになる。しかし、それはあくまで「霊的父」、預言者としての態度であって、支配服従契約や社会契約に基づく抵抗権とは別物である。それは彼個人の能力・資質によるところが大きく、次の世代への継承性は乏しい。

■おわりに

　正統主義では聖職者は基本的に説教者である。言葉のうえでも、ルター派信条集では聖職者をあらわす時、もっぱら説教者（Prediger）が使われている。ヘディンガーの場合、基本は説教者であるが、「世」の中での神の言葉の成長という観点から預言者特に牧会者・教育者という面が中心になっている。アプトの場合、「牧会者」であるが、道徳の番人、国家への奉仕者に全く変質してしまっている。ヘディンガーの聖職者論はルター派正統主義やアプトの見解とは異なり、学校と家を教会とのアナロジーで把握し、聖職者を社会のプロタ

第Ⅲ部　近世ドイツの聖職者

イプとなす独自のものである。ヘディンガーのこのような聖職者論は新しい信仰形態を基盤としている。この聖職者論が当時のヴュルテンベルクの現実の教会制度といかなる関係にあり、どういった人々を支えにしていたのか、といった課題が残されているとはいえ、理念的には、宮廷を中心とする文化と民衆文化とも異なる、聖職者を中心にすえる文化への「志向」を見て取ることができるであろう。

第12章　リーガ時代における
ヘルダーの人間性理解と聖職者論

■　一

　出版される書物のジャンルは時代を反映する。17世紀に多く出版されたのは、実践的な信仰書や説教集、讃美歌集などの信仰書であった。このジャンルの書物は16世紀から17世紀にかけて増加する。ヨーロッパ全体で17世紀に出版された信仰書は神学関係の書物の半分以上、全書物の4分の1を占めていた。しかし、18世紀に入るとその比重は小さくなる。ドイツでは信仰書が出版物の中で占める率は、1740年で20%、1770年には10%、さらに1800年には5％になるという[1]。このような事実を踏まえて、H・レーマンは17世紀を中心として敬虔な中間層の文化が存在したと想定する。

　筆者は以前、ドイツ・ルター派の地域ではそのような文化において聖職者像が重要な役割を果たしていたでのはないかと指摘したことがある。神学の専門書でない実践的な信仰書は、もちろん神学者に向けて書かれたのではなく、世俗の仕事にたずさわる人々を対象としていた。その意味で、信徒を中心とするものであった。しかし、そこで模範とされたのは理想化された聖職者であった。たとえば、第11章で取り上げたヴュルテンベルク領邦国家の神学者ヘディンガーを見ると、彼はエアバウウングを強調する。これは、神の言葉である種子が心の中に入り成長してく過程として理解される。これはもちろん、神の言葉の宣教によるのであり、その点で聖職者はまず説教者でなければならず、かつルター派正統主義と同様、客観的に教会による正規の召しが必要とされた。

───────────

1　Hartmut Lehmann, *Das Zeitalter des Absolutismus*, 1980, S. 116f.

第Ⅲ部　近世ドイツの聖職者

しかし、種子の成長は「世」との戦いのなかで進められていく。その際、その
成長を育む場であると同時に「世」の防波堤となるのが、教会、学校、家で
あると考えられ、その中心にあって人々の牧会者となり、また社会のモデル
とされたのが聖職者であった[2]。急進的敬虔主義者であるアルノルトG. Arnold
（1666-1714）になると領邦教会という枠組みはもはや必要とはされず、聖職者
は国家や領邦教会に依存しない存在としてイメージされる。そして聖霊の担い
手として「神的な模範者」とされるのである[3]。以上のような聖職者像には、聖
職者を領邦教会制度の枠から解放させ、聖職者的存在を普遍化させることによ
る、いわば信徒の聖職者化が見られるのである。

　1740年以降、信仰書の比重が下がってくるとすれば、当然そのような文化に
おいて重要な役割を果たしていた聖職者像にも変化が現われるであろう。聖
職者批判とともに、新たな視点から聖職者の地位を弁証する動きが出てくる。
J.ストループによれば、北西ドイツにおいて、上述とは異なる新しい聖職者像
が現われるのは、1760年以降、絶対主義との結びつきからである[4]。プロイセン
の理神論者であるトーマス・アプトTh. Abbt（1738-1766）は君主による公益
を中心にすえる。国家の各構成メンバーは、従来の身分的価値にかわって国家
への有益さから、それぞれしかるべき位置が与えられる。そのような視点から
聖職者は、苦難に耐え君主と国家に服従すべきことを臣民に説く道徳の番人だ
とされる[5]。このような考え方をさらに推し進めたのがカンペJoachim Heinrich
Campe（1746-1818）である。彼はブラウンシュヴァイクにおけるカール・ヴィ
ルヘルム・フェルディナント公（1735-1806）の教育改革の立案者であった。

2　拙稿「近世ドイツの聖職者論とキリスト教文化――J. R. ヘディンガーの聖職者理想論」『清
　　水氾教授退官記念論文集』京都アポロン社、1991年、所収。本書第11章、参照。
3　Martin Schmidt, Das pietistische Pfarrerideal und seine altkirchlichen Wurzeln, in M.
　　Schmidt, *Der Pietismus als theologische Erscheinung*, Göttingen 1984, S. 130-155.
4　John Stroup, *The Struggle for Identity in the Clerical Estate. Northwest German
　　Protestant Opposition to Absolutist Policy in the Eighteenth Century*, Leiden 1984.　なお
　　拙稿「啓蒙主義的聖職者観と絶対主義――John Stroup, *The Struggle for Identity in the
　　Clerical Estate*について――」『香川史学』15号、昭和61年6月、参照。
5　拙稿「近世ドイツの聖職者論とキリスト教文化」403-404頁。本書第11章、参照。

彼の根底にあるのも国家への有益性である。彼は従来のラテン語学校にかえて新しくつくった実業学校の教師に田舎の牧師をあてようとした。カンペはそのような牧師を民衆教師Volkslehrerと呼ぶ。この民衆教師という言葉は、当時、人々に実用的な知識を与えることによって国家に仕える教師を指すのに用いられていた。また、ハレのカール・フリードリヒ・バールトCarl Friedrich Bahrdt（1741-92）によって聖職者を指すのにこの言葉が使われていた。カンペの場合、この民衆教師に必要とされたのは、もはや神学的知識ではなく、農業や栄養学、経済などの実際的知識であった[6]。このような聖職者観は、聖職者の独自性を奪って、彼らを絶対主義国家機構の中に完全に組み込むものであった。

　新しい動きはそれだけではなかった。功利主義的な観点から絶対主義と啓蒙主義とが結びついた聖職者論とは別の聖職者像が存在する。ストループはその重要な先駆者としてヘルダーJohann Gottfried Herder（1744-1803）を挙げている[7]。本章の課題は、このヘルダーの初期聖職者論を検討することにある[8]。

■　二

　ヘルダーの説教者論を取り上げることは、あるいは奇異に感じるむきもあるかもしれない。歴史哲学や風土論、あるいはゲーテへの影響、その他芸術論や、P. バークが述べているような民衆文化の「再発見」が彼の業績として一般に知られていることであろう。

　そこでまず、彼の経歴を見てみよう[9]。ヘルダーは1764年20才で、現在ラト

6　John Stroup, *op.cit.*, pp. 106-119.

7　*Ibid.*, pp. 124-127.

8　ヘルダーの著作は、Johann Gottfried Herder, *Sämtliche Werke*, hrsg. v. Bernhard Suphan, 2. Nachdruckaufl., Hildesheim/ New York（以下SWと略記する）を利用する。

9　ヘルダーの経歴については次のものを参照した。Herbert von Hintzenstern, Johann Gottfried Herder, in: M. Greschat, hrsg., *Gestalten der Kirchengeschichte*, Bd. 8, *Die Aufklärung*, Stuttgart 1983.

第Ⅲ部　近世ドイツの聖職者

ヴィアの首都であるリーガRiga市の教師に就くが、1767年からは同市のイエス教会の説教者に任命される。1769年5月末にはこの職を辞して、しばらくヨーロッパ各地を旅行し滞在したが、再び彼が就いた公職は、ビュッケブルクBückeburgの主席牧師兼宗務局委員であった。『人間形成のための歴史哲学異説』を書いたのはこの時期である。彼はその職に1771年から1776年9月まで就いていた。同年10月からは、ゲーテなどの働きによってヴァイマールの監督Generalsuperintendentの地位に就いた。1801年からは上級宗務局議長を兼務している。そして、現役のまま1803年に死亡するのである。このように彼の公職は一貫して聖職者であった。それは単に生活の安定のためではなく[10]、ヘルダーの聖職者としての仕事は彼の活躍の本質をなすものと考えられてきている[11]。

　「一」の最後のところで触れたように、ストループはヘルダーの聖職者論に注目した。彼はビュッケブルク時代の1774年に書かれた『説教者に寄す』*An Prediger. Fünfzehn Provinzialbriefe*[12]にあらわれた説教者論を簡潔に要約した。本章はその前の時期、すなわちヘルダーの活動の出発点をなすリーガ時代の聖職者論を分析する。具体的には、この時期の聖職者論がもっともよくあらわれていると思われる、1769年5月17日にリーガで行なわれた『決別説教』*Abschiedspredigt*[13]を中心に考察する。その他、リーガ時代の初期に書かれたと思われる『哲学は民衆の利益のためにいかにしてより公共的またより有益なものとなりうるか』（*Problem : wie die Philosophie zum Besten des Volkes allgemeiner und nützlicher warden kann.* 以下『人間哲学』と略記する）[14]やリーガ時代になされた諸説教を参考にしたい。なお、ヘルダーが『決別説教』を行

10　この点については次の論文を参照。Theodor Steinhäuser, Herder als Pfarrer, in: Eva Schmidt, hrsg., *Herder im geistlichen Amt*, Leipzig 1956.

11　Wilhelm Ludwig Federlin, *Vom Nutzen des Geistlichen Amtes. Ein Beitrag zur Interpretation und Rezeption Johann Gottfried Herders*, Göttingen 1982, S. 35.

12　SW, Bd. 7, S. 225-312.

13　SW, Bd. 31, S. 144-172.

14　SW, Bd. 32, S. 31-61. なお次を参照、Wilhelm Ludwig Federlin, *op. cit.*, S. 43-81.

なった時、アプトはすでに死亡しており、カンペがその改革プランを述べるのはその後1780年代に入ってからである。

■　三

『決別説教』で「私はほぼ二年間、魂を救うこの言葉を人間の心に植えつけるために召されてきた[15]」とヘルダーは語る。説教者は「人間を至福Glückseligkeitへと真に形成する唯一の道[16]」に係わる。また、「人間の魂を救う言葉をもつ職務にまさるものが何かあるだろうか[17]」と語っている。上に引用したヘルダーの言葉のどれにも「人間のmenschlich」という単語が出てくるように、「人間的な・人間のmenschlich」、「人間性Menschlichkeit、Menschheit」、「人間Mensch」という概念が『決別説教』でもっとも重要なものである。しかし、ヘルダーはそれらを明確に定義して使ってはおらず、その意味は必ずしも整理されてはいない。今、おおまかに区分すれば二つに分かれるであろう。

ヘルダーが「menschlich」という言葉を使う時、一つにはそれによって人間に係わる具体的な事柄を排除しないことが強調されている。ヘルダーは自分の説教を振り返って「menschlich」であったと述べている。彼は説教において会衆が理解できる日常の言葉で語り、理解を伴わない単なる聖書の言葉の羅列を避けた。個々の人間の義務などにも具体的に触れた[18]。また、各人種や時代によって、人類は皮膚の色や形ばかりでなく、好尚や感情においても多様であることを認めている[19]。彼は具体的な営みの中で人間をとらえようとする。このような意味においては、「menschlich」は抽象的と対立する。その点でヘル

15　SW, Bd. 31, S. 125.
16　SW, Bd. 31, S. 128.
17　SW, Bd. 31, S. 135.
18　SW, Bd. 31, S. 130, 132.
19　SW, Bd. 32, *Von der Verschiedenheit des Geschmacks und der Denkart unter den Menschen*, S. 18-29.

第Ⅲ部　近世ドイツの聖職者

ダーは、具体的な日常から遊離した抽象的哲学や学問に反対する。

　ところで、「人間」の第二の意味を考える前に、ヘルダーが説教の対象としたのは具体的にどのような人々であったのかを考えておきたい。『決別説教』ではその点明確ではない。これを明らかにしてくれるのは『人間哲学』である。そこではその対象が民衆Volk、特にドイツの国民・民衆であることがはっきりと語られている[20]。民衆を対象とする点では1780年代のカンペも同じである。前述したようにカンペは田舎の牧師を民衆教師と規定した。しかし、この民衆をどのように理解するかで両者は大きく異なる。カンペは絶対主義と結びついた功利主義的な観点から民衆の具体的な日常生活の側面のみを取り上げた。しかしヘルダーは、一方で学者と民衆を対比して前者を退けるとともに、他方民衆の具体的な日常生活にのみ注目することも退ける。これを可能にするのが民衆と「人間」を等置する視点であった。このことを通じてドイツ民衆を普遍的な観点から取り上げることが可能になった。この点が「人間」の第二の意味につながっていく。

　ヘルダーは「人間」という言葉を使うことによって、人類における多様性を肯定しつつ、それを統一的に考察する視点を持ち込んだ。「人間」というとらえ方によっていろんな階層分けは意味をなさなくなり、あるのは男女の差だけとなった[21]。彼は「人間」、「人間性」の本質を知性ではなく「心」におく。「心」、「魂Seele」、「感覚Empfindung」、「心根Gesinnung」といった言葉が頻繁に使われる。「心」は「一」で触れたようにヘディンガーにとっても重要な言葉であった。ヘルダーは主に二つの対立関係から「心」を理解している。一つには、「心」は父祖から伝えられた習慣や外的儀式と対立する。彼は1767年に行なった『就任説教』Antrittspredigtでその問題を取り上げ、外的儀式に対して「魂の礼拝」や「心の礼拝」を対置する[22]。

　　第二に、これがより重要であるが、「心」は単なる知的働きと対立する。単

---

20 SW, Bd. 32, S. 34f.
21 SW, Bd. 32, S. 52.
22 SW, Bd. 31, S. 24, 27.

310

第12章　リーガ時代におけるヘルダーの人間性理解と聖職者論

なる教義の暗記は退けられる[23]。情報としての知識の伝達がなされる抽象的哲学や学問に対して、ヘルダーは説教を対置する。ところで「心」は無条件に良いものではなく、堕落によって本来の状態から逸脱してしまっている[24]。そして真の人間形成の手段として学問ではなく説教を取り上げる。知的に徳を教え込むのではなく良心に徳を刻み込むこと、それは説教において可能だからである。説教と「心」とは相関関係にあり、他方いわゆる学問と知性が相関関係にある[25]。こうしてヘルダーは学者と民衆を対置するとともに、学者と説教者を対置する。説教者の役割は単に教義を情報として伝えることではなく、様々な考え方、様々な身分、年齢の魂に「真理を慕う心Geschmack an der Wahrheit」をもたせることにある[26]。「人間性」形成の中心は知的情報の獲得ではなく「心」の養成におかれる。18世紀後半に「人間性」は自己規定から目的概念、自己生成の過程として理解されるようになっていく。それに伴って「人間性」は「形成Bildung」との結びつきをもつようになる[27]。この時期のヘルダーにもそれを認めることができる。ただ『決別説教』では「人間性」という言葉はあまり使われず、「menschlich」が多用される。そして「menschlich」が名詞と結びつく時、たとえば「人間の心」や「人間の魂」は明らかに形成されていく過程として理解されているのである。なおこの形成は個人的なものであって、『人間性形成のための歴史哲学異説』に見られるような集合的意味はまだ見られない。初期ヘルダーにあっては、「人間性」形成は、「心から心へ、魂から魂へ、感覚Empfindungから感覚へ」と語られる説教によって何よりも現実化していくと考えられたのである。ところで説教が力をもつためには説教者に

---

23 SW, Bd. 31, S. 132.

24 たとえば、SW, Bd. 31, S. 126.

25 SW, Bd. 32, S. 54f.

26 SW, Bd. 31, S. 132, 138.

27 Hans Erich Bödeker, Menschheit, in : *Geschichtliche Grundbegriffe. Historisches Lexikon zur politischen sozialen Sprache in Deutschland*, hrsg. v. Otto Brunner, Werner Conze und Reinhard Koselleck, Bd. 3, Stuttgart 1982, S. 1079ff.ヘルダーのBildung観については、簡潔には、次のものを参照。Rudolf Vierhaus, Bildung, in: *Geschichtliche Grundbegriffe*, Bd. 1, Stuttgart 1979, S. 515-517.

第Ⅲ部　近世ドイツの聖職者

おいて教理と生活とが一致していなければならない。彼は他に語る前にまず自らが聴く存在でなければならない。他を改善しようとする前に自らを改善していかねばならない。このようにヘルダーには他に対する模範者としての説教者理解があることも確認しておきたい。

■　四

　「人間」、「人間性」を中心にすえたヘルダーの聖職者論は二つの傾向と緊張関係に立つものであった。一つは、思弁哲学、単なる情報の寄せ集め、抽象化された知的認識の拒否である。この傾向に対してヘルダーははっきりと明示的に拒否している。もう一つは、功利主義的な観点から聖職者を絶対主義的な国家の下僕、民衆教師にしようとする流れである。この流行は、民衆を「人間」と規定するヘルダーの立場からすれば、必然的に退けられることになる。とはいえ、リーガ時代、明示的に拒否されているのではない。事実、その傾向の典型であるカンペが聖職者を民衆教師とする見解を述べるのは1780年代に入ってからである。しかし、それに対する原理的批判の視点が、リーガ時代にすでに提供されていることを確認しておきたい。

　以上のような内容と可能性をもつヘルダーの聖職者論は、歴史的にどのように位置づけられるのであろうか。聖職者がどのように理解されてきたかを簡単に振り返っておきたい。

　中世カトリック教会の聖職者観は重層的である。その核は、秘蹟とりわけミサの執行者としての性格である。司祭はミサの執行を通じてキリストの犠牲を再現し、聖変化したパンを通じて、人々に救いを分け与える存在である。正統的な解釈では、ミサをはじめ秘蹟が有効であるのは、それが定められたとおり正しく行なわれた時であって、執行者の霊的状態は本質的な影響を与えないとされる。いわゆる事効論（ex opera operato）である。同時に聖職者には厳格な倫理の実践も求められた。一般の人々には十戒に代表される通常の社会道徳が要求されたが、聖職者には、清貧、独身、服従に代表されるより厳しい倫理

が求められた。修道士たちは本来その実践を目ざした人々であった。この倫理を体現した特別な存在が聖人である。この一般信徒と聖職者に求められる基準が異なる二重倫理は、一方でカトリックの救済体系の土台となる。聖人のありあまる業は教会の宝として蓄えられ、教会を通じて人々に与えられていく。このことが聖人巡礼や聖人崇拝の基礎となる。他方、教会身分が世俗身分よりも優れていることの根拠ともなる。ドイツにあってはオットー大帝の帝国教会制以来、大司教や司教ら高位聖職者は土地と政治的権力を所有する。その頂点に立つローマ教皇はしばしば皇帝権力を凌ごうとした。

　「すべてのキリスト者は祭司である」とするルターの万人祭司主義は、カトリックの教会体制に革命的な影響を与えるものであった。教会的身分と世俗的身分の違いは破棄され、聖職者の世俗的権能は否定される。司祭や司教の地位は身分ではなく職務にすぎないとされる。そして万人祭司主義では、その職務は本来すべてのキリスト者がもつ。非キリスト教世界にあってキリスト者が個々ばらばらに存在するところでは、すべてのキリスト者がその職務を行使しうる。しかし、教会共同体にあっては、その職務はある特定に人物に委ねられる。委託という考えから、聖職者の個々の教会による招聘・任命ということが初期のルターにあっては重要視された。そしてその霊的任務の中心は、司教の任務とされてきたが宗教改革前には十分になされていなかった説教におかれる。司祭が行なってきたミサはその救済付与の性格を否定される。ルターにあっては、聖職者は何よりも説教者である。これは教会と救いの基礎を福音の宣教におく考えから導き出された。しかし、当時のドイツ領邦国家形成期にあっては、万人祭司主義は霊的側面において展開されることはなく、世俗権力の権力拡大を助ける作用を及ぼす。その結果は領邦教会制であった。そこでは、本来個々の教会がもつとされた牧師任命権は領邦君主権力の統轄下にある宗務局が握ることとなった。

　16世紀後半以降、ルター派領邦教会の中心となったのがルター派正統主義である。そこでは、正規の説教職、公の礼拝説教が重要視されるとともに、信仰告白の知的側面が強調されて、教条主義的傾向が強められていった。これに対

第Ⅲ部　近世ドイツの聖職者

となってあらわれ、理神論に至って一つの頂点に達したと言えるであろう。このような傾向の中から自然宗教（natural religion, natürliche Religion）という考えが生じてくる。それは「理性が人間に信ぜよと命じるところの宗教であり、また人がどんな民族やどんな時代に属するにせよ、生まれつきすべての人に備わっている宗教である。[9]」人間の自然的理性によって認識可能だとされる神の存在、魂の不死、自由、徳等が、万人によって信ぜられる普遍的な信仰箇条である。一方特定の教義をもつ歴史的な宗教は、キリスト教も含めて、実定的宗教（positive Religion）と呼ばれる。自然宗教が本来的なものであり、実定的宗教は自然宗教を基準にして評価される。ドイツにおいては啓蒙主義の影響はまずクリスチャン・ヴォルフの哲学となってあらわれた。彼の場合は、啓示と理性の調和を目ざすが、「新神学（Neologie）」と呼ばれるグループの中には自然宗教の考えをとる人々があらわれる。ヴォルフ主義者や自然宗教の主張者に共通しているのは、宗教を思惟の営みに還元しようとする点である。この場合、宗教独自の領域は見られなくなってしまう。

　宗教の基礎を理性におこうとする形而上学的立場はイギリスではヒュームによって批判されるが、ドイツではカントによって批判される[10]。カントは『純粋理性批判』におけるその徹底した理性批判を通じて、理論理性は超感覚的対象を扱う能力を有せず、自由、魂の不死、神の存在の証明は不可能であると主張する。すなわち思弁的な理性が宗教の基礎となりえないことを主張した。しかし、カントの場合、全くの懐疑論に陥るのではなく、『実践理性批判』において実践理性の要請として、自由、魂の不死、神の存在を承認する。すなわち道徳世界が成り立ちうるためには神の存在が必然的なものとして前提されると

　徳善「ドイツ観念論と宗教の問題」（『講座ドイツ観念論6、問題史的反省』弘文堂、平成2年、所収）。

9　W. レーヴェニヒ『教会史概論』（赤城善光訳、日本基督教団出版局、1976年第3版）、385頁。

10　カントの宗教論については、武藤一雄『神学と宗教哲学との間』（創文社、昭和53年）、13-53頁、波多野精一『宗教哲学序論』（『波多野精一全集第三巻』岩波書店、昭和43年、所収）、344-358頁、参照。

第12章　リーガ時代におけるヘルダーの人間性理解と聖職者論

が求められた。修道士たちは本来その実践を目ざした人々であった。この倫理を体現した特別な存在が聖人である。この一般信徒と聖職者に求められる基準が異なる二重倫理は、一方でカトリックの救済体系の土台となる。聖人のありあまる業は教会の宝として蓄えられ、教会を通じて人々に与えられていく。このことが聖人巡礼や聖人崇拝の基礎となる。他方、教会身分が世俗身分よりも優れていることの根拠ともなる。ドイツにあってはオットー大帝の帝国教会制以来、大司教や司教ら高位聖職者は土地と政治的権力を所有する。その頂点に立つローマ教皇はしばしば皇帝権力を凌ごうとした。

　「すべてのキリスト者は祭司である」とするルターの万人祭司主義は、カトリックの教会体制に革命的な影響を与えるものであった。教会的身分と世俗的身分の違いは破棄され、聖職者の世俗的権能は否定される。司祭や司教の地位は身分ではなく職務にすぎないとされる。そして万人祭司主義では、その職務は本来すべてのキリスト者がもつ。非キリスト教世界にあってキリスト者が個々ばらばらに存在するところでは、すべてのキリスト者がその職務を行使しうる。しかし、教会共同体にあっては、その職務はある特定に人物に委ねられる。委託という考えから、聖職者の個々の教会による招聘・任命ということが初期のルターにあっては重要視された。そしてその霊的任務の中心は、司教の任務とされてきたが宗教改革前には十分になされていなかった説教におかれる。司祭が行なってきたミサはその救済付与の性格を否定される。ルターにあっては、聖職者は何よりも説教者である。これは教会と救いの基礎を福音の宣教におく考えから導き出された。しかし、当時のドイツ領邦国家形成期にあっては、万人祭司主義は霊的側面において展開されることはなく、世俗権力の権力拡大を助ける作用を及ぼす。その結果は領邦教会制であった。そこでは、本来個々の教会がもつとされた牧師任命権は領邦君主権力の統轄下にある宗務局が握ることとなった。

　16世紀後半以降、ルター派領邦教会の中心となったのがルター派正統主義である。そこでは、正規の説教職、公の礼拝説教が重要視されるとともに、信仰告白の知的側面が強調されて、教条主義的傾向が強められていった。これに対

第Ⅲ部　近世ドイツの聖職者

し、16世紀末から17世紀にかけて、教義から敬虔の実践に強調点を移す信仰形態（広義の敬虔主義）があらわれてくる。そのようななか、コレーギア・ピエターティスという教会改革プログラムをもって登場するのがシュペーナーの敬虔主義であった。彼は領邦教会体制を肯定したうえで、ルターの万人祭司主義の復権をはかる。そのために公的（領邦教会制度に係わる事柄、特に「公の礼拝」）と私的（公的以外の領域、特に家）を区別し、私的領域に万人祭司主義、いわゆる彼の霊的祭司制を導入する。すべてのキリスト者は私的領域において祭司の役割を果たす。この霊的祭司制は公の牧師職を否定するものではなく、むしろそれを助けるものだとされる。そして、公的任務をもつ聖職者は、説教を中心とする公的任務の遂行とともに、すべての人々の模範とならねばならない。ここに説教者であるとともに信徒の模範者としての牧師理解があらわれる。シュペーナーが考えていたのは、信徒の、従ってすべてのキリスト者の聖職者化、聖職者的存在の普遍化であった。シュペーナーの考えは、領邦教会体制を前提とするものであったが、それを実質相対化し、制度的枠組みを弱める可能性をもっていた。一方、G. アルノルトのような急進的敬虔主義者は、聖職者は国家や領邦教会に依存しない存在と考えた。

　第11章で取り上げたヘディンガーはシュペーナー的な敬虔主義的聖職者観に立つ。ヘディンガーにとって、神の言葉が人々の心の中に入り、成長していくことが大切であった。特に後者のためには、それを妨げる「世」との戦いが重要であり、その際に「世」に対する防波堤となり、神の言葉の成長を育む場として重視されたのが、教会、学校、家であった。そして、その場において中心的役割を果たすのが聖職者であるとされる。この考えから彼は、説教者を説教者として理解するばかりでなく、真理を見張りあらゆる不正に対して警告を発する預言者であり、羊の牧者が羊を狼から守るように人々を「世」の攻撃から守り信仰の成長へと導く牧会者・教育者、また模範者とされた。彼の理解によれば、学校と家は教会の機能の一部を受けもち、教師と家父は不完全なかたちにおいてであるが、教職者を模範として、その役割の一部を果たすことが期待された。

第12章　リーガ時代におけるヘルダーの人間性理解と聖職者論

　18世紀に入ると、敬虔主義的な理解と前提を大きく異にする、啓蒙主義の影響を受けた聖職者論が登場する。第11章や本章の最初に取り上げたトーマス・アプトとヨアヒム・ハインリヒ・カンペはその代表である。彼らは君主や国家の公益という観点から聖職者を理解する。国家から独立した聖職者の独自な価値は失われてしまう。カンペにあっては、聖職者は、超自然的な真理の伝達者、霊的牧会者、また霊的模範者から、「主に教区民の世俗的幸福に係わりをもつ」民衆教師に変えられていった。ブラウンシュヴァイク＝ヴォルフェンビュッテルにおけるカンペの改革は結局ラントシュテンデの反対によって挫折した。以上のような聖職者論に対して、啓蒙主義でも新人文主義を基礎にした聖職者論があらわれる。その重要な主張者がヘルダーであった。彼は人を「市民」と「人間」という二つの側面からとらえ、「市民」は国家と係わり、聖職者は「人間」と係わると考えた。そのことを通じて、もう一度聖職者を国家から独立した、「魂を救う言葉を人間の心に植えつける」と同時に自らその模範となる存在であると位置づけた。その点で、領邦教会の制度的枠組みの価値を弱め、聖職者的存在の普遍化、信徒の聖職者化を目ざす敬虔主義的聖職者論と通じるところがある。

　しかし、ヘルダーとそれから発展するものは敬虔主義とは当然異なっていく。ヘルダーは「人間性」を中心にすえることによって、信徒の聖職者化を信徒の「人間」化にかえる。この傾向の到達点をシュライエルマッハーに見ることができる。ヘルダーにあってはまだ曖昧であったが、シュライエルマッハーにおいては、その「人間性」理解はルターや敬虔主義とは大きく異なってくる。また、ヘルダーは民衆の「人間」形成を目ざしたが、シュライエルマッハーが対象としたのは、民衆ではなく教養市民層であった。シュライエルマッハーは近世とは異なる新しい時代に立つ。ヘルダーはその先駆者であった。

315

第Ⅲ部　近世ドイツの聖職者

第Ⅲ部　附論　シュライエルマッハーの宗教理解

■第1節　シュライエルマッハーの『宗教論』

　「教会史上、彼により新しい時代が始まるだろう。」フリードリヒ・ダニエル・エルンスト・シュライエルマッハーFriedrich Ernst Daniel Schleiermacher（1768-1834）の死の翌日に、Ａ．ネアンダーは学生たちにそう語った。カール・バルトKarl Barth（1886-1968）は『十九世紀プロテスタント神学』でその言葉を紹介して、この預言がまさに成就したことを告げた[1]。その業績を肯定的に見るにしろ否定的に見るにしろ、シュライエルマッハーを近代プロテスタント神学の父と称することに異議を唱える者はおそらくいないであろう。また、彼は神学の領域ばかりでなく、ベルリン大学の教授として、弁証法、倫理学、教育学、解釈学、プラトンの翻訳と多方面に活躍した。最近では、「カント、フィヒテ、シェリングと並ぶ体系的思想家[2]」として彼を位置づけようとする試みもある。

　シュライエルマッハーの活動はほぼ、1807年12月にハレからベルリンに移り住んだ頃をもって前期と後期に分けられる。1809年にベルリンの三位一体教会の説教者、1810年にベルリン大学神学部教授にそれぞれ任命され、晩年までその活動が続けられた。後期は彼の思想の体系期であるが、その基礎となるものは前期にすでに見られる[3]。Ｅ．ヒルシュによると、前期シュライエルマッ

1　Karl Barth, *Die protestantische Theologie im 19. Jahrhundert*, 4. Aufl., Zürich 1981, S. 379.
2　山脇直司「シュライエルマッハーの哲学思想と学問体系」（『講座ドイツ観念論、４自然と自由の深淵』、平成２年、弘文堂、所収）、248頁。
3　同上論文、参照。

316

第Ⅲ部　附論　シュライエルマッハーの宗教理解

ハーはさらに三つの時期に区分される[4]。第一期は1796年までで、彼はこの時期なお啓蒙主義的な神学者であった。第二期は1802年までで、啓蒙主義から離れ独自の思想家としてドイツの読書界に登場する。この時期の重要な著作が、1799年に出版された『宗教論』初版[5]と、1800年に匿名で出版された『独白録』（Monologen）である。とりわけ『宗教論』は、彼を一躍有名にした著作であり、彼の宗教理解の基礎を形づくったばかりでなく、その後のヨーロッパの思想界に大きな影響を与えることになった。正式の題が『宗教論―宗教を軽んずる教養人への講演―』で、ドイツの教養市民層に訴えかけた本である。この第二期こそが、シュライエルマッハー独自の歩みの出発点をなしたと言ってよいであろう。

　ところで、宗教思想に問題を限定した場合、周知のごとく、重要な著作は二つある。一つは『宗教論』であり、初版が1799年に出たことはすでに触れたが、1806年にかなりの字句の改訂をほどこした第二版が出版される。もう一つは後期の代表作『信仰論』（Der christliche Glaube nach den Grundsätzen der evangelischen Kirche im Zusammenhange dargestellt）で、1821年に発表される。当然、『宗教論』初版と第二版、および『信仰論』の間の共通点と相違点が問題になるが[6]、本章においては、『宗教論』初版における宗教概念を検討し、そこにどのような新しい宗教理解があらわれているかを素描することを目的とする。『宗教論』初版を取り上げるのは、それがシュライエルマッハーの宗教観の出発点であるからであり、読書界に最初の大きな反響を与えたのもこの初

4　Emanuel Hirsch, *Geschichte der neuern evangelischen Theologie*, Bd.4, 4.Aufl., 1968, S. 491f.

5　F.D.E.Schleiermacher, *Über die Religion, Reden an die Gebildeten unter ihren Verächtern*, 1.Aufl., Berlin 1799.なおテキストは、Philosophische Bibliothek Bd. 255, hrsg. von Hans-Joachim Rothert , Nachdruck 1970（以下、Rと略記する）を用いる。引用にあたってはPhilosophische Bibliothek版の頁を最初にあげ、次にゴシックで1799版の頁をあげる。また、佐野勝也・石井次郎訳、岩波文庫、昭和45年（第14刷）と高橋英夫訳、筑摩叢書、1991年を参照した。

6　たとえば、次の研究を参照。川島堅二「シュライエルマッハー『宗教論』における『感情』について」『宗教研究』65巻、第3輯、290（1992年）。また、Christian Albrecht, *Schleiermachers Theorie der Frömmigkeit. Ihr wissenschaftlicher Ort und ihr systematischer Gehalt in den Reden, in der Glaubenslehre und in der Dialektik*, 1994.

第Ⅲ部　近世ドイツの聖職者

版であったからである。そしてまた、その基本的な宗教理解は『信仰論』に至るまで継承されていると考えられるからである。

■第2節　宗教と形而上学・道徳

シュライエルマッハーは宗教の本質を次のように語る。「宗教は形而上学がするように、宇宙をその本性に従って規定し説明しようとは望まないし、道徳がするように、自由の力や人間の神的な自由意志（die göttliche Willkür des Menschen）から宇宙をかたちづくり完成させようとは望まない。宗教の本質は思惟でもなく行為でもない。それは直観と感情（Anschaung und Gefühl）である。宗教は宇宙を直観しようとする。宇宙独自の種々な表現と行為のなかに浸って、うやうやしく心を開いて宇宙に耳を傾け、子どものような受け身の態度で宇宙の直接的な影響にとらえられ、満たされようと欲する。」（R28-29、50）ここでシュライエルマッハーは二つのことを語っている。第一に、宗教が何でないかということ、第二にそれでは宗教は何であるのかということである。この二つによって、宗教に固有な独自の領域を明らかにしようとする。まず前者について、シュライエルマッハーの考えを検討してみることにしよう。

「形而上学と道徳は、宇宙ならびに、宇宙と人間との関係という、宗教と同じ対象をもっている。」（R24、41）このため、本来宗教に属することが形而上学と道徳に属すると、長い間考えられてきてしまった。しかし、対象は同じであってもその取り扱い方と目的が異なる。形而上学は「宇宙をその本性に従って規定し説明しようとする」。すなわち「先験哲学（Transzendentalphilosophie）は宇宙を分類して、それぞれの本質に分かち、現存するものの根底を追求し、現実にあるものの必然性を演繹し、自分自身の内部から世界の実在性とその諸法則をつむぎだす。それゆえ、宗教はこの領域に迷い込んではならない。本質を措定したり、本性を規定したり、際限のない原因追求や演繹に迷い込んでしまったり、究極的な原因を探ったり、永遠の真理を述べたりする、そのような傾向に陥ってはならない。」（R24、42-43）形

第Ⅲ部　附論　シュライエルマッハーの宗教理解

而上学の本質は思惟にある。それによって宇宙を客観的な対象として把握しようとする。シュライエルマッハーによれば、宗教を欠くならば、完成され円熟した観念論といえども、「宇宙を形づくるように見えながら、それを破壊し」、「取るに足らない影法師（nichitiges Schattenbild）に貶めてしまう。」（R*31*、54）

　一方、「道徳は、人間の本性と人間の宇宙に対する関係から、義務の体系を展開し、何の制約も受けない絶対的な力で命令したり、禁じたりする。それゆえ、宗教はこのようなことをやろうとしてもいけない。宗教は義務を導き出すために宇宙を利用してはならないし、いかなる律法典ももってはならない。」（R*24-25*、43）「道徳は自由の意識から出発する」（R*29*、51）が、人間と宇宙を対立的にとらえ、人間を宇宙の一部とは考えない。道徳には「多様性と個性をシンボルとする、無限で生き生きとした自然という根本的な感情が欠けている。」（R*30*、52）「道徳はいかなる愛も好意も好まない。それが好むのは、外的な対象を観察することから生み出されたのではない、全く内からあらわれた活動である。道徳は自らの法則に対する畏敬以外に畏敬するものを知らない。それは同情と感謝から生じるものを不純で利己的であるとして呪う。」（R*62*、111）

　シュライエルマッハーはなぜ、形而上学と道徳を宗教固有の領域から排除しようとするのであろうか。これを理解するためには、プロテスタンティズムの歴史的展開を考えねばならない。周知のごとく、トレルチはプロテスタンティズムを古プロテスタンティズムと新プロテスタンティズムに分けた[7]。いわゆるルターやカルヴァンの宗教改革は古プロテスタンティズムに属し、多分に中世的性格を残している。一方新プロテスタンティズムは啓蒙主義の影響を積極的に受けとめてくる中で生じてくるとされる。

　啓蒙主義のキリスト教への影響[8]は、キリスト教の啓示の理性的合理的解釈

7　Ernst Troeltsch, Protestantisches Christentum und Kirche in der Neuzeit, in: *Kultur der Gegenwart*, Teil 1, Abt.Ⅳ, 2. Aufl., 1911.
8　次のものを参照。佐藤敏夫『近代の神学』（新教出版社、1971年、第3版）、11-35頁、田丸

319

第Ⅲ部　近世ドイツの聖職者

となってあらわれ、理神論に至って一つの頂点に達したと言えるであろう。こ
のような傾向の中から自然宗教（natural religion, natürliche Religion）という
考えが生じてくる。それは「理性が人間に信ぜよと命じるところの宗教であ
り、また人がどんな民族やどんな時代に属するにせよ、生まれつきすべての人
に備わっている宗教である。[9]」人間の自然的理性によって認識可能だとされる
神の存在、魂の不死、自由、徳等が、万人によって信ぜられる普遍的な信仰箇
条である。一方特定の教義をもつ歴史的な宗教は、キリスト教も含めて、実定
的宗教（positive Religion）と呼ばれる。自然宗教が本来的なものであり、実
定的宗教は自然宗教を基準にして評価される。ドイツにおいては啓蒙主義の影
響はまずクリスチャン・ヴォルフの哲学となってあらわれた。彼の場合は、啓
示と理性の調和を目ざすが、「新神学（Neologie）」と呼ばれるグループの中に
は自然宗教の考えをとる人々があらわれる。ヴォルフ主義者や自然宗教の主張
者に共通しているのは、宗教を思惟の営みに還元しようとする点である。この
場合、宗教独自の領域は見られなくなってしまう。

　宗教の基礎を理性におこうとする形而上学的立場はイギリスではヒュームに
よって批判されるが、ドイツではカントによって批判される[10]。カントは『純
粋理性批判』におけるその徹底した理性批判を通じて、理論理性は超感覚的対
象を扱う能力を有せず、自由、魂の不死、神の存在の証明は不可能であると主
張する。すなわち思弁的な理性が宗教の基礎となりえないことを主張した。し
かし、カントの場合、全くの懐疑論に陥るのではなく、『実践理性批判』にお
いて実践理性の要請として、自由、魂の不死、神の存在を承認する。すなわち
道徳世界が成り立ちうるためには神の存在が必然的なものとして前提されると

　　徳善「ドイツ観念論と宗教の問題」（『講座ドイツ観念論６、問題史的反省』弘文堂、平成
　　２年、所収）。
9　W．レーヴェニヒ『教会史概論』（赤城善光訳、日本基督教団出版局、1976年第３版）、385
　　頁。
10　カントの宗教論については、武藤一雄『神学と宗教哲学との間』（創文社、昭和53年）、
　　13-53頁、波多野精一『宗教哲学序論』（『波多野精一全集第三巻』岩波書店、昭和43年、所
　　収）、344-358頁、参照。

第Ⅲ部　附論　シュライエルマッハーの宗教理解

して、宗教を道徳によって基礎づける。「宗教は（主観的に見れば）われわれの一切の義務を神的命令として認識することである[11]。」カントによって宗教は道徳宗教となる。カントには「真の意味の超越的人格としての神の実在が体験的に感得されているということは到底できない」と述べて、武藤一雄はカントの宗教論を次のように結論づける。「カントの宗教論は自然認識と同様の立場から理性的に宗教の問題を考えるという独断的な形而上学の立場を超出して、実践理性の立場から道徳論的に宗教の問題を考えるという点で、主体的実存的な自覚の領域に一歩踏み入ったということができるが、……真に宗教の問題を体験的に自覚するという立場に立つことができなかった。そしてそのことは、彼が実定的宗教としてのキリスト教を、そのありのままの姿において見ようとせず、その特殊啓示を一般啓示すなわちすべての人の心に書かれた理性的宗教によって根拠づけようとするところの独自の自然神学的立場に立ったということと別のことを意味するものではない[12]。」カントの場合も、実定的宗教ではなく、自然宗教にかえっていくのである。

　宗教が形而上学や道徳とは異なることをシュライエルマッハーが強調するのは、上述したような立場が宗教固有の領域を否定するからである。そして彼が『宗教論』において自然宗教への批判を強力に行なったのも、宗教を形而上学や道徳に還元しようとする立場がともに、自然宗教への傾向を有していたからであった。ではシュライエルマッハーは積極的に宗教独自の領域をどのように理解するのであろうか。これを次に検討しよう。

■第3節　宗教の本質

　「第2節　宗教と形而上学・道徳」の冒頭で述べたように、シュライエルマッハーは宗教の本質を思惟や行動ではなく、「宇宙の直観と感情」におき、

11　カント『たんなる理性の限界内における宗教』（飯島宗享・宇都宮芳明訳『カント全集第9巻』理想社、昭和54年、所収）212頁。
12　武藤一雄、前掲書、52頁。

第Ⅲ部　近世ドイツの聖職者

宗教の固有の領域は形而上学と道徳ではなく、感性（Sinn）と心（Gemüt）に係わるとした[13]。それゆえ彼の立場が宗教的体験主義、あるいは意識神学（Bewußtseinstheologie）と呼ばれることがある。さらにエミール・ブルンナー Emil Brunner（1889-1966）のように、その主観主義を激しく攻撃して、畢竟シュライエルマッハーの神体験は自己意識にすぎないとする批判者もいる。

　しかし、「宇宙の直観と感情」を宗教の本質とするシュライエルマッハーの宗教論には二面性があることを指摘する必要があろう。彼が「高次の実在主義」と呼ぶ側面と、宗教体験の内在性に係わる側面である。まず前者から考えてみよう。直観一般についてシュライエルマッハーは次のように語る。「あらゆる直観は、直観されるものが直観するものへ影響を与えることから生じる、すなわち直観は直観されるものの根源的で独立した行為から生じてくる。直観するものは直観されるものの行為を直観されるものの本性に従って受け取り、総括し、把握する。」（R31、55）宗教の場合、「直観されるもの」は宇宙である。ただ単に直観する人がその感性において宇宙を直観するというのではなく、直観される宇宙が人に働きかけることによって直観は生じる。「宇宙は絶え間なく活動して、私たちに刻々とその姿をあらわす。」（R32、56）その意味において宗教の基礎は宇宙にあると言える。この宇宙をシュライエルマッハーは、「無限なるもの（das Unentliche）」、「永遠の世界（die ewige Welt）」、「世界精神（der Weltgeist）」、「全体（das Ganze）」、「一者（das Eine）」などの言葉によって言い換えている。それは単なる「自然的実在ではなく、超自然的実在[14]」であるゆえに、宗教を「高次の実在主義（ein höherer Realismus）」（R31、54）と呼んだ。しかし、この高次の実在が何であるかを宗教は追求しない。「あなたがたが直観し、知覚するものは、事物［直観されるもの］の本性ではなく、事物のあなたがたに対する行為である。」（R31、56）本性を追

---

13 「宗教がいかなる制限を受けることなく支配する固有の領域は、心（Gemüt）の中にある」（R20、37）。「宗教は無限なるものに対する感性と味得である（Sinn und Geschmack fürs Unendliche）」（R30、53）。
14 武藤一雄、前掲書、61頁。

第Ⅲ部　附論　シュライエルマッハーの宗教理解

求するのは形而上学に係わることだからである。直観されるのはあくまで宇宙
の「あなたがたに対する行為」である。主体は宇宙であり、一人一人はその宇
宙の働きを「受け身の態度をもって」受けとめる。

　直観一般がその本性から感情と結びついているように、宇宙を直観すること
によって「必然的に種々な感情によってとらえられる。」（R 38、67）宗教的
直観は個別的であり、その特質は「宇宙が直観において姿をあらわすその特殊
なあらわれ方」によって決定され、「この時の感情の強さが宗教性の程度を決
定する。」（R 38、68）この感情も単なる主観的なものではない。「宗教的感情
はすべて超自然的である。なぜならそれは、宇宙から直接働きかけられている
限りにおいて、宗教的であるからである。」（R 66、119）シュライエルマッハー
は『宗教論』初版では直観を中心におき、直観と感情をそれぞれ、「直観は対
象の直接的影響のもとに生ずる働きであり、感情はその影響に対する主体の直
接的反応の状態[15]」であるとして区別して叙述しているが、同時にその体験に
おいては両者は分かつことができない。「感情なき直観は無であり、そのよう
な直観は正しい起源も正しい力ももつことができない。また同様に直観なき感
情も無である。両者は本来的に一つであり、分離されえないからこそ、またそ
のような時にのみ、何ものか（etwas）でありうる。」（R 41、73）

　『宗教論』第二版以後、直観と感情の不分離な状態はより明確にされる。第
二版では直観の言葉はけずられ、感情のみが宗教を語る時に使われる。そこで
の感情の内容は、川島堅二によれば、客観的対象的契機である直観と主観的契
機である感情を包み込むものである。川島は哲学史上の二つの感情概念を使っ
て、『宗教論』第二版の感情概念の特徴を次のように説明する。感情概念のタ
イプの一つはライプニッツに代表されるもので、「実在の直接的自己超越的な
把握」であり、「志向的（intentional）」である。しかし、同時に「感情は知
識の単なる原初的な混乱した形式とみなされ、その自律性は否定される。」他
方もう一つの感情概念はカントに代表される。それによると感情は「自律的

15　波多野精一、前掲書、362頁。

第Ⅲ部　近世ドイツの聖職者

で能力として独自なもの」であるが、「自己を越えた実在の直接的把握」の能力はなく、「主観性の構造のみを表現する。」シュライエルマッハーの感情概念は、「自己を超越した世界の直接的意識」である点で志向的であり、同時に「認識でも行為でもない独自な領域を有する」点で自律的なものである[16]。のちの『信仰論』における宗教の本質をあらわした有名な言葉、「絶対依存の感情（schlechthiniges Abhängigkeitsgefühl）」も、そこに客観的契機としての他者の意識が措定されている[17]。

　以上の事柄から考えて、シュライエルマッハーの宗教理解は単なる主観主義なのではなく、そこに超越的要素を認めることができるであろう。もう一つ付け加えるならば、「子どものような受け身の態度で宇宙の直接的な影響にとらえられ、満たされようと欲する」という言葉にも、そのことはよくあらわれている。形而上学と道徳は主体の自発的活動によって成り立つ。それに対して宗教は「受動性」を本質とする[18]。この受動性は自己を越えて実在する他者の働きを前提しなければ成り立ちえないことであろう。

　しかしもう少し、宇宙と宇宙を直観する個人の関係をシュライエルマッハーがどうとらえているか、検討してみよう。直観と感情は、心（Gemüt）と感性（Sinn）に係わる。「心（Gemüt）こそ本来宗教が目ざすものである。心から宗教は世界の直観をえる。内的生命（das innere Leben）の中に宇宙が模写され（sich abbilden）、外的生命はただ内的生命によって理解されうる。」（R 49, 87-88）この内的生命とは心を指すと思われる。宇宙の直観をシュライエルマッハーは心の中に宇宙が模写される、と言い換えていると考えられる。これは何を意味するのであろうか。彼はまた、「宗教は他の個物や有限なものの中におけるのと同じように、人間の中に無限なるもの、またその写し（Abdruck）と表現を見ようとする」（R 29、51）と語る。「他の個物や有限なもの」に関して、シュライエルマッハーは、別の箇所で、「あらゆる個物を全

――――――――――――

16　川島堅二、前掲論文、110-111頁。
17　武藤一雄、前掲書、73頁。
18　石井次郎『シュライエルマッヘル研究』新教出版社、昭和23年、153頁参照。

第Ⅲ部　附論　シュライエルマッハーの宗教理解

体の一部として受け入れ、あらゆる制限されたものを無限なるものの表現として受け入れること、それが宗教である」（R 32、56）と述べている。これらの言葉から考えると、あらゆる有限な個物の中に宇宙が表現されていること、そのことを知覚することが宗教である。これらの個物は単に静的な状態ばかりではなく、生成過程においても妥当する。それゆえ個物の出来事の中に全体のあらわれを見ることも宗教である。（R 32-33、57-58）無数の個物とその生成において宇宙を直観することができるので、宗教的直観は多様でありうる。しかし、その直観の中心となるものは、人間にほかならない。たとえば外的自然は宗教の前庭にすぎない。人間において宇宙を直観すること、この有限な人間において宇宙が表現されていることを直観すること、これがシュライエルマッハーの宗教の中心となる。そして人間における生成は歴史となる。「本来の意味での歴史が宗教の最高の対象である。」（R 56、100）

　では、人間において宇宙を直観するとはどういうことか。シュライエルマッハーはたとえばアダムの例をあげて、次のように説明する。アダムは楽園において動物たちとともにいたが、人間としては一人で存在していた。その時には、彼は「世界［宇宙、神］に対する感性（der Sinn für die Welt）」は開かれていなかったし、神の言葉も聞かなかった。しかし神がアダムからエバを造り、彼の肉の肉であり彼の骨の骨であるエバにおいて、「人間本性（die Menschheit）を発見し、人間本性において世界を発見した。この瞬間からアダムは神の声を聞きそれに応答できるようになった。」（R 49、88-89）すなわち、アダムはエバにおいて、他の動物とは異なる、自己と同じ人間としての本性を見出し、その時初めて世界、すなわち神を発見したというのである。このように「世界を直観し、宗教をもつためには、人間はまず人間本性（Menschheit）を発見しなければならない。」（R 50、89）

　この人間本性の発見は、人と人との関係のなかで、すなわち他の人間の中の人間本性の発見というかたちをとる。「個々人は、その内的な本質に基づいて、人間本性の完全な直観のために必要な補充物である。」（R 53、94）これを経て、人間本性の直観は、自己の中の人間本性の直観にもどってくる。他の人々の中

第Ⅲ部　近世ドイツの聖職者

に見出した人間本性を自己の中に見出す。一人一人の人格は「ある意味であらゆる人間の本性die ganze menschliche Natur）を包括している。」（R55、99）しかし宗教的直観は、自己の内なる人間本性の直観にとどまらない。なぜなら、「人間本性は宇宙の一つの形式、また宇宙の諸要素の一つの変容の表現にすぎない」からである。「人間本性と宇宙との関係は、個々の人間と人間本性との関係と同じであ」り、「人間本性は個々人と一者（Das Eine）の中間項にすぎず、無限なるものへの道程の休息場にすぎない。」（R58、104-105）それゆえ、「宗教の最高の目的は人間本性の彼岸、人間本性を越えたところで、宇宙を発見することである。」（R73、131）そこにシュライエルマッハーは、宇宙と一つになることを見出している。そして、「有限性のただ中にあって無限なるもの［宇宙］と一つとなり瞬間の中で永遠となること、それが宗教における不死である」（R74、133）と語る。

　以上述べてきたことを簡単にまとめておこう。宇宙の直観は単なる主観的なものではなく、宇宙からの働きという他者性が存在する。それゆえシュライエルマッハーが「高次の実在主義」という言葉を使う時、そこに主観を超えた超越性を一応認めることができる。しかし他方、宇宙の直観は人間の内的本性の直観を媒介とする。そして、「人間は他のあらゆる資質と同様に、宗教的資質（die religiöse Anlage）をもって生まれてくる[19]」場合、人間本性と人間の生まれながらの宗教性、および宇宙の関係はきわめて曖昧であり、宇宙が人間の生まれながらの宗教性に還元されてしまう傾向を完全に否定することは難しいであろう。そして、たとえばルターに見られるような人間本性と神との断絶が明確に述べられることがない場合、宇宙との合一は、超越者を人間の内面へ限りなく内在化させることになろう[20]。

　この節の最後に、宗教と神学をめぐる問題について、若干述べておきたい。

19「人間の中には、宗教にとって特別で高貴な資質が存在している」（R136、243）。
20　倉松功「神体験をめぐる一考察－ルターを媒介として見たタウラーとシュライエルマッハーの場合－」『宗教研究』51巻、第4輯、235（1978年）、参照。神の超越性と内在性について、タウラー、ルターとシュライエルマッハーの『信仰論』が比較されている。

第Ⅲ部　附論　シュライエルマッハーの宗教理解

　シュライエルマッハーは『宗教論』において、キリスト教を必ずしも前提としてその宗教理解を展開させてはいない。「宇宙の直観と感情」という一般的な宗教理解から出発し、人格神を信じるキリスト教もそのような宇宙の直観の一つの形態として扱う。「神（Gottheit）とは宗教的直観の一つの在り方にすぎない。」（R 69、124）宗教の本質は宇宙の直観であり、その直観において神をもつかどうかは、「宇宙に対する感性（Sinn fürs Universum」の在り方、「彼の想像力（Phantasie）の方向性」にかかっている。（R 71、128-129）未開人にとって宇宙はカオスとしてあらわれる。その場合、カオスは「盲目的運命（ein blindes Geschick）」や、呪物とうつる。（R 70、126-127）さらに宇宙が「統一なき多様性、異質な諸要素・諸力の無規定の雑多性（eine Vielheit ohne Einheit, ein unbestimmtes Mannigfaltiges heterogener Elemente und Kräfte）」としてあらわれると多神教になる。（R 70-71、127-128）そしてさらに宇宙が総体性（Totalität）、多様性における統一、体系としてあらわれるとき、宇宙は初めてその名に値するものとなる。この時、想像力が自由な意識に基づくと、宇宙の精神は人格化され一神教としての神をもつことになる。しかし、想像力が悟性に基づき、「神の観念はなくても宇宙を一にしてすべて（Eins und Alles）と直観する」ときには、汎神論となり、世界はもつが神はもたない。（R 71-72、128-129）ここには宗教をより広い概念として理解しキリスト教神学をその特殊形態とする発想が見られる。宗教の神学に対する優先を明瞭に見て取ることができる。

　このように神学と宗教を区分するが、シュライエルマッハーによれば汎神論、多神教、理神論は一般的な形式にすぎず、個別の宗教ではない。具体的な宗教は実定的宗教（positive Religion）でなければならず、自然宗教は存在しえない。教養市民層の場合、宗教一般には反感を抱いているが、自然宗教には敬意を払っている。しかし、シュライエルマッハーは自然宗教は存在しない観念にすぎないと断定する。（R 138、248）自然宗教は一定の統一ある宗教的直観をもたないからである。（R 153、275-276）自然宗教は啓蒙主義の時代の産物にすぎず、「宗教の精神を、特定の宗教を信仰告白している人々に共通して

327

第Ⅲ部　近世ドイツの聖職者

いるものから抽象して取りだそうとしてはならない」。(*156*、281) では、実定的宗教は社会のなかで具体的にどのような形態をとることになるのか。宇宙の直観としての宗教理解から、シュライエルマッハーは宗教と社会の関係をどのように考えるのであろうか。次にこの問題を考えてみよう。

■第4節　宗教と社会

　宗教は必ず、共同体の形態をとる。これは人間本性において宇宙を直観するというシュライエルマッハーの考え方から必然的に生じてくる事柄である。この人間本性において宇宙を直観するのは、自己の中の人間本性において宇宙を直観することにかえっていくが、アダムがエバにおいて人間本性を発見したように、宗教は個々人の中に人間本性を見、個々人の存在を人間本性の啓示と見るのである。(R*51*、91) それゆえ、宗教は共同性をもつ。また、シュライエルマッハーは次のようにも説明する。宇宙の直観と感情によって宗教をもった人間は、それを他にも伝達しようとする。そうして、彼を動かした力が他の中でも働いているのを直観しようとする。しかしこの伝達は書物を基礎としてなされることはできない。「宗教がその多面的な生命を死せる文字の中に隠さねばならないのは、ただ生命あるものたちの社会から追放された場合だけである。」(R*100*、179-180) 伝達は語ることを通じて行なわれる。こうして宗教共同体・集団が生まれてくる。(R*98-100*、177-182) ではこの宗教集団の性格はどのようなものであろうか。その集団の結節点と、信徒と聖職者の関係の二点について、検討してみよう。

　この宗教集団の結節点は何であろうか。それは宇宙の直観と感情による内的な結びつきでなければならない。これに関して、シュライエルマッハーは領邦教会への激しい批判を展開する。これは二つの点においてなされる。まず教義や、行為・習慣の実行が結節点であってはならない。教義や慣習によって社会集団を維持しようとする場合、聖職者と信徒との区別を永続化しなければならなくなる。しかし、宗教集団はあくまで、宗教的直観を中心とするものでなけ

第Ⅲ部 附論 シュライエルマッハーの宗教理解

ればならない。（R*110-112*、198-202）彼は宗教と教派（Sekte）を区別する。教派は直観と感情による内的結びつきではなく、人為的に同じ型にはめ込まれた集団であり、そこには思弁化・体系化が見られる。（R*141*、253-254）領邦教会は教派原理による社会だと言えるであろう。　第二に国家と教会との結びつきを激しく批判する。教養市民層が教会に対して行なう批判の本当の矛先は、国家に向けられなければならないと、シュライエルマッハーは考える。国家は教会に次のことをさせた。すなわち、教会の人々に対する配慮と監視、法律が命じていない臣民としての義務を教区制度を通じて民衆に伝えること、民衆に自らが語ったことに誠実であるように教えることである。この結果、国家は教会から自由を奪ってしまった。こうして「国家は教会を自らが考案し制定した施設として扱い、……宗教の模範・聖職者として誰が適任であるかを、もっぱら自分のみで決定する」ようになってしまった。一般の教会員はその集団の指導から除外されていった。（R*116-119*、210-214）

　宗教集団においては、聖職者と信徒の身分的な区別は存在しない。「宗教は奴隷の奉仕でもなければ、囚われの身となることでもない。」最初は指導者や仲介者が必要だが、のちは「一人一人が自らの目で見、自ら宗教の宝を掘り起こして貢献することがなければならない。そうでないと、宗教の王国に地位をえる資格はないし、実際何の地位も得られない。」（R*67*、121）それゆえ、聖職者と信徒との間は流動的とならざるをえない。人々を指導しうるものはすべて聖職者であり、他の人々の指示を受けてきたのであれば彼らは信徒である。「この社会は聖職者の集まりであり、各人が交互に指導者にも民衆にもなるという完全な共和国である。」（R*102*、184）聖職者は、カトリック教会におけるような儀式の執行者ではなく、ルター派教会におけるような神の言葉の宣教者でもなく、宇宙の直観という自己の体験を語るものである。これは、聖職者に信徒の模範者を求める敬虔主義の創始者シュペーナーや、人間の教師を求めるヘルダーに近い[21]。

---

21 本書、第7章、第12章参照（拙稿「リーガ時代におけるヘルダーの人間性理解と聖職者論」

第Ⅲ部　近世ドイツの聖職者

　このような宗教集団は多数存在しうる。宇宙の直観は種々な様態を取りうるので、一つの宗教集団がすべての人々を惹きつけることはありえないからである。ここからも国教会体制への批判がなされる。各宗教集団は相互に寛容でなければならない。それぞれの集団は「真の普遍的な教会の個々の断片（ein abgesondertes Bruchstück der wahren und allgemeinen Kirche）」である。（R*114*、205-206）そして、個々の宗教集団自体が集団としての境界を明確にもっているわけではなく、「流動的な群れ」となる。こうあってこそ、宗教集団は「真の教会がもつ普遍的な自由と壮大な統一に近づいていくこととなる。」（R*125*、226）

■第5節　シュライエルマッハーと新プロテスタンティズム

　シュライエルマッハーの『宗教論』初版の内容を検討してきたが、以上のような宗教概念は、歴史的にどのように位置づけられるであろうか。この問題を最後に考えてみたい。人間本性において宇宙を直観し、さらに人間本性を越えて宇宙と一体となることに宗教の最高の目的をおく宗教理解、またお互いの宗教的直観と感情によって内的に結びついている流動的な宗教集団、そして宗教集団ごとの相互寛容、これらは明らかにトレルチの教会型、セクト型、神秘主義という三類型論の中の、神秘主義に属するものである。それぞれの類型がどのような真理概念を主張し、その結果どのような集団形成をするかという観点からトレルチの見解をまとめると次のようになる。教会型は客観的な真理を主張する。客観的であるためには、すべての人々によって承認されることが必要であるが、そのために物理的な強制が必要となり、国家権力と結びついて国教会制度をとる。セクト型は絶対的な真理を主張する。真理は絶対的であるが、それはすべての人々によって必ずしも認識されえない。特に世俗権力はそれを

『香川大学教育学部研究報告第一部』第86号、1992年9月、同「ドイツ初期敬虔主義思想の再検討─シュペーナーのErbauung観─」『史林』77巻4号、1994年7月）。

第Ⅲ部　附論　シュライエルマッハーの宗教理解

認識する能力がない。むしろ選ばれた彼らの群れのみがそれを正しく認識しう
る。その結果、集団形成は結社的性格を帯び、国家に対しては寛容を要求する
が、自らの集団内では厳しい紀律が実施される。神秘主義は真理を内面化し相
対化する。「神との神秘的合一」が中心となる。その結果、儀式や教義は相対
的な意味しかもたず、集団形成は流動的で、「同じ心根をもつ個々人の魂の自
然な結びつき」を出ない。従って、集団内部でも寛容が可能となる[22]。

　ところで、トレルチの時代区分によれば、「第2節　宗教と形而上学・道徳」
でも触れたが、シュライエルマッハーは当然新プロテスタンティズムに属す
る。ここで古プロテスタンティズムから新プロテスタンティズムへの展開をも
う一度振り返っておきたい。新プロテスタンティズムはあくまで啓蒙主義の影
響によって生じてくる。このような視点から、トレルチは「近代におけるプロ
テスタント・キリスト教と教会」では、シュライエルマッハーを、近代科学の
成果を吸収しつつ、宗教性を確保するという教会的配慮を満たそうとする壮大
な調停を構想した神学者として位置づけている[23]。

　他方、新プロテスタンティズムが成立するにあたっては外的要因ばかりでな
く、古プロテスタンティズムから新プロテスタンティズムへの内在的な展開も
存在するはずである。トレルチはそれを、『キリスト教教会と集団の社会教説』
で三類型論を用いて、教会型からセクト型ないし神秘主義への解体として説明
した[24]。古プロテスタンティズムは中世カトリック教会と同様に教会型であっ
たが、ルター派は神秘主義類型と親和性を有し、カルヴァン派はセクト型類型
と親和性を有した。その結果、トレルチの議論を非常に単純化して述べると、
状況の変化と近代文化の影響によって教会型が動揺し始めるとともに、ルター

22　Ernst Troeltsch, *Aufsätze zur Geistesgeschichte und Religionssoziologie*, S. 967ff. 拙稿「E.
　　トレルチの宗教改革観」『香川大学教育学部研究報告第一部』第57号、1983年1月、参照。

23　Ernst Troeltsch, Protestantisches Christentum und Kirche in der Neuzeit, in: *Kultur der*
　　Gegenwart, Teil 1, Abt.Ⅳ, 2. Aufl., 1911, S. 725f.

24　Ernst Troeltsch, *Soziallehren der christlichen Kirchen und Gruppen*, Gesammelte
　　Schriften Ⅱ, 1912. 拙稿「E. トレルチの新プロテスタンティズム論」『香川大学教育学部
　　研究報告第一部』第59号、1983年9月、参照。

331

第Ⅲ部　近世ドイツの聖職者

派の教会型はその後神秘主義的類型へと解体し、カルヴァン派の教会型はセクト型的類型へと解体していった。その際、神秘主義は近代文化の理念的な面とより密接に結びつき、セクト型は近代文化の実際的な側面（民主主義や資本主義）と結びついていった。国別に見ると、ドイツのプロテスタンティズムは前者型であり、イギリスは後者型であった。以上のようなトレルチの視点に立てば、新プロテスタンティズムはセクト型的解体から生じてくるタイプと神秘主義的解体から生じてくるタイプの二つに分かれる。トレルチ自身は『キリスト教教会と集団の社会教説』で近代の神秘主義類型の中のロマン主義的スピリトゥアリスムスの代表として、ノヴァーリスとともにシュライエルマッハーをあげている[25]。私たちとしてはより積極的に、神秘主義類型に立った新プロテスタンティズムの方向を明確に指し示すタイプとして、またきわめてルター派的、ドイツ的な基盤において生じた[26]ものとして、シュライエルマッハーの宗教論をとらえることができるのではないだろうか。近代ドイツの教養市民層のキリスト教理解は文化的な性格を強く帯びていった。このことはドイツの新プロテスタンティズムが神秘主義型に立っていたことからよく理解できる。世界と人間との関係における神の超越性よりも、世界と人間における神の何らかの内在性が強調されてくる。その結果、キリスト教の「啓示」の独一性が希薄化され、その時々の文化的潮流と結びつきやすくなる。それゆえ、第一次世界大戦後ブルンナーやバルト等のいわゆる弁証法神学がシュライエルマッハーの神秘主義的傾向と文化主義的傾向を激しく批判したのは、弁証法神学の立場を肯定するにしろ反対するにしろ、シュライエルマッハーの中心部分を突いていたことは確かであった。

　もう一点、トレルチ的な視点が指し示す事柄を指摘しておきたい。シュライエルマッハーはこの『宗教論─宗教を軽んずる教養人への講演─』を、そのタイトルから明らかなように、教養市民層に語りかけた。民衆は意識的に視野に

25　Ernst Troeltsch, *Soziallehren der christlichen Kirchen und Gruppen*, S. 929f.
26　シュライエルマッハーは幼少年期を、敬虔主義のヘルンフート派の環境の中で過ごした。

第Ⅲ部　附論　シュライエルマッハーの宗教理解

入れていない。しかも、イギリスやフランスではなくドイツの教養人に語るのだと本文で言明している。（R*9-10*、16-18）シュライエルマッハーの頭には、イギリスやフランス対ドイツ、またドイツ内における教養市民層対一般民衆・実際的な人々、という対比が存在する。これはどのように理解するべきであろうか。シュライエルマッハー以後、教養市民層に神秘主義的キリスト教が受容されていくとはいえ、民衆レベルでは別の宗教的形態が存在する。一般に新プロテスタンティズムという概念は、民衆レベルを切り捨てたかたちで用いられる。しかしドイツの場合、教養市民層と民衆との間で宗教的在り方が相違するという宗教社会学的構造をこそ問題としなければならない[27]。

　トレルチの三類型論は、この複合的構造を理解する視点を提供する。ヨーロッパ・キリスト教世界のいわゆる中世以降の歴史的展開が三類型論を使って説明される時、神秘主義、セクト型ともに教会型が前提とされている。中世以降、神秘主義とセクト型はそれぞれ単独で存在するものとしては構想されていないのである。教会型が最初に大きな枠組みとして存在し、それを神秘主義、セクト型がつき崩していくという構図をとる。三類型は歴史的動的な関係概念であると言えるであろう。ある歴史的空間における神秘主義とセクト型を考察する時、神秘主義とセクト型だけを見るのでは十分ではなく、神秘主義、セクト型それぞれが教会型とどのような関係にあるかを問わねばならない。三類型論による考察はそのようになさねばならないであろう。それゆえ、シュライエルマッハーに代表される近代ドイツのスピリトゥアリスムスは、教会型との関連において歴史的にどのように成立し展開していったかが問われねばならない。トレルチの三類型論はこのような考察方法を示唆するものである。

　シュライエルマッハーがとりわけ教養市民層に語ったということ、これはトレルチ的視点に立てば、教会型との関連における近代ドイツのスピリトゥアリスムスの性格を問うことになる。新プロテスタンティズムとは、単にスピリ

――――――――――

27　このような視点からなされた労作として次のものを参照。野田宣雄『教養市民層からナチズムへ―比較宗教社会史のこころみ―』名古屋大学出版会、1988年。

333

第Ⅲ部　近世ドイツの聖職者

トゥアリスムスを指すのではなく、それと教会型との関係構造として理解する
必要がある。しかし、そのためにはトレルチの教会型理念は再構築されなけれ
ばならないであろう。民衆の存在を宗教社会学的な全体構造の中でどうとらえ
ていくべきかは、トレルチにおいて十分にはなされていないからである。

第IV部

芸術

第Ⅳ部　芸術

第13章　心象のケルン大聖堂
―人はなぜ高さを求めるのか―

これがみんなのありがたがる古代様式ですか。

どうも感服しませんな。

ぶざまで鈍重とでも言いましょうか。

荒けずりを高尚、不器用なのを偉大と褒めたてるんですからな。

わたしは無限に天をさして伸びてゆく鋭い柱が好きだ。

鋭く尖ったせり持ちの大天井こそ精神を引き上げます。

そういう建物がもっともわれわれを感動させるんです。

　　　　　（『ファウスト』第２部第１幕「騎士の広間」から、手塚富雄訳）

■　一

　人はなぜ高く高く上へ昇ろうとするのだろうか。古くから人々は競ってより高い建物を建てようとしてきた。たとえば、旧約聖書に記されたバベルの塔はその一つの典型であろう。創世記によれば、バベルの人々は次のように言って、建築に取りかかった。「さあ、われわれは町を建て、頂が天に届く塔を建て、名をあげよう。われわれが全地に散らされるといけないから。」（創世記11章４節）バベルの人々にとって、町の建設と塔を築くことは結びついていた。

　時代は下って、現代はまさに高層建築の時代である。倦むことなく現代人は高層建築を建て続ける。エッフェル塔が建てられたのは1889年である。1958年に333メートルの東京タワーが建てられた時、日本人はそれが世界一であることを誇った。今、東京タワーよりも高い建物は、世界のあちらこちらに存在する。エンパイアーステートビルディングをはじめとするニューヨークの摩天楼

336

第13章　心象のケルン大聖堂　―人はなぜ高さを求めるのか―

は私たちにとってもっとも馴染みあるものだが、上海やシカゴ、クアラルンプールには400メートルを超すビルがある。テレビ塔になると628メートルに達するものすら存在する。

　ところで、この現代に勝るとも劣らない熱意でもって、高さを追求した時代があった。いわゆるゴシック建築の時代である。それは何よりも教会建築においてあらわれる。建築の担い手という点から見ると、ゴシック教会は二つのタイプに分かれるだろう。一つは教会の司教座が担い手となったもので、司教座聖堂（カテドラル、大聖堂）である。ドイツ語でドーム、イタリア語ではドゥオーモと呼ばれる。修道院が多く農村にあるのに対して、司教座は都市に存在した。もう一つのタイプは、ドイツにおいてしばしば見られるが、都市自身が建設の担い手になった教会である。後者の中には、司教座聖堂と同じ、いやそれ以上の大きさを誇る教会が存在する。たとえば、ヴュルテンベルク地方のドナウ川沿いにあるウルムのミュンスターや、北ドイツ、リューベックのマリーエン教会などがその典型である。マリーエン教会は北方ドイツの煉瓦式教会の代表で、トーマス・マンThomas Mann（1875-1955）の『ブッデンブローク家の人々』にも出てくる。これらの教会は、都市参事会と市民によって自らの威信をかけて建設された。そのように、高さへの追求は都市的環境と密接な結びつきをもっている。そう考えると、マンハッタンの摩天楼はバベルの町が行き着く一つの在り方かもしれない。

　「人はなぜ高さを追求するのか。」こういった問題を考えるきっかけとなったのは、昨年［1998年］のドイツ滞在であった。4月から12月まで、私と家族はボンの郊外に住んで、毎週日曜日にケルンへ出かけるという生活をしていた。その折り、しばしばケルンの大聖堂を見る機会を得た。そして、夏に北イタリアへ出かけ、ミラノの大聖堂を訪れた時に、ケルン大聖堂に対する私のイメージは明確なものとなった。

　世界遺産に指定されているケルン大聖堂は、ライン川の西岸、ケルンの中央駅のすぐ横に位置している。この大聖堂は、地上から眺めると、三つの姿をもっている。一つは、遠景のそれで、たとえばメッセ会場のあるドイツ

337

第Ⅳ部　芸術

(Deutz）側に渡り、ライン川の向こうにある大聖堂を眺めると、威厳のある
堂々とした姿を目にすることができる。そこからだと、黒ずんだ石の色もむし
ろ落ちついた印象を与える。しかし、私たちがよく見た大聖堂の姿はそれとは
ずいぶんと異なったものであった。ボン中央駅からドイツ鉄道（DB）で北へ
向かうと、普通列車で約25分ほどでケルン西駅に着く。その頃から進行方向の
右側の窓にあの二つの西塔の上部が見えてくる。西駅から列車は右に大きく
カーブして、ほどなくケルン中央駅に到着する。中央駅は去年［1998年］ずっ
と改築工事がなされていて、構内とその周辺は落ちついた雰囲気ではなかっ
た。やたら多くの人が行き交っている。お世辞にもきれいとは言い難い。プ
ラットフォームに立っているとしばしば線路を横切るネズミの姿が見えた。プ
ラットフォームから階段を下りて駅通路に出て地下鉄側の出口を抜けると、大
聖堂がすぐ目の前にあの巨大な姿をあらわす。ケルン大聖堂の存在感は、近く
に行ってみて初めて感じることができる。その印象を記す前に、ヨーロッパに
おけるキリスト教会の建築の発展を少しばかりたどっておきたい。

■　　二

　教会建築の独自な展開は、キリスト教がローマ帝国によって公認された4世
紀以降に始まる。その頃から二つのタイプがあったと言われる。一つは集中式
と呼ばれるもので、建物の中心に八角形や円形の空間があり、その空間の上が
円蓋（ドーム）になっている。教会の中に入ると、自然に目は上に向けられて
いく。私自身が見たものでは、カール大帝Karl der Große（フランク国王在位
768-814）の建立に始まるアーヘンの大聖堂やフルダのミヒャエル教会がそう
だ。前者はヨーロッパの支配者が立てた堂々としたものである。一方後者は、
六年ほど前［1992年］、754年に殉教した「ドイツ人の使徒」ボニファティウス
Bonifatius（675/680-754）の墓のあるフルダ大聖堂を見に行った時に、偶然見
る機会を得た。フルダ大聖堂の宝物館にはボニファティウスの頭蓋骨の聖遺物
がある。ミヒャエル教会はフルダ大聖堂の近くにある小さな教会だが、集中式

第13章 心象のケルン大聖堂 ―人はなぜ高さを求めるのか―

アーヘン大聖堂
(ドイツ)
(以下教会の写真は
いずれも筆者撮影)

バシリカ様式の方向性

サンタ・マリア・マッジョーレ大聖堂(ローマ)

ファサード ▅▅▅▶ 祭壇への水平性

第Ⅳ部　芸術

ロマネスク教会
の方向性

円環的垂直性

シュパイエル大聖堂（ドイツ）

ゴシック教会
の方向性

下から上への
垂直性

ケルン大聖堂

第13章　心象のケルン大聖堂　—人はなぜ高さを求めるのか—

の教会の垂直性と素朴な上昇感をよく味わうことができる。

　もう一つのタイプはバシリカ様式と呼ばれる。これはローマ帝国時代の、裁判や集会のための会堂であるバシリカを利用したもので、この様式を基本にして後のロマネスクやゴシックが発達していく。平面図で見ると長方形が基本となっている。正面を入ると空間は細長く伸びていて、奥に平面図で半円形になる祭室がある。ローマにはこのタイプの大きな教会がたくさんある。私自身は昨年トリーアでこのバシリカ様式の教会を見た。トリーアはケルンとともにローマ人がゲルマンの地に建設した都市で、モーゼル川沿いにある。ここにはコンスタンティヌス帝Flavius Valerius Constantinus（ローマ帝国正帝在位310-337）が建てた大浴場や円形闘技場、ポルタ＝ニグラ（黒い門）と呼ばれる城門など、古代の遺跡が多く残っている。バシリカもその一つで、現在のものは第二次世界大戦後に再建されたものだが、19世紀中頃からプロテスタント教会の礼拝堂となって、今に至っている。このバシリカは幅27メートル、長さ67メートルという巨大なものだ。ファサードを入ると、目は必然的に正面奥に引きつけられる。天井も30メートルという高さだが、視線は自然と奥に注がれる。圧倒的に、方向性は水平、西から東への直線にある。強い力をもって目が奥の東側に引きつけられるような感覚におそわれる。一般にヨーロッパの教会建築は正面が西で、奥の祭壇のある方向が東にあたる。これは、ヨーロッパから見て東にエルサレム、さらに東にエデンの園があるからだとか、真の光であるキリストの象徴である太陽が東から昇るからだと言われる。

　その後、11、12世紀になるとロマネスク様式が広まる。この様式の普及は当時の巡礼熱と結びついている。聖遺物を有する教会は、通常の儀式の他に聖遺物を見にやってくる巡礼者のために、周歩廊を備え付けていった。そして、平面図的に言うと、祭壇部分を交叉点にして縦に長い十字架の形をした教会があらわれてくる。ロマネスク様式の教会の内部に入って強い印象をもつのは、厚い壁、方形のがっしりとした柱、窓の上部や柱と柱をつなぐアーチの半円形である。そして、何よりもバシリカ様式と異なった印象を与えるのは、水平性にかわる上への垂直性である。建物自体が一般に高くなるとともに、天井が半円

341

第IV部　芸術

形のアーチ（いわゆる穹窿）になっていることが大きく作用しているのだろう。
バシリカ様式では天井は平らである。ドイツには、マインツやヴォルムスの大
聖堂といった大きなロマネスク様式の教会がある。ボンの大聖堂も基本はロマ
ネスク様式である。一般には、ロマネスク様式は村落にある修道院に多く見ら
れるようだ。マインツやヴォルムスの大聖堂の内部に入ると、まず分厚い壁や
がっしりとした柱に目がいく。そのうち徐々に聖堂内の暗さに目が慣れてき
て、視線が天井の方に向かっていく。ゆったりとした垂直性なのだ。しかも、
椅子に腰掛けてしばらくじっとしていると、自分自身が教会の上から眺められ
ているような印象にとらわれるてくる。これはロマネスク様式の教会の内部空
間がもつ「堅牢さ、静謐さ」（クランデル）がもたらすのだろう。気持ちは天
上の半円アーチに従って上から下へと降りてくる。下から上へのゆるやかな垂
直性と、時間の経過とともに生じる上から下への垂直性の交流がある。ロマネ
スク様式の教会には、平安と、宗教的に表現すると恩寵があり、安らぎを感じ
る。

　その後、1130年代後半から40年代にパリ近郊のサン・ドニ修道院で新しい様
式が始まり、フランス、ドイツ、イギリスと各地に広まっていった。これはル
ネサンス時代に軽蔑的にゴシック様式と呼ばれるようになる。ゴシック様式は
高さの追求を可能にする技術を生み出した。たとえば、円形アーチにかわって
尖頭アーチが使われる。これによって、底辺の半径以上の高さのアーチをつく
ることが可能となる。また、天井はリブ・ヴォールト（肋骨穹窿）を中心とし
た構造になり、穹窿の荷重を軽減した。その水平方向の圧力は、身廊・側廊の
外部に付けられたバットレスとフライングバットレスによって分散された。こ
れらの技術によって、高さを支えるためにロマネスクのような分厚い壁は必要
なくなった。代わりに壁には広い窓が設けられ、そこにステンドグラスがはめ
込まれるようになる。ケルンやミラノの大聖堂は、そのゴシックの典型的な建
物である。ただ次のことを確認しておくことが必要だろう。ケルン大聖堂は
1248年に大司教コンラートKonrad von Hochstaden（ケルン大司教在位1238-
1261）によって礎石が築かれた。昨年はそれからちょうど750年目にあたり、

342

第13章 心象のケルン大聖堂 —人はなぜ高さを求めるのか—

様々な記念行事が行なわれた。記念式典には、当時連邦首相であったコール氏も参加していた。工事はまず東の後陣部分から始められ、何度か建設は中断した。特に1560年からは放置された状態で、工事が再開するのは19世紀に入ってからであった。ケルンは1815年にプロイセン王国に編入される。1840年にプロイセン国王となったフリードリヒ・ヴィルヘルムFriedrich Wilhelm 4世（在位1840-61）の援助のもと1842年に工事が再開する。建設は当初の設計に基づいて進められ、1880年には身廊、側廊、西正面が完成した。一方、ミラノ大聖堂も似たような経緯をたどる。1385年から86年頃に起工され、1450年頃までに交差廊が完成する。そして1500年以降はしばしば工事が中断し、やっと1813年、イタリアを征服したナポレオン・ボナパルトNapoléon Bonaparte（1769-1821）の命により一応完成する。

　このように二つの大聖堂とも、中世には今見るような姿をあらわしてはいなかった。そして近世に入って工事は長い中断期に入る。その結果、両方ともバロック的装飾から免れた。そのため、中世において一応の完成を見ていた他のゴシックの教会よりも、いっそうゴシック的な特徴を備えることとなった。これは、たとえばウィーンの聖シュテファン大聖堂と比較すると明らかであろう。聖シュテファン教会はゴシックを基本としているが、その後バロックの影響を大きく受け、聖堂内部は様式的に統一されていない。ヴェネチアの聖マルコ大聖堂にも同じ様なことが言えるだろう。もちろん、聖マルコ大聖堂はビザンティンの影響を強く受けている。しかし、共通しているのは、ニーチェ流に言う様式の混在による文化の欠如である。それらには時の経過による建物の成熟さがない。昭和に薬師寺の西塔が再建された時、そのけばけばしさに驚く人々がいた。現在私たちが見る法隆寺や東大寺は、いわば時を経た成熟した姿であって、建立当時は今とはずいぶんと異なった姿であったはずである。しかし、様々な様式が混在しているところでは、時の流れ以上に人間の作為が大きく作用する。もちろんケルンもすべて様式的に統一されているのではないが、建設を完成に導こうとした19世紀のロマン主義は元の設計に忠実であろうとしたのである。その点に、ドイツのロマン主義とゴシックとのつながりを認める

第Ⅳ部　芸術

ことができるであろう。

■　三

　ゴシック様式は高さを追求する。ケルンは限りなく高さを追求していく。バシリカ様式が西から東への強烈な水平性を特徴とし、ロマネスクは下から上へのゆるやかな垂直性と、平安を与える上から下への垂直性をもっていた。それらに対し、ケルン大聖堂は下から上への強烈な垂直性を特徴とする。教会内部には、建物を支える何本もの柱がある。ケルン大聖堂ではそれらはいわゆる集合柱になっている。中心の軸となる円柱の周りを小さな円柱が何本も取り囲み、その一つ一つの小さな円柱は上に伸びていって、天井のリブ・ヴォールトにつながる。ロマネスクの柱は太くどっしりとしていて、見る人に安定感を与えるが、集合柱を形づくる、細長く伸びる一本一本の小さな円柱は、見る人の目を上へ上へと駆り立てる。それに鋭い尖頭アーチの多用。そしていうまでもなく天井までの高さ。それは40メートルを超える。ロマネスクがいわば平安と慰めを与えるのに対して、ケルンの上への志向性は精神を緊張させる。適度な暗さも、それに一種の精神性を与える作用を及ぼす。

　ケルン大聖堂内部のこのような高さへの志向性がどのような特徴をもつか、この高さへの追求が見る人にどのような心的影響を与えるかがはっきりとしてきたのは、ミラノの大聖堂を見てからであった。ケルンもミラノも高さを追求する。しかし、そこから受ける印象はかなり異なっている。ミラノは7月に3日間滞在しただけだったが、いろいろな経験をした。そこの料理はドイツ料理よりもずっと私たちの口にあった。ダ・ヴィンチの『最後の晩餐』があるのもミラノである。そして、中央駅ではスリに間違われるという、貴重な経験もした。しかし、もっとも重要であったのは、そこの大聖堂である。

　大聖堂へは、中央駅から地下鉄に乗っていった。地上に出ると、ちょうど前が広場でその後ろがドゥオーモのファサードであった。広場は広々とした空間で、鳩がたくさんいる。地下から広場に出るなり、人が近づいてきたので、何

第13章　心象のケルン大聖堂　―人はなぜ高さを求めるのか―

だろうかと少し緊張したが、鳩の餌を売る人だった。ケルンの石は黒ずんでいるが、ミラノは白くて美しい。女性的ですらある。ファサードには塔はなく威圧感がない。側面のバットレスとフライングバットレスが幾何学的な美しさだ。外から見ると、特に東側後陣の窓が美しい。ミラノは高さを追求しているにもかかわらず、全体として安定しており、調和的な美しさがある。また、周囲の建物と調和していて、大聖堂のみが自己主張をするといったことはない。ケルン大聖堂と異なるこの特徴は古代の影響だろうと最初考えたが、パノフスキーErwin Panofsky（1892-1968）が述べている、ゴシック建築とスコラ学との結びつきを示す例なのかもしれない。しかし、そこにはミラノ大聖堂の重要な他の特徴が関係していると思われる。

　ミラノ大聖堂は二面性を備えている。正面入り口の前では、観光客の服装をチェックする人がいる。ノースリーブの女性は入ることを許されない。そして聖堂内部には、真剣に祈る人々が、ドイツの諸教会よりもずっと多くいた。そのような敬虔さがある一方で、ミラノには世俗性と呼べるものが存在する。大聖堂の中は、人々のひそひそ声や歩く音が何重にも反響しており、ケルンのような透明性を感じさせない。また、ミラノ大聖堂は他と異なって、教会の身廊上部の屋根に登れる。非常に興味深いことに、その屋根までの登り方に二つある。一つはもちろん自分の足で歩いて登るコース。もう一つはエレベーターで上るコース。当然それぞれ料金が異なる。商業主義が入り込んできているのだ。私たちは歩いて登った。そして、お金を取る以上、安全面もいろいろと配慮されている。危険なところはフェンスがしてある。ドイツでも教会の塔に登る時、料金がいる。しかし、安全面に完全に注意を払っているとは言い難い。はっきりと自己の責任で登るように明記してあり、日本だと危険を防ぐために細かい配慮がなされているが、ドイツはその点そっけなく、危険だと感じるところもある。商業主義と安全対策はイタリアと日本が近い。

　屋根は石でできていて、勾配がゆるやかになっている。そこからミラノ市内を見渡せるが、ドイツの教会の塔から見る眺めと相違して、森や川が見られない。見る限り町が続いている。ミラノ大聖堂の世俗性は、屋根に登ってみて

345

第Ⅳ部　芸術

はっきりとしてきた。教会の外部には多くの尖塔や小尖塔が立っている。それらの尖塔の頂には聖人像が取り付けられている。ドレスデンの教会で見たものの他に、記憶の限りでは、ドイツでそのような多くの聖人像が教会の尖塔に取り付けられている例をほとんど知らない。そしてさらに興味深いことに、これら聖人は屋根から見る限り、ミラノ市内を見下ろしている。これを見たとき、なぜ高さを追求するのか、その理由の一つが分かったような気がした。純粋に上を目ざすのではなく、より広い地平を見渡すためなのではないか。上に行けば行くほど、より広く、より遠くを見渡すことができる。「上」が究極的に問題なのではなく、最終的な関心は地平にある。この地平への関心はある場合には支配という形態をとり、またある場合には保護となってあらわれる。大聖堂の尖塔上の彫像は守護聖人として、ミラノの町、そして大聖堂の司教区内の人々の救済と安寧を願い、保護しようとしているのではないか。ミラノ大聖堂の調和的美しさ、安定さはこの地平への関心、世俗性と関係していると思われる。

　ミラノ大聖堂の高さの追求が人々の保護にあり、そこに世俗性が潜んでいるとすれば、ケルン大聖堂の高さへの追求は地平性に乏しく、超越的性格が強い。ミラノと比較して、ケルンは精神性が強いと言えるかもしれない。しかし、そこに大きな問題も孕んでいる。ケルン大聖堂の姿がそのような問題を感じさせる。最初にケルン大聖堂は三つの姿をもつと言った。遠くから見た時の堂々とした姿。内部から見た時の精神を飛翔させる上への志向性。ケルンの聖堂内に入ると、目が自然と上に行くだけでなく、自らの精神が上へと高められていくように感じる。しかし、それらとともに、もう一つの姿が存在する。それは近くから教会を見上げた姿である。それは美しいとか荘厳という言葉によっては表現することのできない何ものかである。それは、周囲の環境を一切かまうことなく、巨大な塊が天に向かって自己主張しているようであり、他との係わりを絶した無限への意志、エネルギーの生々しい噴出を感じる。ウィーン美術史美術館にあるブリューゲルの『バベルの塔』が、都市の景観と日常の営みを押しのけて上へ、巨大な塊として、地底から上へ向けて突出してきているように、ケルンも何かデモーニッシュであり、不気味で不快感すら呼び起

第13章　心象のケルン大聖堂　―人はなぜ高さを求めるのか―

ミラノ大聖堂

ミラノ大聖堂

第Ⅳ部　芸術

ミラノ大聖堂聖人像

ケルン大聖堂

第13章　心象のケルン大聖堂　―人はなぜ高さを求めるのか―

ケルン大聖堂

ケルン大聖堂

第IV部　芸術

す。ブリューゲルの塔は斜め上から眺めるが、ケルンの大聖堂はファサードの前に立つと、下から眺めるので、よりいっそう威圧感がある。

このようなケルン大聖堂の姿は、先に述べたウルムのミュンスターと比較するとより明瞭になるだろう。ウルムのミュンスターも高さを誇る。西ファサード上の塔は161メートル50センチあり、世界一の高さだという。しかし、この塔には威圧感や不気味さは感じない。ケルンが双塔であるのに対して、ウルムは単塔で上にいくほど細くなっていくので、教会内部ばかりでなく外側から見た時も、上昇性を感じる。教会内部と外部の印象が根本的に異なることがなく、内部と外部が調和している。ケルンの最大の特徴は教会内部と外部との分裂にある。それが、内部の精神性が孕む問題をあぶり出しているのである。

以上述べてきたことは、文献的に確認したことではなく、ケルンとミラノのそれぞれの大聖堂を直接見ることによって形成されてきたイメージである。同じ高さを追求するゴシック建築でも、ミラノ大聖堂からは地平への関心と世俗性が感じ取られる。他方ケルン大聖堂からは精神の上昇を目ざす意志が感じ取られる。しかし、その精神性にはデモーニッシュな自己主張、孤立し肥大化した自己意識が感じられる。私はケルンの大聖堂を外から眺めながら、ゲーテのファウストを連想することがあった。ファウストには「塵の地上を力強く蹴って貴い祖先たちの棲む境界へと飛翔する」（第1部）魂とともに、「自我の無限拡張衝動」（柴田翔）が存在するからである。

支配と保護という世俗性と、精神の上昇と超越性という高さの追求の二つの動機は、すでにバベルの塔建設の時に現われていた。精神の上昇はケルンの大聖堂から感じられるように肥大化した自己意識となりうる。バベルの塔建設には「神への反抗、隠されたティタニスム［巨人主義］」（フォン・ラート）の第一歩が潜んでいた。

350

第14章　ローテンブルクのリーメンシュナイダー

■はじめに

　東山魁夷（1908-1999）に『追憶の古都』と題した作品集がある。その中に、ローテンブルク・オプ・デア・タウバーを描いた作品が何点か収められている。その原画を香川県坂出番の州にある東山魁夷せとうち美術館で見た時、何か違うな、という印象を覚えた。たとえば「窓」と題された作品。それに東山は次のような文章を添えている。「道路に面した一階の窓の下には、『さあ、お掛けなさい』といわんばかりに石のベンチが壁についている。私たちはそのベンチに腰かけて、一休みすることにした。家の中には、いったい人が住んでいるのかと疑うくらい、ひっそりと静まりかえっている[1]。」この文章と同じくその絵画からは、家の壁のザラザラ感とともに、柔らかさが伝わってくる。しかし、私が実際にローテンブルクの街中を歩いたときには、むしろ人を突き放す堅さを、町のあちこちに感じた。

　なぜ東山のローテンブルクの作品を見ると、そのような感覚が伝わってくるのだろうか。私見では、二つのことが関係するかもしれない。東山は1933年から35年まで絵の勉強のためにドイツに留学し、ローテンブルクも訪れている。1970年に東山は思い出の地を再訪し、それを絵にした。ローテンブルクは彼にとって「故郷ともいうべき響きをもつ」。彼はこう記す。「郷愁とは、遠く離れた者への再会を願う心ではなく、むしろ再会を望み得ぬ遠くへ過ぎ去った者に

1　東山魁夷『追憶の古都』ビジョン企画出版社、1999年、34頁。

第IV部　芸術

対しての思慕の情をいうのであろう[2]。」この郷愁を彼は表現しようとした。も
う一点は、彼の絵の特徴にあるだろう。全くの私見だが、東山は、描こうとす
る対象それ自体ではなく、対象と自己との間に存在する空間を描こうとするこ
とにより、自己の心象を示そうとする。東山によって描かれるのは、ローテン
ブルクの家そのものではなく、家と自己との間にある空間である。この空間に
家と自己とが投影される。

　非常に比喩的な表現になるが、このような空間を美術鑑賞に適応できないか
と考えて、七年ほど前の2005年から「芸術とキリスト教」というテーマを、香
川大学生涯学習教育研究センターの公開講座で、取り上げることになった。私
は美術史や芸術を専門とする者ではない。それゆえ、芸術作品自体を学問的に
扱うことはできない。しかし芸術作品を鑑賞するのは好きであり、芸術作品か
ら自らが受けた印象を、少々文化史的に表現できないか、と考えるようになっ
た。またキリスト教と係わりがあり、自らの専門とも係わるので、キリスト
教芸術に焦点を絞ることによって、作品と自己との間に成立する文化的空間
を、一定の道筋に従って話してみようと思うようになった。芸術作品は過去の
ものであっても、今存在している限り、現在の人間に直接働きかけるところに
大きな意義があると思われるので、そのような試みも、はなはだ主観的ではあ
るが、全く意味がないこともないのではないか。そう考えて、取り上げる作品
は、できるだけ、自分自身が直接見て、大きな印象を受けたものに絞ることと
した。

　本章は、そのような講座内容の一端を紹介することを目的としている。例と
して具体的にリーメンシュナイダーTilman Riemenschneider（1460頃-1531）
作のローテンブルク・オプ・デア・タウバーの聖ヤコブ教会副祭壇『聖なる血
の祭壇』を取り上げる。この『聖なる血の祭壇』について、「制作当初にはど
のような状況で、どのような機能（目的）をもって、どのような形状に制作さ
れたのか」という美術史学的な観点から基礎となることは薩摩雅登が詳細に明

───────────
2　同上、33頁。

らかにしている[3]。この優れた研究を基礎としつつ、作品と私との間の主観的な文化的対話・交流を試みることとなった。また、講座においては、ある点でダ・ヴィンチLeonardo da Vinci（1452-1519）の『最後の晩餐』との比較を行なった。『聖なる血の祭壇』は、1499年から1505年にかけて制作された。一方ダ・ヴィンチの作品も1494年から1498年にかけて制作されている。そして両作品の重要なテーマが最後の晩餐におけるユダの裏切りをめぐってであるという共通点をもっていたからである。これについても本章で紹介するであろう。

■第1節　木彫祭壇と『聖なる血の祭壇』

　古代地中海世界においては、ユダヤ教も含めて、狭義の神殿と祭壇は分離していた。狭義の神殿は神の住まうところで、ギリシア世界においては、そこに神の像が安置されていた。一方祭壇は、人間が神を礼拝し犠牲を捧げるところである。そこで羊や牛などの動物が殺され、神に捧げられた。祭壇は通常神殿の前に設けられ、屋根などはない。この祭壇と狭義の神殿を合わせて神殿［広義の神殿］と呼ぶこともある。

　キリスト教の成立はこれに大きな変化をもたらす。建築上神殿を継承する教会という建物は、神の住まう場所ではなく、人間が神を礼拝するところとなる。その結果、祭壇は教会の中に入り込み、教会の中のもっとも重要な部分を占めることとなる。中世カトリック教会においても、古代地中海世界と同じく、祭壇は神に犠牲を捧げるところであった。しかしギリシア・ローマやユダヤの古代世界とは異なり、祭壇は動物を殺して捧げる場ではなくなる。教会内部の祭壇は、神の子羊として人々の贖いのために十字架上で遂げたイエスの死が再現される場と理解されるようになる。イエスの死の再現によって人々は神に犠牲を捧げる。この儀式がミサと呼ばれる。ミサは新約聖書に記されている

3　薩摩雅登「ティルマン・リーメンシュナイダーの《聖血祭壇》」（馬場恵二・三宅立・吉田正彦編『ヨーロッパ　生と死の図像学』東洋書林、2004年所収）303頁。

第IV部　芸術

最後の晩餐に由来する。イエスは処刑の前日、12の弟子たち（使徒）とともに過越の祭りの食事をした。過越の祭りは、昔ユダヤ人たちがエジプトで隷属状態にいたとき、モーセに率いられて神の奇跡のもと脱出したことを記念する、ユダヤでもっとも重要な祭りである。モーセによるエジプト脱出のとき、子羊がユダヤの初子の身代わりに屠られた。この祭りの最中、その時のことを覚えて傷のない雄の子羊が神への犠牲として捧げられた。キリスト教がイエスを子羊と呼ぶ時、以上のような過越の祭りの伝統を負っている。イエスは過越の祭りの時に十字架刑を受けた。過越の祭りで子羊が犠牲として屠られ神に捧げられたように、イエスも十字架上で殺され人々の罪の身代わりとなった。

　さてイエスは過越の祭りの時期に、使徒たちと最後の食事（最後の晩餐）をするが、その最中に起こったことを聖書は次のように記している。

　　　イエスはパンを取り、祝福して後、これを裂き、弟子たちに与えて言われた。「取って食べなさい。これはわたしの体です。」また杯を取り、感謝を捧げて後、こう言って彼らにお与えになった。「みな、この杯から飲みなさい。これは、わたしの契約の血です。罪を赦すために多くの人のために流されるものです。」（マタイ福音書26章26-28節）

　イエスは翌日十字架刑で死ぬことを念頭において、最後の晩餐におけるパンとぶどう酒を自らの体と血と呼んだ。

　ミサの儀式では、パンとぶどう酒が、司祭の言葉によって、キリストの体と血に聖変化する。この時、カトリック教会の伝統的な解釈では、キリストの十字架上での贖いの死が再現される。ミサに集った人々は、このキリストの体に変化したパン（＝聖体）を食し、そのことによって、キリストの死による犠牲の恩恵を被ると考えられた。

　このように、ミサはもっとも重要な儀式に位置づけられるとともに、ミサを行なう場は、犠牲を捧げる所なので、古代地中海世界の伝統に従って祭壇と呼ばれ、教会のもっとも重要な場所となる。当初は祭壇はミサの儀式を行なうた

めに必要なものを置く台座（メンザ）のみであったが、徐々に台座に装飾が施されていく。11世紀にはレタベルと呼ばれる衝立式装飾板が台座の上に置かれ、イタリアやネーデルラントではそこに様々な絵が描かれた[4]。現在では台座とともに本来は装飾品である装飾板を含めて祭壇芸術と呼ばれる。シエナのドゥッチョDuccio di Buoninsegna（1255頃-1318/19）作『マエスタ』（1308-11）やファン・エイク兄弟（Hubert van Eyck 1370頃-1426、Jan van Eyck 1390頃-1441）作『ヘント祭壇画』（1432年完成）はそれらの祭壇画のもっとも優れた作品の一つである。ところでドイツでは、装飾板に木彫りの彫刻を主体として組み込んだ木彫祭壇が発達する。とりわけ「南ドイツ地方とチロル地方で、15世紀後半から16世紀初頭にかけて[5]」、開閉翼扉式（展開式）木彫祭壇と呼ばれる独特の形式が発展する。この形式はおおよそ、祭台、プレデッラ、厨子、翼、ゲシュプレンゲの五つの部分からなる。一番下にある石の台（メンザMensa、祭台Altartisch）、これが本来の祭壇である。祭台の上にあるのがプレデッラ（Predella）と呼ばれる台座、ここには彫像や、レリーフ、絵画パネルが飾られる。プレデッラの上部中央にあるのが厨子（Schrein）で、ここには中心となる聖人たちの彫像が飾られる。そして厨子の両側には開閉式の翼（Flügel）が取り付けられている。翼の裏表には絵画やレリーフが飾られる。そして厨子の上部にはゲシュプレンゲ（Gesprenge）があり、塔状装飾とも訳されるように、「ゴシック建築のような小尖塔を中心とする構造体[6]」で、その中にしばしば彫像が組み込まれる。［図1参照］

　開閉式木彫祭壇の特徴は、平日と祭日によって、異なった姿を示すことである。平日、厨子は両脇の翼によって閉じられている。人々が見るのは、扉の裏側に装飾された絵画やレリーフが中心となる。日曜の主日には扉は開かれ、人々の目に厨子と扉の表が現われる。下のプレデッラも開閉式になっている場

4　岡部由紀子「ドイツの木彫祭壇」（勝國興編『世界美術大全集　西洋編第14巻北方ルネサンス』小学館、2000年初版第3刷、所収）345頁。
5　薩摩雅登、前掲論文、308頁。ドイツの木彫彫刻については、注5薩摩論文と、注4岡部論文による。
6　薩摩、同上、310頁。

第Ⅳ部　芸術

合がある。さらに複雑なものでは、特定の聖人の祭日に扉がさらに開くように
なっているものもある。グリューネヴァルトMatthias Grünewald（1470-80頃
-1528）が中心となって作成した『イーゼンハイム祭壇画』（1512-15）は、絵
画を主体としたものであるが、そのような三段階の開示形式の典型的な優れた
作品である。

　このような開閉式木彫祭壇は、教会の主祭壇に採用される場合が多いが、ゴ
シック教会はたくさんのチャペルをもち、そこに副祭壇やたくさんの脇祭壇が
設けられた。その中には巡礼祭壇（聖遺物祭壇）と呼ばれる祭壇が見られる。
中世ヨーロッパにおいて巡礼の二つの中心はローマとサン・ティアゴ・デ・コ
ンプステラであった。その地には、それぞれペテロと大ヤコブの骨（聖遺物）
があるとされる。人々は各地の聖遺物のある教会を巡りながら、ペテロと大ヤ
コブの聖遺物を目ざしていく。目的地に達する前に、各地の聖遺物のある教会
で引き返すことも頻繁に見られた。このような各地の教会で、聖遺物を顕示す
る目的でつくられたのが巡礼祭壇（聖遺物祭壇）である。これは、平日から主
日、祭日にかけて厨子が徐々に開示されていくという複雑な形式をもたない。
また厨子内部が開示された時のきらびやかさを示す豪華な彩色も必要としな
い。聖遺物を拝するために来る人々は、主日ばかりでなく平日にも来るからで
ある。そのため、厨子の両脇に翼部がある場合も、それはつねに開いたままで
ある。

　リーメンシュナイダーの『聖なる血の祭壇』は、巡礼祭壇（聖遺物祭壇）に
属する。その一番の目的は、「聖なる血」と呼ばれる聖遺物を顕示することに
ある。ローテンブルクでは、ドイツ騎士団がエルサレムから持ち帰ったという
言い伝えの、イエス・キリストが十字架上で流した血の滴である聖遺物が継承
されてきた。この聖遺物を顕示する祭壇が聖ヤコブ教会内に設けられることに
なった。ローテンブルク市は、1499年に祭壇外枠をローテンブルクの指物師エ
アハルト・ハルシュナーErhart Harschnerに依頼し、1501年に彫刻をリーメ
ンシュナイダーに依頼した。完成したのは1505年である。巡礼祭壇であるの
で、厨子の両側に翼扉をもつが、それらは平日も開いたままである。

第14章　ローテンブルクのリーメンシュナイダー

　聖ヤコブ教会は東側内陣と西側内陣をもつが、東側内陣に主祭壇が置かれて
いる。これは典型的な開閉式木彫祭壇であるが、現在はつねに翼扉は開かれて
いて、平日に訪れても厨子内部を見ることができる。『聖なる血の祭壇』は西
側内陣にある。そこにちょうど道路が走っているため、西側内陣は道路の上二
階にある。二階に上るため、北側と南側の階段があり、リーメンシュナイダー
当時、巡礼者は南側階段を上って内陣に入り、『聖なる血の祭壇』を拝した後、
北側階段から会堂へ下りていったと考えられる。ただし現在は南側階段は閉じ
られていて、拝観者や観光者は北側階段のみを利用する。『聖なる血の祭壇』
はその背をちょうど内陣の西側窓に向けて設置された。その後西側内陣内で設
置場所が変更されたが、1965年以降、元の位置にもどされた[7]。現在、私たちは
リーメンシュナイダー時代と同じ位置でその祭壇に接することができる。

　次にダ・ヴィンチの『最後の晩餐』の特徴を検討する。

■第2節　ダ・ヴィンチ『最後の晩餐』

　私がダ・ヴィンチの『最後の晩餐』を最初に見たのは、1998年7月5日であっ
た。その頃は予約制ではなかったので1時間ほどサンタ・マリア・デレ・グ
ラーツィア教会の前で並んで待ったあと、見ることができた。見ていて感じた
ことは、弟子たちのそれぞれの表情や動作が実に豊かで、それぞれ異なった動
作をしているにもかかわらず、絵が安定していることであった。また弟子たち
と対照的なイエスの静けさである。そしてもっとも強い印象は、絵画が創造し
た三次元空間の圧倒的なリアリティであった。修道院の食堂の一方の壁の向こ
うに、あたかも現実の空間が存在し、そこにイエスや弟子たちがいる、という
ことを強烈に感じた。周知のように、ダ・ヴィンチの『最後の晩餐』は、彼の
生前から損傷が始まり、保存状態は決してよくない。このように傷ついてはい

7　Hanswernfried Muth/ Toni Schneiders, *Tilman Riemenschneider und seine Werke*, 1980,
　S. 85.

第Ⅳ部　芸術

ても、オリジナルがもつリアリティは、到底コンピュータによる再現では得ることができない。コンピュータは元の色彩を再現できたとしても、本物のみがもつ三次元的リアリティを示すことはできない。このような経験は、その後のいかなる絵画芸術においても感じたことがなかった。私のダ・ヴィンチの作品に対する基本的な理解は、この圧倒的な絵画による三次元空間のリアリティに根差している。

　そこで、この三次元空間の創造が何を意味するかを考えてみたい。この問題を考えるにあたって、まずダ・ヴィンチの絵画論を見てみよう。その大きな特徴は、画家を神になぞらえることと、絵画芸術の本質を眼の機能から導き出すことである。たとえば、彼は次のように語る。

　　　画家は、自分を魅惑する美を見たいと思えば、それを生み出す主となり、また、肝をつぶすほど奇々怪々なものであれ、ふざけて噴き出したいようなもの、実際かわいそうなものであれ、何でも見ようと思えば、その主となり神となる。……
　　　画家は万能でなければ賞賛に値しない　――　画家の心は鏡に似ることを願わねばならぬ。鏡はつねに自分が対象としてもつものの色に変わり、自分のおかれるものそのままの映像によって自己を満たすものである。従って、画家よ、君は自分の芸術をもって「自然」の生み出すあらゆる種類の形態を模造する万能な先生にならぬ限りは、立派な画家たりえぬと知らねばならぬ[8]。

　中世の神はその全能の力によって、全世界を創造した。「創造」とは、神が言葉により、世界を無から造り出すことである。その結果重要な点は、創造者なる神と被造世界とは、質的に断絶があることである。これは世界の始まりを神々の誕生モチーフから理解する考え方と大きな相違をなす。誕生モチーフの

8　ダ・ヴィンチ『レオナルド・ダ・ヴィンチの手記』（上）（杉浦明平訳、岩波文庫）、191、211頁。

第14章　ローテンブルクのリーメンシュナイダー

場合、世界は神々の一部を分有することになり、世界と神々とは連続的となる。ダ・ヴィンチの神が、中世的トマス的な神なのかどうかは問題であるが、次の眼の機能の考え方と結びつけると、創造者なる神が全能によって造り出した世界が、神とは別の一つの世界であるように、ダ・ヴィンチが画家の万能の技によって造り出した作品は、一つの独立した世界を構成することとなる。その点をさらに明らかにするために、絵画と眼の機能との係わりについて、彼がどう考えているか、見てみよう。

　　　絵画は一瞬のうちに視力をとおしてものの本質を君に示す。しかも印象
　　　が自然の対象を受け入れるのと同じ手段によるのであり、かつ同一時に
　　　おいてであるが、全体——それは感覚を満足させる——を構成する諸部
　　　分の調和的均衡はこの同一時につくられるのである。……絵画からは、
　　　もっとも高貴な感官たる眼に仕えているため、一つの調和的な釣り合い
　　　が生まれる。……その比例から調和に満ちたハーモニーが生まれ、それ
　　　は音楽によって耳に働きかけるのと同じ早さで眼をたのします[9]。……

　絵画作品は、眼の機能のゆえに完結した全体性をもっており、かつその世界は調和あることが重要となる。音楽のように耳の機能に基づく芸術は、時間が経過しなければ、その全体像は明らかにならない。しかし絵画芸術は、その作品において、ある一瞬の全体、いわば宇宙が描かれる。その宇宙にも時間の経過は存在するが、それは全体性の中に吸収されている。時間の経緯が重要なヘブル的世界に対する、ギリシア的なコスモスの世界が造り出される。このコスモスは現実世界や超越的な世界の写しではなく、あくまで画家が独自に造り出した世界であることが重要である。たとえば、ここでゴシック精神の代弁者であったサン・ドニ修道院長シュジェールSuger de Saint-Donis（1081頃-1151）の言葉を思い出してみると、ダ・ヴィンチの作品世界の独自性を理解しやすい

9　ダ・ヴィンチ『レオナルド・ダ・ヴィンチの手記』（上）、196、200頁。

第IV部　芸術

であろう。「われわれの心は物質によって導かれ、ものの『手にとるような指導』の下においてのみ、非物質的なものにまで高められる[10]」。たとえば、教会の建物はそれ自身物質にすぎないが、そこにいるとき、「いわば堕落した世界にあるのでもなく、また天国の清浄界の中に存在するのでもない宇宙の、ある不思議な所に住んでいるように思われ、また神のみ恵みにより、低い世界から高い世界へ神秘的に運ばれるように思われ[11]」る。つまり、シュジェールにとって芸術は、それ自身完結したものではなく、より高次のものを指し示すものであった。芸術という現象は本質を指し示すのである。一方ダ・ヴィンチの場合、その作品はそれ自身において完結していて、作品において現象と本質が一致する。もう一点、眼の機能から導き出される事柄がある。それは、耳の機能や聴くという行為が受動的であるのに対して、眼の機能と見るという行為が能動的であることである。

　中世におけるアリストテレス的＝トマス的宇宙論と神との関係は次のようにまとめられる。神は自らの外に、その全能によって、無から「世界」を創造した。神は「世界」の外に、超越者として存在する。「世界」は有限で閉じられた存在であり、「世界」を秩序づけているのは神である。「世界」の定点は神である。これとの類比でダ・ヴィンチと作品との関係は次のようにまとめられる。芸術家はその作品に対して、全能の神の位置にある。画家も描くことにおいて全能でなければならない。「作品」は、鑑賞者の意向とは独立した存在であり、それ自身において一つの世界を構成する。「作品」はそれ自身においてリアリティを有し、何かのために存在するのではない。そういう点で、「作品」は客観的存在である。しかしその「作品」に秩序を与え、「作品」にまとまりをもたらしているのは、あくまで芸術家の創作意志である。「作品」の定点は芸術家である。鑑賞者はその定点から「作品」を見ることが求められる。ダ・ヴィンチがそのような芸術観を実践するために必要としたのが、遠近画法であり、

---

10 パノフスキー『視覚芸術の意味』（中森　義宗訳、岩崎美術社、1971年）、127頁。
11 パノフスキー、同書、129頁。

第14章　ローテンブルクのリーメンシュナイダー

ストーリア（人物群による物語構成）である。ダ・ヴィンチにおいて、芸術における近代的自我の形成と絵画における遠近画法を中心とした三次元空間の形成とは、作品に対して画家を神になぞらえ、眼の機能から絵画の特徴を導き出す絵画論によって、結びついている。遠近画法の消失点が、画家の眼であり、「作品」の定点である。これが「作品」に秩序と統一感を与える。そして鑑賞者もこの「定点」から「作品」を見ることを要求される。

　以上のようなダ・ヴィンチの芸術観がもっともよく実践されたのがミラノの『最後の晩餐』であった。ダ・ヴィンチはその卓越した遠近画法[12]により、修道院の壁の向こうにあたかも現実に別の部屋が開けているようなリアリティを創造した。また私見であるが、三次元空間の形成には、ダ・ヴィンチが『最後の晩餐』を描くときに、修道院の壁に、最後の晩餐の部屋の空間の区切りを示す横木の桟とその上のリュネットを書き加えたことが貢献していると思われる。実際にこの桟とリュネットを写してある画集とそうでない画集とでは、最後の晩餐の舞台の空間のリアリティは違って見える。前者の方がいっそう三次元的に見えるように思われる。晩餐の様子は、静かに両手を広げるキリストを中心に、左右に様々な動きをする人物をそれぞれ六名ずつ配置することによって描かれる。左右の六名は、それぞれ三名ずつまとまりをなし、結局キリストを真ん中に、左右それぞれ二つのグループを配するという構図により、左右対称の安定感と調和がもたらされる。見る者は、細部の様々な動きに目をやる一方、よりいっそう全体の統一に心が惹かれる。また創造された三次元空間の中での時間の経緯についても、個々の動きにおける時間の経緯[13]を否定することなく、それを全体として包み込むコスモスを印象づける。描かれた一瞬の表

12　周知のように、ダ・ヴィンチは遠近画法を完成させた。そのため、彼は一点消失遠近画法とともに、空気遠近法、色彩遠近法、細部省略遠近法など様々な試みを行なった。

13　ジンメルは興味深い指摘を行なっている。「晩餐図が全く異なったいくつかの瞬間を表現していることは、ほとんど注目されたことがなかったといってよい。いくつかのグループの表情の動きは、キリストの言葉の決定的な印象の結果と余波とを、印象のはじまった瞬間から種々な時間の間隔をおいてあらわしている。」ジンメル『芸術の哲学（新装復刊）』（川村二郎訳、白水社、1999年）、89頁。

第Ⅳ部　芸術

情、表現の背後に存在する一つの普遍的な広がりのある世界をダ・ヴィンチは
創造した。ダ・ヴィンチ『最後の晩餐』の、このような自己主張するリアリティ
のゆえに、鑑賞者はかってに自己の思いをそこに投入することを抑制されてし
まう。巡礼祭壇としての『聖なる血の祭壇』は、それとは異なるタイプの作品
である。

■第３節　『聖なる血の祭壇』

　私が『聖なる血の祭壇』を初めて見たとき、その祭壇名も「聖なる血」のこ
とも、また作者も知らなかったので、ゲシュプレンゲにある聖遺物にまで目が
いくことはなかった。リーメンシュナイダーの時代の多くの人々はこの聖遺物
を拝する目的でやってきたので、そういうことはなかったと思われる。しか
し、当時にあっても自然と目がいくのは厨子の部分であっただろう。当時工房
単位で制作がなされており、木彫祭壇のような大規模な作品の場合には、工房
の職人たちが制作に係わった。しかし、この厨子の部分は間違いなくリーメン
シュナイダー自身の作だと考えられている。描かれた登場人物の表情はそれぞ
れ個性的で、深い印象を残す。しかし全体として見ると、ダ・ヴィンチのよう
な統一感は弱く、雑然とした印象をぬぐいきれなかった。『聖なる血の祭壇』
はダ・ヴィンチの『最後の晩餐』とは異なる視点をもっており、それが最初は
分からなかったからである。その異なる視点が分かり出すと、この彫刻も焦点
が明確に定められていて、それにそって各部が緊密につながっている作品であ
ることが分かってきた。以下、そのことを明らかにしていきたい。

　まず簡単にこの祭壇の各部がどのような聖書のテーマを取り上げているか
を見ておこう。［図１参照］一番下のプレデッラの中央にはイエスの磔刑像が
あり、向かってその右に十字架をもつ天使、左にイエスを縛った柱をもつ天
使が配されている。また、中央十字架の下には、伝統に従ってアダムの骸骨
と骨がある。［図３参照］中央厨子は最後の晩餐の場面を示すイエスと弟子た
ちの群像によって構成されている。［図２参照］厨子左の翼には、イエスのエ

ルサレム入城場面が、厨子右側にはゲッセマネの祈りの場面が、それぞれ木に
レリーフされている。［図1、5－8参照］そして巡礼祭壇の特徴として翼扉
部分はつねに開かれている。ゲシュプレンゲの中央一番下の部分には聖なる血
の聖遺物を納めた十字架の形をした容器を二人の天使が支えている。この聖遺
物の両脇には、左に聖母マリア、右に天使ガブリエルが立っていて、受胎告知
の場面をあらわしている。そして、「聖なる血」の聖遺物の上方に、苦しむ人
（Schmerzmann）としてのイエス像がある。［図1参照］これらのテーマから
明らかになってくるのは、「聖なる血」の聖遺物を中心としたイエスによる救
済である。アダムの堕落による原罪からの救済は、受胎告知により具体的に実
現へと向かって動き始め、イエスの受難によって成就していく[14]。

　その中心的な物語を表現しているのが、左側翼扉から厨子、そして右側翼扉
にかけてである。イエスは弟子たちとともにエルサレムに入る。聖書の記述に
よれば、イエスはこの時、ろばの子にまたがって進んだ。軍馬ではなく柔和な
ろばに乗る姿は、旧約聖書ゼカリヤに描かれた平和の王を示す[15]。「群衆のうち
大ぜいの者が、自分たちの上着を道に敷き、また、他の人々は、木の枝を切っ
て来て、道に敷いた。」群衆は、「ダビデの子にホサナ。祝福あれ。主の御名に
よって来られる方に。ホサナ。いと高き所に」と叫んだ（マタイ21章9節）。
このエルサレム入城場面が向かって左側翼扉に描かれる。［図5、6参照］中
央にはろばに乗ったイエスが静かにエルサレムの入城門へ向かう。彼は左手で
ろばの手綱を握り、右手で人々を祝福している。ろばはちょうど、右下の男性
によって広げられたマントに足を踏み入れたところだ。そのマントの端には、
ADNAJ SADAI SE WO TEMというラテン文字が見える。これはヘブル語で、

───────────

14　プラド美術館にあるフラ・アンジェリコの「受胎告知」は、楽園追放と受胎告知の関連性
　をよく表現している。
15　「シオンの娘よ。大いに喜べ。エルサレムの娘よ。喜び叫べ。見よ。あなたの王があなたの
　ところに来られる。この方は正しい方で、救いを賜り、柔和で、ろばに乗られる。それも、
　雌ろばの子ろばに。わたしは戦車をエフライムから、軍馬をエルサレムから絶やす。戦い
　の弓も絶たれる。この方は諸国の民に平和を告げ、その支配は海から海へ、大川から地の
　果てに至る。」（ゼカリヤ書9章9-10節）

第Ⅳ部　芸術

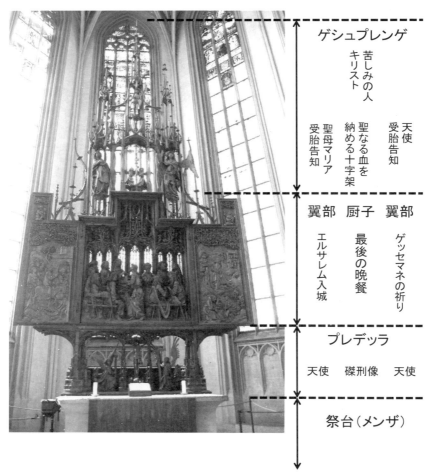

ゲシュプレンゲ
　苦しみの人キリスト
　聖なる血を納める十字架
　聖母マリア　受胎告知
　天使　受胎告知

翼部　厨子　翼部
　エルサレム入城　最後の晩餐　ゲッセマネの祈り

プレデッラ
　天使　磔刑像　天使

祭台（メンザ）

図1　『聖なる血の祭壇』全体　以下　写真はいずれも筆者撮影

第14章　ローテンブルクのリーメンシュナイダー

図2　厨子内の最後の晩餐群像　中央ユダ　後列左から大ヤコブ、ペテロ、キリスト
前列　ユダの左横の弟子右手人差し指が下の磔刑像を指す　キリストの胸元にヨハネ

図3　プレデッラ　中央　キリストの磔刑像　その下アダムの骸骨

365

第Ⅳ部　芸術

図4　キリストとユダ

図5　エルサレム入城

図6　エルサレム入城（部分）

第14章　ローテンブルクのリーメンシュナイダー

「わが主、全能者、万軍の主」を意味する[16]。イエスの頭の上では、イチジク桑
の木に登った男性がその様子を眺めている。これはルカ福音書に描かれている
あこぎな取税人ザアカイである。もっともルカではザアカイが登場するのは、
エルサレムではなくエリコ入城の時である。リーメンシュナイダーはそのエピ
ソードをここに結びつけた[17]。ザアカイは、その時イエスに声をかけてもらい、
感激のあまり、財産の半分を貧しい人々に施し、誰に対してもだまし取ったも
のを四倍にして返すことを誓った。それを聞いたイエスは、「今日、救いがこ
の家に来ました。……人の子は、失われた人を捜して救うために来たのです。」
と語った（ルカ19章9-10節）。このようにイエスを中心とした垂直軸におい
て、救いが人々に及ぶ様とイエスを受け入れる人々が示される。しかし水平軸
に目をやると入城後のイエスの運命が暗示される。向かってイエスの左側に
は、弟子たちが立っている。そこには髪の毛の一部しか見えない者も含めて11
名の使徒たちが描かれる。ここに描かれていない最後の使徒は誰であろうか。
それはともかく前列左にはヨハネが立ち、右にはペテロが立っている。ペテロ
の後ろの人物は小ヤコブだろうか。中世の伝統では小ヤコブはイエスの弟義人
ヤコブと考えられた。そのため、小ヤコブはイエスと似せて描かれる場合が多
い。また左上部には大ヤコブを示す貝のついた帽子が見える。この弟子たちの
表情はいずれも、不安げである。それと呼応するかのように、イエスの前方で
は、帽子を被った男が無理やりに人々をイエスから引き離そうとしているよう
に見える。こうしてこれから先起こる悲劇が暗示される。

　厨子の最後の晩餐の場面は、この祭壇のもっとも重要な部分である。［図2
参照］ダ・ヴィンチと同じく、裏切りの告知がテーマであるが、時間的には少
しずれる。ダ・ヴィンチは、「あなたがたのうちの一人が、わたしを裏切りま
す。」と語った瞬間のイエスを中央にすえ、その言葉が弟子たちに引き起こす
波紋を描いた。一方リーメンシュナイダーの場合、時間的に少し後の様子が表

---

16 Erik Soder von Güldenstubbe & Ariane Weidlich, *Tilman Riemenschneider und sein
　Erbe im Taubertal. Gesichter der Spätgotik,* 2004. S. 205.
17 そのような例は、ドゥッチョにも見出すことができる。

第IV部　芸術

現される。ヨハネ福音書によれば、ペテロに促されたヨハネがイエスに、「主よ。それは誰ですか」と尋ね、これに対してイエスは、「わたしがパン切れを浸して与える者です。」と答えた。（ヨハネ13章23-26節）この瞬間のイエスをリーメンシュナイダーは取り上げ、パンをもつイエスと財布をもつユダとを対峙させた。［図4参照］明らかにこの点こそが中心テーマを構成する。その前にまず他の群像を見ておこう。

　聖書には弟子たちの反応は次のように描かれている。ヨハネは「弟子たちは、誰のことを言われたのか、分からずに当惑して、互いに顔を見合わせていた」と記す（ヨハネ13章12節）。弟子たちの誰もユダが裏切るとは思っていなかった。ルカは「そんなことをしようとしている者は、いったいこの中の誰なのかと、互いに議論をし始めた」と記している（ルカ22章23節）。さらにマタイとマルコは、「弟子たちは悲しくなって、『まさか私ではないでしょう』とかわるがわるイエスに言いだした」（マルコ14章19節、なおマタイ26章22節参照）と記している。少なくとも何人かの弟子たちは、自分が裏切ることにならないか、不安を覚えたようである。ではリーメンシュナイダーは弟子たちをどのように表現したのか。ヨハネはイエスの胸元近くに右腕を出して顔をうずめる。イエスの左側にいるペテロはイエスを見つめながら両手を交差して胸にあてて、自らの潔白と従順を示そうとする。しかし、聖書によればそのすぐ後で、「あなたのためにはいのちも捨てます」と言ったペテロに対して、イエスは、明朝「鶏が鳴くまでに、あなたは三度わたしを知らないと言う」と語る（ヨハネ13章37-38節）。左端の帽子をかぶった大ヤコブは呆然として彼方に目をやっている。前列右側の二人は互いに顔を見合わせて何かを言い合っている。ユダの右横の人物は杯を手にして自らの思いに耽っているように見える。後列右端の人物は、不安げにイエスの方向に目をやっている。エルサレム入城の場面で暗示されていた悲劇への予感は、現実化していく。

　ユダの評価は、時代とともに変化している。最近では、2006年に『ユダの福音書』のコプト語本文と英訳が出版され、世界の話題となった。そして同年に

第14章　ローテンブルクのリーメンシュナイダー

早くも日本語訳の『原典　ユダの福音書』[18]が出版された。今まで隠されていたユダの秘密が明らかになるかのような声も一部にはあったようである。しかし、これはユダに関する歴史的事実を告げたものではなく、グノーシス派のグループが2世紀後半に創作した物語である。ユダはその裏切りにより、イエスの肉体を十字架につけることに貢献し、イエスを霊的な真の人間にならしめたと、正典福音書が告げる内容とは全く異なったユダ像を提示している。重要なのは、これがユダの実像を伝えるのではなく、3世紀にはそのようなユダ像をもつグループがキリスト教諸集団の中に存在したことである。ところで、石原綱成[19]によれば図像上ユダは比較的早くから登場するが、悪役としてのイメージが確立するのはかなり経ってからである。たとえば最後の晩餐のテーマに関して、一般に東方ビザンティン教会では、最後の晩餐における聖餐制定が強調されるので、ユダが描かれていても、他の弟子たちと識別することが難しい場合が多い。ユダを区別したり、裏切りをテーマにしたりするのは、西方カトリック教会で発展していく。しかしその場合も、ユダの口に悪魔が入るような例は、820年から830年頃に作成された『シュトゥットガルト詩篇』挿絵に初めて見られるという。この挿絵ではペテロとユダしか弟子は描かれていない。多くの弟子たちが描かれる場合には、なかなかユダを識別するのは難しい。そのうち、銀貨30枚でイエスを引き渡したゆえに、また彼が会計担当者であったゆえに、ユダは金銭袋をもった人物として描かれるようになっていく。1043年から46年にかけてつくられた『ハインリヒ3世の福音書』挿絵では、金銭袋をもったユダが描かれている。12世紀末には盗人としてユダを描いた図像も現われる。その後、髭をはやした黒髪の中年男、鷲鼻、浅黒い肌といったイメージが形成されていく。それとともに一般的には、ユダの裏切りという行為に焦点をあててそれを断罪することとなる。ダンテは『神曲』で、ユダをマホメット

18　ロドルフ・カッセル他編著『原典　ユダの福音書』日経ナショナルジオグラフィック社、2006年。
19　石原綱成「ユダの図像学」（荒井献『ユダとは誰か　原始キリスト教と「ユダの福音書」の中のユダ』岩波書店、2007年、所収）172-233頁。

第Ⅳ部　芸術

とともに、地獄の底へ堕とした。しかし近代になっていくと、罪深きユダを通して、「私たち自身の中のユダ」を見つめるという傾向が強まる。さらに現代になると、むしろユダに人間性を認めたり、正統的教会が自らの罪をユダに負わせ、彼をスケープゴートにしたという聖書の文献解釈すら生じてくる。碩学荒井献は、自殺したというマタイの伝承を批判して、ユダはその後も生存していたと主張する[20]が、その論拠は説得的ではないように思われる。

　では『聖なる血の祭壇』では、ユダはどのように描かれているのか。まず第一に注意しておかねばならないのは、彼も使徒であったという点である。彼もあらゆるものを捨ててイエスに従い、他の弟子たちとともにイエスに愛され[21]、弟子たちのうち誰もユダが裏切るとは思ってもみなかった。そのような彼の使徒性を図像的に示すのは、彼がイエスや他の弟子たちとともに裸足で表現されていることではないかと思う。最後の晩餐場面ではすべての人物が裸足である。また向かって右側翼扉で、イエスを逮捕しようと園に入ろうとしている兵士等が靴を履いているのに対して、イエスと眠る三人の使徒たちと同様にユダが裸足なのは、きわめて印象的である。［図7・8参照］さらに、向かって左側翼扉でイエスの入城を喜びイエスを讃える男性も靴を履いている。使徒であるとは、単にイエスを讃える人々とは異なるのであり、ユダは使徒として扱われているのである。使徒と靴に関して付記しておくと、マタイ福音書では、イエスは使徒たちを派遣するにあたって、「旅行用の袋も、二枚目の下着も、靴も、杖ももたずに行きなさい」（マタイ10章10節）と語った。これに基づいて、絵画では一般にイエスや使徒たちは裸足で表現される場合が多い。しかし、マルコ福音書では「靴は履きなさい」（マルコ6章9節）と記されている。このマルコの記述に基づいている有名な絵画が、ミュンヘンのアルテ・ピナコテークにあるデューラーの『四使徒』であろう。デューラーは、マルコをはじ

20　荒井献『ユダとは誰か　原始キリスト教と「ユダの福音書」の中のユダ』岩波書店、2007年。
21　イエスを逮捕するため、群衆を案内してきたユダに対して、イエスは、「友よ」と呼びかける（マタイ26章50節）。正典的に読めば、イエスが「友」と呼びかけるのは、その人のために死ぬことを決意していることを意味する。「人がその友のためにいのちを捨てるという、これよりも大きな愛は誰ももっていません。」（ヨハネ15章13節）参照。

第14章　ローテンブルクのリーメンシュナイダー

め、ペテロ、ヨハネ、パウロの四人にサンダルを履かせている。ちなみにダ・ヴィンチの『最後の晩餐』では、弟子たちは履き物を着けているように見える。

　しかし使徒としてのそのような共通性にもかかわらず、ユダは他の弟子たちとは明確に異なる。聖書によれば、イエスの逮捕以後、弟子たちはそれぞれ自己の弱さと挫折を体験する。イエスが捕まったとき、「弟子たちはみな、イエスを見捨てて逃げてしまった。」（マタイ26章56節）ペテロはイエスの予言通り、三度自らがイエスの仲間であることを否定してしまう。そういう点では他の弟子たちもユダと同様である。しかし異なるのは、他の弟子たちが弱さのゆえにそうしてしまったのに対して、ユダは計画をもって自覚的にそうしたことである。彫刻では、ユダの特殊性がイエスとの対比のもとに、クローズアップされる。厨子の最後の晩餐の場面中央で、イエスとユダが向き合う。［図４参照］イエスは右手でパンをユダに示し、ユダはイエスを見つめつつ、左手で金銭袋を胸元にあげる。パンはヨハネ福音書では、それを受け取ることが裏切りを受容することを意味したが、同時に最後の晩餐におけるパンは、キリストの体（聖体）をも意味しており、それは聖なるものでもあった。一方ユダが持ち上げる金銭袋は何を意味するのであろうか。第一にそれは、イエスを引き渡すことを条件に得た銀貨30枚の入った金銭袋かもしれない。あるいは、もっと想像をたくましくすれば、はなはだ近代的な読み込みになってしまうのであるが、ユダは香油事件を思い出していたかもしれない。この事件が彼に最終的にイエスを裏切ることを決断させたからである。つまり、（各福音書によって内容が若干異なるのでマルコ14章に基づくと）、過越の祭りの二日前、ベタニヤで一人の女がイエスの頭に高価なナルドの香油を注いだ。その時何人かの者がこの女性の行為を非難した。「何のために、香油をこんなに無駄にしたのか。この香油なら、300デナリ以上に売れて、貧しい人たちに施しができたのに。」300デナリは「日雇い人夫の約１年分の賃金[22]」にあたる。この批判を中心に行なっ

22 E・シュヴァイツァー『マルコによる福音書　翻訳と注解（NTD新約聖書注解）』（高橋三郎訳、NTD新約聖書注解刊行会、昭和51年）、392頁。

第Ⅳ部　芸術

たのは、ヨハネ福音書によれば、ユダであった。ユダに批判的なヨハネは、彼が盗人であったからだと一刀両断にその言葉を切り捨てているが、ユダの中には一定のヒューマニズムがあったことを認めることができるのではないだろうか。単なる盗人が仲間の信頼を得続けるとともに、人を鋭く見抜く師の視線に三年も耐えることはできないであろう。ユダは貧しい人々のために何かをしたいと思っていたのは間違いないであろう。このヒューマニズムが最終的にイエスの目ざすところと齟齬を来すことをユダが悟ったのが、香油事件であったのではないか。イエスは次のように語った、

> 貧しい人たちは、いつもあなたがたといっしょにいます。それで、あなたがたがしたいときは、いつでも彼らに良いことをしてやれます。しかし、わたしは、いつもあなたがたといっしょにいるわけではありません。この女は、自分にできることをしたのです。埋葬の用意にと、わたしの体に、前もって油を塗ってくれたのです。（マルコ14章7－8節）

　この直後、ユダは、イエスを引き渡すためにユダヤ指導者層を訪れる。以上は、推測に推測を重ねた現代人の解釈で、リーメンシュナイダーやその同時代人たちがそう解釈したとは確かに考えにくい。しかし、イエスとユダは向き合いながら、それぞれの立場を互いに訴えている、とは言えるのではないだろうか。それは、一般的な言葉を使えば、「聖」と「俗」に属する二つの正義である。この時のユダをリーメンシュナイダーは、訴えかけるような、懇願するような表情で表現した。彼は右足に体重をかけ、左足の裾を右手でもち、イエスの方へさらに一歩踏み出そうとするかのようである。
　ではイエスの「聖」に属する正義とは何なのか。これを見る前に、ユダがその後どのように行動しているかを、向かって右翼扉ゲッセマネの園の場面から見てみよう。［図7・8参照］聖書によれば、最後の晩餐を終えて、イエスは祈るためにオリーブ山のゲッセマネという所に赴いた。その時、特に親しい弟子のペテロ、ヨハネ、大ヤコブを連れて行った。ともに祈ってもらいたいため

第14章　ローテンブルクのリーメンシュナイダー

であった。イエスは、もしできるなら、自分が十字架にかかって贖罪の死を遂げることを免れることを願った。しかし神の御旨ならば、それが実現することを願った。この時のイエスの苦悩を聖書は様々に表現している。

　　　イエスは深く恐れもだえ始められた。……「わたしは悲しみのあまり死ぬほどです。」（マルコ14章33-34節）
　　　イエスは苦しみもだえて、いよいよ切に祈られた。汗が血の滴のように地に落ちた。（ルカ22章44節）

　この時イエスはもっとも親しい弟子にともに祈るように願ったが、彼らは眠り込んでしまった。もっとも支えを欲したときに、弟子たちは眠っていた。一時間でも目を覚ましていることができなかった。そして、やがてユダがイエスを逮捕するため群衆を案内してやってくる。以上が向かって右翼扉ゲッセマネの園場面の聖書的背景である。

　右翼扉の下では三人の弟子たちが眠りこけ、右上ではユダを先頭にして群衆や兵士たちがイエスを捕まえようと躍起になっている様が描かれる。中央では、イエスが一人岩に向かって祈っている。もともとは、イエスの目の方向に、十字架上での血潮を象徴する杯が描かれていたが、現在その杯はなくなっている[23]。リーメンシュナイダーはレリーフを作成するにあたって、しばしば、コルマールの画家マルティン・ショーンガウアーMartin Schongauer[24]（1445/50頃-1491）の版画を参考にした。ゲッセマネの園でのイエスを描くにあたっても、ショーンガウアーの銅版画作品を参考にしたが、一点大きな変更を行なった。ショーンガウアーは、「御使いが天からイエスに現われて、イエ

23　Erik Soder von Güldenstubbe & Ariane Weidlich, *op. cit.*, S. 210.
24　ショーンガウアーは、1450年頃コルマールで生まれ、ネーデルラントやスペインで画家の修業をしたと考えられている。ヴァザーリの『画家列伝』によれば、ミケランジェロがショーンガウアーの『聖アントニウスの誘惑』を模写している。またデューラーも1492年に彼に学ぶためにコルマールを訪れた。しかしその前年に彼はすでに死亡していた。

373

第Ⅳ部　芸術

スを力づけた」というルカ福音書の記述（22章43節）を描いた[25]が、リーメン
シュナイダーは御使いを省いてしまった。彼は徹底して孤独なイエス[26]を描き
出そうとした。さて、ユダは今やイエスのもとにやって来ようとする。その態
度や顔は、厨子内の最後の晩餐におけるユダとは大きく変化している。最後の
晩餐の時に見られた不安げな、懇願する様子は消え、ここでは積極的に右足を
踏み出しているように見える。さらに興味深い指摘が存在する。このユダの顔
とゲッセマネで祈るイエスの顔が似ているのではないか、というのである[27]。
ユダは自らの正義実現のため、今や邁進しつつある。イエスの正義とユダの正
義、「聖」と「俗」は、今はっきりと対立する。

　では、イエスの正義、「聖」とは何であったのか。もう一度厨子内の最後の
晩餐場面を見てみよう。注目したいのは、ユダの向かって左側に座っている
人物である。[図2参照]彼は左手を漠然とユダの方へ向け、右手の人差し指
は厨子の外を示す。巡礼に来た人々は、その先が何かに注意を促される。指先
は、ミサの時に祭台の上に置かれる杯（聖変化したイエスの血）か、プレデッ
ラの磔刑像を指し示す[28]。イエスの正義、「聖」とは、十字架にかかり、アダム
以来の（すでに述べたように十字架の下にある骨は、当時の図像の伝統で、人
類の始祖アダムである）人々の罪の赦しのために血を流すことにあった。ゲ
シュプレンゲにある聖遺物は、伝承によればその血の滴の一部であった。しか
しこの正義、「聖」は、ユダの正義、「俗」に表面的には敗北するなかで実現し

---

25 Marianne Bernhard（Hrsg.）, *Martin Schongauer. Handzeichnungen und Druckgraphik*,
　1980, S. 58 ; Erik Soder von Güldenstubbe & Ariane Weidlich, *op. cit.*, S. 337.
26 この孤独なイエスに注目し、それに惹かれ慰めを見出したパスカルの言葉は、リーメン
　シュナイダーの時代から大きく隔たっているが、互いに共鳴する部分がある。「イエスは少
　なくともその三人の最愛の友に、多少の慰めを求められる。しかし、彼らは眠っている。
　彼らが彼とともにしばらく耐え忍ぶことを求められる。しかし、彼らはさして同情がない
　ので、一瞬間も眠りに打ち勝つことができず、彼を全くなおざりにして顧みない。こうし
　てイエスは、ただひとり神の怒りの前に取りのこされる。／イエスはただひとり地上にお
　られる。地上には彼の苦痛を感じ、それをわけあうものがないだけでなく、それを知るも
　のもない。それを知っているのは天と彼のみである。」（パスカル『パンセ』（由木康訳、白
　水社、1985年）、246-247頁、B553、L919。
27 植田重雄『リーメンシュナイダーの世界』恒文社、1998年、120頁。
28 Erik Soder von Güldenstubbe & Ariane Weidlich, *op. cit.*, S. 216, 231.

第14章　ローテンブルクのリーメンシュナイダー

図7　ゲッセマネの祈り

図8　ゲッセマネの祈り　後方　右から三人目ユダ

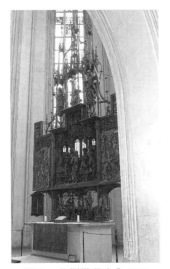

図9　北側階段出入り口
　　　から撮影

図10　北側階段出入り口から撮影

375

第IV部　芸術

ていく。イエスは、彼の弟子、友とも呼ぶユダから裏切られ、弟子たちの人間的な支えをもっとも必要とした瞬間に、彼らが眠りこけてしまったことによって、ただ一人孤独に、受難に立ち向かわねばならなかった。イエスは苦しみの人［図1 ゲシュプレンゲ参照］であった。そして最後に十字架刑に処せられる。

■おわりに ― 「私たち自身の中のユダ」

　以上のように、『聖なる血の祭壇』の各部分を検討してきた。その結果、全体の主題は、聖遺物「聖なる血」を中心として、イエスの受難にあることが明らかとなった。そのことを念頭においてもう一度厨子の最後の晩餐の場面を眺めてみると、なぜかしっくりこない、もやもやとした気持ちが残る。この祭壇の前に立った時、もっとも目立つのは中央に位置するユダであり、イエスはこのユダによって端の方へ追いやられているように見えるからである。狭い厨子内にたくさんの彫像を収めるという制約からやむを得ない面もあるが、奥行き感が乏しいことも気になる。このような思いを抱きながら、何度も『聖なる血の祭壇』の前を去ったのであるが、ある時、西側内陣から北側階段を下りる前に、もう一度祭壇を振り返った時、ユダの向こうのイエスの視線とぶつかってしまった。［図8参照］「第1節　木彫祭壇と『聖なる血の祭壇』」の最後でも触れたように、現在私たちはリーメンシュナイダーの時代と同じ位置で作品を見ることができる。つまり、当時巡礼に来た人々は、南側階段から上って祭壇を拝し、北側階段を下りる前に、そこからもう一度祭壇を眺めたとき、イエスの視線に晒されることとなったのである。

　ダ・ヴィンチの『最後の晩餐』のような作品は、その芸術観のゆえに、またその優れた芸術的達成であるリアリティのゆえに、眺めて感嘆することとなる。容易にその中に自己の思いを持ち込むことを許さない。一方、リーメンシュナイダーの『聖なる血の祭壇』は巡礼祭壇としての性格が、現在の私たちにもそれへの係わりを積極的に求めるように思われる。この祭壇の芸術的にもっとも優れた部分は、厨子の「最後の晩餐」場面であろう。これは祭壇の正

第14章　ローテンブルクのリーメンシュナイダー

面に立った時に、ユダが真ん中にいてイエスは背後に追いやられているように
見えるのであるが、リーメンシュナイダーはもう一つ別の角度から見るように
構成を考えていたのではないか、というのが筆者の考えである。それは、北側
階段の入り口から見られることを計算に入れていた。その時、中心は明らかに
イエスであり、イエスの視線はユダを超えて、見る者に問いかけてくる。ユダ
と自己とが重なってくるのである。

リーメンシュナイダーに関する参考文献

Erik Soder von Gueldenstubbe & Ariane Weidlich, *Tilman Riemenschneider
und sein Erbe im Taubertal. Gesichter der Spätgotik*, 2004.

Tilman Riemenschneider - Werke seiner Blütezeit, 2004.

Tilman Riemenschneider - Werke seiner Glaubenswelt, 2004.

Tilman Riemenschneider. Master Sculptor of the Late Middle Ages, 1999.

Hanswernfried Muth/ Toni Schneiders, *Tilman Riemenschneider und seine
Werke*, 1980.

Iris Kalden-Rosenfeld, *Tilman Riemenschneider*, 2004.

Max H. Von Freeden, *Tilman Riemenschneider*, 1981.

*Katalog des Mainfränkischen Museums Würzburg. Bd. 1 Tilman
Riemenschneider*, 1982.

Hartmut Krohm, *Riemenschneider auf der Museumsinsel*, 2006.

Paul Ludwig Weinacht (Hg.), *Der Heilige Jakobus im Werk von Tilman
Riemenschneider*, 2006.

Paul-Werner Scheele/ Toni Schneiders, *Tilman Riemenschneider. Zeuge der
Seligkeiten*, 1981.

Leo Bruhns/ Helga Schmidt-Glassner, *Tilman Riemenschneider*, 1998.

Michael Baxandall, *Die Kunst der Bildschnitzer. Tilman Riemenschneider,
Veit Stoß und ihre Zeitgenossen*, 1996.

第Ⅳ部　芸術

Kurt Gerstenberg, *Tilman Riemenschneider,* 1950.

Der Detwanger Altar von Tilman Riemenschneider, 1996.

500 Jahre St. Jakob Rothenburg ob der Tauber, 1985.

植田重雄『リーメンシュナイダーの世界』恒文社、1998年.

薩摩雅登「ティルマン・リーメンシュナイダーの《聖血祭壇》」（馬場恵二・三
宅立・吉田正彦編『ヨーロッパ　生と死の図像学』東洋書林、2004.

第14章　附論　リーメンシュナイダーの生涯と内面性

■　一

　ティルマン・リーメンシュナイダーTilman Riemenschneiderは1460年頃、ドイツのチューリンゲン地方のハイリゲンシュタットHeiligenstadtで生まれたと考えられている。生年を直接記した史料はない。生地も、ゲッティンゲンの北方オステローデOsterodeという学者もいる。同時代の芸術家の生年を記しておくと、ダ・ヴィンチが1452年、ミケランジェロが1475年、ドイツではハンス・ホルバイン（父）が1465年頃、デューラーが1471年、ルーカス・クラナハが1472年、ヴュルツブルク出身のグリューネヴァルトは生年が不明であるが、画家となるのが1501年である。リーメンシュナイダーは、彼らと同じ時代を生きることになる。

　父は貨幣鋳造親方で、名をティルマンといった。彼の名は父の名を受け継いだものである。一家はその後、ハイリゲンシュタットからオステローデに移った。1468年には、それを確認する史料が残っている。父はその後財産を失う危機の中で、兄のニコラウスを頼ってヴュルツブルクにやって来る。ニコラウスは同地の聖職者であるとともに、ヴュルツブルク司教の法律顧問・財務官を務めていた。伯父は聖職者になることをすすめたが、リーメンシュナイダーは彫刻の道を志し、修業のため、シュヴァーベン地方や上ライン地方を遍歴した。83年に父が死亡するとともに、リーメンシュナイダーは再びヴュルツブルクにもどり、画家、彫刻家およびガラス細工師共同の聖ルカ組合に徒弟として加入する。そして、1485年には金細工師エヴァールト・シュミットEwald Schmidtの未亡人アンナ・ウッヘンホーファーAnna Uchenhoferと結婚し、ヴュルツブ

第Ⅳ部　芸術

ルクの市民権と親方の地位を獲得した。

　彼は生涯に四度結婚している。最初の妻アンナは1495年に死亡し、97年に両親に先立たれた若いアンナ・ラポルトAnna Rappoltと再婚した。二人目のアンナも1508年に死亡し、同年鍛冶親方の未亡人マルガレーテ・ヴルツバッハMargarethe Wurzbachと結婚した。しかし彼女にも先立たれ、1520年に四度目の結婚をした。新しい夫人については、マルガレーテという名前以外は知られていない。彼女がリーメンシュナイダーの最期を看取った。この四度の結婚を通じて、彼は少なくとも八人の子どもをもうけたことが確認されている。長男イェルクが父の後を継いで彫刻師になった。

　彫刻師としての名声が高まるにつれて、ヴュルツブルクばかりでなく、フランケン地方やその他の各地から、制作の依頼を受けた。その中心は「教会、礼拝堂の祭壇彫刻と石棺墓碑彫刻[1]」であり、依頼主は、各教会、司教、貴族、都市などに及んだ。

　リーメンシュナイダーの生活の基盤は、中世以来の都市のツンフトにあり、特定のパトロンや宮廷との係わりが深かった盛期イタリア・ルネサンスの担い手たちとは異なる。当時のドイツの彫刻師は近代的な芸術家ではなく、何よりもツンフトと結びついた市民であった。リーメンシュナイダーもツンフトの親方として、ヴュルツブルク市の治安と繁栄とに対して責任を負った。1504年には市参事会員に選ばれる。ヴュルツブルクは帝国都市ではなく、司教都市であり、司教座聖堂参事会の指名によった。また1509年と1514、1518年には、三人の市参事会員からなる上級市参事会の一員となった。そして、1520年から21年にかけては、市長（ビュルガーマイスター）に選ばれる。三度妻に先立たれるという不幸はあったが、それはこの時代、特殊なことではなく、再婚、再々婚はよくあることであった。そのような不幸はあるものの、1525年まで彼は、彫刻師としての名声と市政における高い地位を享受した。しかし、農民戦争の進展は、彼のその後の運命を根本的に変えてしまった。

1　植田重雄『リーメンシュナイダーの世界』恒文社、1997年、18頁。

第14章　附論　リーメンシュナイダーの生涯と内面性

1524年6月に、シュヴァルツヴァルトのシュチューリンゲンStühlingenで始まったドイツ農民戦争は、1525年には南西ドイツ全体に広がっていた。フランケン地方のヴュルツブルクでも、1525年4月には農民軍団が市を目ざして北上していた。ネッカー渓谷からは騎士ゲッツ・フォン・ベルリッヒンゲンが指揮するオーデルヴァント軍団が、タウバー渓谷からは騎士フロリアン・ガイヤーが指揮するタウバータール軍団がヴュルツブルクに迫った。一方、ヴュルツブルク司教コンラート・フォン・チュンゲンKonrad II. von Thüngen（1466頃-1540）は、領邦議会を開いてそこに農民の代表をも出席させて事態を打開しようとしたが、議会の開催には至らず、彼はシュヴァーベン同盟に助けを求めた。4月末までに司教領の大半が農民軍団によって制圧されるが、その背景には、司教による苛斂誅求に対する根強い反感が帝国騎士をも含む広範な階層に及んでいた事情がある。ヴュルツブルクは農民軍団によって包囲され、5月に入り農民軍団は市に食糧補給と軍団の市内駐屯等を要求する。司教側も市に、農民軍団の鎮圧に加わるよう要請する。市内では選択をめぐって対立が激化し、農民支持の過激市民による司教座聖堂参事会メンバーの家々や修道院の襲撃が起こり、事態が緊迫化する中、市参事会はついに5月9日、農民側の要求を受け入れる決断をする。リーメンシュナイダーは市参事会のメンバーとして、この決断に係わった。その直後5月13日、農民軍は司教の館マリーエンベルク城塞の総攻撃にかかった。要塞は落ちず、戦いが長期化する中、糧秣を求めて農民軍が近隣の村落を襲うということも生じる。指揮官のゲッツは戦いの途中、姿をくらましてしまう。農民軍は敗退し、シュヴァーベン同盟軍の前に6月8日市は無条件降伏した。

　戦後、同盟軍は市内の農民軍指揮者をただちに処刑し、農民軍に加担した市の責任者を次々に逮捕した。リーメンシュナイダーもその一人であった。彼は八週間、マリーエンベルク城の塔の地下牢に幽閉され、尋問され、拷問を受けた。「ついに罪状告白はしなかったといわれる[2]。」この時、指や関節を折られ

2　同上、39頁。

381

第Ⅳ部　芸術

たといわれることがあるが、史料的証拠はない。彼は市参事会から追放され、財産の一部も没収された。現在、釈放後彼が創作した作品は見つかっていない。死後、工房の後を継いだ息子イェルクによって墓碑銘が彫られた。そこには次のように記されている。「主の1531年聖キリアンの夕べ［7月7日］、尊敬すべき、芸術の天分豊かなる彫刻師にして市民、ティルマン・リーメンシュナイダー死せり。彼に神の恩寵豊かならんことを。アーメン[3]」

　死後、彼の名前は完全に忘れ去られる。再び彼の名前が人々に知られるようになるのは、死後約300年ばかりを経た1822年のことである。この年の夏、ヴュルツブルク大聖堂の改修の際、大聖堂中庭の旧墓地から、先ほど紹介したリーメンシュナイダーの墓碑が発見された。しかし、彼の名と作品が結びつくようになるのは、さらに時が必要であった。1832年、現在のロマンティック街道沿いにある小さな町クレークリンゲンCreglingenのヘアゴット教会Herrgottskircheで、農民戦争以来巻かれたままになっていた白布が除かれた時、見事な彫刻群が発見された。それが現在「昇天のマリア祭壇」と呼ばれるものであり、リーメンシュナイダーの代表作の一つである。この彫刻は徐々に人々の話題になり、1887年にヴィルヘルム・ボーデWilhelm Bode（1845 –1929）が『ドイツ美術彫刻史』*Geschichte der deutschen Plastik*にも取り上げるが、作者を「祭壇のマイスター」と記すだけであった。その後、「T. R」の頭文字のある彫刻の発見・収集と古文書の調査により、彼の作品の世界が明らかになってくるが、それは20世紀に入ってから、しかも本格的な再評価は、第二次世界大戦前後からである。

　このように彼の作品の再評価が遅れた重要な原因は農民戦争後の彼の公職追放の影響であるが、リーメンシュナイダーの彫刻観と時代の好みとの決定的な離齬も作用している。リーメンシュナイダー当時、彫刻は彫刻師が作品を造った後に、絵師によって粉飾されるのが一般的であった。彼は初期の作品を除いてそれを拒否し、木や石の材質と光と影による表現を重んじた。彫刻師よりも

3　Max H. von Freeden, *Tilman Riemenschneider. Leben und Werke, München 1981*, S. 18.

第14章　附論　リーメンシュナイダーの生涯と内面性

絵師にしばしばより多くの報酬が支払われたことは、当時の人々の好みをはっきりと示している。彼の死後、その作品に彩色がなされたり、作品の各人物の配置が換えられたり、ばらばらにされることが生じた。現在、ハイデルベルクのプファルツ選帝侯博物館に、リーメンシュナイダーの傑作の一つである『ヴィンツハイムの12使徒祭壇』があるが、これはその典型的な例である。この作品はもともとヴィンツハイム市の聖キリアン教会の祭壇のために制作されたものであった。しかし、その後二度にわたって彩色が施された。1736年にヴィンツハイムで大火が発生し、その後聖キリアン教会も半焼するが、この『ヴィンツハイムの12使徒祭壇』は必死で救出された。その後、1840年に補修されて、ハイデルベルクのグライムベルク伯によって購入され、さらにプファルツ選帝侯博物館に寄贈された。第二次世界大戦後、彩色を剥がし、人物配置もオリジナルの状態にもどされた。博物館のパンフレットには、オリジナルな状態にもどされたものと彩色再配置されたものとの両方の写真が載っているが、そこからは両者が全く別の作品であるという印象を受ける。

　第二次世界大戦後、リーメンシュナイダーを有名にした要因の一つに、トーマス・マンThomas Mann（1875-1955）が1945年5月8日のドイツ無条件降伏後、ワシントンで行なった「ドイツとドイツ人」という講演がある。彼は5月29日にアメリカ人を前にして、ルターからロマン主義に至る「ドイツ的内面性の陰鬱な歴史」、すなわち「人間のエネルギーが思弁的要素と社会的政治的要素とに分裂し、前者が後者に対して完全な優位を占めていること」の悲劇を語った[4]。そのようなドイツの中で、内面性と政治的自由とが結びついていた希有な人物としてリーメンシュナイダーを紹介した。特に農民戦争における彼の行動を高く評価した。トーマス・マンは、「彼の心が、この時代の大きな原理的対立にとらえられて、純粋に先進的審美的な工芸家としての市民生活という彼の領域から踏み出して、自由と正義のための闘志となるよう、彼を強いたの

4　Thomas Mann, *Reden und Aufsätze 3*, Frankfurt am Main 1990（トーマス・マン『ドイツとドイツ人』青木順三訳、岩波文庫。）

第Ⅳ部　芸術

でした。……ヴュルツブルク市が『城』に対して、つまり司教領主に対して対
農民戦への従軍を拒否し、また一般に司教に対する革命的態度をとるように仕
向けたのは、主として彼の影響力でした[5]」と語った。しかし、先ほど簡単に述
べたことからも、事実はそのような単純なものではなかったことがうかがわれ
る。彼が貧しい人々に同情と共感をもっていたことは、十分にうかがうことが
できる。しかし、リーメンシュナイダー自身や他の人々の証言が残っていない
現状では、トーマス・マンのような発言に基づいて、リーメンシュナイダー像
を築くことは危険である。彼が罪状を告白しなかったといわれるが、そうだと
すればそこに、個人の力を越えた大きな時代のうねりの中で、彼の公人として
の姿勢と、彼個人の誠実さと心意気を見ることができるように思われる。それ
はともあれ、彼の作品の多くが残されているのであるから、農民戦争を中心と
してではなく、彼の作品から、リーメンシュナイダー像を思い描かねばならな
い。以下、内面性をめぐって、三点、述べることとする。

■　二

　多くの人々がリーメンシュナイダーにおける哀しみについて触れている。彼
は十字架上のキリストや、キリストの死を嘆き悲しむ人々を繰り返し描いた。
それらの作品をじっと眺めていると、不思議と慰められ、平安に導かれる。そ
れは、同じ頃デューラーらによって表現されていたメランコリーとは異質なも
のである[6]。メランコリーは、古代ヒポクラテスHippocrates（前460頃−前375頃）
から始まる四体液説と密接に関連している。人間の健康は、体を構成する四つ
の体液である血液・粘液・黄胆汁・黒胆汁の調和によって保たれると彼は考え
た。ヨーロッパの中世において、どの体液が中心を占めるかによって人間の気
質が決定されると考えられた。このうち黒胆汁が多い場合、メランコリー（憂

5　Thomas Mann, *op. cit.*, S. 1135.（青木訳、18-19頁。）
6　以下の叙述は、レイモンド・クリバンスキー／アーウィン・パノフスキー／フリッツ・ザ
　クスル『土星とメランコリー』（田中英道監訳、晶文社、1991年）参照。

第14章　附論　リーメンシュナイダーの生涯と内面性

鬱質）となる。メランコリーは中世にあっては決して好ましい気質ではなく、痩せて浅黒く不器用で執念深く、守銭奴で怠け者であり、強欲で意地悪く、狂気に陥りやすい。ところが、ルネサンス頃から、メランコリーの評価が大きく変わる。当時アリストテレスの著作とされていた『問題集』では、哲学や政治や芸術において卓越した働きをした人物は胆汁が多いメランコリーの気質であると述べられていた。フィチーノMarsilio Ficino（1433-99）は、この考え方と、プラトンの『パイドロス』で述べられている神的狂気とを結びつけ、メランコリー（憂鬱質）が芸術家や知識人の気質であると主張した。この考え方を芸術において実際に巧みに表現したのがデューラーであった。彼以後、日常生活を基礎におく職人とは異なる、オリジナリティを基礎におく芸術家という見方があらわれる。リーメンシュナイダーが表現する哀しみは、そのようなメランコリーとは異なるものである。哀しみを強く感じるリーメンシュナイダーの内面性の特徴を、以下二つの点から考えよう。

　絵画や芸術という領域を越えて、芸術家には「見る」タイプと「聴く」タイプが存在する。人間の機能という点から「見る」と「聴く」を比較してみると、「見る」とき、その一瞬一瞬で、眼は全体像をとらえている。これはカメラで撮った二次元写真を思い描くとよく分かる。その瞬間時はとまっている。そしてカメラと同様に眼がとらえた映像には調和が存在する。もし調和がなければ眼は乱視と診断されるであろう。この眼の機能から、「見る」芸術は、時を構成要素として必要としない点と調和が重視されるということが考えられる。一方、「聴く」とき、一定の時間の経過がなければ、何ら意味あることが生じない。また「見る」器官の眼は、人が自らの意志でそれを閉じたり開いたりして、見ようとしたり見ることをやめることができる。一方の耳は、人は耳それ自身だけでそれを閉じたり開いたりすることができず、手など他の器官や手段を使わなければ聴くことを始めたりやめることはできない。これはあくまで比喩的象徴的なことであるが、「見る」ことはより主体的であり、「聴く」ことはより受動的であるという特徴をあげることができる。このような「見る」行為と「聴く」行為の特徴から芸術家の創作行為をとらえてみると、そこに「見る」芸術

第Ⅳ部　芸術

と「聴く」芸術を想定することができるであろう。

このような眼の機能と結びつけて自らの芸術観を形成したのがダ・ヴィンチである。ダ・ヴィンチは、一瞬のうちにとらえられる一枚の絵の中に、時間を超えた普遍的な本質を表現しようとした。描かれる個々の事柄が調和をなして全体を構成することを理想とする。調和を与えるのは、描く画家である。彼は画家を全能の神になぞらえる。神がその全能からすべてを創造したように、画家も作品を自らの意志と技能によって造り出す。画家はそのためにあらゆるものを描き出す技能を身につけなければならない。ダ・ヴィンチの自然科学研究もそれを動機とする。そして絵の調和を保証するものが遠近画法であった。その消失点が絵に客観性を与える。画家の主体的意図は消失点に集約されるとともに、その絵を観賞する者は、消失点から見ることを求められる。「見る」芸術は、絵画に限定されず、芸術家の主体的創造的営みであり、創造された作品は鑑賞者から独立して存在して自己完結している。また作品自体が鑑賞者に一定の見方を提示し要求する。鑑賞者は自由にその作品を見ることができない。

一方「聴く」芸術の場合、芸術家は能動的に自らの意図をもって明確に作品を造るというよりも、自らの中に作品のイメージが形成されていくことが重要となる。このイメージは受動性と時間の経過において形成されていく。「見る」ことに象徴される創作活動はより知的な面が強くあらわれるのに対して、「聴く」ことに象徴される創作活動は、より感性的な面が強くあらわれる。造られた作品は、実質的にであれ、比喩的にであれ、時間の経過という要素を内にもつ。この時間の要素は、芸術家の創作活動においてばかりでなく、鑑賞者が作品に向き合う時にも意識される。そのもっとも実質的なあらわれは音楽である。音楽は作品が時間とともに展開していく中で初めて鑑賞者に実質的な姿をあらわす。音楽だけでなく、絵画や彫刻のような作品においても、「聴く」芸術タイプは存在する。「見る」芸術の作品では、作者と作品の意図はより明確なかたちで鑑賞者に提示されるが、「聴く」芸術の作品では、鑑賞者が作品に向き合うとき、作者の存在ばかりでなく作品の背後にあるものを感じ取る。それが時の経過を意識させる。作者の中に作品のイメージが形成されていったよ

うに、それに接する鑑賞者の中にも、時の経過とともにあるイメージが形成されていく。その時に鑑賞者は作品と作者への共感を感じ取ることが多い。「見る」芸術作品がそれ自身において完結しているのに対して、「聴く」芸術作品は開かれている。

このような「聴く」芸術の優れた典型がリーメンシュナイダーであると思われる。彼の作品に向き合うと、登場人物の表情からその人物に思いをはせるようになる。そうして作者に思いをはせ、その作品の背後にある「何か」へと導かれる。彼は十字架にかかったイエスや、そのイエスのもとで嘆いている弟子たち、また十字架から降ろされたイエスを抱きかかえるイエスの母マリア、そしてそのマリアの周りに集ってともに嘆く弟子たちの姿をしばしば描いた。たとえば、ヴュルツブルク郊外、マイトブロンの小さな聖アフラ教会の祭壇後ろにある『嘆きの群像』。これは処刑直後十字架から降ろされたイエスの遺骸の周りで聖母マリアをはじめ弟子たちが嘆く場面で、以前にもリーメンシュナイダーはこのテーマを取り上げていて（『グロスオストハイムの嘆きの群像』）、彼の芸術の到達点を示す作品である。［口絵『嘆きの群像』参照］

中央下には十字架から地面に降ろされたイエスの上半身を静かに支えるアリマタヤのヨセフと、イエスの左腕を静かに取ってイエスを見つめる母マリアがいる。そしてその背後にはイエスの女性の弟子たち、ニコデモ、使徒ヨハネ、クレネ人シモン、マグダラのマリア。彼らはイエスの死を嘆く。しかし、その嘆きの何と抑制されていることか。かつてエミール・マールが中世末フランスを中心とするピエタ像（我が子の遺骸をひざの上に抱きかかえる聖母の姿を描くテーマ）から受ける印象を述べた言葉は、リーメンシュナイダーの作品にもそのままあてはまる。

　　そこには一つの共通した性格がある。それはそこに表現されている悲しみが控えめであり、芝居がかった仕草が決して見られないということである。そこには芸術家の才能を誇示するようなものは何もない。これらの古き時代の工匠たちは、この偉大な主題の表現において、彼ら自身自

第Ⅳ部　芸術

己放棄の良き模範を示しているのだ。これらの作品はみな無私な心から生まれているように見える。魂を揺すぶる力はそこから来る[7]。

　イエスが十字架にかかった時、弟子たちのなかで立ち会ったのは、女性の弟子たちと使徒ヨハネであった。他の主だった弟子は不安で家の中に閉じこもった。そしてこの時不思議なことが起こっている。アリマタヤのヨセフとニコデモは、おそらく老人で、ユダヤの指導者グループに属していたが、ユダヤ人を恐れて、イエスの生前イエスに共鳴しつつも、それを公に告白できなかった。しかし、この時ニコデモは彼を埋葬するために没薬・沈香のあわせものをもってくる。このニコデモはリーメンシュナイダーの自刻像だと言われている。そして、アリマタヤのヨセフは「勇気を出して」（マルコ15章43節）、ローマの総督ピラトと交渉してイエスを埋葬する許可を得、自分用に用意していた墓を提供する。この彫刻の場面前後に彼らはその行動をするが、この作品の彼らには気負いがなく、そういったことを全く感じさせない。アリマタヤのヨセフと聖母マリアはイエスをいたわるように嘆く。作品全体に透明な空気と穏やかな平安が浸透している。ずっとこの作品の前に立っていたとき、バッハの『マタイ受難曲』の最後の合唱「我ら涙してひざまづき、…」が心に響いてきた。そうしてじっと眺めていると、直接描かれていないが、この場面を支え包んでいる存在に気づかされる。見えないが描かれているこの存在がその作品を根底において支え、見る私たちに穏やかさと安心と慰めを与えてくれる。この内面的な作品との交流が魅力であり、それは見る一人一人によって異なってくるであろう。リーメンシュナイダーの作品はこのように、自らの見方を規範として押しつけてくるのではなく、開かれているのが特徴である。

■　三

7　エミール・マール『中世末期の図像学』（田中仁彦他訳、国書刊行会、2000年）、178-179頁。

第14章　附論　リーメンシュナイダーの生涯と内面性

　最後に「聴く」ことの内面性との係わりを、精神の垂直性の問題という視角から考えてみたい。リーメンシュナイダーの彫刻について語る人は共通して、彼がルネサンスや近代文化の直接的な開拓者ではなくて、後期ゴシックに属すると言う。ところでゴシックの場合、教会建築に代表されるように、垂直性を重要な特徴とする。そこには三つの在り方がある。下から上への垂直性と、上から下への垂直性がある。そして、下から上への垂直性はさらに二つに分かれる。

　まず下から上への垂直性を考えてみよう。これは高さの追求である。ゴシック教会はできるだけ高い建物を建てようとした。その動機に二つあると思う。一つは、できるだけ高い建物を建てて、そこから遠くを眺め渡したいというもの。物見櫓や城などはその性格をもつ。「上」に究極的な関心があるのではなく、最終的な関心は地平にある。上へ行けば行くほど、より広い土地をより遠くまで見渡すことができる。支配者はこぞって高い建物を建てたがる。彼らがより高く昇ろうとするのは、結局、支配の象徴・確認という世俗的関心による。このような高さの追求は世俗的な建物ばかりでなく、教会建築にも存在する。たとえば、ミラノの大聖堂がそうである。この教会は北イタリアの代表的なゴシック建築でもっとも高いところは百メートルを超える。この教会に特徴的なのは、各尖塔の上に聖人の彫刻が取り付けられていることである。彼らは上からミラノの町を見下ろしている。ミラノは大聖堂の聖人たちによって守られ保護されている。このようにミラノ大聖堂の場合、高さの追求はミラノの保護という面ももっている。以上のように支配や保護といった水平への関心、世俗的動機から高さを追求する（タイプⅠ）。

　高さの追求のもう一つのタイプは、ゴシック本来の動機と言ってよいものである。ゴシック建築様式は、1130年代後半から1140年代にかけて、パリ郊外サン・ドニ修道院教会の改築から始まったとされている。これを霊的に指導したのがサン・ドニ修道院長のシュジェールSuger de Saint-Denis（1081頃-1151）であった。彼は物質によって導かれて、非物質的なものへと高められていくことを重視した。教会はそのような場を提供する。その点で簡素を旨とした同時

第Ⅳ部　芸術

代のベルナルドゥスとは異なる。教会は決して神の国ではなく、石という物質から造られている。しかし教会にいると、「私自身が、いわば堕落した世界にあるのでもなく、また天国の清浄界の中に存在するのでもない宇宙の、ある不思議な所に住んでいるように思われ、また神のみ恵みにより、低い世界から高い世界へ神秘的に運ばれるように思われた[8]。」シュジェールにとって、教会は人々の思いを神の国、神へと引き上げる役割を果たすものであった。その後、ゴシック建築様式が広まるにつれて、競って高い建物が建設されていった。そのとき、高さの追求は、精神を高める理想主義的性格をもつこととなった。これが上への垂直性の二つ目の在り方である（タイプⅡ）。この純粋に上を求める態度には、タイプⅠとは異なって、精神性をもち、理想の追求という性格をもってくる。プラトンの美とエロスの考えもタイプⅡに属する。ただこのタイプⅡは大きな問題を孕んでいる。それを建築において象徴的に示しているのがケルン大聖堂である。これは1248年に建設が始まったが、16世紀から19世紀中頃までバロック様式や古典様式が盛んであった時に建築が中断し、ゴシック建築への関心が再び高まった19世紀後半に完成されたので、純粋なゴシック建築様式である。ケルン大聖堂の内部に入ると、自然と精神は高められていき、タイプⅡの典型を示す。しかし、外に出てファサードの前に立って大聖堂を眺めてみると、ケルン大聖堂は圧倒的な威圧感を見る者に与える。不気味な塊が天に向かって自己主張しているようであり、見る者を上から圧迫する。デモーニッシュなものを感じる。ケルン大聖堂がこの二面性を備えているように、純粋に高さを追求するタイプⅡは、理想主義的な要素をもっているが、上への追求、理想を追い求める姿勢が、自己肥大化して、逆に他を圧し、悪魔化する危険性を秘めている。たとえば、ゲーテ『ファウスト』のオイフォーリオン悲劇は、理想と自由の追求が自己肥大化し、他を抑圧する好例であろう。トーマス・マンが指摘するドイツ的内面性の危険も、このタイプⅡに見られるのではないだろうか。

8　パノフスキー『視覚芸術の意味』（中森義宗他訳、岩崎美術社、1971年）、

第14章　附論　リーメンシュナイダーの生涯と内面性

サン・ドニ大聖堂

サン・ドニ大聖堂（筆者撮影）

第Ⅳ部　芸術

高さの追求　タイプ1　世俗的

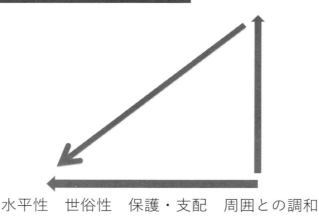

水平性　世俗性　保護・支配　周囲との調和

水平性のために高さを追求　保護・支配

高さの追求　タイプ2　理想主義（自己肥大化を内包）

純粋な垂直性　精神性　周囲から断絶

純粋に垂直性のために高さを
追求　精神性

第14章　附論　リーメンシュナイダーの生涯と内面性

　垂直性のもう一つのタイプは上から下への垂直性である（タイプⅢ）。この
タイプの精神的態度の典型をルターの『マグニフィカート』に見ることができ
る。

　　神は至高者であり、神より上には何ものも存在しないゆえ、神はご自
　身の上を見ることはできない。また、神に等しき何ものも存在しないゆ
　え、ご自身の横を見ることもできない。必然的に神はただご自身とその
　下を見る。そして誰かがご自身の遥か下、底深いところに低くいればい
　るほど、いっそう神はその人を顧み給う。

　　しかし、この世と人の目は、反対に、彼らの上のみを見、高いところ
　にのみ惹かれる。……誰も、貧乏や、恥辱、苦難、悲惨、そして恐れの
　ある底深いところを見ようとはしないで、そこから目をそらす。そし
　て、そのような人々のいるところでは、誰もが逃げだし、彼らを避け、
　恐れ、見捨てる。彼らを助け、味方となり、彼らをなんとかしてやろう
　となどと考える者は誰もいない。こうして彼らは、底深く、卑しい、軽
　蔑された位置にとどまらねばならない。……。

　　それゆえ低いところにいる者、悲惨の中にいる者を顧みるというよう
　な仕方は、ただ神にのみ属する。……神がいかに底深き人々を顧み、た
　だ貧しい者、軽蔑された者、苦しんでいる者、悲惨な者、見捨てられた
　者、そして、全く無である者を助けて下さる方であるかを経験すると
　き、神は心から愛すべき方となり、心は喜びにあふれ、神が与えてくだ
　さった大いなる歓喜のために心躍るのである。これは聖霊の働きであ
　る。聖霊は一瞬の間に、この経験を通して、私たちにあふれる知識と歓
　喜とを教えてくださる。

　この神の上から下への働きはイエス・キリストの受肉と十字架刑において完
全に顕われる。この上から下への働き、すなわち人間への恩寵を受けとめるの
が、ルターにおける信仰であった。このルターの言葉は、「聴く」タイプの特

393

第Ⅳ部　芸術

徴をよく示していると思われる。神の顧みは、悲惨なところに注がれる。そして神が顧みられるゆえに、悲惨は喜びと平安にかわっていく。リーメンシュナイダーの作品に表現された哀しみを見る者は、時の経過とともに、慰めを与えられていく。

第15章 『ファウスト』における
オイフォーリオン悲劇について

■ 一

　同じ悲劇でも、『ファウスト[1]』は、シェークスピアWilliam Shakespeare
（1564-1616）やソフォクレスSophokles（前496頃-前406）のように、筋書き
のおもしろさによって人をぐいぐいとひきずりこむようなことはない。では、
『ファウスト』のおもしろさはどこにあるのか。『ファウスト』は何よりも詩劇
なので、それをドイツ語で朗読したり聴いたりすることによって、得られるも
のであろう。しかし、ここでは別の面から考えてみたい。『ファウスト』のポ
リフォニー的性格である。ゲーテJohann Wolfgang von Goethe（1749-1832）
は、『ファウスト』の特定の登場人物をあらゆる場合に肯定的に描くことをし
ない。それぞれの人物が、その時々に互いを制約し合う。以下ではそのような
ポリフォニー的おもしろさ[2]を、第2部で描かれるオイフォーリオン悲劇を中

1　『ファウスト』のテキストは、Johann Wolfgang Goethe, *Faust*, hrsg.v. Albrecht Schöne,
　Deutsche Klassiker Verlag im Taschenbuch Band 1, 2005を使用。日本語訳は、ゲー
　テ『ファウスト』（柴田翔訳）講談社、2000年（第2版）を主に使用した。その他、手塚
　富雄訳『ファウスト　悲劇』（中央公論社、1980年）や、井上正蔵訳『ファウスト（第1
　部、第2部）』（『愛蔵版世界文学全集7ファウスト　若きヴェルテルの悩み他』所収、集
　英社、1976年）を参考にした。『ファウスト』理解のためには、柴田翔『ゲーテ「ファウ
　スト」を読む』（岩波書店、1985年）や高橋義孝『ファウスト集注』（郁文堂、改訂第2
　版、1984年、Hans Arens, *Kommentar zu Goethes Faust I/II*, Heidelberg, 1982/1989 ;
　Rudolf Eppelsheimer, *Goethes Faust. Das Drama im Oppelreich*, Stuttgart 1982 ; Johann
　Wolfgang Goethe, *Faust Kommentare*, hrsg. v. Albrecht Schöne, Deutsche Klassiker
　Verlag im Taschenbuch Band 1, 2005などを参考にした。その他、オイフォーリオンにつ
　いては、新井靖一「«Faust»第Ⅱ部におけるオイフォーリオン形姿の解明」『比較文学年誌』
　（早稲田大学比較文学研究室）1号、1965年、参照。
2　ポリフォニーについては、ミハイル・バフチン『ドストエフスキーの詩学』（望月哲男、鈴
　木淳一訳、筑摩書房、ちくま学芸文庫、1995年）参照。

第Ⅳ部　芸術

心に、少しばかり例示したい。

　まず、オイフォーリオン悲劇について、簡単に触れておこう。第2部で、ファウストは古代ギリシアでもっとも美しいとされたヘレナと結婚し、息子オイフォーリオンを得た。この三人の家庭は、ヘレナにとって「神にも似た至福の喜び」（9701行）であり、ファウストにとって「欠けたものは何もない」（9703行）状態にあった。ファウストはこの家庭の幸せが「変わることなく、ずっと続いてくれればよいが！」（9706行）と願う。トロイアの女たちからなる合唱は「愛し合う長い年月の美しい思いが／この子の穏やかな輝きになって／お二人の許に実を結んだのです。／三人一緒のお姿に　心が深く揺さぶられます。」（9707-9710行）とうたった。しかし、少年オイフォーリオンは、「世界の空の果ての果てまで　高く高く昇っていく」（9713-15行）ことを願う。「墜落して身を滅ぼす」（9719行）ことを案じる両親の心配をよそに、オイフォーリオンは、岩から岩へとより高く登り、より遠くを見渡す。彼の姿は、やがて武器を帯びた青年にかわる。そしてついにオイフォーリオンは背中の二枚の翼を開き、「空中へ身を踊らせる。衣裳が暫し彼を支え、浮かばせる。彼の頭からは輝きが発し、飛ぶあとに光が尾を引く。」しかしそのあと、両親の不安は現実となり、オイフォーリオンはイカロスのように墜落して、死んでしまう。以上がオイフォーリオンの悲劇のあらましである。

■　二

　オイフォーリオンについては、ゲーテ自らが、エッカーマンJohann Peter Eckermann（1792-1854）との対話において、1827年7月5日と1829年12月20日の二度わたり、語っているので、それに耳を傾けてみよう。まず後者から考えてみたい。『ファウスト』第2部第1幕のカーニヴァルにおける仮装行列の場面で登場する少年御者についてである。その日、ゲーテとエッカーマンとの会話は、演劇のある上演の話から『ファウスト』に話題が移り、仮装行列の場面が話題となった。その時ゲーテは、「ファウストがプルートスの仮面の中に

第15章　『ファウスト』におけるオイフォーリオン悲劇について

隠れており、メフィストーフェレスが吝嗇の仮面の中に隠れている」が、少年御者の中に隠れているのは、オイフォーリオンだと言った。これに対してエッカーマンは、「どうしてそれが、このカーニヴァルの場の中に顔を出すことができるのでしょう？それは第3幕になってやっと生まれるのですから。」と述べた。これに対してゲーテは、「オイフォーリオンは人間ではなく、たんなるアレゴリー的な存在にすぎない。どんな時間にも、どんな空間にも、どんな人間にも、一切拘束を受けない詩Poesieが、彼の中に擬人化されている。後になって好んでオイフォーリオンの姿をとるようになったと同じ精神が、今ここでは少年御者となってあらわれている[3]」（1829年12月20日）と答えた。

　『ファウスト』第2部第1幕の5065行以下5986行まで、皇帝宮殿の大広間で繰り広げられるカーニヴァルの仮装行列が描かれる。先触れを進行役にして、庭園の花守娘たちから始まって、実もたわわなオリーヴの枝、薔薇の蕾、イタリア風道化など、次々と様々な人物が登場してくる。途中からは古代ギリシア神話の女神たちが近代風の仮面を付けて現われる。そして「四頭立ての立派な馬車が　大勢の間を通り抜けて」（5512行）やって来る。そこに乗っているのが富の神プルートス、それを見事に御しているのが少年御者である。少年御者は、自らを、「私は浪費、私は詩だ、詩人だ。」と紹介する。一方、オイフォーリオン悲劇では、合唱が彼に次のように呼びかける。「神聖な詩よ／昇るのだ　天を目ざして／輝けよ　美しさの極みの星よ／遠く　遠く　遙かの空で！／それでも詩は私たちに聞こえてくる／いつになっても聞こえてくる／それを聴くのは嬉しいことです。」（9863-9869行）このように少年御者とオイフォーリオンはともに詩と呼ばれる。また、プルートスは少年御者に向かって「少年よ　お前こそわが最愛の息子　わが寵愛はお前の上にある。」と、福音書[4]をも

3　Johann Peter Eckermann, *Gespräche mit Goethe in den letzten Jahren seines Lebens*, hrsg.v. Fritz Bergermann, 1. Band, Insel Taschenbuch, 1981, S. 355f. エッカーマン『エッカーマンとの対話』（中）（山下肇訳、岩波文庫、1979年）、148-149頁。

4　Mein lieber Sohn an dir hab ich Gefallen. ルター訳新約聖書では、たとえば、マタイ福音書3章17節で次のように記されている。Dis ist Mein Liber Son, An welchem ich wolgefallen habe. D. Martin Luther, *Die gantze Heilige Schrifft Deutsch*, hrsg. v. Hans

第Ⅳ部　芸術

じって、呼びかける。すでに述べたように、ゲーテがエッカーマンに語ったところによれば、プルートスの仮面の背後にはファウストが隠れていた。さらに、オイフォーリオンと少年御者はともに、上への志向性をもつ。少年御者は天翔る四頭の馬Rosseを操る。一方、オイフォーリオンは後で詳しく述べるように、上へ上へと昇っていこうとする。このように両者の間には共通性と深いつながりが見られるのである。しかし多くの評者が指摘するように、オイフォーリオンと少年御者を単純に同一視することは危険である。少年御者の役割は、主人プルートスに仕え、彼の名声を誉め讃える宮廷詩人であり、「その舞踏会や饗宴に生命を吹き込み　飾り立てる」。(5578行) 彼は自由な立場にある詩人ではない。また少年御者は、上への志向性をもつと言っても、自由に天翔るのではなく、プルートスに託された「つむじ風のように宙を往く四頭立て」を彼の「意志のままに見事に御し」(5614行)、場所柄をわきまえて制御することができる (5525行)。彼はその名前Knabenlenkerが示すように、何よりも、御する者であり、制御することのできる人間である。これに対してオイフォーリオンは何よりも自由を求める。少年御者には、オイフォーリオンの本質的な性格がそのまま発現するのではなく制御されていると言ってよいだろう。

　しかしこのような存在である少年御者は、仮装行列が進む中で、プルートスによって自由を与えられる。

　　　さあ　お前はもう　この煩わしい重力の場から解き放たれた。／自由に
　　　伸びやかに　自分の領域へもどるがよい！／ここで我らを取り囲むのは
　　　醜悪なるものばかりだ。／お前が気持ちも透明に　貴い透明さの中を見
　　　入ることのできる　あの領域／自分以外のものに煩わされることなく
　　　自分にのみ自分を委ねられる　あの領域／ただ美と善のみがお前の心を
　　　悦ばす　あの領域／あの孤独なる詩の領域へお前は行くがいい！　そこ

Volz unter Mitarbeit von Heinz Blanke, Bd. 2, München, S. 1971.

でお前の世界を創り出すのだ。(5689-5696行)

　この時、少年御者は、オイフォーリオン的本質へと展開する可能性を与えられた。しかしこの詩の領域はプルートス＝ファウストが言うようなバラ色であるのか、そもそもそのような世界の創出は可能なのだろうか。オイフォーリオン悲劇はこのことを考えさせてくれる。そこで次に、1827年7月5日のゲーテとエッカーマンとの対話を取り上げてみよう。

■　三

　ゲーテは『ファウスト』第2部第3幕では、オイフォーリオンの墜落について、ト書きで「美しい若者が両親の足元に墜落する。ある知名の人の面影が死者のうちに見て取れると思われる。」と記した。1827年7月5日の対話で、エッカーマンは、それに関連して、「あなたが彼［バイロン］のため愛の不朽の記念碑をお建てになったのも、至極もっともなことだと思われます。」と述べた。ゲーテはそれを肯定して、「私には、最近の文学を代表する人として、彼以外の人間を取り上げることは考えられなかった。彼が今世紀最大の才能の持ち主であることは疑いないからだ。それにバイロンGeorge Gordon Byron (1788-1824) は、古代風でもなければ、ロマンティクでもなく、現代そのもののような人物だ。そのような人物が私には是非とも必要だったのだ。そのうえ、彼はその満足することを知らない性格と、ミソロンギで身を滅ぼすに至ったあの戦闘的な気質によっても、まさに打ってつけの人物だった[5]」と語った。

　ゲーテはここで三つのことを語っている。まず、バイロンが「今世紀最大の才能の人物である」こと。彼はバイロンを高く評価した。第二に、バイロンが「古代風でもなければ、ロマンティクでもなく、現代そのもののような

5　J.P. Eckermann, *op.cit.*, S. 237. 『エッカーマンとの対話』(上)（山下肇訳、岩波文庫、1980年）、326頁。

第IV部　芸術

人物」である点。そして第三に、バイロンが、「満足することを知らない性格」
の持ち主である点。すでに1825年2月24日のエッカーマンとの対話で、第一
の点と第三の点について、詳細に話していた。第一の点については、「私が独
創性と呼んでいるものに関する限り、世界中の誰と比べても、彼に及ぶ者は一
人もいまい[6]。」と語った。さらに「彼は、偉大な才能を、生まれながらの才能
を、もった人だ。詩人らしい詩人としての力が彼ほど備わっている者は一人も
いないように思われる。外界の把握という点でも、過去の状態の明晰な洞察と
いう点でも、シェークスピアと比肩できるほど偉大だ[7]。」とまで述べた。第三
のバイロンの性格については、「つねに無限なものを追い求める性格stets ins
Unbegrenzte strebendes Naturell[8]」と形容し、この性格と彼の破滅とを関連づ
けた。たとえば、ゲーテは、エッカーマンに対して次のように語った。

　　それにつけても、道徳的なものに関しても、自分を制御できたらよかっ
　　たのだが！それをできなかったのが、身の破滅のもとだった。奔放な生
　　き方のために、没落した、といってもいいだろうね。彼はあまりにも自
　　分自身について無知だった。つねに、その日その日を情熱のおもむくま
　　まに生き、自分のやっていることなど知りもせず、考えてもみなかっ
　　た。……彼にとってはどこもかしこも狭すぎた。無制限の個人的自由を
　　享受していたにもかかわらず、自分では息苦しく感じていた。世の中
　　は、彼には、牢獄のようなものだったのだ。ギリシアへ行ったのも、自
　　由意志で決めたわけではなく、世間との軋轢のためにやむなくそうした
　　までのことだ[9]。

　以上のようなバイロンの評価を念頭においてオイフォーリオン悲劇を読む

6　J.P. Eckermann, *op.cit.*, S. 134.（『エッカーマンとの対話』（上）、184頁。)
7　J.P. Eckermann, *op.cit.*, S. 138.（『エッカーマンとの対話』（上）、188頁。)
8　J.P. Eckermann, *op.cit.*, S. 136.（『エッカーマンとの対話』（上）、186頁。)
9　J.P. Eckermann, *op.cit.*, S. 136.（『エッカーマンとの対話』（上）、186-7頁。)

第15章　『ファウスト』におけるオイフォーリオン悲劇について

と、確かに、そこにバイロンに対する哀悼が込められていると推測することができる。オイフォーリオンが死んだのち合唱が歌う次のような葬送の歌は、バイロンのことを想像せずにはいられない。

> あなたは一人ではない　何処にいようとも。／私たちはみな　あなたが誰か　知っているつもりです／ああ！　あなたは地上から早く別れて行った／だが私たちの心は　決してあなたから離れはしない。／私たちはみなあなたを悼む気持ちになれず／羨みながら　あなたの定めを歌うのです。／晴れた日も曇った日も／あなたの歌と勇気は美しく　偉大でした。／ああ！　地上の幸福のためにと生まれ／高貴な先祖と大きな力に恵まれながら／青春の花の盛りに奪われて／あまりに早く失われたあなた！／世界を見通す鋭い眼差し／人の胸の熱い鼓動を聞き取る共感の力／最良の女たちの胸を焦がす魅力／そして他に比を見ないあなたの歌。（9907-9922行）

　また、オイフォーリオンが「地面に縛られる」ことを嫌って（9723-9724行）、両親の心配をよそに世界の果てにまで昇っていこうとする姿、「断崖　絶壁岩山が迫り／森の茂みに囲まれた／狭い場所」（9811-9813行）を嫌って岩から岩へと高く登っていく姿は、バイロンの性格を彷彿とさせるものである。多くの注釈[10]が、ギリシア独立戦争に参加して病没したバイロンとの関連を指摘している。

　オイフォーリオンとバイロンとのそのような関連性を強く主張する研究者の一人に、柴田翔がいる。彼はオイフォーリオンの物語に三つの寓意を見ている。「ヘレナ劇のオイフォーリオンの形象と運命は、ゲーテが家庭においてもつことを望んで遂に持ちえなかった輝ける息子の像と運命であり、かつ『美』

10　たとえば、Johann Wolfgang Goethe, *Faust Kommentare*, hrsg.v. Albrecht Schöne, S. 621f.; Hans Arens, *Kommentar zu Goethes Faust II*, S. 720ff.

401

第Ⅳ部　芸術

と『現実』の出会いから生まれる『詩』の寓意であり運命であり、しかもそのまま『詩』を生きた詩人バイロンとその運命でも[11]」あった。ゲーテの現実の家庭は、幸せなものではなかった。五人の子どものうち四人が嬰児のうちに死に、残る息子も「自己破壊的な生活」を送った。このオイフォーリオンの物語は、まず、ゲーテが現実には持ちえなかった家庭の風景を描いた家庭劇であったと柴田は考える。同時に、その背後に、一つの意味が隠されている。すなわち、オイフォーリオンは「美＝ヘレナ」と「現実＝ファウスト」との結び合いから生まれた詩であり、オイフォーリオンの悲劇は、自由を目ざし、人間の限界を無視して高さを目ざした詩が、現実のなかで行き着かざるをえない運命をあらわした寓意劇であるというのである。ゲーテにとって、このような詩の現実における運命を体現したのが、イギリスの詩人バイロンであった。彼は、オスマン・トルコからの独立を目ざすギリシアの戦争に加わり、戦陣の中病死した。「『現実』であるギリシア独立運動を、自らの肉体をもって『詩』の一部と化そうとした[12]」バイロンに対する哀悼劇でもあった、と柴田は考える。

■　　四

　これまで、エッカーマンとの対話の中でゲーテがオイフォーリオンについて述べている事柄を中心に検討して、オイフォーリオンの物語には自由な詩の世界が現実の中で出会う悲劇的性格が見られることを確認した。しかしオイフォーリオン悲劇には、なお別の側面がある。ここで注目すべきは、エッカーマンとの対話でゲーテが使った「つねに無限なものを追い求める性格stets ins Unbegrenzte strebendes Naturell」という言葉である。ゲーテはバイロンを指す言葉として使ったのであるが、「追い求めるstreben」という単語は、『ファウスト』のなかで主人公ファウストの本質を示す言葉として使われてい

11　柴田翔、前掲書、314頁。
12　同上、313-314頁。

第15章　『ファウスト』におけるオイフォーリオン悲劇について

る言葉である。従って、オイフォーリオン悲劇は、バイロンからさらに、ファウストとのつながりを考える必要へと導かれるのである。

「天上の序曲」で天主der Herrは、メフィストーフェレスに対して、ファウストを「求め続けている限り、人間は踏み迷うものだEs irrt der Mensch so lang' er strebt.」（317行）と擁護した。周知のように、strebenは現代のような努力するという意味で使われていない。ある目標に向かって努力するのではなく、目標が定まらないなかで、しゃにむに「自分を全的に充たしてくれる何か」を求めることを意味する[13]。そもそもファウストには終始一貫して、満ち足りた充足感が欠如している。彼は哲学、法学、医学、神学と当時の大学の全学部にまたがる研究を行なったが、その「代償は喜びなしの人生」（370行）であった。彼は「世界をそのいちばん奥深いところで束ねているものは何か」を知ろうとした（382-383行）。彼は地霊Erdgeist をも呼び出したが、自らの卑小さを自覚し、絶望へと突き落とされるだけであった。ファウストは次のように独白する。

　　　神々に似る俺ではない！もう肝に銘じて判った。／塵あくたを掘り返すみみずにこそ似る俺なのだ／塵あくたを食らいつつ生き／さすらい人の足に踏みにじられて死ぬみみずだ。（652-655行）

　地霊との出会いによって絶望の淵に落ち込むところを、ファウストは、助手のヴァーグナーが現場にたまたま入ってくることによって、救われた。彼は、「牢獄」（398行）のような書物と実験装置で身動きの取れないゴシック様式の書斎を離れて、キリストの復活を祝う日、ヴァーグナーとともに市の門の外に出た。夕日が赤く燃える中、ファウストは、ヴァーグナーに次のように語る。

　　　お前は自分のうちにただひとつの衝動しか知らない。／今ひとつの衝動

---

13 同上、22頁。

403

第Ⅳ部　芸術

を決して覚えぬようにするのだな！／私の胸には　ああ　ふたつの魂が
棲む！／そして互に自分の意志をつらぬこうと譲らぬのだ。／ひとつの
魂は力強い愛の快楽が誘うままに／さそりの足さながらにこの現世にし
がみつく。／今ひとつの魂は塵の地上を力強く蹴って／貴い祖先たちの
棲む境界へと飛翔する。（1110-1118行）

後者の衝動については、ファウストは次のようにも語っている。

おお　われに翼あれば　大地を離れ／太陽を追ってどこまでも　力の限
り飛び続けたきものを！／その時　空飛ぶ私を包む永遠の夕映えのなか
で／静かなる世界が目の下遙かに横たわり／山々は火と燃え　谷間は深
くしずまり／銀色にせせらぐ小川が金色の大河に流れ込むのが見えよ
う。／……／精神の翼をはばたくは易しく／肉体の翼を得るは難い。／
しかも　誰の胸のうちにも棲むのは／ひばりが青空高く姿も消えんばか
りに上がり／声を限りにその歌をうたう時／樅の樹に覆われた嶮しい
山々の上を／一羽の鷲が翼を拡げ悠々と輪をえがく時／そして野を越え
海を越え／鶴がひたすら故里を目ざす時／われもまたあの如く　高く遠
く飛びたきものを　と願う心だ。（1074-1099行）

　ファウストは、「あんなつまらぬ人間」（606、609行）はいないと軽蔑してい
るヴァーグナーと対比しつつ、自己をそのように規定した。これは一種の自己
弁護であって、そのファウストの言葉をそのまま鵜呑みにして、ヴァーグナー
には現世的な愛の快楽の衝動しかなく、ファウストには、この衝動とともに、
高次の世界への憧れがある、と考えるのは危険である。また、「天上の序曲」
でメフィストーフェレスが神に向かってファウストについて述べる次の言葉と
の整合性をもたらそうとするのも危険である。

　あの阿呆の食うもの飲むものは　もはや地上のものにはあらず／胸に醸

第15章 『ファウスト』におけるオイフォーリオン悲劇について

し出され泡立つものにかられて　ひたすら彼方へと心こがれ／自分の気
のふれ加減を半ば知ってはいながらも／天から手に入れたいのは　より
ぬきの美しい星々／地上からは　この上なしの快楽のすべて／しかも遠
くにあるもの近くにあるもの　みんなかき集めたって／深く動かされた
あいつの胸は満足しない。（301-307行）

　ファウストが言う二つの魂は、天上を志向する魂と地上的快楽を求める魂
ではない。メフィストーフェレスは、彼の立場から発言しているのであって、
ファウストの心は満足することを知らないという指摘はあたっているものの、
ファウストを正しく表現したものではない。ファウストは繰り返し、自分が天
上への関心をもたないことを表明している。彼は伝統的な信仰ももたない[14]。
　では、二つの魂、二つの衝動はいかに解すべきか。ファウストによって痛烈
に批判されているヴァーグナーはどのように見ていたのであろうか。彼はファ
ウストの助手として、常日頃世間から離れて学者の道を歩んでいる。その営み
を次のように説明する。

　　精神の喜びは／本から本へ　頁から頁へ　私たちを導いて飽かせませ
　　ん！／厳しい冬の夜も優しく楽しく／聖なる幸福に包まれた生活が凍え
　　る手足を暖めてくれ／更には　ああ　もし尊い羊皮紙の一巻をひもとき
　　でも致しますれば／天のすべてがわがところに降臨したかの思いでござ
　　います。（1104-1109行）

　同時に、彼は自らの能力の限界を知っている[15]。それゆえ、彼にとって重

14　たとえば、ファウストは次のように語っている。「天上の領域を目ざそうと俺は思わぬ」
　（767行）。
15　ヴァーグナー「ああ！学術は長く／われらが人生は短しと申します。／厳密なる学びの道
　に身をささげておりますと／何やら頭も胸も不安に重くなって参ります／原典にまでさか
　のぼろうとつとめましても／そのための勉強は思難辛苦／道半ばに至る前にも／あわれ私
　どもの寿命はおしまいでございます。／」（558-565行）

405

第IV部　芸術

要なのは、日々の研鑽を通じて、世代から世代へと学術が受け継がれ（1060-1063行）、進歩していくことである。ヴァーグナーに見られるのは、現世内での理性的な営みの積み重ねである[16]。そのようなヴァーグナーの立場からすると、ファウストの飛翔の夢は、「妄想」、「無謀な願い」である。さらにヴァーグナーにとって重要な点がある。この衝動のためにファウストは「大気にいる霊たちGeister in der Luft」に呼びかけざるをえなかった。自らはそのような衝動を実現する力をもたないからである。「金色にかすむ雲間より降りて／俺を新しい目もくらむ生へと導いて行ってくれ！／俺を見知らぬ国々へ連れて行ってはくれぬものか／おお　せめて魔法のマントがわが手にあって／俺を見知らぬ国々へ連れて行ってはくれぬものか！」（1120-1123行）ヴァーグナーはそのような霊の性格に関し、ファウストよりも適切に認識していた。ヴァーグナーによれば、それらは悪霊である。「彼らは折あらばひとに害を与えんと耳を澄ませて折を窺い／われらの希望に耳傾けるかのごとくして　われらを欺かんと待ちかまえている／彼らは天からの使いであるかの如く振舞い／欺く時もその言葉に天使のような優しさをこめる」（1138-1141行）。

　以上のようなファウストとヴァーグナーとのやりとりから、二つの魂とは、現世内での日々の営みに満足する魂と、日常を超え出て行こうとする魂と考えることができる。前者には日常的な快楽などとともに、目標が定められた場合には一定の合理化の傾向も生じてくる。そこには理性的な知識欲が見られる。後者の場合には、目標が定まらず、次から次へと「現在」を超え出て行こうとする。ここでは快楽は、非合理的な様相を帯びてくる。苦痛と享楽が結びつく（1756、1766行）。ファウスト自身、ヴァーグナーから離れたとき、その衝動を「荒々しい衝動、制御を知らぬ行為への欲望」（1182行）と呼んだ。「追い求めるstreben人間」としてのファウストの本質は、この第二の衝動と深く関わっ

16　ファウストはこの立場に対して、その俗物主義を批判し、進歩主義を批判する。「祖先から遺されたものは／自らの手で獲得し直してこそお前のものとなる。／利用できぬものはいたずらな重荷になるのみ／瞬間瞬間が新たに創り出して行くものだけが　今この瞬間が利用できるものなのだ。」（682-685行）

第15章 『ファウスト』におけるオイフォーリオン悲劇について

ている。

　第二の魂、飛翔への衝動については、さらに次のような特徴が認められる。第一に、この衝動は空間的には「遠くへ」そしてより顕著には、地上から離れて「より高く」昇っていこうとする飛翔への願いとなってあらわれる。地上からの、現世的なものからの離脱を特徴としており、理想主義的な側面をもっている。この衝動はより良いもの、より美しいものを求める動きとなってあらわれる。ファウストはメフィストーフェレスに対して、「高きを求めてやまぬ人間の精神eines Menschen Geist, in seinem hohen Strebenが／お前の一族にかつて理解できたためしがあったか」（1676-1677行）と言って誇った。しかし、メフィストーフェレスはもっとシニカルにこれを見つめている。「人間はバッタの足長野郎によく似ている。／飛んでは跳ね　跳ねては飛びをくりかえすが／結局はすぐ草の間に落ち込んで　昔ながらの小唄をくりかえす」（288-290行）にすぎない。第二に、この衝動は無限に自我を拡張していく。ファウストは次のように語っている。

　　　人類に定められたあらゆるものを／俺は自分のうちに味わい尽くす／人
　　　間の善も悪もわが心で知り尽くし／人間の仕合せも悲嘆もわが胸に積み
　　　重ね／自分のおのれをそのまま人類のおのれへと拡げ／そして遂には人
　　　類の破滅とともに俺もまた砕け散るのだ。（1770-1775行）

　これに対して、メフィストーフェレスは、幾千年にも及ぶ自らの経験では、「この古いパン種を消化し切れた人間には、お目にかかったことがありませんぜ」（1779行）と応じる。第三にこの「自我の無限拡張衝動」（柴田翔）は、悪魔メフィストーフェレスが提供するマントがなければ不可能な営みであった。ヴァーグナーに対して「貴い祖先たちの棲む境界へと飛翔する魂」を誇ったファウストは、その数行後で「せめて魔法のマントがわが手にあって／俺を見知らぬ国々へ連れて行ってはくれぬものか！」と嘆く。彼は飛翔を望みつつ、それが自らの力によってはできぬこともよく自覚しているのである。この自覚

407

第Ⅳ部　芸術

は、その願い、衝動が強いだけ、深刻な絶望となる。ファウストはメフィストフェレースに対しては、自らのもっとも絶望的な思いを告白した。

> わが胸に住む　あの神は／俺のなかに深い望みを呼び起こし／俺の諸々の力をすべて支配しながらも／外部世界に向かっては何ひとつ働きかけることができない。／地上に生きることは重荷だ／死こそ望ましく　生はわが憎しみだ。（1566-1571行）

この深刻な告白に対しても、メフィストーフェレスは、ファウストが地霊と出会った時に自殺しなかったことを皮肉る。このあたりが『ファウスト』のおもしろい点である。それはともあれ、ファウストは、メフィストーフェレスの助けを得ることになる。二人が出発するとき、メフィストーフェレスが口にする「必要なのはマントだけ／拡げればたちまちにして　われらを運び空を飛びます。」（2065-66行）という台詞は、印象的である。ファウストの悲惨さは、それがなければ飛ぶことができなかったメフィストーフェレスのマントが、本当は実質のないものであったことである。第四に、しかしメフィストーフェレスによって可能となるこの営みは、彼の大伯母がかつてエデンの園でアダムとエバに対して行なったような神への反逆という性格をもたない。彼は、ファウストに助言を求めてきた入学したての学生の訪問帳に、「ナンジラ神ノ如クナリテ　善悪ノベツヲ知ルニ至ラン」（2048行）と、大伯母の蛇がエバに語った創世記3章5節の言葉を記すが、そこには創世記がもっていたような神との強い緊張関係は感じられない。メフィストーフェレスは天上の序曲の参考となった「ヨブ記」冒頭に登場するサタンとも異なっている。「ヨブ記」のテーマは、人はなぜ神を信じるのか、苦難とは何か、である。そもそも『ファウスト』の「天上の序曲」に登場する天主は、旧約におけるような人を裁き罰し赦す神ではなく、世界の予定調和をもたらす存在であった。第五に、それゆえファウストの自我がぶつかるのは、神ではなく、他者である。ファウストの衝動は、第1部においては、グレートヒェンの悲劇を生み出し、第2部においては老夫婦

フィレモンとバウチスの幸福を焼き尽くすことになる。

■　五

　「四」で述べたようなファウストの衝動をオイフォーリオンにも見出すことができる。まず両者に共通しているのは、飛翔への止み難き衝動である。オイフォーリオンはファウストとヘレナの前で空高く昇って行こうとする。

　　　世界の空の　果ての果てまで／高く高く昇っていくのが／もう抑えることのできない／ぼくの望みだ。（9713-9716行）

　こう願うオイフォーリオンにはどのような特徴が見られるのであろうか。ヘレナとファウストはそのような「あまりに激しい衝動heftige Trieb」（9740行）を抑えるように訴える。ここではファウストは完全に、以前のヴァーグナーの立場に立っている。

　上へ上へと志向するなかで、オイフォーリオンは徐々に姿を変えていく。彼は合唱の少女を捕まえようと歌い踊りながら、「自我の無限拡張衝動」の本質をあらわしてくる。

　　　俺が漁師で／お前たちは獲物の獣だ。／……簡単に手に入ったものなど／腹が立つ。／無理やり奪ったものだけが／ぐんと嬉しいものなのだ。（9771-9784行）

　当然両親は「何という乱暴さだ」と非難する。そしてついにもっとも強そうな少女を捕まえる。

　　　頑固なチビを捕まえたぞ／無理強いこそが俺の楽しみ。／俺の快楽　俺の欲望の満足に／嫌がる胸を押さえ込み／嫌がる口に唇おしつけ／俺の

第Ⅳ部　芸術

　　　力と意志を知らせてやる。(9795-9799行)

　これに対して少女は、「放すのよ！ laß mich losこの身体にだって／勇気と
力はあるんだから／女の意志だって男と同様／そう簡単には挫けはしない。」
(9800-9803行) と答えるが、それは、牢屋でファウストに対して語るグレート
ヒェンの「放して！ laß mich厭！無理強いだけは厭なの！／摑まないで　人
殺しみたいに乱暴に！」(4576-4577行) を連想させる。やがて少女は炎となっ
て燃え上がり高く昇っていく。オイフォーリオンも名残の炎を振り払いなが
ら、岩から岩へと登っていく。
　オイフォーリオンは言う、「もっと高く　登らずにはいられないんだ／もっ
と遠く　見渡さずにはいられないんだ。」(9821-9822行) 平和に暮らすことを
すすめる合唱や両親が見つめるなか、オイフォーリオンは青年戦士へと姿を変
え、自由を求めて戦う人々の中に自らも加わろうとする。上へ上へと昇りなが
ら、「貴き名声への道」、「苦難に満ちた世界」に焦がれるオイフォーリオンと、
「静かな田舎」で平和に暮らし、「希望に生きる仕合わせ」を願う両親や合唱との
の間には、ファウストがヴァーグナーに語ったあの二つの魂、二つの衝動の対
立が立場をかえてあらわれている。やがてオイフォーリオンは語る。

　　　聞こえませんか　海の上のどよめきが？／谷から谷へ　そのどよめきが
　　　昇ってきて／戦塵が舞い　波が打ち寄せ　戦士たちが相討って／押し寄
　　　せては押し返され　苦痛と苦悩が襲い掛かる。／そして死こそが／わが
　　　掟──。／それはもう自明のことなのです。(9884-9890行)

　そしてその直後、彼は背中に二枚の翼を開き、空中へ身を躍らせるが、イカ
ロスの如く死に至るのである。オイフォーリオンの変容していく姿は、自己拡
張がたどり着く姿をあらわしている。
　ところでオイフォーリオン、ファウストとヘレナ、そして合唱のやりとり
を静かにじっと見ていた一人の人物がいる。老女ポルキアスである。彼女は、

410

第15章　『ファウスト』におけるオイフォーリオン悲劇について

ファウストとヘレナの出会い、結婚生活、オイフォーリオンの誕生、そしてオイフォーリオンの死までをじっと見続けてきた。オイフォーリオンが落下して死亡し、合唱がその葬送の歌を歌ったのち、ヘレナはその衣裳とヴェールをファウストの胸に残して、冥府の世界へと消えていった。その時、ポルキアスはファウストに、なお高きを目ざして進むよう、励ます。

> 尊く測り知れない　あの女神［ヘレナ］の寵愛を力として／おのが身を高く持せよ。お前の生命が続く限り／その面影がお前を　世の常なるものすべてを超えて／たちまちに高き霊気の場へと運び上げるだろう。／われらはいずれ　ここから離れた遠く遠い場所で　また会おう。(9950-9954行)

　そして第3幕が終わったところで、ポルキアスは仮面とヴェールを脱ぎ捨てて、その正体を改めて観客に示す。実は、メフィストーフェレスが変装していたのである。

　上へ上へと昇って行こうとするオイフォーリオンの姿には、詩の現実化の記念碑としてのバイロンの面影とともに、ファウストの姿も認めることができるであろう。もちろん、オイフォーリオンはファウストの分身であっても、ファウストそのものではない。ファウストの自己拡張衝動の横への空間的広がりとそのスケールの大きさは認めることができない。しかしそれだけに、空間的な上への志向性がもつ理想主義的側面（自由への希求）と、それが他者への抑圧に変質し、さらには自己をも破滅に追いやる可能性を秘めていることは、いっそうシャープに見ることができる。同時に、墜落後、「肉体は消え、光輪が彗星のように空に昇った」オイフォーリオンは、ファウストの救済をも予示しているのかもしれない[17]。

---

17 Rudolf Eppelsheimer, *op. cit.*, S. 351.

第Ⅳ部　芸術

第16章　ドストエフスキー『白痴』における
ふたつの愛

■　一

　ドストエフスキーは1868年１月から『ロシア報知』に『白痴』の連載を始めた。よく知られたことであるが、彼はこの長編の意図を姪のソフィヤ・アレクサンドロヴナ・イワーノワに次のように書き送った。

　　この長編の根本思想は、非の打ちどころのないまことに美しい人間を描くことです。だがこれより難しいことはこの世に何ひとつありません。ことに現在にあってはなおさらです。どの作家も、わが国の作家ばかりでなく、ヨーロッパの作家ですらもみな、非の打ちどころのないまことに美しい人間の描写に取り組んだ者は例外なく、つねに失敗に終わっています。なぜなら、それは途方もなく大きな課題であるからです。まことに美しいということは理想です。しかし理想は、わが国のそれも、文明開化のヨーロッパのそれも、それが完成されるまでにはまだ程遠い状態です。この世に非の打ちどころのないまことに美しい人物がただ一人だけおります。キリストです。従ってこのどこまでも、無限に美しい人物の出現が永遠の奇跡であることはもはや言うまでもありません[1]。
　　（1868年１月13日付け）

　ドストエフスキーは主人公ムィシキン公爵を創作ノートで「キリスト公爵」

1　『ドストエフスキー全集16』（小沼文彦訳）、筑摩書房、141頁。

第16章　ドストエフスキー『白痴』におけるふたつの愛

と呼んでいることからも、ムィシキン公爵において「非の打ちどころのないまことに美しい人間」を描くにあたって、キリストのことを念頭においていた。

　ところで『白痴[2]』には直接キリストに言及している箇所が何カ所かある。もっとも重要なのは、バーゼル美術館にあるハンス・ホルバインHans Holbein der Jüngere（1497/98-1543）の『墓の中のキリストの屍』に関するもので、三度触れられる。最初はエパンチン家で主人公ムィシキン公爵が次女のアデライーダに向かって、絵の題材として「ギロチンで首を斬られる一分前、まだ死刑囚が処刑台の上に立って、ギロチンの板に寝かされるのを待っているときの、その顔」をすすめたときで、彼は「最近バーゼルで同じような絵を見ましたよ」と語った[3]。あとの二回は、ロゴージン家に飾られているホルバインの作品の模写に係わる描写である。ムィシキンは、彼を殺そうとするロゴージンの家を訪ねた。ムィシキンに神を信じているのかと聞いたロゴージンは、「あの絵を見ているのがおれは好きさ」とつぶやいた。

　　「あの絵を！でも中にはあの絵のおかげで信仰をなくす人だってあるかもしれないよ！」
　　「なくして当たり前だな」意外なことにロゴージンは不意にうなずいた[4]。

2　翻訳は望月哲男訳『白痴』（河出文庫、2010年）を使用。引用にあたっては、まず小説自体の部・章を示し、次いで翻訳が3巻に分かれているので、翻訳上の巻を上、中、下で示し、その後に頁数を記した。ドストエフスキーの作品については、江川卓の謎解きシリーズをはじめ、たくさんの興味深い研究があるが、今回特に森有正『ドストエフスキー覚書』（ちくま学芸文庫、2012年）を参考にした。
3　第1部5、上131頁。ドストエフスキーはバーゼルに滞在したとき、実際にこの絵を見て、強い衝撃を受けていた。二度目の妻アンナの『回想』によれば、バーデンからジュネーヴへ行く途中、その絵のことを聞いていたドストエフスキーはわざわざそれを見るために、バーゼルに一泊した。彼は20分ばかりその絵に釘付けになり、「興奮したその顔には、何度も癲癇の発作の最初の瞬間に見たことのある例の驚いた表情が見られた。」発作を恐れた妻は彼を別室のベンチにかけさせた。「彼は次第に落ちついたが、美術館を出るときに、もう一度その感動的な絵を見ようといってきかなかった」と記している。アンナ・ドストエフスカヤ『回想のドストエフスキー』（上）（松下裕訳）筑摩書房、1975年、193-194頁。
4　第2部4、中89-90頁。

413

第Ⅳ部　芸術

　最後は、結核によって余命一ヶ月の宣告を受けた18才の青年イッポリートの
手記『わが不可欠なる弁明』の中で語られる。彼もロゴージン家でその絵を見
ていた。

　　その絵にはたったいま十字架から降ろされたばかりのキリストが描か
　れていた。思うに、普通画家がキリストを描くときには、……いずれに
　せよ並々ならぬ美の名残を顔にとどめた姿で描くしきたりになってい
　る。（中略）ところがロゴージンの絵には、美のかけらもない。それは
　文字どおりの人間の死体であり、しかも磔刑死する前から果てしない苦
　しみに耐えてきた死体だった。つまり傷を負い、拷問され、己が身に十
　字架を背負い、十字架の下敷きとなっては倒れては、番兵に殴られ、民
　衆に殴られたあげく、六時間の長きにわたって……十字架の苦しみを味
　わった死体である。（中略）死者の顔といってもそこには苦しみの表情
　が、あたかもいまだにそれを味わっているかのように、浮かびあがって
　いるのだ。（中略）顔自体はなんの容赦もなく描かれている。それはま
　さに自然そのものであり、誰にせよあれだけの苦しみを受けた後では、
　いかにもこのような死体となるに違いないと思われる。（中略）
　　いったいこんな死体を見せられたうえで、どうして彼らはこのような
　受難者が復活すると信じることができたのだろう？（中略）
　　この絵を見ているうちに、自然というものがなにかしら巨大で残忍
　な、口のきけぬ獣のように思えてくる。（中略）死者を取り巻いていた
　者たちは、ひとりとしてあの絵には描かれていなかったが、きっとあ
　の晩にすべての望みを、ひいてはほとんど信仰そのものを一挙に粉砕
　されて、恐るべき悲哀と動揺を味わったに違いない。（中略）もしもか
　の師自身が、処刑の前夜に自らの姿を予見することができたとしたら、
　はたして彼はあのとおりに十字架に上り、あのとおりに死んでいった
　だろうか？あの絵を見ていると、そんな疑問もまた否応なく浮かんで

第16章　ドストエフスキー『白痴』におけるふたつの愛

くるのだ[5]。

　ドストエフスキーは、「非の打ちどころのないまことに美しい人間」を描こうとした作品で、しかも彼の考えによればそのような唯一の存在であるキリストを、なぜホルバインの『墓の中のキリストの屍』を通じて描写したのか。そしてこのキリストの描写は、キリスト公爵ムィシキンといかに関係するのか。この問題を考えてみたい。

■　二

　小説『白痴』は四人の若者の恋愛関係を中心にストーリーが展開する。

　1867年11月27日の朝、ペテルブルグへ向かう列車の中で二人の青年が出会った。小説はそこから始まる。その一人、世襲名誉市民であった商人の息子パルフョン・セミョーノヴィチ・ロゴージンは、五週間前、ナスターシャ・フィリッポヴナ・バラーシコヴァを見かけ、「全身火に焼かれたような気がした[6]」。四人のうち最初に出会ったのはロゴージンとナスターシャ・フィリッポヴナの二人である。その後の物語の外的な出発はこの出会いにある。それはまずロゴージンの運命を変えてしまう。後にムィシキンは「そんな恋が芽生えなかったとしたら、きみはきっとお父さんとそっくり同じような人になっていただろう。……そうなったら従順で無口な奥さんとふたりきりでひっそりとこの家にこもり、ほんの時たま厳しいことをひとことふたこと言うだけで、誰一人信用せず、またその必要も全く感じず、ただむっつりと不機嫌に金ばかり貯めているんだ[7]」と語った。急逝した父の莫大な財産250万ルーブリを受け継いだ彼は、すべての情を彼女に注ぎ込もうとする。

　ロゴージンは1840年生まれである。その二年後に生まれたナスターシャ・

5　第3部6、中486-489頁。
6　第1部1、上22頁。
7　第2部3、中79頁。

415

第Ⅳ部　芸術

フィリッポヴナは七才で両親を失い、その後は「地主で金満家」であるアファナーシー・イワーノヴィチ・トーツキーによって養育され、洗練された高度な教育を施されるとともに、彼の囲い者とされていった。20歳になったとき、トーツキーが結婚するという噂を聞いて、突然ペテルブルグに上京してきた彼女は、「全く別の女性」となっていた。「なにか内気で、女学生のようにはっきりとせず、時に独特の快活さや無邪気さで人を魅了」していた姿は消え失せ、トーツキーに対する「深い侮辱の念」と「憎しみ」を表明した。それとともに、「かつては単にかわいらしい少女にすぎなかった」が、今は「格段の美形に変身してい」た[8]。

　ペテルブルグ行き列車に乗っていたもう一人の青年レフ・ニコラエヴィチ・ムィシキン公爵は1841年の生まれで、六才の時に父を、その半年後に母を亡くした。その後は、父の友人で資産家であったニコライ・アンドレーヴィチ・パヴリーシチェフによって養育された。癲癇の「発作が頻繁だったために、ほとんど白痴同然になってしまった」ムィシキンは、新しい治療を実践していたスイス・ヴァレー州のシュナイダー教授の施設に送られ、四年ほどそこで過ごしていたが、親戚が彼を遺産相続人に指定したことを聞いて、ロシアに帰ってきた。その時点ではまだ事の真偽は分からず、所有物と言えばわずかに風呂敷包みだけであった。ロゴージンとムィシキンは互いに相手に好感をもった。

　列車の中でムィシキンはロゴージンからナスターシャ・フィリッポヴナのことを初めて聞いた。ペテルブルグに着いたムィシキンは、そのままイワン・フョードロヴィチ・エパンチン将軍家を訪ねる。将軍の夫人エリザヴェータ・プロコーフィエヴナはムィシキンの遠縁にあたり、今や残された唯一の血縁であった。そこで彼はナスターシャ・フィリッポヴナの肖像写真を見る機会を得た。興味深いことに、ナスターシャ・フィリッポヴナはまず噂の中で、次いで写真の中で登場する。写真から受ける第一印象は、ムィシキンのナスター

8　第1部4、上82-90頁。

416

第16章　ドストエフスキー『白痴』におけるふたつの愛

シャ・フィリッポヴナに対するその後の行動を決定することになる。ムィシキンはこう語った。

> 驚くべき顔ですね！それにきっとこの人の運命も非凡なものでしょう。顔は朗らかそうですが、この人はひどく苦しい目にあってきたんでしょう？目がそれを物語っていますよ。ほらここのふたつの小骨、目の下の頬が始まるところの、ふたつの小さな点がね。これは気位の高い顔です。恐ろしく気位が高い。ただ分からないのは、彼女は優しい人なのでしょうか？ああ、優しい人ならなあ！それですべてが救われるのに！[9]

数時間後、もう一度その写真を見る機会が与えられたとき、彼の心を打ったものの正体を確かめる。

> まるで量りしれぬプライド、侮蔑、ほとんど憎悪に似たものをたたえているかのようでありながら、同時に人を信じやすいような、驚くほど純真な要素も浮かばせている ── そんな顔だった。そうしたふたつの要素のコントラストは、見る者の心に何か同情のようなものさえ掻き立てた[10]。

彼は何よりもその顔に「苦しみ」を感じ取ったのであった。同じくナスターシャ・フィリッポヴナの肖像写真を見たエパンチン家の次女アデライーダは、「これほどの美しさは力だわ。こんな美しさがあれば、世界をひっくり返すことだってできるわ！」と熱のこもった声で言っている[11]。

また、ムィシキンはエパンチン家でアグラーヤ・イワーノヴナ・エパンチー

9　第1部3、上75頁。
10　第1部7、上168頁。
11　第1部7、上170-171頁。

417

第Ⅳ部　芸術

ナと出会う。エパンチン夫妻には、アレクサンドラ、アデライーダ、アグラー
ヤの三人の娘たちがいた。彼女たちは互いに仲がよくいずれも教養が高く美人
であったが、20歳の三女アグラーヤは「極めつけの美形で、社交界の注目を集
め始めていた[12]。」ムィシキンは昼食をごちそうになりながら、エリザヴェー
タ夫人と姉妹たちの前で、スイスでの初期の経験や、銃殺刑の宣告を受けなが
ら刑の執行の直前に罪一等を減じられた男の話、最近リヨンで死刑執行の現場
を見たこと［先ほど触れた死刑囚の顔とホルバインの絵に対するムィシキンの
言及はこの時のことである］、さらにスイスでのマリーや子どもたちとの交流、
そして子どもたちとの別れ［これは、『カラマーゾフの兄弟』の最後で重要な
テーマとして再び取り上げられる］について語った。彼は姉妹たちの「顔に見
覚えがある」ような気持ちにとらわれる。その時の気持ちをエリザヴェータ夫
人と三人の娘たちに次のように語った。

　　　先ほどこちらにお邪魔して皆さんのきれいなお顔を拝見し、皆さんの言
　　葉をはじめて伺ったとき、ぼくはあのとき以来久しぶりにほっとしたよ
　　うな気持ちを覚えたのです。先ほどなどは、ひょっとしたら自分こそ本
　　当に幸せな人間ではないかと思ったほどでした。だって会ってすぐに好
　　きになれるような相手にはめったに出くわさないものですが、ぼくの場
　　合は汽車から降りたとたんに皆さんのような方々にめぐり合えたわけで
　　すからね。誰にでも自分の気持ちを打ち明けるのは恥ずかしいことだと
　　いうのはぼくだって重々承知していますが、皆さんには打ち明けてしま
　　います。皆さんといると恥ずかしさを感じないものですから[13]。

　この発言にはムィシキンという人間の本質がよくあらわれている。それにつ
いては後に述べるであろう。ここではムィシキンがアグラーヤから受けた印象

12　第1部2、上33頁。
13　第1部6、上159頁。

第16章　ドストエフスキー『白痴』におけるふたつの愛

を記しておきたい。ドストエフスキーは次のように描写している。

　　「アグラーヤさん、あなたはとっても美しい人です。あまりにもおきれ
　　いで、見るのが怖いくらいです」
　　「それでおしまい？性格は？」
　　「美しい方は判断が難しいです。ぼくはまだ用意ができていません。美
　　は謎ですから」（中略）
　　「ものすごくきれいですね！」公爵はうっとりとアグラーヤを見つめな
　　がら、熱烈な調子で答えた。「ほとんどナスターシャ・フィリッポヴナ
　　に引けをとらないくらいです。顔立ちは全く違いますが……」[14]

■　三

　ムィシキンがロゴージンと出会い、エパンチン家を訪ねた11月27日はナス
ターシャ・フィリッポヴナの誕生祝いにあたっており、その晩、彼女の家で親
しい者が集まることになっていた。ビジネスのパートナーであったトーツキー
とエパンチン将軍は少し前からある計画を立てていた。それによると、トーツ
キーはエパンチン将軍の長女アレクサンドラと結婚する。ナスターシャ・フィ
リッポヴナには、エパンチン将軍の秘書ガヴリーラ・アルダオノヴィチ・イー
ヴォルギンとの結婚を持ちかけ、持参金7万5千ルーブリをトーツキーが提供
する、というものである。つまり、ガヴリーラはナスターシャ・フィリッポヴ
ナと結婚することによってその持参金を手に入れることができた。彼はアグ
ラーヤに惹かれ、彼女と結婚することを望んでいたが、持参金のために「トー
ツキーの女」と結婚しようとする。この結婚話にナスターシャ・フィリッポ
ヴナが最終的な返事をすることになっていたのが誕生祝いの日であった。一方ロ
ゴージンは、トーツキーの計画に対抗して彼女を「買い取る」ために10万ルー

14　第1部7、上162-163頁。

第IV部　芸術

ブリをもって誕生祝いに現われた。このようにナスターシャ・フィリッポヴナは売買の対象となっていたのであった。

　ムィシキンはエパンチン家を出たあと、下宿先に推薦されたガヴリーラの家でナスターシャ・フィリッポヴナと実際に出会い、いっそう彼女にとらえられていく。招待されていなかったにもかかわらず、やむにやまれぬ思いでムィシキンは誕生祝いに現われ、ナスターシャ・フィリッポヴナに結婚を申し込む。彼はこう語った。

　　あなたは苦しんだあげくに、ひどい地獄から清いままで出てきたのです。それはたいしたことですよ。あなたはいったい何を恥ずかしがって、ロゴージンと一緒に行こうなんて思うのですか？そんなのは熱に浮かされているだけですよ……あなたはトーツキーさんに７万５千ルーブリを返して、ここにあるものは全部捨てて行くと言いましたが、そんなことができる人はここにはひとりもいません。ぼくはあなたを……ナスターシャ・フィリッポヴナ……愛しています。あなたのためなら死にます[15]。

　自分は「いつも売り買いの対象でしかない」と思っていた彼女は、ムィシキンに「はじめて本当の人間を見た[16]」。ムィシキンのその発言の直後、彼は莫大な遺産を相続することが判明した。ナスターシャ・フィリッポヴナはムィシキンと結婚すれば、資産のある公爵夫人となる。しかし、結婚すればムィシキンを破滅させることを恐れたナスターシャ・フィリッポヴナは10万ルーブリをガヴリーラに与え、ロゴージンとともに去って行った。その二日後、ムィシキンは遺産相続のためモスクワへ向かった。

　ムィシキンが再びペテルブルグに現われるのは、それから約六ヶ月後の1868

15　第１部15、上352頁。
16　第１部15、上347頁。

第16章　ドストエフスキー『白痴』におけるふたつの愛

年6月初旬のことである。この六ヶ月の間、ナスターシャ・フィリッポヴナと
ロゴージン、ムィシキンの間には複雑な出来事が生じていた。小説ではその間
のことは、様々な登場人物の回想などで語られるので不明確なところもある
が、おおよそ次のような経緯をとった。ナスターシャ・フィリッポヴナは誕生
祝いの夜ロゴージンとともに出立したが、その翌日にはロゴージンから逃げて
しまった。ロゴージンはモスクワで彼女を見つけ、1月初旬には彼女との結婚
にこぎ着けた。しかし結婚式の直前ナスターシャ・フィリッポヴナはロゴージ
ンから逃亡し、ムィシキン公爵の下へ逃れた。二人は一ヶ月ともに暮らす。し
かしムィシキンはそのときのことを振り返って、別々の村に住んでいたと述べ
ている[17]。復活祭［1868年は3月31日］頃、ナスターシャ・フィリッポヴナは、
今度はムィシキンから逃れて、ある地主と駆け落ちし、さらにロゴージンのも
とへ逃れた。ナスターシャ・フィリッポヴナは再びロゴージンに結婚を約束す
ることとなるが、今度も式の直前に彼女は失踪した。しかし5月中旬にペテル
ブルグにもどったロゴージンとナスターシャとの間に和解が成立し、三度目の
結婚の約束が取り交わされた。

　ムィシキンは復活祭の頃、次のような手紙をアグラーヤに送っていた。

　　かつてあなたはこのぼくに信頼の念をお示しくださいました。おそらく
　　いまではもう、ぼくのことをすっかりお忘れかもしれません。そんなぼ
　　くがどうしてあなたに手紙を書こうとしているのか、自分でも分かりま
　　せん。どうしてもあなたにぼくのことを思い出していただきたいとい
　　う、やむにやまれぬ気持ちが湧いてきたのです。まさにあなたに思い出
　　していただきたいのです。……お三方の中でぼくの目に映っていたのは
　　あなただけでした。あなたはぼくに必要です、とても必要です。自分の
　　ことであなたにお書きすること、お話することはありません。それにそ
　　ういうつもりもありませんでした。ぼくはただどうしてもあなたに幸せ

───────────────
17　第2部3、中67頁。

第Ⅳ部　芸術

でいらしてほしかったのです。あなたはお幸せですか？それだけをぼく
はあなたに申し上げたかったのです[18]。

　彼はそれから「二ヶ月か二ヶ月半後」エリザヴェータ夫人からその手紙を
見せるように言われたとき、「ほとんど一字一句に至るまで、書いたとおりに
暗唱し[19]」ていた。これを受け取ったアグラーヤは「突然顔を真っ赤にし」た。
その翌日必要な時に取り出せるよう一冊の書物の間に挟み込んだ。一週間後、
その本が『ラ・マンチャのドン・キホーテ』であることに気づき、「なぜだか
訳も分からずに大笑いした[20]。」この手紙についてはまた後で取り上げるであ
ろう。
　アグラーヤに惹きつけられた人物は何人もいた。ガヴリーラがそうであっ
た。また、肺病やみの青年イッポリートは遺書とも言うべき手記をアグラーヤ
に読んでもらうことを願った。春の終わり頃、エパンチン家に出入りするよう
になった「名門」の青年将校エヴゲーニー・パーヴロヴィチ・ラドームスキー
もアグラーヤに関心をもち5月頃求婚する。しかし、アグラーヤ自身は、ムィ
シキンと初めて会ったときから彼に関心をもっていた。後にナスターシャ・
フィリッポヴナに対して、「はじめて会った日に、私はまずこの人をかわいそ
うだと思いました。[中略] 私がこの人をかわいそうに思うのは、この人がこ
んなにも純朴で、しかもその純朴さのゆえに、幸せになれると信じこんでし
まったからです」と語っている。これは恋愛感情へと発展する。彼女はナス
ターシャ・フィリッポヴナに対しさらに次のように語った。

　　この人のように高貴なまでに純朴で、果てしなく人を信用できる人間
　を、私はこれまでひとりとして見たことはありませんでした。この人の
　話を聞いて分かりましたが、この人を騙そうと思えば誰だって騙すこと

18　第2部1、中24-25頁。
19　第2部12、中293頁。
20　第2部1、中25頁。

第16章　ドストエフスキー『白痴』におけるふたつの愛

ができますし、また誰に騙されても、この人は後できっと許してしまいます。まさにそれだからこそ私はこの人を愛するようになったのです[21]。

　しかしアグラーヤは、その人見知りと恥ずかしがり屋、さらにどうしようもない誇り高さからそのような気持ちをストレートにあらわすことはできず、逆に彼をからかうのであった。ムィシキンがペテルブルグにもどってからちょうど一週間後、アグラーヤは家族の前でムィシキンに、「どうか今度こそご自身の口からはっきりとおっしゃって　―　あなたは私にプロポーズをしようとしているの、それとも違うの？」と尋ねた。これに対してムィシキンは息も絶え絶えに「申し込みます」と答えるとともに、「ぼくはあなたを愛しています、アグラーヤさん、とても愛しています。あなただけを愛しています、だから……どうか冗談にしないでください、あなたをとても愛しているのです」と述べた[22]。

　一方ムィシキンがペテルブルグにもどってきた頃、ナスターシャ・フィリッポヴナはアグラーヤに対して、ムィシキンとの結婚をすすめる手紙を何通も送るとともに、求婚していたラドームスキーをアグラーヤから引き離す画策をしていた。その態度とは裏腹にナスターシャ・フィリッポヴナが本当はムィシキンを愛していることを知っていたアグラーヤは、苛立ちと嫉妬から、ナスターシャ・フィリッポヴナを訪ねてこの愛の問題に決着をつけようとする。ムィシキンとロゴージンも立ち会っていたが、その場は二人の女性の嫉妬とプライドと激怒が激しく交錯する修羅の場と化し、最後にナスターシャ・フィリッポヴナは、ムィシキンに自分を選ぶように迫った。「正気を失った」ナスターシャ・フィリッポヴナの顔を見て耐えられなくなったムィシキンは「これはあんまりじゃないですか！だってこの人は……こんなに不幸なのに！」とかろうじて口

21　第4部8、下310-313頁。
22　第4部5、下195-196頁。

423

第Ⅳ部　芸術

ごもった。アグラーヤは「その一瞬の逡巡さえ耐えきれ」ず、部屋から飛び出していった[23]。その二週間後、ムィシキンとナスターシャ・フィリッポヴナは結婚式を挙げることになったが、またもやその直前に彼女は待ちかまえていたロゴージンとともに逃亡した。しかし今度はそれだけでは終わらなかった。その晩ロゴージンは自宅でナスターシャ・フィリッポヴナを殺害した。翌日ロゴージンを訪ねたムィシキンは、ロゴージンとともに遺体のそばで夜を過ごす。人々が寝室に入ってきたときには、ムィシキンは白痴の状態にもどり、もはや何を質問されても分からず、人の識別もつかなかった。彼は再びスイスのシュナイダー教授のもとに送られた。一方ロゴージンは15年のシベリア流刑となった。その後、アグラーヤは、莫大な資産家という触れ込みのポーランドの亡命貴族に異様な惚れ込み方をした。しかし結婚後、彼は伯爵ではなく、「なにやら暗く怪しげな過去を背負った亡命者」で、資産家でも何でもないことが分かった。

　以上が四人の主人公たちの愛憎劇のおおよそである。とりわけムィシキン公爵は同時にナスターシャ・フィリッポヴナとアグラーヤの二人を愛した。それがなぜ可能であったのか。そもそもそれらは愛と呼べるものであったのか。さらに、この愛は、キリストといかなる関係にあるのか。

■　四

　作中、「きっとあなたはどちらの女性のことも、一度も愛したことはなかったんですよ」とムィシキンを批判した人物がいる。ムィシキンがナスターシャ・フィリッポヴナとの婚約を発表したとき、アグラーヤに求婚したことのあるラドームスキーは、当時のロシアの女性問題に対する理解と合理的なその思考から、ムィシキンを痛烈に非難した。女性解放問題の感化を受けていたムィシキンは、「辱められたひとりの女性に関するもの悲しい、そして胸の高

───────────

23　第4部8、下306-323頁。

424

鳴るような物語」を聞いて、彼の生来の世間知らずと並外れた純朴さと驚くべき節度のなさによって、ナスターシャ・フィリッポヴナに対する頭でっかちな信念の堆積をつくりあげていった。それは自然なものではなく、「いくら数奇な人生を歩んできたからといって」、彼女の「悪魔的な傲慢さ」、強烈なエゴイズムを正当化はできない。そして両親の前で結婚を申し込んだ「あんなにもすばらしい娘さん」を騙したのは「キリスト教的」と言えるのか。しかも今、ナスターシャ・フィリッポヴナと結婚しようとしている。これは本当なのか、そうラドームスキーはムィシキンを批判した[24]。少し長くなるが、二人の会話の最後の部分を引用しよう。

> 「ぼくは心から彼女を愛していますよ！だってあれは、子どもなんですから。今や彼女は子どもです、すっかり子どもなんです！ああ、あなたは何も知らないんだ！」
> 「でもあなたは同時にアグラーヤさんにも、愛していると断言されましたね？」
> 「ええ、そうです、そうです！」
> 「なんですって？すると、ふたりとも愛したいというのですか？」
> 「ええ、そうです、そうです！」
> 「待ってくださいよ、公爵、何を言っているんですか、目を覚ましてください！」「ぼくはアグラーヤさんなしでは……ぼくはどうしてもあの人に会わなくちゃならない！（中略）ああ、もしもアグラーヤさんが知っていたら、すべてを知っていたら……そう、必ずすべてを。なぜなら、この場合すべてを知っていなくてはならないからです。それが第一なのですよ！どうしてわれわれは、他人についてすべてを知ることがないのでしょう。それが必要な時に、つまりその他人が悪いことをした時に！（中略）きっと、何もかもぼくが悪いのです！どんな罪を犯したの

---

24 第4部9、下336-341頁。

第Ⅳ部　芸術

か、まだ自分でも分かりませんが、でも悪いのはぼくです……。ラドー
ムスキーさん、そこにはなにか、ぼくからあなたには説明しにくい要素
があって、語る言葉さえ思い浮かびませんが、でも……アグラーヤさん
ならきっと分かってくれます！ああ、ぼくはいつも信じていました、あ
の人なら分かってくれるって」
「いや、公爵、分かってはもらえませんよ！アグラーヤさんはひとり
の女性として、人間として愛したのであって、そんな……肉体のない
精神として愛したのではありませんから。いいですか、気の毒な公爵
さん、きっとあなたはどちらの女性のことも、一度も愛したことはな
かったんですよ[25]」

　ラドームスキーの言うことは、よく理解できることである。彼は最終的に公
爵が「いくぶん正気を失っている」という判断を下した。しかし、ムィシキン
の愛は果たしてラドームスキーが言うように観念的なものにすぎなかったの
か。あるいはムィシキンが言うように「説明しにくい」ものの、何か彼の本質
に根差したことであったのか。作者がわざわざ強調している「す・べ・て・を・知・る・」
とはどのようなことなのか。それらのことを念頭において、ムィシキン公爵の
人格的特徴を次に検討しよう。
　『白痴』を読んで誰もが感じるのはラドームスキーが言うようにムィシキン
の「並外れた純朴さ」である。アグラーヤは「高貴なまでに純朴で、果てしな
く人を信用できる」点に強く惹かれた。彼はおよそ自己の利害に無関心な人物
である。そのため、人を自分自身や何かのために利用しようとはしない。自分
が売り買いのように扱われてきたナスターシャ・フィリッポヴナが惹かれたの
もまずこの点であったと思われる。このことは他面において、ある目的に向
かって、あらゆることを合理的に秩序づけたり、計画的に物事を進めたりして
いくことは苦手となる。心情倫理的にならざるをえない。また純朴であること

───────────
25　第4部9、下345-346頁。

第16章　ドストエフスキー『白痴』におけるふたつの愛

は、認識能力がないことを意味しない。自己の利害から無関心であるゆえに、人を偏見なく見つめ、その人の欠点をも鋭く洞察する力を備えている。それゆえ、彼は騙されるというよりも、むしろ知っていながら許してしまう。その点で彼はいわゆる白痴ではない。アグラーヤは次のように語っている。

> 私はあなたを一番誠実で、一番正しい人だと思っているわ。他の誰よりも誠実で正しい人だ。だから、人があなたのことを、頭がどうとか……つまり時々あなたが頭の病気だなんて言う人がいるけれど、それは間違っていると思うの。私はそう思うし、人にも言うけれど、それはたとえあなたが本当に頭の病気だとしても、そのかわり大事な知恵では、他の誰よりもあなたのほうがずっと優れていて、およそあんな人たちの夢にも及ばないような知恵をもっているからよ。なぜって知恵には二通りあるでしょう　―　大事な知恵と大事でない知恵とが[26]。

また彼はいわゆる義人ではない。偏見ない目は自分に向けられて、自らの中の猜疑心を鋭く感じたりする。それゆえしばしば彼は「周囲のすべての人間のうちで自分こそ道徳的に見て最低の人間だ」と思う[27]。

さらにムィシキンの性格を考える上で重要な二つの点がある。それぞれすでにスイスにいたときから見られるものである。ムィシキンは初めてエパンチン家を訪問したとき、エリザヴェータ夫人と三姉妹の前でスイスでの経験を話した。最初の年、「いかにもおとなしい、善良な、穢れない目をしていた」マリーという結核の兆候のある20歳の女性と出会った[28]。母親と二人暮らしであったが、あるとき旅の若者が誘惑して連れ去り、あげくの果てに捨て去った。一週間後着の身着のままで帰ってきたマリーをまず母親が見せしめにし、村人たちも一斉に罵り、子どもたちの一団がからかい汚物を投げつけた。

26　第3部8、下14頁。
27　第2部7、中170頁。
28　第1部6、上142頁。

第IV部　芸術

ムィシキンは、「マリーのために何かしてやりたいと思い立ち」、小さなダイヤ
の飾りピンを売って八フランを渡した。そのとき、キスをして、「とてもかわい
そうだからだ。ぼくははじめからおまえが悪い女だとは少しも思っていな
かった。ただ不幸な女だと思っただけだ」と語った[29]。それを見ていて子ども
たちはムィシキンに石を投げ、マリーをいっそう侮蔑するようになった。しか
しムィシキンからマリーがどんなにかわいそうかを繰り返し繰り返し聞いて、
「マリーを気の毒に思うようになった[30]。」ムィシキンがキスをしてから二週間
後、母親が死亡しその葬儀の場で牧師は公然とマリーを侮蔑した。このとき子
どもたちは牧師に腹を立てて非難した。村人たちは子どもたちがマリーを好い
ていることを知って驚きそのゆえにムィシキンを批判するようになった。間も
なくマリーは寝込むことになった。子どもたちは毎日彼女を訪問した。次第に
村人たちもマリーを受容するようになっていった。ムィシキンはこの話を次の
ように締めくくった。

　　　子どもたちのおかげで彼女はほとんど幸せに死んでいくことができたの
　　　です。彼らのおかげでわが身の災難を忘れ、あたかも彼らから許しを与
　　　えられたかのようでした。なんといっても彼女は最後の最後まで、自分
　　　を大きな罪を犯した人間とみなしていたのですから[31]。

　このマグダラのマリアを連想させるマリーとの係わりはムィシキンの特徴を
よく示している。誰もマリーの悲惨な状況に目をとめなかったときに、ムィシ
キン一人が彼女の辛さを理解し何かをしてやりたいと思って実際に行動した。
彼にはそのように他者の苦難への限りない共感と同情とそのために何かをした
いという本能的傾向がある。彼は周りの無理解と非情を非難するようなことは
なく、一人哀れみの気持を行動であらわす。ムィシキンが死刑を否定するの

29　第1部6、上146頁。
30　第1部6、上148頁。
31　第1部6、上153頁。

第16章　ドストエフスキー『白痴』におけるふたつの愛

も哀れみと関係するだろう。リヨンの死刑執行の現場で、彼はギロチン台へ一歩踏み出した死刑囚の顔と出会ったとき、死刑囚の思いが彼を貫いたのであろう[32]。

　ところで彼はマリーを通じて子どもたちと親しくなり、その後三年間「子どもたちと一体化」した。「自分でもよく分かりませんが、子どもたちに会うたびに、ぼくはなんだかとても強い幸福感を覚えるようになったのです」と彼は語っている[33]。この子どもたちとの関係にもう一つの彼の特徴があらわれている。彼はスイスでは外国人であり、治療を受ける身であり、みんなに白痴扱いされた。彼には根強い余所者意識、周りと断絶しているという思い、言い知れぬ孤独感がある。この世界に対する疎外感は自己が受容されることを求める。スイスでは彼は子どもと一体化することによって自らが受容されていることを感じ幸福だった。

　他者の苦悩に対する限りない共感と行動に至る哀れみ、それに周りに対する孤独感と受容への希求、この二つの思いはスイス時代には典型的にマリーと子どもたちに対してあらわれたが、恋愛という感情とは無縁であった。彼は繰り返しマリーへの思いは恋愛感情ではなかったと言明している。またマリーに対する哀れみは子どもたちを通じて周りに影響を与え、子どもたちとの一体感によって受容への思いも満たされ、その後のスイスでの三年間は彼自身幸せであったと言っている[34]。しかし彼はスイスを離れ、複雑な人間世界に乗り出す。この時「ぼくはこれから世の中に出ていくんだ[35]」と意識していた。スイスとは異なるこの複雑な世の中においては、その純朴さは傷つけられることが予想され、哀れみの行為も周りをよくするとは限らず、受容への希求は簡単に満たされることはないだろう。ロゴージンやナスターシャ・フィリッポヴナ、アグラーヤ等に出会い、スイス時代とは異なり、恋愛の渦の中に巻き込まれてい

32　第1部5、上132頁。
33　第1部6、上156頁。
34　第1部6、上156-157頁。
35　第1部6、上157頁。

第Ⅳ部　芸術

く。以下、特にナスターシャ・フィリッポヴナとアグラーヤに対する感情が、
彼の哀れみの念と受容への希求といかに係わるかを検討しよう。

■　五

　ナスターシャ・フィリッポヴナは絶世の美女であった。しかし不思議なこと
に、彼女を真剣に愛そうとしたのは、ムィシキン公爵とロゴージンの二人だけ
であった。たとえばエパンチン将軍の秘書であったガヴリーラは彼女を「最初
は愛してい」た。しかしトーツキーから彼女との話とともに７万５千ルーブリ
の持参金の話があった後は、金のために人の愛人を譲り受けることへの屈折し
た気持ちからか、「愛人にするにはいいがそれ以外には向かない女というのが
いる」と考えるようになった[36]。ガヴリーラの場合には、自己へのやましさを、
ナスターシャ・フィリッポヴナを愛人にのみふさわしい女と決めつけることに
よって、ごまかそうとしたと思われる。彼はナスターシャ・フィリッポヴナと
の人格的な出会いをしていなかった。ナスターシャ・フィリッポヴナに対する
典型的な見方はアグラーヤに見ることができる。ムィシキンから逃げたのはナ
スターシャ・フィリッポヴナが本当にムィシキンを愛していなかったからだと
考える。それは、彼女の利己主義のゆえ、「ただひたすら自分の恥辱だけを、
そして自分が辱められた、傷つけられたという絶え間ない思いだけを、愛する
ことしかできない」からだと断定する[37]。
　ではムィシキンは彼女をどう見て、愛していたのか。ラドームスキーが言う
ように観念の産物でしかなかったのか。繰り返しになるが、ムィシキンがナス
ターシャ・フィリッポヴナの写真を見た印象は二つの点からなっていた。量り
しれぬプライド、憎悪に似た侮蔑と、「人を信じやすいような、驚くほど純真
な要素」、この二つが彼女の美と融合して、同情のようなものを搔き立てたの

36　第１部11、上160頁。
37　第４部８、下311頁。

430

第16章　ドストエフスキー『白痴』におけるふたつの愛

であった。これは実際に彼女を見、さらに「ほとんど毎日のように彼女と会っていた一月間の田舎暮らし[38]」のなかで、深められていった。ムィシキンはあるとき、アグラーヤに次のように語った。

> あの人はたえず錯乱して叫んでいます ── 自分の罪なんか認めない、自分は他の人々の犠牲であり、放蕩者の、悪者の犠牲になったのだと。でもいいですか、人に向かって何と言おうと、あの人自身が真っ先に自分の言葉を疑っているのです。それどころか、自分の良心のすべてにかけて、やはり自分にこそ罪があるのだと、そう信じているのです[39]。

　犠牲者だという意識と自分にこそ罪があるという相反する二つの意識をムィシキンはナスターシャ・フィリッポヴナから強く感じた。彼はまた別の機会に彼女との日々を追憶して、「あの顔がそもそも情欲を呼び起こすだろうか？彼女の顔が呼び起こすのは苦悩だ」と強く思った[40]。この理解に立てば、人々が彼女に情欲を感じないのは当然であり、彼女の苦悩を感じない者は、彼女を理解していないことになる。この苦悩への理解を彼は「果てしない哀れみの感覚」と表現した[41]。ムィシキンはこの苦悩をともに担おうとした。誕生祝いで結婚を申し込んだとき、彼は「ぼくがあなたのお世話をしましょう」と言った[42]。田舎での一ヶ月はその実践であっただろう。しかし彼女はムィシキンに惹かれ、彼のような存在をずっと憧れてきたにもかかわらず、プライドからそのような哀れみを受け入れることはできなかった。逃れのない状態で彼女はいっそう苦しみ、ロゴージンとムィシキンとの間を振り子のように揺れ動いた。ムィシキンはそこに狂気を感じ取り、哀れみの感覚とともに彼女から恐怖を感じたのであった。作者はこの恐怖を次のように説明した。

38　第3部2、中359頁。
39　第3部8、下25頁。
40　第2部5、中113頁。
41　第3部2、中359頁。
42　第1部16、上361頁。

第Ⅳ部　芸術

　　　もし仮にひとりの女性をこの世の何よりも愛し、あるいはそのような愛
　　　の可能性を予感していながら、不意にその女性が鎖につながれ、鉄格子
　　　の向こうに入れられて、看守の棍棒で威嚇されているのを見た者がいる
　　　としたら、その人の味わう印象は、いま公爵が味わっている印象にいく
　　　ぶん似ていることであろう[43]。

　それは相手を救いえない絶望的な恐怖である。ムィシキンがアグラーヤにあ
の手紙を書いたのはそのような状態のときであった。ムィシキンはこの哀れ
み、同情を、何度も愛ではない、と言明した。
　ではロゴージンはなぜナスターシャ・フィリッポヴナを愛したのか。彼は謎
である。「あいつへの同情なんてかけらもない」と断言した[44]。ナスターシャ・
フィリッポヴナによれば彼は情が濃い。彼は嫉妬の人である。ムィシキンは、
彼にあっては愛と憎しみとの区別がつかないことを見て取り、やがてナスター
シャ・フィリッポヴナを殺すだろうと、すでに初めて会ったときから認識して
いた。ナスターシャ・フィリッポヴナも、自分が殺されることを予期していた。
　しかしロゴージンは単なる情欲の人ではない。恋のライバルであるムィシキ
ン公爵に対して憎悪を感じつつ、彼に対する共感を完全に捨て去ることはでき
ない。憎悪をなんとか制御しようとして、彼と十字架の交換をし、兄弟の契を
結ぼうとしたが、結局彼を殺そうとした。しかし、その瞬間にムィシキン公爵
は癲癇の発作を起こし、実行には至らなかった。ナスターシャ・フィリッポヴ
ナが本当に好きなのは、ムィシキン公爵であることをよく認識していて、一時
は、ムィシキン公爵に譲ろうとしたこともあった。ムィシキンは、ロゴージン
が「苦しむことも同情することもできる、大きな心の持ち主だ」と考えようと
していた。彼は「同情こそ、人類全体が生きていくためにもっとも大切な、そ
しておそらくは唯一の法」と考えていたので、ロゴージンにあっても「同情が

43　第3部1、中360頁。
44　第2部3、中69頁。

第16章　ドストエフスキー『白痴』におけるふたつの愛

分別と知恵を与えるだろう」と考えていた[45]。

　ムィシキンが指摘するように、ロゴージンがもしナスターシャ・フィリッポヴナと出会わなかったら、平凡で父親と同じようにせっせと金銭をため込む生活を送ったかもしれない。彼はもともと単なる情欲の人ではない。それゆえ、彼をロシア正教の去勢派と関係づける解釈もあるが、それでロゴージンの謎が解消されるわけではない。なぜそもそも彼がナスターシャ・フィリッポヴナにあんなにも惹かれていったのかは、分からないからである。ロゴージンの不幸は、莫大な財産を受け継いだことにあったかもしれない。財産がなくても彼はナスターシャ・フィリッポヴナへの思いは変わらなかったであろう。そのときは、彼女を独占しようとする傾向よりも、むしろ彼女に仕えようとする傾向が前面に出たかもしれない。ペテルブルグ行き列車の中でロゴージンの話にムィシキンが惹かれたのは、彼が父親との関係がどうなるかに重きをおかず見境なく、高価な宝石をナスターシャ・フィリッポヴナに贈った点にあった。そこには人間を目的と手段の連鎖からとらえようとする傾向はない。ロゴージンとムィシキンとの性格には交わる点がある。両者を過度に対立的にとらえるのは間違いであろう。

　ムィシキンによれば、どうしてもナスターシャ・フィリッポヴナのすべてを理解することが大切であった。多くの人はナスターシャ・フィリッポヴナに高慢、自己の辱めに対する憤り、利己主義しか見ない。彼女の苦悩、彼女の罪人としての意識を見ようとしない。ムィシキンの独自な点、彼のナスターシャ・フィリッポヴナに対する愛の独特な点は、彼女の罪人としての意識を理解し、その苦悩に対する限りない哀れみを感じて、彼女を救おうとしたことにあった。ムィシキンという人格の大きな特徴である他者への限りない共感と哀れみがナスターシャ・フィリッポヴナへの思いと行動を規定していた。

　次にアグラーヤに対する愛情をどのように理解することができるか検討しよう。

45　第2部5、中113-114頁。

第Ⅳ部　芸術

■　六

ムィシキンはエリザヴェータ夫人に次のように語った。

ぼくは自然によって辱められた人間なのです。ぼくは24年間も病気でし
た。（中略）世間ではぼくは無用な人間です……。いや余計者を気取っ
て言っているわけではありません（中略）世の中にはある種の崇高な
思想があって、そうした思想はぼくなどが話題にすべきではないので
す。なぜなら、ぼくが口にすると必ず、そうした思想がみんなの笑いも
のになってしまうからです。（中略）ぼくには上品な身振りも、節度の
感覚も欠けているのです。（中略）ですからぼくには権利がないのです。
……おまけにぼくは疑り深くて、ぼくは……ぼくは、自分がお宅の皆さ
んから侮辱されるなどということはありえないし、それどころか身に余
るご厚意を賜っていると確信しているのですが、それでも分かるので
す（本当にはっきりと自覚しているのです）、20年も病気をした後では
きっと何かの跡が残るものだし、ですから自分が人々の笑いものになら
ずにはすまないだろうと……時々はということですが……。そうでしょ
う？[46]

　スイスにいたときは、彼は子どもたちとの交流により、その余所者意識を
克服することができた。「二」で述べたように、ムィシキンはエパンチン家の
夫人とその姉妹たちとスイスのことを話していたとき、「あのとき以来久しぶ
りにほっとした気持ちを覚えたのです。」と語った。「あのとき」とはもちろん
スイスで子どもたちと分かれて以来のことである。この時彼がエリザヴェータ
夫人について、「確信をもって言うのですが、お顔からすると、あなたはまっ

46　第3部2、中343頁。

434

たくの子どもでいらっしゃいますね[47]」と語ったのは象徴的である。エリザ
ヴェータ夫人は、彼がアグラーヤの結婚相手としてはふさわしくないと思いつ
つ、彼の人間性をもっともよく理解し、評価していた。親しい人々にアグラー
ヤの婚約者としてムィシキン公爵を披露する場で「無用な人間」ムィシキンが
失敗をしでかしたあと、「私だったら、昨日の客なんか全部追い払っても、あ
の人を残すわよ。それだけの値打ちがある人だもの」と言った[48]。またアグラー
ヤにも「ほとんど何か子どもっぽいもの、小学生のようにひたむきで隠しても
隠しおおせぬもの」が見られた[49]。エリザヴェータ夫人によれば、夫人とアグ
ラーヤとは瓜二つであった。ムィシキンは初めて会ったときから、エパンチン
家の女性たちに安らぎを感じていた。

　ムィシキンの受容への希求は、アグラーヤへ集中していく。復活祭頃に彼が
アグラーヤに書いた手紙については、すでに「三」で紹介した。その目的をエ
リザヴェータ夫人に問い詰められたとき、次のように語った。

　　「自分でも完全には分かりません。ただ率直な気持ちで書いたのは確か
　　です。あちらでは時々ぼくにも、生命力がみなぎり壮大な希望に胸が満
　　たされるような瞬間があったのです」
　　「どんな希望なの？」
　　「説明はしにくいんですが（中略）まあひとことで言えば未来への希望、
　　そして自分があそこでも他人ではない、異邦人ではないかもしれないと
　　いう喜びなんです。ぼくは急に祖国にいることが楽しくなってきまし
　　た。そうしてある晴れた朝、ペンを取ってあの人に手紙を書いたので
　　す。なぜあの人に書いたのか、それは分かりません。ただ、時には近く
　　に友達がいてほしくなるじゃないですか[50]。

47　第1部6、上160頁。
48　第4部7、下283頁。
49　第2部6、中147頁。
50　第2部12、中294-295頁。

第Ⅳ部　芸術

「他人ではない、異邦人ではないかもしれないという喜び」という表現に彼の思いがよくあらわれている。ムィシキンはその後アグラーヤに対して、「あれは最大の敬意を込めた手紙で、ぼくの生涯で一番辛かった瞬間に、心の底からあふれ出てきた手紙だったんです！あの時ぼくはあなたのことを、何かの光のように思い出したのでした[51]」と語った。それは、ほとんど毎日ナスターシャ・フィリッポヴナと会っていた田舎での生活の最中であった。

　しかしムィシキンはその気持ちを愛情とは明確に理解していなかった。彼が再びペテルブルグにもどり、その郊外で再びアグラーヤと会って、出会いを重ねていくなかでも「彼女に恋をするという可能性」はもちろん、まして「『自分のような人間が』恋愛の対象になるなどということ」は想像もできないことであった。これには彼の異邦人、無用者としての意識が働いているものと思われる。まして彼女に結婚を申し込もうとは思っていなかった。ただ彼女と会い、その横に座り、彼女の話を聞き、「じっと彼女を見つめていること」、それが彼にとってすべてであった[52]。しかし意識の奥に恋愛感情が存在することを、ロゴージンは鋭く見抜いていた[53]。

　ムィシキンのアグラーヤに対する気持ちにはもう一つの大きな特徴がある。彼がペテルブルグに着いてから六日目、ちょうど彼の誕生日の朝七時、彼は公園の緑のベンチでアグラーヤと会った。そのとき話はナスターシャ・フィリッポヴナとの田舎での一ヶ月間の出来事に及んだ。

　　「すっかり話してちょうだい」アグラーヤが言った。
　　「あなたにお聞かせできないようなことは何ひとつありません。どうしてまたあなたにすべてを話そうという気になったのか、しかもどうしてあなただけなのか、自分でも分かりませんが、もしかしたら、あなたの

51　第3部8、下20頁。
52　第3部3、中387-388頁。
53　第3部3、中392-395。

第16章　ドストエフスキー『白痴』におけるふたつの愛

ことが本当に大好きだったからかもしれません。[54]」

　そしてムィシキンは、ナスターシャ・フィリッポヴナが自分は放蕩者の犠牲者なのだと主張しつつ、本当はその言葉を疑っていて、自分にこそ罪があると信じていること、そして彼がその迷妄を晴らしてやろうとしたことに対して、「お高くとまった同情も援助も」はっきりと拒否したこと、またムィシキンがただ彼女を哀れんでいるだけで、愛してないということを見抜いたこと、などを語った。ムィシキンのアグラーヤに対する恋愛感情には、自己が受容されることへの願いと、アグラーヤならすべて、とりわけナスターシャ・フィリッポヴナのすべてを理解してくれるだろうという期待が含まれていた。「四」でラドームスキーのムィシキン批判を紹介したが、そこでムィシキンが弁明した言葉の中の「すべてを知る」とはどのようなことなのか、注意を喚起しておいた。繰り返しになるが、その部分をもう一度、引用しておこう。

　　ぼくはアグラーヤさんなしでは……ぼくはどうしてもあの人に会わなくちゃならない！（中略）ああ、もしもアグラーヤさんが知っていたら、すべてを知っていたら……そう、必ずすべてを。なぜなら、この場合すべてを知っていなくてはならないからです。それが第一なのですよ！どうしてわれわれは、他人についてすべてを知ることがないのでしょう。それが必要な時に、つまりその他人が悪いことをした時に！（中略）ラドームスキーさん、そこにはなにか、ぼくからあなたには説明しにくい要素があって、語る言葉さえ思い浮かびませんが、でも……アグラーヤさんならきっと分かってくれます！ああ、ぼくはいつも信じていました、あの人なら分かってくれるって。

　さて、今まで述べてきたことをまとめておこう。ムィシキンの並外れた純朴

---

54 第3部8、下24頁。

第Ⅳ部　芸術

さ、自己の利害への無関心は、人を決して目的のための手段と見ることをしない。それゆえ、人を偏見なく見つめ、その人の本質を鋭く認識する。その悪に対しても曇りない目を向けるが、決して人を非難するようなことをしない。そして他者の苦難や苦痛に対する限りない同情と哀れみを感じて、それをともに担おうとする。同時にそのような純朴さは、周りとの断絶を意識させ自己を異邦人、余所者、無用者として理解するようになる。そこから、自己が受容されることを希求する。ムィシキンのナスターシャ・フィリッポヴナとアグラーヤに対する思いは、そのような彼の人格の本質に根差すものであった。ナスターシャ・フィリッポヴナへの感情には他者の苦難に対する限りない哀れみがあり、アグラーヤに対する感情には自己の受容への希求がある。ラドームスキーが批判するように、確かにムィシキンは結婚がいかなることか理解することはなかった。しかし彼の愛は観念の産物であって、「どちらの女性のことも、一度も愛したことはなかった」という批判は、当を得ていない。むしろ、ムィシキンが常識人ラドームスキーと異なる存在であることを、積極的な意味において示していると言えるであろう。

　最後に、このようなムィシキンの存在が、キリストと、しかもホルバインの絵に描かれたキリスト像といかに関係するか、検討しよう。

■　七

　恋愛は友情とは異なり排他性を特徴とする。嫉妬や独占欲などと切り離すことは難しく、不安定である。この恋愛における不安定さを克服するには、二つの道がある。一つは結婚によって排他性が公に保証されることと、別の愛の形態へとかわることである。キリストと恋愛との関係を考えた場合、普遍的な救済者という性格を考えると、キリストが排他性を特徴とする恋愛やその公の保証である結婚をすることは、理念的には考えられない。

　キリストを模倣しようとする動きは、ヨーロッパのキリスト教世界では、たとえば、清貧（無所有）、禁欲、謙遜・謙卑（フミリタス）となってあらわれ

438

第16章　ドストエフスキー『白痴』におけるふたつの愛

た。これをムィシキン公爵と比較してみると、清貧については、彼が遺産相続した時点で異なった。これは、彼のスイス時代とロシア時代とでは本質的に異なる。ムィシキンを『貧しき人々』や『罪と罰』のような世界におくこともありえたであろう。スイス時代にムィシキンが周りの環境を変え得た要因は、その世界の構造の単純さとともに、案外清貧の問題が関係しているかもしれない。禁欲は、ムィシキン公爵の身体的制約によって示唆されている[55]。そして最後にムィシキンとキリストとの関連を見る場合に、もっとも重要なのは、フミリタスである。キリストのフミリタスは自ら低くなることを基本とする。たとえば、次に引用する新約聖書ピリピ2章4節から8節にかけて、ひじょうによく表現されている。

　　自分のことだけではなく、他の人のことも顧みなさい。あなたがたの間
　　では、そのような心構えでいなさい。それはキリスト・イエスのうちに
　　も見られるものです。キリストは、神の御姿であられる方なのに、神の
　　在り方を捨てることができないとは考えないで、ご自分を無にして、仕
　　える者の姿をとり、人間と同じようになられたのです。キリストは人と
　　しての性質をもって現われ、自分を卑しくし、死にまで従い、実に十字
　　架の死にまでも従われたのです。

　自分を卑しくすること、仕える姿をとること、それがキリストにおいては、十字架上で人間一人一人の罪を背負って死ぬことにおいて頂点に達した。キリストの受難は、一人一人の罪と苦難を哀れみ、その苦悩を代わりに背負うことであった。ルターは隣人愛の本質をそのようなキリストの模倣に見出した。『キリスト者の自由』において、「私は私の信仰と義とをさえも、隣人の罪をおおうために神のみ前に捧げ、自ら彼の罪を負って、それが私自身のものであるかのようにひたすら行動すべきである。見よ、これが、愛が真実である場合の

55　第1部1、上28頁。

第IV部　芸術

愛の本性である[56]」と表現した。

　ムィシキンのナスターシャ・フィリッポヴナへの思いの本質は、恋愛感情
ではなく、同情、哀れみにあることを「五」において考察した。そしてムィ
シキンにあっては、この哀れみは、彼の人格の本質をなすものであった。そ
の点で、ムィシキンのナスターシャ・フィリッポヴナへの哀れみ・同情は、キ
リストの模倣を超えて、キリストの本質そのものと類似関係に立つ。ナスター
シャ・フィリッポヴナとアグラーヤとのあれかこれかの選択において、ムィ
シキンがアグラーヤを選択し、結婚をしていたならば、「非の打ちどころのない
まことに美しい人間」をキリストとの関連において創作するという試みは瓦解
していただろう。しかしアグラーヤとの係わりが、小林秀雄が言うような「病
人が健康を夢見たに過ぎぬ[57]」ものでもない。それは一方でムィシキンの本質
に根差していたのである。神であり人であった救い主イエスにあっては、アグ
ラーヤのような存在との関係は起こりえないが、「まことに美しい人間」を描
くという点において、創作上重要な事柄であった。そのことによりムィシキン
の人間性はより豊かにより深く描かれた。またアグラーヤが破滅していくこと
は、ムィシキンとアグラーヤとの関係が密接であったことを示している。

　最後に残された問題は、以上に述べたようなムィシキン像とホルバインのキ
リスト像との関連である。これが『白痴』における美の理解とどう関係するか
は別の機会に譲ることにして、両者の相関関係に言及することにとどめたい。
ハンス・ホルバインの『墓の中のキリストの屍』の模写についてのイッポリー
トの描写は二つの特徴をもつ。一つは、キリストの苦難、罪を背負うと言うこ
とのむごたらしさを示している。もう一つは、自然の法則を逃れることのでき
ない無残な死体を描くことで復活が信じ難いことを示している。そこにはキ
リストのhumilitasが無残な結果に終わることが示唆されている。一方ムィシ
キンを中心とする四人の主人公においても、ムィシキンの哀れみと受容への希

56　WA 7, 37-38.
57　小林秀雄『新訂小林秀雄全集第6巻　ドストエフスキイの作品』新潮社、昭和54年、99頁。

第16章　ドストエフスキー『白痴』におけるふたつの愛

求は挫折し、四人とも破滅の道を歩まざるをえなかった。『罪と罰』の中央部
分で、ソーニャがラスコーリニコフに、ヨハネ福音書のラザロの復活を朗読す
る場面がある。これは、則を踏み越えてしまった二人の人間にとって、その救
済はラザロが復活したことと同じく、神の超越的な「恩寵」の働きによるしか
ないことを暗示している。ここには切実なる希求が見られる。しかし、『白痴』
においては、「恩寵」ではなく、「自然」のもとに服する哀れみの姿が描き出さ
れる。復活は『カラマーゾフの兄弟』に待たねばならない。スイスにおける
ミィシキンと子どもたちの別れは、次のように描かれていた。

　　　いよいよぼくが汽車に乗り込んで、汽車が動き出すと、子どもたちはぼ
　　くに向かって一斉に『万歳！』と叫び、汽車がすっかり見えなくなるま
　　で長いこと同じ場所にたたずんでいました[58]。

　『カラマーゾフの兄弟』は次のように終わる。なお、ナスターシャ・フィリッ
ポヴナ・バラーシコヴァは、ナスターシャが復活を、バラシーコヴァが子羊
を、すなわち贖い主である子羊キリストの復活を示唆していることを付記して
おく。

　　　「カラマーゾフ万歳！」コーリャが感激をこめて叫んだ。
　　　「そして亡くなった少年に永久の記憶を！」アリョーシャが再び感情を
　　こめて言い添えた。
　　　「永久の記憶を！」再び少年たちが唱和した。
　　　「カラマーゾフさん！」コーリャが叫んだ。「ぼくたちがみんな死者から
　　よみがえるって、宗教が言っているのは本当でしょうか、再び生を受け
　　て、もう一度会えるって、みんなとイリューシェチカとも会えるって
　　言っているのは？」

58　第1部6、上159頁。

第Ⅳ部　芸術

「きっとよみがえりますよ、きっとまた行き会えて、昔のことをお互い
に楽しく、はればれと語り合うんですよ」なかば笑いながら、そしてな
かば感動につき動かされながら、アリョーシャが答えた。
「ああ、そうなったらどんなにすてきだろう！」コーリャが思わず口
走った。
「じゃ、これで演説はおしまいにして、追善供養に行きましょう。プリ
ンを食べるからって、気にしなくてもいいんですよ。あれはずっと昔か
らのしきたりで、けっこういい面もあるんです」アリョーシャは笑いだ
した。「さあ、みんな行きましょう！今度は手をつないで行きましょう」
「永久にこうするんです、一生涯、手を取り合って行くんです！カラ
マーゾフ万歳！」コーリャがもう一度感激の声で叫んだ、と、もう一
度、少年たち全員が彼の叫びに和した[59]。

59『カラマーゾフの兄弟（愛蔵版　世界文学全集19）』江川卓訳、集英社、昭和56年、857頁。

■あとがき

　昨年３月に入院をして、手術をしました。ずっと昔、学生時代に別の手術をしたことがあったので、その時のことを思い浮かべましたが、医学の進歩は素晴らしく、体への負担は大きく軽減されていました。体力がぐっと衰えたものの、その後の経過も順調で、暮れに妻のみゆきと「ありがたいね」と話し合っていたとき、記念にこれまで書いたものをまとめようということになりました。この拙い書を、これまでともに歩んできた感謝とともに、みゆきに捧げたいと思います。

　「はじめに」でも触れましたように、本書は、これまで書いた雑多な文章の中から「マルティン・ルターとその世界」というテーマのもとに選び出し、まとめたものです。その初出を記しておきます。

「第Ⅰ部　マルティン・ルター」

　　「ルターと乞食」『研究論集』（河合文化研究所）第４集、2007年

　　「マルティン・ルターにおける自由の概念」『香川大学生涯学習教育研究センター研究報告』（以下、『センター研究報告』と略記）20号、2015年

　　「マルティン・ルターと死者の死」（１）（２）『香川大学教育学部研究報告第Ⅰ部』（以下『研究報告第Ⅰ部』と略記）123号、124号、2005年

　　「ルターと親鸞における苦難と信仰　—宗教的パトスの一類型—」『センター研究報告』10号、2005年

　　「死者との断絶　—　親鸞とルターにおける『信仰』宗教の成立」『研究論集』（河合文化研究所）第３集、2006年

　　「死の比較文化環境論の試み　—ルターと親鸞—」歴史環境を考える会編『歴史環境を考える』（美巧社）所収、2003年

「第Ⅱ部　ドイツ敬虔主義」

　　「最近の敬虔主義研究　—　特にシュペーナーをめぐって　—」『史林』68

巻1号、1985年

「書評　Johannes Wallmann, *Der Pietismus*, Goettingen, 1990」『西洋史学』162号、1991年

「ルターとシュペーナ——一万人祭司主義と霊的祭司職—」『香川大学一般教育研究』44号、1993年

「ドイツ初期敬虔主義思想の再検討—シュペーナのErbauung観」『史林』77巻4号、1994年

「ドイツ敬虔主義のコレーギア・ピエターティス観」『香川大学一般教育研究』33号、1988年

「17世紀末ヴュルテンベルクの終末論」『研究報告第I部』77号、1989年

「第Ⅲ部　近世ドイツの聖職者」

「17・18世紀ヴュルテンベルクの聖職者論」（1）『研究報告第I部』78号、1990年

「近世ヴュルテンベルクにおける牧師階層の社会的性格——ホッホシュテッターHochstetter家の場合—」（上）『研究報告第I部』112号、2001年

「近世ドイツの聖職者論とキリスト教文化・J.R.ヘディンガーの聖職者理想論」『清水氾教授退官記念論文集』（アポロン社）所収、1991年

「リーガ時代におけるヘルダーの人間性理解と聖職者論」『研究報告第I部』86号、1992年

「シュライエルマッハーの宗教理解」『死の文化史と宗教』（香川大学平成7年度教育研究特別経費による報告書）、1996年

「第Ⅳ部　芸術」

「人はなぜ高さを求めるのか　—ケルンとミラノ—」『香川史学』26号、1999年

「ローテンブルクのリーメンシュナイダー」『センター研究報告』17号、2012年

「リーメンシュナイダー　—共感と『内面性』—」『香川大学教養教育研究』7号、2002年

あとがき

「『ファウスト』におけるオイフォリオン悲劇について」『センター研究報告』14号、2009年

「ドストエフスキー『白痴』における二つの愛」『センター研究報告』18号、2013年

　明らかな誤りの訂正と、一書にまとめるために重複部分の修正や最低限度の語句の統一を行なった以外、内容を改善することはできませんでした。特に第Ⅱ部の敬虔主義に関しては、最近の研究動向に触れていないのは、大きな欠陥です。第Ⅲ部の近世ドイツの牧師階層をめぐる問題については、研究を続ける予定でしたが、死の問題を考えるにつれ関心がそちらに移っていきました。できれば今後もう一度このテーマは具体的に取り上げたいと思っています。第Ⅳ部の「芸術」は、直接ルターに触れていないものばかりです。第14章「ローテンブルクのリーメンシュナイダー」の冒頭で述べましたように、2005年から社会人を対象にした香川大学の公開講座を担当することになりました。そこで取り上げたテーマの中から、ルターの「遥か下、底深いところを顧み給う」神が「文化的空間」（本文352頁）の中心を占めるものを少し選んで入れました。そのような点から、第Ⅳ部の文章は、私にとって重要な「ルターの世界」を形成しています。特に最後の「ドストエフスキー『白痴』におけるふたつの愛」について、少し説明をしておきます。『白痴』は『未成年』や『貧しき人々』とともに、ドストエフスキーの私のもっとも好きな小説です。そしてその主人公ミィシキン公爵は、私の知る中でもっとも魅力的な小説の人物です。彼はフミリタスを体現しています。そのような理由から『白痴』を2012年度後期の公開講座のテーマとして取り上げることにしました。ところでまったく個人的なことになりますが、その年度の2013年2月18日に母が死去しました。最後の数年、弟夫婦がずっと自宅で看病してくれていましたが、私は時々、週末に母のもとに泊まる程度でした。病状が悪化していったので、『白痴』の講義の毎回の準備は、だいたい母の自宅で仕上げることとなりました。最後母は、偶然私と二人っきりのときに、息を引き取りました。その前後は、講義を原稿にまと

445

めている段階でした。その原稿は、『カラマーゾフの兄弟』の最後の場面、ア
リョーシャが再会の希望を語るところで締めくくりました。本書の最後もこの
場面となりました。

　振り返ると大学院でマルティン・ブッツァーの研究を始めて以来、多くの
方々のご指導やご助言、励ましをいただいてきました。特に、越智武臣先生、
中村賢二郎先生、大川正巳先生、清水氾先生に感謝をいたします。それに対し
て十分答えられなかったことに恥じるばかりです。また雑多な文章をひとつに
まとめるにあたって、美巧社、特に十鳥二郎さんにはたいへんお世話になりま
した。ありがとうございました。

　2016年8月28日

参考資料

■参考資料「ヴュルテンベルク・ホッホシュテッター家」

※数字のみは男性を、アルファベットのついているものは女性を示す。 数字はHochstetter家男性一覧の番号と対応している。

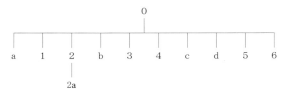

図1

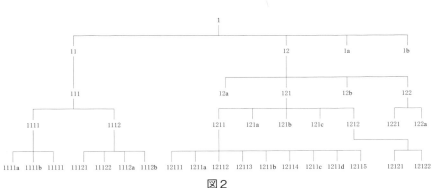

図2

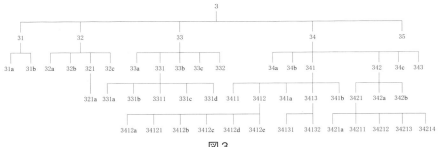

図3

447

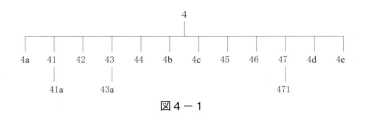

図4－1

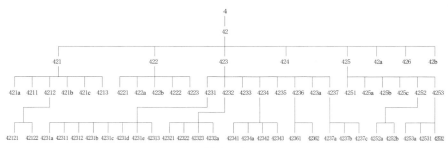

図4－2

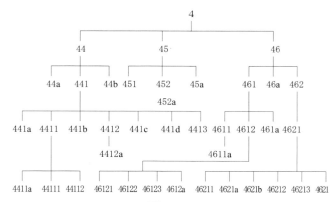

図4－3

参考資料

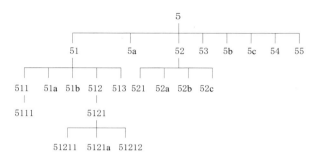

図 5

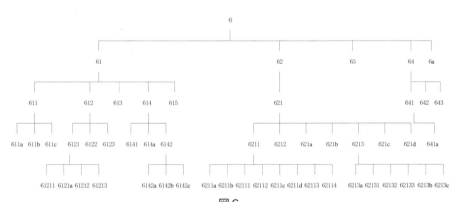

図 6

449

主な省略記号

地名

Adelb.	Adelberg	Anh.	Anhausen	Backn.	Backnang
Bebenh.	Bebenhausen	Besigh.	Besigheim	Blaub.	Blaubeuren
Canns.	Cannstatt	Denk.	Denkendorf	Dett.	Dettingen
Epp.	Eppingen	Eßl.	Eßlingen	Göpp.	Göppingen
Gügl.	Güglingen	Heilb.	Heilbronn	Horrh.	Horrheim
Kirchh.	Kirchheim unter Teck	Knittl.	Knittlingen	Königs.	Königsbronn
Leonb.	Leonberg	Ludwigs.	Ludwigsburg	Marb.	Marbach am Neckar
Markgr.	Markgröningen	Maulb.	Maulbronn	Murrh.	Murrhard
Neckargr.	Neckargröningen	Neuens.	Neuenstadt am Kocher	Nürt.	Nürtingen
Reutl.	Reutlingen	Schornd.	Schorndorf	Sg.	Stuttgart
Sindelf.	Sindelfingen	Tb.	Tübingen	Tuttl.	Tuttlingen
Vaih.	Vaihingen	W	Württemberg	Waibl.	Waiblingen
Weiler	Weiler zum Stein	Weins.	Weinsberg	Zavel.	Zabelstein

人名

A.	Adam	Albr.	Albrecht	Andr.	Andreas
Aug.	August	Barb.	Barbara	Chn.	Christian
Chph.	Christoph	Da.	David	Dan.	Daniel
Eberh.	Eberhard	Elisa.	Elisabeth	Ferd.	Ferdinand
Fr.	Friedrich	Ge.	Georg	Gottf.	Gottfried
Gottl.	Gottlieb	Heinr.	Heinrich	Joh.	Johann
Johs.	Johannes	K.	Karl	Karol.	Karolina
Katha.	Katharina	Konr.	Konrad	M.	Martin
Magda.	Magdalena	Marga.	Margarethe	P.	Paul
Pe.	Peter	Ph.	Philipp	Th.	Thomas

役職名等省略

Atm	Amtmann	Amtsschrb.	Amtsschreiber	Bg.	Bürger
Bgm	Bürgermeister	Dek.	Dekan	Diak.	Diakon
Diak.Stift.	Diakon Stiftskirche	Diak.Spital	Diakon Spitalkirche	Diak.Leonh.	Diak. bei St.Leonhardskirche
ExpR	Expeditions-Rat	Geh.	Geheim	GR	Geheimer Rat
GS	Generalsuperintendent	GV	Geistlicher Verwalter	Gymn.	Gymnasium
HG	Hofgericht	HGass.	Hofgerichtassessor	HGsekr.	Hofgerichtssekretär
HP	Hofprediger	HR	Hofrat	Kaufm.	Kaufmann
KD	Kirchendirektor	Kl	Kloster	KlHM	Klosterhofmeister
Klpraez	Klosterpräzeptor	Klprof.	Klosterprofessor	KlV	Klosterverwalter
Kon	Konsistorialrat	KR	Kirchenrat	Lic.	Licentiat
LS	Landschaft	LSass.	Landschaftsassessor	LSK	Landschaftskonsulent
Mag.	Magister	Math.	Mathematik	Oatm	Oberamtmann
OHP	Oberhofprediger	OR	Oberrat	Pfl	Plfleger
Pfr	Pfarrer	Phil.	Philosophie	Pr	Prälat
Praez	Präzeptor	Pred.	Prediger	Registr.	Registrator
Repet.	Repetent	RK	Rentkammer	RR	Regierungsrat
Schrb.	Schreiber	Sekr.	Sekretär	Stpfr	Stadtpfarrer
Stscrb.	Stadtschreiber	UV	Untervogt	V	Vogt

出典

DGB	*Deutsches Geschlechterbuch*, Bd. 146=*Schwäbisches Geschlechterbuch*, 8. Band, Limburg a. d. Lahn 1968.
Faber	F. F. Faber, *Die württembergischen Familienstiftungen*, Stuttgart 1853−1858.
Pfeil	Walther Pfeilsticker, *Neues Württembergisches Dienerbuch*, 3Bde, Stuttgart 1957−1974.
Binder	Christian Binder, *Wirtembergs Kirchen- und Lehrämter oder Vollständige Geschichte von Besetzung des herzoglich-wirtembergischen Konsistoriums und Kirchenrats....* 2 Bde, Tübingen 1798.

参考資料

Hochstetter家　男性一覧

番号　　　名前　　　生年　　　出生地　　　没年　　　死亡地

①本人経歴　②妻（#のあとの数字は結婚した年を示す）　③妻父　④妻父職業　⑤妻前夫・職業

⑥出典

第一世代

0　Joh. Konr.　　1583　　Gerhausen　　1661　　Kirchh.

①　1607 Mag. Tb., 1608 Klpraez zu Maulb., 1612 Diak. zu Brackenheim, 1617 Diak. zu Sg., 1621–26 Stpfr zu Sg., 1626–61 Dek. zu Kirchh.

②　1 #1612 Ursula（1589 Göpp. – 1635 Kirchh.）；2 #1636 Anna Regina（1615 Blaub. – 78 Neuffen）

③　1 Koch, Mich.（1560 Leonb. –1625）；2 Kieser, Salomon

④　1 Stadt- & Amtsschrb. zu Blaub., 1587 GV zu Göpp., 1596 UV zu Blaub.；2 Stadt- & Amtsschrb. zu Blaub., 1616 V zu Blaub.

⑥　DGB 192–193；Faber 3（754, 863）；Pfeil 2215, 2219, 2355；Binder 90, 155, 683, 791, 795, 798

1　Joh. Ulr.　　1623　　Sg.　　1698　　Owen

①　1640 Mag. Tb., 1646 Diak. zu Kirchh., 1650 Diak. zu Dett., 1677–98 Stpfr zu Owen

②　1 #1647 Anna Barb.（1627 Sielmingen – 81 Owen）；2 #1683 Anna Elisa.（1624 – 92 Owen）；3 #1693 Anna Maria

③　1 Alber, Isaak；2 Bregentzer, Pe.；3 Laitenberger, Ph.

④　1 1620 Repet., 1626 Diak. zu Herrenberg, 1627–35 Pfr zu Sielmingen；2 1628–35 Pfr zu Faurndau；3 Pfr zu Reutl.

⑤　2 Steck, Joh. Andr.（? – 1668 Owen）：1645–68 Stschrb. zu Owen；3 Schließnecker, Ge. Konr.（1632 Sg. – 79 Roßwag）：1654 Diak. zu Pfullingen, 1659 Pfr zu Darmsheim, 1671–79 Pfr zu Roßwag

⑥　DGB 197; Faber 3（863）；Pfeil 484；Binder 318, 632, 737, 834, 881, 960

451

2   **Chph.**   1625   Sg.   1685   Reutl.

① Kaufm. zu Reutl.

② 1 #1652 Maria (1601 Metzingen – 60 Reutl.), wegen hexerei verbrannt ; 2 #1661 Magda. (1626 Reutl. – 80 Reutl.)

③ 1 Schmid, Kaspar ; 2 Röser, Joh. Kaspar   ④ 1 ? zu Metzingen ; 2 ? zu Reutl.

⑤ 1 Kindsvater, Samuel (1605 Lauingen a.d. Donau – 1651 Reutl.) : Handels- & Ratsherr zu Reutl.

⑥ DGB 265 ; Faber 3 (863) ; Pfeil 2512

3   **Joh. Andr.**   1637   Kirchh.   1720   Bebenh.

① 1654 Mag. Tb., 1655 Repet., 1659 Diak. Tb., 1668 Pfr zu Walheim, 1672-78 Dek. zu Böblingen, 1678-81 Prof. Phil. Tb. & Stiftsephorus zu Tb., 1681-82 Prof. Theol. Tb. & Dek. zu Tb., 1682-89 Pr zu Maulb. & GS Maulb., 1689-1720 Pr zu Bebenh. & GS Bebenh.

② 1 #1660 Elisa. Barb. (1638 Sg. – 64 Tb.) ; 2 #1666 Anna Katha. (1647 Tb. – 97 Bebenh.)

③ 1 Cuhorst (Kuhorst), Gottfr. (– 1649) ; 2 Linde, Ge.

④ 1 Goldschmied, 1644-49 Münzwardein zu Sg., sein Sohn, Gottfr. (1640 Sg. – 84) : 1662 Diak. zu Kirchh., 1666 Pfr zu Degerloch, 1669 Diak. zu Sg., 1677 Dek. zu Lauffen, 1681-84 Dek. zu Vaih.; 2 1634 Rector zu Tb. Schola anatolica, 1650-59 Klpraez zu Bebenh.

⑥ DGB 266f. ; Faber 34 (1), 65 (C4), 85 (C32) ; Pfeil 1828, 3303 ; Binder 62, 202, 203, 309, 390, 684, 790, 791, 796, 799, 821, 987

4   **Joh. Fr.**   1640   Kirchh.   1720   Denk.

① 1657 Mag. Tb., 1660 Pfr zu Unterlenningen, 1663 Pfr zu Zavel., 1672 Dek. zu Knittl., 1680-1713 Kon & OHP, 1692-1706 Propst zu Herbrechtingen, 1706-20 Propst zu Denk. & GS zu Denk.

② 1 #1660 Genoveva (1640 Kirchh. – 81 Sg.) ; 2 #1681 Marga. Barb. (1653 Ilsfeld – 90 Sg.) ; 3 #1691 Johanna Rosina (? Tb. – ?)

③ 1 Hauber, Mich. ; 2 Wieland, Joh. Heinr. (1616 Knittl. – 1676) ; 3 Schwarz, Abraham

④ 1 Weißgerber Kirchh. ; 2 1647 Pfr zu Ilsfeld, 1660 Stpfr zu Beilstein, 1661 Dek. zu Knittl.,

参考資料

1666 Dek. zu Calw, 1671 design. Pr zu St. Georgen, 1673-76 Pr zu Hirsau ; 3 Universitätssekr. zu Tb.

⑤ 2 Hößlin, Joh. Konr. (1643 Holzgerlingen - 78 Bebenh.) : 1670 Repet., 1675 Klpraez zu Bebenh. ; 3 Holland, A. : Keller zu Walheim

⑥ DGB 287; Faber 3 (116) ; Pfeil 2021 ; Binder 14, 24, 72, 78, 97, 101, 205, 207, 589, 701, 784, 868, 893, 904, 965

5　**Joh. Sigismund.**　1643　Kirchh.　1718　Besigh.

① 1664 Mag. Tb., 1668 Pfr zu Lichtenstern, 1669 Diak. zu Neuens., 1680 Pfr zu Beilstein, 1687-1709 Stpfr zu Besigh., 1703-18 Pr zu Anh.

② 1 #1669 Katha. (1645 Großbottwar - 87 Besigh.) ; 2 #? Ursula Marga. (? - 1731)

③ 1 Wolf, Joh. Jak. ; 2 Schwend, ?

④ 1 1633 Diak. zu Großbottwar, 1655-69 Dek. zu Neuens. ; 2 Pfr zu Kocherstetten

⑥ DGB 386 ; Pfeil 3293 ; Binder 58, 207, 232, 238, 239, 333, 867

6　**Joh. Ludw.**　1648　Kirchh.　1698　Weins.

① 1673 Mag. Tb., 1678 Pfr zu Lampoldshausen, 1680 Diak. zu Neuens., 1690-93 Stpfr zu Weins.

② #1678 Johanna Barb. (? - 1743)　③ Lausterer, Joh. M.　④ ? zu Neuens.

⑥ DGB 394 ; Binder 239, 247, 322

第二世代

11　**Joh. Ulr.**　1650　Kirchh.　?　?

① Schreiner zu ?　② #1672 Elise　③ Blankenhorn, Ge.

④ Herrenküer auf dem Hohenwiel bei Singen　⑥ DGB 198

12　**Ge. Konr.**　1654　Dett.　1697　Oberkochen

① 1678 Mag. Tb., 1684-97 Pfr zu Oberkochen　② #1685 Anna Katha. (?-?)

③ Ruthard, Ph.　④ 1672-82 Vogtei-adjunkt. zu Waibl., V zu Steinheim

453

⑥ DGB 212 ; Faber 3 (722) ; Pfeil 2241, 2248, 3015 ; Binder 674

31 **Gottf. Konr.** 1664 Tb. 1730 Tuttl.

① 1684 Mag. Tb., 1695 Diak. zu Owen, 1702 Stpfr zu Owen, 1710-30 Dek. zu Tuttl.

② #1695 Eva Maria (1666 - 1726 Tuttl.) ③ Hermann, Da.

④ 1661 Pfr zu Pfäffingen, 1670 Pfr zu Ruith, 1675-75 Pfr zu Rommelshausen

⑥ DGB 268 ; Faber 34 (2) ; Binder 181, 413, 537, 697, 698, 832

32 **Andr. A.** 1668 Tb. 1717 Tb.

① 1685 Mag. Tb., 1691 Diak. zu Tb., 1698-1705 Prof. Phil. Tb., 1705-11 Prof. Theol. Tb., 1705-07 2. Superattendant, 1707-11, 1714-17 Dek. zu Tb., 1711-14* Kon & OHP, 1712-17design. Abt Georgen, 1714-17 Prof. Theol. Tb. * nach Pfeil 1711-15

② #1692 Regina Barb. (1673 Tb. - 1708 Tb.)

③ Camerer, Elias Rudolf (1641 Tb. - 95 Tb.)

④ Dr. med., Prof. Med. Tb., Leib- & Hofmedikus extraod.

⑥ DGB 269 ; Faber 25 (113, 186) ; Pfeil 328, 366, 2021 ; Binder 24, 72, 352, 355, 357, 359, 365, 382, 383, 385, 386, 785

33 **Augustin** 1671 Walheim 1748 Maulb.

① 1691 Mag. Tb., 1700 Diak. zu Sindelf., 1707 Stpfr zu Sindelf., 1713-28 Dek. zu Lustnau & Bebenh., 1726-28 design. Pr zu Herrenalb, 1728-30 Pr zu Königs. 1730-48 Pr zu Maulb. & GS zu Maulb.

② #1700 Justina Sibylla (1678 Tb. - 1757 Maulb.) ③ Hopfer, Benedikt (1643 - 84)

④ 1672-84 Prof. Theol. Tb.

⑥ DGB 271 ; Faber 26 (94, 4A105) ; Pfeil 217, 3374, 3416 ; Binder 75, 81, 88, 420, 781, 888, 889

34 **Chn.** 1672 Böblingen 1732 Bebenh.

① 1691 Mag.Tb., 1698 Repet., 1700 Diak. zu Herrenberg, 1705 2. Praez zu Bebenh., 1720-32 Pr zu Bebenh. & GS zu Bebenh.

② 1 #1700 Brigitta Rosina（1680 Rosek bei Tb. − 1725 Bebenh.）; 2 #1728 Maria Marga.（1695
Tb. − 1774 Stedten in Sachsen）

③ 1 Hiller, Joh. M.（1648 − 1730）; 2 Keller, Fr. Heinr.（1648 − 1738）

④ 1 Bebenh. Pfl zu Rosek & 1684 Bebenh. Pfl zu Tb., 1690-1730 gleichzeitig auch Blaub. Pfl,
HGass. ; 2 Kriegsrat, Oberstleutnant, 1694-1703 Kommandant zu Tb., 1709-32 Atm zu Merklingen

⑤ 2 Hiemer, Eberh. Fr.（1682 Gechingen − 1727 Hirsau）: 1707 Stpfr zu Rosenfeld, 1714 Dek. zu
Wildbad, 1718 OHP, 1718-27 Kon, 1725-27 Pr zu Hirsau

⑥ DGB 273 ; Faber 1b（4,17）, 69（C43）; Pfeil 2869, 3325 ; Binder 61, 63, 343, 370, 484

35　Da.　　1681　　Tb.　　1720　　Bebenh.

① 1709-20 Pfr zu Darmsheim　　② #1710 Johanna Antonia（1683-1761）

③ Bez, Joh. Fr.

④ 1676 Pfr zu Schökingen, 1687-90 Pfr zu Zuffenhausen bei Sg.

⑥ DGB 267; Binder 852, 881, 946

41　Matthäus Konr.　　1662　　Unterlenningen　　1734　　Murrh.

① 1683 Mag. Tb., 1692-1700 Praez zu Bebenh., 1689-92, 1700-14 Prof. Gymn. zu Sg., 1724-32
Rektor Gymn. zu Sg., 1728-32 design. Pr zu Herrenalb, 1732-34 Pr zu Murrh.

② #1689 Anna Rosina（1671 Blaub. − 1724 Sg.）

③ Sadler, Ph. Fr.　　④ Bgm zu Blaub.　　⑥ DGB 291 ; Binder 62, 75, 94, 807, 808

42　Jak. Fr.　　1663　　Zavel.　　1739　　Göpp.

① 1685 Mag. Tb., 1692 Diak. zu Tb., 1707 Dek. zu Lustnau & Bebenh., 1711-35 Dek. zu Göpp.,
1738-39 Pr zu Murrh.

② #1693 Maria Philippina（1676 Markgr.− 1759 Göpp.）

③ Faber, Joh. Chph.（1637-1704）

④ V zu Markgr., RK-ExpR & Kast-Keller zu Sg.

⑥ DGB 292 ; Faber 29（AB 11b, 24), 71（C7）; Binder 94, 385, 420, 620

43　Joh. Mich.　1664　Zavel.　1707　Heimsheim

① 1693 Hirsauer Pfl zu Ditzingen, 1694 Atm zu Heimsheim（Amt Leonb.）& zugleich Hirsauer Pfl zu Friolzheim

② #1691 Christina Elisa.（?-?)　③ Eschenmaier,（Joh.）Chph.（1631 - 1715）

④ 1659 Stschrb. zu Leonb.　⑥ DGB 326 ; Faber 64（53, 122）; Pfeil 2546

44　Andr. Sigmund　1667　Zavel　1716　Pfauhausen

① Stadtschreibereisubstitut Atm zu Ebersbach（Amt Göpp.)

② #1693 Maria Susanna（?-?)

③ Kerner, Joh. Justinus（1640/58 Markgr. - 1727 Göpp.)

④ Bgm & LSass. zu Göpp., Hospitalpfl　⑥ DGB 327 ; Pfeil 1412, 2366

45　Ge. Fr.　1675　Knittl.（Nach Pfeil und Faber Tuttl.)　1747　Sg.

① 1698 extraord. ORkanzlist, 1701 ordin. ORkanzlist, 1707 ORregistr., 1712 Regierungssekr., 1722-42 KRsekr, 1742 Pensionär mit dem Titel ExpR

② #1703 Elisa. Christiana（1685 Leonb. - 1768 Sg.)

③ Seip, Joh. Ernst（1654 Hessen - 92 Urach）

④ 1677-86 Keller zu Leonb., Keller zu Urach, 1686-92 Keller zu Urach, 1687-92 Webereiinspektor zu Urach

⑥ DGB 330 ; Faber 30（140, 188）; Pfeil 1243, 1265, 1286, 1986, 2092, 2543

46　Joh. Heinr.　1679　Knittl.　1757　Sg.

① 1706 RKsekr., um 1720 Regierungssekr., - 1745 HGsekr., 1745-56 Ehegerichtssekr. & RR,

② #1706 Christina（1683 Vaih. - 1744 Sg.)

③ Ketterlin（us), Magnus（1650 - 1706）

④ Maulb. Pfl zu Illingen, um 1675-92 Stschrb. & fürstl. Tricesmationsverwalter zu Vaih., 1692-

1706 LSeinnehmer zu Sg.

⑥　DGB 333 ; Faber 69 A（13）; Pfeil 1243, 1257, 1455, 1731, 2997

47　Joh. Andr.　1682　Sg.　1719　Nürt.

①　1702 Mag. Tb., 1706-11 Repet., 1711-19 Diak. zu Nürt.

②　#1711 Marie Veronika（1692 Nürt. - 1765 Sg.）

③　Bilfinger, Ph. Gottf.（1652 Denk. - 1719）

④　KlHM zu Offenhausen, 1698-1718 Stschrb. zu Nürt.

⑥　DGB 385 ; Faber 3（116）; Pfeil 2707 ; Binder 723

51　Fr. Jak.　1670　Neuens.　1712　Burgstall

①　1689 Mag. Tb., 1697 Pfr zu Auenstein, 1698-1712 Pfr zu Burgstall

②　#1697 Ursula Marga.（1671 Böhringen - 1714 Winnenden）

③　Hegel, Joh. Ge.

④　1662 Pfr zu Glatten, 1666 Pfr zu Böhringen, 1675 Stpfr zu Münsingen, 1684-1712 Stpfr zu
Winnenden

⑥　DGB 388 ; Faber 12（14）; Binder 210, 224

52　Andr. Sigmund　1677　Neuens.　1716　Sg.

①　Ratsverwandter & Spitalpfl zu Sg.

②　#1702 Katha. Marga.（1676 Sg. - 1743 Sg.）

③　Schweicker, Joh. Konr.（1653 - 84）

④　Lic., 1669 OR-Vizesekr. extraod., 1675 ordina.

⑥　DGB 389 ; Pfeil 1252

53　Chn. Konr.　1678　Neuens.　1705　？

①　1699 Mag. Tb. 1703- Feldpred. der Garde-Grenadiere zu Fuß　②　unverehel.

⑥　DGB 387

54   **Gottf. Ulr.**   1698   Besigh.   1783   ?

①   1718 Mag. Tb., 1728-77 Pfr zu Neuhausen ob Eck

②   1 #1728 Justina Dorothea（1700 Tb. - 66 Neuhausen）; 2 #1767 Christina Friederika

③   1 Wolff, Joh. Chn. ; 2 Holland, ?   ④   1 Kaufm. zu Calw ; 2 ?

⑤   2 Habelshofer, ?   ⑥   DGB 387 ; Faber 101（109b）: Binder 541

55   **Da. Rudolf**   1700   Besigh.   1730   ?

①   Dragonerwachtmeister   ②   #1727 Anna Maria   ③   ?

⑤   Nähring, ?   ⑥   DGB 387

61   **Fr. Ludw.**   1680   Lampoldshausen   1745   Heilb.

①   1699 Mag. Tb., 1703 Pfr zu Kochersteinsfeld, 1711 Pfr zu Waldbach, 1721 Scholarch & Pfr zu Heilb., 1737 Senior Ministerii zu Heilb.

②   #1703 Maria Marga.（1682 Rödelheim bei Frankfurt - 1748 Heilb.）

③   Feuerbach, Joh. Ge.（al. Wilheim）   ④   J.U.D., Gräfl. Solms. RR zu Rödelheim

⑥   DGB 395 ; Pfeil 1144 ; Binder 242, 334

62   **Aug. Bernh.**   1681   Neuens.   1765   Neuens.

①   Kaufm. & Bgm zu Neuens.   ②   #1710 Katha. Dorothea（1689 Sg. - 1769 Neuens.）

③   Klotz, P.

④   Schönfärber zu Sg.

⑥   DGB 400 ; Faber 98B（12, 18）

63   **Albr. M.**   1686   Neuens.   1712   ?

①   KlV zu Rosenfeld   ②   unverehel.（?）   ⑥   DGB 394

64   **Ferd. Konr.**   1692   Weins.   1751   Weins.

①   Stadt- & Amtsvogt mit dem Prädikat eines Rat zu Weins., 1737-51 UV zu Weins.

② Regina Marga. (? – nach 1762)　③　Moos, ?　④　?

⑥　DGB 419 ; Pfeil 3031

第三世代

111　Joh. Ulr.　1676　?　1740　Weiler

①　Schmied zu Weiler　②　Anna（1669-1740）　③　?　④　?

⑥　DGB 198

121　Konr. Fr.　1689　Oberkochen　1735　Horrh.

①　Chirurg, Feldscher, Barbier & Bgm zu Horrh.（Amt Vaih.）

②　#1716 Anna Magda.（1689 Weilheim – 1767）

③　Binder, Joachim Fr.（1624 Schloß Stettenfels bei Gruppenbach – 94 Weilheim）

④　1664 Keller auf Hohentwiel, 1669-91 Atm zu Weilheim

⑥　DGB 213 ; Faber 30（72）; Pfeil 2456, 2513

122　Konr. Maccabäus　?　Oberkochen　?　?

①　Stadt- & Amtspfl zu Blaub., Ratsverwandter zu Blaub., 1723 Hauptzoller zu Blaub.

②　?　③　?　④　?　⑥　DGB 213 ; Faber 3（811）; Pfeil 2220

321　Joh. Andr.　1702　Tb.　1748　Blaub.

①　1720 Mag. Tb., 1729-33 Repet., 1733-48 Klpraez zu Blaub.

②　#1735 Christina Regina（1718 Blaub. – 1763 ?）

③　Eccard, Johs.（1686 Schornd. – um 1736）

④　Bebenh. Bauverwalter zu Ludwigs. 1716-36 KlV zu Blaub.

⑥　DGB 270 ; Faber 25（302）, 28（123）; Pfeil 3335 ; Binder 69

331　Andr. Burkhard　1703　Sindelf.　1773　Gochsheim

①　1742 Atm zu Gochsheim（Amt Freudenstadt）

② #1743 Christina Dorothea (1719 Dett. - ?)

③ Speidel, Joh. Da. (1689 Kirchh. - ?)

④ 1708 Mag. Tb., 1717 Pfr zu Dett., 1721 Pfr zu Roßwälden, 1733-66 Dek. zu Knittl., 1766 pensioniert

⑥ DGB 272 ; Faber 6 (B51), 26 (4 A129) ; Binder 690, 700, 966

332   Benedikt A.   1714   Lustnau   1754   Gochsheim

① 1745-54 Diak. zu Gochsheim ohne Mag.

② Christina Dorothea (1723 Grötzingen - 1809 Pforzheim)

③ Bäuerlein, Ge. Chph.   ④ 1721 Pfr zu Grötzingen, 1742-80 Stpfr zu Gochsheim

⑥ DGB 272 ; Faber 25 (116) ; Binder 728, 981, 982

341   Joh. Andr.   1705   Bebenh.   1764   Herbrechtingen

① 1723 Mag. Tb., 1730 Repet., 1734 Feldpred. des Fürstl. Hofstaates, 1736 Abendpred. bei Hof, 1741 Diak. Leonh. zu Sg., 1742 Diak. Spital. zu Sg., 1743 2. Diak. Stift. zu Sg., 1744 Dek. zu Neuens., 1756 Dek. zu Göpp., 1761-64 Propst zu Herbrechtingen

② #1737 Katha. Louisa (1718 - 64)   ③ Speidel, Joh. Fr. (1682 - 1735 Sg.)

④ 1720 HR zu Winnental bei Winnenden, Fürstl. Neuens. HR, 1731/32 GV zu Winnenden

⑥ DGB 275 ; Faber 1B (38), 12 (22, 51) ; Pfeil 3072 ; Binder 101, 238, 620, 792, 796, 799

342   Chn. Fr. Ritter & Edler   1707   Tb.   1785   Sg.

① 1735 KR-ExpR, 1767 Vizedirektor, 1774 KD, 1779 Reichsritterstand, Wirkl. Gelehrter GR

② #1743 Christina Marga. (1709 Liebenzell - 91 Sg.)   ③ Ruoff, Andr. (- 1744)

④ 1706-13 Stadt- & Amtsschr. zu Liebenzell, 1713-44 GV zu Marb., 1729-33 UV & Keller zu Marb.

⑤ Conradi, Joh. Jak. (1676 Marb. - 1742 Derdingen) : 1705-42 Herrenalber Pfl zu Derdingen, 1709-11 Atm zu Derdingen

⑥ DGB 280 ; Faber 1B, 3 (814, 878), 40 (41) ; Pfeil 2571, 2578, 3379

343　　Gottf. A.　　1715　　Bebenh.　　1790　　?

① um 1740 Sekr., Geh. Legationssekr. an den Höfen zu Paris, Wien, Hannover, Dresden & Berlin, Herzogl. W. Legationsrat zu Mömpelgard , um 1766 W. Legationsrat zu Sg., 1770 Kgl. Preuß. Wirkl. GR & Minister beim Oberrhein. Kreis zu Frankfurt a. M. bzw. Praunheim bei Frankfurt

② ?　　③ Cuorl (?), ?　　④ ?　　⑥ DGB 274f.

421　　Chph. Fr.　　1695　　Tb.　　1759　　Köngen

① 1712 Mag. Tb., 1723 Pfr zu Dürrnau, 1735 Pfr zu Beihingen, 1740 Pfr zu Steinheim am Albuch, 1743 Pfr zu Köngen

② #1724 Sophia Maria (1708 Tb. - ?)　　③ Neu, Joh. Chn. (1668 Lorch - 1720)

④ Prof. Hist. Tb.　　⑥ DGB 293 ; Faber 8 (43, 70), 71 (C 11) ; Binder 677, 707, 930

422　　Joh. Andr.　　1696　　Tb.　　1753　　Marb.

① 1715 Mag.Tb., 1728-49 Diak. zu Marb., 1743-44 Diak. Stift. zu Sg., 1749-53 Dek. zu Marb.

② 1 #1728 Justina Regina (1705 Maulb. - 42 Marb.) ; 2 #1743 Johanna Eberhardina Friederika (1698 Bebenh. - 1746 Marb.), seine Base

③ 1 Haselmeier, Wilh. Konr. (1663 Göpp. - 1731) ; 2 Hochstetter, Matthäus Konr. (- 1734) (Nr. 41)

④ 1 1683 Mag. Tb., 1687-91 Repet., 1691 Diak. zu Göpp, 1700 Diak. Leonhard, 1701 1. Praez zu Maulb., 1714 Pr zu Murrh. ; 2 1732-34 Pr zu Murrh.

⑤ 2 Liesching, Joh. Fr. (1689 Saarbrücken - 1740) : 1710 Mag.Tb., 1715 Repet., 1721 Diak. zu Nürt., 1729 Praez zu Denk., 1734-40 Dek. zu Nürt. (Nr. 462③参照)

⑥ DGB 291, 298 ; Faber 29 (AB 40), 71 (C 12), 94 (150) ; Binder 84, 94, 98, 220, 221, 370, 621, 622, 722, 723, 792

423　　Joh. Fr.　　1698　　Tb.　　1750　　Sg.

① Kellerei-Adjunkt zu Schornd., 1726 RK-Rechenbanksrat, 1734 RK-ExpR

② 1 #1724 Juliana (1703 Rosenfeld – 25 Schornd.) ; 2 #1726 Johanna Friederika (1704 Sg. – 56 Sg.)

③ 1 Hopfenstock, Ferd. (1676 – 1750 Schornd.) ; 2 Oetinger, Joh. Fr.

④ 1 V zu Rosenfeld, RK-Expeditionsrat ; 2 1721 Kriegsrat, Oberkriegskommissar

⑥ DGB 299 ; Faber 29 (AB 41), 71 (C 13) ; Pfeil 1483, 1681, 1682, 1698, 2775

424   Jak. Fr.   1700   Tb.   1756   Nürt.

① Fürstl. Hausvogt & Gerichtsverwandter zu Nürt.

② #1729 Elisa. Marga. (1689 Mecklenburg – 1765 Nürt.)   ③ Jüdler, ?

④ ?   ⑤ Idler, Chph. Fr. : Fürstl. Hausschneider & Tapezierer zu Setten im Remstal

⑥ DGB 292 ; Pfeil 642

425   Chn.   1701   Tb.   1765   Göpp.

① Kaufm., Spitalpfl, Konditor (Zuckerbäcker) & Bgm zu Göpp.

② 1 #1724 Anna Sibylla (1696 – 1726 Göpp.) ; 2 #1727 Sophia Katha. (1702 Göpp. – 74 Göpp.)

③ 1 Ruoff, ? ; 2 Walz, Joh. Chph.   ④ 1 ? ; 2 Kreuzwirt zu Göpp.

⑤ 1 Kienzlin, Joh. : Schloßküfer zu Schornd.

⑥ DGB 323 : Faber 29 (AB42), 71 (C14)

426   Gottl.   1710   Lustnau bei Tb.   1739   Sg.

① 1738–39 RK-Rechenbanksrat   ② unverehel.   ⑥ DGB 293 ; Pfeil 1698

441   Joh. Sigmund   1697   Ebersbach   1767   Göpp.

① 1723 Kloster Adelb. Pfl zu Göpp., 1742 Stifts- & GV zu Göpp., 1744 KlV zu Königs., 1754 i. R. Göpp.

② #1724 Anna Elisa (1701 Vaih. – 72 Göpp.)   ③ Baur, Joh. Jak.

④ Bgm & Kaufm. zu Vaih.   ⑥ DGB 327 ; Pfeil 2355, 3268

451　Joh. Fr.　　1705　　Sg.　　?　　?

① Rektor zu Wimpfen　　② ?　　③ ?　　④ ?　　⑥ DGB 330

452　Joh. Chph.　　1707　　Sg.　　1749　　Sg.

① Goldarbeiter zu Sg.　　② #1744 Euphrosina Dorothea（1720 Sg. - 93 Sg.）

③ Kuntz, Joh. Daniel　　④ Stadtlieutenant & Schwertfeger zu Sg.

⑥ DGB 331

461　Joh. Fr.　　1707　　Sg.　　1766　　Zuffenhausen bei Sg.

① 1725 Mag. Tb., 1737 Pfr zu Oßweil, 1752-66 Pfr zu Zuffenhausen

② #1737 Maria Katha.（1718 Rommershausen - 84）

③ Schmid, Fr. Wilh.（1682 Waibl. - 1742）

④ 1708 Pfr zu Rommershausen., 1727-42 Dek. zu Weins.

⑥ DGB 334 ; Faber 105（89）; Binder 181, 322, 850, 852

462　Joh. Heinr.　　1720　　Sg.　　1759　　Ludwigs.

① 1739 Mag. Tb., 1746 Repet. 1749 Diak. zu Calw, 1751 Diak. zu Ludwigs.

② #1749 Friederike Salome（1730 Denk. - 85 Sg.）　　③ Liesching, Joh. Fr.（Nr. 422⑤参照）

④ 1710 Mag. Tb., 1715 Repet., 1721 Diak. zu Nürt., 1729 Praez zu Denk., 1734-40 Dek. zu Nürt.

⑥ DGB 339 ; Faber 69（A17）; Binder 98, 370, 371, 672, 722, 723, 842, 894

471　Ph. Fr.　　1714　　Nürt.　　?　　?

① 1734 Mag. Tb., 1737 examiniert, Vikar zu Schlat（Göpp.）　　② unverehel.

⑥ DGB 385

511　Joh. Fr.　　1698　　Burgstall　　1749　　Königs.

① 1718 Mag.Tb., 1724 Diak. zu Marb., 1728 Pfr zu Asch, 1730 Dek. zu Neuens., 1744-49 Pr zu Königs., 1744- HP

② #1728 Susanna Magda. (1686 Tb. – 1757 Tb.)

③ Mögling, Joh. Da. (1650 Tb. – 95)

④ Dr. jur., Prof. Jur. Tb., ritterschaftl. Syndikus zu Tb.

⑤ Sattler, Joh. Fr. (1684 – 1713 Neuens.) : 1707 UV, Keller & GV zu Neuens., Sohn des gleichnamigen GV zu Lauffen

⑥ DGB 389 ; Faber 12 (36), 25 (112, 181) , 69 (B27) ; Pfeil 1147, 2672 ; Binder 81, 221, 238, 595

512   Sigmund Jak.   1707   Burgstall   1758   Lauffen

① Dr. med. 1738 Physikus zu Lauffen

② 1 #1738 Christina Friederika (1720 Lauffen – 42 Lauffen) ; 2 #1744 Maria Jakobina (? – 1785)

③ 1 Pfeilsticker, Dan. (1675-1737) ; 2 Jäger, Ph. Ludw.

④ 1 1699 Skribent zu Lauffen, 1717/18-1720/21 Amtspfl zu Lanffen, 1718 Stadt- & Amtsschrb. zu Lauffen ; 2 1697, 1703/04 GV zu Kaltenwestheim, 1717/18 Amtsschrb. zu Kaltenwestheim

⑤ 2 Jenisch, Fr. (1709 Sg. – 41 Zavel.) : 1734 Repet., 1739-41 Pfr zu Zavel.

⑥ DGB 389f. ; Faber 3 (406B), 12 (38) ; Pfeil 2525, 2526, 2527, 2553 ; Binder 371, 904

513   Ge. Ludw.   1709   Burgstall   1729   Tb.

① Student Tb.   ② unverehel.   ③ DGB 388

521   Fr. Sigmund   1703   Sg.   1730   Sg.

① Skribent zu Sg.   ② unverehel.   ③DGB 389

611   Fr. Chn.   1704   Kochersteinsfeld   1769   Heilb.

① Aktuar der Ritterschaft des Kantons Odenwald Heilb.

② #1732 Anna Euphrisina Regina (1705 Heilb. – 74 Heilb.)

③ Hoechstetter, Wilh. Fr.   ④ Archivar zu Heilb.   ⑥ DGB 396

参考資料

612　**Aug. Bernh.**　1705　Kochersteinsfeld　1746　Siglingen

① 1730 Schloßpfr zu Kocherstetten, 1734-46 Pfr zu Siglingen

② #1732 Katha. Magda.（1699 Heilb. - 1777 Heilb.）　③ Glandorff, Ge. Fr.

④ Pfr zu Heilb.　⑥ DGB 396. ; Binder 248

613　**Joh. Ferd.**　1710　Kochersteinsfeld　1753　?

① Kaufm. zu Speyer　② #? Maria Magda.　③ Best, ?　④ ?

⑥ DGB 397

614　**Joh. M.**　1711　Waldbach　1769　Heilb.

① Bauverwalter zu Heilb.

② #1736 Juliana Johanna Maria（1714 Heilb. - 40 Heilb.）; 2 #1741 Anna Marga.（1712 Heilb. - 44Heilb.）; 3 #1746 Agnes Maria（1711 Heilb. - 82 Heib.）

③ 1 Möller, Joh. Heinr. ; 2 Lang, Joh. M. ; 3 Diruff, Leonhard

④ 1 J.U.L., Syndikus zu Heilb.; 2 Stadtgerichtsass. & Landkommissar zu Heilb.; 3 Flaschner zu Heilb.

⑥ DGB 397

615　**Chph. Ludw.**　1713　Waldbach　1743　Heilb.

① Dr. med., Physikus zu Heilb.　② unverehel.　⑥ DGB 395

621　**Fr. Aug.**　1711　Neuens.　1791　Neuens.

① Kaufm., Hauptzoller, Gerichtsverwandter & um 1740- LSass. zu Neuens.

② #1744 Augusta Maria（1725 Neuens. - 1812 Neuens.）

③ Binder, Fr. K.（1693 Lauffen - 1729 Neuens.）　④ 1724-29 Diak. zu Neuens.

⑥ DGB 400 ; Faber 23（115）, 98（B25）; Pfeil 1421 ; Binder 239

465

641   **Fr. Aug.**   1721   Weins.   1764   Backn.

① 1756–64 UV zu Backn.   ②   #1757 Ernestina Marga. (1736 Backn. – 69)

③ Neuffer, M. (1697 Dornhan – 1773 Backn.)

④ Vogtadjunkt & Keller zu Backn., UV zu Backn, 1738/39–56/57 RK-ExpR

⑥ DGB 419 ; Faber 8 (187c) ; Pfeil 1684, 2150,

642   **Wilh. Ferd.**   1723   Weins.   ?   ?

① Student der Phil.   ②   unverehel.   ⑥   DGB 419

643   **Ludw. Konr.**   1728   Weins.   1767   Sg.

① Geh. Sekr., 1762/63 Geh. Kabinettskanzlist, 1766 Geh. Kabinettsregistr.

② #? Friederika Magda. (1739 Sg. – 64 Sg.)   ③   Dobel, Fr. Ludw.

④ Meisterjäger zu Sg.

⑥ DGB 420 ; Pfeil 1157, 1170, 1176, 1185

第四世代

1111   **Joh. Ulr.**   1706   Weiler   1774   Weiler

① Hufschmied zu Weiler

② 1 #1729 Rosina (1706 Weiler – 58 Weiler) ; 2 #1758 Anna Maria (? Weiler – ?)

③ 1 Hüttling, Joh. ; 2 Haag, Johs.

④ 1 Bauersmann zu Weiler ; 2 ? zu Weiler   ⑥   DGB 199

1112   **Johs.**   1710   Weiler   1783   Weiler

① Wagner zu Weiler

② 1 #1735 Anna Katha. (1711 Weiler – 49 Weiler) ; 2 #1749 Anna Maria (1720 Lindenthal, Limburg. Herrschaft – 76 Weiler)

③ 1 Dannenhauer, Mich.; 2 Vetter, ?   ④   1 ? ; 2 ?   ⑥   DGB 200

1211　Augustin Fr.　1718　Horrh.　1773　Horrh.

① Chirurg, Barbier, Heiligenpfl & Bgm zu Horrh.

② 1 #1743 Maria Regina（1711Vaih. ‒ 49 Vaih.）; 2 #1750 Christina Katha.（1729 Gügl. ‒ 1809Horrh.）

③ 1 Dorn, Joh.（1653 ‒ 1725 Vaih.）; 2 Buckert, Franz Andr.

④ 1 Bäcker & Bgm zu Vaih.; 2 Feldscher, Bäcker & Ratsverwandter zu Gügl.

⑥ DGB 214

1212　Konr. Erh.　1726　Horrh.　1796　Ottmarsheim

① Chirurg zu Ottmarsheim　② #1750 Maria Katha.（1730 Ottmarsheim ‒ 91 Ottmarsheim）

③ Nollenberger, Ludw.　④ Gerichtverwandter zu Ottmarsheim

⑥ DGB 241

1221　Joh. Maccabäus　?　Blaub.　1756/57　?

① Webereiinspektor zu Blaub.　②　?　④　?　⑥　DGB 213

3311　Augustin　1747　Sg.　1811　Sg.

① Extraprobator bei der Kgl. Oberfinanzkammer zu Sg.　② unverehel.

⑥ DGB 272

3411　Joh. Ludw. Freiherr　1742　Sg.　1822　Eßl.

① Vikar zu Sg. & 1774 Diak. zu Göpp., 1792 Ritter des Heiligen Römischen Reiches, die Freiherrenwürde, Kgl. Preuß. GR & Ministerresident beim oberrhein. Kreis zu Frankfurt a. M.

② #1774 Friederika Augusta（1751 Sg. ‒ 1825 Sg.）, seine Base

③ v. Hochstetter, Chn. Fr.（1707 Tb. ‒ 85 Sg.）（Nr. 342）

④ 1735 Kirchen-ExpR, 1767 Vizedirektor, 1774 KD, 1779 Reichsritterstand, Wirkl. Gelehrter GR

⑥ DGB 276

3412   **K. Wilh.**   1744   Sg.   1819   Dett.

① 1764 Mag. Tb., 1772 Pfr zu Stetten am Heuchelberg, 1780 Pfr zu Obereisisheim, 1799 Pfr zu Dett.

② 1 #1777 Dorothea Euphrosyna (1745 Dürrenzimmern – um 85 Obereisisheim) ; 2 #1785 Clara Auguste (1750 Vaih. – ?)

③ 1 Niethammer, Ph. Jak. (1709 Tb. –71 Dürrenzimmern) ; 2 Härlin, Jak. Benj.

④ 1 Pfr zu Dürenzimmern ; 2 Bgm zu Vaih., Hofkammerrat

⑤ 2 Niethammer; Ph. Jak. (1736 Deufringen – 83 Dürrenzimmern) : 1772–83 Pfr zu Dürrenzimmern, Bruder von Dorothea Euphrosyna Niethammer

⑥ DGB 276f. ; Faber 12 (89), 23 (28), 30 (217, 254, 256), 65 (J24) ; Pfeil 1710 ; Binder 158, 164, 243, 665

3413   **Joh. Chn. Fr. v.**   1747   Neuens.   nach   1806   ?

① 1760 Kurmainz. Hauptmann, 1773 Kapitän & Kompaniechef im Kgl. Preuß. Infanterie-Rgt Nr 53 zu Braunsberg in Ostpreußen, 1789 Major, 1798 Oberstleutnant, 1799 Oberst, Regimentskommandeur, Kgl. Preuß. Oberst a.D.

② 1 #? Johanna Sophia ; 2 #? Karoline Amalie Tugendreich (1768 Potsdam – ?)

③ 1 Velhagen, ?., 2 v. Hessen, Heinr. Ludw.

④ 1 ? ; 2 Generalmajor a.D. zu Graudenz   ⑥ DGB 278

3421   **Joh. Amandus Andr. Ritter**   1745   Sg.   1816   Sg.

① 1766 RR & Geh. Sekr., 1783 ExpR, KR-Vizedirektor & Oberster Reichsarchivar, Geh. Ratsregistr., 1785 KD

② #1771 Elisa. Friederika (1749 Sg. – 1823 Sg.)

③ Bühler, Albr. Jak. (1722 Dornstetten – 94)

④ Hofrat, RR, 1762 Geh. Legationsrat, 1773 Gelehrter GR, 1784 Adel.

⑥ DGB 281 ; Faber 1 (B76), 3 (794, 874) ; Pfeil 1136, 1150, 1157, 1176, 1208, 1350, 1397, 1708, 2030, 2046

参考資料

4211 **Ferd. Fr.** 1729 Dürrnau 1802 Brombach

① 1766–99 KlHM zu Rechentshofen, Rat zu Brombach

② #1767 Friederika Rosina（1746 Gemmingen – 1822 Sg.） ③ Schiller, Fr.

④ Atm zu Gemmingen ⑥ DGB 294 ; Faber 8（70）; Pfeil 3496

4212 **Wilh, Fr.** 1731 Dürrnau 1763 Winnenden

① Nadler & Schloßverwalter zu Winnenden

② #1759 Katha. Barb.（1739 Ruzenmühle – 1808 Winnenden）

③ Obermüller, Matthäus. ④ Müller auf der Ruzenmühle ⑥ DGB 294f.

4213 **Gottl. Fr.** 1743 Steinheim ? ?

① Kaufm. zu Frankfurt a. M. ② Anna Katha.（1744 – ?）

③ Jung, ? ④ ? ⑥ DGB 294

4221 **Wilh. Fr.** 1729 Marb. 1787 Marb.

① Substitut zu Adelb. ② unverehel. ⑥ DGB 298

4222 **Chph. Fr.** 1737 Marb. 1789 Marb.

① Skribent zu Marb. ② unverehel. ⑥ DGB 299

4223 **Chn. Fr.** 1740 Marb. ? ?

① kaufmännisch. Buchhalter zu Basel ② unverehel. ⑥ DGB 299

4231 **Eberh. Fr.** 1730 Sg. 1786 Sg.

① 1756 Sekr. & Geh. Kanzlist, 1761 Geh. Registr., 1762/63 Geh. Regierungs- & Kabinetts-kanzlist, 1766 RR & Geh. Sekr.

② 1 #1756 Maria Dorothea（1735 Sg. – 62 Sg.）; 2 #1763 Maria Felicitas（1729 Augsburg. – 96 Sg.）

③ 1 Stockmaier, Chph. Fr.（1699 Sg. - 1782）; 2 v. Garb Edle v. Gibelli, Joh. Baptist

④ 1 1719 Mag. Tb., 1728 Diak. Leonh. zu Sg., 1729 Diak. Hospital. zu Sg., 1731 Diak. Stift. zu Sg., 1743 Stpfr zu Sg., 1744 Dek. zu Sg., 1748-82 Pr zu Bebenh. & GS zu Bebenh.; 2 Bankier zu Augsburg

⑥ DGB 301; Faber 29（AB62）, 71（C18）, 88（C2）; Pfeil 1157, 1165, 1170, 1176 ; Binder 61, 343, 790, 792, 794, 798, 799

4232　Wilh. Fr.　1731　Ludwigs.　1795　Waibl.

① 1750 Mag. Tb., 1761 Diak. zu Pfullingen, 1776-95 Dek. zu Waibl.

② #1761 Rosina Friederika（1732 Ludwigs. - ?）

③ Lederer, Matthäus Fr.（1695 - 1736 Sg.）

④ 1729-36 extraod. Visitationssekr. zu Sg.

⑥ DGB 305 ; Faber 29（AB63）, 61（88）, 104（2）; Pfeil 2094, 2102 ; Binder 294, 737

4233　K. Fr.　1732　Ludwigs.　1762　Sg.

① 1754 Kanzleiadvokat im OR, 1757 Sekr. & Geh. Kanzlist, Geh. Kabinettskanzlist

② unverehel.　⑥ DGB 299 ; Pfeil 1157, 1170, 1350

4234　Chn. Fr.　1741　Sg.　1816　Tuttl.

① Stabsatm zu Hohenkarpfen, Amtspfl zu Tuttl.

② #1772 Juliana Dorothea（1752 Tuttl. - 1828）

③ Vaihinger, Joh. Gottfr.　④ 1767 Stadtschultheiß zu Tuttl.

⑥ DGB 316 ; Faber 29（AB64）, 71（C20）; Pfeil 2928, 2937

4235　Fr. Ludw.　1743　Sg.　1785　Bischofsheim

① Konsulent & Rentatm zu Bischofsheim　② unverehel.　⑥ DGB 300

4236　Ferd. Fr.　1744　Sg.　1791　Sg.

① Kammerschreiberei-Kammerrat zu Sg.

② #1769 Maria Elisa. Christiana（1751 - 1803 Sg.）　③ Schwarz, K. Ludw.

④ Amtsverweser der Klosteramtsschreiberei zu Königs., 1752 Rechnungsprobator zu Schrond.,
1759 RK-Rechenbanksrat zu Sg.

⑥ DGB 318 ; Faber 29（AB41）, 71（C13）; Pfeil 1704, 2781, 3421

4237　Fr. Gottl.　1748　Sg.　1815　Oetisheim

① 1767 Mag. Tb., 1780 Pfr zu Darmsheim, 1802 Pfr zu Oetisheim

② #? Katha.（1758 Darmsheim - ?）　③ Hafenreffer, Fr.

④ 1737-80 Pfr zu Darmsheim

⑥ DGB 322 ; Binder 881

4251　Wilh. Chn.　1728　Göpp.　1765　Göpp.

① Skribent zu Göpp.　② unverehel.　⑥ DGB 323

4252　Joh. Chph.　1737　Göpp.　1790　Göpp.

① Chirurg zu Göpp.

② 1 #1767 Auguste Christina（1737 Göpp. - 81 Göpp.）; 2 #1781 Regina Elisa.（1743 Boll - ?）

③ 1 Burkhardt, Joh. Leonhard（ - 1765 Göpp.）; 2 Weißmann, Joh. Ulr.（1705 Bebenh. - 75）

④ 1 erbprinzl. Gärtner zu Ludwigs. Hofgärtner zu Göpp.; 2 1736 Diak. zu Boll, 1752 Pfr zu
Beuren, 1766-75 Pfr zu Bezgenrieth

⑥ DGB 324 ; Faber 3（339）, 40（131）; Pfeil 984 ; Binder 627, 629, 714

4253　Jak. Fr.　1739　Göpp.　1787　Sg.

① 1756 HGadvokat, 1776 Lieutnant & Adjutant im Generalmajor v. Gablenz'schen Infanterie-Rgt
zu Sg., 1778 ExpedR sowie Bebenh. & Denk. Pfl zu Eßl.

② #? Maria Luisa Benedikta（1737 ? - 1807 Eßl.）　③ v. Schmidberg, ?　④ ?

⑥ DGB 324 ; Pfeil 1323

4411   Fr. Sigmund   1726   Göpp.   1794   Hohengehren

① 1747 Mag. Tb, 1758 Pfr zu Oberbäbingen, 1765 Pfr zu Aichelberg, 1780-94 Pfr zu Hohengehren

② #1758 Julie Gottliebin (1738 Sg. - 1803 Altensteig)

③ Riecke, (Joh.) Viktor Heinr. (1697 Sg. - 1755)

④ 1725 herzogl. Hofmedikus, 1736 Hofmedikus zu Sg., 2. Stadt- & Amtsphysikus & Klostermedikus für Denk., 1749 1. Stadt- und Amtsphysikus, auch 1. Landphysikus & Mitglied der Herzogl. Sanitätsdeputation

⑥ DGB 328 ; Faber 26 (G15) ; Pfeil 322, 348, 2848 ; Binder 264, 289, 670

4412   Jak. Fr.   1734   Göpp.   1796   Sg.

① J.U.D., HGadvokat zu Sg.   ② #1768 Dorothea Barb. (1743 Sg. - 1800 Sg.)

③ Maier, Joh. Chph.   ④ 1736 HGadvokat zu Sg.

⑥ DGB 329 ; Faber 11 (63, 105) ; Pfeil 1323, 1324

4413   Joh. Fr. Wilh.   ?   ?   1798   ?

① Atm zu Neubronn   ② unverehel.   ⑥ DGB 328

4611   Heinr. Fr.   1740   Oßweil   1795   Vaih.

① Stifts- & Kastenpfl zu Vaih.

② 1 ?, 2 #? Elisa. Magda. (1747 Vaih. - 1805 Ludwigs.)

③ 1 Scheuermann, ?, 2 Jung, ?   ④ 1 ?, 2 ?   ⑥ DGB 334

4612   Chph. Fr.   1746   Oßweil   1792   Tb.

① 1766 Mag. Tb., 1773 Repet., 1777 Diak. zu Leonb., 1784 Diak. zu Tb.

② 1 #1777 Juliana Friederika (1751 Sg. - 83 Leonb.) ; 2 #1784 Eleonora Dorothea (1751 Sg. -1814 ?)

③ 1 Schickhardt, Julius Fr.（1723 - 54）; 2 Steinheil, Fr. Albr.（- 1783）

④ 1 1746 HGadvokat, 1748 Kanzleiadvokat im Oberrat ; 2 Sekr. bei Herzog K. Rudolf, 1737-67 Geh.Sekr., 1744-45 RR, 1767 Obertaxator

⑥ DGB 335 ; Faber 26（4A78, 4A89）, 65（P20）, 69（A20）; Pfeil 1161, 1231, 1328, 1355, 1813 ; Binder 372, 385, 935

4621　Joh. Heinr.　1751　Ludwigs.　1796　Sg.

① 1774 Kanzleiadvokat im OR, 1776 Prof. an der Hohen Karlschule, 1787 Syndikus zu Frankfurt a. M., 1793 LSK, Dr. jur.

② 1777 Christiana Magda. Johanna（1755 Böckingen - 1830 Sg.）

③ Schlegel, Joh. Rudolf.（1729-90）　④ Gymn. Rektor zu Heilb.

⑥ DGB 339 ; Faber 26（4A124b）, 69（A17）; Pfeil 1350, 1447

5111　Wolfgang Fr.　1729　Asch　1758　Sg.

① 1753 Repet., 1757-58 Diak. Leonh. zu Sg.

② #1758 Susanna Katha.（1730 ? - 1804 Sg.）

③ Hoffmann, Chn. Dan.（1692 Sg. - 1729 Neuens.）

④ 1720 Diak. zu Neuens., 1724-29 Dek. zu Neuens.

⑥ DGB 390 ; Faber 44（28）; Binder 238, 239, 372, 800

5121　Fr. Ludw.　1739　Lauffen　1823　Öhringen

① Physikus zu Neuens., Physikus zu Öhringen, Hofmedikus & Rat

② #1764 Luisa Barb.（1743 Neuens. - 1823 Öhringen）

③ Pfeilsticker, Chn. Ludw.（1708 Lauffen - 1772）

④ 1730 Stadt- & Amtsschrb. zu Neuens.

⑥ DGB 390 ; Faber 12（75）, 64（261,489）; Pfeil 2674, 2675

6121 **Fr. Aug.** 1733 Kocherstetten 1810 Heilb.

① Kaufm. zu Heilb.

② 1 #1762 Maria Elisa. (1731 Horrh. – 1777 Heilb.) ; 2 #1778 Johanna Elisa. Maria (1733 Heilb. –89 Heilb.), seine Base

③ 1 Belser, Chn.; 2 Hochstetter, Fr. Chn. (1704 Kochersteinsfeld – 69 Heilb.) (Nr. 611)

④ 1 Gerichtsaktuar zu Horrh. ; 2 Aktuar der Ritterschaft des Kantons Odenwald zu Heilb.

⑤ 1 Sieber, Joh. Heinr. (? – ?) : ? ⑥ DGB 397f.

6122 **Chph. Ph.** 1734 Kocherstetten 1800 Heilb.

① Atm zu Sulzfeld, Senator zu Heilb. ② unverehel. ③ DGB 396

6123 **Joh. Ferd.** 1740 Heilb. ? ?

① Kaufm. zu Frankfurt a. M. ② ? ③ Falck, ? ④ ? ⑥ DGB 397

6141 **Joh. Ge. Aug.** 1736 Heilb. nach 1769

① ?

② ? ③ ? ④ ? ⑥ DGB 397

6142 **Konr. Fr.** 1742 Heilb. 1789 Karlsruhe

① Hofgeometer zu Karlsruhe

② #1766 Juliana Marga. (1741 Weins. – 1823 Karlsruhe)

③ Lautenschlager, Joh. ④ Schulmeister zu Weins.

⑥ DGB 398 ; Faber 64 (259)

6211 **Chn. Fr.** 1746 Neuens. 1822 Neuens.

① Kaufm., Hauptzoller & Bgm zu Neuens.

② 1 #1777 Beata Augusta (1751 Denk. – 88 Neuens.) ; 2 #1789 Sophia Regina (1754 Möttlingen –1823 Neuens.)

③　1 Jäger, K. Fr.（1719 Böblingen - 62）; 2 Bührer, Matthäus（1718 Großheppach - 96）

④　1 1747 Diak. zu Waibl., 1748 Klpraez zu Denk., 1752-62 Klprof. zu Denk.; 2 1749 Pfr zu
Möttlingen, 1763-96 Pfr zu Beutelsbach

⑥　DGB 402 ; Faber 3（306, 502）, 26（G15）, 98（B28）; Binder 98, 99, 259, 295, 902

6212　Fr. Ludw.　1748　Neuens.　1810　Kochersteinsfeld

①　1768 Mag. Tb., 1782 Pfr zu Kochersteinsfeld

②　#1782 Johanna Friederika　③　Widmann, ?　④　Kommerzienrat zu Göpp.

⑥　DGB 400 ; Binder 242

6213　K. Gottl.　1753　Neuens.　1813　Epp.

①　Kaufm. zu Heidelberg, Kaufm. zu Epp.

②　#1778 Agnes Sophie（1752 Bönnigheim - ?）

③　Pflugfelder, ?　④　?

⑤　Weigand, Joh. Ludw.（1740 - 77 Epp.）; Kaufm. zu Epp.

⑥　DGB 414 ; Faber 98（B30）

第五世代

11111　Ge. Jak.　1743　Weiler　?　Weiler

①　Schmied zu Weiler

②　#1764 Anna Katha.（1722 Weiler - 98 Weiler）

③　Galgenmaier, Joh.　④　Anwald zu Weiler　⑥　DGB 199

11121　Matthäus　1746　Weiler　1800　Weiler

①　Tagelöhner zu Weiler　②　#? Christine　③　Fuchs, ?　④　?　⑥　DGB 202

11122　Joh. Ge.　1752　Weiler　1828　Winnenden

①　1790 Silberkämmerling zu Sg., Hausschneider im Schloß zu Winnenthal

② 1 #1790 Sophia Katha. (1764 Sg. - 91 Sg.) ; 2 #1808 Regina Friederika (1773 Winnenden -1847 Winnenden)

③ 1 Heim, Chph.; 2 Klink, Joh. Leonhard

④ 1 Mehlhändler zu Sg. ; 2 Metzger zu Sg.   ⑥ DGB 204

12111   Joh. Fr.   1744   Horrh.   1815   Horrh.

① Chirurg & Gerichtsverwandter zu Horrh.

② 1 #1774 Sophie Marga. (1744 Ludwigs. - 79 Horrh.) ; 2 #1779 Regina (1761 Horrh. - 1841 Horrh.)

③ 1 Enslin, Ge. Da.; 2 Koch, Johs.

④ 1 Stadtorganist & Hofmusiker zu Ludwigs. 2 Maurer zu Horrh.

⑥ DGB 215f. ; Faber 28 (128)

12112   Chph. Er.   1746   Horrh.   1829   Horrh.

① Bäcker zu Horrh.   ② #1785 Christiane Katha. (1761 Horrh. - 1825 Horrh.)

③ Knodel, Chn.   ④ Weingärtner zu Horrh.   ⑤ Schneider, Johs. ?

⑥ DGB 216

12113   Joh. Wilh.   1748   Horrh.   1804   Berlin

① 1768 Bombardier im Kgl. Preuß. Feldartillerie-Koprs, 1801 Unteroffizier a. D., 1802 Bg. zu Berlin, Bücher-Antiquar zu Berlin

② 1 #1779 Dorothea Wilhelmina (1746 Dallwitz bei Zossen - 89 Berlin) ; 2 #1790 Dorothea Friederika (? Lobsens - ?)

③ 1 Westphal, ? ; 2 Pfuhl, Chn. Jak. (? - 1789 Lobsens)

④ 1 ? ; 2 Kgl. Preuß. Kreischirurg zu Lobens   ⑤ 1 Fiebig, ?   ⑥ DGB 217

12114   Konr. Erh.   1757   Horrh.   1811   Markgr.

① Chirurg zu Markgr.   ② #1779 Sophie Charlotte (1756 Markgr. - 1829 Markgr.)

③ Ehemann (Ehmann), Joh. Mich.   ④ Chirurg zu Markgr.   ⑥ DGB 236

12115   Gottlob Chn.   1764   Horrh.   1826   Durlach bei Karlsruhe

① Metzgermeister zu Durlach

② #1799 Marga. Magda. (1776 Durlach – 1841 Durlach)

③ Martin, Joseph   ④ Rotgerbermeister zu Durlach   ⑥ DGB 237

12121   Carl Fr.   1765   Ottmarsheim   1831   Ottmarsheim

① Chirurg zu Ottmarsheim

② #1791 Justine Rosine (1765 Neckarwestheim – 1832 Ottmarsheim)

③ Böhringer, Joh. Jak.   ④ Wagner & Ratsverwandter zu Neckarwestheim

⑥ DGB 241

12122   Joh. Gottl.   1768   Ottmarsheim   1822   Kirchh.

① Bauer zu Frauenzimmern, Bauer zu Kirchh.

② #1805 Christina Rosina (1772 Frauenzimmern – 1806 Frauenzimmern)

③ Schmid, Ge. Fr.   ④ Fleckenschütz zu Frauenzimmern   ⑥ DGB 264

34121   K. Andr.   1775   Stetten am Heuchelberg   1798   Obereisisheim

① Vikar zu Obereisisheim, cf. sein Vater, Karl W.; 1780–99 Pfr zu Obereisheim

② unverehel.   ⑥ DGB 277

34131   Joh. Fr. Heinr.   1784   Braunsberg in Ostpreußen   1867   Berlin

① 1794 Kadett zu Kulm, 1796 Unteroffizier, 1797 Gefreiterkorporal im Infanterie-Rgt Großherzog v. Anhalt, 1799 Fähnrich, 1801 Sekondelieutenant im Infanterie-Rgt Jung Larisch, 1805/06 Bataillons- Adjutant, 1811 Premierlieutenant, 1813 Stabskapitän, 1815 Kapitän & Kompaniechef, 1818 Major & etatmäßiger Stabsoffizier, 1829 Bataillonskommandeur, 1834 Oberstlieutenant, 1836 Oberst & Kommandeur des Kaiser-Franz-Grenadier-Rgts, 1840 Generalmajor a. D.

② #1822 Johanna Bertha (1805 Berlin – 32 Berlin)   ③ Behrendt, Chn.   ④ HR zu Berlin

⑥ DGB 278f.

34132　　**K. Wilh. Ludw.**　　1785　　Braunsberg in Ostpreußen　　1812　　?

① Kgl. Preuß. Leutnant　　② unverehel.　　⑥ DGB 278

34211　　**Chn. Albr. K.**　　1774　　Sg.　　1837　　Bläsiberg bei Tb.

① 1798 Württ. Legationssekr. in Paris, 1802 Legationsrat, Kgl. Bayer. & Fürstl. Wallenstein'scher

Hof- & Regierungsrat zu Regensburg, Kgl. Bayer. Justizkanzleirat a. D.

② unverehel.　　⑥ DGB 281

34212　　**K. Jak. Fr.**　　1775　　Sg.　　1849　　Illenau bei Achern

① Ritter des Militär-Verdienst-Ordens zu Heidelberg, Kaiserl. Russ. Hauptmann der Infanterie a. D.

② unverehel.　　⑥ DGB 281

34213　　**Fr. Ludw.**　　1779　　Sg.　　1803　　Dillingen

① Kandidat der Forstwissenschaft zu Dillingen　　② unverehel.　　⑥ DGB 282

34214　　**Konr. Ritter & Edler v.**　　1780　　Sg.　　1867　　Freienwalde a. d. Oder

① 1805 Unterstallmeister zu Sg., 1808 Stallmeister zu Sg., 1810 Stallmeister zu Bern, Kgl. Preuß.

Stallmeister & Direktor des Reitinstituts zu Berlin

② 1 #1810 Henriette Freiin (1787 Hohenasperg – 1812 Bern) ; 2 #1815 Elisa. Emilie Charlotte

(1788 Bern – 1865 Freienwalde)

③ 1 Frhrn v. Hügel, Joh. Andr.

④ 1 kgl. W. General-Feldzeugmeister,　Kommandant von Hohenasberg ; 2 v. Manuel, ?

⑥ DGB 282

42121　　**Chph. Fr.**　　1761　　Winnenden　　1842　　Winnenden

① Wundarzt & Stadtrat zu Winnenden, 1793 Mitglied mehrerer medizinischer Gesellschaften, u. a.

zu Zürich

② #1787 Marie Elise (1765 Winnenden –1814 Winnenden)

③ Heckeler, Joh. Ge.　④　Tuchmacherobermeister zu Winnenden

⑥ DGB 295

42122　Wilh. Fr.　1763　Winnenden　1846　Winnenden

① Nadler & Stadtrat zu Winnenden

② 1 #1794 Johanna Friederika（1763 Boll － 1819 Winnenden）；2 #1820 Louise Juliana（1778

Botenheim － 1854 Winnenden）

③ 1 Glozeis, Ge. Nathanael, 2 Letters, Joh. Albr.（1730 Waibl. － 77 Leutlirch）

④ 1 1752 Diak. zu Boll, 1757-77 Pfr zu Boll；2 1762-85 Pfr zu Botenheim

⑥ DGB 296；Faber 69（B57）；Binder 158, 628, 629

42311　Joh. Heinr.　1764　Sg.　1824　Lauffen am Neckar

① 1784 Mag. Tb., 1799 Pfr zu Degenfeld, 1801 Diak. zu Tuttl., 1812 Pfr zu Lauffen

② ?（? － 1840）　③　Gmelin, K. Ludw.（1734 Herrenberg － 1797）

④ 1762 Pfr zu Hochdorf, 1778-97 Pfr zu Schwenningen

⑥ DGB 301; Binder 543, 581, 672

42312　Aug. Fr.　1765　Sg.　1836　Sg.

① 1787 Eleve für Kamerale der Hohen Karlsschule, Sekr. beim Finanzdepartment zu Sg., Sekr.

beim Bergrat zu Sg.

② #1801 Barb. Charlotta Rosina（1778 Sg. － 1851 Sg.）

③ Hochstetter, Jak. Fr.（1734 Göpp. － 96 Sg.）（Nr. 4412）　④　J.U.D., HGadvokat zu Sg.

⑥ DGB 302；Faber 11（105）

42313　K. Chn.　1773　Sg.1838　Berg bei Sg.

① 1793 Handlungscommis zu Kempten im Allgäu, 1802 Handlungscommis zu Triest, 1816

Kaufm. zu Berg bei Sg.

② unverehel.　⑥　DGB 302

42321   **Ferd. Ludw.**   1763   Pfullingen   1828   Eßl.

① 1816 Amtsschrb. zu Laubach, 1826 Amtsnotar zu Eschenau, 1828 Kanzlist beim Gerichtshof zu Eßl.

② unverehel.   ⑥ DGB 305

42322   **Chph. Fr.**   1771   Pfullingen   1849   Bittenfeld

① 1792 Mag. Tb., 1806 Feldpred. im Spitaldienst, 1807 Diak. zu Gügl., 1817 Pfr zu Schlath, 1827Pfr zu Bittenfeld

② #1807 Eberhardine Luise (1786 Gügl. - 1862 Bittenfeld)

③ Kauffmann, Joh. Konr.   ④ Kammeralverwalter zu Gügl.   ⑥ DGB 306

42323   **Ernst Wilh.**   1774   Pfullingen   1837   Sindelf.

① bis 1817 Kameralverwalter zu Oberndorf am Neckar, Kameralverwalter zu Steinheim a. d. Murr, 1819 Kameralverwalter zu Murrh., 1832 Kameralverwalter zu Sindelf.

② #1811 Juliana Rosina Christiana (1789 Backn. - 1860 Dett.)

③ Klemm, Matthäus. (1748-1817)

④ Bgm & LSass. zu Backn.   ⑥ DGB 311 ; Faber 30 (262)

42341   **Eberh. Fr.**   1773   Tuttl.   1815   Leonbronn

① 1794 Mag. Tb., 1806 Feldpred., 1808 Pfr zu Leonbronn

② #1808 Marga. Barb. (1785 Göpp. - 1859 Göpp.)   ③ Beckh, Johs.

④ Kommerzienrat zu Göpp.   ⑥ DGB 317

42342   **Chn. Fr.**   1777   Tuttl.   1837   Sg.

① 1810 Oberamtsaktuar zu Geislingen, 1812 Oberatm zu Tuttl., 1818 Regierungsrat zu Ludwigs.

② #1813 Christiane Wilhelmine (1792 Sg. - ?)   ③ Jäger, K. Chn.

④ RR & Oberfinanzkammer-Prokurator zu Sg.

⑥ DGB 317 ; Faber 3 (681, 703)

42343　**K. Fr.**　1778　Tuttl.　1828　Backn.

① 1807 Forstkassier zu Neuenbürg, 1818 Forstkassier zu Freudenstadt, 1819 Kameralverwalter zu Wurmlingen, 1828 Kameralverwalter zu Backn.

② #1810 Christiana（? ‒ 1849）　③ Schütz, Joh. Jak.（1763 Maulb. ‒ ?）

④ Rats- & Amtspfl zu Lienzingen（Amt Maulb.）

⑥ DGB 317 ; Faber 27（31b）; Pfeil 2612

42361　**Gotthold Fr. Ferd.**　1771　Sg.　1834　Sg.

① 1787 Eleve der Hohen Karlsschule, Stadtdirektionssekr. zu Sg.

② #1818 Anna Barb.（1769 Warmbach bei Ansbach ‒ 1838 Sg.）

③ Fischer, ?　④ Rosenwirt zu Warmbach　⑥ DGB 318

42362　**Joh. Fr. Chn.**　1779　Sg.　1824　?

① 1791‒93 Eleve der Hohen Karlsschule, Handlungscomis in Bayern, Sekr. beim Pappenheimer Lotto

② unverehel.　⑥ DGB 318

42531　**Fr. Ludw.**　1775　?　?　?

① 1794 Fähnrich im Kreis-Infanterie-Rgt, 1796 Sekondelieutnant, 1797 in österreich. Dienst getreten, 1806 für W. reklamiert & Premierlieutenant im Infanterie-Rgt Kronprinz, 1811 als Hauptmann vermißt

② unverehel.　⑥ DGB 325

42532　**Chn. Ludw.**　1780　Eßl.　?　Rußland

① 1799 Sekondelieutnant, 1803 Premierlieutenant im Batl. v. Oberniz, 1806 Stabshauptmann im Infanterie-Rgt v. Lilienberg, 1807 Hauptmann im Füsilier-Rgt v. Neubronn, 1812 als Hauptmann in russ. Gefangenschaft

② unverehel.　⑥ DGB 325

44111   Wilh. Matthäus.   1773   Aichelberg   1810   Altensteig

① 1793 Mag. Tb., 1802 Diak. zu Altensteig, 1806 Pfr zu Altensteig

② #1803 Elisa. Friederika Charlotte Sophia（1784 Zavel. - 1858 ?）

③ Härlin, Ge. Fr.〔Chn〕（1742 Sg. -）

④ 1775 Pfr zu Trichtingen, 1783 Pfr zu Zavel., 1790 Stpfr zu Bulach, 1810 Pfr zu Erpfingen, 1812 Pfr zu Weilheim

⑥ DGB 329 ; Faber 3（897）; Binder 457, 558, 904

44112   Chn. Sigm.   1777   Aichelberg   1846   Lorch

① Revisor zu Eßl. & Waibl., Amtsnotar zu Lorch

② #1812 Augusta Karol.（1791 Linsenhofen - 1850 ?）

③ Jäger, Jak. Fr.（1752-1809）

④ 1778 Pfr zu Hochdorf, 1787 Pfr zu Linsenhofen, 1804 Pfr Wangen bei Canns.

⑥ DGB 329 ; Faber 30（220b）; Binder 719, 856

46121   Chn. Heinr.   1780   Leonb.   1866   Isny

① Dr.med., 1803 prakt. Arzt zu Lauffen, 1804 prakt. Arzt zu Ellwangen, Landvogteiarzt zu Rottweil, 1818 Kreismedizinalrat zu Reutl., 1824 Kreismedizinalrat zu Ludwigs., 1844 Arzt i. R. zu Isny

② 1 #1804 Johanna Friederike（1784 Lauffen - 1821 Reutl.）; 2 #1822 Sophie Friederike Karol.（1798 Unterleinlauter bei Bamberg - 1861 Wildbad）

③ 1 Zeller, Chph. Matthäus（1746 Tb. - 1817）; 2 Fischer, K. Chn.

④ 1 Dr. med., Physikus zu Lauffen ; 2 Rechnungsrat & Oberrevisior zu Sg.

⑥ DGB 336 ; Faber 42（Bb6）; Pfeil 2527

46122   K. Wilh.   1781   Leonb.   1810

① Prof. Med. Bern, hervorragender Gelehrter, Zoologe, Psychologe

② unverehel.   ⑥ DGB 335

46123　Ernst Fr.　1785　Tb.　1839　Sg.

① 1804 Mag. Tb., 1810 Repet., 1812 Garnisonspfr zu Ludwigs., 1812 Prof. Math. am landwirtschaftl. Institut zu Hohenheim bei Sg., 1823 Prof. Obergymn. zu Sg., bekannter Physiker & Mathematiker

② 1 #1813 Amalie Henrike (1783 Sg. - 1814 Sg.) ; 2 #1819 Wilhelmine Johanna Friederike (1797Asch - 1892 Kirchh.)

③ 1 Enslin, K. Ludw. ; 2 Schott, (Chn) Eberh.

④ 1 Buchhändler zu Sg. ; 2 1787 Pfr zu Asch

⑤ 2 Schickhard, Lud. Albr. Adolph (1785 Tb.- 1816 Ulm) : Prof. zu Ulm

⑥ DGB 335 ; Binder 595

46211　Joh. Heinr.　1778　Sg.　1807　Sg.

① Oberjustizprokurator, 1800 Kanzleiadvokat im OR zu Sg.

② unverehel.　⑥ DGB 339 ; Pfeil 1350

46212　Chn. Fr.　1783　Sg.　1845　Bondorf

① 1803 Mag. Tb., 1810 Pfr zu Fürfeld, 1819 Pfr zu Tamm, 1820 Pfr zu Schmiden, 1828 Pfr zu Holzgerlingen, 1843 Pfr zu Bondorf

② 1 #1811 Friderike Dorothea (1789 Kleiningersheim - 1821 Schmiden) ; 2 #1822 Heinrike Wilhelmine (1783 Unterjesingen - 1850 Gomaringen)

③ 1 Renz, Chn. Fr. (1752 Wildberg - 1828) ; 2 Faber, Immanuel Gottl. (1747 Tb. - 1814)

④ 1 1786 Pfr zu Kleiningersheim ; 2 1775 Pfr zu Unterjesingen, 1797 Stpfr zu Winnenden

⑥ DGB 341 ; Faber 1 (DB85), 3 (529) ; Binder 307, 422, 863

46213　Chn. Ferd.　1787　Sg.　1860　Reutl.

① 1807 Mag. Tb., 1816 Pfr & Schulinspektor der ev. Gemeinde zu Brünn in Mähren, auch Senior des Brünner Bezirks, 1824 Prof. am Schullehrerseminar zu Eßl., 1825 zugleich Diak., 1829 Pfr zu Eßl., Pfarrer & Botaniker

② 1 #1814 Karol. (? – 1815) ; 2 #1817 Karol. (1797 Brünn – 1818 Brünn) ; 3 #1819 JohannaWilhelmine Christiane (1788 Heilb. – 1825 Eßl.) ; 4 #1826 Friederike Sophie (1795 Montjoie – 1861Eßl.), Schwester der dritten Gemahlin

③ 1 Schmid, Joh. ; 2 Leidenfrost, Joh. Chn. ; 3 & 4 Orth, Günther Julius Fr. (1750 Heilb. – ?)

④ 1 Kgl. Preuß. Offizier; 2 Feintuchfabrikant zu Brünn ; 3 & 4 Kaufm. zu Montjoie

⑤ 3 Orth. Heinr. Chn. Fr. (1768 Heilb. – 1817 Antwerpen) : Kaufm. zu Heilb. & zu Malmedy

⑥ DGB 356 ; Faber 11 (108a), 26 (4A 124g)

46214   K. Aug. Bernh.   1790   Frankfurt a. M.   1867   Eßl.

① 1810 Mag. Tb., 1818 Diak. zu Waibl., 1825 Pfr zu Neckartailfingen, 1833 Dek. zu Canns., 1841 Pfr zu Gomaringen, 1863 pensioniert

② #1819 Wilhelmine Sophie (1798 Wolfenhausen – 1856 Gomaringen)

③ Gmelin, Ge. Heinr. (1757 Tb. – 1824)

④ 1786-99 Pfr zu Wolfenhausen., 1799 Pfr zu Eningen

⑥ DGB 381; Faber 25 (428, 594) ; Binder 495, 742

51211   K. Fr. Sigmund   1768   Neuens.   1823   Lorch

① Stadtschrb. zu Lorch   ② #1799 Christiane Marga. (1772 Lorch – 1809 Welzheim)

③ Bühler, Mathias   ④ Klosterbaumeister zu Lorch   ⑥ DGB 391

51212   Alexander Gottfr.   1773   Neuens.   1827   Lahr in Baden

① Kaufm. zu Lahr in Baden   ② unverehel.   ⑥ DGB 391

61211   Chn. Ferd.   1764   Heilb.   1804   Heilb.

① Kaufm. zu Heilb.   ② #1793 Karol. (? – 1839 Mosbach)

③ Lang, ?   ④ ?   ⑥ DGB 399

61212   Heinr. Gottfr.   1766   Heilb.   1814   Heilb.

① Hauptmann zu Heilb. ② #1798 Johanna Gottliebin (1775 Heilb. - 1847 Heilb.)

③ Strengel, Ge. Fr. ④ Assessor zu Heilb. ⑥ DGB 399

61213 Fr. Aug. 1772 Heilb. 1838 Heilb.

① Kaufm. zu Heilb. ② #1804 Maria Christina Friederika (1763 Heilb. - 1824 Heilb.)

③ Hartmann, Johs. ④ Zeugmacher zu Heilb.

⑤ Ruthard, Emanuel Fr. (1754 Ludwigs. - 1802 Heilb.) : Kaufm. zu Heilb.

⑥ DGB 398 ; Faber 3 (723)

62111 Fr. Aug. 1784 Neuens. 1843 Ludwigs.

① 1814 Bg. & Konditor zu Ludwigs.

② #1815 Christiane Friederike (1785 Hoheneck - 1857 Ludwigs.)

③ Zeller, Joh. Chph. (1747 Balingen - 1822) ④ 1781 Pfr zu Hoheneck

⑥ DGB 404 ; Faber 3 (886) ; Binder 847

62112 Gottlob Ludw. 1790 Neuens. 1863 Urspring

① 1818 Pfr zu Cleversulzbach, 1825 Pfr zu Königs., 1830 Pfr zu Simmozheim, 1837 Pfr zu Hohengehren, 1848 Pfr zu Urspring

② 1 #? Henriette (1791 - 1827 Königs.) ; 2 #? Marga. (1794 Königs. - 1865)

③ 1 Klump, Aug. Lebrecht Gottl. ; 2 Spar, ?

④ 1 Chirurg zu Klein Reichenbach ; 2 ?

⑥ DGB 407f. ; Faber 98 (B37)

62113 K. Fr. 1795 Neuens. 1849 Neuens.

① Kaufm. zu Neuens.

② #1823 Auguste Friederike (1800 Wimpfen - 1853 Neuens.), seine Base

③ Härlin, Joh. Ulr. Gottlob (1753-99) ④ Stschrb. zu Wimpfen

⑥ DGB 411 ; Faber 98 (B32)

62114 **Fr. Gottl.** 1800 Neuens. 1867 Freudenbach

① 1826 Pfr zu Winterlingen, 1838 Pfr zu Freudenbach

② 1 #1826 Marie Luise (1803 Neuens. - 31 Winterlingen) ; 2 #1831 Emilie (1805 Neuens.-1863 Freudenbach), Schwester der ersten Gemahlin

③ 1 & 2 Binder, Chph. Fr.   ④ 1 & 2 1795 Diakon zu Neuens.

⑥ DGB 411 ; Faber 98 (B28) ; Binder 239

62131 **Fr. Ludw.** 1781 Epp. 1858 Epp.

① Kaufm. & Bgm zu Epp.

② #1818 Ernestine Sabine Christine (1798 Epp. - 1863 Epp.)

③ Hofmeister, Jak.   ④ Kaufm. zu Epp.   ⑥ DGB 415

62132 **K. Fr.** 1783 Epp. 1856 Nördlingen

① Kaufm. zu Nördlingen

② #? Amalie Josepha (1787 Nördlingen - 1844 Nördlingen)   ③ Kiderlen, ?

④ ?   ⑥ DGB 418

62133 **Chn. Aug.** 1784 Epp. 1861 Epp.

① Konditor zu Epp.

② #1825 Elisa. Wilhelmine (1796 Epp. - 1859 Epp.)

③ Hofmeister, Jak.   ④ Kaufm. zu Epp.   ⑥ DGB 414

索引

■索引

※Wはヴュルテンベルクを指す。
また［W］はヴュルテンベルク公国内の地名

ア

愛　97, 104, 119, 162, 163, 180, 184, 319, 399, 422, 424-426, 430, 432, 433, 437, 438, 439
　愛の快楽　404
　神の愛、キリストの愛　39, 48, 75, 78, 87, 111, 129, 182, 370, 374, 393
　神への愛　19, 21, 111, 113, 115, 393
　キリスト教的愛　14, 159
　敬愛　45
　自然の愛　104
　肉親の愛　48, 75, 76, 78, 103, 104, 119, 129, 397
　友情　74, 82, 102, 438
　隣人愛 Nächstenliebe　34, 39, 40, 144, 154, 156, 159, 166, 182, 189, 226, 439
　恋愛　396, 411, 415, 422, 423, 424, 425, 426, 429, 430, 436, 437, 438, 440
　嫉妬　47, 423, 432, 438
　愛人　430
　信仰と愛　34, 39, 162, 173
アイスキュロス Aiskhylos（前525/524-前456、古代ギリシアの悲劇詩人）　25
　『アガメムノン』Agamemnōn　25
アイスレーベン Eisleben　2, 3, 74
アイゼナッハ Eisenach　15, 19, 30, 107
アヴェロエス Averroes（1126-98、イブン・ルシッド、イスラム哲学者）　46
アウグスティヌス Augustinus, Aurellius（354-

430、教父、ヒッポの）　16, 62, 124
アウグスティヌス隠修道会 Augustinereremiten　7, 13, 16, 17, 19, 106, 115
　——隠修道会厳格派（改革派）　16, 19
　——隠修道院 Augustinerkloster　16, 32, 33, 219
　——隠修道士 Augustiner　32
　『聖——会則』Regula Sancti Augustini　16
アウクスブルク Augsburg　26 ,83 ,85, 106, 150
　『——仮信条協定』Augsburger Interim　243
　『——信仰告白』Confessio Augustana　83, 160, 213, 225, 235, 293, 294
　『——信仰告白弁証』Apologia Confessionis Augustanae 160, 294
　——宗教和議 Augsburger Religionsfriede　198, 199
　——審問　26, 106
　——帝国議会 Augsburger Reichstag（1518年）26、（1530年）　53, 67, 82, 128
アウトサイダー、マイノリティ　11, 12, 123
アウリファーバー Aurifaber, Johannes（1519頃-75、ルター派神学者、ルター語録編纂者の一人）　3, 88, 89, 94,
悪魔　→サタン
悪魔化　→自己肥大化
アグラーヤ　→『白痴』
アスペルク Asperg［W］　223
アダム Adam　46, 325, 328, 362, 363, 365, 374, 408
　——の骸骨　362, 365
　エバ Eva　46, 325, 328, 408
アテナイ Athenai　25
アーデルベルク Adelberg［W］　218, 226, 227,

487

248-251

あの世 →死後の世界

アプト Abbt, Thomas（1738-66、ドイツ啓蒙主義の哲学者）293-295, 303, 306, 309, 315

アブラハム Abraham（族長、イスラエルの始祖）68, 69, 84, 128

阿部謹也（1935-2006）122

アーヘン Aachen 27, 338

　　──大聖堂 Aachener Dom 338, 339

アマースバッハ Ammersbach, Heinrich（?-1691、ルター派神学者）214

阿弥陀、──仏、──如来 98-102, 114-116, 118, 132-135, 138

　　──の本願 98-101, 116, 118, 135

　　──像 98

　　『──経』 →浄土三部経

　　南無──仏 →念仏

　　法蔵菩薩 99

アムスドルフ Amsdorf, Nikolaus von（1483-1565、宗教改革者、ルターの友人）68, 69, 72, 89

アムト Amt［W］218, 220, 248, 249, 252, 253, 255, 260-263, 270

　　──委員会 Amtsausschuß 260, 261

　　──管理人 Amtspfleger 280

　　──集会 Amtsversammlung 260

　　──書記 Amtsschreiber, Amtsnotar 280, 284

　　──の代表 218, 220, 248, 249, 252, 261

　　──マン Amtmann 253, 260, 274, 276, 278　→ラントシャフト

アリストテレス Aristoteles（前384-前322）17, 46, 102, 360, 385

　　──的＝トマス的宇宙論 360

『ニコマコス倫理学』 102

アルス・モリエンディ ars moriendi 126

アルテ・ピナコテーク →ミュンヘン

アルノルト Arnold, Gottfried（1666-1714、ドイツ敬虔主義神学者）151, 306, 314

アルピルスバッハ Alpirsbach［W］248, 249, 266

アルベルトゥス・マグヌス Albertus Magnus（1200頃-80、中世のスコラ神学者）55

アルント Arndt, Johann（1555-1621、ルター派神学者）144-146, 152, 161, 162, 169, 172, 176, 177, 179, 214, 233

　　──的敬虔主義 →敬虔主義（広義の敬虔主義）

　　『真実のキリスト教』 176, 177

アントウェルペン Antwerpen 30

アントニウス Anntonius,［Anntonios］（251頃-356、聖人、アントニオス、修道生活の父）4, 373

アンドレーエ Andreä, Johann Valentin（1586-1654、Wの神学者）221

アンナ Anna（聖人、聖母マリアの母）16

アンハウゼン Anhausen［W］231, 249, 269, 271

イ

イエス 4, 70, 105, 107, 109-111, 353, 354, 357, 362, 363, 367-374, 376, 377, 387, 388, 440

　　イエス・キリスト 23, 45, 59, 82-84, 91, 105, 182, 354, 394, 439

　　主イエス・キリスト 9, 213

　　救い主イエス・キリスト 79, 114

　　キリスト 2, 6-8, 23, 32, 36-39, 54, 60, 64, 65, 67-71, 75-77, 79, 80, 82-85, 87, 91, 97,

索引

103, 105-114, 123, 126, 128-130, 134, 142,
148, 160, 174, 176, 178, 182, 189, 200, 213-
215, 224, 235, 297, 299, 301, 312, 341, 354,
361, 364-366, 371, 384, 394, 403, 412-415,
424, 438-441

神の子　63, 79, 105, 143

神の子羊 Agnus Dei, Gottes Lamm　353

救い主　79, 105

贖い主　441

苦しむ人 Schmerzmann　363, 364
　　→神

イエズス会 Societas Jesu, Jesuiten　148

イカロス Ikaros　396, 410

イギリス　262, 295, 320, 332, 333, 342, 402

石田瑞麿 (1917-99)　101

『イーゼンハイム祭壇画』→グリューネヴァルト

イタリア　7, 16, 337, 343, 345, 355, 380, 389,
397

異端 Ketzerei　7, 9, 27, 31, 46, 160, 205, 214,
236

　　──者 Ketzer　27, 106, 123, 180

一神教 Monotheismus　327

　　多神教 Polytheismus　327

　　理神論 Deismus　204, 320, 327

　　理神論者 Deist　294, 306

一向専修　→念仏

一念　→念仏

イッポリート　→『白痴』

いのち　34, 37, 38, 70, 83, 87, 117, 137, 368,
370

祈り、祈祷　10, 17, 18, 36, 42, 47, 48, 50, 51,
53, 58, 62, 65, 66, 72, 75, 77, 78, 93, 112,
115, 122, 124, 125, 127, 165, 173, 186, 173,
186, 204-206, 221, 298, 299, 363, 364, 375

死者のための──　58, 72

死者のための共同祈祷週 Gemeindewoche
52, 128

主の──Pater Noster, Vaterunser　66, 299

ゲッセマネの──Jesu Gebet in Gethsemane
363, 364, 375

戒め　→律法

インド　121, 151

インノケンティウス3世　→教皇

隠修士　→修道士

ウ

ヴァイマール Weimar　156, 307

ヴァイラー・ツム・シュタイン Weiler zum
Stein [W]　272

ヴァインスベルク Weinsberg [W]　227, 269,
285, 287

ヴァーグナー (ファウストの助手)　→『ファ
ウスト』

ヴァルトブルク Wartburg　31, 33

　　──城　30, 32, 107

ヴァルドー派 Waldenses　7, 9

ヴァルハイム Walheim [W]　268

ヴァルヒ Walch, Johann Ludwig (Wの宗務局
長官、在位1611-16)　266

ヴァルマン Wallmann, Johannes (ドイツ敬虔
主義研究者)　145-149, 151, 152, 169, 171,
216

ヴァン Vann, James Allen　248, 254, 255

ヴィッテンベルク Wittenberg　2, 11, 14, 17,
21, 27, 32-35, 39, 40, 73, 74, 76, 88, 107,
117, 151, 216

　　──市教会 Wittenberger Stadtkirche　52,
107

489

——城教会 Wittenberger Schloßkirche　81

——大学　17, 73, 74, 77, 80, 88, 104

——大学神学部　18, 26, 106, 107

ヴィネンデン Winnenden〔W〕273, 285, 290

ヴィルヘルム（アンハルト公）Wilhelm von
Anhalt（フランシスコ会修道士、1504年死
亡）15

ヴィルヘルム・ルートヴィヒ公　→ヴュルテン
ベルク公

ウィーン Wien　204, 222, 224, 343

―― 美術史美術館 Kunsthistorisches
Museum　346

聖シュテファン大聖堂 Stephansdom　343

ヴェネチア Venezia　343

聖マルコ大聖堂 Basilica di San Marco　343

ウェーバー Weber, Max（1864-1920）96, 121,
137, 292

「世界宗教の経済倫理　中間考察」121

ウェルギリウス　→『神曲』

ヴェルフリン Wölfflin, Christoph（1625-88、
Wのプロープスト）218, 247

ヴォルフ Wolff, Christian（1679-1754、ドイツ
啓蒙期の哲学者）204, 209, 320

ヴォルムス Worms　27, 28, 30

——大聖堂 Wormser Dom　342

——勅令 Wormser Edikt　29, 31

——帝国議会 Womser Reichstag　27, 28,
30, 31, 34-36, 39, 40, 107, 116

ヴュルテンベルク公国（領邦）Herzogtum
Württemberg　140, 149, 150-152, 171-173,
193, 197, 198, 203, 205, 210-212, 217, 219-
223, 225, 228, 229, 232-236, 238, 239, 242-
247, 250-255, 257-260, 262-265, 267, 268,
290, 295, 296, 304, 305, 337

——の教会制度　217-222, 243-251　→監
督、→宗務局、→総監督、→プレラート、→
プロープスト

——の支配層　251-264　→エールバールカ
イト

——の政治組織　251-264

ヴュルテンベルク公Herzöge von Württemberg

ウルリヒ6世 Ulrich（1530-50）217, 219,
243, 248, 252

クリストフ公 Christoph（1550-68）217,
243, 244, 247, 248, 253, 256

エーバーハルト3世 Eberhard（1633-74）
221, 254, 255

ヴィルヘルム・ルートヴィヒ公 Wilhelm
Ludwig（1674-77）221, 232, 255

フリードリヒ・カール公 Friedrich Karl（摂
政1677-92）221, 222, 232, 255, 295, 296

エーバーハルト・ルートヴィヒ公 Eberhard
Ludwig（1693-1733）221, 232, 255-259,
295, 296, 303

カール・アレクサンダー公 Karl Alexander
（1733-37）259-261

カール・オイゲン公 Karl Eugen（1744-93）
203, 261, 262

内なる人 innerlicher Mensch　36-39, 165, 326

外なる人 äußerlicher Mensch　36, 38, 39,
154

内村鑑三（1861-1930、無教会主義キリスト者）
119, 120

——ルツ子（1894-1912、内村鑑三娘）119,
120

宇宙　359, 360, 390

（シュライエルマッハー）318, 319, 321-330

——の直観と感情 Anschauung und Gefühl

des Universums　321, 322, 327, 328

美しい　45, 345, 346, 396, 399, 405, 407, 412, 413, 415, 419, 440

　　まことに──人間　412, 413, 415, 440

ウルバヌス2世　→教皇

ウルリヒ6世　→ヴュルテンベルク公

ウルム Ulm　337, 350

　　──ミュンスター［大聖堂］Ulmer Münster　337, 350

ウンターイェジンゲン Unterjesingen［W］267

ウンターエンジンゲン Unterensingen［W］266

ウンター・フォークト　→フォークト

ウンターレニンゲン Unterlenningen［W］269

エ

エアバウウング Erbauung（シュペーナーの──）152, 162-164, 166-168, 172, 173, 180, 181, 183-192、（ヘディンガーの──）297, 298, 300, 301, 305

エアフルト Erfurt　16-18, 73, 115, 150, 156

　　──大学　16, 74

　　──の修道院　16, 115

永遠 aeternitas, Ewigkeit　19, 31, 67, 84, 86, 104, 107, 109, 299, 318, 322, 326, 404, 412

　　──の憩い ewige Ruhe　77

　　──の生命 vita aeterna, ewiges Leben　21, 75, 78, 129, 130, 213, 294

　　──の王国 regnum Christi aeternum　76, 129

　　──の死 ewiger Tod　70, 80, 105

　　──の救い　76, 77

　　──の世界 ewige Welt（シュライエルマッ

ハー）322

　　──の罰　92, 213

　　──の滅び　21, 113

魂の不死 Unsterblichkeit der Seele　320

永代協約 Erbvergleich（W、1770年）262

エーガルト Egard, Paul（? -1643、ルター派神学者）214

エゼキエル Ezekiel（前6世紀頃、イスラエルの預言者）68, 69, 84

エック Eck, Johann（1486-1543、インゴルシュタット大学教授）26, 32, 106

エック Eck, Johann（? -1524、トリーア大司教の法務官）28

廻向　100, 101, 102, 132, 134-137

　　──発願心　100　→至誠心、→深心

　　往相──　135

　　還相──　134-136, 138

エジプト　4, 354

恵信［尼］（1182─1268、親鸞の妻）133, 135

『恵信尼消息』133, 135

エスリンゲン Esslingen（帝国都市）283

エッカーマン Eckermann, Johann Peter（1792-1854、著述家、ゲーテの秘書）396-400, 402

エッピンゲン Eppingen［W］287

エッフェル塔 Tour Eiffel　→パリ

エーティンガー Oetinger, Friedrich Christoph（1702-82、Wの敬虔主義者）151

エデンの園 Garten Eden　341, 408

　　楽園 Paradies　46, 324, 363

　　楽園追放 Vertreibung aus dem Paradies　363

エバ　→アダム

エーバーハルト・ルートヴィヒ　→ヴュルテンベルク公

エーベルスバッハ Ebersbach［W］278

491

エラスムス Erasmus, Desiderius（1466-1536）
15, 23, 30

エリザヴェータ夫人　→『白痴』

エーリンゲン Öhringen　285

エルサレム　46, 341, 356, 363, 364, 366-368
──入城 Einzug in Jerusalem　36, 364, 366,
368

エールバールカイト Ehrbarkeit（W）220, 221,
229, 238, 249, 251-264, 270, 275, 281, 288-
290, 295

遠近法　361

エンパイアーステートビルディング　→ニュー
ヨーク

延暦寺　98

オ

オイフォーリオン　→『ファウスト』
──悲劇　→悲劇

オヴェン Owen［W］267, 268, 272

『黄金伝説』Legenda Aurea　50

往生　98-101, 131-136
『往生要集』　→源信
『往生礼讃』　→善導

往相廻向　→廻向

大川正巳　446

オジアンダー Osiander, Andreas（1498-1550
ニュルンベルクの宗教改革者）78, 103
── Johann Adam（1622-97 テュービンゲ
ン大学学長）234
── Johannes（1657-1724、Wの宗務局長官）
231

オステローデ Osterode　379

オスマン・トルコ　402　→トルコ

越智武臣　446

オットマルスハイム`Ottmarsheim［W］275

オッペンハイマーOppenheimer, Joseph Süss
（1698?-1738、Wの宮廷ユダヤ人）260, 261

オーバーアイジスハイム Obereisisheim［W］277

オーバーコッヒェン Oberkochen［W］273, 274

恩寵 gratia, Gnade　3, 21-24, 26, 60, 77, 91, 109,
113, 162, 173, 176, 179, 194, 301, 342, 382,
393, 441

カ行

改革派　→カルヴァン、カルヴァン派

絵画論（ダ・ヴィンチ）358-362

悔悛の秘蹟 poenitentia　46-51, 53, 55, 57-59,
61　→告解の秘蹟

ガヴリーラ　→『白痴』

カエタヌス Caietanus, Thomas（1469-1543、枢
機卿）26, 106

カエサリウス Caesarius von Heisterbach（1180
頃-1240、シトー会修道士）51

覚如（1270-1351、親鸞のひ孫、本願寺第3世）
133
『執持鈔』　134
『親鸞伝絵』　133

鍵の権能　→教皇

膳臣広国（陰陽師）→『日本霊異紀』

学者 Gelehrte　119, 205, 237, 283, 310, 311, 379,
405
神学者　18, 19, 49, 172, 176, 187, 197, 200,
214, 216, 217, 219, 223, 233, 305, 317, 331
聖書学者　151　　哲学者　46, 290
法学者　193, 203
教会法学者 Kanonist　55, 56
数学者　283　　　動物学者　283
心理学者　283　　物理学者　283

カタリ派 Cathari　7, 9

活版印刷　59, 106

カトリック、――教会　7, 9, 10, 26, 32, 43, 44,
48, 54, 56, 58, 59, 61, 64, 70, 71, 83, 85, 87,
106, 107, 120, 123-127, 145, 147, 148, 153,
155, 156, 166, 167, 202, 220, 224, 242, 243

　　――の救済体系、教義体系　46, 48, 54, 55,
58, 125, 313

　　――の二重倫理　54

　　反――集団　7

哀しみ　384, 385, 394

『カノンと呼ばれる私誦ミサの悪どさ』　→ル
ター著作

家父 Hausvater　164, 298, 302, 314

　　家母 Hausmutter　164, 195

　　全き家 das ganze Haus　302

カペル Cappel, Joseph（1614-89, Bebenhausen
のプレラート）　266, 268

神

　　――との神秘的合一　331

　　――の愛　39, 182

　　――の怒り　51, 108, 221, 222, 374

　　――の恩寵　3, 21-23, 60, 91, 113, 162, 173,
176, 179, 194, 301, 382

　　――の顧み Sehen, Ansehen　110-112, 114,
394

　　――の義 Gerechtigkeit Gottes　18, 22, 113

　　――の裁き　18, 19, 109, 113

　　――の救い　22

　　――の存在　320　　――の知恵　22

　　――の力　22　　　　　――の道具　174, 223

　　――の働き　22, 37, 111, 114

　　――の法　201, 205

　　――の御旨　111, 177, 297, 373

　　――の約束　20, 61, 64, 127

　　――への畏れ　164, 187, 196, 237, 302

　　父なる――　92

　　至高者 Allerhöchste　110, 393

　　創造者　358, 359

　　超越者　326, 360

　　→イエス

神の言葉 Wort Gottes　28, 29, 31, 32, 34-40,
82, 104, 112, 116, 117, 154, 155, 157, 159,
163, 165-167, 174, 175, 179-181, 186, 189,
191, 294, 298-303, 305, 343, 325, 329

　　み言葉 Wort　37, 64, 65, 84, 85, 91, 297-299

カメラール Camerarius, Joachim（1500-74、人
文主義者、ライプツィヒ大学教授）88, 90

「ガラテヤ書」（聖書）　→聖書（各巻）

『ガラテヤ書講解』（ルター）　→ルター著作

『カラマーゾフの兄弟』　→ドストエフスキー

カルヴァン Calvin, Jean（1509-64）319

　　――派　244, 331, 332

　　改革派　149, 221, 224, 226

　　改革派教会　141

　　改革派敬虔主義　→敬虔主義

カール・アレクサンダー　→ヴュルテンベルク公

カール・オイゲン　→ヴュルテンベルク公

カール5世 Karl［カルロス1世］　→皇帝

カール大帝 Karl der Große, Charlemagne　→
皇帝

カール・ヴィルヘルム・フェルディナント公
Karl Wilhelm Ferdinand（1735-1806、ブラ
ウンシュヴァイク＝ヴォルフェンビュッテル
公）306

カールシュタット Andreas Rudolf Bodenstein
von Karlstadt（1477/86頃-1541、宗教改革急
進派）14, 23, 26, 32, 33, 38, 43, 88, 90, 117

カルフ Calw［W］ 228

カルメル会 13

カルロス1世 Carlos（スペイン国王在位1516-56、＝カール5世） 27

感性 Sinn（シュライエルマッハー） 321, 323, 324, 326, 386

感情 75, 102, 103, 308, 429, 430, 438, 441
（シュライエルマッハー） 317, 319, 321-324, 327-330 →宇宙、→直観
絶対依存の——schlechthiniges Abhängigkeitsgefühl 324
宗教的—— 173, 181, 191
恋愛—— 422, 429, 430, 436-438, 440

カント Kant, Immanuel（1724-1804） 316, 320, 321, 323
——の宗教観 320, 321

カントール Cantor, Petrus（? -1197、ローマカトリックの神学者） 49
『秘蹟大全』 49

監督（教会の役職, W）Special-Superintendent 218, 220, 229, 245, 246, 250, 263-271, 275, 277, 279, 281, 282, 284
——区 Special-Superintendenz 218, 226, 227, 249, 250-251, 272, 273
総——Generalsuperintendent 218, 220, 229, 232, 244, 245, 250, 268-270, 275, 276, 280, 289
総——区 Generalsuperintendenz 218, 226, 227, 250, 251

監督（教会の役職、W以外） 3, 73, 74, 79, 89, 308

『観経疏』→善導

カンペ Campe, Joachim Heinrich（1746-1818、啓蒙期の教育者） 306, 307, 309, 310, 312,

315

観音菩薩 →菩薩

『観無量寿経』 →浄土三部経

キ

キケロ Cicero, Marcus Tullius（前106-前43、古代ローマの政治家、思想家） 2, 46

儀式（教会の） 32, 43, 63, 78, 80, 81, 95, 96, 123, 127, 145, 170, 242, 249, 310, 329, 331, 341, 353, 354
→教義、→敬虔

犠牲 →ミサ

祈祷 →祈り

希望（終末論的） 45-47, 78, 79, 85, 87, 93, 120, 129, 134, 178, 184, 214, 215, 216
［死者との］再会の—— 78, 79, 85, 93, 120, 129, 134
→千年王国論的——

義認 justificatio, Rechtfertigung 144, 146, 169
自己—— 19
信仰——sola fide, Glaubensgerechtigkeit 43, 61, 64, 65, 78, 93, 126, 127, 175, 181

『九十五箇条の提題』 →ルター著作

救済 →救い

宮廷 Hof 80, 143, 148, 183, 197, 198, 204, 221, 222, 232, 239, 255-258, 262, 296, 300, 304, 380
——医師 Hofmedikus 284, 285
——楽師 274
——顧問 86, 276
——裁判所判事 276
——詩人 398
——説教者 Hofprediger 28, 73, 80, 150, 218, 247, 248, 269, 275, 295, 296

――文化 Hofkultur　149, 183, 221, 222, 239, 293

教会 ecclesia, Kirche, Gemeinde　2, 5, 7, 10, 26, 33, 42, 52-56, 63, 71, 122-124, 143, 150, 155, 156, 160, 163, 166, 167, 170, 173-175, 177, 179, 184, 188, 189, 194, 199-203, 208-211, 214, 215, 220, 223, 228, 231, 236-239, 248, 295, 298, 299, 301, 302, 304, 305, 312, 313, 328, 329, 337, 380

――改革Reform der Kirche, Besserung der Kirche　32, 142, 144, 146, 161, 169, 170, 171, 172, 177-181, 183-185, 187-189, 191, 194, 196, 210, 211, 216, 217, 232, 238, 314,

――会議 concilium　188, 201

――会議（W）Synodus　218, 222, 229, 232, 233, 250

――内の小教会　→敬虔の集い

――なきキリスト教　143

――の宝 thesaurus ecclesiae　10, 58, 61, 62, 313

この地上の――のより良き状態 einiger bessern Zustand der Kirche hier auf Erden　147, 177-179, 197, 215, 216, 223

――法 ius canonicum, Kirchenrecht　61, 127, 199, 200, 209

――身分　→身分

キリストの体なる――　190

国――Staatskirche　140, 143, 148, 149, 196, 197, 200, 205, 206, 208-210, 301, 330

反国――　296

→領邦教会

教会（建築）Kirche　337-350, 352-354, 356, 357, 360, 380, 382, 383, 387, 389-392

バシリカ様式 Basilika　339, 341, 342, 344

集中式 Zentralbau　338

ロマネスク様式 Romanik, Romanesque　341, 342

ゴシック様式 Gotik, Gothic　342, 344, 403

バロック様式 Barock, Baroque　390

『教会のバビロン捕囚について』　→ルター著作

教義 Dogma　7, 26, 43, 58, 93, 106, 123, 126, 144-147, 162, 169, 172, 200, 201, 217, 247, 260, 292, 311, 314, 320, 328, 331　→儀式、→敬虔

『教行信証』　→親鸞

教区（W以外）paroecia, Pfarrei　5, 329

――民（W以外）　107, 117, 160, 161, 167, 315

教区（W）Pfarrei　218, 249, 250

――民（W）Pfarrkind　227, 228

教皇、ローマ教皇 Papa, Romanus Pontifex, Papst　8, 26, 29, 31, 33, 34, 53-56, 61, 124, 125, 155, 158, 200, 313

――使節 päpstlicher Nuntius　30

――制 Papsttum　26, 29, 106, 178, 179, 184, 215, 236

――制の没落　179, 215, 223, 224, 235, 236

――庁 curia romana, Curie　8, 27, 54, 55, 124, 125, 223

――勅書 bulla apostolica, päpstliche Bulle　27, 31

――派 Papist　71, 155, 157,

鍵の権能 Schlüsselgewalt　54-46, 293

アレクサンデル4世 Alexander（在位1159-81）　16

インノケンティウス3世 Innocentius（在位1198-1216）　7, 8, 56

ウルバヌス2世 Urbanus（在位1088-99）

53, 124

グレゴリウス1世 Gregorius（在位590-604）
65, 91

グレゴリウス9世（在位1217-41） 13

シクストゥス4世（在位1471-84） 56

ボニファティウス8世 Bonifatius（在位
1294-1303） 46, 54, 124

ホノリウス3世 Honorius（在位1216-27） 8

レオ Leo10世（在位1513-21） 26, 27, 106

教典宗教 →宗教

共同祈祷週 →祈り

教養 Bildung 148, 219, 418
——市民層 Bildungsbürgertum 242, 315,
317, 327, 329, 332, 333
——人 317, 332, 333

ギリシア 25, 353, 359, 396, 397, 400
——語 102, 172, 189, 195, 237, 242
——神話 397, 400
——独立運動（戦争） 401, 402

キリスト →イエス

キリスト教 Religio Christiana, Christentum
——の本質 145, 173, 180

『キリスト教教育論』 →ヘディンガー

『キリスト教教会と集団の社会教説』 →トレルチ

キリスト者、キリスト教徒 Christianus, Christ,
Christenmensch 6, 12, 20, 28, 35-40, 49,
56, 61, 65, 66, 70, 75, 82, 83, 91, 104, 112,
117, 119, 137, 154-159, 161, 165, 166, 168,
176, 177, 179, 184-186, 206, 225, 302, 313,
314, 439

キリスト者の自由 libertas christiana, Freiheit
eines Christenmenschen 20, 21, 35-40,
104, 106, 113, 137, 154-156, 439

『キリスト者の自由』 →ルター著作

『キリストの聖餐について、信仰告白』 →ル
ター著作

『キリストの聖受難の考察についての説教』 →
ルター著作

キルケゴール Kierkegaard, Søren Aabye（1813-
55） 137

キルヒハイム・ウンター・テック Kirchheim
u.Teck［W］ 265, 266, 268, 269, 272, 274

近世 frühe Neuzeit 140, 242, 243, 315, 343

近代 Neuzeit 3, 97, 137, 143, 331, 332, 370
——的 128, 361, 371, 380
——科学 331
——国家 moderner Staat 211
——社会 moderne Gesellschaft 25, 42, 303
——ドイツ 242, 332, 333
——日本 120
——プロテスタント 316
——文化 moderne Kultur 331, 332, 389

禁欲 Askese、禁欲的生活 4-6, 146, 438, 439
——的プロテスタンティズム asketischer
Protestantismus 96, 137, 292

ク

悔い改め Buße 26, 47, 54, 59, 60, 61, 91, 177,
179, 221, 222

倶会一処 134

クェーカー Quaker 225

『九月聖書』 →聖書

苦難 Leiden 79, 84, 85, 102-106, 109, 110, 112,
113, 115, 147, 294, 306, 393, 408, 410, 428,
438-440
——と信仰 102-114
——の意義 109-116

クニットリンゲン Knittlingen［W］ 269

索引

クヌッツェン Knutzsen, Johannes（ヴィッテ
ンベルク大学生）77

グノーシス派 Gnostizismus 369

クヒェン Kuchen［W］267

供養 41, 121, 131, 132, 134, 442
追善―― 132, 134, 442

クラウゼ Krauze, Joh.（ハレの枢機卿アルブレ
ヒトの顧問官）90

クラーマ Cramer, Daniel（1568-1637ルター派
神学者）214

『クリスマス・キャロル』 →ディケンズ

クリュニー修道院 L'Abbaye de Cluny 5

グリューネヴァルト Grünewald, Matthias
（1470-80頃-1528、ドイツルネサンス期の画
家）356, 379

苦しむ人 →イエス

クルピス Kulpis, Johann Georg von（1652-98、
Wの宗務局長官）229, 232, 234, 235, 238, 247

グレーヴェニッツ Grävenitz, Chrisiane Wilhelmine
von（1688-1744、エーバーハルト・ルート
ヴィヒ公の側室）257

グレゴリウス1世 →教皇

グレゴリウス改革 Gregorianer Reform 5

グレートヒェン →『ファウスト』

グロースボットヴァル Großbottwar［W］223,
226, 227

ケ

景戒（平安初期法相宗の僧）131
『日本霊異紀』131

敬虔 15, 17, 28, 29, 48, 74, 75, 77, 130, 144-
146, 165, 166, 168, 169, 173, 174, 180-185,
190, 191, 193, 194, 196, 214, 234, 237, 239,
293, 296-298, 300, 302, 305, 314, 345

――な生活 gottseliges Leben 162, 163, 173-
177, 179-181, 186, 189-191, 221, 233, 237

――の実践 praxis pietatis 146-148, 162,
169, 196, 314
→儀式、→教義

敬虔主義 Pietismus, pietism 140-152, 169, 170,
173, 177, 193, 197, 198, 203, 204, 210, 211,
232, 235, 237, 244, 264, 289, 296, 301, 314,
315, 329, 332

「――に関する勅令」（1694年W）235
改革派――reformierter Pietismus 141, 142,
145, 149, 151

急進的――radikaler Pietismus 149, 151, 168,
238, 306, 314

教会内――kirchlicher Pietismus 149, 151,
152, 301

狭義の―― 146, 149, 169, 170, 171, 193

広義の―― 146, 147, 169-171, 191, 314

初期―― 147, 148, 152, 171, 193, 196-198,
210, 211, 330

福音的―― evangelical Pietism 145, 147

ルター派―― 140, 142, 149-151, 296, 297

『敬虔なる願望』 →シュペーナー

敬虔の集い、コレーギア・ピエターティス
collegia pietatis, Privatversammlung,
Konventikel 146, 148, 150, 152, 162, 164,
167, 172, 179, 180, 187, 188, 191-198, 203-
205, 209-211, 233, 234, 238

教会内の小教会 ecclesiola in ecclesia 146,
167, 195, 197, 208-210

国家内の一団体 206, 208-211

芸術 Art, Kunst 307, 352, 359, 360, 361, 376,
382, 385-387

――家 360, 379, 380, 385-387

497

――観　360, 361, 376, 386

――作品　352, 387

絵画――　358, 359

祭壇――　355

「聴く」――　386-388

「見る」――　358-362, 385-386

形而上学（シュライエルマッハー）　→哲学

啓蒙主義 enlightenment, Aufklärung　142, 151, 211, 307, 315, 317, 319, 320, 327, 331

ゲッセマネの祈り　→祈り

血肉　→身体

ゲッピンゲン Göppingen［W］　228, 260, 277, 279

『決別説教』　→ヘルダー

ゲーテ Goethe, Johann Wolfgang von（1749-1832）　307, 308, 350, 390, 396-402

　→『ファウスト』

ケーニヒスブロン Königsbronn［W］　249, 285

ゲハイメ・トゥルーエ　→ラントシュテンデ

ケラリウス Cellarius, Johannes（1496-1542）　79

ゲリヒト Gericht　253, 274, 279, 286

ゲルハウゼン Gerhausen［W］　265

ゲルホッホ Gerhoch von Reichersberg（1093-1169）　4

ケルン Köln　11, 293, 337, 338, 341-346, 350

――大司教　342

――大聖堂 Kölner Dom　336-338, 340, 342, 344-346, 349, 350, 390

源空　→法然

原罪　→罪

原始キリスト教　143, 144, 170, 216, 369, 370

源信（942-1017、天台宗の学僧）　98, 131-134

現世 Welt　4, 9, 48, 131, 132, 136, 404, 406, 407

　→この世、→世俗

還相廻向　→廻向

ケーンゲン Köngen［W］　279

顕密仏教　132

権力 Macht　7, 27, 31, 111, 209, 313

教会――　157, 199, 200, 201-203, 209

教皇――　117

皇帝――　117, 313

世俗――、国家――、政治――　92, 156-161, 166, 197, 199-202, 205-208, 211, 223, 229, 248, 303, 313, 329, 330

世俗――者　125, 158-161, 220, 263

コ

高次の実在主義 ein höherer Realismus　322, 326

公会議 concilium　26, 27, 29, 31, 34, 157, 158

コンスタンツ―― Concilium Constantiense, Konzil von Konstanz　31

第四回ラテラノ――Concilium Lateranense Quartum, viertes Laterankonzil　49, 123

皇帝（神聖ローマ帝国外）

コンスタンティヌス帝 Constantinus, Flavius Valerius（ローマ帝国正帝在位310-337）　341

カール大帝 Karl der Große（742-814）　338

皇帝（神聖ローマ帝国）Kaiser　27-29, 31, 94, 107, 116, 117, 200, 223, 262, 313, 397

カール5世 Karl（1500-58、在位1519-56、スペイン国王としてはCarlos 1世）　27, 31, 107

ジギスムント Sigismund（在位1411-37）　27

マクシミリアン1世 Maximilian（在位1493-1519）　27, 94

国際法 Völkerrecht　204

索引

告白（告解における）　→告解

告白 confessio　77, 82, 83, 85, 91, 174, 175, 213, 227, 228, 388

　→信仰——

極楽浄土　→浄土

乞食（ヨーロッパ）Bettler　2-4, 9-12, 14, 20, 21, 23, 24

　聖なる——　4, 14, 15, 19-21

　ルターの——観　12-21, 23, 24

　托鉢 Betteln　8-10, 13-15, 20

コスモス Kosmos　359, 361

コスロフスキー Koslofsky, Craig M（歴史家）. 42, 43

国家　144, 199, 201, 202, 210, 211, 294, 295, 303, 306, 307, 312, 314, 315, 329, 331

　——権力　→権力

　——主権　202, 203

　近代——　→近代

　絶対主義——　→絶対主義

　領邦——　→領邦

告解の秘蹟 Beichte, Bußsakrament　10, 18, 49, 54, 59, 123, 124, 125, 127　→悔悛の秘蹟

　痛悔 contritio, Reue　49, 50, 60, 61, 124

　告白 confessio, Beichte　18, 50, 53, 123, 126

　償罪 satisfactio, Benugtuung　10, 50, 53, 55, 58, 59, 61, 62, 123-125

心　19, 28, 34-36, 39, 40, 59-61, 74-76, 82, 83, 98, 99, 101, 103, 108-111, 114, 115, 117, 126, 129, 135, 138, 147, 182-184, 189, 204, 226, 294, 297-301, 305, 309-311, 314, 315, 318, 321, 322, 324, 351, 358, 360, 361, 383, 388, 393, 396, 398, 401, 404, 405, 407, 417, 432, 436

国教会　→教会

国教会内の小教会　→敬虔の集い

コッヒェルシュテッテンKocherstetten［W］269

孤独　4, 136, 137, 183, 188, 374, 376, 398, 429

　——と無常　136-138

この世　4, 9, 10, 13, 38, 42, 50, 53, 58, 62, 67, 74, 76, 77, 84, 86, 88, 104, 121-123, 125, 129, 130, 135-138, 147, 156, 159, 178, 200, 213, 214, 216, 235, 301, 393, 412, 429, 432

　→世俗、　→現世

「コリント書第Ⅰ」　→聖書（各巻）

「コリント書第Ⅱ」　→聖書（各巻）

コルマール Colmar　373

コレーギア・ピエターティス　→敬虔の集い

コンスタンティヌス帝　→皇帝

コンスタンツ公会議　→公会議

コンラート Konrad Ⅱ.von Thüngen（1466頃-1540、ヴュルツブルク司教）381

コンラート Konrad von Hochstaden（ケルン大司教在位1238-61）342

サ

再会　75, 78, 120, 129, 134

　［死者との］——の希望　78, 79, 85, 93, 120, 129, 134

最後の審判 Jüngstes Gericht　69, 127, 129, 147, 169, 213-215

最後の晩餐 ultima cena, letzte Abendmahl　353, 354, 361, 362, 364, 365, 367, 369-372, 374, 376

『最後の晩餐』（ダ・ヴィンチ）　→ダ・ヴィンチ

祭司 sacerdos, priest, Priester　→司祭、　→万人祭司主義

再生 Wiedergeburt　76, 129, 142-144, 170, 171,

499

204, 297, 298

——観、——理解（シュペーナーの）　142-144, 170, 171, 297

——者　170, 297, 298, 300, 301

再洗礼派 Wiedertäufer　141

祭壇 altare, Altar　33, 339, 341, 352, 353-357, 362, 367, 387

——芸術（祭壇画、祭壇彫刻）　355

開閉式木彫——　355

巡礼——　356, 362, 376

ザイデンベッヒャー Seidenbecher, Georg Lorenz （1623-63、ルター派神学者）　214

ザクセン選帝侯 Kurfürsten von Sachsen

フリードリヒ賢公 Friedrich der Weise （1463-1525）　27, 33, 43, 44, 80, 81

ヨハン堅忍公 Johann der Beständige （1468-1532）　44, 80-82, 85, 87

ヨハン・フリードリヒ Johann Friedrich （1503-54）　81, 89, 90

——選帝侯国Kurfürstentum Sachsen、——選帝侯領　80, 86, 88, 159

サタン Satan　90, 92, 178, 215, 236, 299, 301, 408

悪魔（キリスト教）Teufel　28, 45, 65, 76, 82-84, 87, 89-94, 108, 129, 213, 369, 407, 425

蛇（エデンの園の）Schlange　408

悪魔化　→自己肥大化

サムエル Samuel　94

サラディン Saladin（1138-93、アイユーブ朝創始者）　46

ザンクト・ゲオルゲンSt.Georgen［W］　249

三十年戦争 Dreißigjähriger Krieg　143, 148, 170, 196, 219, 245, 246, 249, 255

サン・ドニ修道院 Abbaye de Saint-Denis　342, 359, 389

——大聖堂 Basilique de Saint-Denis　391

三類型論 drei Typen der Kirche, Sekte und Mystik（トレルチ）　330, 331, 333

教会型　330-334

セクト型　330-333

神秘主義［型］　330-333

シ

死 Tod

——生観　42-44, 59, 72, 73, 80, 81, 93, 104, 122, 123, 125, 130, 132, 133, 136

——の意識の古層　42, 119-138

——の恐怖、恐れ　16, 86, 106, 108

——への備え　84-87, 93, 107, 108

永遠の——　70, 80, 105

キリストの——　32, 64, 79, 82, 83, 85, 87, 105, 353, 354, 384, 387, 439

真の——　82-84

眠りとしての——　70, 72, 75, 77, 82, 84, 85, 87, 88, 93, 129, 130

安らかな——　85

『死への備えの説教』　→ルター著作

シェークスピア Shakespeare, William（1564-1616）　395, 400

シエナ Siena　47, 355

シェリング Schelling, Friedrich Wilhelm Joseph （1775-1854、ドイツの哲学者）　316

司教 episcopus, Bischof　6, 8, 155, 157, 199, 293, 313, 379-381, 384

——権 iura episcopalia　199

——座 Bischofsstuhl　337

——座聖堂参事会　380, 381

大——archiepiscopus, Erzbischof　28, 73, 293, 313, 342

　領邦——権 Landesbischöfliche Rechte　260

　臨時——Notbischof　159

ジギスムント　→皇帝

死刑（『白痴』）　418, 428, 429

　——囚　413, 418, 429

至高者　→神

事効説 ex opera operato　160

地獄（キリスト教）　→死後の世界

地獄（仏教）　→死後の世界

自己肥大化、自己拡張　390, 392, 393, 410, 411

　悪魔化　390

死後の世界　10, 48, 108, 120, 122, 123, 128

　あの世　122, 125, 135-137

　極楽浄土　→浄土

　地獄（キリスト教）Hölle　45, 46, 48-50, 67-70, 83, 84, 86, 87, 108, 109, 112, 120, 123-126, 213, 370, 420

　地獄（仏教）　98, 115, 124, 131-133

　天国（キリスト教）caelum, Himmel　10, 17, 22, 45-50, 54, 55, 58, 60, 75, 78, 119, 120, 123, 125, 130, 302, 360, 390

　辺獄 limbus, Limbus　45

　来世　49, 56, 75, 78, 129

　煉獄 purgatorium, Fegefeuer　10, 42-59, 65-72, 79, 83, 84, 87, 93, 120, 123-128, 133

司祭 Priest, Priester　5, 17, 49, 50, 52, 53, 59, 62, 63-65, 115, 123, 124, 153, 155, 312, 313, 354

自殺 Selbstmord　73, 90-92, 370, 408

死者 Tote　10, 41-45, 48, 50, 51-53, 55, 56, 58, 61, 65-67, 69, 71-73, 78, 79, 85, 87-91, 93, 120-122, 124-131, 213, 399, 414

　——記念日 Jartag　63, 128

　——追善　131

　——との再会　93, 128

　——の救済　72, 77, 78, 85, 93

　——の出現　65, 88-90, 92, 93, 122

　——のための祈り　→祈り

　——のための贖宥　→贖宥

　——のための念仏　→念仏

　——のためのミサ　→ミサ

　——の追憶　78, 79, 93, 129

　——の日（万霊節）Allerseelentag　52, 124

　——の復活、よみがえり　213, 215, 235, 441

　——への執り成し　47, 48, 50, 51, 55, 58, 61-66, 124-127, 129, 130

　——への働きかけ　63, 66, 67, 72, 78, 80, 81, 87, 93, 120, 125, 127, 134

　荒々しい——　122

　眠っている——　69, 72, 77, 79, 82, 93, 127, 374

　幽霊　41, 88, 90

至誠心　100, 102

　→廻向発願心、→深心

自然法 Naturrecht　204, 209

七年戦争 Siebenjähriger Krieg　203

実存、実存的 existentia, Existenz　136, 137, 321

嫉妬　→愛

私的教会 Privatkirche　302

私的集会　→敬虔の集い

使徒 apostolos, Apostel　2, 6-8, 354, 367, 370, 371, 387, 388

　——的生活、——的清貧　→清貧

501

——の素朴さ die Apostolische Einfalt　182

ドイツ人の——　338

パウロ Paulos, Paulus（？ -64頃）　13，18，19，54，75，82，163，371

ペテロ Petros, Petrus（？ —60頃）　4，54，356，365，367-369，371，372

マタイ Matthaios, Matthäus　368，370

ヨハネ　365，367，368，371，372，387，388

大ヤコブ Jacobus Maior, Jakobus der Ältere　356，365，367，368，372

小ヤコブ Jacobus Minor, Jakobus der Jüngere　367

シトー会 Ordo Cisterciensis, Zisterzienser　6

——修道士　49，51

思弁神学　→神学

柴田翔　350，395，401，402，407

「詩篇」　→聖書（各巻）

清水汎　306，446

シモン（クレネ人、キレネ人）　387

シャルベ家　15，16

ジャンセニズム Jansénisme　140，148，193

　→ピューリタニズム

自由 libertas, Freiheit　25，31，34，36，38，39，117，118，154，158，179，200，201，205，208，254，316，318-320，327，329，330，383，386，390，398，400，402，410，411

——意志　26，92，318，400

キリスト者の——christliche Freiheit　20，35-40，137

政治的——　383

内面的——innere Freiheit　31，34，39，40

良心の——Gewissensfreiheit　25，31，39，40

シュヴァイニッツ Schweinitz〔W〕　81

シュヴァルツェンベルク Schwarzenberg〔W〕

266

シュヴェンクフェルト Schwenckfeld, Caspar（1490-1561、心霊主義的宗教改革者）　144

『拾遺和語燈録』　→法然

宗教 Religion　23，95，96，116，137，193，199，201，316-332，441

——教育　226

——社会学的　333，334

——集団、共同体　328-330

——性　323，326，331

——的　10，20，53，98，103，115，145，146，150，169，204，289，293，322，323，326，330，333，342

——的感情　173，181，191，323

——的革新運動　140，147，148，169，193，196-198，244，296

——的行為　35，36，154

——的直観　323，325-328，330

——の内面化　99，115，135

——の本質（シュライエルマッハー）　318，321，322，324，327

——理解（シュライエルマッハー）　317，318，324，327，328，330

——倫理　292

——論争　180，187

教典——　116

「信仰」——　114-116，118

自然——natürliche Religion, natural religion　320，321，327

実定的——positive Religion　320，321，327，328

道徳——（カント）　321

宗教改革 Reformation　18，42-44，52，53，58，93，106，126，130，140，141，146，154，158，

166, 174, 175, 177, 212, 214, 215, 217, 219, 220, 242-244, 248, 249, 252, 263, 264, 289, 292, 293, 297, 313, 319

　ヴュルテンベルクの―― 243-244

『宗教論』→シュライエルマッハー

十字架 Kreuz, cross 23, 32, 78, 87, 103, 105, 107, 109-111, 341, 356, 362-364, 369, 373, 374, 384, 387, 388, 393, 414, 432

　―― 刑、磔刑 Kreuzigung 105, 354, 376, 393

　――像、磔刑像 362, 364, 365, 374

　――上の死 82, 105, 353, 354, 414, 439

　過越の祭り passover, Passah 354, 371

十字軍 Crusade, Kreuzzug 51, 53, 54, 56, 124

　アルビジョア―― 56

　十字軍と贖宥の係わり 53, 54, 56, 57, 124

『執持鈔』→覚如

17世紀の危機 General Crisis 147

修道院 Kloster 5, 6, 14, 16-18, 21, 32, 51, 52, 141, 218, 248, 337, 342, 357, 361, 381

　――学校 Klosterschule〔W〕 246, 248, 265, 287

　――学校教師 Klosterpraezeptor〔W〕 245, 265, 269, 276, 286

　――財産の没収 14

修道会 ordo, Orden 13, 16, 17, 51, 125

　→アウグスティヌス隠――

　→シトー会

　托鉢――Ordines mendicantium 7, 10, 13, 16, 19,

　→ドミニコ会

　→フランシスコ会

修道士 5, 6, 10, 16-21, 33, 66, 106, 113, 115, 141, 155, 312

　→アウグスティヌス隠――

　隠修士 eremitae 5, 6, 16

　共住――coenobitae 5

　独住――anachoretae 5

　托鉢―― 9, 12-14

　→フランシスコ会修道士

『就任説教』→ヘディンガー、→ヘルダー

終末論 Eschatologie 146-148, 152, 162, 169, 177, 179, 191-193, 195-197, 210, 212, 216, 217, 225-228, 233, 237-239

　シュペーナ的（の）―― 212-217, 228, 233, 237-239

　千年王国論的―― 162, 172, 191, 210, 212

　→千年王国 millenarianism, Chiliasmus

宗務局（W以外）Konsistorium 150, 151, 160, 308, 313

宗務局（W）Konsistorium und Kirchenrat（1698年まで、のちKonsistorium）217-220, 223-225, 227, 229, 231, 233-235, 237, 239, 244, 245, 247, 248, 250, 261, 269, 277, 289, 295

　――長官（W）Director 217, 218, 229, 231, 234, 247, 266, 267

シュジェール Suger de Saint-Donis（1081頃-1151、サン・ドニ修道院長）359, 360, 389, 390

シュタウピッツ Staupitz, Johann von（1468頃-1524、アウグスティヌス隠修道会の神学者）17

シュテファニー Stephani, Matthias（1576-1646、ドイツの法学者）199

シュテファニー Stephani, Joachim（1544-1623、ドイツの法学者）199

シュテフラー Stoeffler, Ernest（敬虔主義の研究者）145-147

シュトゥットガルト Stuttgart［W］ 203, 217, 218, 228, 229, 247, 248, 250, 252, 254, 255, 260, 263, 265, 268, 273, 274, 277, 283, 285, 291, 295

『シュトゥットガルト詩篇』 369

シュトックマイヤー Stockmayer, Chph. Friedrich （1661-1749、Wのプレラート） 281

シュトッテルンハイム Stotternheim 16

シュトラースブルク Straßburg 11, 149, 222, 232

称名 99, 100
　　──念仏　→念仏

受難［キリストの］Passion, Leiden 79, 87, 103, 105-114, 363, 376, 439

主の祈り　→祈り

『主の祈りの要解』　→ルター著作

シュネップ Schnepf, Erhard（1495-1558、ルター派神学者） 243

シュパイエル大聖堂 Speyerer Dom 340

シュパラティン Spalatin, Georg（1484-1545、宗教改革者、ヴィッテンベルク城教会牧師） 28, 30, 80

シュミット Schmidt, Martin（1909-82、ドイツ敬虔主義研究者） 142-145, 170, 171, 189

シュミット Schmidt, Johann（Wの千年王国論者） 227

シュペーナー Spener, Philipp Jakob（1635-1705、狭義のドイツ敬虔主義の創始者） 140, 142-153, 161-197, 204, 206-212, 215-217, 222, 223, 225, 226, 228, 229, 232-239, 264, 296, 297, 301, 314, 329, 330
　　『敬虔なる願望』 142, 150, 161, 165, 171, 172, 174, 176, 177, 179, 180, 183-185, 187, 194, 195, 215, 216, 222, 232, 233

『霊的祭司職』 162, 165, 168, 172, 173, 180, 183, 184, 186, 187, 195

シュライエルマッハー Schleiermacher, Friedrich Ernst Daniel（1768-1834、近代プロテスタント神学の祖） 143, 315-319, 321-330, 332, 333
　　『宗教論』 317, 320, 321, 322, 323, 327, 330, 332
　　『信仰論』 317, 318, 324, 326

シュルトハイス Schultheiss 260, 267, 280

巡礼 peregrinatio, Wallfahrten 7, 10, 36, 51, 53-55, 58, 124, 125, 313, 341, 356, 374, 376
　　──者 12, 341, 357, 374, 376
　　──祭壇（聖遺物祭壇） 356, 362, 363, 376

小委員会　→ラントシュテンデ

償罪　→告解

浄罪 10, 47, 49, 50, 58, 67-69, 71, 83
　　──の場　→死後の世界（煉獄）

『正像末法和讃』　→親鸞

浄土、極楽浄土 98, 99, 131-136
　　──教 98, 131-133, 137
　　──真宗 100, 101, 133, 135

浄土三部経
　　『阿弥陀経』 98
　　『観無量寿経』 100, 102
　　『大無量寿経』（『無量寿経』） 98, 101
　　『浄土高僧和讃』　→親鸞

少年御者　→『ファウスト』

常備軍 Stehendes Heer 221, 228, 255

贖宥 indulgentia, Ablaß 26, 43, 51, 53-59, 61-63, 66, 67, 71, 72, 93, 114, 124-128
　　──状Ablaßbriefe 10, 52, 54, 56, 57, 58, 61, 106, 124, 125
　　──説教者Ablaßprediger 57
　　期年祭──indulgentia jubilaeum 54, 124

死者のための―― 55-57, 124, 127

全――indulgentia plenaria, volkommner Ablaß 53, 54, 56, 124

――制度 53-55

ルターの――批判 26, 58-63

ショップロッホ Schopfloch［W］ 266

叙任権闘争 Investiturstreit 157, 160, 293

ショーンガウアー Schongauer, Martin（1445/50頃-91、ドイツの画家・版画家） 373

『聖アントニウスの誘惑』 373

自力 →他力

ジールミンゲン Sielmingen［W］ 268

神学 Theologie 42, 112, 143, 156, 182, 188, 219, 237, 292, 305, 316, 320, 326, 327, 403

――教育 219, 229, 232, 233, 237

――的 54, 141, 142, 144, 145, 170, 199, 237, 307

意識―― 322

カトリック―― 44

近代プロテスタント―― 316

自然――的立場 321

思弁――spekulative Theologie 49, 55, 58

新――Neologie 320

神秘主義―― 236

スコラ―― 48

ドイツ―― 236

布教―― 49-51, 53, 56, 58, 65

弁証法――dialektische Theologie 332

神学者 →学者

神学生 Seminarist 180, 187, 204, 236, 246

――教育 180, 185, 187, 229

『神曲』 44-48, 50, 125, 369

ウェルギリウス Publius Vergilius Maro（前70―前19、ローマ古典期の詩人） 2, 45

→ダンテ

ドナーティ Donati, Forese（1250頃-96、ドナーティ家はフィレンツェの名門） 48

ベアトリーチェ Beatrice Portinari（1266頃-90、ダンテの初恋の人） 45

ホメロス Homeros（前8世紀頃、古代ギリシアの叙事詩人） 46

マホメット（570頃-632、ムハンマド） 369

モンテフェルトロ Montefeltro, Guido da（1220-98、ウルビノ伯） 46

新神学 →神学

信仰 pistis, fides, faith, Glaube 22, 26, 29, 31, 33, 34, 37-40, 42, 60, 61, 64, 66, 69-71, 75-77, 91, 95-97, 99, 101-104, 106, 107, 113-120, 126, 127, 130, 133, 136, 137, 140, 141, 145-148, 154, 155, 157, 162-169, 173-177, 179-183, 186, 189-192, 194, 196, 205, 206, 210, 211, 213, 223, 224, 226, 233, 235-237, 242, 293, 295-297, 304, 313, 314, 317, 318, 320, 324, 326, 393, 405, 413, 414, 439

―― 義認 sola fide, Glaubensgerechtigkeit 43, 61, 62, 64, 65, 78, 93, 126, 127, 175, 181

――告白 Glaubensbekenntnis 70, 77, 83, 160, 175, 212, 313, 327

――者 Gläubige 84, 120, 213, 235

――宗教 （親鸞）114-118, 98-102, （ルター）102-114

――書、――文学 Erbauungsliteratur 107, 146, 148, 233, 236, 291-294, 299, 305, 306

――の受動性 （親鸞）99-102, （ルター）114-118, （シュライエルマッハー）324

――の主観性 96, 97, 99, 102, 114-116, 118

――の代替不可能性 95, 96, 99, 116-118

505

――の内面化　95-97, 137, 192

――のみsola fide　154, 155, 181

――心（生来の）　114, 115

　→祖霊――

『信仰論』　→シュライエルマッハー

深心　100, 102

　→至誠心、→廻向発願心

信心　99, 100-102, 133-135

　如来よりたまわりたる――　102

『真実のキリスト教』　→アルント

神聖ローマ帝国　→帝国

身体 Leib、血肉 Fleisch und Blut　28, 35, 36,
　38, 82, 90, 104, 108, 154, 301, 410

――的　4, 36, 43, 86, 93, 154, 156, 439

信徒 Laie　54, 55, 58, 64, 65, 107, 125, 146, 148,
　149, 173, 190, 194, 195, 197, 207, 293, 305,
　306, 313-315, 328, 329

――と聖職者の区別　55, 58, 125, 328

――の聖書解釈　→聖書解釈

臣民 Untertan　201, 207, 254, 306, 329

神秘主義　116, 140-142, 146, 176, 236, 238

――神学　236

――的　143, 144, 176, 332

――的キリスト教　333

――的スピリトゥアリスムス　143, 144,
　146, 170, 195

神秘主義（三類型論の）　→三類型論（トレルチ）

親鸞（1173-1262）　97-102, 114-118, 132-138

　『教行信証』　131, 135

　『正像末法和讃』　101

　『浄土高僧和讃』　133, 135

　『末燈鈔』　100, 101, 102, 133, 135, 136

『親鸞伝絵』　→覚如

真理 Wahrheit　174, 236, 297, 298, 301, 311,
314, 330

――とキリスト　97

――の見張り人　301

――を慕う心Geschmack an der Wahrheit
311

客観的――objektive Wahrheit　97, 330

絶対的――absolute Wahrheit　330

内面的――innerliche Wahrheit　331

永遠の――　318

神的――　297

超自然的――　315

ス

スイス　416, 418, 424, 427, 429, 434, 439, 441

水平性　→世俗

枢密院（W）Geheimer Rat　202, 221, 232, 247,
　248, 251, 254-264, 277, 279, 280, 282

枢密顧問官（W）Geheimräte　254

救い、救済 Erlösung　10, 22-24, 36, 37, 45,
　51, 56, 60, 67, 76-79, 84, 87, 91, 96, 98-100,
　102, 105, 112-115, 118, 126, 144, 159, 162,
　165, 173, 174, 177, 181, 236, 312, 313, 346,
　363, 367, 411, 438, 441

――主　→イエス

――の確証 Heilsgewißheit　96, 137

死者の救済　72, 77, 78, 85, 93

過越の祭り　→十字架

スコラ学 Scholastik　49, 50, 56, 169, 345

――神学　48

――哲学　209

スピリトゥアリスムス　143, 176

近代ドイツの――　333

神秘主義的――　143, 144, 146, 170, 195

ロマン主義的――　332

索引

スペイン 143, 200, 373
　——国王 27

セ

聖遺物 reliquiae sacrae, Reliquie 123, 338,
　341, 356, 362, 363, 374, 376
　——祭壇 356
　——崇拝 veneratio reliquiarum 7, 356, 362
　——への巡礼 7, 10, 55, 125, 356
聖化 Heiligung 20, 146, 169
聖画像破壊 32, 33
聖餐式 Abendmahl 64
　神の約束としてミサ 64, 127
　キリストを中心とした生きている信者の交わ
　りcommunionとしてのミサ 65
　罪の赦しの約束 promissio remissionis
　peccatorum 63
勢至菩薩 →菩薩
生者 41-44, 48, 50, 51, 55, 56, 58, 59, 65-67,
　72, 77-80, 85, 87, 93, 120-128, 130, 131
　——と死者 42-44, 48, 58, 59, 72, 78-80,
　93, 120, 122, 123, 130
　——と死者との交流 41, 42, 122, 123, 125,
　128, 130, 132
　——と死者の断絶 127
　——の執り成し 47, 48, 50, 51, 58, 124, 126,
　130
聖書 bible, Bibel 2, 3, 18, 22, 26, 29, 32, 59,
　64, 65, 68-71, 91, 94, 116, 117, 146, 151,
　157, 162, 164, 165, 172, 175, 177, 179, 183,
　184, 187, 194-197, 205-207, 215, 224, 225,
　228, 236, 237, 294, 297, 299, 301, 302, 309,
　354, 362, 363, 368, 370-373
　——解釈（一般信徒の）146, 194, 195, 197,

207
　——講義（ルターの）18, 106, 107
　——主義 Biblizismus 145
　——のみ sola scriptura 26, 106, 242
　ギリシア語新約—— 30, 31
　『九月——』 31
　ルター訳—— 37, 163, 178, 189-191, 213
聖書（各巻）
　旧約聖書 Altes Testament 37, 336, 363
　　「創世記」 336, 408
　　「詩篇」 18, 106, 107
　　「ヨブ記」 408
　　「ゼカリヤ書」 363
　　新約聖書 Neues Testament 31, 37, 105,
　107, 163, 181, 187, 189, 194, 204, 353, 371,
　397, 439
　　福音書 50, 106, 369, 371, 397
　　「マタイ福音書」 5, 8, 20, 54, 59, 190, 354,
　363, 368, 370, 371, 397,
　　「マルコ福音書」 106, 370-373, 388
　　「ルカ福音書」 4, 190, 367, 368, 373, 374
　　「ヨハネ福音書」 70, 91, 368, 370-372, 441
　　「ローマ書」 18, 107, 215
　　「コリント書第Ⅰ」 190, 194, 195
　　「コリント書第Ⅱ」 9
　　「ガラテヤ書」 107
　　「エペソ書」 190
　　「ヘブル書」 107
　　「ヨハネ黙示録」 91, 178, 213, 214, 215
聖ステファン大聖堂 →ウィーン
聖職者 Geistliche 5-7, 19, 32, 53-55, 63, 66,
　67, 125, 128, 144, 146, 151, 152, 155-157,
　159, 160, 166-168, 176, 185-188, 190, 192,
　195, 197, 201, 206, 207, 217-220, 222, 227,

507

229, 234, 237, 238, 242-248, 257, 264, 289, 291, 293-295, 298, 300-308, 312-315, 328, 329, 379

　→教皇、→司教、→司祭、→修道士、→牧師、→説教者

聖人（ローマカトリック教会）Heilige, saint 10, 42, 44, 51, 55, 62, 122, 123, 125-128, 313, 346, 355, 389

　──崇拝［崇敬］ 44, 123, 128, 313

　──像 346, 348

　──伝 50, 125, 127

　──の功徳 merita sanctorum 10, 54, 55, 58, 62, 125

　守護──patronus 346

　諸──の通功Communio sanctorum 51

聖体　→ミサ

『聖なる血の祭壇』　→リーメンシュナイダー

正統主義　→ルター派正統主義

　反── 145

清貧、聖なる貧困 4-9, 13, 20, 312, 438, 439

　使徒的清貧 5, 7

　使徒的生活 vita apostolica 5, 7

　自発的貧困 8

　フランチェスコ的清貧理念 24

聖霊 Spiritus Sanctus , heiliger Geist 175, 183, 225, 306, 393

　──の照明 175, 233

聖礼典 160, 161, 167, 187, 294

「世界宗教の経済倫理　中間考察」　→ウェーバー

世界遺産 world heritage 337

世俗 Welt 4, 5

　──権力［者］　→権力

　──身分［世俗的身分］　→身分

──性 345, 346, 350, 392

水平性 339, 341, 344, 392

　→現世、→この世

説教 Predigt 5-9, 20, 21, 33-36, 39, 44, 50, 57, 70, 72, 74, 80, 81, 83-87, 93, 106, 107, 114, 116, 117, 125, 127, 130, 155, 156, 159, 160, 171-173, 177, 180, 182, 186, 187, 191, 194-196, 206, 222, 226, 227, 242, 292-294, 296, 298, 300-303, 308-311, 313, 314

　──職 163-165, 167, 185, 313

説教者 Prediger 50, 73, 107, 150, 159, 161, 164-168, 172, 185-187, 193, 194, 218, 247, 248, 298, 300, 301, 303, 305, 307-309, 311-314

　宮廷──Hofprediger 28, 73, 80, 150, 218, 247, 275, 295, 296

　贖宥──Ablaßprediger 57

『説教者に寄す』　→ヘルダー

『説教提要』　→ブルボン

絶対主義 Absolutismus 148, 151, 203, 210, 211, 221, 232, 244, 256, 261, 295, 296, 303, 306, 307, 310, 312

　──国家 307, 311

　反── 197, 198, 210

施浴 Seelbad 53, 128

先験哲学　→哲学

『選択本願念仏集』　→法然

先祖　→祖先

『先祖の話』　→柳田國男

善導（613-681、中国浄土教大成者） 98-100, 131, 135

　『往生礼讃』 100

　『観経疏』 100

尖頭アーチ 342, 344

　→教会（建築）ゴシック

索引

千年王国 millennium 147, 178, 179, 213-216, 223, 226

——論 millenarianism, Chiliasmus 177, 179, 197, 212, 214, 216, 217, 222-224, 226-229, 234, 235, 237

——論的希望 184, 214-216

——論的終末論 162, 172, 191, 210, 212

急進的——論 228, 233, 235, 236, 238, 239

シュペーナー的——論 235, 236, 238, 239

繊細な——論 subtilis 214, 216, 223, 226

粗野な——論 crassus 214

→終末論

洗礼 baptisma, Taufe 45, 46, 48, 49, 60, 70, 82, 84, 123, 155, 156

幼児——paedobaptism 46, 123

→秘蹟

ソ

葬儀 44, 52, 74, 80, 81, 84, 85, 87, 93, 119, 130, 428

カトリック的—— 85

ザクセン選帝侯の——（選帝侯フリードリヒ、選帝侯ヨハン）80-85

プロテスタント的—— 85

「創世記」 →聖書（各巻）

創造（神の）143, 358, 386

——者 →神

無からの—— 360

創造（芸術の）357, 358, 361, 362, 386

ソクラテス Socrates（前470/469-前399）46

祖先、先祖 41, 120, 121, 265, 350, 401, 404, 406, 407

祖先崇拝 120, 121

外なる人 →内なる人

ソフォクレス Sophokles（前496頃-前406、古代ギリシア悲劇作家）395

ソロモン Solomon（古代イスラエル王国の王、在位前960頃-前922頃）223

祖霊 41, 121

——信仰 41, 121

タ

大委員会 →ラントシュテンデ

『第一回詩篇講解』 →ルター著作

『大無量寿経』 →浄土三部経

ダ・ヴィンチ Leonardo da Vinci（1452-1519）344, 353, 357-362, 367, 370, 376, 379, 386

『最後の晩餐』Ultima Cena 344, 353, 357-362, 371, 376

タウラー Tauler, Johannes（1300頃-61、中世ドイツの神秘主義者）68, 233, 236, 326

高田の入道（関東における親鸞の弟子、伝説では野真壁の城主大内国時）134

『卓上語録』 →ルター著作

托鉢 →乞食、→清貧

—修道会 ordines mendicantium 7, 10, 13, 16, 19

—修道士 9, 12, 13, 14

→アウグスティヌス隠修道会、→フランシスコ会、→ドミニコ会

磔刑 →十字架

磔刑像 →十字架

多念 →念仏

ダビデ Dawid, David（古代イスラエルの王、在位前1000頃-960頃）68, 69, 84, 363

魂 Seele 5, 35-38, 40, 42, 43, 46-48, 50-53, 56, 58, 62, 65-67, 69, 70, 79, 89, 90, 92, 93, 97, 102, 104, 106, 108, 120, 124, 127, 128,

509

130, 149, 154, 158, 159, 165, 167, 182, 206,
236, 302, 309, 310, 311, 315, 320, 331, 350,
388, 404-407, 410
　　──の不死　→永遠
　→心、→霊
ダミアニ Damianus, Petrus（1007-72、ベネ
　ディクト会修道士、教会改革者）　6
他力　115, 133, 135, 137
　　──の──　102
　自力　100, 101, 115, 133-135
ダルムスハイム Darmsheim［W］　267, 276
断食 Fasten　15, 18, 51, 53, 62, 124, 125
ダンテ Dante Alighieri（1265-1321）　44-50, 369
　→『神曲』
『歎異抄』　→唯円

チ

小さき兄弟団　→フランシスコ会
『チベット死者の書』　121
超越的　321, 323, 324, 346, 359, 441
　　──者　→神
　　──性　326, 332, 350
中世 Mittelalter　3, 4, 10, 15, 23, 27, 41, 44,
　49, 53, 86, 122, 131, 141, 200, 312, 319, 331,
　333, 343, 353, 356, 358-360, 367, 380, 384,
　385, 387, 388
直観（シュライエルマッハー）　→宇宙

ツ

『追憶の古都』　→東山魁夷
追善供養　→供養
ツィンク Zwink, Johannes（ヴィッテンベルク
　大学学生）　77
ツィンツンドルフ Nikolaus Ludwig von Zinzen-

dorf und Pottendorf（1700-60、敬虔主義者、
　ヘルンフート兄弟団の設立者）　151, 193
ツィンマーマン Zimmermann, Johann Jakob
　（1644-96、Wの千年王国論者）　224-228,
　233, 235
痛悔　→告解
ツヴィカウ Zwickau　73
　　──の預言者　32, 37
ツヴィリング Zwilling, Gabriel（1487頃-1558、
　アウグスティヌス隠修道士、ルター派神学
　者）　32, 33
ツヴィングリ Zwingli, Huldrych（Huldreich,Ulrich）
　（1484-1531、チューリヒの宗教改革者）　65
ツェラー Zeller, Eberhard（Wの牧師、1680-
　89）　228
罪 Sünde　10, 18, 27, 30, 37, 39, 45-50, 53,
　54, 60, 61, 63, 82, 84-87, 89, 104, 105, 107-
　109, 112, 113, 115, 123, 126, 131, 146, 155,
　156, 163, 166, 169, 176, 186, 225, 293, 297,
　299, 301, 302, 354, 370, 374, 418, 425, 428,
　431, 437, 439-441
　　──の赦し　→赦し
　　──人 Sünder　19, 21, 50, 108, 113, 115, 298,
　433
　原罪 peccatum originale, Erbsünde　19, 363
　小罪 peccatum veniale, läßliche Sünde　49,
　50
　七つの大罪 Septem peccata mortalia, sieben
　Totsünde　47
『罪と罰』　→ドストエフスキー
ツンフト Zunft　206, 380

テ

ディケンズ Dickens, Charles（1812-70、イギ

リスの小説家） 122

『クリスマス・キャロル』 122

帝国 Reich 27, 31, 214, 258

――議会 Reichstag 26, 27, 30, 31, 34-36, 39, 40, 53, 67, 83, 107, 116, 128

→アウクスブルク――議会

→ヴォルムス――議会

――宮廷法院 Reichshofrat 262

――追放（アハト刑） 27, 29, 107

――都市 Reichsstadt 150, 172, 205, 209, 268, 272, 380

――法 Reichsgesetz 199, 204, 232

神聖ローマ――Heiliges römisches Reich deutscher Nation 11, 27, 223

神聖ローマ――皇帝　→皇帝

ローマ――imperium romanum 4, 338, 341

哲学 19, 42, 209, 242, 308, 310, 311, 316, 320, 323, 385, 403

思弁――philosophia speculativa, speculative Philosophie 312

スコラ―― 209

先験――Transzendentalphilosophie 318

道徳――Moralphilosophie 209

歴史―― 307, 308, 311

形而上学 Metaphysik 318-324

テッツェル Tetzel, Johann（1455頃-1519、贖宥状販売説教者） 57

デッティンゲン・ウンター・テック Dettingen u. Teck ［W］ 268, 277

徹夜課 Vigilien 53, 65, 66, 71, 72, 81, 127, 128

テュービンゲン Tübingen ［W］ 204, 219, 234, 252, 260, 267, 268

テュービンガー・シュティフト Tübinger Stift 219, 224, 227, 229, 234, 236, 237, 246, 268

――大学 203, 204, 209, 211, 229, 265, 268, 269, 276, 295, 296

――大学神学部教授 209, 220, 248, 268, 275

――大学法学部教授 284, 285

デューラー Dürer, Albrecht（1471-1528、ドイツルネサンス期の画家） 30, 370, 373, 379, 384, 385

『四使徒』 370

テーリンク Teelinck, Willem（1579-1629、ネーデルラントの神学者） 145

デンケンドルフ Denkendorf ［W］ 218, 234, 249, 250, 251, 269, 287

天国　→死後の世界

ト

ドイツ 7, 16, 17, 26, 30, 42, 43, 63, 94, 106, 140-143, 145, 146, 149-151, 157, 169, 170, 172, 196, 205, 211, 212, 223, 242-244, 258, 291-293, 295, 297, 305, 306, 310, 313, 317, 320, 330, 332, 333, 337, 339, 340, 342, 343, 351, 355, 379-382

――語 3, 30, 32, 37, 80, 107, 110-112, 176, 181, 189, 200, 337, 395

――的内面性 383, 390

「ドイツとドイツ人」　→マン

『ドイツ国民のキリスト教貴族に与う』　→ルター著作

東京タワー 336

ドゥッチョ Duccio di Buoninsegna（1255頃-1318/19、シエナの画家） 355, 367

『マエスタ』 Maestà 355

トゥットリンゲン Tuttlingen ［W］ 275

『独白録』　→シュライエルマッハー

独身 Zölibat　5, 10, 55, 125, 243, 276, 277, 280, 282, 284, 312

道徳 Moral　154, 294, 303, 306, 318-322, 324, 400, 427

　　──宗教　321

　　──哲学　209

　　社会──　312

トスカーナ Toscana　47

ドストエフスキー Dostoevskiy, Fyodor Mihaylovich（1821-81）96, 97, 102, 395, 412, 413, 415, 419

　　アンナ・スニートキナ（妻）413

　　『カラマーゾフの兄弟』 418, 441, 442

　　『罪と罰』 439, 441

　　→『白痴』

　　『貧しき人々』 439

トーツキー　→『白痴』

ドナーティ、フォレーゼ　→『神曲』

トマジウス Thomasius, Christian（1655-1728、ドイツ啓蒙主義の法学者・哲学者）200, 209

トマス・アクィナス Thomas Aquinas（1225-74）50, 51, 55, 56, 359, 360

トマス・ア・ケンピス Thomas à Kempis（1379/80-1471、ドイツの神秘思想家）148

ドミニクス Dominicus（1170頃-1221、ドミニコ会創始者）8

ドミニコ会 Ordo Fratrum Praedicatorum　7, 8, 13, 16, 55, 57

トリーア Trier　341

　　──大司教 Kurfürst und Erzbischof von Trier　28

トルコ（オスマン・トルコ）222-224, 402

　　──人 Türken　76, 129

奴隷　25, 329

ドレスデン Dresden　73, 79, 150, 346

トレルチ Troeltsch, Ernst（1865─1923、ドイツの神学者、歴史哲学者）54, 319, 330-334

　　『キリスト教教会と集団の社会教説』 331, 332

ナ

ナイメーヘン和約 Friede von Nimwegen　222

中村賢二郎　446

嘆き　75-77, 81, 82, 104-106, 129, 384, 397

『嘆きの群像』（グロスオストハイム）→リーメンシュナイダー

『嘆きの群像』（マイトブロン）→リーメンシュナイダー

ナスターシャ・フィリッポヴナ　→『白痴』

七つの大罪　→罪

ナルドの香油 Salböl von Narde　371

ベタニヤの香油事件 Salbung in Betanien　371, 372

南無阿弥陀仏　→念仏

ナポレオン Napoléon Bonaparte（1769-1821）343

ニ

ニコデモ Nikodemus（新約聖書に登場するユダヤ人、サンヘドリンの議員）387, 388

『ニコマコス倫理学』→アリストテレス

二重倫理 Doppelmoral　10, 20, 54, 313

二種陪餐 beide Gestalt des Sakraments　32, 33, 65

新渡戸稲造（1862-1933、教育者、農政学者、国際連盟事務次長）119

ニヒリズム Nihilismus　121

日本　42, 98, 120, 121, 130, 131, 143, 345

――語 110, 153

――人 336

――の家制度 41

――文化 121

『日本霊異紀』 →景戒

ニューヨーク New York 336

　エンパイアーステートビルディング Empire State Building 336

　摩天楼 skyscraper 336, 337

　マンハッタン Manhattan 337

ニュルンベルク Nürnberg 11, 73, 78

如来よりたまわりたる信心 →信心

『人間形成のための歴史哲学異説』 →ヘルダー

人間性 Menschlichkeit 309-312, 315, 370, 435, 440

ネ

熱狂主義者 Schwärmer 23, 38, 70, 82, 297

ネーデルラント Nederlanden 141, 145, 355, 373

ネルトリンゲンの戦い Schlacht bei Nördlingen 255

念仏 98-102, 116, 118, 132, 134-136, 138

　観想―― 134

　死者のための―― 134

　称名―― 98, 99, 132, 134

　専修―― 98, 99

　一向専修 100-102

　一念、一念論 99, 100, 101, 103

　多念、多念論 99, 100, 137

　南無阿弥陀仏 99, 100, 116, 134

ノ

ノイエンシュタット・アム・コッヒャー

Neuenstadt am Kocher［W］ 269, 277, 285, 287

農民戦争 Bauernkrieg 159, 380-384

ノヴァーリス Novalis（1772-1801、ドイツロマン主義の詩人） 332

野田宣雄 333

ノミナリズム Nominalismus 17

ハ

バイエルン Bayern 277, 288

ハイデルベルク Heidelberg 225, 383

　『――討論』 →ルター著作

　『――教理問答書』 79

　――大学 225

　プファルツ選帝侯博物館 Kurpfälzische Museum 383

ハイデンハイム Heidenheim［W］ 273

『パイドロス』 →プラトン

ハイリゲンシュタット Heiligenstadt（チューリンゲン） 379

ハイルブロン Heilbronn（帝国都市） 283

バイロン Byron, George Gordon（1788-1824、イギリス・ロマン派の詩人） 399-403, 411

『ハインリヒ3世の福音書』 369

パウロ（使徒） →使徒

『墓の中のキリストの屍』 →ホルバイン

パーキンス Perkins, William（1558?-1602、イギリスのピューリタン神学者） 145

バクスター Baxter, Richard（1615-91、イギリスのピューリタン神学者） 145

『白痴』 412, 415, 426, 440, 441, 445

　アグラーヤ 417-419, 421-427, 429-433, 435-438, 440

　イッポリート 414, 422, 440

513

エリザヴェータ夫人　418, 422, 427, 434, 435

ガヴリーラ　419, 420, 422, 430

トーツキー　416, 419, 420, 430

ナスターシャ・フィリッポブナ　415-417,
419-426, 429-433, 436-438, 440, 441

マリー　418, 427-429

ムィシキン公爵　412, 413, 415-428, 430-
441, 445

ラドームスキー　422-426, 430, 437, 438

ロゴージン　413-416, 419-421, 423, 424, 429-
433, 436

ハーゲ Haage, Johann Bartholomaeus（1633-
1709、Wのプレラート）　234

バシリカ様式　→教会（建築）

パスカル Pascal, Blaise（1623-62）　137, 374

『パンセ』　374

バーゼル Basel　88, 413

──美術館Kunstmuseum Basel　413

「白骨の御文」　→蓮如

バッハ Bach, Johann Sebastian（1685-1750）　388

『マタイ受難曲』　388

パトス pathos　97, 102, 103, 113, 137

バニヤン Bunyan, John（1628-88、イギリスの
説教者、宗教文学者）　145

パノフスキー Panofsky, Erwin（1892-1968、ド
イツ生まれの美術史家）　345, 360, 384, 390

バビロン　175, 215, 224, 225

──捕囚（ユダヤ人の）　175

ハプスブルク家 Habsburger　223

バベル［バビロン］Babel　336, 337

バベルの塔（聖書）Turmbau zu Babel　336, 350

『バベルの塔』（ブリューゲル）La Tour de
Babel, Turmbau zu Babel　346

破門 excommunicatio, Bann, Exkommunikation

27, 106

パリ Paris　49, 342, 389

エッフェル塔 Tour Eiffel　336

ノートルダム大聖堂参事会学校　49

ハルシュナー Harschner, Erhart（中世末ロー
テンブルクの指物師）　356

バルディーリ Bardili, Andreas（Wの宗務局長
官、在位1683-93）　234

バルト Barth, Karl（1886-1968、プロテスタン
ト神学者）　316, 332

『十九世紀プロテスタント神学』　316

バールト Bahrdt, Carl Friedrich（1741-92ハレ
の聖職者）　307

ハレ Halle（プロイセン）　3, 73, 74, 90, 151,
171, 173, 193, 210, 232, 296, 307, 316

──大学　150

バロック文化 Barockkultur, baroque culture
148, 183, 197, 221, 255, 296

バロック様式　→教会（建築）

万人祭司主義 allgemeines Priestertum　20,
153-161, 166, 168, 313, 314

祭司 Priester　153, 155-157, 159, 161, 164,
168, 313, 314

霊的祭司 geistlicher Prister　163-166, 180,
186, 188, 190

霊的祭司職 geistliches Priestertum　153,
161-168, 172, 179, 180, 184, 186-189, 191,
195, 314

ハンガリー　7

反正統主義　→ルター派

万霊節　→死者の日

ヒ

比叡山　98

索引

ピエタ Pietà 387

悲劇 Tragödie 78, 133, 367, 368, 383,
　オイフォーリオン―― 390, 395-397, 399,
　400, 402, 403

秘蹟［サクラメント］sacramentum, Sakrament
　49, 53, 55, 58, 59, 61, 66, 81, 123-125, 128, 312
　→告解の秘蹟、→悔悛の秘蹟

『秘蹟大全』 →カントール

東山魁夷 351
　『追憶の古都』 351

ビザンティン 200, 343, 369

ビーティヒハイム Bietigheim［W］ 224, 226

ヒポクラテス Hippocrates（前460頃-前375頃、
　古代ギリシアの医学者） 384

ビュッケブルク Bückeburg 308

ピューリタニズム Puritanism 140, 148, 193,
　197, 292
　敬虔主義的―― 145
　→ジャンセニズム

ピューリタン Puritan 146, 292

ヒルザウ Hirsau［W］ 249, 266, 269, 277

ヒルシュ Hirsch, Emanuel（1888-1972、ドイ
　ツのルター派神学者） 142, 316

貧困 Armut 4, 8, 9, 15, 20, 110
　聖なる―― →清貧
　自発的―― →清貧

ビンダー Binder, M. Christian 244, 245

貧民 Arme 4, 7, 10 14
　ペテロと共にいる貧民 pauperes cum Petro 4
　ラザロと共にいる貧民 pauperes cum Lazaro 4
　→清貧、→貧困

フ

『ファウスト』 336, 390, 395, 396, 397, 399,
402, 408, 445

ヴァーグナー Wagner 403-407, 409, 410

オイフォーリオン Euphorion 390, 395-403,
409, 410, 411

グレートヒェン Gretchen 408, 410

少年御者 Knabe Lenker 396-399

ファウスト Faust 94, 350, 396, 398, 399,
402-411

プルートス Plutus 396-399

ヘレナ Helena 396, 401, 402, 409-411,

ポルキアス Phorkyas 410, 411

メフィストーフェレス Mephistopheles 397,
403-405, 407, 408, 411

ファウルンダウ Faurndau［W］ 268

プファフ Pfaff, Christoph Matthäus（1686-1760、
ドイツのルター派神学者） 200, 209, 261

ファン・エイク兄弟（Hubert van Eyck1370頃
-1426、Jan van Eyck1390頃-1441、初期フラ
ンドル派の画家） 355
『ヘント祭壇画』Het Lam Gods, Genter Altar
355

フィチーノ Ficino , Marsilio（1433-99、イタリ
ア・ルネサンス期の哲学者） 385

フィヒテ Fichte, Johann Gottlieb（1762―1814、
ドイツの哲学者） 316

フィレンツェ Firenze 6

フォークト Vogt 253, 266, 267, 270, 274, 279,
288, 291

ウンター・フォークト Untervogt 265, 267, 276,
284

福音 Evangelium 5, 7, 8, 18-22, 26, 30, 36, 62,
84, 87, 93, 156, 159, 174, 293, 297, 313
――主義教会 evangelische Kirche、福音派
143, 174, 177, 199, 223, 283

515

——書 Evangelium →聖書（各巻）

——的敬虔主義 →敬虔主義

布教神学 →神学

不信、不信仰 Unglaube 33, 69, 97, 160, 180, 294, 299

フス Hus, Jan（1369頃-1415、ボヘミアの宗教改革先駆者）26, 27

復活 96, 114, 137, 160, 166, 168, 247, 262

——祭 421, 435

キリストの——Auferstehung Jesu Christi 82-85, 87, 91, 403, 414, 440, 441

死者の——Auferstehung der Toten 104, 213, 215, 235, 441

ラザロの——Auferweckung des Lazarus 441

仏教 121, 124, 130-133, 136

『ブッデンブローク家の人々』 →マン

プファルツ継承戦争 Pfälzischer Erbfolgekrieg 222, 255

——選帝侯博物館 →ハイデルベルク

フミリタスhumilitas 110-115, 438, 439, 445

ブラウボイレンBlaubeuren［W］ 249, 250, 265, 267

ブラウンシュヴァイク＝ヴォルフェンビュッテル Braunschweig-Wolfenbüttel 315

ブラッケンハイム Brackenheim［W］ 265

プラトン Platon（前427-前347）46, 316, 385, 390

『パイドロス』 385

ブラーレル Blarer , Ambrosius（1492-1564、南ドイツの宗教改革者）243

フランケ Francke, August Hermann（1663-1727、ハレの敬虔主義者）150, 151, 193, 232, 380, 381

フランクフルト・アム・マイン Frankfurt a.M. 148, 150, 172, 193, 228, 283

フランクフルト・アン・デア・オーデル Frankfurt a.d.O. 204

フランシスコ会 Ordo Fratrum Minorum 7-9, 13, 15, 16, 46, 55

——修道士 16, 46

フランス 7, 140, 143, 200, 221, 255, 256, 295, 333, 342, 387

——軍 222-224

フランチェスコ Francesco d'Assisi（1181/82-1226、アッシジの）7-10, 13, 23, 24, 46

フリードリヒ・ヴィルヘルム4世 Friedrich Wilhelm（プロイセン国王、在位1840-61）343

フリードリヒ賢公 →ザクセン選帝侯

フリードリヒ・カール公 →ヴュルテンベルク公

ブリューゲル Bruegel, Pieter d. Äl.（1528頃-69、ネーデルラントの画家）346, 350

ブリュン Brünn（メーレン）289

ブルートス →『ファウスト』

フルダ Fulda 338

——大聖堂 Fuldaer Dom 338

ミヒャエル教会 Michaelskirche 338

ブルボン Étienne de Bourbon（1180-1261、ドミニコ会の異端審問官）51, 56

『説教提要』 51

ブルンクヴェル Brunquell, Ludwig（1631-90、Wの千年王国論者）223-228, 233, 238, 239

ブルンナー Brunner, Emil（1889-1966、スイスのプロテスタント神学者）321, 331

プレラート Prälat（W）

→ラントシュテンデ

ブレンツ Brenz, Johannes（1499-1570、Wの宗

教改革者） 244

プロイセン Preußen 150, 151, 173, 193, 197, 210, 214, 244, 262, 278, 288, 294, 296, 306, 343

プロテスタンティズム Protestantismus 120, 137, 146, 169, 319, 332,

古——Altprotestantismus 292, 319, 331

新——Neuprotestantismus 319, 330-333

禁欲的——asketischer Protestantismus 96, 292

プロテスタント Protestant 24, 65, 70, 94, 120, 141, 145, 242, 243, 248, 252, 262, 292, 293, 316, 331, 341

プロープスト Probst（W） 217, 247

文化的空間 352

へ

ベアトリーチェ →『神曲』

ヘアブレヒティンゲンHerbrechtingen［W］ 249, 269, 277

平安 Friede 97, 116, 342, 344, 384, 388, 394

——な眠り 87, 93

平安時代 130, 131

ヘーゲル Hegel, Ge. Wilhelm Fr.（1770-1831） 290

ヘーゲルの祖先

Johann Georg（1640-1712, Winnendenの牧師） 290

Johann Georg（1615-80, Eningenの牧師） 290, 291

Johann（1576-1641, Würtingenの牧師） 291

Georg Ludwig（1741-83, Stuttgartの官吏、哲学者ヘーゲルの父） 291

Georg Ludwig Christoph（1687-1730, ロー

ゼンフェルトのフォークト） 291

平生業成 133

ヘーゼル Hoesel, Hieronimus（ヴィッテンベルク大学学生） 76, 104

ペーターゼン夫妻 Johann Wilhelm Petersen （1649-1727）& Johanna Eleonoravon Merlau （1644-1724）（急進的敬虔主義者） 151, 215

ベタニヤの女 Frau von Betanien 371

ヘディンガー Hedinger, Johann Reinhard（1664-1704, Stuttgartの宮廷説教者） 172, 295-306, 310, 314

『キリスト教教育論』 296, 300, 301, 303

『就任説教』 296, 300, 301, 303

ペテルブルグ Peterburg 415, 416, 420, 421, 423, 433, 436

ペテロ［ペトロ］Petros, Petrus（？―60頃、使徒） →使徒

ヘーバーリン Häberlin, Georg Heinrich（1644-99、テュービンゲン大学神学部教授） 234, 235

蛇（エデンの園の） →サタン

ヘブル語 172, 195, 237, 242, 363

ベーベンハウゼン Bebenhausen［W］ 218, 232, 249, 250, 251, 266, 268, 269, 276, 279, 281

ベーマー Böhmer, Georg Ludwig（1715/17-97、ルター派の法学者） 203

ベーメ Böhme, Jakob（1575-1624、ドイツの神秘思想家） 225, 227, 236

ヘルダー Herder, Johann Gottfried（1744-1803、ドイツの哲学者、文学者） 307-313, 315, 329

『決別説教』 308-311

『就任説教』 310

『説教者に寄す』 308

『哲学は民衆の利益のためにいかにしてより公共的またより有益なものとなりうるか』 308

ベルナルドゥス Bernardus Claravalensis（1091-1153、クレルボーのシトー会修道士） 6, 141, 390

ベルリン Berlin 150, 275, 316

——大学 316

ヘルンフート兄弟団 Herrnhuter Brüdergemeine 151, 193

ヘレナ（古代ギリシアの美女） →『ファウスト』

ヘレンアルプ Herrenalb［W］ 249

ヘレンベルク Herrenberg［W］ 266, 276

ベンゲル Bengel, Johann Albrecht（1687-1752、Wの敬虔主義者、聖書学者） 151, 152

辺獄［リンボ］ →死後の世界

ペンシルヴァニア Pennsylvania 225

『ヘント祭壇画』 →ファン・エイク兄弟

弁証法神学 →神学

ホ

ボイテルスバッハ Beutelsbach［W］ 287

法蔵菩薩 →阿弥陀

法然［源空］（1133—1212、浄土宗開祖） 98-102, 132-135

『拾遺和語燈録』 100

『選択本願念仏集』 99, 100

法律顧問（W） →ラントシュテンデ

法律顧問（ヴュルツブルク） 379

ホーエントヴィール Hohentwiel［W］ 203

牧師（一般）Pfarrer 14, 73, 150, 159-161, 167, 179, 184, 194, 195, 242, 243, 295, 307, 308, 310, 313, 314, 428

牧師（W）Pfarrer 218-220, 223, 226-229, 233, 245, 246, 248-250, 264-291

副牧師（W）Diakon 218, 220, 223, 224, 226-228, 245, 249, 250, 265, 268, 269, 271, 276-278, 282, 284, 286, 287

法華経 98

菩薩

観音—— 132, 133, 135

勢至—— 132, 135

法蔵—— →阿弥陀

ホスティエンシス Hostiensis（Enrico da Susa、?-1271、教会法学者） 56

牧会 72, 185,

牧会者 Seelsorger 43, 167, 188, 300, 302, 305, 313

ホッホシュテッター家Hochstetter

名前の後の（ ）の番号は、参考資料「ヴュルテンベルク・ホッホシュテッター家」の番号に対応。

Andreas Adam（32）231, 232, 275

Andreas Sigmund（44）278, 281

Anna Margaretha（1642-1714）（d）267

Anna Maria（1617-?）（a）266, 267

Anna Regina（1641-?）（c）266, 267

August Bernhard（62）285-288

August Friedrich（42312）280, 281

Augustin（33）275

Christian（34）275, 276, 278, 288

Christian（425）279

Christian Albrecht Karl（34211）276, 277

Christian Ferdinand Friedrich（46213）282, 283

Christian Friedrich（342）276, 277

Christian Friedrich（6211）286, 287

Christian Heinrich（46121）282, 283

Christoph（2）268, 270, 272

索引

Christoph Friedrich（421）　279

Christoph Friedrich（42322）　280, 281

David（35）　276

Eberhard Friedrich（4231）　279, 281

Eberhard Friedrich（42341）　280, 281

Ernst Friedrich（46123）　282, 283

Friedrich August（621）　286, 287

Friedrich Gottlieb（62114）　286, 287

Friedrich Jakob（51）　283-285, 288

Friedrich Ludwig（62）　285

Friedrich Ludwig（5121）　284, 285

Friedrich Ludwig（62131）　286, 287

Friederika Augusta（342b）　277

Georg Konrad（12）　273-275, 287, 288

Gottfried Adam（343）　277, 278

Gottfried Konrad（31）　275

Gottlieb（426）　279

Gottlob Ludwig（62112）　286, 287

Jakob Friedrich（42）　278-280, 288

Jakob Friedrich（424）　279

Jakob Friedrich（4412）　281

Johann Amandus Andreas（3421）　276, 277

Johann Andreas（3）　229, 232, 264, 268-270, 275, 296

Johann Andreas（47）　278

Johann Andreas（341）　276, 278

Johann Andreas（422）　279

Johann Christian Friedrich（3413）　276, 278

Johann Friedrich（4）　222, 229, 230, 269, 270, 278, 280

Johann Friedrich（423）　279, 280

Johann Friedrich（461）　282

Johann Friedrich（511）　284, 285

Johann Friedrich Heinrich（34131）　276, 278

Johann Georg（11122）　273

Johann Heinrich（46）　278, 281, 282, 288

Johann Heinrich（4621）　282, 283

Johann Heinrich（42311）　280, 281

Johann Heinrich（46211）　282, 283

Johann Konrad（0）　265, 267, 268, 270, 275, 287

Johann Ludwig（6）　269, 270, 285, 287

Johann Ludwig（3411）　276-278

Johann Michael（43）　278

Johann Sigismund（5）　269, 270, 283, 285

Johann Ulrich（1）　267, 268, 270, 272, 273

Johann Ulrich（11）　272, 273, 275, 288

Johann Ulrich（111）　273

Karl Andreas（34121）　276, 277

Karl Gottlieb（6213）　286, 287

Karl Jakob Friedrich（34212）　277, 278

Karl Wilhelm（3412）　276-278

Karl Wilhelm（46122）　282

Karl Wilhelm Ludwig（34132）　276, 278

Konrad Friedrich（121）　273

Matthäus Konrad（41）　278

Sigmund Jakob（512）　284, 285

Ursula（1627-?）（b）　267, 267

Wilhelm Friedrich（4232）　280

Wilhelm Gottlieb（4237）　280, 281

Wolfgang Friedrich（5111）　284, 285

ボナヴェントゥーラ Bonaventura（1221-74、フランシスコ会総長）　13, 55

ボニファティウス Bonifatius（675/680-754、ドイツ人の使徒）　338

ボニファティウス8世　→教皇

519

ホーブルク Hoburg, Christian（1607-75、ルター派神学者、神秘主義者） 144, 195

ボヘミア Bohemia 7
——人 26

ホメロス Homeros →『神曲』

ポーランド 7, 424

ポリフォニー Polyphonie 395

ホル Holl, Karl（1866-1926、ドイツのプロテスタント神学者） 141

ボルキアス →『ファウスト』

ポルター・ガイスト Poltergeist 70

ホルハイム Horrheim［W］ 273-275

ホルバイン Holbein, Hans der Jüngere（1497/98-1543、ドイツ・ルネサンス期の画家） 413, 415, 418, 438, 440
『墓の中のキリストの屍』 413, 415, 440

盆 42, 120

煩悩 98, 100, 136

マ

マイトブロン Maidbronn 387
聖アフラ教会 387
『嘆きの群像』 →リーメンシュナイダー作品

マイノリティ →アウトサイダー

マインツ Mainz 342
——大司教 Kurfürst und Erzbischof von Mainz 293
——大聖堂 Mainzer Dom 342

マウルブロン Maulbronn［W］ 218, 226, 248-251, 265, 268, 275

『マエスタ』（シエナ） →ドゥッチョ

マクシミリアン1世 →皇帝

マクデブルク Magdeburg 15, 19, 73, 89

まことに美しい人間 →美しい

魔女狩り Hexenverfolgung 147

『貧しき人々』 →ドストエフスキー

マタイ Matthaios, Matthäus（使徒） →使徒
「マタイ福音書」 →聖書（各巻）
『マタイ受難曲』（バッハ） →バッハ

全き家 →家父

『末燈鈔』 →親鸞

摩天楼 →ニューヨーク

マニ教 Manichäismus 7

マホメット →『神曲』

マリー →『白痴』

マリア（聖母）Maria 54, 363, 364, 387, 388
——崇拝 Marienverehrung 123

マリア（マグダラの）Maria Magdalena 387, 428

『マリアの賛歌（マグニフィカート）』 →ルター著作

マルクグレーニンゲン Markgröningen［W］ 275

マールバッハ Marbach［W］ 226, 267, 272, 279

マルシリウス Marsilio da Padova（1275頃-1342/43、中世の政治理論家、スコラ学者） 200

丸山真男（1914-96） 121

マン Mann Thomas（1875-1955、ドイツの小説家） 337, 383, 384, 390
「ドイツとドイツ人」 383
『ブッデンブローク家の人々』 337

マンハッタン →ニューヨーク

ミ

み言葉 →神の言葉

ミサ Messe 5, 10, 18, 32, 33, 43, 50-52, 63-67, 78, 81, 93, 117, 123, 127, 128, 242, 312,